U0684965

中华经典名著

全本全注全译丛书

马世年◎译注

潜夫论

中华书局

图书在版编目(CIP)数据

潜夫论/马世年译注. —北京:中华书局,2018.1
(2025.3 重印)
(中华经典名著全本全注全译丛书)
ISBN 978-7-101-12686-0

Ⅰ.潜… Ⅱ.马… Ⅲ.①古典哲学-中国-东汉时代②政论-中国-东汉时代③《潜夫论》-译文④《潜夫论》-注释 Ⅳ.B234.934

中国版本图书馆 CIP 数据核字(2017)第 162511 号

书　　名　潜夫论
译 注 者　马世年
丛 书 名　中华经典名著全本全注全译丛书
责任编辑　周　旻
装帧设计　毛　淳
责任印制　韩馨雨
出版发行　中华书局
　　　　　(北京市丰台区太平桥西里 38 号　100073)
　　　　　http://www.zhbc.com.cn
　　　　　E-mail:zhbc@zhbc.com.cn
印　　刷　北京盛通印刷股份有限公司
版　　次　2018 年 1 月第 1 版
　　　　　2025 年 3 月第 7 次印刷
规　　格　开本/880×1230 毫米　1/32
　　　　　印张 19⅛　字数 410 千字
印　　数　20001-22000 册
国际书号　ISBN 978-7-101-12686-0
定　　价　49.00 元

目录

前　言

一、王符的生平及相关问题

《潜夫论》是我国古代著名的思想家王符的著作，也是两汉子书的代表之一。

王符，字节信，安定临泾(今甘肃镇原)人。《后汉书·王符列传》(以下简称“本传”)记载：

> 少好学，有志操，与马融、窦章、张衡、崔瑗等友善。安定俗鄙庶孽，而符无外家，为乡人所贱。自和、安之后，世务游宦，当涂者更相荐引，而符独耿介不同于俗，以此遂不得升进。志意蕴愤，乃隐居著书三十余篇，以讥当时失得，不欲章显其名，故号曰《潜夫论》。其指讦时短，讨谪物情，足以观见当时风政。著其五篇云尔。

以下节录了《忠贵》(本传作《贵忠》)《浮侈》《实贡》《爱日》《述赦》等五篇文章。接着又说：

> 后度辽将军皇甫规解官归安定，乡人有以货得雁门太守者，亦去职还家，书刺谒规。规卧不迎，既入而问：“卿前在郡食雁美乎？”有顷，又白王符在门。规素闻符名，乃惊遽而起，衣不及带，屣履出迎，援符手而还，与同坐，极欢。时人为之语曰：“徒见二千石，不如一缝掖。”言书生道义之为贵也。符竟不仕，终于家。

这当中有几个问题需要注意：一是王符的生卒年代；二是王符的名、字及《潜夫论》的含义；三是范晔作传的态度与情感。

王符的生卒年代，学者们是讨论得比较多的。不过，因为本传记述简略，只能是根据相关材料来推论。学术界的看法主要有：

侯外庐等人认为约生于东汉和、安之际而卒于桓、灵之际，大体为公元106—167年(《中国思想通史》，人民出版社1957年)；

金发根、徐平章认为生于章帝末年或和帝初年(85—90)，晚于马融等友人，卒于延熹八年(165)以前(金发根《王符生卒年的考证及〈潜夫论〉写定时间的推论》，刊《中央研究院历史语言研究所集刊》第四十本下册，1969年；徐平章《王符〈潜夫论〉思想探微》，文津出版社1982年)；

刘树勋定为公元80—167年之间(《中国古代著名哲学家评传》续编一，齐鲁书社1982年)；

刘文英认为约生于汉章帝建初七年而卒于桓、灵之际，即公元82—167年左右(《王符评传》，南京大学出版社1993年)；

张觉认为约生于公元79年或78年，卒于公元163年后，很可能卒于165年(《潜夫论全译》，贵州人民出版社1999年)。

此外，还有定为公元85—162年(《辞海》，上海辞书出版社1980年；冯契《中国古代哲学的逻辑发展》，上海人民出版社1984年)、公元85—163年(《辞源》，商务印书馆1981年)等多种说法，不一而足。总体来看，大家所依据的材料大致都差不多，一是本传所说的"少好学，有志操，与马融、窦章、张衡、崔瑗等友善"；一是皇甫规解官归安定的时间。这些都可以根据《后汉书》来确定：

马融"于延熹九年卒于家，年八十八"(《马融列传》)，则其生卒年为章帝建初四年到桓帝延熹九年，即公元79—166年；

张衡"于永和四年卒，年六十二"(《张衡列传》)，则其生卒年为章帝建初三年到顺帝永和四年，即公元78—139年；

崔瑗于汉安二年"病卒，年六十六"(《崔骃列传》附崔瑗传)，则其生卒年当为章帝建初三年到顺帝汉安二年，即公元78—143年；

窦章"于建康元年(144)卒于家"(《窦融列传》附窦章传),其生年不可知,但应该与马融、张衡、崔瑗等相若;

皇甫规生于和帝永元十六年,卒于灵帝熹平三年,即公元104—174年(《皇甫张段列传》),享年71岁。而其解官归里应在桓帝延熹六年(163)三月以后(《孝桓帝纪》)。

可以看出,马融、张衡、崔瑗等人几乎同年出生,都在公元78、79年,窦章也应该在此前后。本传特别强调王符"少好学"且"与马融、窦章、张衡、崔瑗等友善",根据文意,其生年应与这几人相若。我们将其定为公元80年左右。皇甫规解官归里在公元163年后,他归安定后王符曾去拜访,那么王符卒年至少应该在本年以后,考虑到此时他也年事已高,我们将其卒年断在公元165年前后,其年寿在85岁上下。看来,王符诣皇甫规时,已八十余岁,故皇甫规一见面即予以携扶,"援符手而还",以示尊重与照顾。前人或以为"援手"非事长之礼,其实是将"援手"的含义理解错了。

关于王符名、字的含义,传统都采用《说文解字》的说法:"符,信也。"符信是古时的信物,用作通行的凭证,有符有节,也叫符或信。符节、符信意思都是关联的。"符"与"节信"正好是相互对应、互为解释。这一点原本是没有争议的,刘文英先生则对此作了新的解释。他根据《周礼·春官·序官》的郑玄注"瑞,节信也",将"符"解释为"符瑞",即"天之瑞应"的意思。并由《东观汉记·符瑞志》所载章帝建初七年(82)岐山"天降"铜樽、白鹿等祥瑞之事,推测王符之名即由此而得,以求吉祥。其生年也就自然定在这一年(《王符评传》)。此说另辟蹊径,颇为新颖,不过,其中却有所误会。因为郑玄注的"节信",是指瑞玉,即玉制的信物,《周礼·春官·典瑞》又注:"瑞,符信也。"所以,不能用来证明"符"字为符瑞之意(张觉《潜夫论全译·前言》)。而且,无论是"瑞,节信也",还是"瑞,符信也,人执以见曰瑞",郑玄都是注"瑞"而不是注"符"的,是就瑞玉而言。倘若以"瑞"释"符",再作引申,未免辗转过度、相去甚远了。《说文解字》:“瑞,以玉为信也。”意思与郑注正同。所以,王符的名与字,只能是符节、符信的意思,而不是指符瑞。

《潜夫论》的题名,也有特别的意思。刘文英先生说:“‘潜夫论’者,‘潜夫’之论。‘潜夫’为作者自谓。‘潜夫’首先表明作者是一位隐居山野、身在下位的‘处士’,同时还表现作者对于自我价值的一种认识和对世俗、时代的一种抗议。”(《王符评传》)这种说法是很深刻的。至于本传所谓“乃隐居著书三十余篇,以讥当时失得,不欲章显其名,故号曰《潜夫论》”,研究者则多以“肤浅”“不当”来批评。其实,范晔所说的“不欲章显其名,故号曰《潜夫论》”,只是谓该书以“潜夫”的自号为书名,而不是著其姓名,使之显之于众。之所以“不欲章显”,既和王符的隐居有关,也和他“耿介不同于俗”,“不得升进”的经历有关,因此才以“潜夫”之名,“讥当时失得”,“指讦时短,讨谪物情”,这就和前面所说的“志意蕴愤”,“隐居著书”一致起来了。

范晔在《后汉书》中,将王充、王符、仲长统三人合传,并说:“百家之言政者尚矣。大略归乎宁固根柢,革易时敝也。”“此其分波而共源,百虑而一致者也。”称赞他们是“详观时蠹,成昭政术”,其推崇与赞誉自不待言。当然也有批评:“若乃偏情矫用,则枉直必过。”“数子之言当世失得皆究矣,然多谬通方之训,好申一隅之说。”所谓“救朴虽文,矫迟必疾。举端自理,滞隅则失”。这是史家识断的过人之处。三人传记所载生平事迹的内容并不多,大抵寥寥两三百字,王符、仲长统的传更多是对其著述的摘录,这也是史家作传的一种常用办法。这里特别要说到王符的事迹。本传用了大半的篇幅记载了皇甫规解官归里后和王符的见面,个中深意耐人寻味。范晔引用“徒见二千石,不如一缝掖”的时人之语,感叹“书生道义之为贵”,所流露的,是对王符“耿介不同于俗”,“竟不仕,终于家”的书生精神的赞许与追慕,也是对“指讦时短,讨谪物情”的士人品格的肯定与推崇,真可谓是潜夫之异代知音。

二、《潜夫论》的作时与成书

关于《潜夫论》的写作年代与成书问题,本传并没有具体的记载,仅仅是说“自和、安之后，世务游宦，当涂者更相荐引，而符独耿介不同于俗，以此遂不得升进。志意蕴愤，乃隐居著书三十余篇”。因此，前代学者多是依此来推测。《四库全书总目》说：“本传之末载度辽将军皇甫规解官归里，符往谒见事。规解官归里，据本传在延熹五年，则符之著书在桓帝时，故所说多切汉末弊政。”清人周中孚《郑堂读书记》也说：“以其本传考之，节信之著书，当在桓帝之世。虽以耿介忤时，发愤著书，然明达治体，所敷陈多切中汉末弊政，非迂儒矫激务为高论比也。”（《郑堂读书记》卷三六）若依此说，则王符著书时已是八十多岁。这种看法显然有问题：一、将全书三十六篇笼统起来；二、将具体篇目的写作和最后的成书混同起来。

20 世纪 80 年代以来，此问题的研究趋于细化，讨论也愈来愈深入。研究者更多是根据该书各篇所透露的信息来考定其作时。彭铎先生对《劝将》《救边》《边议》《实边》等篇的年代予以总体说明：“西羌之乱，与后汉相终始，而其横涌旁决，莫剧于安、顺之时……节信有激而言，非徒议兵已也。”（《潜夫论笺校正》，中华书局 1985 年）胡大浚先生进一步对这几篇年代予以具体考证（《王符〈潜夫论〉译注》，甘肃人民出版社 1993 年）；刘树勋《王符评传》进一步考定《叙录》的作时在安帝永初五年（111）至顺帝永建四年（129）间，认为《潜夫论》的写作年代在东汉中期安帝年间，成书最迟不会晚于顺帝初年（《中国古代著名哲学家评传》续编一，齐鲁书社 1982 年）；王步贵认为，该书写于安帝年间，成书最迟不会晚于顺帝初年（《王符思想研究》，甘肃人民出版社 1987 年）；刘文英补充考证《考绩》的作时在公元 114—124 年，并认为全书的最后纂成很可能在安帝末年，最迟不晚于顺帝初年，即公元 125—129 年间（《王符评传》）；张觉对《叙录》的作时提出新说，考证作于顺帝永和六年（141）第二次内迁以后，这样，“该书的三十五篇正文可能写成于安帝永初元年（107）至顺帝永和五年（140）之间”，“其编定的时间，当在公元 141 年以后”（《潜夫论全译・前言》）；此外，蒋泽枫由《本政》《交际》推断全书的最终完成在桓帝时期，而其著作过程，则历经安帝到桓帝五代(《论王符〈潜夫论〉的成书时间》，《古籍整理研究学刊》2014 年 1 期)。比照诸说，尽管各有差异，但其方法却都倾向于从文本本身寻找内证，因而结论也更为具体与谨慎。

根据当代学者研究的成果，《潜夫论》中目前能够确定作时的篇目有以下一些：

1.《考绩》。文中说"圣汉践祚，载祀四八"，汉高祖即位在公元前202 年，后此三百二十年当为该文作时，即汉安帝元初五年(118)前后。或从公元前 206 年汉代开国算起，则其作时在公元 114 年前后；

2.《劝将》。据《后汉书・孝安帝纪》，永初元年(107)六月，"先零种羌叛，断陇道，大为寇掠，遣车骑将军邓骘、征西校尉任尚讨之。丁卯，赦除诸羌相连结谋叛逆者罪"。文中说"军起以来，暴师五年"，可知作于永初五年(111)；

3.《救边》。文中说"前羌始反"至今"出入九载"，可知作于元初二年(115)；

4.《边议》。文中说"虏遂乘胜上强，破州灭郡，日长炎炎，残破三辅，覃及鬼方。若此已积十岁矣"，可知作于元初三年(116)；

5.《实边》。文中说"羌反以来，户口减少，又数易太守，至十岁不得举"，可知作于元初三年(116)以后；

6.《志氏姓》。文中说"太后崩后，群奸相参，竞加谮润，破坏邓氏，天下痛之"，提及和熹邓太后死后群奸陷害邓氏事，邓太后死于安帝永宁二年(121)，则本篇作于是年后。而据《后汉书・邓寇列传》，邓氏家族至顺帝时才彻底平反，故本篇当成于顺帝永建元年(126)以后；

7.《叙录》。文中说到《实边》一篇，谓"今又丘荒，虑必生心"，据《后汉书・孝安帝纪》及《孝顺帝纪》所载金城郡、安定郡、北地郡等两次内迁及回迁之事，本篇当作于顺帝永和六年(141)第二次内迁以后。

再来讨论《潜夫论》"篇"与"卷"的问题。史传在著录《潜夫论》时，

“篇”与“卷”有所不同:本传著录“三十余篇”,未分卷;《隋书·经籍志》则著录十卷,未明篇数;此后,《旧唐书·经籍志》《新唐书·艺文志》《宋史·艺文志》以及《崇文总目》《郡斋读书志》等皆承《隋书·经籍志》之说。及至《四库全书总目》,则篇卷并举:“《潜夫论》十卷……今本凡三十五篇,合《叙录》为三十六篇,盖犹旧本。”(其中引本传作“二十余篇”,“二”盖“三”字之错讹)可见,该书分卷是后来的整理者所为,而这项工作显然是在纸简替代的过程中完成的。

由《叙录》可以明确两点:第一,该书的篇次在王符著成时便已经确定。《叙录》作为全书的总序,对各篇的著作旨意进行了明确的阐释,并对各篇的顺序也有具体说明,其篇次与今本一致。第二,王符在全书的编排上有着特别的用意。连贯各篇来看,全书由《赞学》开始,次以《务本》,各篇顺次展开,形成一个个相对集中的单元,其中《劝将》至《实边》四篇,《卜列》至《梦列》四篇,前后连续、主旨明确,尤能体现出以类相从的特点来。全书殿以《五德志》《志氏姓》,最后以《叙录》收束,逻辑线索是明确的。以此顺序来分析后来的分卷,不难看出,分卷者对于著者的用意也是有着深刻理解的:该书的分卷只是对原书篇章的归并,将其分为不同的组别,却并没有篇次的调整,每一卷大体上都是一个有着相对明确的主旨的单元。具体说,卷一总论治国与论士,《赞学》则为全书之开篇;卷二上承卷一,谈君道与用人;卷三论臣道与世风;卷四议论政事,侧重吏治与具体政令;卷五延续上卷论政,重点议边;卷六专论卜筮、巫术、相人诸事;卷七包括论梦与辩难两类;卷八涵盖人际交往、君臣之道、宇宙本源、道德教化及帝王世系诸事,颇显总杂之意;卷九单列《志氏姓》一篇,论述姓氏源流;卷十《叙录》为全书总序,阐明著述宗旨。当然,分卷因为关系到卷帙多寡的因素,有些归并不是很准确,如卷七的《梦列》,与《释难》放在一起显然不妥,当和《卜列》等三篇合而成“潜夫四列”;卷八《五德志》也可与卷九的《志氏姓》归为一卷,将其与《交际》《明忠》《本训》《德化》等置于一卷也不大合适。而其中《本训》《德化》两篇，更多哲理思考，已带有哲学总结的意味。不过，考虑到篇幅的大体相当，这个分卷基本上还是体现了王符编排时的总体构想。我们的“题解”便是以卷为单位，以期能够体现出后来分卷者对于全书的认识。

三、先秦子书精神的特别传承

作为东汉最重要的子书之一，《潜夫论》在理想主张与精神品格上直追先秦诸子，继承了先秦子书的著述精神，在思想方面达到了很高的境界。可以说，其思想之醇正、浑厚，目光之冷静、犀利，批判之峻切、深刻，文笔之老成、持重，在两汉子书中是出类拔萃的；将其与《荀子》《韩非子》等先秦子书放在一起，比肩而读，亦是毫不逊色。

我们特别要说到《潜夫论》对先秦子书精神的传承与弘扬。这里所谓的“子书精神”，主要是就其著述当中的使命意识、理想追求、现实关注、社会批判、民生关怀等而言，我们关注诸子在著书立说中的根本目的。班固在《汉书·艺文志》“诸子略”中，沿用刘向、刘歆的看法，说到了诸子的兴起：“皆起于王道既微，诸侯力政，时君世主，好恶殊方，是以九家之术，蜂出并作，各引一端，崇其所善，以此驰说，取合诸侯。其言虽殊，辟犹水火，相灭亦相生也。仁之与义，敬之与和，相反而皆相成也。……使其人遭明王圣主，得其所折中，皆股肱之材已。”换言之，诸子著述的根本目的就是为了匡正时弊、解除民瘼、扶倾救乱、力挽衰世，一句话，就是要“救世”。而这恰恰都是王符在写作《潜夫论》时所萦绕胸怀而无法忘记的。

王符生活的时代，正是东汉走向没落的季世阶段，与诸子所面临的战国乱世类似；王符对于社会的深刻洞察和热切关注，与诸子改制救世、效法三代的社会理想类似；王符对于现实的严厉批判和冷静反思，与诸子抨击乱世、以天下为“无道”的批判精神类似；王符对于道义学问的大力推崇和高度重视，与诸子弘道明理的理性精神类似；王符对于民生疾苦的深刻洞悉和无比同情，与诸子解救民瘼的重民情怀类似。所有这些，正是先秦子书精神对于《潜夫论》的深远影响；反过来说，也正是因为有了《潜夫论》，子书精神才得以在汉代有特别的传承。

《潜夫论》对于子书精神的继承与弘扬，完全体现在它的思想内容上。以往的研究多习惯以哲学、政治、军事、历史、社会、经济以及美学、交际、人才等各种概念的界定，从各个方面来阐发其中的思想主张，这固然便于分类论述，有其积极的意义，然而却容易导致分析的碎片化、从而忽视其整体性，尤其是不利于对子书精神作系统的分析。或者说，平面式的列举不足以看出《潜夫论》一书的思想体系，看不出它对先秦子书精神的全面继承。我们需要建构一个新的模式来再作诠释。这里，我们试图以"基本主张—价值取向—情感类型—观察视角"的模式，对其思想体系予以解读。用一句话来概括，就是"四大主张、三种批判、两重感叹、一种视角"。这既是四种不同的维度，也是四个不同的层面，而其相互之间又是彼此映衬、互为表里的。譬如，主张当中，既有批判与感叹，也体现出特别的视角；反过来，独特的视角也贯穿于各种主张、批判与感叹之中。

（一）四大主张

1. 重学、务本。

重学、务本是《潜夫论》的立论之基。全书以《赞学》为第一篇，继承了先秦诸子"劝学"的传统，以学为先、勉人向学。王符以学为"智明所成，德义所建"（《叙录》），认为"凡欲显勋绩扬光烈者，莫良于学"（《赞学》）。他说："虽有至圣，不生而知；虽有至材，不生而能。"像黄帝、颛顼、帝喾、尧、舜、禹、汤、文、武、周公、孔子这样的"上圣"，犹待学问，"而况于凡人乎"（同上），其勉励为学的意图非常明显。王符也继承了荀子《劝学》中"君子生非异也，善假于物也"的看法，提出："是故君子者，性非绝世，善自托于物也。"君子能"假之以自彰"的就是"道"，而学习大道的主要途径则是研习先圣经典，"学问圣典，心思道术"，给予经典特别的重视。"士欲宣其义，必先读其书"，他一再强调"圣人以其心来造经典，后人以经典往合圣心”，“修经之贤，德近于圣”，因而需要“自托于先圣之典经，结心于夫子之遗训”。归根结底，“道成于学而藏于书，学进于振而废于穷”，因此，君子为学必须奋发自励、坚持不懈，“摄之以良朋，教之以明师，文之以《礼》《乐》，导之以《诗》《书》，赞之以《周易》，明之以《春秋》”，这样，自然就可以达于至道。重学的思想也贯穿全书，从而成为全书的纲领。

同样，务本也是全书的纲领与核心。《赞学》之后，紧跟着便是《务本》，正可见作者也是将其作为全书的基础问题。王符主张崇本抑末、守本离末，强调富民正学，以之为治国之本。“凡为治之大体，莫善于抑末而务本，莫不善于离本而饰末。夫为国者以富民为本，以正学为基。”（《务本》）富民推衍开来，就是百姓守农桑之本，离游业之末；百工守致用之本，离巧饰之末；商贾守通货之本，抑鬻奇之末。正学推衍开来，就是教化守道义之本，离巧辩之末；辞语守信顺之本，离诡丽之末；列士守孝悌之本，离交游之末；孝悌守致养之本，离华观之末；人臣守忠正之本，离媚爱之末。总而言之，想要“成太平之基，致休征之祥”，必“务此二者”（同上）。进一步说，举凡贡士、举贤、考绩、班禄、论荣、交际、劝将、治边等，都要务本抑末，“慎本略末犹可也，舍本务末则恶矣”。书中还提出，“务本则虽虚伪之人皆归本，居末则虽笃敬之人皆就末”（同上）——这已超越了道德品格的限制而深入到人性的本质层面了。

2. 重德、尚贤。

王符是儒家学说忠实的尊崇者和倡导者，也是东汉儒家的标志性人物，《潜夫论》一书，“列之儒家，斯为不愧”（《四库全书总目》）。因此，注重德治、强调举贤，尊崇德行道义、主张选贤任能，以之为国家治理的基本方式，这也是王符思想的核心方面。

在王符看来，“仁重而势轻，位蔑而义荣”（《论荣》），君子立身之本，就是德义，“行善不多，申道不明，节志不立，德义不彰，君子耻焉”（《遏利》），因而期待“德义无违”（《卜列》）。“天地之所贵者人也，圣人之所尚者义也，德义之所成者智也，明智之所求者学问也。”（《赞学》）将德义学问作为立身之本。由此，他提出“德化”的主张，以之为国家治理中最基本、也最理想的方式：“明王统治，莫大身化，道德为本，仁义为佐。”（《叙录》）“人君之治，莫大于道，莫盛于德，莫美于教，莫神于化。道者所以持之也，德者所以苞之也，教者所以知之也，化者所以致之也。”（《德化》）道德教化各有其用，也只有德治才能“化变民心”。他强调仁术，提倡德政，主张“德政加于民，则多涤畅姣好坚强考寿；恶政加于民，则多罢癃尪病夭昏札瘥”，“导之以德，齐之以礼，务厚其情而明则务义，民亲爱则无相害伤之意，动思义则无奸邪之心。夫若此者，非法律之所使也，非威刑之所强也，此乃教化之所致也”（同上）。反过来，在德与刑之间，他首先主张以德治国，“圣帝明王，皆敦德化而薄威刑”，这也是儒家一贯传统的主张。

王符坚持“国以贤兴”，主张“任人唯贤”，反对“任人唯亲”，猛烈抨击“以族举德”，“以位命贤”的用人方式（《论荣》）。《潜夫论》一再强调尚贤、任贤、举贤、知贤，主张从德行和才能两方面来考量贤才，其中直接以“贤”命篇的就有《贤难》《思贤》，其他如《论荣》《明暗》《考绩》《本政》《潜叹》《实贡》乃至于“论边”数策，无不关涉到尚贤、任贤的问题。王符认为，选拔贤才应当看其德、才两个方面，“为官择人，必得其材，功加于民，德称其位”，“官民必论其材，论定而后爵之，位定然后禄之”（《思贤》），反对以出身、贵贱论士，“贤愚在心，不在贵贱”（《本政》）；选贤贡士、考量贤才“必定于志行”（《交际》），“必考核其清素，据实而言，其有小疵，勿强衣饰，以壮虚声”（《实贡》）；不可“舍实听声”，与其“高论而相欺，不若忠论而诚实”，与其“虚张高誉，强蔽疵瑕，以相诳耀，有快于耳”，“而不若忠选实行可任于官也”。同时，“物有所宜，不废其材”，明君用士，不能求全责备，而要“各以所宜，量材授任”，使“一能之士，各贡所长，出处默语，勿强相兼”，从而做到“弃其所短而采其所长，以致其功”（同上）。

3. 重法、明刑。

王符面对汉末的衰世，深刻认识到，德治不能离开法制，仅仅依靠道德教化是不够的，必须要“兼秉威德”，“明罚敕法”，德法并举；严刑峻法，“以诛止杀，以刑御残”。他吸收了商、韩等法家思想，将其融入自己思想体系中，从而成其一家之言。这较之于以往的儒家思想，无疑是一个巨大的飞跃。汉代自“罢黜百家、独尊儒术”以来，法家学说也尽在罢黜之列，尽管时为统治者暗自所用，却不被提及，更不会在公开场合予以宣扬，这就是所谓的“儒表法里”或“阴法阳儒”。正因为如此，当时的学者或轻视法家主张而予以贬斥，或视其为洪水猛兽避而不谈。王符作为东汉时期儒家的标志性人物，在服膺德治思想的同时，能够正视商、韩之说，融合儒法，重法明刑，这是超越时代的进步之论，也是他思想中独具个性、非常特别的方面。

此前，儒家对于法家的严刑峻法一贯采取批判的态度，譬如，董仲舒就指斥其为“任刑而不尚德”。王符则在提倡德治、德化的同时，明确提出要加强法治：“议者必将以为刑杀当不用，而德化可独任。此非变通者之论也，非救(原作“叔”)世者之言也。……故有以诛止杀，以刑御残。”(《衰制》)他对于先秦法家著作如《管子》《商君书》《韩非子》等思想予以充分吸收。刘文英说：“他在论证其政治主张的时候，毫不隐讳地从先秦法家人物那里吸取自己所需要的思想资料，有些提法明显地是从法家著作化裁而来。……《衰制》篇论证法令在治国中的作用，同《管子》书中的《明法》《法法》《任法》等篇都有十分清楚的思想联系。而在《务本》《衰制》《劝将》《明忠》诸篇中，也能明显地看到《商君书》中《君臣》《修权》《更法》《定分》等篇的有关论述。”“对于韩非其人和《韩非子》其书，王符简直无一微词，其直接引用其言论者至少有十多次。”(《王符评传》)这个分析是很细致的。

王符认为，法令是君主统治天下最重要的手段，“义者君之政也，法者君之命也”(《衰制》)，“夫法令者，人君之衔辔箠策也，而民者，君之舆马也”。君主必须要做到令行禁止，否则就会危及国家：“夫法令者，君之所以用其国也。君出令而不从，是与无君等。主令不从则臣令行，国危矣。”同样，要防止人臣擅法专权，“若使人臣废君法禁而施己政令，则是夺君之辔策，而己独御之也……是故妄违法之吏，妄造令之臣，不可不诛也”(同上)。

王符论法，多将其与赏罚结合起来，“行赏罚而齐万民者，治国也”(《衰制》)，“法令赏罚者，诚治乱之枢机也，不可不严行也”(《三式》)，而赏罚必须实实在在，也就是“罚赏之实，不以虚名”(《叙录》)。他主张信赏必罚、厚赏重罚：“徒悬重利，足以劝善；徒设严威，可以惩奸。乃张重利以诱民，操大威以驱之，则举世之人，可令冒白刃而不恨，赴汤火而不难，岂云但率之以共治而不宜哉?”(《明忠》)进一步说：“夫积怠之俗，赏不隆则善不劝，罚不重则恶不惩。故凡欲变风改俗者，其行赏罚者也，必使足惊心破胆，民乃易视。”(同上)这也是他在衰乱之世的无奈之法。

4. 重民、救边。

王符继承了先秦时期的民本思想，并将其进一步发扬，提出了“民为国基”(《叙录》)的主张，说“国以民为基，贵以贱为本”(《救边》)。“他的政论中最突出的是同情人民、重视人民的思想。他曾反复强调‘国以民为基，贵以贱为本’，即使谈到天命，他也是说：‘天以民为心，民之所欲，天必从之。’这种思想是对先秦时期‘民本’思想的继承。”(《校正》出版说明)这也是《潜夫论》中最具思想光芒和人文关怀的方面。

王符明确提出，人民是国家存在的先决条件，“国之所以为国者，以有民也”(《爱日》)。他由“天”立论，提出“民心”即“天心”的论断，反复说“天以民为心，民安乐则天心顺，民愁苦则天心逆”(《本政》)，“天以民为心，民之所欲，天必从之”(《遏利》)，因此，君主只有重民、爱民、利民、养民，关心民生疾苦，才能保其社稷、安其天下。他说：“圣王之政，普覆兼爱，不私近密，不忽疏远，吉凶祸福，与民共之，哀乐之情，恕以及人，视民如赤子，救祸如引手烂。”“圣王养民，爱之如子，忧之如家，危者安之，亡者存之，救其灾患，除其祸乱。”（《救边》）这是说“圣王”之政，更是对当时君主的期待。考量一位思想家的进步与否，就看他是否心存黎元、关怀苍生，说到底，民生问题永远是一块试金石。

由此，王符对于边地问题也予以热切关注。汉安帝永初元年（107）六月，西羌因不愿被迫随征西域，在凉州（今甘肃武威）爆发了大规模的反抗斗争，前后持续十二年，严重危害到边地民众的生命安全，朝廷因此被迫将金城郡、安定郡、北地郡等地民众两次内迁，遂造成边地的荒芜。鉴于此，在如何处理边患的问题上，朝廷有各种杂乱的声音，包括“弃边”这样的浅薄之论。王符对此问题的认识相当深刻，他激烈抨击地方长官软弱无能、节节败退、欺瞒朝廷、残害百姓的罪恶，坚决主张“救边”“实边”，“边无患，中国乃得安宁”（《边议》）；而“弃边”只能带来“唇亡齿寒，体伤心痛”的结果。他说：“地不可（二字原无）无边，无边亡国。是故失凉州，则三辅为边；三辅内入，则弘农为边；弘农内入，则洛阳为边。推此以相况，虽尽东海犹有边也。”（《救边》）要求朝廷早定“战守之策”。其见解超迈、眼光过人，实为不刊之论，故《四库全书总目》谓之“灼然明论，足为轻弃边地之炯鉴也”！要之，如此集中地讨论“救边”问题，这在汉代子书中是独一无二的，这既和王符身处边地亲历其境、耳闻目睹边地苦难的独特经历有关，也和他同情边民、不忍生灵涂炭的浓烈情怀有关。在见识超迈的议论中可以看出他重民、重边的人文关怀来。

（二）三种批判

王符是东汉社会批判思潮的开端性人物。这股思潮从安帝开始，一直延续到东汉灭亡，在这之中，“王符是最早的一位代表人物，他的《潜夫论》则是这股思潮的开端”（刘文英《王符评传》）。《潜夫论》中最为可贵的也在于贯穿始终的批判精神。

王符对东汉后期社会政治的批判是广泛的、尖锐的，“他历数当时经济、政治、社会风俗等方面本末倒置、名实相违的黑暗情形，指出，此

‘皆衰世之务’，并引用许多历史教训来警告统治者。他把社会祸乱的根源归之于统治者的昏暗不明，把治理乱世的希望寄托在明君和贤臣的身上，他向往贤才治国，希望明君尊贤任能，信忠纳谏，这样就能天下太平”(《校正》出版说明)。之所以如此激烈，根本的目的还是希望能够救治衰乱之世、改变疲败之风。王符的批判，主要有三个方面：弊乱之政；浇薄之俗；贪枉之吏。

1. 弊乱之政。

东汉由盛而衰，首先是政治上的。和帝以后，朝廷自身内乱不断，外戚专权、宦官干政，两者之间也是争权夺利、互相残杀，不断加深东汉王朝的政治危机，政事统治上矛盾四起、一片狼藉。王符对于当时政事的诸多弊病都予以无情揭露。大凡举贡荐贤、考绩论功、法令制度、治讼赎赦以及边防军事等，无不涉及，几乎囊括东汉政令举措的各个方面。矛头所指，上至公卿贵戚，下至官吏士卒，皆在其中。

譬如，“公卿不思忠，百僚不尽力，君王孤蔽于上，兆黎冤乱于下，故遂衰微侵夺而不振也”(《明忠》)，这是批判公卿百官不思尽忠竭力而致君主闭塞、百姓冤屈；“今则不然，有功不赏，无德不削，甚非劝善惩恶，诱进忠贤，移风易俗之法术也”(《三式》)，这是批判赏罚不分导致功效不明；“今日贼良民之甚者，莫大于数赦。赦赎数，则恶人昌而善人伤矣”(《述赦》)，这是就屡屡赎赦所导致的贼害而言；“今则不然。万官挠民，令长自衒，百姓废农桑而趋府庭者，非朝晡不得通，非意气不得见。讼不讼辄连月日……比事讫，竟亡一岁功”(《爱日》)，这是就官吏侵扰欺压百姓、诉讼之事耗时费力而言；“今吏从军败没死公事者，以十万数，上不闻吊唁嗟叹之荣名，下又无禄赏之厚实，节士无所劝慕，庸夫无所贪利”(《劝将》)，“今兵巧之械，盈乎府库，孙、吴之言，聒乎将耳，然诸将用之，进战则兵败，退守则城亡”(同上)，这是就朝廷救边不力、赏罚不明、诸将无能、进退皆败而言；“群僚举士者，或以顽鲁应茂才，以桀逆应至孝，以贪饕应廉吏，以狡猾应方正，以谀谄应直言，以轻薄应敦厚……名实不相副，求贡不相称”(《考绩》)，这是说举贤荐士名实不副的混乱。如此种种，不一而足。其所指谪，多以“今则不然”或“今”领起，着重用力，在广泛而深刻的批判中勾勒出了东汉季世的政治乱象。

2. 浇薄之俗。

一个王朝、一个时代的败落是全方位的，不仅反映在政治举措、官僚制度上，也表现在社会风气、民间习俗上。东汉后期的社会风俗，也是一番破败、萎靡之象，世风浇薄，道德败坏。本传在说到王符的经历时，短短两百余字，就两次提到习俗的问题：“安定俗鄙庶孽，而符无外家，为乡人所贱。”“自和、安之后，世务游宦，当涂者更相荐引，而符独耿介不同于俗。”窥斑知豹，可以想见整个社会的风气如何。王符对此浇薄之俗也同样予以猛烈抨击。

他指出，富豪之家多是寡廉鲜耻、为富不仁，“富者乘其材力，贵者阻其势要，以钱多为贤，以刚强为上。凡在位所以多非其人，而官听所以数乱荒也”(《考绩》)，显贵之人心口不一、言行矛盾，“世人之论也，靡不贵廉让而贱财利焉，及其行也，多释廉甘利”(《遏利》)，由此带来社会风气的势利虚伪，“富贵则人争附之，此势之常趣也；贫贱则人争去之，此理之固然也”(《交际》)。王符尤其揭露了俗士因追富逐利而产生的变化：贫贱之时尚有鉴明之资与仁义之志，而一旦富贵，则“背亲捐旧，丧其本心，皆疏骨肉而亲便辟，薄知友而厚狗马。财货满于仆妾，禄赐尽于猾奴。宁见朽贯千万，而不忍赐人一钱；宁积粟腐仓，而不忍贷人一斗。人多骄肆，负债不偿，骨肉怨望于家，细民谤讟于道。前人以败，后争袭之，诚可伤也”(《忠贵》)。这完全是富贵财利所导致的士人的异化。王符对于社会的“浮侈”现象也予以揭示，“今民奢衣服，侈饮食，事口舌，而习调欺，以相诈绐，比肩是也”(《浮侈》)，举世都是“舍农桑，趋商贾，牛马车舆，填塞道路，游手为巧，充盈都邑，治本者少，浮食者众”，以至于洛阳之地是“浮末者什于农夫，虚伪游手者什于浮末”，完全是一副奢侈浮华、游手好闲的堕落之气。关于“交际”，王符更是充满激愤，一再慨叹“富贵易得宜，贫贱难得适”，“富贵则人争附之，此势之常趣也；贫贱则人争去之，此理之固然也”(《交际》)。指斥“凡今之人，言方行圆，口正心邪，行与言谬，心与口违；论古则知称夷、齐、原、颜，言今则必官爵职位；虚谈则知以德义为贤，贡荐则必阀阅为前”(同上)的虚伪做作，其所谓“今则不然，多思远而忘近，背故而向新；或历载而益疏，或中路而相捐，牾(原作“悟”)先圣之典戒，负久要之誓言”(同上)，既是对当时势利风气的鞭挞，也透露出他个人遭际的愤慨：他早年与马融、窦章、张衡、崔瑗等交善，然而及至诸人腾达显贵之后，却无人愿为引荐，故而对于人情之淡薄、势利感受更为真切。此外，王符对于卜筮、巫术、看相、占梦等鬼神祭祀、世俗迷信中的荒诞怪象也给予了他力所能及的批驳。相关“题解”对此有说明，此不赘。

3. 贪枉之吏。

王符尤其愤恨那些侵扰下民、祸害百姓的暗主骄臣、腐败官吏，一再批判他们“肆心恣意，私近忘远，崇聚群小，重赋殚民，以奉无功，动为奸诈，托之经义，迷罔百姓，欺诬天地”(《忠贵》)，“令长守相不思立功，贪残专恣，不奉法令，侵冤小民”(《考绩》)。他指出，“贵戚惧家之不吉而聚诸令名，惧门之不坚而为作铁枢，卒其以败者，非苦禁忌少而门枢朽也，常苦崇财货而行骄僭，虐百姓而失民心尔”(《忠贵》)。他特别关注西羌反叛中官守的投降主义与退却行为，在羌敌“破州灭郡，日长炎炎，残破三辅，覃及鬼方。若此已积十岁矣。百姓被害，迄今不止”的情势下，那些太守令长，好像“痴儿骇子”，呆傻一般，“尚云不当救助，且待天时。用意若此，岂人也哉”(《边议》)。更有甚者，边地将帅官吏面对“百姓暴被殃祸，亡失财货，人哀奋怒，各欲报仇”的局面，却“皆怯劣软弱，不敢讨击，但坐调文书，以欺朝廷。实杀民百则言一，杀虏一则言百；或虏实多而谓之少，或实少而谓之多”(《实边》)；反过来又借口防治边患而盘剥民众，为发国难财以致饿杀百姓：“放散钱谷，殚尽府库，乃复从民假贷，强夺财货。千万之家，削身无余，万民匮竭，因随以死亡者，皆吏所饿杀也。”其惨状“其为酷痛，甚于逢虏”（同上）。真可谓字字血泪，直为痛哭之文！这也与其家乡安定临泾本身就属边地有关，他对其中的惨伤灾祸、艰苦辛酸自是身临其境，因而也就有更为沉痛的切肤之感。

（三）两重感叹

《潜夫论》论政，不只是单纯的批判，更有愤激不平的感叹。这也让人明白：王符并不仅仅是一位冷静犀利的批判者，他对于自己的生活时代和生长于斯的故国故土更是充满“哀其不幸、怒其不争”的深厚情感，因而在批判的背后，还有浓郁的家国情怀。张觉说：王符“效法古代圣贤，总结历史教训，针对时弊，研讨学术，将自己的满腔热血和愤懑熔铸成了光耀千古的不朽篇章，以寄托他的‘愚情’。王符的‘愚情’，实是一番救国救民的苦心与痴情”（《潜夫论全译·前言》），这真是知人论世的理解与同情！从这层意义上说，范晔所说的“志意蕴愤”，“讥当时失得”以及“指讦时短，讨谪物情”等，则未免有些简单、片面，因而忽视了一位伟大思想家的炽热情怀。

《潜夫论》中的感喟、慨叹，集中体现在两个主题上，其一是“贤难”之叹，其二是“衰世”之叹。

1.“贤难”之叹。

《潜夫论》自始至终都体现出王符思贤、用贤的思想，也贯穿着“贤难”之愤：“世之所以不治者，由贤难也。”（《贤难》）而所谓“贤难”者，“非直体聪明服德义之谓也。此则求贤之难得尔，非贤者之所难也。故所谓贤难者，乃将言乎循善则见妒，行贤则见嫉，而必遇患难者也”；“故所谓贤难也者，非贤难也，免则难也。……此智士所以钳口结舌，括囊共默而已者也”（同上）。之所以如此，就是因为群小奸邪的嫉贤妒能、壅蔽阻塞：“世未尝无贤也，而贤不得用者，群臣妒也。主有索贤之心，而无得贤之术，臣有进贤之名，而无进贤之实。此以人君孤危于上，而道士（“士”字原脱）独抑于下也。”（《潜叹》）《贤难》反复慨叹：“今世俗之人，自慢其亲而憎人敬之，自简其亲而憎人爱之者不少也。”“夫众小朋党而固位，谗妒群吠啮贤，为祸败也岂希？”“骄臣之好隐贤也，既患其正义以绳己矣，又耻居上位而明不及下，尹其职而策不出于己。”愤懑之气，溢于言表。作者甚至斥责：“夫国不乏于妒男也，犹家不乏于妒女也。近古以来，自外及内，其争功名妒过己者岂希也？”（《明暗》）语气已是近乎詈骂，其激愤郁积可见一斑。

尤需注意的是，作者反复提及“正义之士”与“邪枉之人”的斗争，如《潜叹》篇说“奸臣乱吏无法之徒，所为日夜杜塞贤君义士之间，咸使不相得”；《本政》篇也说“今当涂之人，既不能昭练贤鄙，然又劫（原作“却”）于贵人之风指，胁以权势之属托……此正士之所独蔽，而群邪之所党进也”；《交际》篇更是说“世主不察朋交之所生，而苟信贵臣之言，此洁士所以独隐翳，而奸雄所以党飞扬也”，“奸雄所以逐党进，而处子所以愈拥蔽”。作者因此感叹：“处位卑贱而欲效善于君，则必先与宠人为仇矣。……此思善之君，愿忠之士，所以虽并生一世，忧心相皦，而终不得遇者也。”（《明暗》）“夫诋訾之法者，伐贤之斧也，而骄妒者，噬贤之狗也。人君内秉伐贤之斧，权噬贤之狗，而外招贤，欲其至也，不亦悲乎！”（《潜叹》）最终，作者激愤地呐喊：“正义之士与邪枉之人不两立！”（同上）这与《韩非子·孤愤》所说的“智法之士与当涂之人不可两存”，何其相似乃尔！其情感精神，一脉相承。

胡大浚先生说：“王符之所以就用人问题一再发泄，既有胸中块垒，也抓住了东汉败政的一个核心。”（《译注》）所论深得个中实际。进一步说，思贤、用贤乃至嗟贤、伤贤也成为《潜夫论》一个重要而突出的主题。

2.“衰世”之叹。

前文一再强调，王符所处的时代，是一个没落衰败的季世。我们看《后汉书》，从和帝开始，外戚专权、宦官干政，交相为害，恶性循环，使得朝廷自身内乱不断，朝政衰敝；另一方面，西羌反叛持续十余年，战争连年不断，朝廷被迫两次内迁边民，百姓流离失所，民不聊生。此外，统治者生活奢侈腐化，公卿富豪大肆敛财；官吏阶层腐败贪婪，不惜民力，侵害百姓；社会风气浇薄，道德败坏，贤士困厄；“浮侈”之风蔓延，追逐财利，迷信蔓延。概言之，东汉王朝全面开始由盛转衰，走向没落。

对此，王符自己有着非常清醒的认识。《潜夫论》反复说“衰世”“末世”“季世”。譬如，“衰世群臣诚少贤也，其官益大者罪益重，位益高者罪益深”，“衰世之士，志弥洁者身弥贱，佞弥巧者官弥尊”（《本政》），这是说“衰世”；“后末世之君危何知之哉”（《明暗》），“末世则不然，徒信贵人骄妒之议，独用苟媚蛊惑之言”（《潜叹》），“夫圣人纯，贤者驳，周公不求备，四友不相兼，况末世乎”（《实贡》），这是说“末世”；“季世之臣，不思顺天，而时主是谀”（《忠贵》），这是说“季世”。《务本》更是列举了舍本逐末的八种现象，谓“凡此八者，皆衰世之务，而暗君之所固也”。此外，《衰制》更是以“衰”命篇，列举了国家衰乱的表现，其意和《韩非子·亡征》亦有相似。

总之，“衰世”之感始终在王符心头挥之不去。他的所有政论，都是针对这一现实而生发的。无论是改良政事、举贤贡士，还是加强法制、整肃吏治；无论是崇尚道化、矫正世风，还是救治边患、解除民瘼，都是建立在挽救衰世这个基本的前提下的。这也就可以理解他对自己所处的时代，为何会一再作如此深刻、犀利的批判。

（四）一种视角

现在就可以回到《潜夫论》的视角问题上了。作为一位伟大的思想家，王符的成就不仅在于他对社会现实的冷峻批判，更在于他对弊政乱俗的深度剖析及解决对策的提出。他力图通过自己的主张，化解东汉王朝所面临的种种危机。他像一个冷峻的医者，为衰乱之世分析病情、诊断病因、并且开出良方。因此，《潜夫论》的视角，类似于一种医者的视角，用医者的眼光看待他的时代。

饶有趣味的是，《潜夫论》一书也多以医为喻，仿佛作者就是一个医术老道、忧患愤激的医者。譬如《思贤》一文，以病喻乱，用治病来说明用贤的道理:“上医医国,其次下医医疾。夫人治国,固治身之象。疾者身之病,乱者国之病也。身之病待医而愈,国之乱待贤而治。”又说:“夫与死人同病者,不可生也;与亡国同行者,不可存也。”并将治世的真贤,比作治病的真药,然而世间却难以得到,“当得真人参,反得支罗服(即萝卜根)”,寻玉得瓦,莞尔之余,又令人深思。《忠贵》篇则云:“历观前世贵人之用心也,与婴儿等。婴儿有常病,贵臣有常祸,父母有常失,人君有常过。婴儿常病,伤饱也;贵臣常祸,伤宠也。父母常失,在不能已于媚子;人君常过,在不能已于骄臣。”也是以病因说理。《述赦》更是开篇即说:“凡治病者,必先知脉之虚实,气之所结,然后为之方,故疾可愈而寿可长也。”以之为譬来说明“为国者,必先知民之所苦,祸之所起,然后设之以禁,故奸可塞国可安矣”。《实边》云:“扁鹊之治病也,审闭结而通郁滞,虚者补之,实者泻之,故病愈而名显。”以之喻“伊尹之佐汤也,设轻重而通有无,损积余以补不足,故殷治而君尊”;又说“贾谊痛于偏枯躄痱之疾”,而“今边郡千里,地各有两县,户财置数百,而太守周回万里,空无人民,美田弃而莫垦发;中州内郡,规地拓境,不能半边,而口户百万,田亩一全,人众地荒,无所容足,此亦偏枯躄痱之类也”。《梦列》论梦之成因,其中之一也与疾病有关:“阴病梦寒,阳病梦热,内病梦乱,外病梦发,百病之梦,或散或集。此谓气之梦也。”《叙录》中还在说“买药得雁(同“赝”),难以为医”。不难看出,“医者”的情结贯穿全书。

将《潜夫论》与《荀子》《韩非子》对读,就可以发现各自观察视角的差异。如果说,《荀子》是绵密老成、博学持重、“最为老师”的“师者之文”;《韩非子》是犀利峭拔、鞭辟入里而又“惨礉少恩”的“吏者之文”,那么《潜夫论》无疑就是冷峻深刻、洞悉弊病而又心怀仁爱的“医者之文”,王符也就是那个直面汉末季世顽症痼疾的冷峻的“医者”。

王符与王充、仲长统并称“后汉三贤”或“东汉三杰”,韩愈曾作《后汉三贤赞》,称赞其人:“王符节信,安定临泾。好学有志,乡人所轻。愤世著论,《潜夫》是名。《述赦》之篇,以赦为贼。良民之患,其旨甚明。

皇甫度辽，闻至乃惊，衣不及带，屣履出迎。岂若雁门，问雁呼卿？不仕终家，吁嗟先生！”钦慕有加。纪昀在《四库全书总目提要》中说：“符书洞悉政体似《昌言》，而明切过之；辨别是非似《论衡》，而醇正过之。”真是明眼之论。刘熙载在《艺概·文概》中也说：“王充、王符、仲长统三家之文，皆东京之矫矫者。分按之，大抵《论衡》奇创，略近《淮南子》；《潜夫论》醇厚，略近董广川；《昌言》俊发，略近贾长沙。”将其与董仲舒相提并论。这些评价，王符当之都毫无愧色！

四、《潜夫论》的版本情况和本书处理方式

《潜夫论》一书目前所能见到的最早的本子，是清黄丕烈所跋的明刻本十卷。此外，明程荣于万历年间校刊的《汉魏丛书》本、何允中于万历年间刊刻的《广汉魏丛书》本也是较早的本子。清代则有述古堂藏冯舒校影宋抄本（《四部丛刊》收入）、乾隆年间的《四库全书》写本、王谟辑刊的《增订汉魏丛书》本，以及最称善本的《湖海楼丛书》所收嘉庆萧山汪继培笺注本。其他如明《两京遗编》本、清《摛藻堂四库全书荟要》本等也都是重要的本子。

1979 年，中华书局出版了彭铎先生校正的《潜夫论笺》，1985 年收入“新编诸子集成（第一辑）”中，定名为《潜夫论笺校正》。这是 20 世纪以来最好的整理本。同年，台湾鼎文书局也出版了胡楚生的《〈潜夫论〉集释》，该书是在作者博士论文《〈潜夫论〉校释》的基础上扩充而成，其所谓“集释”，仅是补充汪笺而已，未足称善。

关于《潜夫论》的注译，目前看到最早的是刘兆佑的《潜夫论今注今译》，1977 年台湾商务印书馆出版。1991 年，胡大浚等先生的《王符〈潜夫论〉译注》由甘肃人民出版社出版。此后则有彭丙成《新译潜夫论》（台湾三民书局 1998 年一版，2007 年二版）、张觉《潜夫论全译》（贵州人民出版社 1999 年）等，都是很不错的译注本。

本书以彭铎先生《潜夫论笺校正》为底本（简称“彭《校》”），即所谓古籍整理中的“新善本”。其中汪继培笺简称“汪《笺》”。校本主要为程荣校刊的《汉魏丛书》本(简称"汉魏本")、《四部丛刊》收述古堂藏冯舒校影宋抄本(简称"四部本")、《四库全书》本(简称"四库本")。其他如王谟《增订汉魏丛书》本、《群书治要》等则随文参校,不再简称。

本书校勘,凡底本可通者,一般不做改动。底本文字有所改动及诸本文字有差异且具参考价值处,悉出校语。注释方面,本书在疑难字词的注解之外,更多注意史实与典故的疏通。译文则在忠于原文的基础上,力求文字的晓畅通达。注译工作在个人斟酌取舍的基础上,参考了胡大浚等《王符〈潜夫论〉译注》(简称"《译注》")、张觉《潜夫论全译》(简称"《全译》")及《潜夫论校注》(简称"《校注》"。该书2008年由岳麓书社出版,是在《全译》的基础上,删去译文而成)等,并择善而从。本书的成绩依然离不开这些优秀学者的辛勤工作,这里谨向他们致以深深的敬意!

感谢业师赵逵夫先生。他多年前即指导我读《潜夫论》,此次整理中又常常帮助我解决困难、释疑答惑。我之所以选用《校正》为底本,就是和赵先生反复商量确定的。赵先生今年已是七秩有五,却依然每日伏案,笔耕不辍,朝夕不懈,这精神令我惭愧,也催我奋进!每每从先生家里出来,总是不由感到温暖,好像充满力量一样!

本书的《五德志》《志氏姓》两篇,由刘阳杰同学完成。书稿的三至十卷,他又通读一过,校改错误、补充材料,做了很多工作。阳杰同学从我学已近七年,他为人朴实,读书用功,好学敏思,这几年的成绩是显见的,期望他有更大的进步!赵玉龙同学帮助整理材料、校勘文字,并协助校改了部分初稿;还有郭全升、刘悦、王丹妮、张馨尹诸同学,帮助搜集资料、校勘文字,也做了不少工作,一并致谢。

2014年,在完成了"中华经典名著全本全注全译丛书"《新序》整理之后,本书的责编周旻老师热情邀请我继续做《潜夫论》的"三全本",交稿之后,她又做了认真细致的校改,修订、补充了大量内容。感谢她的信任与鼓励！

王符是我两千年前的乡贤，也是甘肃古代第一位大学者，这足以让我自豪！我最早关注他，是受赵逵夫先生启发的。他在一次座谈会上谈到，一些很有影响的文学史教材，竟然将王符的《潜夫论》列在了王充的名下——这颇让人不解。伏俊琏先生对此亦有微词，谓其"轻视陇上学者如此"，并给王符及《潜夫论》以很高的评价。我于是开始认真研读此书。读得久了，便越来越为这位伟大的思想家的精神风范所折服！当东汉千疮百孔的衰世之际，王符能够保持清醒冷峻的理性眼光与独立耿介的士人品格，批判乱政，抨击时弊，关怀民生，也给出了一剂剂治乱救世的良药。是编一读，百代之下，不由令人想其风标！

1952年，彭铎先生经郭晋稀先生引介，由湘入陇，执教西北师范大学三十余年。多年来，他焚膏继晷，孜孜矻矻，撰成《潜夫论笺校正》一书。如果说汪《笺》是《潜夫论》的功臣，那么，彭先生的《校正》更是汪《笺》的益友！此后，我校胡大浚教授在彭先生整理的基础上，与李仲立、李德奇完成《王符〈潜夫论〉译注》，使其为更多的读者所知，这也是大陆最早的译注本。我今天站在彭、胡两位先生的肩膀上，承其薪火，再做董理，我又是惶恐，又是感动。乡邦、文献，先贤、师长——这让我无法平静！周秦故地，陇右旧籍；卷帙不散，斯文在兹。吾侪小子，敢不勉乎！

敬请各位方家批评指正！

马世年

2017年9月26日于游学途中

卷第一

【题解】

本卷的主旨是总论治国与尚贤，包括《赞学》《务本》《遏利》《论荣》《贤难》五篇。

《赞学》以学为先，劝人向学，以之为“显勋绩扬光烈”的必由之路。“士欲宣其义，必先读其书”，学习的主要途径就是研习先圣经典，“学问圣典，心思道术”，给予经典特别的重视。君子须“自托于先圣之典经，结心于夫子之遗训”。文章提出，“道成于学而藏于书，学进于振而废于穷”，因此，君子为学，必须奋发自励、坚持不懈。

《务本》探究治国之本，强调崇本抑末，以“富民”与“正学”为明君莅国之根本。“夫富民者，以农桑为本，以游业为末；百工者，以致用为本，以巧饰为末；商贾者，以通货为本，以鬻奇为末：三者守本离末则民富，离本守末则民贫”——这是富民。“教训者，以道义为本，以巧辩为末；辞语者，以信顺为本，以诡丽为末；列士者，以孝悌为本，以交游为末；孝悌者，以致养为本，以华观为末；人臣者，以忠正为本，以媚爱为末：五者守本离末则仁义兴，离本守末则道德崩”——这是正学。故欲“成太平之基，致休征之祥”，必“务此二者”。

《遏利》以遏止财利为主旨，“贵廉让而贱财利”，反对贪得无厌，重提先秦以来的义利之辨，主张重义轻利、德义与财利相称。

《论荣》专论士之荣辱，明乎君子小人之别、仁义势位之分。文章提出“仁重而势轻，位蔑而义重”，主张论士须“定于志行，勿以遭命”，重其德义，唯贤是举。

《贤难》伤叹为贤之难，激烈批判奸邪朋党嫉贤妒能，庸主暗君“目见贤则不敢用，耳闻贤则恨不及”，愤慨贤士动辄得咎，“循善则见妒，行贤则见嫉”，以至于发出“故所谓贤难也者，非贤难也，免则难也”的感喟。彭铎先生说本篇是“论蔽贤之为害，伤直道之难行。世不患无贤。而患贤者之不见察，故曰‘贤难’”(《校正》)，确是一语中的。

尤其值得注意的是，《赞学》为全书之首篇，这在体例安排上是有着特别用意的。彭铎先生说:“诸子多勉人为学。《尸子》《荀子》《大戴礼记》《贾子》皆有《劝学》篇，《抱朴子》有《勗学》，《颜氏家训》有《勉学》。”(《校正》)除此之外，《论语》也是以《学而》为第一篇，其勉学之意亦灿然可见。可以说，“劝学”是周秦以来诸子著述的一个重要命题。王符以《赞学》为首篇，既是他对“学”的无上推崇，也是对先秦诸子劝学传统——尤其是《荀子·劝学》篇的切实继承。在这一点上说，先秦子书精神在汉代的传承，正是通过这些细微之处体现出来的。

赞学第一

天地之所贵者人也，圣人之所尚者义也，德义之所成者智也，明智之所求者学问也。虽有至圣，不生而知；虽有至材，不生而能。故志曰[①]：黄帝师风后[②]，颛顼师老彭[③]，帝喾师祝融[④]，尧师务成[⑤]，舜师纪后[⑥]，禹师墨如[⑦]，汤师伊尹[⑧]，文、武师姜尚[⑨]，周公师庶秀[⑩]，孔子师老聃[⑪]。若此言之而信，则人不可以不就师矣。夫此十一君者[⑫]，皆上圣也，犹待学问，其智乃博，其德乃硕，而况于凡人乎?

【注释】

①故志:指记载前代兴衰成败一类的书。

②黄帝:据《史记·五帝本纪》,黄帝为五帝之一,是少典之子,姓公孙,生长于姬水(今陕西武功漆水)之滨,故改姓姬。居轩辕之丘(今陕西武功),故号轩辕氏。以土德王,土色黄,故称黄帝。为中华民族的人文始祖。风后:相传为皇帝的相,上古时有名的阴阳五行家。《史记·五帝本纪》:"皇帝举风后。"

③颛顼(zhuān xū):五帝之一。传说是黄帝的孙子,号高阳氏,居于帝丘(今河南濮阳附近)。老彭:传说中的人物。

④帝喾(kù):五帝之一。名喾,号高辛氏,传说是黄帝曾孙。祝融:传说是帝喾的火正官,掌祭火星,行火政。

⑤尧:五帝之一。帝喾之子,姓伊祁,名放勋,史称唐尧。尧仁慈爱民,明于察人,治理有方,以盛德闻名天下。务成:尧、舜时人,精通阴阳五行及养生术。

⑥舜:五帝之一。根据《史记·五帝本纪》记载,舜名重华,冀州之人,以孝闻名,受尧的禅让而称帝于天下。纪后:舜时人。

⑦禹:夏后氏的部落首领,姒姓,鲧之子。因治水有方,舜死之后,通过禅让得到帝位。都安邑(一作平阳或晋阳)。墨如:卢文弨云:"'墨如'疑是'墨台'。"汪《笺》引《路史·后纪》四云:"禹有天下,封怡以绍烈山,是为默台。"《国名纪》一:"怡,一曰默怡,即墨台。禹师墨如,或云墨台。"

⑧汤:商朝的建立者。子姓,名履,今人多称商汤,又称武汤、天乙、成汤。其在位时,爱护百姓,施行仁政,深得民众拥护。伊尹:商汤的贤相,伊氏,名尹,又名挚。

⑨文:指周文王,姬姓,名昌。古公亶父之孙,季历之子。武:指周武王,周文王之子,姬姓,名发。姜尚:吕氏,名尚,字子牙,号太公望,俗称姜太公。他辅佐周文王,与谋翦商,后辅佐周武王灭

商。因功封于齐，成为齐国的始祖。

⑩周公：姬姓，名旦，亦称叔旦，周武王之弟。因封地在周（今陕西岐山北），故称周公或周公旦。庶秀：周代人。其事不详，此处王符云周公师于庶秀，当有所本。

⑪孔子师老聃（dān）：史载孔子曾向老子问礼。孔子（前551—前479），名丘，字仲尼。春秋晚期著名的思想家和教育家，儒家学派创始人。老聃，即老子。姓李氏，名耳，字聃。春秋时期著名的思想家，道家学派创始人。

⑫此十一君者：《韩诗外传》卷五、《新序·杂事》皆载有黄帝至孔子十一人学于人之事，谓之“十一圣人”；《吕氏春秋·尊师》亦载有神农、黄帝等十六人师于人之事，谓之“十圣人六贤者”。此皆本节文字之所本，亦上文所谓“故志”一类。

【译文】

天地所贵重的是人，圣人所崇尚的是义，品德道义所成就的是智慧，聪明睿智所要追求的是学问。即使是最伟大的圣人，也不是生而知之的；即使是最有才能的人，也不是生而能之的。古书上说：皇帝师从风后，颛顼师从老彭，帝喾师从祝融，唐尧师从务成，虞舜师从纪后，夏禹师从墨如，商汤师从伊尹，周文王、周武王师从姜尚，周公师从庶秀，孔子师从老聃。如果这些话真实可信，那么人就不可以不跟从老师学习。这十一位君子，都是极其圣哲的人，尚且需要学习请教，他们的智慧才会广博，他们的德行才会伟大，更何况是普通人呢？

是故工欲善其事，必先利其器①；士欲宣其义，必先读其书②。《易》曰③：“君子以多志前言往行以畜其德④。”是以人之有学也，犹物之有治也⑤。故夏后之璜⑥，楚和之璧⑦，虽有玉璞卞和之资⑧，不琢不错⑨，不离砾石⑩。夫瑚簋之器⑪，朝祭之服，其始也，乃山野之木、蚕茧之丝耳。使巧倕加绳墨而制之以斤斧[12]，女工加五色而制之以机杼[13]，则皆成宗庙之器，黼黻之章[14]，可羞于鬼神[15]，可御于王公[16]。而况君子敦贞之质[17]，察敏之才[18]，摄之以良朋[19]，教之以明师，文之以《礼》《乐》[20]，导之以《诗》《书》[21]，赞之以《周易》[22]，明之以《春秋》[23]，其不有济乎？

【注释】

①工欲善其事，必先利其器：语见《论语·卫灵公》。

②读其书：汉魏本、四部本作“读其智”，四库本作“扩其智”，汪《笺》据魏徵《群书治要》改。张觉《校注》则以“读其智”为是，认为“读”通“续”，“读其智”即“续其智”，是“增进其明智”的意思。按，张说迂曲，“读其书”即彭《校》所引“此篇勉人以读书为学”之意。

③《易》：即《周易》，包括《易经》与《易传》，是儒家经典之一，被誉为“六艺之原”“群经之首”。

④君子以多志前言往行以畜其德：语见《周易·大畜·象》。意谓君子要多识记前代圣贤的言论和事迹来培育自己的德行。志，识记。畜，蓄养，培育。彭《校》：“《志氏姓》篇引此‘志’作‘识’，‘畜’作‘蓄’。”

⑤治：加工。

⑥夏后之璜：夏禹时期极为珍贵的宝器。《山海经·海外西经》曰：“大乐之野，夏后启于此舞九代，乘两龙，云盖三层。左手操翳，右手操环，佩玉璜。在大运山北。”《左传·定公四年》：“分鲁公以夏后氏之璜。”《淮南子·精神训》也说：“有夏后氏之璜者，匣匮而藏之，宝之至也。”夏后，即夏后氏，指夏禹。璜，古代一种半

圆形的玉器,常用作祭祀、征召的礼器。

⑦楚和之璧:即和氏璧。据《韩非子·和氏》载,楚人卞和将一块玉石先后献给楚厉王、楚武王,都被说是石头,他以欺君之罪被砍掉双脚。第三次献给了楚文王,文王命工匠加工,果然是块美玉,遂称为"和氏之璧"。楚和,即卞和。

⑧玉璞:没有加工的玉石。资:材质,此处指有宝玉的资质和卞和的呈献。

⑨错:打磨,摩擦。

⑩砾:粗糙的小石子。

⑪瑚、簋(guǐ):古代祭祀时用来盛黍稷的两种礼器。《礼记·明堂位》:"殷之六瑚,周之八簋。"

⑫倕:人名,或作"垂"。上古时的巧匠,或曰尧时,或曰舜时,相传最早制作了规矩和绳墨。

⑬五色:指青、黄、赤、白、黑五种颜色。古代以这五种颜色为正色,是制作礼服所专用的颜色。

⑭黼黻(fǔ fú):古代礼服上的花纹,黑白相间象斧形花纹称为"黼",黑与青相间的"亞"形花纹称为"黻"。章:章服,古代以日月星辰作为纹饰的礼服。

⑮羞:进献,供奉。

⑯御:穿戴,佩戴。

⑰敦贞:笃实,坚贞。

⑱察敏:明察,机敏。

⑲摄:辅佐。

⑳文:文饰,美化。这里引申为修养。《礼》:指《礼经》,春秋战国时礼制的汇编。《乐》:指《乐经》,亡于秦。《礼》《乐》与下文所说的《诗》《书》《周易》《春秋》合称为儒家"六经"。

㉑《诗》:即《诗经》,我国第一部诗歌总集。汉以后成为儒家经典之

一。《书》:指《尚书》。原称《书》,汉代以后被列为儒家经典之一,故又称《书经》。为中国上古历史文献汇编,辑录了春秋以前历代史官所记录的重要史料。

㉒赞:借助,辅助。

㉓《春秋》:原指列国史记。后专指春秋时期鲁国的史书,孔子曾对其做过修订。其记事往往通过隐微精深的语言来隐喻对人事的褒贬,也即所谓"春秋笔法"。儒家经典之一。

【译文】

因此,工匠要做好他的工作,必须先磨砺好自己的工具;士人想要宣扬他的道义,必须先研读前代圣贤的经典。《周易》中说:"君子要多识记前代圣贤的言论和事迹来培育自己的德行。"因此,人需要学习,就像物品需要加工打磨一样。所以夏朝的玉璜和楚国的和氏璧,即使具有宝玉的材质和卞和的呈献,如不加工打磨,就和粗糙的石头没有区别。瑚簋之类的礼器,上朝和祭祀时穿的礼服,它们最初也不过是深山野林中的树木和蚕茧的丝罢了。让技艺高明的工倕用绳墨、斧头来加工它,让女工用五彩、织机制作它,就都成了宗庙祭祀的礼器和礼服,可以敬献给鬼神,可以供奉给君王。更何况君子有笃实坚贞的品质,明察机敏的才智,有德行高尚的朋友辅助他,有高明的老师教诲他,用《礼经》《乐经》修养他,用《诗经》《尚书》引导他,用《周易》辅佐他,用《春秋》启发他明智,怎么会不成功呢?

《诗》云:"题彼鹡鸰,载飞载鸣。我日斯迈,而月斯征。夙兴夜寐,无忝尔所生①。"是以君子终日乾乾进德修业者②,非直为博己而已也③,盖乃思述祖考之令问④,而以显父母也⑤。

【注释】

①"题(dì)彼鹡鸰(jī líng)"六句:引诗见《诗经·小雅·小宛》。程俊英《诗经注析》云,此诗"以脊令之飞鸣,喻兄弟之远行"。题,通"睇",看。鹡鸰,今本《诗经》作"脊令"。一种水鸟,巢于沙上,常在水边觅昆虫、小鱼为食。斯迈、斯征,皆指行役,远行。忝(tiǎn),辱没。尔所生,生你的人,指父母。

②君子终日乾乾进德修业:化用《周易·乾·文言》"君子终日乾乾"及"君子进德修业"之句。乾乾,勤恳的样子。

③直:仅仅,只是。

④述:传承,继承。祖考:泛指祖先。令问:好的声誉。问,通"闻",声誉。

⑤以显父母:汪《笺》:"《孝经》云:'立身行道,扬名于后世,以显父母。'"

【译文】

《诗经》中说:"看那鹡鸰鸟,边飞边欢鸣。你我天天在奔波,月月都远行。早起晚睡不停息,不要辱没父母名。"所以,君子整天勤勤恳恳,积累德行,研修学业,并不只是为了使自己的学识能够渊博而已,而是想继承祖先的美好声望,并以此来显扬自己的父母。

孔子曰:"吾尝终日不食,终夜不寝,以思,无益,不如学也[①]。""耕也,馁在其中;学也,禄在其中矣。君子忧道不忧贫[②]。"箕子陈六极[③],《国风》歌《北门》[④],故所谓不忧贫也[⑤]。岂好贫而弗之忧邪?盖志有所专,昭其重也[⑥]。是故君子之求丰厚也,非为嘉馔、美服、淫乐、声色也[⑦],乃将以底其道而迈其德也[⑧]。

【注释】

①“吾尝终日不食”五句：语见《论语·卫灵公》。

②“耕也，馁(něi)在其中”五句：语见《论语·卫灵公》。今本《论语》“馁在其中”下有“矣”字。馁，饥饿。

③箕子陈六极：据《史记·殷本纪》和《周本纪》载，箕子曾因纣王荒淫无度，劝谏纣王不成，反被纣王囚禁。武王伐纣后问政箕子，箕子答之以《洪范》九畴，其中包括六种困厄，称为“六极”，即“一曰凶短折，二曰疾，三曰忧，四曰贫，五曰恶，六曰弱”。箕子，商纣王的叔父，商之太师。

④《国风》歌《北门》：指《诗经·邶风》中的《北门》篇，是一首描写士人困厄不得志的诗。《国风》，《诗经》分“风”“雅”“颂”三大类。风即《国风》，指十五国的民间歌谣。

⑤故所谓不忧贫也：俞樾谓此句当作“何故谓不忧贫也”，“盖承上文引孔子‘君子忧道不忧贫’句而言。箕子陈六极，《国风》歌《北门》，古人未尝不以贫为忧，何故而言忧道不忧贫邪？乃反言以起下文”。俞说亦通。

⑥昭：表明，彰明。

⑦嘉馔(zhuàn)：美味的食物。

⑧底(zhǐ)：汉魏本、四部本作“厎”(zhǐ)。“厎”同“底”，阮元《十三经注疏校勘记》谓，经典中当“致”讲的“底”，皆应当作“厎”。底、厎，通“致”，至。迈其德：即行其德。迈，行。彭《校》：“‘迈德’犹言‘进德’。”又，张觉《校注》以“迈”为“勉”，引《左传·庄公八年》“皋陶迈种德”杜预注：“迈，勉也。”“迈其德”即努力奉行其美德。说亦通。

【译文】

孔子说：“我曾经整天不吃饭，整夜不睡觉，只是去思考，结果没有什么好处，不如去学习。”“耕种，就要受苦挨饿；学习，就能得到俸禄。

君子所忧患的是道义不行，而不是贫穷。”箕子所陈说的“六极”，《国风》中吟唱的《北门》诗篇都是讲忧患的事。所以孔子所说的不忧患贫穷，难道真的是喜好贫穷而不担忧吗？不过是他的志向专注，表明他看重的东西罢了。所以说君子所追求的丰足富裕，不是美味的食物、华丽的衣服、奢靡的音乐和漂亮的女色，而是要依靠它去通达大道、践行美德。

夫道成于学而藏于书，学进于振而废于穷[①]。是故董仲舒终身不问家事[②]，景君明经年不出户庭[③]，得锐精其学而显昭其业者[④]，家富也；富佚若彼[⑤]，而能勤精若此者，材子也[⑥]。倪宽卖力于都巷[⑦]，匡衡自鬻于保徒者[⑧]，身贫也；贫厄若彼，而能进学若此者，秀士也。当世学士恒以万计，而究涂者无数十焉[⑨]，其故何也？其富者则以贿玷精，贫者则以乏易计[⑩]，或以丧乱期其年岁[⑪]，此其所以逮初丧功而及其童蒙者也[⑫]。是故无董、景之才，倪、匡之志，而欲强捐家出身旷日师门者[⑬]，必无几矣[⑭]。夫此四子者，耳目聪明，忠信廉勇，未必无俦也[⑮]，而及其成名立绩，德音令问不已[⑯]，而有所以然，夫何故哉？徒以其能自托于先圣之典经，结心于夫子之遗训也[⑰]。

【注释】

①夫道成于学而藏于书，学进于振而废于穷：意谓大道要依靠学习才能获得，它隐藏在书本之中；学问要依靠发奋努力而有长进，它的荒废是因为懈怠止步。振，振奋，奋进。穷，止，这里指懈怠松弛。彭《校》：“‘学进于振而废于穷’，犹韩愈《进学解》‘业精于勤荒于嬉’耳。”张觉《校注》：“‘废于穷’与《荀子·劝学》‘学不可

以已'的意思一脉相承。"

②董仲舒终身不问家事:《史记·儒林列传》载董仲舒"居家至卒,终不治产业,以修学著书为事"。董仲舒,西汉著名思想家,儒家代表人物,主张罢黜诸子百家,独崇儒术。

③景君明:即京房,西汉今文《易》学京氏《易》创始人,汉元帝时立为博士。

④锐精其学而显昭其业:意谓使其学问日渐精深,使其学业愈加显著。精,锐利精深,这里指学问精到。

⑤佚:安逸,安乐。

⑥材子:古指德才兼备的人。

⑦倪宽卖力于都巷:倪宽是西汉著名学者。武帝时任御史大夫,受业于孔安国,精通《尚书》。少时家贫,在太学读书时,曾为太学生做过饭。都巷,应为"都养",即厨工。

⑧匡衡自鬻于保徒:匡衡是西汉时著名学者,元帝时曾为御史大夫、丞相。少时家贫,曾给人作佣工。鬻,卖。保徒,佣人。

⑨究涂者:指不半途而废,能坚持学习到底的人。究,穷尽。涂,道路。

⑩其富者则以贿玷精,贫者则以乏易计:意谓那些家境富裕的人因为财物丰足而妨害了学习的精神,家庭贫困的人又因为财物缺乏而改变了学习的计划。贿,财物。玷,玷污,妨害。精,这里指专一求学的精神。乏,缺乏。易计,这里指中止了学习的计划,另谋他业。

⑪或以丧乱期(jī)其年岁:意谓有些人因为遭遇丧乱而延误、迁延了求学的岁月。期,待,这里指延误、耽误。

⑫此其所以逮初丧功而及其童蒙者也:此句文字疑有错讹。汪《笺》引王宗炎说:"'逮'疑'违'。"彭《校》从之:"盖谓违其欲学之初衷。"又云:"'及'疑当作'终'。终,古文作'夂',因误为'及'。"

依彭先生说，本句的意思是：这就是他们违背求学的初衷，前功尽弃而终身蒙昧无知的原因（参胡大浚《译注》）。及，汪《笺》疑为"反"之误，邵孟遴校本则径改为"反"，亦可参。反其童蒙，即返回到蒙昧无知的状态。童蒙，幼稚愚昧。

⑬捐家出身：抛弃家庭，奉献自身。旷日师门：指长久地在老师门下学习。

⑭无几：不能达到。几，近。

⑮俦（chóu）：比肩，比得上。

⑯德音：指美好的声誉。

⑰结心：专心。

【译文】

道义隐藏在书本中，要靠不断地学习才能获得，学问因发奋努力而有所长进，因懈怠松弛而荒废。所以董仲舒终生不过问家事，景君明常年不出家门，使自己的学问日渐精深、学业愈加显著，是因为他们家境富裕；像他们那样富裕闲逸而又能如此勤奋努力，是品德才能过人之士。倪宽卖力作厨工，匡衡把自己卖给富人家做佣工，是因为他们家境贫困；像他们那样家境贫困而又能如此钻研学业，是品德才华优秀之人。现在求学的人数以万计，而坚持学习到底的人还没有几十个，这是什么原因呢？家境优越的人因为丰足的财物而妨害了自己勤奋学习的精神，家境贫困的人因为缺吃少穿而改变了自己学习的打算，另谋他业，有的人是遭受了丧乱而耽误了求学的岁月，这就是抓住了学习的开始，却尽丧前功，终身幼稚愚昧的原因。所以，没有董仲舒、景君明那样的才气，倪宽、匡衡那样的志向，而想要勉强自己抛弃家庭，在老师门下长久学习的人，是一定不会成功的。以上四人的耳聪目明、忠义诚实、廉正勇敢，未必没有能与之比肩的人，然而他们树立名望，建立功业，美好的声誉没有穷尽，终于达到这样的境地，这是什么原因呢？只不过是因为他们依托于先圣的经典，专心谨记孔夫子的遗训罢了。

是故造父疾趋[①]，百步而废，自托乘舆，坐致千里[②]；水师泛轴[③]，解维则溺[④]，自托舟楫，坐济江河。是故君子者，性非绝世，善自托于物也[⑤]。人之情性，未能相百，而其明智有相万也。此非其真性之材也[⑥]，必有假以致之也[⑦]。君子之性，未必尽照[⑧]，及学也，聪明无蔽，心智无滞，前纪帝王[⑨]，顾定百世[⑩]。此则道之明也，而君子能假之以自彰尔。

【注释】

①造父：传说为周穆王的御车者。

②坐：自然而然地。

③水师：张觉《校注》认为指水兵。胡大浚《译注》则以之为船夫，可参。泛：漂浮，坐在船上任水飘荡。轴：舵，船。此指舳舻，即前后首尾相接的船。船头安放棹的地方叫作"舻"，船尾掌舵的地方叫作"舳"。古代水战时，为了使战士能在较为平稳的船上作战，往往把战船的船头和船尾依次相连，是为舳舻。彭《校》引俞樾说："'轴'仍当读'车轴'之本字。盖车轴不可以济水，故一解其维，即沉溺也。"胡大浚《译注》即从之，说亦可通。

④维：此处指系战船的大绳。

⑤善自托于物也：以上或本《荀子·劝学》："假舆马者，非利足也，而致千里。假舟楫者，非能水也，而绝江河。君子生非异也，善假于物也。"

⑥真性：天性。材：才能，才干。

⑦假：凭借。

⑧照：通晓。

⑨纪：综理。此指总结前代的经验教训。

⑩顾：回头看。此指预定未来。

【译文】

所以如果让造父快步奔走，百步就已疲惫止步了，要是依靠车马，自然就能到达千里之外的地方；水军在舳舻相连的战船上随船飘荡，解开系船的绳子则会落入水中淹死，如果借助船只，自然就能渡过江河。所以说作为君子，其天性未必世间绝无，只是善于借助外物罢了。人的情感本性，不会相差百倍，但是聪明智慧却会相差万倍。这并不是他们天性才能的差别，一定是有所凭借才能达到那种境界。君子的天性，不一定能通晓一切，等到学习之后，便可以做到耳聪目明无所蒙蔽，心性智慧无所阻滞，向前能总结前代帝王的得失，向后能安定百代事业。这就是大道明畅，而君子能借助它来彰显自己罢了。

夫是故道之于心也，犹火之于人目也。中井深室①，幽黑无见，及设盛烛，则百物彰矣。此则火之耀也，非目之光也，而目假之，则为己明矣。天地之道，神明之为，不可见也。学问圣典，心思道术②，则皆来睹矣。此则道之材也③，非心之明也，而人假之，则为己知矣。

【注释】

①井：同“阱”，陷阱，地洞。

②学问圣典，心思道术：意谓学业上求问于圣人的典籍，内心里思虑天下的道术。此处“问”与“思”对文成句。

③材：材质，作用。

【译文】

所以大道之于人的内心，就好比火光之于人的眼睛。地洞和深邃的房屋里，幽黑一片什么都看不见，等到点燃大量蜡烛，各种事物就显现出来了。这是烛火的照耀，并非是眼睛的光亮，然而眼睛借助烛火的照耀，就能清楚地看到事物。天地间的大道，神灵的作为，是看不见的。学习了圣人的经典，内心领悟了道义，那么天地间的大道、神灵的作为就都可以清楚地看见了。这就是大道的作用，不是内心的聪明，然而人们借助它，就可以使自己变得聪明了。

是故索物于夜室者，莫良于火；索道于当世者，莫良于典。典者，经也[①]，先圣之所制；先圣得道之精者以行其身，欲贤人自勉以入于道[②]。故圣人之制经以遗后贤也[③]，譬犹巧倕之为规矩准绳以遗后工也。

【注释】

①经：经书。此指六经，即《诗》《书》《礼》《易》《乐》《春秋》的合称。

②先圣得道之精者以行其身，欲贤人自勉以入于道：意谓前代圣人体悟到大道的精华来立身行事，并且希望后世贤人能够自我努力从而深入到大道之中。

③遗（wèi）：给予，留下。下“遗后工”同。

【译文】

因此在黑暗的房间找东西，最好的工具就是火光；在当今社会寻求道义，最好的工具便是经典。经典就是六经，是前代圣人制作的；前代圣人体悟到大道的精华来立身行事，并且希望后世贤人能够自我努力从而深入到大道之中。所以圣人创制经典来留给后世贤者，就像是技巧高超的倕制作规矩准绳来留给后代工匠一样。

昔倕之巧，目茂圆方[①]，心定平直，又造规绳矩墨以诲后人。试使奚仲、公班之徒[②]，释此四度，而效倕自制，必不能也；凡工妄匠[③]，执规秉矩[④]，错准引绳[⑤]，则巧同于倕也。是故倕以其心来制规矩⑥，后工以规矩往合倕心也，故度之工，几于倕矣⑦。

【注释】

①目茂圆方：彭《校》引汪《笺》："'茂'当作'成'，定也。"并云："作'成'是也。'成'亦'定'也。"其说是。目成圆方，即指倕制作之前，已胸有成竹，在心里形成了圆和方。与下文"心定平直"互文。

②奚仲：传说中车的创造者，《世本》载其为夏代车正。公班：即公输班，春秋时鲁国人，又称鲁班，是著名的巧匠，曾创造攻城的云梯。

③凡工妄匠：普通的工匠。妄，平庸，寻常。

④执：底本阙，今据汉魏本补。

⑤错：通"措"，放置。

⑥是故倕以其心来制规矩："故""其"，四部本阙，彭《校》补之。

⑦故度之工，几(jī)于倕矣：汪《笺》："'度'上脱一字。"王宗炎即以为脱"信"字，又以为"几"上脱"巧"字。按，由下文"故修经之贤，德近于圣矣"句例推测，当以王宗炎说为是。几，接近。

【译文】

从前倕的技艺高超，眼睛能审定圆形和方形，用心能判断平直和弯曲，又创造规矩、绳墨来教诲后人。如果让奚仲、公输班这些人抛开这四种工具，仿效倕去判断方圆平直，一定是不能的；普通的工匠，拿着圆规和矩尺，放置水平拉开墨绳，那么工巧就可以和倕等同了。所以倕用智慧来制作规矩，后代的工匠通过规矩去迎合倕的智慧，因此相信度量的工匠，他的灵巧就接近于倕了。

先圣之智，心达神明，性直道德[①]，又造经典以遗后人。试使贤人君子，释于学问，抱质而行[②]，必弗具也；及使从师就学，按经而行，聪达之明，德义之理，亦庶矣[③]。是故圣人以其心来造经典，后人以经典往合圣心也，故修经之贤，德近于圣矣。

【注释】

①心达神明，性直道德：意谓心灵能通达神明，天性能符合道德。直，当。此指相符合。

②抱质而行：凭着自己固有资质去行事。抱，持，守，凭借。质，天生的资质。

③庶：差不多。

【译文】

前代圣人的智慧，心灵能通达神明，天性能符合道德，又创作经典来留给后世。如果让贤人君子，抛开学习，仅仅依靠天生的资质去行事，一定不会达到圣人的境界；等到让他们跟从老师学习，依照经典行事，聪慧通达、德行道义就和圣人差不多了。所以，圣人用他的智慧来创作经典，后人通过经典去迎合圣人的智慧，因而研修经典的贤士，德行也就会接近圣人了。

《诗》云："高山仰止，景行行止[①]。""日就月将，学有缉熙于光明[②]。"是故凡欲显勋绩扬光烈者，莫良于学矣。

【注释】

①高山仰止，景行(háng)行(xíng)止：引诗见《诗经・小雅・车舝》。形容圣人德行高尚如山。景行，大路。

②日就月将，学有缉熙于光明：引诗见《诗经·周颂·敬之》。诗旨在告诫群臣要严于自律。此处用来劝学。就，追随，跟随。此处指从师学习。将，遵行。此处亦指从师学习。缉，继续，指不断积累。熙，光明。

【译文】

《诗经》中说："面对高山内心仰慕，面对大路迈步前行。""时时刻刻遵行学习之事，学问积累就会走向光明。"因此凡是想要显耀功勋业绩、传扬光辉事业的人，再没有比学习更好的了。

务本第二

凡为治之大体①，莫善于抑末而务本，莫不善于离本而饰末②。夫为国者以富民为本，以正学为基③。民富乃可教，学正乃得义，民贫则背善，学淫则诈伪④，入学则不乱，得义则忠孝。故明君之法，务此二者，以为成太平之基，致休征之祥⑤。

【注释】

①大体：大政方针。

②饰：通"饬"，整治。

③基：底本阙。汉魏本作"基"，今据补。

④淫：这里指学说淫邪不正。《吕氏春秋·知度》："至治之世，其民不好空言虚辞，不好淫学流说。"高诱注："不学正道为淫学。"

⑤休征：吉利的兆头。休，美善。

【译文】

凡是治国的大政方针，没有比抑制枝节而致力于根本更好的了，没有比抛开根本而致力于枝节更糟的了。治理国家的人要以富裕百姓为根本大事,把端正学业作为基础。百姓富裕了才可进行教育,学业端正了才能获得道义,百姓贫困了就会背离良善,学说淫邪就会产生虚伪欺诈,接受了教育就不会去作乱,懂得了道义就会变得忠孝。所以英明君主治国的办法,就是致力于这两项,并把它们作为成就天下太平的基础和获得吉利征兆的祥瑞。

夫富民者,以农桑为本,以游业为末①;百工者,以致用为本,以巧饰为末;商贾者,以通货为本,以鬻奇为末②:三者守本离末则民富,离本守末则民贫,贫则厄而忘善③,富则乐而可教。教训者④,以道义为本,以巧辩为末;辞语者,以信顺为本,以诡丽为末;列士者⑤,以孝悌为本⑥,以交游为末;孝悌者,以致养为本⑦,以华观为末⑧;人臣者,以忠正为本,以媚爱为末⑨:五者守本离末则仁义兴,离本守末则道德崩。慎本略末犹可也,舍本务末则恶矣。

【注释】

①以农桑为本,以游业为末:古代社会以农耕为主,以其他职业为末。农桑,耕种与蚕桑养殖。为中国古代农业社会的根本产业。《汉书·文帝纪》:"农,天下之大本也,民所以恃以生也。"《汉书·昭帝纪》:"天下以农桑为本。"游业,指从事非农耕的职业,主要包括工商业。《后汉书·班固列传》:"除工商之淫业,兴农桑之上务。""淫业"即所谓"游业"。

②鬻(yù)奇:售卖珍奇的物品。鬻,卖。

③厄(è):困厄,处境困难。

④教训:教育,教化。

⑤列士：此处指有涵养，知礼节的士人。《荀子·大略》："子赣、季路，故鄙人也，被文学，服礼义，为天下列士。"

⑥孝悌（tì）：孝顺父母为孝，尊敬兄长为悌。

⑦致养：赡养，尽力奉养。

⑧华观：华丽的外观。这里指孝敬长辈只注重好看的表面行为，讲排场而不注重实际行动。

⑨媚爱：谄媚邀宠。

【译文】

想要让百姓富足起来，必须把农业蚕桑作为国家的本业，把工商业作为末业；各类工匠，要以致力于实用器物为本业，以巧伪装饰为末业；商人，要以流通货物为本业，以奇货可居为末业：这三个方面，只要抓住本业而舍弃末业，百姓就能富足，抛开本业而专心于末业，百姓就会贫困，贫穷了就会处境困难进而忘记良善，富足了就会快乐进而愿意接受教导。教化，要以德行仁义为根本，以巧言善辩为末事；措辞言谈，要以朴实顺畅为根本，以诡诈华丽为末事；涵养知礼之士，要以孝敬父母、尊敬兄长为根本，以交际应酬为末事；孝敬父母、尊敬兄长，要以尽力奉养为根本，以讲究排场为末事；臣子，要以忠诚正义为根本，以谄媚邀宠为末事：这五个方面，能守住根本而抛开末节，那么仁义就会发扬，抛开根本去把握末节，那么道德就会崩坏。谨慎对待根本而简省末节，还说得过去；抛开根本而致力于末节，那就糟糕了。

夫用天之道[①]，分地之利[②]，六畜生于时[③]，百物聚于野，此富国之本也[④]。游业末事，以收民利，此贫邦之原也[⑤]。忠信谨慎，此德义之基也；虚无谲诡[⑥]，此乱道之根也。故力田所以富国也。今民去农桑，赴游业，披采众利[⑦]，聚之一门，虽于私家有富，然公计愈贫矣[⑧]。百工者，所使备器也。器以便事为善[9]，以胶固为上[10]。今工好造雕琢之器[11]，巧伪饬之[12]，以欺民取贿，虽于奸工有利，而国界愈病矣。商贾者[13]，所以通物也。物以任用为要，以坚牢为资。今商竞鬻无用之货、淫侈之币[14]，以惑民取产，虽于淫商有得，然国计愈失矣。此三者，外虽有勤力富家之私名，然内有损民贫国之公实[15]。故为政者，明督工商，勿使淫伪；困辱游业[16]，勿使擅利；宽假本农[17]，而宠遂学士[18]，则民富国平矣。

【注释】

①用天之道：利用自然规律。此处指依据自然气候的变化规律来安排农事。

②分地之利：根据土地的肥瘠情况来进行耕种。

③六畜：指马、牛、羊、鸡、犬、猪等家畜。

④百物聚于野，此富国之本也：《管子·立政》："桑麻殖于野，五谷宜其地，国之富也；六畜育于家，瓜瓠、荤菜、百果备具，国之富也。"

⑤原：同"源"，源头，根源。

⑥虚无谲(jué)诡：指虚无欺诈。谲，欺骗。诡，诡诈。

⑦披采：深入挖掘开采，这里指广泛获取利益。

⑧公计：国家财政。与下文"国计"同义。

⑨便事：方便使用，方便做事。《盐铁论·国病》："器足以便事。"

⑩胶固：牢固。

⑪好(hào)：喜好。雕琢：雕刻，装饰。《汉书·王吉传》："古者，工不造雕瑑，商不通侈靡。""雕瑑"即"雕琢"。

⑫饬：通"饰"，装饰。

⑬商贾者：按，自"以欺民取贿"以下至此共二十字旧脱，汪《笺》据

《群书治要》补。界，汪《笺》："当依上下文作'计'。计、界声相近。"病，困，困窘。这里指国家财政困难、窘迫。

⑭淫侈之币：奢侈品。淫，游。币，财物。

⑮公实：指公众的实际利益。

⑯困辱游业：指压制工商业。《史记·平准书》："高祖乃令贾人不得衣丝乘车，重租税以困辱之。"

⑰宽假：提供便利条件。

⑱宠遂：使之尊荣显贵。遂，通达，成功。

【译文】

依据自然规律来安排农事，根据土地的肥沃特征来进行耕作，六畜按时繁殖，各种作物都生长丛聚在田野中，这是国家富足的根本。商业、手工业等赚取百姓财物的末业，是国家贫困的根源。忠信谨慎，这是道德仁义的基础；虚伪欺诈，这是道义混乱的根源。所以致力于农业生产正是使国家富裕的方法。而现在的百姓却抛开农耕蚕桑，去从事末业，多方获利，使财物聚集到自己的家里，虽然对于私人家庭有所富足，但国家财政却是越来越贫穷了。各类工匠，是制造各类器具的。器具以方便使用为上，以质量牢固为优。而现在的工匠却喜好造作华而不实的器具，巧妙虚伪地装饰，用来欺骗百姓谋取钱财，虽然对奸诈的工匠是有利的，但国家经济却越来越贫困了。商人是以流通货物为业的。物品以实用为主，以牢靠为好。而现在的商人竞相售卖没有实用价值、过分奢侈的货物，用来迷惑百姓以获取他们的财物，虽然对于那些奸邪的商人来说能够获利，但是对于国家财政却是有损失的。这三种情况，表面上虽然有勤劳致富的个人美名，但实际却是有损国家公众利益的。所以治理国家的人，要严明督查手工业、商业，不要使他们弄虚作假；抑制副业末事，不要使他们轻易获利；要为农业提供便利条件，同时尊崇提拔有学问的人，那么百姓就会富足，国家也就会太平了。

夫教训者，所以遂道术而崇德义也[①]。今学问之士，好语虚无之事[②]，争著雕丽之文[③]，以求见异于世。品人鲜识[④]，从而高之。此伤道德之实，而或矇夫之大者也[⑤]。诗赋者，所以颂善丑之德，泄哀乐之情也，故温雅以广文[⑥]，兴喻以尽意[⑦]。今赋颂之徒，苟为饶辩屈蹇之辞[⑧]，竞陈诬罔无然之事[⑨]，以索见怪于世。愚夫戆士[⑩]，从而奇之。此悖孩童之思[⑪]，而长不诚之言者也[⑫]。尽孝悌于父母，正操行于闺门[⑬]，所以为列士也。今多务交游以结党助，偷世窃名以取济渡[⑭]。夸末之徒，从而尚之，此逼贞士之节[⑮]，而眩世俗之心者也。养生顺志，所以为孝也。今多违志俭养，约生以待终，终没之后，乃崇饬丧纪以言孝[⑯]，盛飨宾旅以求名[⑰]。诬善之徒[⑱]，从而称之。此乱孝悌之真行，而误后生之痛者也。忠正以事君，信法以理下[⑲]，所以居官也。今多奸谀以取媚，挠法以便佞[⑳]。苟得之徒，从而贤之。此灭贞良之行，而开乱危之原者也[㉑]。五者，外虽有振贤才之虚誉，内有伤道德之至实。

【注释】

①遂：成。道术：泛指道德学术。

②虚无：虚无缥缈，不切合实际的事。《汉书·扬雄传赞》："昔老聃著虚无之言两篇，薄仁义，非礼学，然后世好之者，尚以为过于五经。"

③雕丽：此处指过分雕琢，虚饰华丽。

④品人：大众，一般人。鲜(xiǎn)：少。

⑤或：通"惑"。矇夫：盲人，此指愚昧无知的人。《论衡·量知篇》：

“人未学问曰矇。”

⑥温雅：指文章要温柔雅正。《汉书·扬雄传》：“司马相如，作赋甚弘丽温雅。”广文：指铺张文辞。

⑦兴(xìng)喻：起兴比喻。

⑧苟：不严肃，随意。饶辩：彭《校》认为“饶”当作“譊”，讼声。譊辩，即喧嚷争辩。其说是。屈蹇(jiǎn)：形容隐晦艰涩。

⑨诬罔：欺骗，不真实。无然：没有依据，不可能。

⑩戆(zhuàng)：愚蠢，傻，愣。

⑪悖：迷惑，惑乱。

⑫长：助长。不诚之言：《韩非子·难二》：“言语辩，听之说，不度于义者，必不诚之言也。”

⑬正操行于闺门：《盐铁论·孝养》：“闺门之内尽孝焉，闺门之外尽悌焉。”正，端正。闺门，宫苑、内室的门，借指家庭。

⑭济渡：渡水过河，此处喻指达到目的。

⑮逼：威胁。

⑯崇饬丧纪：大肆操办丧事。饬，通“饰”。纪，事。

⑰旅：客。《国语·晋语四》“礼宾旅”，韦昭注：“旅，客也。”

⑱诬善之徒：虚伪、伪善的人。诬，伪诈，欺骗。《国语·晋语八》“栾氏之诬晋国”，韦昭注：“诬，罔也。以恶取善曰诬。”

⑲信：通“伸”，伸张。

⑳便佞(pián nìng)：阿谀奉承。《论语·季氏》：“友便辟，友善柔，友便佞，损矣。”

㉑原：同“源”，源头，根源。

【译文】

教化人民，是为了成就道术进而崇尚道德仁义。而现在做学问的人，喜好说一些虚无缥缈的事，争相写一些雕琢华丽的文章，以求称异于世。普通老百姓学识浅薄，还认为他们很高明。这是损伤道德的本质，迷惑愚人的严重行为。诗赋，是为了褒贬善恶的德行，抒发悲喜的感情，所以温柔雅正以铺张文辞，起兴比喻以极尽情感。当下写诗作赋的人，随意写一些啰唆巧辩、艰涩不顺的词句，竞相陈述一些虚无缥缈、无根无据的事情，以求得被世人称异。愚昧无知的人们，还认为这类文章奇特。这是惑乱孩童思想，助长虚假言论的行为。在家孝敬父母，端正品行，才能成为有道德修养的人。而现在许多人致力于结交党徒以求得帮助，欺世盗名以获取成功。崇尚末业，不务正途的人，跟从推崇这种行为，这是威胁正直之人的节操，迷惑民众观念的行为。奉养父母，顺从父母的意愿是孝顺的表现。而现在很多人违背父母的意愿，减少奉养，等到父母去世后，又大办丧事来表示孝心，盛请宾客以博取孝顺的名誉。伪善的人，还推崇这种行为。这是歪曲孝悌的本质，贻误后人、令人痛心的行为。忠诚刚正地侍奉君主，伸张法律管理下属，这才是为官之道。当下的官员却多奸诈阿谀奉承以求得上司的宠爱，歪曲法律来阿谀逢迎。苟且贪得的人，还推崇他们以为贤能。这是泯灭忠贞善良的品行，开启危乱灭亡的源头啊。这五种行为，表面上虽有振奋贤能之人的虚名，但内里却有损伤社会道德的实质。

凡此八者，皆衰世之务，而暗君之所固也①。虽未即于篡弑②，然亦乱道之渐来也。

【注释】

①暗君：这里指昏庸的君主。《荀子·王霸》："暗君者必将急逐乐而缓治国。"固：本来就有，这里指固执坚持。胡大浚《译注》释为"蔽"，蒙蔽之意，亦通。

②篡弑：弑君篡位。弑，古代臣杀君称为弑。

【译文】

上面所论述的这八种情况，都是社会衰退所存在的问题，也是昏庸的君主所固执坚持的。虽然没有达到弑君篡位的地步，但也是社会动乱逐渐形成的来源啊。

夫本末消息之争[①]，皆在于君，非下民之所能移也。夫民固随君之好，从利以生者也。是故务本则虽虚伪之人皆归本，居末则虽笃敬之人皆就末[②]。且冻馁之所在，民不得不去也；温饱之所在，民不得不居也。故衰暗之世，本末之人，未必皆贤不肖也，祸福之所[③]，势不得无然尔。故明君莅国，必崇本抑末，以遏乱危之萌。此诚治之危渐[④]，不可不察也。

【注释】

①消息：消亡与生长。《庄子·秋水》："消息盈虚，终则有始。"争：彭《校》认为，"争"犹"辨"。说可参。译文从之。

②笃敬：笃厚严肃。《论语·卫灵公》："言忠信，行笃敬，虽蛮貊之邦行矣。"

③祸福之所：汪《笺》认为"所"下有脱字。

④治之危渐：汪《笺》认为当作"治乱之渐"，彭《校》从之，译文亦从。渐，开始，开端。

【译文】

本业与末业消亡增长的分别，都在于君主的决定，不是下层民众所能改变的。百姓本来就是顺从君主的喜好，追逐利益以求生存。所以君主倡导致力于本业，那么即使是虚伪行事的人也都会归于本业，君主倡导从事于末业，那么即使是忠厚老实的人也都会趋于末业。况且受冻挨饿的环境，老百姓不得不避而远之；温暖饱食的地方，老百姓不会不安居乐业。所以说衰败昏乱的时代，专心务于本业的人，不一定就是贤能之人;而务于末业的人,也不一定就是不贤之人,出于趋福避祸的考虑,他们不得不那么做。所以说贤明的君主治理国家,一定要推崇本业而抑制末业,以此来遏制祸乱的萌发。这确实是国家治理与危乱的开端,不可以不明察啊。

遏利第三

世人之论也,靡不贵廉让而贱财利焉,及其行也,多释廉甘利[①]。之于人徒知彼之可以利我也[②],而不知我之得彼,亦将为利人也[③]。知脂蜡之可明灯也,而不知其甚多则冥之[④]。知利之可娱己也,不知其称而必有也[⑤]。前人以病[⑥],后人以竞[⑦],庶民之愚而衰暗之至也。予故叹曰:何不察也?愿鉴于道,勿鉴于水[⑧]。象以齿焚身,蚌以珠剖体[⑨];匹夫无辜,怀璧其罪[⑩]。呜呼问哉[⑪]!无德而富贵者,固可豫吊也[⑫]。

【注释】

①甘:甜。这里引申为贪图。

②之于人:汪《笺》认为此处文有脱误。“之于”二字衍。按,“之于人”亦可通,意为“对于那些人而言”。

③亦将为利人也:利人,汪《笺》疑为“人利”之倒误。译文从之。

④冥(míng):昏暗,不明。此指熄灭。

⑤不知其称而必有也:汪《笺》疑为“不知其积而必有祸也”。译文从之。

⑥病:以为病,担忧。

⑦竞:竞相追逐。

⑧愿鉴于道，勿鉴于水：语本《国语·吴语》："王其盍亦鉴于人，勿鉴于水。"《尚书·酒诰》"人无于水监，当于民监"意亦相近。又《史记·范雎蔡泽列传》亦云："鉴于水者，见面之容；鉴于人者，知吉与凶。"鉴，照。

⑨象以齿焚身，蚌以珠剖体：《左传·襄公二十四年》："象有齿以焚其身，贿也。"《淮南子·说林训》："蛖（bàng）、象之病，人之宝也。"高诱注："蛖，大蛤，中有珠；象牙还以自疾，故人得以为宝。"

⑩匹夫无辜，怀璧其罪：《左传·桓公十年》："周谚有之：'匹夫无罪，怀璧其罪。'"

⑪问：彭《校》认为"问"当作"闻"。古字"闻"与"问"通。汪《笺》："'问'疑为'闇'。"亦可参。

⑫无德而富贵者，固可豫吊也：《汉书·景十三王传赞》："亡德而富贵，谓之不幸。"古谓"死"为"不幸"，所以可以预先吊唁。豫，预先，预备。

【译文】

世人的言论，没有不崇尚清廉礼让而轻视财货之利的，但他们实际做事的时候，却多是抛弃了清廉礼让而追逐财物利益。对于那些人而言，只知道财物利益可以让自己得到好处，而不知道自己得到了那些利益，也将成为他人之利。就好比只知道油蜡可以点亮灯光，却不知道过多的油蜡也会使灯熄灭。知道财货之利可以让自己愉快，却不知道过多的财物一定会招来灾祸。前代的人以之为祸害，现在的人却把它作为竞相追逐的目标，百姓的愚昧昏暗真是到了极点了！所以我叹息道：为什么不明察呢？希望世人用道德准则来鉴别自己行为的得失对错，不要只是用水来观照自己的外貌。大象因为有名贵的象牙而遭遇杀身之祸，蚌因为体内有珍珠而被剖割身体；一个人没有罪过，但是因为身藏玉璧就有了罪。哎！听到了吧！没有德行而拥有财富的人，本来就可以预先为他凭吊了。

且夫利物莫不天之财也。天之制此财也，犹国君之有府库也。赋赏夺与[①]，各有众寡，民岂得强取多哉？故人有无德而富贵，是凶民之窃官位、盗府库者也，终必觉，觉必诛矣。盗人必诛，况乃盗天乎？得无受祸焉[②]？邓通死无簪[③]，胜、跪伐其身[④]。是故天子不能违天富无功，诸侯不能违帝厚私劝[⑤]。非违帝也，非违天也。帝以天为制，天以民为心，民之所欲，天必从之[⑥]。是故无功庸于民而求盈者[⑦]，未尝不力颠也[⑧]；有勋德于民而谦损者，未尝不光荣也。自古于今，上以天子，下至庶人，蔑有好利而不亡者[⑨]，好义而不彰者也。

【注释】

①赋赏夺与：收取、赏赐、剥夺、给予。

②得无：恐怕。《汉书·朱博传》"得无不宜"，颜师古注："'得无'犹言'无乃'也。"

③邓通死无簪（zān）：西汉人邓通曾得到汉文帝宠爱而被赐予铜山，准许他铸钱，家财万亿，富甲天下。因为文帝吮疽事被景帝忌恨，景帝即位后，邓通被免官，财产被没收，连一根簪子也不能留在身上，后来贫困致死。

④胜、跪伐其身：胜，指羊胜。跪，当作"诡"，指公孙诡。二人皆西汉时人，多计谋，是梁孝王宠臣。窦太后想立梁孝王为汉景帝的继承人，因袁盎等大臣劝阻未成，梁孝王遂与羊胜、公孙诡等人谋划暗杀袁盎诸臣，后事情败露，景帝为保护梁孝王，捉拿羊、诡，二人遂自杀以了结此事。

⑤劝：通"欢"。

⑥民之所欲，天必从之：语见《左传·襄公三十一年》。

⑦功庸：功劳。《周礼·夏官·司勋》："国功曰功，民功曰庸。"盈：充满。这里指富贵。

⑧力：王宗炎谓当作"立"。四库本即作"立"。立，立刻。颠：倾覆，灭亡。

⑨蔑：没有。

【译文】

况且有用的东西没有一件不是上天的财富。上天管理这些财富，就像国君管理国家府库一样。收取、赏赐、剥夺、给予，各有多少之分，百姓怎么能强取多拿呢？所以人没有德行却富有，就像凶恶的人窃取了官位、偷盗了国家的府库一样，最终一定会被觉察，被觉察一定会被诛杀。偷盗了人世间的东西必定会被诛杀，更何况是偷盗了上天的东西呢？能不受灾祸吗？富有的邓通临死时连一根簪子都没有，羊胜、公孙诡也都最终自杀。所以说天子不能违背上天的旨意使没有功劳的人富有，诸侯不能违背天子的旨意使自己宠爱的人富有。所以不要违背天子的旨意，也不要违背上天的旨意。天子以上天的旨意为准则，上天以百姓的意愿为出发点，百姓的意愿，上天一定会顺从。所以对百姓没有功劳而追求富贵的人，没有不立刻倾覆的；对百姓有功德而谦让的人，没有不荣光显耀的。从古到今，上到天子，下至黎民百姓，没有喜好财利而不致灭亡的，没有喜好德义而不彰显于世的。

昔周厉王好专利[1]，芮良夫谏而不入[2]，退赋《桑柔》之诗以讽[3]，言是大风也，必将有隧；是贪民也，必将败其类[4]。王又不悟，故遂流死于彘。虞公屡求以失其国[5]，公叔戍崇贿以为罪[6]，桓魋不节饮食以见弑[7]。此皆以货自亡，用财自灭。楚斗子文三为令尹[8]，而有饥色，妻子冻馁，朝不及夕；季文子相四君[9]，马不饩粟[10]，妾不衣帛；子罕归玉[11]；晏子归宅[12]。此皆能弃利约身，故无怨于人，世厚天禄[13]，令问不止。伯夷、叔齐饿于首阳[14]，白驹、介推遁逃于山谷[15]，颜、原、公析因馑于郊野[16]，守志笃固[17]，秉节不亏，宠禄不能固[18]，威势不能移，虽有南面之尊[19]，公侯之位，德义有殆，礼义不班[20]，挠志如芷，负心若芬[21]，固弗为也。是故虽有四海之主弗能与之方名[22]，列国之君不能与之钧重[23]；守志于一庐之内[24]，而义溢乎九州之外，信立乎千载之上，而名传乎百世之际。

【注释】

①周厉王：西周天子，姬姓，名胡。其为政专权贪利，国人有不满的言论，他就命令杀死议论者，国人害怕而不敢言语，道路相遇只好以目光示意。公元前841年国人起义，周厉王出奔于彘（今山西霍州），十四年后死于彘。

②芮（ruì）良夫谏而不入：芮良夫是西周王室的卿士，姬姓，字良夫。周厉王想任用荣夷公为卿士，芮良夫极力谏阻，认为荣夷公好利，任用他周朝会败落，厉王没有听从，还是专任荣夷公掌管政事。三年后，国人暴动，周厉王出逃。谏而不入，劝谏却不被采纳。

③《桑柔》：《诗经·大雅》中的篇目，诗旨在批评周厉王的暴政。《诗序》："《桑柔》，芮伯刺厉王也。"

④"言是大风也"四句：《诗经·大雅·桑柔》："大风有隧，贪人败类。"隧，道路，这里指来路。类，种类，宗族，这里指祖先。张觉《校注》引《荀子·礼论》："先祖者，类之本也。"杨倞注："类，种也。"一说指善道。《桑柔》郑玄笺："类，善也。"孔颖达疏："贪人有此恶行，败于善道。"亦通。

⑤虞公屡求以失其国：虞公贪得无厌，向其弟虞叔索取玉璧、宝剑，

虞叔于是攻打虞公，虞公败，出逃。虞公，春秋时姬姓的诸侯，唐叔虞的后代。

⑥公叔戌崇贿以为罪：公叔戌富有家财，卫灵公想据为己有，于是治罪并驱逐他，公叔戌逃亡鲁国。公叔戌，春秋时卫国大夫，卫献公曾孙。

⑦桓魋(tuí)不节饮食以见弑：桓魋深受宋景公宠爱，后来势力渐大，危及景公。景公知其贪吃，多次宴请伺机杀他，但都未成功，最后发兵攻打，桓魋败死于鲁国。桓魋，又称向魋，春秋时期宋国人，宋桓公的后代，掌控宋国兵权。

⑧斗子文三为令尹：斗子文名斗榖於菟，字子文，春秋时期楚国名相。子文于鲁庄公三十年(前664)为楚国令尹，到僖公二十三年(前637)让位给子玉，其间几次被罢免又被任命。据《国语·楚语下》《战国策·楚策一》载，其人为官清廉，宁可挨饿受冻，也不贪图私利。

⑨季文子相四君：季文子是春秋时期鲁国大夫，辅佐过文公、宣公、成公、襄公四位国君。其人为官清廉，洁身自好，生活简朴。

⑩饩(xì)：喂。

⑪子罕归玉：《左传·襄公十五年》载，宋国有人获得了一块美玉，出于对子罕的尊敬，献给子罕。子罕谢而不受，说："我以不贪为宝，尔以玉为宝。若以与我，皆丧宝也。不若人有其宝。"子罕，又名乐(yuè)喜，春秋时期宋国贤臣。历相宋平公、元公、景公。在宋平公时任司城，位列六卿，又称司城子罕。

⑫晏子归宅：齐景公赐给晏子新的住所，晏子不接受。后来晏子出使晋国，齐景公把晏子旧房周边的住户迁走，给晏子造了新房子，晏子回来后拆除了新房子，把原来的住户请了回来。晏子，名婴，字仲，谥平。春秋时齐国贤臣。历仕齐灵公、庄公、景公。

⑬厚：张觉《校注》认为是"享"字之误。可参。

⑭伯夷、叔齐饿于首阳：据《史记·伯夷列传》载，伯夷、叔齐为商朝孤竹君之子。父欲立弟叔齐为继承人。父死，叔齐让位给兄长伯夷，伯夷不从，叔齐也不肯登位，两人都逃到周国。周武王伐纣，他们叩马谏阻。武王灭商后，两人义不食周粟，隐居首阳山，采薇而食，饿死在山里。历代都称颂他们节操高洁。

⑮白驹、介推遁逃于山谷：指贤人隐遁不仕。白驹，《诗经·小雅·白驹》："皎皎白驹，在彼空谷。生刍一束，其人如玉。"比喻隐遁山林的贤人。介推，即介子推，春秋时晋国人。晋公子重耳流亡时，介子推一直追随他。后重耳回国继位，是为晋文公。他执政后赏赐随行者，却忘记了介子推，介子推遂与母亲隐居绵上山中。文公后来为了逼他出来受赏而烧山，而介子推坚决不出来，最终被烧死。

⑯颜：颜回，字子渊，亦称颜渊，春秋末鲁国人。孔子弟子。颜回安贫乐道，以德行著称，是孔子最喜欢的弟子之一。《论语·雍也》："贤哉，回也！一箪食，一瓢饮，在陋巷，人不堪其忧，回也不改其乐。"原：指原宪，又叫仲宪，春秋时期鲁国人（一说宋国人），孔子弟子。他住破旧的房屋，穿粗布麻衣，仍不改其乐。公析：即公晳哀，孔子学生，以德行见称。馑（jǐn）：饥荒。

⑰笃：牢固，坚定。

⑱固：汪《笺》："疑'回'之误，'回'犹'移'也。"彭《校》："作'回'是也。'回'字盖涉上'固'字而误。"回，改变。译文从之。

⑲南面：古代君王坐北朝南，以统治天下。这里指君主。

⑳班：汪《笺》："'班'与'辨'通。"辨，辨别，分辨。

㉑挠志如芷（zhǐ），负心若芬：彭《校》："两句即'挠如芷之志，负若芬之心'，倒之以使'殆'与'芷'、'班'与'芬'叶韵耳。"挠，曲。芷，一种香草，比喻美好的品行。负，违背。芬，香气。

㉒方：比较，并列。

㉓钧：通“均”，同等。

㉔一：底本阙。据汉魏本、四部本补。

【译文】

从前周厉王专权贪利，芮良夫劝谏却不听从，下朝后芮良夫创作了《桑柔》之诗来讽刺他，说这种大风，一定有它的来路；这贪婪的人，一定会败坏他的祖先。厉王还不醒悟，所以最终被流放而死于彘地。虞公多次索取财物导致丧失了国家，公叔戌囤积大量的财物招来了罪祸，桓魋不节制饮食被杀死。这些都是因财货招致败亡，因金钱导致毁灭的。楚国的斗子文做了三次宰相，而有饥饿的面色，妻子和子女受冻挨饿，由于食物缺乏早上等不到晚上。季文子辅佐了四位国君，而他的马不喂精粮，妻妾不穿丝绸；子罕归还别人献给他的宝玉；晏子归还国君赐给他的豪宅。这些人都是能放弃财利约束自身，所以没有人怨恨他们，他们也能世代享受上天的赐福，美好的声誉世代相传。伯夷、叔齐由于不吃周朝的粮食饿死在首阳山，《白驹》篇中说到的贤人、晋国的介子推逃入山林，颜回、原宪、公皙哀在郊外挨饿，坚定地固守自己的志向，秉守节操不让其有所损害，受宠享禄不能改变他们，威力权势不能动摇他们，即使有帝王一样的尊崇，公侯一样的高位，如果于道德仁义有所损害，不能分辨礼义，改变像白芷一样高洁芬芳的志向，违背像芳香一样馥郁的心灵，他们也一定不会去做。所以即使是坐拥天下的帝王，名誉也不能和他们相比，列国诸侯也无法和他们受到同等的尊重；他们在一间茅草陋室之内持守志向，然而道义却远播九州四海之外，他们的诚信可屹立于千年之上，名誉可传承于百代之间。

故君子曰[①]：财贿不多，衣食不赡[②]，声色不妙，威势不行，非君子之忧也；行善不多，申道不明，节志不立，德义不彰，君子耻焉。是以贤人智士之于子孙也，厉之以志[③]，弗厉以诈[④];劝之以正,弗劝以诈;示之以俭,弗示以奢;贻之以言,弗贻以财[⑤]。是故董仲舒终身不问家事,而疏广不遗赐金[⑥]。子孙若贤,不待多富,若其不贤,则多以征怨[⑦]。故曰:无德而贿丰,祸之胎也[⑧]。

【注释】

①故君子曰:此句以下至下段“乾坤之愆矣”共237字,诸本旧在本书《务本》篇“从利以生者也”与“是故务本则虽虚伪之人皆归本”之间。彭《校》依汪《笺》改移至此处。

②赡:充足。

③厉:通“励”,劝勉。

④诈:汉魏本作“辞”。汪《笺》:“‘诈’字与下复,何本作‘辞’。”彭《校》:“下文‘诈’字,士礼居旧藏明刊本作‘邪’,则与此不相复。”按,下句“弗劝以诈”,当依彭说作“弗劝以邪”,“正”与“邪”相对成文。译文从彭说。

⑤贻之以言,弗贻以财:《说苑·杂言》记载晏子曰:“吾闻君子赠人以财,不若以言。”贻,赠给。

⑥疏广不遗赐金:据《汉书·疏广传》载,疏广告老还乡,宣帝、太子赐黄金珠宝。疏广认为把这些财富留给子孙会使子孙懒惰,损害他们的志向,于是把黄金珠宝换成酒,每天大摆酒席,直至用尽。疏广,字仲翁,西汉时人,为汉宣帝时太子太傅。

⑦征怨:招致怨恨。征,招致。

⑧胎:这里指根源。《汉书·枚乘传》:“福生有基,祸生有胎。”

【译文】

所以君子说,财富不多,衣食不丰,音乐美色不够美妙,威严权势无法实行,不是君子所忧虑的;做的善事不多,道义不能申明,节操和志向无法立身，道德仁义无法彰显，这些才是君子的耻辱。所以圣贤的人对于子孙，用高远的志向勉励他们，而不是教他们欺诈；用端正的品行劝导他们，而不是用邪门歪道诱导他们；用勤俭来示范他们，而不是用奢侈来教导他们；把金玉良言赠给他们，而不是把财物赠给他们。所以，董仲舒一生不过问家事，疏广不把珠宝钱财遗赠给子孙。子孙要是贤能的话，就不会去依靠祖上丰厚的财富，子孙要是不贤能，再多的财富也只是会招致祸乱怨恨。所以说：没有德行却富于财货，是祸患的根源啊。

昔曹羁有言[①]："守天之聚，必施其德义。德义弗施，聚必有阙。"今或家赈而贷乏[②]，遗赈贫穷[③]，恤矜疾苦，则必不久居富矣[④]。《易》曰："天道亏盈以冲谦[⑤]。"故以仁义费于彼者，天赏之于此[⑥]；以邪取于前者，衰之于后。是以持盈之道，挹而损之[⑦]，则亦可以免于亢龙之悔、乾坤之愆矣[⑧]。

【注释】

①曹羁：即僖负羁，春秋时曹国大夫，以贤著称。按，以下引言本《国语·晋语四》："僖负羁言于曹伯曰：'守天之聚，将施于宜。宜而不施，聚必有阙。'"韦昭注："宜，义也。"

②或：底本阙，今据汉魏本补。赈：富裕。

③遗（wèi）：赠送。赈：救济。

④必不久居富：久，底本阙，今据汉魏本补。不，彭《校》疑当作"可"。必可久居富，即"欲贫而不可得"之意。其说是，译文从之。

⑤天道亏盈以冲谦：语见《周易·谦·彖》。以冲，王弼本作"而益"。

⑥故以仁义费于彼者，天赏之于此：语本《墨子·天志中》："此仁也，义也，爱人利人，顺天之意，得天之赏者也。"费，底本阙。今据汉魏本补。赏，《左传·襄公二十八年》："善人富谓之赏。"

⑦挹(yì)：通"抑"，抑制。

⑧亢龙之悔：《周易·乾·象》："亢龙有悔，盈不可久也。"喻指到达事业顶峰的人不懂谦让会招致灾祸。乾坤之愆(qiān)：谓阴阳失调。乾坤，《周易》中的卦象。乾属阳，坤属阴。愆，差错。

【译文】

从前曹羁说过："守住上天赐予的财富，就一定要施行道德仁义。不施行道德仁义，财富一定会有所损失。"如若有人家里富有而能借贷给贫乏之人，救济贫困，体恤怜悯疾病困苦的人，那么一定可以长久地保持富有。《周易》中讲："天道的规律就是减损盈满的，增补亏损的。"所以在那里施行了仁义而有所亏损的，上天就会在这里补偿他；先前以不正当的手段获取的，其后必会有灾祸。因此保持盈满的方法，就是不断地抑制和减损，这样就可以避免在盛极之时招致灾祸而阴阳失调了。

论荣第四

所谓贤人君子者，非必高位厚禄富贵荣华之谓也，此则君子之所宜有，而非其所以为君子者也。所谓小人者，非必贫贱冻馁辱厄穷之谓也[①]，此则小人之所宜处，而非其所以为小人者也。

【注释】

①非必贫贱冻馁辱厄穷之谓也：汪《笺》："'辱'上脱一字。程本'辱'作'困'。"彭《校》："疑本作'困辱'。"彭说是，译文从之。

【译文】

所谓贤人和君子，不是一定有尊崇的地位、丰厚的俸禄、荣华富贵的人，这些尽管是君子所应拥有的，但不是他成为君子的条件。所谓小人，不是一定要贫困低贱、受冻挨饿、困苦受辱、窘迫狼狈，这些尽管是小人所应遭遇的，但并不是他们成为小人的原因。

奚以明之哉？夫桀、纣者①，夏、殷之君王也，崇侯、恶来②，天子之三公也③，而犹不免于小人者，以其心行恶也。伯夷、叔齐，饿夫也，傅说胥靡④，而井伯虞虏也⑤，然世犹以为君子者，以为志节美也。

【注释】

①桀、纣：夏桀和商纣。夏桀，夏朝末代君主，据《史记·夏本纪》载，夏代末年，桀不修德，很多诸侯都背叛了夏，百姓也不堪忍受其暴政，后为商汤所取代。商纣，名辛，一作受，商朝末代国君。据《史记·殷本纪》载，商纣之时，荒淫无度，残害忠良，荒废朝政，后被周武王所灭。

②崇侯：即崇侯虎，商代崇国诸侯。受宠于纣王，谗言陷害周文王，后被周文王所灭。恶来：纣王之臣。史载恶来经常谗害他人，周武王伐纣时杀之。

③三公：古代朝廷最高的三种官职，各个朝代名称不一，周代以太师、太傅、太保为三公。

④傅说（yuè）胥靡：傅说曾为服劳役的刑徒，被商王武丁访得授予国政，后辅佐武丁开创了中兴局面。胥靡，指用绳子绑在一起服劳役的刑徒。

⑤井伯虞虏：《左传·僖公五年》载，晋国借道虞国灭了虢国，回途

中顺便灭了虞国，并抓了大夫井伯作为俘虏。张觉《校注》认为井伯即是百里奚。

【译文】

怎么知道是这样呢？桀、纣分别是夏朝和商朝的君主，崇侯、恶来，是当时纣王的三公大臣；他们尚且不免被人视作小人，这是因为他们性情行为邪恶。伯夷、叔齐是饿死之人，傅说是服役刑徒，井伯是虞国的俘虏，然而世人都称道他们是君子，这是因为他们的志向情操高尚。

故论士苟定于志行，勿以遭命，则虽有天下不足以为重，无所用不足以为轻，处隶圉不足以为耻①，抚四海不足以为荣。况乎其未能相县若此者哉②？故曰：宠位不足以尊我，而卑贱不足以卑己。

【注释】

①隶圉(yǔ)：奴隶与杂役。隶，奴仆。圉，本指养马的人，这里泛指从事贱役的人。

②县(xuán)：同“悬”，悬殊。

【译文】

所以，评论士人如果是根据他们的志向和品行，而不是依据他们所遭受的命运，那么即使一个人拥有了统治天下的权力也不足以被看重，没有受到重用也不足以被轻视，即使身为奴隶杂役也不足以为耻辱，即使统治天下抚有四海也不足以为荣耀。更何况那些地位差别没有如此悬殊的人呢？所以说：尊崇的地位不足以让自己觉得尊贵，而卑贱的地位也不足以让自己觉得卑下。

夫令誉从我兴①，而二命自天降之②。《诗》云：“天实为之，谓之何哉[③]！”故君子未必富贵，小人未必贫贱，或潜龙未用[④]，或亢龙在天[⑤]，从古以然。今观俗士之论也，以族举德，以位命贤，兹可谓得论之一体矣，而未获至论之淑真也[⑥]。

【注释】

①令誉：美好的名声。兴：产生，成就。

②二命：指富贵、贫贱两种命运。

③天实为之，谓之何哉：引诗见《诗经·邶风·北门》。谓之何哉，说它干什么呢？

④潜龙未用：比喻隐藏的贤能之人未得到任用。潜龙，隐藏的龙，比喻隐藏的贤人。《周易·乾·文言》：“不易乎世，不成乎名，遁世无闷，不见是而无闷，乐而行之，忧则违之，确乎其不可拔，潜龙也。”

⑤亢龙在天：比喻无德之人居于高位。亢龙，高飞的龙。《周易·乾·文言》：“亢之为言也，知进而不知退，知存而不知亡，知得而不知丧。”

⑥淑真：本真。《淮南子·俶真训》高诱注：“俶，始也；真，实也。道之实始于无有，化育于有，故曰俶真。”“俶真”即“淑真”。淑，美好。《说文》：“淑，善也。”

【译文】

美好的声誉由自己的品行成就，而富贵、贫贱两种命运却是上天赐予的。《诗经》中说：“上天一定要这么做，还说它干什么呢？”所以君子不一定富裕尊贵，小人也不一定贫穷卑贱，有些是隐藏的贤人未被任用，有些是无德的人窃据高位，自古以来就是如此。如今看世俗之人评论士人，根据家族声望来举荐德行，根据社会地位来任命贤能，这只能说是抓住了品评士人的一个方面，却没有得到最好的论人之法的本真。

尧，圣父也，而丹凶傲[①]；舜，圣子也，而叟顽恶[②]；叔向[③]，贤兄也，而鲋贪暴[④]；季友[⑤]，贤弟也，而庆父淫乱[⑥]。论若必以族，是丹宜禅而舜宜诛，鲋宜赏而友宜夷也[⑦]。论之不可必以族也若是。

【注释】

①丹：即丹朱，尧之子。据《史记·五帝本纪》载，丹朱性情傲慢不肖，所以尧将帝位传给了舜。《尚书·皋陶谟》："无若丹朱傲，惟慢游是好。"

②叟(sǒu)：即瞽瞍(gǔ sǒu)，舜之父。据《史记·五帝本纪》载，瞽瞍曾多次迫害、谋杀舜。顽恶：愚昧凶恶。

③叔向：春秋时晋国贤大夫。姬姓，羊舌氏，名肸(xī)，字叔向，因被封于杨(今山西洪洞)，以邑为氏，别为杨氏，又称叔肸、杨肸。他出身晋国公族，历事晋悼公、平公、昭公。

④鲋：叔向之弟，字叔鱼。他贪财好色，带军经过卫国时，因索贿未得而乱砍乱伐。后邢侯与雍子争田，叔鱼代理理官执法。雍子将女儿献给他，他即偏袒雍子，将田断给雍子。邢侯大怒，将叔鱼与雍子一起杀死。

⑤季友：又称成季，春秋时鲁桓公幼子，鲁庄公之弟。庄公死后，他平定庆父之难，立僖公，执国政。其后代为季氏，世代掌握鲁国政权。

⑥庆父淫乱：庆父是春秋时期鲁桓公之子，鲁庄公之弟，季友之兄。他与鲁庄公夫人哀姜私通。鲁庄公死后，子般立，庆父派人杀子般，立闵公；庆父又与哀姜合谋派人杀了闵公，欲自立为君，国人反对，庆父出逃。后季友立僖公，向莒国索取庆父，庆父在回国途中自杀。此前鲁国大夫仲孙湫曾预测说："不去庆父，鲁难未

已。”后来事态的发展也证实了这一点。

⑦夷：夷灭，消灭，这里引申为杀害。

【译文】

尧，是一位圣明的父亲，而其子丹朱却凶残傲慢；舜，是一位圣明的儿子，而其父瞽叟却顽固邪恶；叔向，是一位贤能的兄长，而其弟鲋却贪婪暴虐；季友，是一位贤能的弟弟，而其兄庆父却淫荡作乱。评论人倘若一定依据他的家族，那么丹朱应该继承王位而舜应该被杀掉，鲋应当被奖赏而季友应当被诛灭。评论人不能像这样只是依据其家族地位高低的道理正是如此。

昔祁奚有言[①]：“鲧殛而禹兴[②]，管、蔡为戮[③]，周公祐王[④]。”故《书》称“父子兄弟不相及”也[⑤]。幽、厉之贵[⑥]，天子也，而又富有四海。颜、原之贱，匹庶也[⑦]，而又冻馁屡空[⑧]。论若必以位，则是两王是为世士[⑨]，而二处为愚鄙也[⑩]。论之不可必以位也，又若是焉。

【注释】

①祁奚：春秋时晋国人。本为晋公族献侯之后。晋悼公时，任中军尉。其告老时曾举荐仇人解狐与其子祁午，因而有“外举不隐仇，内举不隐子”的美誉。

②鲧(gǔn)：号崇伯，禹之父，传说由于鲧治水失败，被舜杀死。殛(jí)：放逐。

③管、蔡为戮：管，管叔，名鲜。蔡，蔡叔，名度。两人皆周武王之弟。武王封弟叔鲜于管，叔度于蔡，成王即位时尚年幼，所以周公摄政，管叔、蔡叔因疑周公怀有野心，便联合殷商后代武庚起兵作乱，最终被周公平定。管叔被杀，蔡叔被流放。

④祐:此指辅助,帮助。

⑤父子兄弟不相及:及,牵连。按,今本《尚书》无此语,当为逸文。

⑥幽、厉:周幽王、周厉王。周幽王,名宫涅,周宣王之子,西周的亡国之君。史载其为政残暴奢靡,重用小人,烽火戏诸侯以宠褒姒,废申后和太子,后被申侯联合犬戎诛杀,终致西周灭亡。周厉王,名胡,周夷王之子。史载其为政暴虐,用巫师监视人民,以致国人敢怒不敢言,道路以目。后激起百姓叛乱,自己也被流放彘地。

⑦匹庶:平民。

⑧屡空:经常贫困。谓贫穷无财。《论语·先进》:"回也其庶乎,屡空。"

⑨是为世士:汪《笺》:"'是'字疑衍。"世士,指举世杰出之人。

⑩处:处士,指隐居不仕的读书人。

【译文】

从前祁奚说过这样的话:"鲧被流放而禹登上王位,管叔、蔡叔作乱被杀,而周公辅佐了成王。"所以《尚书》中讲:"父子、兄弟之间不相互牵连。"周幽王、周厉王的尊贵,是身为天子,拥有天下财富。颜回、原宪的贫贱,是身为庶民,又饥寒困穷。要是评论人一定要依据地位的话,那么幽王和厉王便是举世杰出之人,而颜回、原宪则是愚昧鄙陋之人了。评论人不能只是依据他所处的地位,道理也正是如此啊。

故曰:仁重而势轻,位蔑而义荣[①]。今之论者,多此之反,而又以九族[②],或以所来[③],则亦远于获真贤矣。

【注释】

①蔑:细小,轻微。

②九族：一说同姓亲族，指高祖、曾祖、祖父、父亲、自己、儿子、孙子、曾孙、玄孙等九代之亲。一说包括父族四、母族三、妻族二，共九族。

③所来：此指其出生郡望。

【译文】

所以说：仁德重要而权势轻微，地位微下而道义荣耀。现在论人，大多与此相反，进而又依据宗族家世，或者依据出身郡望，这就距离求取真正的贤才更远了。

昔自周公不求备于一人①，况乎其德义既举②，乃可以它故而弗之采乎？由余生于五狄③，越蒙产于八蛮④，而功施齐、秦⑤，德立诸夏⑥，令名美誉，载于图书，至今不灭。张仪，中国之人也⑦；卫鞅，康叔之孙也⑧，而皆谗佞反覆，交乱四海⑨。由斯观之，人之善恶，不必世族；性之贤鄙，不必世俗。中堂生负苞⑩，山野生兰芷。夫和氏之璧，出于璞石⑪；隋氏之珠⑫，产于蜃蛤⑬。《诗》云："采葑采菲，无以下体⑭。"故苟有大美可尚于世，则虽细行小瑕曷足以为累乎？

【注释】

①周公不求备于一人：《论语·微子》："周公谓鲁公曰：'君子不施其亲，不使大臣怨乎不以。故旧无大故，则不弃也。无求备于一人。'"

②举：立。胡大浚《译注》："指德行已有成就。"

③由余：一作繇余，春秋时人。其先祖原为晋国人，后因避乱而逃到西戎。《史记·秦本纪》载，戎王派由余出使秦国，秦穆公和他谈论治国大略，很欣赏他的才能。为得到由余，秦穆公送给戎王

舞女歌伎,使其耽于声色,由余屡谏不听,最后便投靠了秦国。秦穆公遂拜他为上卿,根据他的谋略,秦兼并了西戎十二个部落,称霸西戎。五狄:这里指北方的少数民族。《尔雅·释地》"八狄"邢昺疏引汉李巡云:"一曰月支,二曰秽貊,三曰匈奴,四曰单于,五曰白屋。"

④越蒙:诸本旧作"越象",彭《校》据汪《笺》改。越蒙,战国时越国人,曾助齐威王、宣王,使齐国强盛。八蛮:泛指南方少数民族。

⑤功施(yì)齐、秦:《史记·鲁仲连邹阳列传》:"秦用戎人由余而霸中国,齐用越人蒙而强威、宣。"施,延绵,延及。

⑥诸夏:相对于四方少数民族,指中原各国。《左传·闵公元年》"诸夏亲昵",杜预注:"诸夏,中国也。"

⑦张仪,中国之人也:张仪是战国时魏国贵族后裔,主张连横以对付他国,为纵横家代表人物之一。曾任秦相。中国,这里指中原之国。

⑧卫鞅,康叔之孙也:卫鞅即商鞅,又名公孙鞅。战国时期卫国人,著名政治家,早期法家代表人物。曾在魏国做过小官,入秦后辅佐秦孝公变法图强,辅政二十一年。秦孝公封他于商地(今陕西商县东南),号商君,后世称商鞅。秦孝公死后,他被诬谋反,终被杀。今存《商君书》一书。康叔,名封,周武王之弟,初封于康,故名康叔。周公旦平定武庚叛乱后,把殷的遗民和商都附近土地封给他,国号卫,康叔即卫国始封君。

⑨谗佞反覆,交乱四海:化用《诗经·小雅·青蝇》:"谗人罔极,交乱四国。"

⑩中堂生负苞:庭院之中长出野草。中堂,中庭与唐途,指庭院与院内之路。《诗经·陈风·防有鹊巢》有"中唐有甓"之句。俞樾云:"'中堂'当作'中唐'。《诗·防有鹊巢》传:'中,中庭也。唐,堂涂也。'此即用其语。"负,通"萯",草名。苞,草名。

⑪璞石：含玉的石头。

⑫隋氏之珠：《淮南子·览冥训》载，隋侯救助了一条受伤的大蛇，大蛇为报答隋侯，衔着一颗大宝珠送给了他。隋氏，指隋侯。西周时的诸侯国，姬姓。

⑬蜃蛤(shèn gé)：大蛤和蛤蜊。

⑭采葑(fēng)采菲，无以下体：引诗见《诗经·邶风·谷风》。葑，即蔓菁，一种野菜，可食用。菲，萝卜。无以下体，不要因为根茎不美而舍弃它们。

【译文】

从前，周公不对一个人求全责备，更何况那人的德行道义已经树立，怎么可以因其他缘故而不任用他呢？由余生在西方戎族之地，越蒙生在南方蛮族之中，但是他们的功业分别延及秦国和齐国，道德品行树立于中原诸侯各国，美好的声誉记载在史书中，直到现在还在传扬。张仪是中原人士，商鞅是康叔的后代，但是他们都谄媚奸佞、反复无常，扰乱天下。由此看来，人的善良和邪恶，不是一定由世家宗族决定的；品行的贤能或鄙陋，不是一定由故里习俗决定的。庭院之中会长出负、苞这样的野草，山野之外却能生长出兰花、白芷这样的香草。和氏璧出自璞石，隋侯珠产自蚌壳。《诗经》中说："采蔓菁采萝卜，不要因为根茎不美就舍弃它们。"所以，如果一个人有美好的品德彰显于世，那么即使在行为细节上有小的过失，又有什么妨碍呢？

是以用士不患其非国士[①]，而患其非忠；世非患无臣[②]，而患其非贤。盖无羁縻[③]。陈平、韩信[④]，楚俘也，而高祖以为藩辅[⑤]，实平四海，安汉室；卫青、霍去病，平阳之私人也[⑥]，而武帝以为司马[⑦]，实攘北狄[⑧]，郡河西[⑨]。惟其任也，何卑远之有？然则所难于非此土之人，非将相之世者，为其无是能而处是位，无是德而居是贵，无以我尚而不秉我势也[10]。

【注释】

①国士：此处当指本国之士。汪《笺》：“按‘国士’谓本国之士，即下文所云‘此土之人’也。”

②世非患无臣：王宗炎认为当作“非患无世臣”。说是。胡大浚《译注》：“疑应作‘不患其非世臣’。”亦可参。“世臣”指下文“将相之世者”。

③羁縻(jī mí)：彭《校》：“此有脱文，不可强说。”今仅按字面意思略作疏通。羁，同“羁”，马笼头。縻，牛鼻绳。这里引申为束缚。

④陈平：西汉阳武(今河南南阳)人。初从项羽，后归刘邦。楚汉战争中，他六出奇计，助刘邦得天下。汉朝建立，封曲逆侯，历仕惠帝、吕后、文帝，任丞相，与周勃在诛杀诸吕中起到了至关重要的作用。韩信：西汉淮阴(江苏淮安)人，初从项羽，后归刘邦，拜为大将，屡立战功，刘邦封其为齐王，灭项羽后又封为楚王。汉朝建立后，因被诬谋反降为淮阴侯。后被吕后设计杀害。

⑤高祖：指汉朝的开国皇帝刘邦，沛丰邑中阳里(今江苏沛县)人。藩辅：辅佐，护卫。

⑥卫青、霍去病，平阳之私人也：指卫青和霍去病都曾是平阳侯家的仆从。卫青，汉武帝皇后卫子夫之弟，字仲卿，西汉军事家，在对匈奴的战争中屡建奇功，官至大司马大将军，后娶平阳公主为妻。霍去病，卫青的外甥，骁勇好战，在对匈奴的战争中屡立奇功，深得武帝宠爱，封为骠骑将军。平阳，此指平阳侯曹寿，是汉初名臣曹参的后代，娶汉武帝胞姐为妻。私人，古代公卿贵族的家臣。

⑦司马：掌管兵事之官。卫青曾被武帝拜为大司马。

⑧攘：驱逐。北狄：对北方少数民族的统称，这里主要指匈奴。

⑨郡:这里指设立郡县。河西:汉代时,专指今甘肃、青海二省内黄河以西的地方。

⑩无以我尚而不秉我势也:此句意思不甚明朗。汪《笺》:"'不'字疑衍。'秉'或'乘'之误。"胡大浚《译注》:"乘势:利用权势。尚:辅佐。"译文从之。

【译文】

因此任用士人不必担心他不是本国之士,而要担心他不忠诚;不必担心他不是世家大臣,而要担心他不贤明。选贤任能时,不可受到其他束缚。陈平、韩信都是楚国的俘虏,汉高祖却任用他们辅佐自己平定天下,安定汉朝;卫青、霍去病是平阳侯的家臣,汉武帝却任用他们为将军驱逐匈奴,在河西设郡。只要他们能够胜任,又哪里有什么卑贱、疏远呢?既然这样,那么用那些既不是本国之士,又不是将相世家之后的人而感到为难的原因,只是因为他们没有那样的能力却处在那样的高位,没有那样的德行却占据那样的贵职,不辅佐君主,反而利用君主的威势罢了。

贤难第五

世之所以不治者,由贤难也。所谓贤难者,非直体聪明服德义之谓也[①]。此则求贤之难得尔,非贤者之所难也。故所谓贤难者,乃将言乎循善则见妒[②],行贤则见嫉,而必遇患难者也。

【注释】

①直:仅仅,只。体:体察。服:奉行。

②循:汪《笺》认为当作"修",古书中"循""修"多相乱。"修善"即行善。译文从之。

【译文】

社会之所以治理不好，是由于贤人难做。所谓贤人难做，并不仅仅是说体察聪明、奉行道德仁义不容易。这只是寻求贤人时难得罢了，不是贤人所为难的事情。因此所谓贤人难做，是刚说要行善就被嫉妒，做了贤德的事就被嫉恨，最终一定会遭遇灾祸。

虞舜之所以放殛[①]，子胥之所以被诛[②]，上圣大贤犹不能自免于嫉妒，则又况乎中世之人哉[③]？此秀士所以虽有贤材美质[④]，然犹不得直道而行，遂成其志者也。

【注释】

①虞舜之所以放殛(jí)：刘知幾《史通》引《汲冢琐语》中记载有舜被禹放逐之事，亦见《韩非子·说疑》。放殛，放逐，诛杀。

②子胥之所以被诛：子胥即伍子胥，名员。春秋时期楚国人。其父伍奢在楚国被诬告杀害，伍子胥逃到吴国，辅佐吴王阖闾打败楚国。吴王夫差继位后，打败越国，越国求和，伍子胥认为不可答应。越国因设计离间伍子胥和夫差，夫差听信谗言赐伍子胥剑，逼其自杀。

③则又况乎：“况”字旧脱。汉魏本作“则况乎”，四部本作“则又乎”，四库本作“何况乎”。汪《笺》：“按本书‘则又况’数见，今补正。”

④秀士：德才优异之士。《吕氏春秋·怀宠》“举其秀士而封侯之”，高诱注：“秀士，俊士。”《礼记·王制》“命乡论秀士，升之司徒，曰选士”，郑玄注：“秀士，乡大夫所考，有德行道艺者。”贤材美质：贤美之材质。

【译文】

虞舜之所以被流放，子胥之所以被处死，那些大圣贤人尚且不能使自己免于被嫉妒，更何况是社会中的一般人呢？这就是优秀的人即使拥有了贤能的才干和美好的品质，却仍然无法遵循道义行事，顺遂无碍地去实现自己的志向的原因。

处士不得直其行，朝臣不得直其言，此俗化之所以败，暗君之所以孤也①。齐侯之以夺国②，鲁公之以放逐③，皆败绩厌覆于不暇④，而用及治乎⑤？故德薄者恶闻美行，政乱者恶闻治言，此亡秦之所以诛偶语而坑术士也⑥。

【注释】

①"处士不得直其行"四句：语本《管子·法法》："正言直行之士危，则人主孤而毋内。人主孤而毋内，则人臣党而成群。"处士，指隐居不仕的士人。直其行，使其行直。谓顺利行事。

②齐侯之以夺国：指齐简公不听大夫田鞅的劝谏，被田常所杀，其后齐国政权落入田氏手中。齐侯，指齐简公，姜姓，名壬，齐悼公之子。齐悼公被弑后，齐国群臣立壬为君，是为齐简公。后被田常所杀。

③鲁公之以放逐：指鲁昭公攻打季平子，子家驹劝谏他同意让季氏逃走，昭公不听，结果叔孙氏、孟孙氏为救季氏，三家合攻昭公，昭公逃出鲁国。鲁公，指鲁昭公，姬姓，名裯，一作稠，鲁襄公之子。他本想遏制季孙、叔孙、孟孙氏三家的势力，却被三家所逐，最后死于晋国的乾侯。

④败绩厌(yā)覆于不暇：语本《左传·襄公三十一年》："若未尝登车射御，则败绩厌覆是惧，何暇思获。"败绩，溃败。厌，通"压"，倾倒。不暇，没有空闲，来不及。指顷刻之间。

⑤用：彭《校》认为当读为"庸"，庸，犹"何"也。其说是。

⑥诛偶语而坑术士：即秦王朝焚书坑儒事。《史记·秦始皇本纪》载，秦始皇三十四年（前213）用丞相李斯建议："有敢偶语《诗》《书》者弃市。"次年，下令御史查问制造妖言、蛊惑人心者，"犯禁者四百六十余人，皆坑之咸阳"。偶语，这里指相聚议论国家政事。偶，两人相对。

【译文】

尚未做官的士人不能顺利行事，朝廷中的大臣不敢直言政事，这就是社会风气、礼仪教化之所以败坏，昏庸的国君之所以孤立无助的原因。齐简公就这样被夺取了国家，鲁昭公就这样被驱逐，都是失败覆灭于顷刻之间，哪里来得及整治呢？所以德行低劣的人不想听到美好的品行，朝政混乱的君主不想听到治理国家的言论，这就是亡秦为什么要诛杀议论治国对策的人和坑杀儒生的原因啊。

今世俗之人，自慢其亲而憎人敬之，自简其亲而憎人爱之者不少也[①]。岂独品庶[②]，贤材时有焉。邓通幸于文帝，尽心而不违，吮痈而无吝色[③]。帝病不乐，从容曰："天下谁最爱朕者乎？"邓通欲称太子之孝，则因对曰："莫若太子之最爱陛下也。"及太子问疾，帝令吮痈，有难之色，帝不悦而遣太子。既而闻邓通之常吮痈也，乃惭而怨之。及嗣帝位，遂致通罪而使至于饿死。故邓通其行所以尽心力而无害人，其言所以誉太子而昭孝慈也[④]。太子自不能尽其称，则反结怨而归咎焉。称人之长，欲彰其孝，且犹为罪，又况明人之短矫世者哉[⑤]？

【注释】

①简：轻慢。

②品庶：指普通百姓。

③吮痈（yōng）：据《史记·佞幸列传》载，汉文帝身上长了大毒疮，痛痒难忍，邓通便用嘴来吸疮毒。吝色：为难的神色。吝，难。

④昭：彰显。

⑤矫世：纠正世俗。

【译文】

当今世俗平庸之人，自己怠慢父母还憎恨别人尊重父母，自己对父母漠不关心还憎恨别人关爱父母，这样的人并不少。并不只存在于普通百姓身上，那些号称贤能的人有时也是这样。邓通被汉文帝所宠幸，尽心服侍而不敢有所违背，曾为文帝吸吮毒疮，脸上也没有不高兴的神色。文帝患病而闷闷不乐，随口问邓通："普天之下谁最爱我？"邓通想要称赞太子的孝心，就回答说："没有比太子更爱陛下的人了。"等到太子前来问候文帝病情的时候，文帝让他为自己吮吸毒疮，太子面露难色，文帝不高兴，打发走了太子。后来，太子听说了邓通曾经为文帝吮吸毒疮的事，于是心生惭愧进而怨恨邓通。等到太子继承了君位，就降罪给邓通，最终致使他饿死。所以说，邓通的行为本来是对君主尽心竭力并没有加害别人的想法，他的话本来也是想称赞太子彰显其孝心罢了。太子自己配不上邓通的称赞，反而心生怨恨归罪给邓通。想要称道别人的孝心，尚且获罪如此，更何况是指明别人的短处，矫正世俗风气的行为呢？

且凡士之所以为贤者，且以其言与行也[①]。忠正之言，非徒誉人而已也，必有触焉[②]；孝子之行，非徒吮痈而已也，必有驳焉[③]。然则循行论议之士[④]，得不遇于嫉妒之名，免于刑戮之咎者，盖其幸者也。比干之所以剖心[⑤]，箕子之所以为奴[⑥]，伯宗之以死[⑦]，郤宛之以亡[⑧]。

【注释】

①且以其言与行也:汉魏本“且”作“正”。王宗炎认为,“且”字为衍文。译文从之。

②触:触犯,冒犯。

③驳:不周全。彭《校》:“《汉书·谷永传》:‘解偏驳之爱。’注:‘驳,不周普也。’”

④循行(xìng):好的品行。汉代有循行之官。论议:据《汉书·百官公卿表》载,光禄勋属官有大夫掌论议,汉代多以论议来品评人物。

⑤比干之所以剖心:比干是商纣王的叔父,受帝乙所托辅佐帝辛纣王。纣王淫乱不止,比干谏纣,三日不去。纣怒,剖比干心。

⑥箕子之所以为奴:箕子是商纣王的叔父。因纣王荒淫无度,劝谏纣王而不被接受,反被纣王囚禁。

⑦伯宗之以死:伯宗是晋国的大夫,其为官清正廉洁,敢于在朝堂上直言进谏,结果得罪了权臣郤至等人,终被诬陷杀害。

⑧郤(xì)宛之以亡:郤宛是春秋时楚国的大夫,其为官正直清廉,爱护百姓,招致奸臣费无极等人嫉恨,被他们设计陷害,自杀而死,并被灭族。

【译文】

大凡士人之所以被称为贤能的原因,是因为他们的言论与品行。忠诚正直的言论,不仅仅是称赞人而已,一定也会对人有所触犯;孝子的行为,不仅仅是吮吸毒疮而已,也一定会有不周全的地方。那么品德美好、敢于议论的人,如果能够避免被嫉妒者加予的坏名声、免受刑罚杀戮之罪,大概是他们的幸运了。比干之所以被剖腹挖心,箕子之所以沦为奴隶,伯宗被处死,郤宛被杀,也就是这样的原因。

夫国不乏于妒男也,犹家不乏于妒女也。近古以来,自外及内，其争功名妒过己者岂希也？予以唯两贤为宜不相害乎？然也[①]，范雎绌白起[②]，公孙弘抑董仲舒[③]，此同朝共君宠禄争故耶？唯殊邦异途利害不干者为可以免乎？然也，孙膑修能于楚，庞涓自魏变色，诱以刖之[④]；韩非明治于韩，李斯自秦作思，致而杀之[⑤]。嗟！士之相妒岂若此甚乎！此未达于君故受祸邪？唯见知为可以将信乎[⑥]？然也，京房数与元帝论难，使制考功而选守[⑦]；晁错雅为景帝所知，使条汉法而不乱[⑧]。夫二子之于君也，可谓见知深而宠爱殊矣，然京房冤死而上曾不知[⑨]，晁错既斩而帝乃悔。此材明未足卫身故及难邪？唯大圣为能无累乎？然也，帝乙以义故囚[⑩]，文王以仁故拘[⑪]。夫体至行仁义[⑫]，据南面师尹卿士[⑬]，且犹不能无难，然则夫子削迹[⑭]，叔向缧绁[⑮]，屈原放沉，贾谊贬黜[⑯]，钟离废替[⑰]，何敞束缚[⑱]，王章抵罪[⑲]，平阿斥逐[⑳]，盖其轻士者也[㉑]。

【注释】

①然也：此处表示转折语气。

②范雎(jū)绌(chù)白起：范雎是战国时魏国人，入秦后被秦昭王拜为相国。白起与范雎同时，为秦国大将。白起率军与赵国在长平会战，大败赵国，坑杀降卒四十万人。赵国、韩国皆惧，派人游说范雎求和，范雎遂巧言劝秦昭王撤军。范雎嫉恨白起战功卓著，在秦王准备攻打赵国的时候，白起进言反对，后秦军失败，秦王命白起前去援助，白起称病，秦昭王一怒把白起贬为士兵，范雎乘机诋毁白起，白起自杀。绌，通“黜”，贬退。

③公孙弘抑董仲舒：董仲舒、公孙弘都是西汉时期的经学大家，两

人都精通《春秋》，但意见不合，公孙弘治学不如董仲舒，故嫉恨董仲舒，且公孙弘善于阿谀奉承，讨得汉武帝宠幸，当武帝寻求胶西王相人选时，公孙弘力荐董仲舒，目的在于把董仲舒排挤出京师。

④"孙膑修能于楚"三句：据《史记·孙子吴起列传》载，孙膑与庞涓共师鬼谷子学习兵法，庞涓在魏拜为将军，因嫉妒孙膑之才，设计骗其至魏，诬陷其犯法而砍断其双脚。孙膑，战国时齐国人，军事家。孙膑遭庞涓之忌被刑，后被齐国大夫田忌救回齐国，被齐威王委以军师，助田忌攻魏，最后在马陵之战中大败魏军，庞涓自杀。变色，因害怕而改变脸色。刖(yuè)，砍掉双脚的刑法。

⑤"韩非明治于韩"三句：据《史记·老庄申韩列传》，韩非曾上书主张在韩国变法，不受重用，后发愤著书，作《孤愤》《五蠹》等，秦王爱之。后韩非出使秦国，李斯忌惮其才能，进谗言将其下狱害死。韩非，战国时韩国人，法家代表人物。李斯，战国时楚国人，曾与韩非子共师荀卿。秦始皇时，官居秦丞相，主张废诸侯，设郡县，焚诗书，同文字。秦始皇死后，李斯与赵高合谋立少子胡亥为帝，后赵高诬其谋反，李斯被腰斩灭族。

⑥见：被。

⑦京房数与元帝论难，使制考功而选守：京房以讲灾异劝元帝考核官吏选择郡守，奏《考功课吏法》，但因石显等权臣阻挠而未能实行。京房，本姓李，字君明。西汉易学大师，详于灾异，开创了京氏易学，有《京氏易传》存世。元帝，汉元帝刘奭(shì)，好儒术，为人柔懦。在位期间，因为宠信宦官，导致皇权式微，朝政混乱不堪，西汉由此走向衰落。考功，按一定标准考核官吏的政绩。

⑧晁错雅为景帝所知，使条汉法而不乱：晁错在景帝为太子时即被赏识为心腹，对其言听计从。景帝即位后，晁错官御史大夫，曾先后上书言兵事、边防，主张重农贵粟，力倡削弱诸侯，更定法

令,多被景帝采用。后因主张削藩,削弱诸侯势力,吴、楚等七国以“诛晁错以清君侧”为名,发动叛乱,晁错因此被腰斩。景帝,即汉景帝刘启,文帝之子,其执政期间励精图治,与文帝共同开创了“文景之治”的盛世。条,条定,分条制定。汪《笺》:“旧无‘条’字,《品节》有‘条’无‘使’。按‘使条’与‘使制’对,今补正。”

⑨京房冤死:汉元帝时,石显与五鹿充宗专权,将京房排挤出朝廷,后来又罗织罪名将其杀害。

⑩帝乙以义故囚:帝乙即商汤。据《史记·夏本纪》,夏桀时,商汤劝谏他不要以武力伤害其他部落,夏桀认为他干扰朝政,把他囚禁起来。

⑪文王以仁故拘:据《史记·殷本纪》,殷纣王时期,周文王推行仁政,崇侯虎在纣王面前诬告周文王,说文王要和纣王争天下,纣王于是囚禁了文王。

⑫体至:指身体力行,自身推行仁政。

⑬南面:古代君王坐北朝南,以统治天下。师尹:百官之长。卿士:指朝廷中的百官大臣。

⑭夫子削迹:《史记·孔子世家》载,孔子曾周游列国,在陈国、蔡国游说时,食物匮乏,到卫国不受礼遇。文中即指此事。夫子,对孔子的尊称。

⑮叔向缧绁(léi xiè):据《左传·襄公二十一年》载,叔向的弟弟羊舌虎因涉嫌叛乱被杀,叔向也因此被囚禁。缧绁,捆绑犯人用的绳子,此处借指牢狱。

⑯贾谊贬黜:贾谊是西汉文帝时人,精通诸子百家,受汉文帝宠爱,后因周勃等人毁谤,被外放为梁怀王太傅。后梁王坠马而死,他也因忧惧悲伤而死。

⑰钟离废替:钟离即钟离意,他在汉明帝时任尚书大臣,因仗义直谏被贬黜。替,废弃。

⑱何敞束缚:何敞是东汉明帝时人,曾任尚书等职,因直谏窦氏专权,遭窦氏憎恶被排挤出京,后因蔡伦奏其诈病不斋祠庙,获罪,死于家中。

⑲王章抵罪:王章为人刚正不阿,敢于直言。汉元帝时因得罪石显,被石显诬告免官,汉成帝时任京兆尹,因得罪大将军王凤,被下狱,终死狱中。

⑳平阿斥逐:平阿侯王仁是王莽堂兄,秉性刚直,王莽惧之,遂令大臣奏其罪过,谴其回国,后又迫令其自杀。

㉑盖其轻士者也:汪《笺》:"疑当作'盖是其轻者也'。"译文从之。

【译文】

一个国家不缺少嫉妒的男人,就像一个家庭不缺少嫉妒的女人一样。近世以来,从外到内,那些争夺功劳名誉、嫉妒超过自己的人难道还少吗?我以为只要是两位贤能的人在一起应该不会相互残害吧?然而,范雎陷害白起,公孙弘抑制董仲舒,这是因为他们在同一个朝廷侍奉同一个君主而争宠夺禄的缘故吗?只要是在不同的国家、走不同的道路、利害不相关的人,就可以避免这种情况了吗?然而,孙膑在楚国修习才能,庞涓在魏国听说后害怕得脸色都变了,后来把孙膑骗到魏国砍掉了他的双脚;韩非在韩国宣扬治国之方,李斯在秦国盘算着把他招来杀害了。我感慨士人的相互嫉妒竟然严重到了这种程度!这是由于没有得到君主的信任所以遭遇的灾祸吗?那么只要被君主了解赏识就可以被信任了吧?然而,京房多次和汉元帝辩论治国之策,元帝让他制定了考核官吏选拔郡守的办法;晁错一向被汉景帝信任赏识,景帝让他条定汉朝的法律以安定社会。这两位大臣在君主那里,可以说是深受君主赏识,也受到了特殊的宠爱,但是京房受冤屈至死,元帝还不知道;晁错已经被腰斩了,景帝才感到后悔。这是才智还不足以保护自己才遭受到灾祸的吗?那么只有伟大的圣人才没有灾祸吗?然而,商汤因为行道义被夏桀囚禁,文王施仁政被商纣关押,可见身体力行推行仁义，身为统领众臣的君主都不能避免灾祸，既然这样，那么孔子在卫国受冷落，叔向被囚禁，屈原遭放逐自沉汨罗江，贾谊被贬官，钟离意被废黜，何敞被捆绑囚禁，王章被治罪，平阿侯王仁被排斥放逐，这大概算是遭遇灾祸较轻的了。

《诗》云："无罪无辜，谗口敖敖[①]。""彼人之心，于何不臻[②]？"由此观之，妒媚之攻击也[③]，亦诚工矣[④]！贤圣之居世也，亦诚危矣！

【注释】

①无罪无辜，谗口敖敖(áo)：引诗见《诗经·小雅·十月之交》。敖敖，众口毁谤攻击貌，今本《诗经》作"嚣嚣(áo)"。

②彼人之心，于何不臻：引诗见《诗经·小雅·菀柳》。今本《诗经》"不"作"其"。臻，至。

③媚：汪《笺》认为当作"媢(mào)"。媢，嫉妒。

④工：工巧，巧妙。

【译文】

《诗经》中说："无罪责又无过错，毁谤声却不绝耳。""那人心肠不可测，走到何处是极限？"这样看来，嫉妒之人的攻击，也实在是巧妙！圣贤之人在社会上，也实在是危险啊！

故所谓贤难也者，非贤难也，免则难也。彼大圣群贤，功成名遂，或爵侯伯，或位公卿，尹据天官[①]，柬在帝心[②]，宿夜侍宴[③]，名达而犹有若此，则又况乎畎亩佚民、山谷隐士[④]，因人乃达，时论乃信者乎[⑤]？此智士所以钳口结舌，括囊共默而已者也[⑥]。

【注释】

①尹据天官:俞樾认为“尹”字无义,疑“尸”字之误。尸,担任。按,“尹”字固通。尹,治理,此处引申为担任。《明暗》篇“尹其职而策不出于己”同。天官,官名,百官之长。据《周礼》载,“六官”以冢宰为天官,是为百官之长。

②柬在帝心:语本《论语·尧曰》,今本《论语》作“简在帝心”。柬,选择。

③宿:通“夙”,早。

④甽(quǎn)亩:田地,田野。佚民:逸民。旧时称遁世隐居的人。佚,隐遁。

⑤时:通“恃”,依恃,依靠。

⑥括囊:扎起口袋,这里指收起聪明才智,闭口不言。

【译文】

因此所谓贤人难做,并非指成为贤人很困难,而是避免灾祸很难。那些伟大的圣贤们,功成名就而声名远扬,有的封爵侯伯,有的位列公卿,身居要职,由皇帝自己来选定,早晚侍奉皇帝宴饮,他们名誉显赫尚且有这样的遭遇,更何况是那些田野中的逸民、山谷中的隐士,只能依靠别人的推举才能发达显赫,依靠舆论称赞才能施展抱负呢?这就是聪明的读书人闭口结舌,收起聪明才智默不作声的缘故啊。

且闾阎凡品[①],何独识哉?苟望尘剽声而已矣[②]。观其论也,非能本闺阃之行迹[③],察臧否之虚实也[④];直以面誉我者为智,谄谀己者为仁,处奸利者为行[⑤],窃禄位者为贤尔,岂复知孝悌之原,忠正之直[⑥],纲纪之化,本途之归哉[⑦]?此鲍焦所以立枯于道左[⑧],徐衍所以自沉于沧海者也[⑨]。

【注释】

①闾阎：指民间。《说文》："闾，里门也。阎，里中门也。"凡品：这里指一般人，普通百姓。

②望尘：看见走在前面的人带起的尘土。比喻捕风捉影。剽（piào）声：汉魏本、四部本、四库本皆作"僄声"。汪《笺》："'剽'旧作'僄'。按《交际》篇云：'苟剽声以群谀。'今据改。《汉书·朱博传》云'耳剽日久'，颜师古注：'剽，劫也，犹言行听也。'"剽声，听声，这里指专听外在的名声。比喻道听途说，人云亦云。

③本：根据。闺阃（yú）：汪《笺》认为"阃"盖"阁（gé）"之误，并引《汉书·循吏传》"使传教令，出入闺阁"颜师古注："闺阁，内中小门也。"云："闺阃行迹，犹云'门内之行'也。"指一个人私下日常的行为踪迹。译文从之。

④臧否（zāng pǐ）：褒贬，评论人物的好坏、得失。

⑤行：《荀子·正名》："正义而为谓之行。"

⑥直：义。《广雅·释诂》："直，义也。"

⑦本：根本。归：归旨，归途。

⑧鲍焦所以立枯于道左：鲍焦是春秋时隐士，守志节。只吃自己耕种的粮食，喝自己打的井水，只穿自己妻子缝制的衣服。他因对当时的世俗之风不满，就抱着路旁的枯木冻饿而死。

⑨徐衍所以自沉于沧海：徐衍是周代处士，有气节。他因厌恶当时奸佞当道的世风，就抱着石头沉海而死。

【译文】

况且乡里的老百姓知道些什么呢？他们只能看到事物的表象、听一些传言罢了。看他们的人物评论，并不能根据一个人私下的行为踪迹，来明察他人褒贬的真假；只是把当面称赞自己的人当作是有智慧的，把阿谀奉承自己的当作是仁义的，把耍奸谋利的当作是有能耐的，把盗禄窃位的当作是贤能的。哪里又知道孝敬父母、尊敬兄长的本意，忠诚正直的意义，礼仪纲纪的教化，根本大道的归指呢？这也就是鲍焦之所以抱着枯木死在道路旁，徐衍背负石头自沉大海的原因吧！

谚曰："一犬吠形，百犬吠声。"世之疾此固久矣哉！吾伤世之不察真伪之情也，故设虚义以喻其心曰：今观宰司之取士也[①]，有似于司原之佃也[②]。昔有司原氏者，燎猎中野[③]。鹿斯东奔，司原纵噪之[④]。西方之众有逐狶者[⑤]，闻司原之噪也，竞举音而和之。司原闻音之众，则反辍己之逐而往伏焉[⑥]，遇夫俗恶之狶[⑦]。司原喜，而自以获白瑞珍禽也，尽刍豢单囷仓以养之[⑧]。豕俯仰嚘咿[⑨]，为作容声，司原愈益珍之。居无何，烈风兴而泽雨作[⑩]，灌巨豕而恶涂渝[⑪]，逐骇惧[⑫]，真声出，乃知是家之艾豭尔[⑬]。此随声逐响之过也[⑭]，众遇之未赴信焉[⑮]。

【注释】

①宰司：即宰相，这里指掌权者。

②司原：掌管打猎的人。《左传·襄公四年》："兽臣司原。"佃(tián)：通"畋"，狩猎。

③燎(liáo)猎：夜猎。燎，火把。《尔雅·释天》："宵田为獠。"獠，同"燎"。中野：即田野中。

④纵：追赶。

⑤狶(xī)：猪。《方言》曰："猪，……南楚谓之狶。"

⑥辍：停止。

⑦俗恶：王宗炎认为"俗恶"当作"浴垩(è)"，指沾满白土。垩，白土。译文从之。

⑧刍豢(huàn)：草与谷之类的饲料。《国语·楚语下》"刍豢几何"，

韦昭注："草养曰刍，谷养曰豢。"单：通"殚"，竭尽，穷尽。囷(qūn)仓：谷仓。圆形的名囷，方形的名仓。

⑨嚘咿(yōu yī)：呦呦的叫。彭《校》："'嚘咿'盖如后世所书'嚘呦'，鸣声也。"汪《笺》："与'伊优'同。"故作娇态。亦可参。

⑩泽雨：大雨。

⑪恶：汪《笺》："当作'垩'。"渝：变。

⑫逐：王宗炎认为是"豕"字之误，其说是。

⑬艾：老。豭(jiā)：公猪。《说文》："豭，牡豕也。"

⑭响：声。

⑮众遇之未赴信焉：此句文意有难通处。姑且释之为：众人遇到了这样随声跟风的事情，不可轻易相信啊！胡大浚《译注》释为"众人传闻之不足信"，张觉《全译》释为"众人碰上了司原而不去追赶猪，是听凭他犯错误"，说皆可参。赴信，彭《校》认为犹言"取信"。赴，趋也。借为"取"。其说是。

【译文】

谚语说："一条狗见到人就狂叫，上百条狗听到声音就跟着狂叫。"社会上痛恨这种现象已经很久了！我伤痛人们不能明辨事情的真假，因此在这里假设了一个虚构的故事来比喻这种心态：观察当下掌权者选取人才的办法，有点像司原打猎。从前有个掌管打猎的司原，夜间举着火把在田野中打猎。看到鹿往东边跑，司原就呼喊着追赶它。这时西面有些人正好在追赶一头猪，听到司原的呼喊声，也竞相呼喊应和他。司原听到那边人声很多，反而停止了追赶自己的猎物而向西埋伏在那里，结果遇到了身上涂满白泥土的猪。司原很高兴，自以为得到了白色的珍奇瑞兽，穷尽谷仓饲料来饲养它。猪俯仰翻转，间或发出呦呦的叫声，装腔作态，司原更加珍惜它了。不久，狂风大作，大雨倾盆，雨水落到猪身上冲掉了白泥土，猪因惊恐害怕，真实的叫声暴露出来，司原才知道原来是家养的老公猪。这就是随声跟风的过错，众人遇到这样的事情，不可轻易相信啊。

今世主之于士也，目见贤则不敢用，耳闻贤则恨不及[①]。虽自有知也，犹不能取，必更待群司之所举，则亦惧失麟鹿而获艾豭[②]。奈何其不分者也？未遇风雨之变者故也[③]。俾使一朝奇政两集[④]，则险隘之徒[⑤]，阘茸之质[⑥]，亦将别矣。

【注释】

①目见贤则不敢用，耳闻贤则恨不及：语本《鬼谷子·内揵》篇："日进前而不御，遥闻声而相思。"即"贵远贱近"之意。不及，赶不上，这里指得不到。

②麟：大母鹿。《说文》："麟，大牝鹿也。"

③未遇风雨之变者故也：者，彭《校》认为涉上"者"字而衍。按，"者"字不衍亦可通。雨，汉魏本、四部本、四库本诸本皆无。汪《笺》补之。

④俾使：假如。奇政两集：指有政治变故突然发生。两集，汪《笺》谓当作"雨集"。四库本正作"雨集"。

⑤险隘：阴险。

⑥阘茸(tà rǒng)：庸碌无能的人。

【译文】

当今的君主对于士人，眼中所看到的近处的贤才却不敢任用，耳中所听到的远方的贤才却又叹息得不到。即使自己也有所了解，还是不能任用，一定要等到众大臣的举荐之后才任用，那么也就是担心失去大母鹿而最终只获得老公猪。他们怎么就不能明辨是非呢？是没遇到风雨使之变化的缘故吧。假如有一天朝廷突发政治变故，那么心地奸恶、庸碌无能的人，也就能辨别出来了。

夫众小朋党而固位[①],谗妒群吠啮贤[②],为祸败也岂希?三代之以覆[③],列国之以灭[④],后人犹不能革[⑤],此万官所以屡失守,而天命数靡常者也[⑥]。《诗》云:"国既卒斩,何用不监[⑦]!"呜呼!时君俗主不此察也。

【注释】

①众小:庸众小人。朋党:这里用做动词,指拉拢朋党。

②群吠:比喻群起叫嚣。胡大浚《译注》:"'吠'下脱'而'字。"说可参。啮(niè):咬。这里引申为诋毁。

③三代:指夏、商、周三代。

④列国:指春秋以降的各诸侯国。

⑤革:更改,变革。

⑥数(shuò):屡次。靡常:异常,变化无常。

⑦国既卒斩,何用不监:引诗见《诗经·小雅·节南山》。卒斩,这里指国家灭亡。卒,尽。斩,断绝。何用,即"用何",为何。监,察看。

【译文】

庸众小人拉拢朋党来巩固地位,谗媚嫉妒的人一起叫嚣来诋毁贤人,这样造成的祸害还少吗?夏、商、周三代因此而覆灭,春秋以降的各诸侯国也因此灭亡,后来的人还是不能有所变革,这就是万千官员所以屡屡失去官位,而天道旨意也一再变化无常的原因。《诗经》中说:"国家已经灭亡,为什么还不能明察啊!"唉!当今的帝王、庸俗的君主就是看不到这些情况啊!

卷第二

【题解】

本卷主要谈君道与用人，共包括《明暗》《考绩》《思贤》《本政》《潜叹》五篇。

《明暗》论君主之明暗，以人君之兼听与偏信为其明暗的标志，将其与国家治乱对应起来。批判“骄臣隐贤”的现实，感叹“思善之君、愿忠之士”，“虽并生一世”而“终不得遇者也”。而其所说“当涂之人，恒嫉正直之士”，“处位卑贱而欲效善于君，则必先与宠人为仇”，更是上承《贤难》的主旨。

《考绩》论官吏功绩之考核。文章将功绩考核作为君主最为急切的任务：“凡南面之大务，莫急于知贤；知贤之近途，莫急于考功。”文章明确提出：“官长不考功，则吏怠傲而奸宄兴；帝王不考功，则直贤抑而诈伪胜。”批判当时百官“名实不相副，求贡不相称”，“在位所以多非其人，而官职(原讹作“听”)所以数乱荒”的局面，主张“功诚考则治乱暴而明”，各级官吏应“各居其职，以责其效”。同时，对“富者乘其材力，贵者阻其势要，以钱多为贤，以刚强为上”的社会乱象也予以严厉抨击。

《思贤》专论用贤。文章强调“养世之君，先乱任贤”，“国之乱待贤而治”，而“尊贤任能，信忠纳谏”则是国家长治久安之本。用贤又与识才紧密关联，因而期望“为官择人，必得其材，功加于民，德称其位”，“官民必论其材,论定而后爵之,位定然后禄之"。

《本政》论为政之本。"人君之治,莫大于和阴阳",由此层层追溯:阴阳以天为本,天以民为心,民以君为统,君以得臣为本,臣以选为本,选以法令为本,法又以君为主,故"君臣法令之功,必效于民"。归结起来,"国家存亡之本,治乱之机,在于明选而已矣",期望君主能够选贤任能、慎择其人,"治世之德,衰世之恶,常与爵位自相副也","苟得其人,不患贫贱;苟得其材,不嫌名迹"。同时,面对衰世群臣"官益大者罪益重,位益高者罪益深"、衰世之士"志弥洁者身弥贱,佞弥巧者官弥尊"的现实,依然发出"正士之所独蔽,而群邪之所党进","贞士采薇冻馁,伏死岩穴之中"的忧愤!

《潜叹》感喟奸邪妒能、贤不得用,主旨与《明暗》《思贤》相近。所谓"潜叹",既是潜深之叹,也是潜贤之叹,更是潜夫之叹,其意气情感之浓郁愤激,颇类似于《韩非子·孤愤》,"正义之士与邪枉之人不两立"与《孤愤》之"智法之士与当涂之人,不可两存之仇也",情感精神,一脉相承。至于"奸臣乱吏无法之徒,所为日夜杜塞贤君义士之间,咸使不相得者","人君内秉伐贤之斧,权噬贤之狗,而外招贤,欲其至也,不亦悲乎"等等,更是潜夫式的"孤愤"。

另,《考绩》云:"圣汉践阼,载祀四八。"汉高祖即位在公元前202年,后此三百二十年当为该文作时,即汉安帝元初五年(118)前后。张觉由文中所称"武猛",与《后汉书·孝安帝纪》建光元年(121)冬十一月"诏三公、特进、侯、卿、校尉,举武猛堪将帅者各五人"相应,考定为安帝建光元年(121)冬十一月以后作,"写成于公元122年",似证据不足。"武猛"之名,早见于西汉成帝元延元年(前12),《后汉书》亦屡见,难以为本文作时之证据。

要之,本卷集中体现出王符思贤、用贤的人才思想,也贯穿着"贤难"之愤,所谓"主有索贤之心,而无得贤之术,臣有进贤之名,而无进贤之实。此以人君孤危于上,而道士("士"字原脱)独抑于下也"。胡大浚先生说:“王符之所以就用人问题一再发泄,既有胸中块垒,也抓住了东汉败政的一个核心。”(《译注》)所论深得个中实际。进一步说,思贤、用贤、乃至嗟贤、伤贤也成为《潜夫论》一个重要而突出的主题。

明暗第六

国之所以治者君明也,其所以乱者君暗也。君之所以明者兼听也[①],其所以暗者偏信也。是故人君通必兼听[②],则圣日广矣;庸说偏信,则愚日甚矣。《诗》云:“先民有言,询于刍荛[③]。”

【注释】

①君之所以明者兼听也:《管子·明法解》:“明主者,兼听独断。”

②是故人君通必兼听:必,汪《笺》疑当作“心”;王宗炎疑当为“聪”,“通聪”即下文“通四聪”之义,彭《校》从之。

③先民有言,询于刍荛(chú ráo):引诗见《诗经·大雅·板》。刍荛,割草打柴的人。

【译文】

国家之所以安定是因为国君贤明,之所以混乱是因为国君昏庸。国君之所以贤明是因为能广泛听取各方面的意见,之所以昏庸是因为偏听偏信一方面的意见。所以,国君要是能通达听取各方面的意见,那么他的圣明就一天比一天广大;昏庸偏信一方面的意见,他的愚昧就会一天比一天加深。《诗经》中说:“古人有句话,请教割草打柴人。”

夫尧、舜之治,辟四门,明四目,通四聪[①],是以天下辐凑而圣无不照[②],故共、鲧之徒弗能塞也[③],靖言庸回弗能惑也[④]。秦之二世[⑤]，务隐藏己，而断百僚，隔捐疏贱而信赵高[⑥]，是以听塞于贵重之臣，明蔽于骄妒之人，故天下溃叛，弗得闻也，皆高所杀，莫敢言之[⑦]。周章至戏乃始骇[⑧]，阎乐进劝乃后悔[⑨]，不亦晚矣？故人君兼听纳下，则贵臣不得诬[⑩]，而远人不得欺也；慢贱信贵[⑪]，则朝廷谠言无以至[⑫]，而洁士奉身伏罪于野矣[⑬]。

【注释】

①“辟四门”三句：语本《尚书·尧典》：“舜格于文祖，询于四岳，辟四门，明四目，达四聪。”意为打开明堂四门宣布政教，使四方听得明白，听得通彻。

②辐凑：同“辐辏”，车轮的辐条都指向车轴中心。比喻四方贤才云集。照：通“昭”，指洞察。

③共、鲧之徒弗能塞也：《韩非子·外储说右上》载，尧想把帝位传给舜，共工、鲧都反对，尧不听，起兵杀了鲧，惩罚了共工。孔子因此称赞尧，不因为那些迷惑自己的话而败坏了自己所明察的事。共，即共工。相传为尧的大臣，居江淮之间世代掌管水政，与驩兜、三苗、鲧，并列为“四凶”。鲧，号崇伯，夏禹的父亲。传说鲧由于治水失败，被舜杀死。

④靖言庸回：指巧言伪饰。今本《尚书·尧典》作“静言庸违”。“靖”“静”同声通用。孔传：“静，谋。”《左传·文公十八年》：“崇饰恶言，靖谮庸回，服谗蒐慝，以诬盛德。”杜预注：“庸，用也；回，邪也。”

⑤二世：指秦始皇的小儿子胡亥。公元前210年，秦始皇死于南巡途中，赵高等人篡改始皇给公子扶苏的遗诏，拥立胡亥为皇帝，胡亥登基后偏信赵高一人，致使国家覆亡，最后被赵高逼死。

⑥隔捐：隔离，抛弃。捐，汪《笺》："旧作'损'。"俞樾疑当作"限"。亦可参。疏贱：关系疏远，地位低下的人。这里泛指群臣百官，赵高：秦朝宦官，主谋篡改始皇诏书立胡亥为皇帝，擅权朝政，逼死胡亥后，立子婴为秦王，后终于被子婴所杀。

⑦"是以听塞于贵重之臣"六句：史载秦二世执政期间，赵高擅权朝政，曾与二世合谋诛杀敢于议论朝政的大臣和诸公子，后来又在朝廷上指鹿为马，威慑大臣，使得大臣们都不敢向皇帝进言。

⑧周章至戏乃始骇：据《史记·秦始皇本纪》载，周章带兵攻入关中戏亭，秦二世才知道，大为惊怖。周章，又名周文，秦末农民起义时陈胜的部将，攻入关中后被章邯打败，自杀。戏，地名，在今陕西临潼东北。

⑨阎乐进劝乃后悔：据《史记·秦始皇本纪》载，赵高与阎乐合谋杀胡亥，立子婴为秦王。阎乐当面列举胡亥荒淫无度、不理朝政等多条罪行，逼其自杀，此时胡亥悔恨交加，先请求把自己降为平民，遭到拒绝，遂绝望自杀。阎乐，赵高的女婿。

⑩故人君兼听纳下，则贵臣不得诬：意近《管子·明法解》："明主者，兼听独断，多其门户。群臣之道，下得明上，贱得言贵，故奸人不敢欺。"诬，欺骗，蒙蔽。

⑪慢贱信贵：此指上文"隔捐疏贱而信赵高"事。慢，怠慢。

⑫谠(dǎng)言：忠正、正直的话。

⑬洁士奉身伏罪于野：指高洁之士坚守节操隐退民间。奉身，持身，守身。伏罪，隐罪，待罪，也就是"天子圣明，臣罪当诛"的自谓之辞。这里指隐退，归隐。

【译文】

尧、舜治理天下时，广开四方言路，明察四方政务，广听四方意见，所以天下的贤才就像辐条指向车轴一样聚合到君主那里，圣明君主的洞察无所不到，所以即使是共工、鲧这样的人也不能蒙蔽他们，花言巧语也不能迷惑他们。秦二世胡亥，一定要把自己隐藏起来，与百官大臣断绝联系，抛弃关系疏远、地位低下的人而偏听偏信赵高一人，因此耳朵被显荣尊贵的大臣堵塞，眼睛被骄横嫉妒的小人蒙蔽，所以国家溃败、国人叛乱的时候，他还不知道，朝中忠直之臣都被赵高杀了，剩余的都不敢进谏。周章攻打到了戏亭胡亥才知道害怕，阎乐逼他自杀的时候才追悔莫及，这不是为时已晚了吗？所以，君主如果广泛听取采纳臣下的意见，那么就不会被显贵的权臣所蒙蔽，也不会被远方之人所欺骗了；君主如果怠慢卑贱的人，而听信显贵的大臣，那么在朝廷上就不会听到忠诚正直的话，而高洁之士也只能守身奉节隐居山林了。

夫朝臣所以统理①，而多比周则法乱②；贤人所以奉己③，而隐遁伏野则君孤。法乱君孤而能存者，未之尝有也。是故明君莅众④，务纳下言以昭外，敬卑贱以诱贤也⑤。其无距言⑥，未必言者之尽可用也，乃惧距无用而让有用也⑦；其无慢贱，未必其人尽贤也，乃惧慢不肖而绝贤望也。是故圣王表小以厉大⑧，赏鄙以招贤，然后良士集于朝，下情达于君也。故上无遗失之策，官无乱法之臣。此君民之所利，而奸佞之所患也。

【注释】

①统理：治理国家。《汉书·孔光传》："丞相者，朕之股肱，所与共承宗庙，统理海内。"

②多比周则法乱：汪《笺》引王宗炎说，以为"多"为"朋"字之误，下脱"党"字。彭《校》从之，并谓《实贡》"是以举世多党而用私"，"多"亦"朋"之误。其说是。

③奉己：奉献己身以辅佐君主。

④莅:本意为临,这里引申为治理、管理。

⑤务纳下言以昭外,敬卑贱以诱贤也:纳,底本在"敬"字下,王宗炎认为当在"务"字之下,胡大浚《译注》从之,今据改。"纳下言以昭外"与"敬卑贱以诱贤"二句相对成文。务,一定。昭,明察。诱贤,招纳贤士。诱,招引,招纳。

⑥距:通"拒",拒绝。

⑦让:通"攘",退却。

⑧表:彰显。厉:通"励",鼓励。

【译文】

朝廷大臣是治理国家的,如若拉帮结派互相勾结,法度就会混乱;贤能之人是辅佐君主的,如若隐居逃避藏伏山林,君主就会孤立。法度混乱、君主孤立而国家还能幸存,这是从来没有过的。所以贤明的君主治理百姓,务必采纳底层的言论来明察朝廷外的情况,尊敬卑贱的人以招纳贤才来辅佐。他不拒绝别人的意见,不是说任何人的意见都要采纳,而是害怕拒绝了无用的意见而错过了一些有用的意见。他不怠慢卑贱的人,不是说这些人都贤能,而是害怕怠慢了庸才而断绝了贤才的希望。所以圣明的君主以表彰卑贱来勉励高贵,以奖赏愚鄙来招致贤能,这样贤才就会聚集于朝廷,民情就能传达到君主那里了。所以君主不会有疏漏的决策,朝廷里也就不会有违法的臣子。这是君主和百姓都喜好的,却是奸邪谄媚的人所害怕的。

昔张禄一见而穰侯免①,袁丝进说而周勃黜②。是以当涂之人③,恒嫉正直之士,得一介言于君以矫其邪也④,故上饰伪辞以障主心,下设威权以固士民。赵高乱政,恐恶闻上,乃豫要二世曰⑤:"屡见群臣众议政事则黩⑥,黩且示短,不若藏己独断,神且尊严。天子称朕,固但闻名⑦。"二世于是乃深自幽隐，独进赵高。赵高入称好言以说主[8]，出倚诏令以自尊。天下鱼烂[9]，相帅叛秦。赵高恐惧，归恶于君，乃使阎乐责而杀，愿一见高不能而死。

【注释】

①张禄一见而穰(ráng)侯免：秦昭王初期，其母宣太后摄政，她的同母异父的弟弟穰侯魏冉为相国，国中势力很大。后魏国人范雎被屈受辱，乃化名张禄，从魏国潜入秦国，游说秦昭王，说在秦国只听说太后和穰侯，不曾听说大王。于是穰侯被罢免，范雎任相国。穰侯，即魏冉。他在秦武王猝死、朝廷动荡之际，与其姐宣太后果断剪除反对派，拥立秦昭王；又保举白起为将，协助秦昭王大肆向东方扩张。因封地在穰(今河南邓州)，故称穰侯。

②袁丝进说而周勃黜：袁盎得宠时，曾向汉文帝进谗言说周勃有“骄主之色”，周勃因此被免官。袁丝，即袁盎，西汉大臣。汉景帝时，袁盎被晁错告发，以收受吴王贿赂的罪名，被贬为庶人。七国之乱时，袁盎劝说景帝杀晁错，平叛后任楚相。后因劝阻立梁孝王为嗣，被梁国刺客杀死。周勃，汉初将军，随刘邦出生入死，建立汉朝，被封为绛侯，汉文帝时任右丞相。

③当涂：当道，掌权。涂，通“途”。

④介：间隙。汪《笺》认为，“介”意同“间”。矫：矫饰。胡大浚《译注》释作“假托”，“意为假托君主以行其邪”，亦通。

⑤豫：通“预”，预先。要(yāo)：拦截，阻挡。

⑥黩(dú)：轻慢，不庄严。

⑦固、但：都是仅仅，只是的意思。胡大浚《译注》：“固、但，同义复词。”彭《校》：“‘固’亦‘但’也。”

⑧说(yuè)：通“悦”，使之愉悦。

⑨天下鱼烂：比喻国家像鱼由内而外腐烂了一样。

【译文】

从前张禄面见秦昭王，穰侯就被罢免了，袁盎向汉文帝进言，周勃就被贬退了。因此当权的人，常常嫉妒正直的人士，一得到机会便向君主进谗言来矫饰自己的邪恶，所以对上编造虚伪的言辞来蒙蔽君主之心，对下滥施强权来控制士人百姓。赵高扰乱朝政，害怕恶行被皇帝听到，就预先阻挠秦二世说："陛下如果经常面见群臣、当众议论政事就会显得不庄严，不庄严就容易显示自己的短处，不如自己隐居深宫，一人独断，这样显得神圣且尊贵。天子自称朕，就是仅仅让人听到他的名号而已。"二世于是就深居内宫，只接见赵高一人。赵高进宫只说好话来取悦皇帝，出宫又假托诏令来提高自己的威严。天下犹如鱼由内而外腐烂一样，百姓揭竿而起，相继背叛朝廷。赵高恐惧，把一切罪过都归于二世，于是让阎乐去数说二世的罪责并杀了他，二世想再见赵高一面也不行，就那样死了。

夫田常囚简公[①]，踔齿悬湣王[②]，二世亦既闻之矣，然犹复袭其败迹者何也？过在于不纳卿士之箴规[③]，不受民氓之谣言[④]，自以己贤于简、湣，而赵高贤于二臣也。故国已乱而上不知，祸既作而下不救。此非众共弃君，乃君以众命系赵高，病自绝于民也。

【注释】

①田常囚简公：齐简公四年（前481），田常囚禁齐简公十四天后杀死简公，拥立齐平公，田常任相国。田常，即陈恒，田乞之子，名恒，春秋时齐国大臣。田、陈古音相通。后人避汉文帝刘恒讳称他为田常，亦称田成子。简公，春秋末期齐国国君。

②踔齿悬湣王：据《战国策·齐策六》载，燕国打败了齐国，齐闵王

逃跑,楚国派踔齿救援闵王,闵王回国后留踔齿做相国。后来踔齿背叛了闵王,把闵王吊在齐国宗庙的屋梁上,抽了他的筋,又割了他的头,并掠走了齐国王室的财物。踔齿,又作淖齿、卓齿,战国时期楚国的将领。泯王,即齐闵王,又作齐湣王。

③箴规:劝诫,规劝。

④民氓:指普通老百姓。谣言:歌谣,谚语。自《诗经》以来,古代民间歌谣往往带有评论时政得失的功用。

【译文】

田常囚禁齐简公,踔齿吊死齐闵王,秦二世肯定也早已经听说过,但是仍然重蹈他们败亡的覆辙,这是为什么呢?过错就在于不接纳臣下的规劝,不接受民间老百姓的议论,还以为自己比齐简公、齐闵王都要贤明,以为赵高比田常、踔齿都要贤能。所以国家已经大乱,可是君主还不知道,祸乱已经发生了,可是臣下不去援救。这不是众人抛弃君主,而是君主把众人的性命都维系在赵高一人身上,过错在于自己绝断于人民。

后末世之君危何知之哉[①]?舜曰:"予违,汝弼。汝无面从,退有后言[②]。"故治国之道,劝之使谏,宣之使言,然后君明察而治情通矣。

【注释】

①后末世之君危何知之哉:此句文有脱误,彭《校》:"疑当作'后末世之君何危之知哉',言末世之君何知拒谏之危也。"译文从之。

②"予违"四句:出自《尚书·皋陶谟》。弼,辅佐。这里引申为纠正过错。

【译文】

后代的末世君主哪里知道拒谏的危险呢?舜说:"我一有违背,你们就立刻纠正。你们不要当面顺从我，背后又私自议论。”所以治国的道理就在于，劝说臣民勇于进谏，引导臣民勇于发表言论，然后国君就能明察是非，治国之道也就通晓了。

且凡骄臣之好隐贤也，既患其正义以绳己矣[①]，又耻居上位而明不及下，尹其职而策不出于己[②]。是以郤宛得众而子常杀之[③]，屈原得君而椒、兰构谗[④]，耿寿建常平而严延妒其谋[⑤]，陈汤杀郅支而匡衡挍其功[⑥]。

【注释】

①绳：绳索，这里指束缚。

②尹：治理。这里引申为担任。彭《校》疑作“居”，亦通。

③郤(xì)宛得众而子常杀之：费无极嫉妒郤宛受国人爱戴，就设计劝说子常到郤宛家饮酒，一方面让郤宛在家里陈列兵器，以博取子常欢心，另一方面，告诉子常郤宛在家里藏了兵器，有预谋。子常派人查看后，很生气，命令攻打郤宛。郤宛自杀并被灭族。郤宛，春秋时楚国的大夫。子常，名囊瓦，春秋时楚国令尹，楚国王族。

④屈原得君而椒、兰构谗：屈原为了使楚国抗衡秦国，于是出使齐国。秦国害怕楚齐联合，派人到楚国贿赂子椒、子兰等人，他们共同诋毁屈原，致使屈原被放逐。椒，即子椒，战国时期楚国大夫，楚顷襄王时任司马。兰，即子兰，楚怀王的小儿子，楚顷襄王时任令尹。

⑤耿寿建常平而严延妒其谋：西汉耿寿昌曾向宣帝建议设立常平仓，当市场上谷物价高时，低价售出；当市场上谷物价低时，又高价回收，这样可以保证粮价的平稳。严延年听说耿寿昌筹划常

平仓,很嫉妒,就多次向宣帝说,建常平仓是丞相和御史大夫们的职责,理应由他们筹划,耿寿昌越权是另有企图。耿寿,即耿寿昌,西汉宣帝时任大司农中丞。严延,指严延年,西汉宣帝时任河南太守。

⑥陈汤杀郅(zhì)支而匡衡挍(jiào)其功:汉元帝时,陈汤为西域副校尉出使西域,当时匈奴威胁西域,他假托朝廷命令,发兵攻打匈奴,杀了匈奴郅支单于,保证了西域边疆的安全。等到论功的时候,丞相匡衡和中书令石显认为陈汤假托皇命,本应斩首,不该论功,竭力反对赏赐陈汤。陈汤,西汉名将。匡衡,西汉时著名学者,元帝时曾为御史大夫,丞相。挍,彭《校》认为当读为"挠",屈也。挠其功,即是屈辞以减其功。其说是。

【译文】

况且大凡骄横的权臣之所以喜好埋没贤才,是因为既害怕贤才的正义束缚他们,又担心身居高位而才能不及下面的人,身充要职而政令却不是出于自己的策划。所以郤宛得到国内民众的爱戴而子常却将他杀害,屈原得到君主的信任而子椒、子兰却诋毁他,耿寿昌筹建常平仓严延年却嫉妒他的谋略,陈汤杀了郅支单于而匡衡却贬损他的功劳。

由此观之,处位卑贱而欲效善于君,则必先与宠人为仇矣。乘旧宠沮之于内[①],而己接贱欲自信于外[②],此思善之君,愿忠之士,所以虽并生一世,忧心相曒[③],而终不得遇者也。

【注释】

①乘旧宠沮之于内:沮,诋毁。按,此句承上省主语"宠人"。

②接贱:即"疏贱"。汪《笺》:"按'接'当作'疏','疏'误为'迹',又

转误为'接'也。《韩非子·孤愤》篇云:'处势卑贱,无党孤特。夫以疏贱与近爱信争,其数不胜也。'此文本之。"

③嗷(jiǎo):汪《笺》疑当作"噭(jiǎo)"。噭,呼喊之声。这里指彼此心意相合。

【译文】

由此看来,地位卑下的人要想给君主效力陈善,一定会先与君主的宠臣为仇。宠臣依仗着君主的旧宠在朝廷内诋毁善良,而忠贞之士自己疏远卑贱却想在朝廷之外取信于君,这就是求贤若渴的君主和甘心效忠的贤才,虽然生活在同一个时代,忧国忧民的心意彼此相合,却最终不能遇合的原因啊。

考绩第七

凡南面之大务[①],莫急于知贤;知贤之近途,莫急于考功。功诚考则治乱暴而明[②],善恶信则直贤不得见障蔽[③],而佞巧不得窜其奸矣[④]。

【注释】

①南面:古代君王坐北朝南,南面即喻指统治天下。大务:紧要的事务。

②暴(pù):通"曝",暴露,表露。

③信:实。直:汪《笺》疑作"真",译文从之。下文"直贤抑而诈伪胜"同。

④窜:隐逃,逃避。彭《校》:"《字林》:'窜,逃也。'此谓佞巧之人不得逃其奸耳。"

【译文】

君主统治国家最紧要的事中，没有比了解贤才更迫切的了；了解贤才的捷径，没有比考核功绩更迫切的了。功绩真正得到考核，那么治乱就会暴露明显，善恶信实，真正的贤才就不至于被埋没，而谄媚取巧的人也就无法隐逃他的奸邪了。

夫剑不试则利钝暗，弓不试则劲挠诬[①]，鹰不试则巧拙惑，马不试则良驽疑。此四者之有相纷也[②]，由不考试故得然也。今群臣之不试也，其祸非直止于诬、暗、疑、惑而已，又必致于怠慢之节焉。设如家人有五子十孙，父母不察精懦[③]，则勤力者懈弛，而惰慢者遂非也，耗业破家之道也。父子兄弟，一门之计，犹有若此，则又况乎群臣总猥治公事者哉[④]？《传》曰[⑤]："善恶无彰，何以沮劝[⑥]？"是故大人不考功，则子孙惰而家破穷；官长不考功，则吏怠傲而奸宄兴[⑦]；帝王不考功，则直贤抑而诈伪胜[⑧]。故《书》曰："三载考绩，黜陟幽明[⑨]。"盖所以昭贤愚而劝能否也。

【注释】

①挠：弱。此指弓箭软弱无力。

②纷：杂乱，混淆。

③懦(nuò)：同"懦"，懦弱。

④总猥(wěi)：杂乱的样子。汪《笺》："按'总猥'犹《离骚》言'总总'也。"

⑤《传》：此处当指《左传》。

⑥善恶无彰，何以沮劝：彭《校》认为此句化用《左传·襄公二十七年》"赏罚无章，何以沮劝"句，"此盖以义易其文，非《左氏》之

旧”。沮，止。

⑦奸宄(guǐ)：奸邪、作乱之人。

⑧诈：底本阙，据四部本、汉魏本改。汪《笺》：“程本作‘诈’。”

⑨三载考绩，黜(chù)陟(zhì)幽明：语见《尚书·尧典》。黜，罢免。陟，提升。

【译文】

剑不试用利与钝就说不清，弓不试拉强与弱就道不明，鹰不试飞巧与拙就会令人迷惑，马不试跑良与劣就会令人疑虑。这四种情况之所以相互混淆，是由于没有考量试用的缘故啊。现在对群臣不加考核，其祸乱不仅仅是说不清、道不明、迷惑不解、疑虑不定而已，而一定会导致做事怠慢的习气。假如一个人家里有五个儿子十个孙子，父母要是不考察他们是精干还是懦弱，那么勤奋精干的人便会松懈怠慢，懒惰懈怠的人也就越发妄为了，这是荒废家业破败家庭的做法啊。父子兄弟，一个家庭之内尚且如此，更何况是朝中群臣共理纷乱复杂的国家大事呢？《左传》中说：“善恶不彰明，如何来赏罚？”因此长辈不考核功绩，那么子孙就会懒惰懈怠而使家庭破败；上级官员不考核功绩，下属官吏就会怠慢骄傲而生出奸佞乱臣；君主不考核臣下的功绩，就会抑制真正的贤才而助长欺诈虚伪之人。所以《尚书》中说：“三年考核一次功绩，罢黜昏庸，提升贤能。”这大概就是以之来表彰贤能、劝勉愚弱吧。

圣王之建百官也，皆以承天治地，牧养万民者也。是故有号者必称于典，名理者必效于实[①]，则官无废职，位无非人[②]。夫守相令长[③]，效在治民；州牧刺史[④]，在宪聪明[⑤]；九卿分职[⑥]，以佐三公[⑦]；三公总统，典和阴阳[⑧]：皆当考治以效实为王休者也[⑨]。侍中、大夫、博士、议郎[⑩]，以言语为职，谏诤为官[⑪]，及选茂才、孝廉、贤良方正、惇朴、有道、明经、宽博、武猛、治剧[12]，此皆名自命而号自定，群臣所当尽情竭虑称君诏也。

【注释】

①是故有号者必称于典，名理者必效于实：汪《笺》疑上句“典”与下句“名”字互倒，即“有号者必称于名，典理者必效于实”。其说是，译文从之。号，称号。如“天子”“诸侯”“公卿”等。《春秋繁露·深察名号》：“五号自赞，各有分；分中委曲，曲有名；名众于号，号其大全。名也者，名其别离分散也。”可见，号是总称，名是别称。称，相符，相称。典，掌管。理，事理。此指政务。效于实，用实绩来考核、征验。验，这里指征验，考量。

②非人：指不称职的人。

③守相令长：郡守、国相、县令、县长。郡中最高长官称为郡守，诸侯国之相称国相。汉代之制，万户以上的县，其长官称为令；万户以下的县，其长官称为长。

④州牧刺史：州牧、刺史，均为汉代州一级的官员。负责监察、巡视郡国的各种政务。

⑤在宪聪明：即“宪在聪明”。宪，汪《笺》疑为“悉”之误，“悉”即尽心之意。张觉《校注》以为通“显”，可参。聪，耳朵听得清楚。明，眼睛看得明白。

⑥九卿：据《后汉书·百官志》载，指太常、光禄勋、卫尉、太仆、廷尉、大鸿胪、宗正、大司农、少府。

⑦三公：据《后汉书·百官志》载，指太尉、司徒、司空。

⑧阴阳：古代用来表示偶对平衡的哲学范畴，天下万物皆须阴阳平衡。《周易·系辞上》疏：“天下万物，皆由阴阳，或生或成，本其所由之理。”

⑨王休：君主的美德。休，美，善。

⑩侍中:官名。秦汉以来侍从皇帝左右、出入宫廷的官职。大夫:官名。周代诸侯国中,在国君之下有卿、大夫、士三级。大夫世袭。后为高级官阶之称号。博士:秦汉时官名,掌教育王公子弟之事,兼充帝王顾问。议郎:官名。秦置,西汉沿之,属于光禄勋,为顾问应对,亦充守卫门户等职。

⑪谏诤:直言劝谏。

⑫茂才:即"秀才",指才之秀者。汉以来为举荐人才的科目之一。东汉时,为了避讳光武帝刘秀的名字,将"秀才"改为"茂才"。孝廉:本义是孝顺父母、办事廉正的意思。后指汉武帝时设立的察举考试,用以选拔任用官员的一种科目。贤良方正:据《汉书·文帝纪》载,汉文帝曾诏:"举贤良方正能直言极谏者,以匡朕之不逮。"从此成为汉代选拔人才的科目之一。惇(dūn)朴:本义是敦厚朴实。西汉演变为选拔人才的科目之一。有道:本义是有道德才艺。东汉时演变为选拔人才的科目之一。明经:精通经学,汉武帝时成为察举入仕的科目之一。宽博:本义指见识广博。后指汉代选拔人才的科目之一。武猛:本义为人威武勇猛。汉代为选拔人才的科目之一。治剧:本义指处理繁重复杂的事物。汉代为选拔人才的科目之一。

【译文】

圣明的帝王设立百官,都是为了顺承天命治理天下,管理教养百姓的。所以官职名号一定要和名义相符合,掌管政务的人一定要用实绩来考量,这样,官位上就没有虚设的空职,职位上也没有不称职的官员。郡守、国相、县令、县长他们的职能在于治理民众;州牧、刺史,他们的职责在于尽心明辨是非;九卿的分属职务,是用来配合帮助三公大臣的工作;三公大臣总揽全国大事,调节阴阳。这些都要考核他们治理国家的能力,做出实际的功绩来彰显君主的美德。侍中、大夫、博士、议郎以发表言论为职责,以直言劝谏为分内之事,茂才、孝廉、贤良方正、惇朴、有道、明经、宽博、武猛、治剧，这些官名都是依据自身特点来命名、根据实际情况而设定称号，群臣都应当竭尽全力以使君主的诏令名实相符。

今则不然，令长守相不思立功，贪残专恣[1]，不奉法令，侵冤小民。州司不治，令远诣阙上书讼诉[2]。尚书不以责三公[3]，三公不以让州郡[4]，州郡不以讨县邑，是以凶恶狡猾易相冤也。侍中、博士谏议之官，或处位历年，终无进贤嫉恶拾遗补阙之语[5]，而贬黜之忧[6]。群僚举士者，或以顽鲁应茂才[7]，以桀逆应至孝[8]，以贪饕应廉吏[9]，以狡猾应方正，以谀谄应直言，以轻薄应敦厚，以空虚应有道，以嚚暗应明经[10]，以残酷应宽博，以怯弱应武猛，以愚顽应治剧，名实不相副，求贡不相称[11]。富者乘其材力[12]，贵者阻其势要[13]，以钱多为贤，以刚强为上。凡在位所以多非其人，而官听所以数乱荒也[14]。

【注释】

①恣：放纵，无有拘束。

②诣（yì）：往，到。阙（què）：本指宫门前两边供瞭望的楼。这里引申为朝廷。

③尚书：秦时设立，掌管文书之职。汉承秦制，东汉光武帝时，尚书成为协助皇帝处理政事的机构。

④让：谴责。

⑤拾遗补阙（quē）：捡取遗漏，弥补缺失。这里指向皇帝进谏。遗，遗漏。阙，过失，缺失。

⑥贬黜之忧：即“贬黜是忧”，担忧被贬黜。

⑦顽鲁：顽固愚钝。

⑧桀：凶暴。逆：违逆。这里指不孝。

⑨贪饕(tāo)：贪婪，贪得无厌。

⑩嚚(yín)：愚蠢而顽固。暗：糊涂。

⑪贡：举荐。

⑫乘：恃。意为依赖、依仗。材：汪《笺》认为当作"财"。其说是，译文从之。

⑬阻：仗恃。与上文"乘"义同。势要：权势，势力。

⑭官听：汪《笺》引王绍兰语："'官听'疑是'官职'。"译文从之。

【译文】

现在却不是这样，县令、县长、郡守、国相不想着为国家建功立业，而是贪婪、残暴、专横、放纵，不奉行法律条令，侵扰、冤枉弱小的民众。州内官吏不治理所统治的地方，而是让百姓远到朝廷去上书诉讼。尚书不因此责备三公大臣，三公大臣也不因此谴责州郡的长官，州郡的长官更不因此声讨县邑的长官，所以凶恶狡猾的人容易冤枉别人。侍中、博士这些进谏、议论的官员，有的在位多年，却始终没有推荐贤才、指斥恶人、弥补君过、补充缺失的言语，而是只担心自己被贬官或罢免。朝廷中的大臣举荐的人，有的以顽固愚钝应招茂才，有的以凶暴忤逆应招孝廉，有的以贪婪无厌应招廉吏，有的以狡猾奸诈应招方正，有的以阿谀谄媚应招直言，有的以轻浮浅薄应招敦厚，有的以无德无才应招有道，有的以愚昧糊涂应招明经，有的以残忍酷虐应招宽博，有的以怯懦软弱应招武猛，有的以愚昧顽固应招治剧，名义和实际不相符，需求和举荐不相称。富有的人凭借他们的财力，尊贵的人倚仗他们的势力，将财富丰足视为贤能，将权势显贵视为上等。在位者因而大多是名实不符之人，而官职也因此屡屡混乱荒废。

古者诸侯贡士，一适谓之好德[①]，载适谓之尚贤[②]，三适谓之有功，则加之赏。其不贡士也，一则黜爵，载则黜地，三黜则爵土俱毕。附下罔上者死[3]，附上罔下者刑，与闻国政而无益于民者斥[4]，在上位而不能进贤者逐[5]。其受事而重选举[6]，审名实而取赏罚也如此，故能别贤愚而获多士[7]，成教化而安民氓[8]。三代于世，皆致太平。圣汉践祚[9]，载祀四八[10]，而犹未者，教不假而功不考[11]，赏罚稽而赦赎数也[12]。谚曰："曲木恶直绳，重罚恶明证。"此群臣所以乐总猥而恶考功也。

【注释】

①适：合适，这里指举荐合适的人才。《汉书·武帝纪》"壹适谓之好德"注引服虔曰："适，得其人。"

②载：通"再"，两次。

③罔：蒙蔽，欺骗。

④与(yù)：参与。

⑤在上位而不能进贤者逐：按，以上本《尚书大传》说《泰誓》之文。

⑥受事：接受职事。这里指担任官职。

⑦多士：指众多的贤士。

⑧民氓：指下层百姓。

⑨圣汉践祚(zuò)：喻指刘邦登上帝位。祚，通"阼"，阼阶，大堂前面的台阶。古代帝王登阼阶来主持祭祀。因此祚阶多指帝位。

⑩载祀：年岁。《尔雅·释天》："载，岁也。夏曰岁，商曰祀，周曰年，唐虞曰载。"四八：即三百二十年，古代一种表数的方法。

⑪假：汪《笺》认为当作"修"。修，治理，整治。彭《校》："假，至也。""教不至"谓教化不到，亦通。

⑫赏罚稽：赏罚拖延。稽，停留，拖延。赦赎数(shuò)：赦免犯罪、以钱赎罪十分频繁。数，屡次。

【译文】

古代诸侯举荐人才，一次举荐得人称为好德，两次举荐得人称为尚贤，三次举荐得人称作有功，就要给他奖赏。诸侯要是不推荐人才，一次要贬低爵位，两次要削减封地，三次就把爵位和封地全部没收。附和下级欺骗上司者要被处死，附和上司欺骗下属者要被判刑，参与国家政事而不能有利于百姓者要被贬斥，身居高位而不能为国家推荐贤才者要被驱逐。他们接受职事、重视选拔和举荐人才，审核名实、各取赏罚也是这样。因此，君主能辨别贤愚而获得众多贤士，完成教化而安定民众。夏、商、周三代在历史上都达到了太平之治。大汉高祖登上帝位以来，已有三百二十年了，但是还没有达到太平，是由于不修教化、不考核功绩，奖赏和惩罚的制度拖延，多次赦免罪犯，甚至用钱赎罪。谚语说："弯曲的树木厌恶笔直的墨绳，有重罪的人厌恶明确的证据。"这就是群臣之所以喜欢杂乱而厌恶考核功绩的原因。

夫圣人为天口，贤人为圣译①。是故圣人之言，天之心也；贤者之所说，圣人之意也。先师京君②，科察考功③，以遗贤俊，太平之基，必自此始，无为之化④，必自此来也。

【注释】

①夫圣人为天口，贤人为圣译：俞樾说："《说文》：'译，传译四夷之言者。'天无言而圣人代之言，故曰'为天口'。圣人之言，人不易晓，而贤者为通其指趣，故曰'为圣译'。"汪《笺》："'译'疑当作'铎'。"彭《校》："下文'贤者之所说，圣人之意也'，正释'圣译'二字，则'译'为'传译'明矣。"按，汪《笺》作"圣铎"亦通。"圣铎"谓圣人之代言者，此即《论语》"天将以夫子为木铎"之意；"圣铎"与上句"天口"亦相对成文。

②京君：即京房。

③科察考功：这里指京房制定的考核官吏功过的法则。《汉书·京房传》载："房奏《考功课吏法》。"科，法律制度。

④无为之化：彭《校》疑"化"本作"治"，唐人为避高宗李治讳改。基、始、治、来为韵。按，"化"亦通，指教化。

【译文】

圣人是上天的代言人，贤人是圣人的解说者。所以圣人的言论，是上天的心意；贤人的解说，是圣人的意思。前辈老师京房，制定法律以查考官吏的功过，将其传给后代贤士，太平的基业，一定是从这里开始的，清静无为的教化，也一定是从这里来的。

是故世主不循考功而思太平[①]，此犹欲舍规矩而为方圆，无舟楫而欲济大水，虽或云纵[②]，然不知循其虑度之易且速也[③]。群僚师尹[④]，咸有典司[⑤]，各居其职，以责其效；百郡千县，各因其前，以谋其后；辞言应对，各缘其文[⑥]，以覆其实[⑦]，则奉职不解[⑧]，而陈言者不得诬矣。《书》云："赋纳以言，明试以功，车服以庸，谁能不让？谁能不敬应[⑨]？"此尧、舜所以养黎民而致时雍也[⑩]。

【注释】

①循：因循，遵循。

②云纵：彭《校》："'纵''从'古字通。《小尔雅·广言》：'从，遂也。'"遂，成功。云，语助词。

③然不知循其虑度之易且速也：知，汪《笺》认为当作"如"。虑度，法度，准则。

④群僚师尹：指百官大臣。师尹，百官之长。

⑤典司:掌管。典、司同义。

⑥文:文辞。张觉《校注》谓为发言时的文字记录,亦可参。

⑦覆:审查,查核。底本阙,今据汉魏本补。

⑧解(xiè):通“懈”,懈怠。

⑨“赋纳以言”五句:语见《尚书·皋陶谟》。今本《尚书》“赋”作“敷”,“试”作“庶”。赋纳,采纳。庸,用。

⑩时雍:和谐,和善。指时世太平。

【译文】

因此君主不遵循考核官员的法则而想要国家大治,这就像是舍弃圆规矩尺却想要画出方圆,没有船桨却想渡过大河,虽然有时也能成功,但总不如遵循法度那样容易而迅速。百官大臣,都有所掌管,各守其职,以此来查验其效绩;成百上千的郡县,各依据其从前的情况,以考察其后来的成效;言语应对,各按其文辞,考核其实际行动,那么官员们就会谨守自己的职守而不懈怠,向皇帝进言的人也就不能诬陷他人了。《尚书》讲:“采纳他们的言论,明察他们的功效,赏赐车子和服饰以供他们使用,谁还能不谦让?谁还能不恭敬地接受诏应?”这就是尧、舜教养百姓而使天下太平的方法啊。

思贤第八

国之所以存者治也,其所以亡者乱也。人君莫不好治而恶乱,乐存而畏亡。然尝观上记[①],近古以来,亡代有三,秽国不数[②],夫何故哉?察其败,皆由君常好其所乱,而恶其所治;憎其所以存,而爱其所以亡。是故虽相去百世[③],县年一纪[④],限隔九州[⑤],殊俗千里[⑥],然其亡征败迹,若重规袭矩[⑦],稽节合符[⑧]。故曰:虽有尧、舜之美,必考于《周颂》[⑨];

虽有桀、纣之恶，必讥于《版》《荡》[⑩]。“殷鉴不远，在夏后之世[⑪]。”

【注释】

①上记：上古之书。《吕氏春秋·务本》“尝试观上古记”，高诱注：“上古记，上世古书也。”

②秽国不数：汪《笺》：“‘秽’当作‘灭’。《贤难》篇：‘三代之以覆，列国之以灭。’灭、秽字形相近。”汪说是。不数，无数。彭《校》：“此书无、不多互用。”

③世：古人以三十年为一世。

④县（xuán）：通“悬”，相隔。纪：古代的纪年单位。所指不一，有十二年、三十年、一千五百二十年等说法。这里指一千五百二十年。

⑤限：边界。九州：据《尚书·禹贡》载，大禹治水后，将中国分为九个州：冀州、豫州、雍州、扬州、兖州、徐州、梁州、青州、荆州。周代以徐州、梁州并入雍州、青州，又从冀州中分出幽州、并州，称为九州。后人常用“九州”来代指华夏或中国。

⑥殊俗千里：语本《晏子春秋·问上》：“古者百里而异习，千里而殊俗。”

⑦重规袭矩：重、袭义同，皆指重复。

⑧稽节合符：重合符节，指没有差别。稽、合，都是符合的意思。节、符，都是古代用以作为身份或权力凭证的信物。

⑨《周颂》：《诗经》颂诗之一，共三十一篇，大致作于西周初年，为周王朝祭祀先祖和神明的乐歌，内容多为歌颂周先公先王。

⑩讥：同“几”，检查，查看。《版》：《诗经·大雅》中的一篇，今本《诗经》作“板”。诗旨在斥责暴君周厉王。《荡》：《诗经·大雅》中的一篇，诗旨在哀伤周王朝的衰败，诗中借周文王指责殷商的暴虐

来警告周厉王。

⑪殷鉴不远，在夏后之世：语见《诗经·大雅·荡》。殷，即殷商。鉴，镜子，引申为借鉴、教训。夏后之世，即夏王朝。

【译文】

国家之所以能久存是因为安定，之所以灭亡是因为动乱。君主没有不喜好安定而厌恶动乱的，喜欢久存而害怕亡国的。然而试看古书所记，近古以来，灭亡的朝代有夏、商、周三代，灭亡的国家更是无数，这是什么原因呢？考察它们的败亡，都是因为君主常常喜好那些造成动乱的举措，而厌恶那些安定的举措；憎恶那些使国家长治久安的措施，而爱好那些使国家败亡的措施；所以亡国之间虽然相去百代，悬距千年，地隔九州，风俗殊异，但败亡的征兆和迹象，却像规矩重复、符节契合一样毫无差异。所以说：尽管有尧、舜的美德，也一定要考察《周颂》之乐，尽管知道桀、纣的恶行，也一定要查看《版》《荡》之诗。夏王朝的败亡，正是殷商还不曾远去的一面镜子。

夫与死人同病者，不可生也；与亡国同行者，不可存也①。岂虚言哉！何以知人之且病也②？以其不嗜食也。何以知国之将乱也？以其不嗜贤也。是故病家之厨，非无嘉馔也③，乃其人弗之能食，故遂于死也。乱国之官④，非无贤人也，其君弗之能任，故遂于亡也。夫生饭秔粱⑤，旨酒甘醪⑥，所以养生也，而病人恶之，以为不若菽麦糠糟欲清者⑦，此其将死之候也⑧。尊贤任能，信忠纳谏，所以为安也，而暗君恶之，以为不若奸佞阘茸谗谀之言者⑨，此其将亡之征也。老子曰："夫唯病病，是以不病⑩。"《易》称："其亡其亡，系于苞桑⑪。"是故养寿之士，先病服药；养世之君，先乱任贤，是以身常安而国永永也⑫。

【注释】

①“夫与死人同病者”四句：语见《韩非子·孤愤》。行，《孤愤》作“事”。

②且：将。

③嘉馔：精美的食物。馔，饮食，食物。

④官：指各级官吏。胡大浚《译注》谓官府、朝廷，亦通。

⑤生饭秔(jīng)粱：指上等的粮食。生饭，精良的饭食。《国语·楚语下》“能知四时之生”，韦昭注：“生，嘉谷韭卵之属。”秔，同“粳”，粳米。粱，指粟、谷子、去皮小米一类。

⑥旨酒甘醪(láo)：指美酒。旨、甘，皆形容味美。醪，尚未蒸馏的浊酒。

⑦菽麦糠糟：泛指粗食。菽，豆叶。欲清：欲，汪《笺》：“当作‘饮’。”清，彭《校》疑当作“凊(jìng)”，谓寒水。饮清，冷水。

⑧候：征候，征兆。

⑨阘(tà)茸：平庸无能的人。

⑩夫唯病病，是以不病：语见《老子》第七十一章。病病，忧虑其病，指意识到自己的病而采取措施。

⑪其亡其亡，系于苞桑：语见《周易·否·九五》。王弼注：“心存将危，乃得固也。”比喻国家将覆亡，要设法补救。

⑫国永永：汉魏本、四库本及《群书治要》引文皆作“国脉永”。俞樾认为当作“国永保”，与上文“身常安”相对。译文从之。

【译文】

和死人一样病症的人，一定活不成；与败亡之国同道的国家，一定不能够长存。这哪里是假话呢？怎么知道一个人将要生病呢？因为他不想进食了。怎么知道一个国家将要动乱呢？因为统治者不再喜好贤才了。所以说病人家里的厨房，不是没有精致的美食，而是因为病人吃不下去，所以最终走向死亡。动乱国家的官吏中，不是没有贤才，而是君主不能任用他们，因此国家最终也走向灭亡。精米细粮，美酒甜酿，是用来养护身体的，而病人却厌恶它们，认为还不如豆叶糟糠和凉水，这是将死的征兆啊。尊重贤人任用能人，信用忠臣接纳诤谏，这是安邦定国之道，而昏昧的君主却厌恶这些，认为还不如奸佞庸碌之人阿谀奉承的话好，这是国家将亡的征兆啊。《老子》中说："只有认真对待疾病，才能不得疾病。"《易经》里讲："兽要跑掉了，赶快把它绑牢在树上。"因此，养生保寿的人，在患病之前先服药预防；治理国家的君主，在国家败乱之前先任用贤才，因而身体可以长期安康而国家可以永葆太平。

上医医国①，其次下医医疾②。夫人治国，固治身之象③。疾者身之病，乱者国之病也。身之病待医而愈，国之乱待贤而治。治身有黄帝之术④，治世有孔子之经⑤。然病不愈而乱不治者，非针石之法误⑥，而五经之言诬也，乃因之者非其人⑦。苟非其人，则规不圆而矩不方，绳不直而准不平，钻燧不得火⑧，鼓石不下金⑨，驱马不可以追速⑩，进舟不可以涉水也。凡此八者，天之张道⑪，有形见物。苟非其人，犹尚无功，则又况乎怀道术以抚民氓⑫，乘六龙以御天心者哉⑬？

【注释】

①医国：医治国家的弊病。张觉《校注》谓医治国君身上有害于国家的思想和行为，并引《国语·晋语八》韦昭注"止其淫惑，是谓医国"参证，亦通。

②其次下医医疾：汪《笺》疑"下医"二字衍。

③夫人治国，固治身之象：《吕氏春秋·审分览》："夫治身与治国，一理之术也。"

④黄帝之术：传说黄帝精通阴阳养生之术，后人因此附会其著有《黄帝内经》。

⑤孔子之经：此处当指《诗》《书》《易》《礼》《春秋》五部儒家经典，孔子曾经一一修订之。汉武帝时置有五经博士。

⑥针石：用砭石制成的石针，用以治病。针，中医用来刺激穴位治病的针状器械，亦指用针刺穴位的疗法。石，又称"砭石"，古代用玉石磨制，用以治痈疽、除脓血的石针，亦指用石针治病。或以为"石"为药石。

⑦因：汪《笺》疑作"用"。张觉《校注》认为是循用、沿用之意。

⑧钻燧：钻木取火。燧，木燧。

⑨鼓石：用鼓风炉冶炼矿石。

⑩追速：加速。

⑪张：彰显，显著。

⑫道术：此处指治国的原则和方法。

⑬乘六龙以御天心者：语本《周易·乾·彖》："时乘六龙以御天。"乘六龙，为天子统驭天下。六龙，古代天子车驾用六匹马，因此用"六龙"代指天子车驾或者天子。御，统御，统治。天心，指百姓。胡大浚《译注》："据《遏利》《本政》'天以民为心'，又本句中'天心'与上句中的'民氓'相对成文，可知。"

【译文】

最好的医生医治国家的弊病，一般的医生医治身体的疾病。治理国家本来就像养护身体一样。疾痼是身体的病患，动乱是国家的弊病。身体的疾病有待于医生医治，国家的动乱则有待于贤者来医治。保养身体有黄帝的医术，治理国家则有孔子的经书。然而身体疾病无法治愈，国家祸乱无法治理，不是医病的针石疗法错误，也不是五经经义荒谬不实，而是运用它们的人不得当。倘若其人不当，拿着圆规矩尺也画不出圆和方，按着绳墨准线也取不了直和平，钻磨燧木不能得火，鼓风炼石不能成金，赶马也不能快速追逐，驾船也不能下水渡河啊。举凡这八例，是天地间的明显之理，形象直观，见之于物。倘若所用非人，尚且没有功效，更何况是心怀道术来安抚民众、身居帝位而治理百姓的君主呢？

夫治世不得真贤，譬犹治疾不得真药也。治疾当得真人参，反得支罗服①；当得麦门冬②，反得烝穬麦③。己而不识真，合而服之，病以侵剧④。不自知为人所欺也，乃反谓方不诚而药皆无益于疗病，因弃后药而弗敢饮，而便求巫觋者⑤，虽死可也。人君求贤，下应以鄙，与直不以枉⑥。己不引真⑦，受猥官之⑧，国以侵乱。不自知为下所欺也，乃反谓经不信而贤皆无益于救乱，因废真贤不复求进⑨，更任俗吏⑩，虽灭亡可也。三代以下，皆以支罗服、烝穬麦合药，病日痁而遂死也⑪。

【注释】

①支罗服：萝卜根部的旁枝、分枝。支，分支，旁支。罗服，即萝卜。“服”古代读如“卜”。萝卜的根部因为枝系庞杂，常用来假冒人参。

②麦门冬：草药名，也叫麦冬，其根入药。

③烝：通“蒸”。穬（kuàng）麦：大麦的一种。因其粒类似麦门冬的根，常被用来冒充麦门冬。穬，汪《笺》按《证类本草·六》引陶隐居云：“根似穬麦，故名麦门冬。”

④侵剧：逐渐加重。侵，逐渐。剧，甚。

⑤巫觋（xí）：古代沟通鬼神天人，求福驱邪的神职人员。女的叫作巫，男的叫作觋。

⑥与直不以枉：汪《笺》认为“与直”以下文有脱误。俞樾认为“与”当读为“举”，二字古通，“与直”即是“举直”，“不”字为“下”字之误，“以”字上又脱“应”字，此句当作“与直，下应以枉”。与上句“求贤，下应以鄙”相对成文。俞说是，译文从之。

⑦己不引真：引，俞樾认为当作“别”。“己不别真，受猥官之”，与上文“己不识真，合而服之”文义相律。别真，即辨别真假。

⑧受猥官之：即授猥诸侯而官之。这里指授予官职。受，通“授”。猥，同“偎”。偎诸侯，指帝王亲属、公主子孙奉守坟墓于京都者。

⑨进：推荐。

⑩更任俗吏：彭《校》以上文例之，认为当作“而更任俗吏者”。译文从之。

⑪痁（diàn）：通“阽”，病重。

【译文】

治理国家得不到真正的贤才，就像治病得不到真正的好药。治病本应需要用真人参的，得到的反而是萝卜根；应当用麦门冬的，得到的反而是蒸穬麦。病人自己不认识真假，掺合在一起服用，病情越发加剧。自己不知道被人欺骗了，反过来却说药方不可信，药也无益于治病，因此把以后的药都丢弃而不敢服用，反而去求神告巫，这样的人即便死了也是活该。君主求用贤能之才，下面却推荐庸鄙之人；选拔正直之士，下面却推荐邪枉之人。君主不明辨真假，反而草率地授予他们官职，国家因此日益衰乱。君主被臣下欺骗了，自己不知道，反而说经书不可信而贤才都无益于救国之乱，于是废弃了真正的贤才而不再选拔进用，改而任用平庸的官吏，这样的君主即便亡国了也是活该。夏、商、周以后的朝代，都像是用萝卜根、蒸穬麦来配药，病情日益加重而终于走向了灭亡。

《书》曰：“人之有能，使循其行，国乃其昌[①]。”是故先王为官择人，必得其材[②]，功加于民，德称其位，人谋鬼谋[③]，百姓与能[④]，务顺以动天地如此。三代开国建侯[⑤]，所以传嗣百世[⑥]，历载千数者也[⑦]。

【注释】

①"人之有能"三句：语本《尚书·洪范》。今本《尚书》作"人之有能有为，使羞其行，而邦其昌"。彭《校》："桂馥《札朴》七亦云：'《潜夫论》引《书》"使羞其行"，"羞"作"循"。案此无义可寻，盖"羞"以声误为"修"，又因修、循形近误为"循"耳。'又按羞、修古字通。"则"循"当为"羞"字之误。羞，《尔雅·释诂》："进也。"犹言贡献。

②材：人才。

③鬼谋：与鬼神商量，指进行占卜来考察吉凶。

④与：推举，拥戴。

⑤三代：本书《忠贵》作"五代"。五代，《后汉书》王符本传章怀注云："谓唐、虞、夏、商、周也。"

⑥传嗣：传承，继承。

⑦载：年。

【译文】

《尚书》里讲："一个官员有才能，就使其贡献善行，国家就会昌盛。"因此上古的贤明君王设立官职选拔人才，一定要依据其才能，要有功于人民，德行要与职位相称，要与众人商议，再卜问鬼神，人民都推举拥戴他，一定要像这样顺应正道来感动天地。夏、商、周三代开国封侯，就是凭此才传承百世、历经千年啊。

自春秋之后[①]，战国之制[②]，将相权臣[③]，必以亲家[④]。皇后兄弟，主婿外孙[⑤]，年虽童妙[⑥]，未脱桎梏[⑦]，由藉此官职[⑧]。功不加民，泽不被下而取侯[⑨]，多受茅土[⑩]，又不得治民效能以报百姓，虚食重禄[⑪]，素餐尸位[⑫]，而但事淫侈，坐作骄奢[⑬]，破败而不及传世者也[⑭]。

【注释】

①春秋：一般认为是指鲁隐公元年（前722）至鲁哀公十四年（前481）之间的历史时期，因孔子修订其间的鲁史《春秋》而得名。现在学界普遍以周平王东迁（前770）至韩、赵、魏三家灭智氏（前453）为春秋时期。

②战国：一般认为周定王十六年（前453）韩、赵、魏三家灭智氏至秦始皇二十六年（前221）统一中国为战国时期。

③将相权臣：相，汉魏本、四部本、四库本皆脱。张觉《校注》认为此处应为“将军权臣”，谓“将军”指武将，“权臣”指文官如丞相之类，可参。

④亲家：彭《校》：“此‘亲家’谓族外亲戚，与古以父母兄弟为亲戚者义别。”亦有别于男女姻亲父母相呼的称谓。

⑤主婿：公主的丈夫，即驸马。

⑥妙：通“眇”，小。这里指年纪幼小。

⑦未脱桎梏（zhì gù）：汪《笺》引王宗炎说：“此云‘未脱桎梏’，正言不离童幼耳。”彭《校》：“此犹言‘未离襁褓’耳。”桎梏，镣铐等束缚人的东西。这里指的是小儿坐栏之类。

⑧由：犹。彭《校》则释为“用”。用，因，以。藉：凭借。

⑨泽不被下而取侯：汪《笺》疑“侯”上脱“封”字。说可参。

⑩茅土：指王、侯的封爵。古天子分封王、侯时，用代表方位的五色土筑坛，按封地所在方向取一色土，包以白茅而授之，作为受封

者得以有国建社的表征。

⑪虚食重禄:汉魏本作“虚费重禄”,即下文“素餐尸位”。

⑫素餐尸位:即尸位素餐。谓居位食禄而不尽职。素餐,白吃,即不劳而获。尸位,受祭者在祭位上只享用祭品而不做事,指身居官位而不谋政事。《论衡·量知篇》:“文吏空胸,无仁义之学,居位食禄,终无以效,所谓尸位素餐者也。素者,空也。空虚无德,食人之禄,故曰素餐。无道艺之业,不晓政治,默坐朝廷,不能言事,与尸无异,故曰尸位。”

⑬坐作:这里指行为举止。作,站起来。

⑭破败而不及传世者也:汪《笺》疑“破败”上脱“此以”二字。译文从之。

【译文】

自春秋以后,战国的制度是,将相权臣必定任人唯亲。皇后的兄弟、驸马、外孙,虽然年纪尚小,甚至未离襁褓,依然凭借特殊身份而获得官职。他们无功劳于人民,恩泽也没有普惠下民却封侯受爵,大量接受封地,又不能治理百姓、贡献才能来报答人民,只是白白地享受厚禄,尸位素餐,而且一味地追求荒淫奢侈,举止骄横,国家由此破败衰亡而等不到传给下一代。

子产有言[①]:“未能操刀而使之割,其伤实多[②]。”是故世主之于贵戚也[③],爱其嬖媚之美[④],不量其材而授之官[⑤],不使立功自托于民,而苟务高其爵位,崇其赏赐,令结怨于下民,县罪于恶,积过既成[⑥],岂有不颠陨者哉[⑦]?此所谓“子之爱人,伤之而已”哉[⑧]!

【注释】

①子产:姬姓,名侨,春秋时郑国人。郑简公、郑定公时为卿士。史

载其为政其间，改田制，作丘赋，铸刑书，宽猛相济，为其时杰出的思想家、政治家。

②未能操刀而使之割，其伤实多：语本《左传·襄公三十一年》子产之言："今吾子爱人则以政，犹未能操刀而使割也，其伤实多。"

③世主：国君。

④嬖(bì)媚：阿谀奉迎，谄媚取宠。

⑤材：才能。

⑥县罪于恶，积过既成：县罪，谓获罪。县，通"悬"。恶，汪《笺》认为当为"天心"之误，译文从之。俞樾认为"县罪于"下脱二字，当与上"结怨于下民"相对成文；"恶"下脱"既"字，"恶既积"与"过既成"亦相对成文。说可参。

⑦颠陨：垮台，覆灭。

⑧子之爱人，伤之而已：语见《左传·襄公三十一年》子产之言。

【译文】

子产曾说："还不会握刀就让他宰杀，对他的伤害会很多。"因此君主对于贵胄亲戚，只爱他们谄媚的容色，不考量他们的才能就授予官职，不让他们建立功勋以取得人民的支持，反而一味地增加他们的爵位和赏赐，以至于使他们结怨于人民，获罪于百姓。积累的过错已经很多了，怎么可能不垮台呢？这就是子产说的："您这样爱他，其实是伤害他呀！"

先主之制，官民必论其材，论定而后爵之，位定然后禄之[①]。人君也此君不察[②]，而苟以亲戚色宠之人典官者[③]，譬犹以爱子易御仆，以明珠易瓦砾[④]，虽有可爱好之情，然而其覆大车而杀病人也必矣。《书》称："天工人其代之[⑤]。"传曰[⑥]："夫成天地之功者，未尝不蕃昌也[⑦]。"由此观之，世主欲无功之人而强富之，则是与天斗也。使无德况之人与皇天斗[8]，而欲久立，自古以来，未之尝有也。

【注释】

①“先主之制”四句：语本《礼记·王制》：“凡官民，材必先论之。论辨然后使之，任事然后爵之，位定然后禄之。”官民，授官于民。论，考察。

②人君也此君不察：此句有脱误。汪《笺》疑当作“人君世主不察”。彭《校》：“此疑当作‘今之君也不此察’。‘今之君’对上‘先主’言。‘今’误为‘人’，又脱‘之’字，下‘君’字涉上而衍，‘不’字又倒在‘此’字下，遂不可读。”译文从之。

③色宠：底本作“色官”，汉魏本、四部本作“邑官”。今据四库本改。汪《笺》引《墨子·尚贤中》“王公大人有所爱其色而使其心，不察其知而与其爱。……曰：若处官者，爵高而禄厚，故爱其色而使之焉”释“色官”。彭《校》认为，“色官”谓以面目姣好为官者。张觉《校注》则谓古无“色官”说，故以“邑官”为是，又据《汉书·百官公卿表》“诸侯所食县曰国，皇太后、皇后、公主所食曰邑”，认为此处指皇太后、皇后、公主等食邑中的官府。按，四库本作“色宠”，文义清楚。“色宠”，谓以容色受宠者。彭先生说近是。张说非。典官：主持官事。

④明珠、瓦砾：这里皆作药用，而功效不同。此处瓦砾即指治病之药，倘换成明珠，虽则珍贵，却无法治病了。

⑤天工人其代之：语见《尚书·皋陶谟》。伪孔《传》：“言人代天理官，不可以天官私非其才。”天工，《汉书·律历志》引作“天功”。

⑥传：彭《校》认为此处所引当为《尚书·大传》佚文。

⑦夫成天地之功者，未尝不蕃昌也：功，旧作“力”。汪《笺》据《国语·郑语》“夫成天地之大功者，其子孙未常不章”改。按，本书

《忠贵》亦云："成天地之大功者，未尝不蕃昌也。"

⑧德况：即"德赐"，指向人们施以恩德。况，通"贶"，赐予。皇天：尊称天。

【译文】

先王的制度，授人官职时一定要先考察他的才能，考察清楚之后才授予他官位，官职确定以后才给他俸禄。而现在的君主却不明白这个道理，依据亲戚关系和俊美相貌就轻率地授官予爵，这就好比拿自己疼爱的儿子去代替车夫赶车，拿珍珠去代替瓦砾来治病，虽然是出于亲爱喜好的感情，但是弄翻大车、害死病人的结果也是必然的了。《尚书》中讲："上天的功业要人来代替完成。"传文说："能够成就天地功业的国家，一定会繁荣昌盛的。"从这里可以看出，君主一定想要让没有功勋的人富贵显赫，这是拿自己和上天作对。让没有恩德惠赐的人与上天作对，还想要长久地统治下去，自古以来，还没有这样的事情呢。

本政第九

凡人君之治，莫大于和阴阳①。阴阳者，以天为本。天心顺则阴阳和②，天心逆则阴阳乖。天以民为心，民安乐则天心顺，民愁苦则天心逆。民以君为统，君政善则民和治，君政恶则民冤乱。君以恤民为本③，臣忠良则君政善，臣奸枉则君政恶。以选为本④，选举实则忠贤进，选虚伪则邪党贡。选以法令为本，法令正则选举实，法令诈则选虚伪。法以君为主，君信法则法顺行，君欺法则法委弃。君臣法令之功，必效于民。故君臣法令善则民安乐，民安乐则天心慰⑤，天心慰则阴阳和，阴阳和则五谷丰⑥，五谷丰而民眉寿⑦，民眉寿则兴于义，兴于义而无奸行，无奸行则世平，而国家宁、社稷安，而君尊荣矣。是故天心、阴阳、君臣、民氓、善恶相辅至而代相征也。

【注释】

①凡人君之治，莫大于和阴阳：《汉书·魏相传》："阴阳者，王事之本，群生之命，自古贤圣，未有不繇者也。"

②天心：此处指上天之心意。

③恤民：汪《笺》按下文文意认为当作"得臣"。译文从之。张觉《校注》认为"恤民"不误。其引《汉书·韦玄成传》"恤我九列"颜师古注释"恤"为"安"，"恤民"即安置人，特指任用大臣。可备一说。

④以选为本：汪《笺》认为"以选"上脱二字。汉魏本"以"上有"臣"字。译文依汉魏本。

⑤慰：旧作"惣"，汪《笺》据汉魏本、四部本改。张觉《校注》认为此处应为"愻"字之形误。愻，《说文》："愻，顺也。"张说可参。

⑥五谷：古代以稻、黍、稷、麦、菽等五种农作物并称"五谷"，此处泛指庄稼。

⑦眉寿：长寿。《诗经·豳风·七月》："为此春酒，以介眉寿。"毛《传》："眉寿，豪眉也。"孔颖达疏："人年老者必有豪眉秀出者。"人年老则眉毛变长，故以眉寿为长寿之称。

【译文】

君主治理国家，最重大的事情莫过于调和阴阳。阴阳，是以上天为根本的。顺遂上天的心意，阴阳就会和谐；背逆上天的心意，阴阳就会失和。上天把民情当作自己的心意，人民安泰快乐，上天的心意即会顺遂；人民悲愁痛苦，上天的心意就会背逆。人民把君主作为统领，君主施政清明，人民就会和睦安定；君主施政腐败，人民就会怨恨动乱。君主以得到贤臣为本，臣下忠诚良善，君主为政就会清明；臣下奸佞邪枉，君主为政就会庸败。人臣以选举为本，选举真实可信，忠良之士就会被选用；选举虚伪欺诈，奸邪党徒就会被推荐。选举以法令为本，法令无偏私，选举就会真实可信；法令有欺诈，选举就会虚伪无信。法令以君主为主，君主信守法令，法令就会顺利推行；君主违法乱行，法令就会被人抛弃。君臣施行法令的意义，一定要到民众中去检验。因此如果君臣的法令美好，人民就会安居乐业；人民安居乐业，上天也会欣慰；上天欣慰，阴阳就会和谐；阴阳和谐，五谷就会丰收；五谷丰收，人民也会健康长寿；人民健康长寿，就会崇尚仁义；崇尚仁义，就会没有奸邪之行；奸邪之行消亡，天下就会太平、国家就会安宁、社稷就会稳定，君主也就会享有尊贵和荣耀了。因此天心、阴阳、君臣、民众、善恶是相辅相成而互为征兆的。

夫天者国之基也①，君者民之统也，臣者治之材也。工欲善其事，必先利其器②。是故将致太平者，必先调阴阳；调阴阳者，必先顺天心；顺天心者，必先安其人③；安其人者，必先审择其人。是故国家存亡之本，治乱之机④，在于明选而已矣。圣人知之，故以为黜陟之首⑤。《书》曰：“尔安百姓，何择非人⑥？”此先王致太平而发颂声也⑦。

【注释】

①夫天者国之基也：汪《笺》：“‘天’当作‘民’。《述赦》篇云：‘贞良善民，惟国之基。’《救边》篇云：‘国以民为基。’皆其证也。又，《汉书·谷永传》云：‘王者以民为基。’”译文从之。

②工欲善其事，必先利其器：语见《论语·卫灵公》。

③必先安其人：汪《笺》认为“人”当作“民”。彭《校》认为，此盖唐人避李世民讳而改。张觉《校注》认为，本篇“民“字用得很多，此处

非为避讳。按，此句并下句之“安其人者”，皆当作“民”，下文“必先审择其人”中之“人”指“官吏”。

④机：机要，关键。

⑤黜陟(chù zhì)：降级和升迁。黜，罢黜，降级。陟，提升，升迁。

⑥尔安百姓，何择非人：语本《尚书·吕刑》。

⑦颂声：赞美颂扬之乐，如《诗经》中的《颂》诗。

【译文】

民众是国家的基础，君主是民众的统帅，官员是治国的人才。工匠想要做好他的工作，必须先磨利他的工具。因此想要天下太平的君主，必须先要协调阴阳；协调阴阳，必须先要顺遂天意；顺遂天意，必须先要安定人民；安定人民，必须先要慎重选择官员。因此国家存亡的根本，治乱的关键，就在于明慎的选举而已。圣人懂得这个道理，所以把它当成是罢黜和提拔官员的首要事情。《尚书》里讲：“既然你要安定百姓，为何还要选拔不合格的官员呢？”这也是前代圣王取得太平盛世而颂扬之作兴起的原因啊。

否泰消息[①]，阴阳不并[②]，观其所聚，而兴衰之端可见也[③]。稷、卨、皋陶聚而致雍熙[④]，皇父、蹶、踽聚而致灾异[⑤]。夫善恶之象，千里合符，百世累迹[⑥]。性相近而习相远[⑦]。是故贤愚在心，不在贵贱；信欺在性，不在亲疏。二世所以共亡天下者，丞相、御史也[⑧]。高祖所以共取天下者[⑨]，缯肆、狗屠也[⑩]；骊山之徒、钜野之盗[⑪]，皆为名将。由此观之，苟得其人，不患贫贱；苟得其材，不嫌名迹。

【注释】

①否(pǐ)泰消息：否、泰，《周易》中的两个卦名。否，《周易·否·

象》:"天地不交而万物不通也。"意指天地之气闭塞不通,万物无法生长。泰,与否对应。《周易·泰·象》:"天地交而万物通也。"意指天地之气通畅,万物顺利生长。消,指减少,下降。息,指滋长,生长。

②阴阳不并:阴与阳不可并盛,或阴盛而阳衰,或阳盛而阴衰。这里指邪正不可并存。汪《笺》引刘向语:"谗邪进则众贤退,群枉盛则正士消,故《易》有否、泰。小人道长,君子道消。"并,并举,共存。

③观其所聚,而兴衰之端可见也:语本《周易·萃·象》:"观其所聚,而天地万物之情可见矣。"

④稷:周民族的始祖,相传为帝喾的元妃姜嫄因踩到巨人的足迹怀孕而生。尧、舜之时担任农官。卨(xiè):同"契"。契为商民族的始祖,相传为帝喾的次妃简狄吞燕卵怀孕而生。舜时契佐大禹治水有功,被舜任命为司徒,掌管教化。汉魏本"卨"作"禹"。皋陶:舜时掌管刑罚的理官。雍熙:和平,光明。这里指稷、契、皋陶之时政治清明。

⑤皇父:周幽王时的卿士。蹶(guì):周幽王时掌管车马之官。踽(jǔ):周幽王的师氏,掌管王室子弟的教育。史载皇父、蹶、踽三人皆是周幽王时期为非作歹的奸人。灾异:史载周幽王时期出现过镐京地震、三川枯竭、岐山崩塌、日食等自然灾害和反常现象。

⑥累迹:脚印重叠,指事情重复发生。

⑦性相近而习相远:语本《论语·阳货》:"性相近也,习相远也。"

⑧丞相:此处指李斯。御史:此处指赵高。赵高害死李斯之后,代之而任秦丞相。

⑨高祖:即汉高祖刘邦。

⑩缯(zēng)肆:指灌婴,秦末睢阳(今河南商丘)人,初以贩缯丝为业。后随刘邦起事,为骑兵将领,随韩信平定河北。刘邦称帝后

任车骑将军，封颍阳侯。后因平诸吕之乱迎文帝有功，官至太尉、丞相。狗屠：指樊哙，秦末沛县（今江苏沛县）人，与刘邦为连襟，少时以屠狗为业。后随刘邦起事，屡立战功。汉初封为左丞相。

⑪骊山之徒：指英布，秦末六县（今安徽六安）人。曾因犯法而受黥刑被送到骊山服劳役，故又称“黥布”。秦末曾率领骊山刑徒起义，后追随项梁、项羽，因作战勇猛被封为九江王。后因与项羽有矛盾，遂归附刘邦，封淮南王。钜野之盗：指彭越，秦末昌邑（今山东金乡）人。初以捕鱼为业，后因抗拒苛捐杂税而逃亡钜野之泽，聚集当地渔民起义，后归附刘邦，被封为梁王。

【译文】

盛衰之势此消彼长，阴阳交互更替，观察其聚合变化，那么国家兴衰的原因就可得而知了。后稷、契、皋陶这样的贤人汇聚就会使政治清明。皇父、蹶、踽这样的奸人聚在一起就会招致灾难。善恶的迹象，即使远距千里也相合一致，百世之下也重复相同。人的本性相近，后天的习染导致各自不同。因此贤良愚笨只存在于自己的心中，而不在于富贵贫贱；诚信欺诈只在于人的本性，而不在于亲近疏远。与秦二世共同导致王朝覆灭的，是丞相和御史；与汉高祖共同取得天下的，是卑贱的贩丝之徒和屠狗之辈。骊山下的刑徒、钜野大泽的强盗，都成了高祖的名将。由此可知，只要能得到贤人，就不必顾虑他贫贱与否；只要能得到才士，就不必嫌弃他的名声和经历。

远迹汉元以来[①]，骄贵之臣，每受罪诛，党与在位，并伏辜者[②]，常十二三。由此观之，贵宠之臣，未尝不播授私人进奸党也[③]。是故王莽与汉公卿牧守夺汉[④]，光武与汉之遗民弃士共诛[⑤]。如贵人必贤而忠，贱人必愚而欺，则何以若是？

【注释】

①迹：踪迹，这里指探寻踪迹。汉元：汉初。元，最初，开始。

②伏辜：伏法，获罪。

③播授：布置安插。私人：此处指亲信之人。

④王莽：字巨君，西汉外戚王曼次子。平帝时任大司马。西汉末年篡汉自立新朝，推行新政，史称“王莽新政”。后被起义军所杀。

⑤光武：即光武帝刘秀。公元22年，从其兄起兵，受命于更始帝刘玄，破王莽军后即位，定都洛阳，建立了东汉王朝。史载其在位时勤勉于政，精简官吏，兴修水利，减免赋税，使得全国经济逐渐恢复。遗民弃士：指西汉亡后未在王莽新朝做官的人。

【译文】

追溯汉初以来，骄横显贵之臣，每每犯罪被诛，他们的党羽在位者一起伏法获罪的，常常是十有二三。由此看来，尊贵受宠之臣，没有不安排其亲信任职，培养其党羽上位的。因此王莽与汉朝的公卿重臣一起篡夺了汉室的政权，光武帝与西汉的遗民共同诛灭了叛逆。如果尊贵之人必定贤明而忠诚，低贱之人必定愚昧而欺诈，那么为什么会是上面这个样子？

自成帝以降[①]，至于莽，公卿列侯，下讫令尉[②]，大小之官，且十万人，皆自汉所谓贤明忠正贵宠之臣也。莽之篡位，惟安众侯刘崇、东郡太守翟义[③]，思事君之礼，义勇奋发，欲诛莽。功虽不成，志节可纪。夫以十万之计，其能奉报恩[④]，二人而已。由此观之，衰世群臣诚少贤也，其官益大者罪益重，位益高者罪益深尔。故曰：治世之德，衰世之恶，常与爵位自相副也。

【注释】

①成帝：汉成帝刘骜，汉元帝之子，史载其即位后，外戚王氏开始执掌大权。其死后十四年，王莽篡汉自立。以降：以下。

②令尉：相对上文"公卿列侯"而言，指位卑爵低的小官。令，县令。按汉制，万户以上的县设令，万户以下的县设长。尉，此处指县尉。

③安众侯刘崇：汉武帝元朔四年（前125）三月封长沙王刘发之子刘丹为安众侯。刘崇为其后裔。王莽摄政，立刘婴为太子，刘崇不满王莽专制朝政，遂与张绍起兵反抗。后被王莽所灭。翟义：字文仲，汝南郡上蔡县（今河南上蔡西南）人。丞相翟方进少子，历任南阳都尉，弘农、河内、东郡太守等职。王莽摄政之时起兵讨莽，立严乡侯刘信为太子，自号大司马柱天大将军。后被王莽所灭。

④其能奉报恩：汪《笺》："'奉'下脱一字。按《救边》篇云：'凡民之所以奉事上者，怀义恩也。'此当云'奉上报恩'。"汉魏本作"奉国报恩"。

【译文】

自汉成帝以后，直至王莽篡汉之时，上至公卿列侯，下至县令县尉，大大小小的官员将近十万，都是汉王朝所谓贤明忠正、高贵尊崇的臣子。但王莽篡位时，却只有安众侯刘崇和东郡太守翟义，还心怀效忠君主的礼节，大义忠勇，奋起发难，想要诛灭王莽。虽然没有成功，但他们的气节却足以彪炳千古。十万之众的官吏中，能够奉君报恩的唯有两人而已。由此可见，衰亡之世的大臣们确是少有贤良，他们的官职越大则罪业越重，爵位越高则罪业越深。所以说：官员们在太平盛世的德业，与衰败之世的罪恶，常常与他们的爵位高低是相一致的。

孔子曰："国有道，贫且贱焉，耻也；国无道，富且贵焉，耻也[①]。"《诗》伤"皎皎白驹，在彼空谷"[②]，"巧言如流，俾躬处休"[③]。盖言衰世之士，志弥洁者身弥贱，佞弥巧者官弥尊也。方以类聚，物以群分[④]，同明相见，同听相闻，惟圣知圣，惟贤知贤。

【注释】

①"国有道"六句：语见《论语·泰伯》。今本《论语》"国"作"邦"，此处当是王符避汉高祖讳而改。

②皎皎白驹，在彼空谷：引诗见《诗经·小雅·白驹》。喻指乱世贤人隐居山林不得重用。皎皎，洁白貌。此处以白驹在空谷比喻贤人伏遁山野不得重用。

③巧言如流，俾躬处休：引诗见《诗经·小雅·雨无正》。喻指奸人巧言令色，使自己居于高位。俾，使。躬，自身。休，美好。

④方以类聚，物以群分：语见《周易·系辞上》。此二句互文见义，谓"方""物"以类聚，以群分。方、物，分别指物与人。胡大浚《译注》："《礼记·乐记》疏：'方以类聚者，方谓走虫禽兽之属，各以类聚，不相杂也。'物，物类，此指人。"其说近是。或以"方"即"道"，谓学说、主张等，亦可通。

【译文】

孔子说："国家政治清明，而自己贫贱，是耻辱；国家政治黑暗，而自己富贵，也是耻辱。"《诗经》哀伤"毛色洁白的小马驹，却在那深山幽谷里"，"好听的话讲起来滔滔不绝，却只使自己处于高位"。这大概是讲衰亡之世的士人，志向越是高洁，自身就会越贫贱，奸佞之臣越是投巧，官位就会越尊显。物以类聚，人以群分，同等的视野才会相互赏识，同等的听力才会相互听见，唯有圣人才能理解圣人，唯有贤人才能懂得贤人。

今当涂之人[①]，既不能昭练贤鄙[②]，然又却于贵人之风指[③]，胁以权势之属托[④]，请谒阗门[⑤]，礼贽辐辏[⑥]，迫于目前之急，则且先之。此正士之所独蔽，而群邪之所党进也。

【注释】

①当涂：即“当途”。执政，掌权。

②昭：明。练：通“拣”，选择。

③然又却于贵人之风指：汪《笺》：“‘却’当为‘劫’。‘劫’与下‘胁’字同义。”汪说是，却、劫形近而误。劫，胁迫，威逼。风指，旨意，意图。《汉书·薛宣传》：“九卿以下，威承风指。”指，旨意，意向。

④属托：请托，托付。

⑤请谒：求见。谒，请见，拜见。阗(tián)门：充塞门庭。极言其多。

⑥礼贽(zhì)：礼物。贽，古人初次拜见尊长时所送呈的礼物。辐辏：像车辐条一样聚集在一处，极言其多。

【译文】

如今当政的人，既不能明辨选择贤愚，又被达官显贵们的旨意所威逼，被权势之人的嘱托所胁迫，请求拜谒的人填满门庭，送礼联络的人聚集而来，迫于眼前的紧急，就先让请托之人做官。这就是正直之士被孤立遮蔽，而奸邪之人得以结党上位的原因。

周公之为宰辅也[①]，以谦下士，故能得真贤。祁奚之为大夫也，举仇荐子[②]，故能得正人。今世得位之徒，依女妹之宠以骄士，藉亢龙之势以陵贤[③]，而欲使志义之士匍匐曲躬以事己，毁颜谄谀以求亲，然后乃保持之，则贞士采薇冻馁[④]，伏死岩穴之中而已尔，岂有肯践其阙而交其人者哉[⑤]？

【注释】

①周公:姬姓,名旦,亦称叔旦,周武王之弟。因封地在周(今陕西岐山北),故称周公或周公旦。史载武王死后,成王年幼,周公佐政。宰辅:即宰相。

②祁奚之为大夫也,举仇荐子:祁奚告老时先举荐仇人解狐,后举荐自己的儿子祁午,因而有“外举不隐仇,内举不隐子”的美誉。祁奚,春秋时晋国人。本为晋公族献侯之后,因其封地为祁(在今山西太原),因以为氏。晋悼公时,任中军尉。

③藉(jiè)亢龙之势以陵贤:指外戚借助帝王威势欺凌贤人。亢龙,指地位至高无上的帝王。亢,高。陵,侵犯,欺辱。

④贞士采薇冻馁:史载伯夷、叔齐义不食周粟,隐居于首阳山采薇而食,宁受冻馁也不改其节。贞士,贞洁之士。

⑤阙:本指宫门前两边供瞭望的楼。此处指代上文“当涂之人”“得位之徒”。

【译文】

从前周公做宰辅之臣时,谦逊下士,因此能得到真正的贤人。祁奚做晋国大夫的时候,举荐贤才不避仇人和儿子,因此能得到正直的士人。而如今在位执政的人,却依仗女儿妹妹的尊宠而傲慢士人,凭借帝王的权势以欺辱贤人,还要让志向高洁的士人来卑躬屈膝地侍奉自己,舍弃颜面阿谀奉承地来亲近自己,然后才保护和扶持他们,那么正直高洁之士就只有采薇而食、受冻挨饿,困顿而死在山洞岩穴中罢了,哪有人愿意去登进权贵之门而攀附他们呢?

潜叹第十

凡有国之君,未尝不欲治也,而治不世见者[①],所任不贤故也。世未尝无贤也，而贤不得用者，群臣妒也。主有索贤之心，而无得贤之术，臣有进贤之名，而无进贤之实，此以人君孤危于上，而道独抑于下也[②]。

【注释】

①不世见：不是每世都能见到。世，每世，每代。

②而道独抑于下也：汪《笺》："'道'下脱一字。"独，汉魏本、四部本、四库本皆作"犹"，汪《笺》据《群书治要》改。按，"独抑"与上句"孤危"相对成文。又，"道"下当脱"士"字。道士，谓道义之士，亦即《韩非子·和氏》所谓"法术之士"。

【译文】

凡是拥有国家的君主，没有不想安治天下的，但治世不是每世都能见到，这是由于所用官吏不贤能啊。世上不是没有贤人，然而贤人不被任用，这是由于群臣嫉妒啊。君主有寻求贤人的愿望，却没有得到贤人的方法，臣子有举荐贤人的名声，却没有举荐贤人的事实，因此君主在上孤立危险，而道义之士在下孤单受抑。

夫国君之所以致治者，公也，公法行则轨乱绝。佞臣之所以便身者，私也，私术用则公法夺[①]。列士之所以建节者[②]，义也，正节立则丑类代[③]。此奸臣乱吏无法之徒，所为日夜杜塞贤君义士之间[④]，咸使不相得者也[⑤]。

【注释】

①"夫国君之所以致治者"六句：意思与《管子·任法》"法者，上之所以一民使下也。私者，下之所以侵法乱主也"、《韩非子·饰邪》"夫令必行，禁必止，人主之公义也；必行其私，信于朋友，不

可为赏劝，不可为罚沮，人臣之私义也。私义行则乱，公义行则治”、《诡使》“所以治者，法也；所以乱者，私也。法立，则莫得为私矣”等句相近。轨乱，奸邪祸乱。轨，通“宄”，奸邪。夺，丧失，改变。

②列士：此处指有节操的士人。

③正节立则丑类代：汪《笺》引王绍兰说谓“代”当作“伐”，并引《说苑·政理》：“孔子曰：‘夫以不肖代贤，是为夺也。以贤代不肖，是为伐也。’”

④杜塞：堵塞，屏绝。

⑤咸：皆，全。相得：互相遇合。

【译文】

国君所用来安治天下的是公利，公众之法一旦实行，奸邪祸乱就会断绝。奸佞之臣所用来便利自身的是私利，谋私之术一旦使用，公众之法就会丧失。忠贞之士所用来树立节操的是道义，正义的节操如果树立，丑恶的行为就会被代替。这就是奸佞之臣、作乱之吏以及不法之徒们，日夜堵塞于贤明之君和道义之士之间，使他们不能互相遇合的原因啊！

夫贤者之为人臣，不损君以奉佞，不阿众以取容[①]，不堕公以听私[②]，不挠法以吐刚[③]，其明能照奸，而义不比党[④]。是以范武归晋而国奸逃[⑤]，华元反朝而鱼氏亡[⑥]。故正义之士与邪枉之人不两立[⑦]。而人君之取士也，不能参听民氓，断之聪明，反徒信乱臣之说，独用污吏之言，此所谓与仇选使[⑧]，令囚择吏者也。

【注释】

①阿(ē)：迎合。容：悦。

②堕:毁坏。听:顺从。

③吐刚:"刚则吐之"的略语。遇到硬的东西就吐出来。出自《诗经·大雅·烝民》:"人亦有言:柔则茹之,刚则吐之。维仲山甫,柔亦不茹,刚亦不吐。不侮矜寡,不畏强御。"彭《校》:"'吐刚'喻畏强暴。"

④比党:结党。比,勾结。

⑤范武归晋而国奸逃:晋襄公去世后,赵盾派范武子等人赴秦迎接公子雍,欲立之,后赵盾又立夷皋,是为晋灵公,范武子闻之而留仕于秦。后范武子返晋任中军帅,太傅,执掌晋政,明法严律,公正无私,于是晋国的盗贼都奔逃到了秦国。范武,即范武子。祁姓,士氏,名会,字季。因封于随,又称随会。春秋时期晋国大夫。曾历事晋文公、襄公、灵公、成公、景公等五君。

⑥华元反朝而鱼氏亡:史载宋共公时,华元任宋国执政右师,共公死,司马荡泽杀公子肥,华元引咎出奔,因鱼石劝阻而中途返宋讨逆,攻杀荡氏,杀了大夫子山。鱼石、鱼府、向为人等人住在睢水边,欲与华元定盟以保利益,见华元无心挽留,遂出奔楚国。华元,春秋时期宋国大夫,宋戴公的后代。曾历事宋文公、共公、平公。鱼氏,指宋左师鱼石和少宰鱼府。鱼氏为宋桓公之后。

⑦故正义之士与邪枉之人不两立:此句即《韩非子·孤愤》所谓"是智法之士与当涂之人不可两存之仇也"之意。

⑧与:让。此处指给予选择的权力。

【译文】

贤德之人做臣子,不会损害君主来奉承奸佞,不会阿谀众人来讨取欢心,不会破坏公利来顺从私利,不会歪曲法律来顺应强权,他的明智能够洞察奸佞,而且信守道义不拉帮结派。所以范武子回到晋国而国内的奸邪之人就出逃了,华元返回宋国朝廷而营私的鱼氏就逃亡了。所以正义之士和奸邪之人是不能并存的。然而君主选用人才的时候,不能听取民众的意见，用自己的聪慧睿智做出决断，反而只是听信乱臣贼子的说法，独独采用贪官污吏的言论，这就是人们所说的让仇敌自己选择使者，让囚徒自己选择狱吏啊。

《书》云："谋及乃心，谋及庶人①。"孔子曰："众好之，必察焉；众恶之，必察焉②。"故圣人之施舍也③，不必任众，亦不必专己，必察彼己之为，而度之以义，或舍人取己，故举无遗失而政无废灭也。或君则不然④，己有所爱，则因以断正⑤，不稽于众⑥，不谋于心，苟眩于爱⑦，惟言是从，此政之所以败乱，而士之所以放佚者也⑧。

【注释】

①谋及乃心，谋及庶人：语本《尚书·洪范》："汝则有大疑，谋及乃心，谋及卿士，谋及庶人，谋及卜筮。"

②"众好之"四句：语本《论语·卫灵公》。今本《论语》作："众恶之，必察焉；众好之，必察焉。"彭《校》引俞樾《群经平议》："是王肃所据本，'众好'句在'众恶'句前。《潜夫论》引同。盖汉时旧本如此，今传写误倒耳。"则亦可见本书文献价值之一端。

③施舍：施予与不予。此处指授予官职与不授予官职。汪《笺》引《国语》韦昭注："'施，予也；舍，不予。'"彭《校》："此文'施舍'承上'众好''众恶'言之，则是对举，非一义也。"

④或君：昏惑愚昧之君。或，通"惑"。

⑤断正：决断正误。

⑥稽：考，考核。

⑦苟眩于爱：倘若为私爱所迷惑。眩，迷惑，迷乱。

⑧放佚：指不被任用。放，弃置不用。佚，散失。

【译文】

《尚书》里说："你要自己用心考虑，也要和民众商量。"孔子说："众人都喜爱他，一定要再考察一下；众人都厌恶他，也一定要再考察一下。"因此圣明君主决定是否授予官职时，不是非要听从众议，也不是非要自己专断，而是必须考察他的行为，再用道义去考量，有时则舍弃众议而采取己见，因此选用人才没有遗漏过失而政事也没有荒废失败。昏君则不是这样，自己所宠爱的，就据以决断是非，不考核于民众，也不自己在心里思考，倘若迷惑于自己所宠爱的人，就只会听从其言论，这就是政事之所以败坏混乱，而士人之所以被废弃不用的原因。

昔纣好色，九侯闻之，乃献厥女①，纣则大喜，以为天下之丽莫若此也，以问妲己②。妲己惧进御而夺己爱也，乃伪俯而泣曰："君王年即耆邪？明既衰邪③？何貌恶之若此而覆谓之好也④？"纣于是渝而以为恶⑤。妲己恐天下之愈进美女者，因白："九侯之不道也，乃欲以此惑君王也。王而弗诛，何以革后⑥？"纣则大怒，遂脯厥女而烹九侯⑦。自此之后，天下之有美女者，乃皆重室昼闭⑧，惟恐纣之闻也。赵高专秦，将杀二世，乃先示权于众，献鹿于君，以为骏马。二世占之曰⑨："鹿。"高曰："马也。"二世收目独视⑩，曰："丞相误邪！此鹿也。"高终对以马。问于朝臣，朝臣或助二世而非高。高因白二世："此皆阿主惑上，不忠莫大。"乃尽杀之。自此之后，莫敢正谏，而高遂杀二世于望夷⑪，竟以亡⑫。

【注释】

①"昔纣好色"三句：史载九侯之女容貌美丽，九侯闻商纣好色，乃

献之。纣王纳之，其女不好淫乐，纣王怒而杀之，九侯也被纣王烹杀。九侯，又称“鬼侯”，九、鬼古音相通。商纣王时诸侯。厥，其，他的。

②妲己：纣王的宠妃。据《史记·殷本纪》记载，妲己是有苏氏之女，为当时的绝色美人，纣王征伐有苏氏时得之，宠幸无比，言听计从。纣又为其作酒池肉林、炮烙之刑，愈发荒淫无道。妲己于牧野之战后自杀。

③君王年即耆(qí)邪？明既衰邪：即，即将，将要。耆，老。彭《校》：“‘耆’‘衰’韵。……即，就也，近也。上言‘即’，下言‘既’，此正古人修辞之精。”

④恶：面容丑陋。覆：反。

⑤渝：改变。

⑥革：除，戒除，禁绝。

⑦脯：肉干。此指做成肉干。烹：古代一种酷刑，用鼎将人煮死。

⑧重(chóng)室：重门深室。这里指藏于深闺之中。

⑨占：此处指看。《说文》：“占，视兆问也。”

⑩收目：聚集目力。独：彭《校》认为当作“属(zhǔ)”，注视。

⑪望夷：秦代宫殿名。故址在今陕西咸阳东北泾河南岸。

⑫竟：终，终于。

【译文】

以前纣王爱好美色，九侯听到后，就献上了自己的女儿，纣王非常高兴，以为天底下的美人没有超过她的，他询问妲己，妲己害怕九侯之女独得侍御会抢走自己的宠幸，于是就装模作样地低头哭泣说：“君王您将要老了吗？视力已经衰退了吗？为何相貌丑陋成这样了您却反说她好看呢？”纣王于是改变了看法而认为九侯之女丑陋。妲己又害怕天下再有进献美女的人，便说：“九侯太大逆不道了，想用这种手段来蒙蔽君王。您如果不惩罚他，如何禁绝后面效仿的人？”纣王便十分愤怒，于是把九侯之女做成了肉干并烹杀了九侯。从此以后，天下有美女的人家，就都把女儿藏在深闺中，白天也关门闭户，唯恐纣王听到。赵高在秦国专权，将要谋杀秦二世，就先在众大臣面前显示自己的权力，把一头鹿献给了二世，却说是骏马。二世看了后说："这是鹿。"赵高说："这是马啊。"秦二世仔细观看，说："丞相错了！这是鹿啊。"赵高坚持说是马。询问朝中的大臣，大臣有的帮助二世而否定赵高。赵高于是对二世说："这些都是阿谀迷惑君主的人，没有比这更大的不忠了。"就把那些大臣全杀了。从此以后，群臣中再也没有人敢正直劝谏，赵高最终在望夷宫杀了二世，秦国也最终灭亡了。

夫好之与恶效于目①，而鹿之与马者著于形者也②，已又定矣③。还至谗如臣妾之饰伪言而作辞也④，则君王失己心，而人物丧我体矣⑤。况乎逢幽隐囚人⑥，而待校其信⑦，不若察妖女之留意也⑧；其辨贤不肖也，不若辨鹿马之审固也⑨。此二物者，皆得进见于朝堂，暴质于心臣矣⑩。及欢爱、苟媚、佞说、巧辨之惑君也，犹炫耀君目⑪，变夺君心⑫，便以好为丑，以鹿为马，而况于郊野之贤、阙外之士，未尝得见者乎？

【注释】

①效于目：彭《校》："《方言》十二：'效，明也。'与'著'互文见义。"明于目，谓眼睛看得清楚明白。

②而鹿之与马者著于形者也：汪《笺》认为"者"字疑衍，彭《校》认为"者"即因下"著"字而驳衍。

③已又定矣：即"已有定矣"。又，通"有"。

④还至：及至。馋如臣妾：谗如，汪《笺》认为疑当作"谗妒"。译文

从之。

⑤人物丧我体：指人与物都丧失了自己的形体。

⑥幽隐囚人：即幽隐之士。汪《笺》："幽、囚同义。"彭《校》进而谓"幽""隐""囚"三字同义，"叠三同义词为定语"。

⑦待校(jiào)其信：需要假以时日来考核他品德、才能的真实。校，考察，考核。

⑧妖女：指美女。妖，艳丽，妩媚。留意：注意。这里指引人注目。

⑨审固：明确。审，果真，确实。

⑩暴(pù)质于心臣：汪《笺》引王宗炎说："'心臣'当是'心目'，以下文'君目''君心'定之。"按，心臣，汉魏本作"廷臣"，文义晓畅，译文从之。暴，显露。

⑪炫耀：迷惑，惑乱。

⑫变夺：改变。夺，变。

【译文】

美与丑眼睛可以看得很明白，而鹿和马在外形上的区别很清楚，这些已经是确定的了。等到谗臣妒妾巧言伪装来编造假话，君王就失去了自己的心智，而人与物也丧失了本来的形貌。况且所遇到的是幽隐之士，需要假以时日来考察其品德才能的真实，不像观察美女那样显而易见；辨别贤能与不贤，也不如辨别鹿和马那样明确。美人与鹿这两者，都能进献在朝堂上，在廷臣面前显露出本质。等到宠妃狐媚取悦、奸臣邪说巧辩来迷惑君主，还是会惑乱君主的眼睛，改变君主的心智，于是就会以丑为美，以鹿为马，更何况对于那些君主没能见到的乡野贤才、朝外之人呢？

夫在位者之好蔽贤而务进党也，自古而然。昔唐尧之大圣也，聪明宣昭①；虞舜之大圣也，德音发闻②。尧为天子，求索贤人，访于群后③，群后不肯荐舜而反称共、鲧之徒④，赖尧之圣，后乃举舜而放四子[5]。夫以古圣之质也，尧聪之明也，舜德之彰也，君明不可欺，德彰不可蔽也。质鲜为佞[6]，而位者尚直若彼[7]。今夫列士之行，其不及尧、舜乎达矣[8]，而俗之荒唐，世法滋彰[9]。然则求贤之君，哀民之士，其相合也，亦必不几矣[10]。文王游畋，遇姜尚于渭滨，察言观志，而见其心，不谘左右[11]，不諏群臣[12]，遂载反归[13]，委之以政，用能造周[14]。故尧参乡党以得舜[15]，文王参己以得吕尚，岂若殷辛、秦政，既得贤人，反决滞于仇[16]，诛杀正直，而进任奸臣之党哉？

【注释】

①宣昭：宣扬，显扬。

②德音：美好的声誉。发闻：闻名于世。彭《校》："单言为'闻'，复言为'发闻'，《齐语》：'有居处为义好学，慈孝于父母，聪慧质仁，发闻于乡里者，则有以告。'《管子·小匡》篇作'弟长闻于乡里者'，是'发闻'即'闻'也。"

③访：咨询，询问。群后：诸侯们。后，上古天子和诸侯的称号。

④共：指共工。鲧（gǔn）：禹的父亲。史载其因治水失败，被舜流放。

⑤放四子：《尚书·尧典》："流共工于幽州，放驩兜于崇山，窜三苗于三危，殛鲧于羽山。"

⑥鲜（xiǎn）：少。

⑦而位者尚直若彼：汪《笺》认为"位"上脱"在"字。译文从之。直，只，仅仅。

⑧达：四库本作"远"。汪《笺》认为当作"远"。译文从之。

⑨世法滋彰：语本《老子·五十七章》："法令滋彰，盗贼多有。"滋，

增加。彰，显著。

⑩不几：没有希望。几，通“冀”。希望，期望。

⑪谘（zī）：咨询，商议。

⑫诹（zōu）：咨询，商量。

⑬反：同“返”。

⑭用：因而，以。造：创建，成就。

⑮参：验证。乡党：同乡的人。乡、党是古代的行政区域，二者并举来表示乡里。

⑯决滞于仇：由奸臣来决定贤人的用废去留。汪《笺》认为“决滞”犹言“去留”。仇，此处指贤才的仇人，即奸臣。

【译文】

那些身居官位的人喜好掩盖贤人而致力于进用朋党，自古以来就是这样。从前唐尧伟大圣明，他的聪慧睿智显扬于世；虞舜伟大圣明，他的美好名声闻名天下。尧为天子时，为了寻求贤人，就去询问各位诸侯。诸侯们不肯推荐舜反而推举共工和鲧这样的人，凭借尧的圣明，后来才提拔了舜而放逐了共工、驩兜、三苗、鲧这四个人。以上古圣人的品质，尧的聪慧英明，舜的仁德彰明，君主的明察不可欺骗，仁德的彰显不可遮蔽。他们的品质中绝少有奸佞，而在位的诸侯尚且只是像那样回答。如今士人们的德行，远远比不上尧、舜，而世俗却越发荒唐，法令也越发繁多。既然如此，那么寻求贤人的君主，与哀怜民众的士人，他们想要互相遇合，也就必定没有希望了。周文王出游打猎，在渭河边遇到了姜尚，通过观察他的言行和志向，从而考知他的心志，没有征求左右近臣们的意见，也没有和大臣们商议，就载着姜尚返回朝廷，把政事委托给他，因而能够成就周人的伟业。所以，尧听取乡人们的意见而得到舜，文王依据自己的判断得到姜尚，哪里像纣王辛、秦王政一样，已经得到了贤才，反而由奸臣来决定其用废，诛杀正直之士而任用奸臣的朋党呢？

是以明圣之君于正道也，不专驱于贵宠[①]，惑于嬖媚[②]，不弃疏远，不轻幼贱，又参而任之[③]。故有周之制也，天子听政[④]，使三公至于列士献典[⑤]，良史献书[⑥]，师箴[⑦]，瞍赋[⑧]，矇诵[⑨]，百工谏[⑩]，庶人传语[⑪]，近臣尽规[⑫]，亲戚补察[⑬]，瞽史教诲[⑭]，耆艾修之[⑮]，而后王斟酌焉，是以事行而无败也[⑯]。

【注释】

①专：单单。驱：指被控制、被左右。

②嬖(bì)媚：亲近宠爱之人。

③又参而任之：指参验考核后任用。又，义同"而"。参，参验，考核。

④听政：坐朝处理政务，执政。听，治理。

⑤三公至于列士献典：古时公卿列士对于政治有所讽谏，则用献诗的方法，所献之诗多为采自民间的歌谣。统治者即通过参考诗歌内容了解民情，以考察政治得失。三公，古时辅佐国君掌握军政大权的最高官员，周代为太师、太傅、太保。今本《国语》作"公卿"。列士，官名，位次大夫。古时士分上士、中士、下士，故称列士。典，今本《国语》作"诗"。汪《笺》："'典'《治要》作'诗'。按《周语》云：'使公卿列士献诗，瞽献曲。''曲'或误为'典'。"彭《校》："此仍当依今本《国语》作'使公卿至于列士献诗，瞽献曲'。韦注：'瞽，乐师。曲，乐曲也。'作'典'者讹字。"译文即采用"献诗"之意。

⑥良史献书：良史献书是为让国君了解古代政治的成败，以为借鉴。书，特指古代记政治得失、王朝兴废的史书。今本《国语》无"良"字。

⑦师箴：指少师进献箴言。这是为了纠正国君的错误。师，指少

师，位次于太师的乐官。箴，规谏的文辞。

⑧瞍赋：指瞍向国君讽诵公卿列士所献之诗。瞍，《国语》韦昭注曰："无眸子曰瞍。"指眼睛没有瞳仁的盲人乐官。赋，不歌而诵为赋。

⑨矇诵：指矇向国君朗诵良史和少师所献之"书""箴"。矇，双目失明的乐官。诵，指不配乐的诵读。

⑩百工谏：百官劝谏国君。百工，此处指职位不高的小官。

⑪庶人传语：古时平民百姓一般没有机会面见国君，他们在街头巷尾对于国政的评点议论，也可以辗转传达至国君处。庶人，指平民。

⑫近臣：指国君左右的亲近之臣。尽规：尽心规劝。指全心全力向君主进谏。

⑬亲戚：指与国君同宗的大臣。补察：指弥补和监督国君的过失。

⑭瞽(gǔ)史教诲：指乐师用音乐、太史用礼法教诲国君。瞽，《国语》韦昭注曰："无目曰瞽。瞽，乐师。"史，指太史，史官之长。

⑮耆(qí)艾：指国君的老师与老臣们。耆，古代年六十曰耆。艾，年五十曰艾。修：修饬，戒饬。

⑯是以事行而无败也：《国语》作"是以事行而不悖"。按，自"天子听政"至此，语本《国语・周语上》邵公谏周厉王的话，有出入。

【译文】

因此英明圣哲的君主选用人才的正道，不被权贵和宠幸之人所左右，也不被邀宠谄媚之人所迷惑，不舍弃关系疏远的人，也不看轻年幼低微的人，而是参验考核后任用他。因此周代的制度是，天子处理政事，让三公至于列士献诗讽谕，良史进献史书，少师进献箴言，瞍人吟诵诗歌，矇人诵读规箴之语，百官劝谏，平民百姓传达自己的意见，亲近之臣尽心规劝，王室宗亲补察过失，乐师、太史加以教导，元老师长再作戒饬，最后君王斟酌考量，因此政事得以顺利实施而不会有过失。

末世则不然，徒信贵人骄妒之议，独用苟媚蛊惑之言，行丰礼者蒙愆咎[①]，论德义者见尤恶[②]，于是谀臣又从以诋訾之法[③]，被以议上之刑[④]，此贤士之始困也[⑤]。夫诋訾之法者，伐贤之斧也，而骄妒者[⑥]，噬贤之狗也[⑦]。人君内秉伐贤之斧，权噬贤之狗[⑧]，而外招贤，欲其至也，不亦悲乎？

【注释】

①丰礼：诸多礼仪。愆(qiān)咎：过错，罪责。

②见：被。尤恶：责备，厌恶。

③诋訾(zī)：诋毁，毁谤。訾，非议。法：此指罪名。

④被(pī)：加。

⑤此贤士之始困也：始，彭《校》："日本尾张藩国本《治要》作'姡'，'姡'与'诟'同，耻也。'始'字误耳。"说可参。

⑥骄妒者：《群书治要》作"骄妒之臣"。彭《校》："当据《治要》补'之臣'二字。'骄妒之臣者''诋訾之法者'两文相对。"

⑦噬：咬。

⑧权噬贤之狗：此处指君主纵容陷害贤人的奸臣。权，秉持，掌握。与上句"秉"同义。

【译文】

衰末之世却不是这样，国君只相信权贵大臣骄横嫉妒的议论，只采纳谄媚之人蛊惑人心的言辞，而践行诸多礼仪的人却蒙受罪责处分，讲论道德仁义的人遭到责备厌恶，此时阿谀之臣又加之诋毁诽谤的罪名，施以妄议君上的刑罚，这就是贤良之士陷入困境的开始。诋毁诽谤的罪名，是砍伐贤士的利斧，而骄纵嫉妒的奸臣，是噬咬贤士的恶犬。君主内持砍伐贤士的利斧，纵容噬咬贤士的恶犬，却向外声称招揽贤士，想要他们到来，这不是很可悲吗？

卷第三

【题解】

本卷论臣道与时弊，包括《忠贵》《浮侈》《慎微》《实贡》四篇。

《忠贵》即以忠为贵。主张人臣应当“下自附于民氓，上承顺于天心”，“奉遵礼法，竭精思职，推诚辅君，效功百姓”，而不可“任其私知，窃君威德，以陵下民，反戾天地，欺诬神明，偷进苟得，以自奉厚”。强调臣下要德位相称，如此才能“位以德兴，德贵忠立”（《叙录》），反之，“德不称其任，其祸必酷；能不称其位，其殃必大”。

《浮侈》反对浮虚与奢侈。浮虚指舍农桑、趋商贾的离本逐末者；奢侈指各种铺张奢靡。文章指出，“今举世舍农桑，趋商贾，牛马车舆，填塞道路，游手为巧，充盈都邑，治本者少，浮食者众”，“浮末者什于农夫，虚伪游手者什于浮末”，故而说“天下浮侈离本，僭奢过上，亦已甚矣”。文章对衣服、饮食、车舆、文饰、庐舍乃至巫祝、丧葬等各种奢华之事一一列举，对“富者竞欲相过，贫者耻不逮及。是故一飨之所费，破终身之本业”等社会乱象予以严厉批判，而期望“王者统世，观民设教，乃能变风易俗，以致太平”，其精神内涵可与《遏利》连读。

《慎微》即慎于忽微，也就是防微杜渐。作者由山川之积高、积下说起，层层递进，而至布衣之积善、积恶，人臣之积正、积邪，国君之积德、积失，其成败皆源于所积，所谓“三代之废兴也，在其所积”。“积微成显，积著成象（“象”字原脱）”，故“圣人常慎其微”。因此，君子须“战战栗栗，日慎一日，克己三省，不见是图”，“思慎微眇，早防未萌”。

《实贡》即据实选贤贡士，也就是举贤荐良须实事求是。作者针对“虚造空美，扫地洞说”的贡士实际，一再指斥“虚张高誉，强蔽疵瑕，以相诳耀，有快于耳”的高论相欺行为，强调“物有所宜，不废其材”，选贤贡士须“依其质干，准其材行”，“必考核其清素，据实而言，其有小疵，勿强衣饰，以壮虚声。一能之士，各贡所长，出处默语，勿强相兼”，“各以所宜，量材授任”，不可求全责备。其思想主旨与《考绩》相近，所面对的也依然是“名实不相副，求贡不相称”的现实。而“非今世之无贤也，乃贤者废锢而不得达于圣主之朝尔”，“忠良之吏诚易得也，顾圣王欲之不尔”的感叹，与《贤难》《潜叹》依然类似，其情感精神一脉相通。

范晔在《后汉书》王符本传中节录《忠贵》（本传作“贵忠”）《浮侈》《实贡》《爱日》《述赦》五篇内容，谓其“指讦时短，讨谪物情，足以观见当时风政”。细究范氏所录，显然有其选文的标准，他所概括王符著述“指讦时短，讨谪物情”的旨趣，固然是《潜夫论》的重要方面，但却不足以涵盖该书的全部。《四库全书总目》说：“今本凡三十五篇……不尽指陈时政。范氏所云，举其著书大旨耳。”史家作传，著录传主作品时大多是就其需要而定，并非对全书的概括。值得注意的是，这五篇中前三篇在本卷，后二篇在下卷，基本集中在一起。这反过来说明，《潜夫论》的编排，的确是依照内容，将主旨相近的文章列在一起——范晔对此体例也有着明确的认识。

忠贵第十一

世有莫盛之福，又有莫痛之祸。处莫高之位者，不可以无莫大之功。窃亢龙之极贵者[①]，未尝不破亡也；成天地之大功者，未尝不蕃昌也[②]。

【注释】

①亢龙：出自《周易·乾·上九》“亢龙有悔”。喻指身居高位的人。亢，极度。

②蕃昌：蕃息昌盛。

【译文】

人世间有极为隆盛的福禄，又有极其惨痛的灾祸。身居于极高地位的人，不可以没有极大的功劳。窃取君主至高地位的人，从来没有不败亡破灭的；成就了天地间伟大功业的人，从来没有不蕃息昌盛的。

帝王之所尊敬[①]，天之所甚爱者，民也。今人臣受君之重位，牧天之所甚爱[②]，焉可以不安而利之，养而济之哉？是以君子任职则思利民，达上则思进贤，功孰大焉[③]！故居上而下不重也，在前而后不殆也[④]。《书》称：“天工人其代之[⑤]。”王者法天而建官[⑥]，自公卿以下，至于小司[⑦]，辄非天官也[⑧]？是故明主不敢以私爱，忠臣不敢以诬能[⑨]。夫窃人之财，犹谓之盗，况偷天官以私己乎？以罪犯人，必加诛罚，况乃犯天，得无咎乎？

【注释】

①帝王之所尊敬：《后汉书》王符本传作“夫帝王之所尊敬者天也”。彭《校》：“当从本传，天、民韵。”译文从本传。

②牧：统治，管理。

③孰：何，谁。

④故居上而下不重也，在前而后不殆也：语本《老子·六十六章》："是以圣人处上而民不重，处前而民不害。"

⑤天工人其代之：见《尚书·皋陶谟》。意谓上天的功业要靠人事完成。

⑥法天：效法上天。建官：设置职官。

⑦小司：指地位低下的官吏。与上句"公卿"相对。

⑧辄：四库本作"莫"。汪《笺》疑为"孰"。天官：古代帝王效法上天来建立职官体系。从这个意义上来讲，官员们无论职位大小，则都可以称之为"天官"。

⑨诬能：假装自己有才能。诬，冒充，以无为有。

【译文】

帝王所尊崇敬重的是上天，上天所尤为珍爱的是民众。如今人臣接受了君主任命的重要官位，管理上天尤为珍爱的民众，怎么可以不去安定他们而使之受益呢？又怎么可以不去养育和帮助他们呢？因此君子担任官职，就要想着让民众受益，知遇于君主，就要想着去推荐贤能，这是多么大的功业啊！所以君子充任官职而下民不会感到政事苛重，位处前列而居后者不会觉得有危险。《尚书》中说："上天的功业需要人代为执行。"帝王按照上天的法则来设置职官，从公卿大臣以下，一直到小官小吏，哪一个不是上天的职官呀？因此圣明的君主不敢由于私心偏爱而把官位授予自己宠爱的人，忠诚的臣子也不敢为了谋取职位而假装自己有才能。偷了别人的财物，尚且会被叫作盗贼，何况是窃取上天的职官来为自己谋取私利呢？用违法之事侵犯他人，必定会受到诛杀和惩罚。何况是冒犯上天，能没有灾祸吗？

五代建侯[①]，开国成家[②]，传嗣百世，历载千数，皆以能当天官，功加百姓。周公东征，后世追思[③]，召公甘棠，人不忍伐[④]，见爱如是，岂欲私害之者哉？此其后之封君多矣[⑤]，或不终身，或不期月[⑥]，而莫陨坠[⑦]，其世无者[⑧]，载莫盈百，是人何也哉[⑨]？

【注释】

①五代：一般指唐、虞、夏、商、周五代。建侯：建置诸侯。

②国：此处指诸侯的封国。家：卿大夫的采邑。

③周公东征，后世追思：《诗经·豳风·破斧》一诗记载并歌颂了周公东征平定管叔、蔡叔之乱的功绩。

④召公甘棠，人不忍伐：《诗经·召南·甘棠》一诗记载并歌颂了召公居陕时曾在一棵棠树下办事治狱，死后百姓们怀念他，就告诫后人不可砍伐那棵棠树。

⑤封君：受有封邑的王侯贵族。

⑥期(jī)月：指一个月。

⑦而莫陨坠：汪《笺》认为"而莫"以下文有脱误。彭《校》认为"莫"下疑脱"不"字。彭说近是，四库本"莫"后正有"不"字。译文从之。陨坠，此处指因犯罪而失去封爵、废除封邑。

⑧其世无者：世无，彭《校》认为疑当作"抚世"。译文从之。

⑨是人何也载：汪《笺》疑"人"字衍。彭《校》疑"也"当作"在"。

【译文】

五代建置诸侯世族，开创封国建成家邑，后传位百代，经历千年，都是由于能胜任上天赐予的职官，功德施于百姓身上的缘故。周公东征有功，后世追思他，召公在棠树下歇息，死后人们不忍心砍伐那棵树。被民众这样爱戴，又怎么会存心加害呢？后来接受封邑的君主很多，有的还没等到自己老死，有的甚至不满一个月，没有不被废爵除地的，而那些能安抚社会人心的，其封地爵位也不会超过一百年，这是什么原因造成的呢？

五代之臣，以道事君[①]，以仁抚世，泽及草木，兼利外内，普天率土[②]，莫不被德，其所安全，真天工也。是以福祚流衍[③]，本枝百世[④]。季世之臣[⑤]，不思顺天，而时主是谀，谓破敌者为忠，多杀者为贤。白起、蒙恬[⑥]，秦以为功，天以为贼。息夫、董贤[⑦]，主以为忠，天以为盗。此等之俦[⑧]，虽见贵于时君，然上不顺天心，下不得民意，故卒泣血号咷[⑨]，以辱终也。《易》曰："德薄而位尊，智小而谋大，力少而任重，鲜不及矣[⑩]。"是故德不称其任，其祸必酷；能不称其位，其殃必大。

【注释】

①以道事君：语本《论语·先进》："所谓大臣者，以道事君，不可则止。"

②普天率土：语本《诗经·小雅·北山》："溥天之下，莫非王土。率土之滨，莫非王臣。"此处指天下所有人。普，遍。率，沿着，遵循。

③福祚(zuò)流衍：福禄流传延续。祚，福。衍，衍生，延续。

④本枝百世：语本《诗经·大雅·文王》："文王孙子，本支百世"。本枝，树干和树枝。此处喻指嫡长子一系的子孙和庶子支系的子孙。

⑤季世：即末世，指朝代衰亡期。季，末。

⑥白起、蒙恬：皆战国时期秦国名将。白起，秦昭王时曾率秦军在长平之战中坑杀赵降卒四十多万，后被免为士卒，不久后秦昭王迫令其自杀。蒙恬，秦始皇时名将。曾率兵击退匈奴，并主持修筑长城，工程艰巨，造成大量劳役死亡。后被秦二世逼迫服药自杀。

⑦息夫、董贤：皆汉哀帝时的佞臣。息夫，即息夫躬，复姓息夫。利

口善辩，阴险谗佞，而汉哀帝宠信他，致使东平王被诛，许多大臣被害。董贤，字圣卿，以容貌见宠于哀帝。董贤性情柔和，专事逢迎，以谄媚巩固自己的地位。封高安侯，后为大司马，时年二十二岁，位列三公，百官靠董贤向哀帝奏事。哀帝去世后被王莽所杀。

⑧俦(chóu)：类。

⑨泣血号咷(táo)：形容哭声极其悲痛。号咷，同"号啕"，大声哭。

⑩"德薄而位尊"四句：语见《周易·系辞下》。

【译文】

五代时的臣子，以道义服事君主，用仁爱来安抚民众，恩泽遍及草木，兼利朝廷内外，天下人无不受益于他们的恩德，他们所做的安抚保全百姓的事，真是如同上天的功业一般！因此他们的福禄流传延续，嫡庶子孙蕃息上百世。而末世的臣子，不思顺应上天，反而一味地阿谀讨好当时的君主，还说攻破敌人就是忠臣，多多杀伐就是贤人。白起、蒙恬，秦国认为他们是功臣，上天却把他们看作是贼寇。息夫躬、董贤，君主认为他们是忠臣，上天却把他们当作奸贼。像这类人，虽然被当时的君主所贵重，但上不顺遂天意，下不得民心，所以他们最后悲痛不已，号咷大哭，带着耻辱死去。《周易》中讲："德行浅薄但地位尊贵，智识短浅而图谋大事，力量弱小而担任重大，很少有免得了灾祸的。"因此如果一个人的德行配不上他的职位，那他受的祸患也必将会很严重；才能配不上他的官位，那他受的灾殃也必将会很大。

且夫窃位之人[①]，天夺其鉴[②]，神惑其心。是故贫贱之时，虽有鉴明之资[③]，仁义之志，一旦富贵，则背亲捐旧[④]，丧其本心，皆疏骨肉而亲便辟[⑤]，薄知友而厚狗马[⑥]。财货满于仆妾，禄赐尽于猾奴。宁见朽贯千万[⑦]，而不忍赐人一钱；宁积粟腐仓，而不忍贷人一斗。人多骄肆，负债不偿[8]，骨肉怨望于家[9]，细民谤讟于道[10]。前人以败，后争袭之，诚可伤也。

【注释】

①窃：《大戴礼记·曾子立事》："无益而厚受禄，窃也。"

②鉴：镜子。此处喻指人对自己行为的反思。

③鉴明：即自我反思。《后汉书》王符本传作"明察"，汪《笺》认为是"贤明"之误。张觉《校注》谓"鉴明"为"自照之明，即自知之明"。说近是，译文从之。

④捐：抛弃。

⑤便辟（pián bì）：指阿谀奉承之人。辟，通"嬖（bì）"，逢迎，邀宠。

⑥厚狗马：《孟子·梁惠王上》："庖有肥肉，厩有肥马，民有饥色，野有饿莩，此率兽而食人也。"厚，厚待，厚养。

⑦朽贯：指存放过久的钱财。贯，古代钱币中间有孔，以绳穿系，一千钱为一贯。

⑧负债不偿：汉代骄横的权贵大多向百姓借债而不还，实为巧取豪夺。亦见本书《三式》《断讼》等篇。

⑨怨望：埋怨。望，亦怨也。

⑩谤讟（dú）：咒骂指责。谤，指责。讟，怨恨。

【译文】

还有那些窃居官位的人，上天会夺走他们的反思能力，神明会让他们心思惑乱。因此在贫穷微贱的时候，即使他们也拥有自我反思的资质，施行仁义的志向，可一旦富贵以后，他们就会背离亲戚抛弃故旧，丧失了原来的心肠，全都疏远亲人骨肉而亲近阿谀之徒，怠慢知己好友而厚养狗马宠物。将钱财宝物赐予仆人婢妾，将君主的俸禄赏赐也都给了狡猾奸诈的奴仆。宁肯看到朽坏的钱财千贯万贯，也不舍得赐给别人铜钱一枚；宁肯让堆积的粟米满仓腐朽，也不舍得借给别人粮食一斗。他们中多数人都变得骄慢放肆，背负借债却不偿还，亲人们在家里埋怨，百姓们在路上咒骂。前面有人已经因此而败亡了，后面的人又争着蹈袭他们的覆辙，真是令人悲哀啊！

历观前世贵人之用心也，与婴儿等①。婴儿有常病，贵臣有常祸，父母有常失，人君有常过。婴儿常病，伤饱也；贵臣常祸，伤宠也。父母常失，在不能已于媚子②；人君常过，在不能已于骄臣。哺乳太多，则必掣纵而生痫③；贵富太盛，则必骄佚而生过。是故媚子以贼其躯者，非一门也；骄臣用灭其家者，非一世也。或以背叛横逆不道，或以德薄不称其贵。文昌奠功④，司命举过⑤，观恶深浅，称罪降罚，或捕格斩首⑥，或拉髆掣胸⑦，掊死深井⑧。衔刀都市⑨，僵尸破家，覆宗灭族者，皆无功于民氓者也。而后人贪权冒宠⑩，蓄积无极，思登颠陨之台，乐循覆车之迹，愿禆福祚⑪，以备员满贯者⑫，何世无之？

【注释】

①与婴儿等："与婴"二字旧阙，汪《笺》据汉魏本补。

②已于媚子：停止溺爱孩子。已，止。媚，爱，讨好。

③掣（chè）纵（zòng）而生痫（xián）：小儿因惊风抽搐而患癫痫。掣，通"瘛（chì）"，指肌肉紧张抽搐。纵，通"瘲（zòng）"，指抽紧后忽然松弛。痫，癫痫。

④文昌：指主管人间功名利禄的神文昌帝君。奠：放置，摆列。

⑤司命：指主掌人命运的神灵。《礼记·祭法》郑玄注："司命，主督察三命。"举：检举，督察。

⑥捕格：抓捕时格杀。格，当场杀死拒捕者。

⑦髆(bó):肩胛。掔:擒住,抓住。

⑧掊:通"踣(bó)",倒毙。井:同"阱",即今之地牢。

⑨衔刀:喻指砍头。

⑩冒:贪。

⑪裨(bì):附益,增加。《说文》:"裨,接益也"。祚:福。

⑫备员:作预备人员。满贯:恶贯满盈。

【译文】

遍察前代尊贵之人的心思,常常和婴儿相同。婴儿有经常会得的疾病,贵臣也有经常遭遇的灾祸,父母有经常会犯的过失,人君有经常会犯的过错。婴儿有经常会得的疾病,是由于他们吃得太饱;贵臣有经常会遭的灾祸,是由于他们过分地受到宠幸。父母有经常会犯的过失,是在于他们无法停止溺爱子女;人君有经常会犯的过错,是在于他们无法停止骄纵臣子。给婴儿哺乳过多,必定会让孩子惊风抽搐而患上癫痫病;使臣子过于尊贵豪富,必定也会使其骄横放纵而产生过错。因此溺爱孩子以致残害他们身体的,并非只有一个家庭而已;骄纵臣子以致毁灭他们家族的,也并非只有一个朝代而已。有的由于背叛国家而终获大逆不道之罪,有的由于德行浅薄而配不上他的显贵。文昌帝君会列出各人的种种功劳,司命之神会举出各人的种种过错,上天分辨恶行的深浅轻重程度,根据罪恶的轻重来施降惩罚,有的被逮捕格杀、斩首示众,有的被背折臂膀、擒住胸膛,倒毙在地牢。那些被砍头于都城集市之中,变成僵硬的尸体,家毁人亡,宗族覆没灭亡的,都是对民众没有一点功劳的人啊。然而后人还是贪恋权势、贪冒恩宠,蓄财积货无休无止,一心想着要登上危险易坠的高位,乐意重蹈容易翻覆之车的辙迹,想要增加自己的福禄,以填补恶贯满盈者的队伍,这种人哪一个朝代没有啊?

当吕氏之贵也[①],太后称制而专政,禄、产秉事而握权[②],

擅立四王[③]，多封子弟[④]，兼据将相，外内磐结[⑤]，自以虽汤、武兴，五霸作[⑥]，弗能危也。于是废仁义而尚威虐，灭礼信而务谲诈。海内怨痛，人欲其亡，故一朝摩灭而莫之哀也[⑦]。霍氏之贵[⑧]，专相幼主[⑨]，诛灭同僚[⑩]，废帝立帝[⑪]，莫之敢违。禹继父位[⑫]，山、云屏事[⑬]，诸婿专典禁兵[⑭]，婚姻本族[⑮]。王氏之贵[⑯]，九侯五将[⑰]，朱轮二十三[⑱]。太后专政，秉权三世[⑲]。莽为宰衡[⑳]，封安汉公，居摄假号[㉑]，身当南面，卒以篡位，十有余年[㉒]，自以居之已久，威立恩行，永无祸败，故遂肆心恣意，私近忘远，崇聚群小[㉓]，重赋殚民，以奉无功，动为奸诈，托之经义[㉔]，迷罔百姓，欺诬天地。自以我密，人莫之知，皇天从上鉴其奸，神明自幽照其态，岂有误哉！

【注释】

①吕氏：汉高祖刘邦的皇后吕雉一族。汉惠帝即位后，吕后称为吕太后，惠帝死后她临朝称制，大封吕氏亲族为王侯，诸吕掌握实权。

②禄、产：吕后的侄子吕禄和吕产。吕禄被封为赵王，任命为上将军，掌北军。吕产被封为吕王，后改封梁王，任帝太傅，掌南军，后又立为相国。

③擅立四王：史载汉高祖规定非刘氏不得封王，但吕后称制后共封吕氏子弟吕台、吕产、吕禄、吕通四人为王。

④多封子弟：史载吕后除立四王外，还封吕氏子弟吕平等多人为侯。

⑤磐结：牢固勾结。磐，通“盘”。结，联结。

⑥五霸：指春秋时期先后称霸的五位诸侯国君。一般认为是齐桓公、晋文公、宋襄公、秦穆公、楚庄王。

⑦摩灭:消失,指吕氏一族最终被陈平等消灭。摩,扬雄《方言》:“摩,灭也。”

⑧霍氏:指西汉权臣霍光一族。

⑨专相幼主:史载汉武帝去世,年仅八岁的汉昭帝即位,霍光受遗诏辅佐少主,政事全部由霍光决定。

⑩诛灭同僚:指霍光诛杀左将军上官桀、御史大夫桑弘羊等人。

⑪废帝立帝:指汉昭帝死后无子,霍光迎立昌邑王刘贺,不久又废掉,立宣帝。

⑫禹:霍禹,霍光之子,继其父为大司马。

⑬山、云:霍光侄孙霍山、霍云。二人都为侯,霍山领尚书事。屏:汪《笺》认为应做“秉”。四库本作“秉”。

⑭诸婿专典禁兵:指霍光的四个女婿和孙婿等掌管皇宫的各支卫队。

⑮婚姻本族:指和皇室联姻。史载霍光将自己的女儿嫁给了汉宣帝。

⑯王氏:指汉元帝王皇后的家族。成帝即位后,尊王皇后为皇太后;哀帝即位后,尊为太皇太后;平帝即位后,元后临朝称制。王氏家族凭借元后之力权倾朝野。

⑰九侯五将:指汉元帝、成帝时,王氏家族九人为侯,五人为将军。《汉书·王莽传》:“家凡九侯,五大司马。”大司马掌管军事,亦为“将”。

⑱朱轮二十三:《汉书·楚元王传》:“今王氏一姓,乘朱轮华毂者二十三人。”朱轮,贵族所乘用红漆漆轮的华美车子。按汉制,王侯及二千石以上者乘朱轮。汉代郡守俸禄为二千石。

⑲秉权三世:指汉元帝王皇后临朝秉政,历成帝、哀帝、平帝三朝。

⑳莽:王莽,汉元帝王皇后的侄子。汉哀帝死后,年仅九岁的平帝立,王莽秉政,号安汉公。宰衡:历史上伊尹官为阿衡,周公为太

宰。汉平帝合伊尹、周公的官号,封王莽为宰衡。

㉑居摄:皇帝年幼,大臣代理政事,称为居摄。假号:即代理皇帝。汉平帝死后,王莽摄政称“假皇帝”。假,假代,代理。

㉒“身当南面”三句:指王莽最终篡位,建立新朝。南面,指居君位统御天下。

㉓崇聚:聚集。崇,聚积。

㉔托之经义:用经义作伪托。经义,指《诗》《书》《礼》《易》《春秋》“五经”中包含的道义与原则。

【译文】

当初吕氏一族显贵的时候,吕后发布政令、独揽朝政,吕禄、吕产专秉国事而手握大权,吕后擅自封立四个吕氏诸侯王,又大肆分封其他吕氏子弟,家族中的人同时占据着将军、宰相的位子,势力在朝廷内外盘根错节,自认为即使有汤、武再兴起,五霸再出现,也不能威胁到他们的权势。于是废弃仁义而崇尚淫威暴虐,毁掉礼节信义而专务欺骗诈谋。国内怨责痛恨,人人都希望他们灭亡,因此他们一下子灭亡后也没有人哀怜。霍氏一族显贵的时候,霍光独自辅佐幼主,诛杀消灭同朝大臣,废旧帝拥立新帝,没有人敢违背他。霍禹继承了其父的官爵,霍山、霍云秉持国事,霍光的女婿们专门掌管皇宫卫队,家族和皇室通婚联姻。王氏一族显贵的时候,有九个侯五个大司马,做高官乘朱轮者有二十三人。王太后专秉朝政,秉持大权历经三个皇帝。王莽位列宰相,被封为安汉公,皇帝年幼时代理政事,皇帝死后又自称“假皇帝”,身居天子之尊,最终顺势篡位,建立新朝,在位十多年,自以为坐皇位已经很久,皇威树立了,皇恩施行了,永远不会出现败灭的祸患,所以就随心所欲、恣肆妄为,偏爱近臣而遗忘其他大臣,身边聚集了很多小人,又加重赋税竭尽民力,以之奉养没有功劳的人,还动不动干些奸邪欺诈之事,却假托是遵循“五经”中的道义和原则,迷惑蒙蔽老百姓,欺骗糊弄天地神明。他自以为做得严密,没有人能够知晓,然而皇天在上观察着他的奸邪行为，神明在暗处烛照着他的丑态，又哪里会有差错呢？

夫鸟以山为卑而橧巢其上，鱼以渊为浅而穿穴其中，卒所以得之者饵也[①]。贵戚惧家之不吉而聚诸令名[②]，惧门之不坚而为作铁枢[③]，卒其以败者[④]，非苦禁忌少而门枢朽也，常苦崇财货而行骄僭，虐百姓而失民心尔。

【注释】

①“夫鸟以山为卑而橧巢其上”三句：语见《大戴礼记·曾子疾病》。橧，《大戴礼记》作“曾”，通“增”。

②聚：《后汉书》王符本传作“制”，汪《笺》认为“制”是。令：美好，吉利。

③枢：门户上的转轴。

④卒其以败者：《后汉书》王符本传“其”下有“所”字。汉魏本“其”作“有”。以，彭《校》认为当作“所以”。

【译文】

飞鸟认为高山低矮而在其顶筑巢，游鱼以为深渊太浅而在其间穿洞，然而最终之所以被人捕获，是因为诱饵的缘故。皇亲贵戚害怕家中不吉利而为房室起上美好的名字，担忧大门不坚固而装上铁门枢，而最后之所以败亡，并不是败在禁忌太少、门枢朽坏，而是常常败在积聚钱财宝物、行为骄纵僭越，虐待百姓而最后失去民心啊！

孔子曰：“不患无位，患己不立[①]。”是故人臣不奉遵礼法，竭精思职，推诚辅君[②]，效功百姓，下自附于民氓，上承顺于天心，而乃欲任其私知[③]，窃君威德，以陵下民，反戾天地[④]，欺诬神明，偷进苟得，以自奉厚；居累卵之危[⑤]，而图泰山之安，为朝露之行[⑥]，而思传世之功，譬犹始皇之舍德任刑，而欲计一以至于万也[⑦]。岂不惑哉！

【注释】

①不患无位，患己不立：《论语·里仁》："不患无位，患所以立。"

②推诚：以诚心相待。

③知：通"智"。

④反戾(lì)：违背，逆反。戾，乖张，违逆。

⑤累卵之危：堆起来的鸟蛋，随时都有塌下破碎的可能，喻指处境危险。

⑥朝露之行：早晨的露水一遇阳光就消失，喻指无法久长的行为。

⑦一以至于万：秦始皇自号始皇帝，想要将帝位一直传至万世。

【译文】

孔子说："不必担忧没有官位，而要担忧自己的德行没有养成。"因此人臣不去奉守遵循礼法，竭尽精力于职守，进献忠诚以辅佐君主，功效施于百姓，在下使自己依附于民众，在上顺从于上天的心愿，反而想着凭借自己的智巧，窃取君主的威严恩德，用来欺凌百姓，背逆天地神明，窃取官位侥幸谋利，作为自己丰厚的享受；处在累卵般的危险之中，却希求泰山般的安稳，做出朝露般无法久长的行为，却想望世代流传的功业，这就像秦始皇舍弃德政而任用刑法，却想要将秦朝的帝位从一世延续到万世。岂不是鬼迷心窍了吗！

浮侈第十二

王者以四海为一家，以兆民为通计[①]。一夫不耕，天下必受其饥者；一妇不织，天下必受其寒者[②]。今举世舍农桑，趋商贾，牛马车舆，填塞道路，游手为巧[③]，充盈都邑，治本者少，浮食者众[④]。“商邑翼翼，四方是极[⑤]。”今察洛阳[⑥]，浮末者什于农夫[⑦]，虚伪游手者什于浮末。是则一夫耕，百人食之，一妇桑，百人衣之，以一奉百，孰能供之？天下百郡千县，市邑万数[⑧]，类皆如此，本末何足相供？则民安得不饥寒？饥寒并至，则安能不为非？为非则奸宄[⑨]，奸宄繁多，则吏安能无严酷？严酷数加，则下安能无愁怨？愁怨者多，则咎征并臻[⑩]，下民无聊[⑪]，而上天降灾，则国危矣。

【注释】

①兆民：黎民，众民。兆，极言众多。通计：全盘考虑，通盘计议。

②“一夫不耕”四句：《管子·揆度》：“农有常业，女有常事。一农不耕，民有为之饥者；一女不织，民有为之寒者。”

③游手为巧：指游手好闲，虚浮不实。

④浮食：白食，不耕而食，不劳而获。《史记·平准书》：“浮食奇民，欲擅管山海之货，以致富羡，役利细民。”

⑤商邑翼翼，四方是极：引诗见《诗经·商颂·殷武》。意谓京师的礼仪制度繁盛，是四方诸侯国的准则。商邑，《毛传》：“商邑，京师也。”三家《诗》作“京邑”。古书亦多引作京邑。张衡《东京赋》“京邑翼翼，四方所视”，薛综注：“京，大也。”大邑，即指洛阳。汪《笺》：“此文引《诗》以证洛阳，疑本作‘京邑’，后人据《毛诗》改之。”翼翼，繁盛的样子。四方是极，三家《诗》作“四方是则”。彭《校》以此书引诗多三家《诗》，则本作“四方是则”。按，极、则本通，皆标准、准则义。

⑥洛阳：东汉都城，在今河南洛阳附近。

⑦浮末：指从事商业。古代以农业为本，以商业为末。参本书《务

本》篇。什：十倍。

⑧市邑：古代市为集市，邑为居民区。

⑨奸宄（guǐ）：指不法之徒。《说文》："宄，奸也。"《左传·成公十年》："臣闻乱在外为奸，在内为轨。"轨、宄同。

⑩咎征并臻：古人认为天象与政事相关，政事荒乱，天象就会显示出种种异常不祥的征兆，随后即有灾祸降临。咎，灾祸。征，征兆。臻，至，到来。

⑪无聊：无以为生。

【译文】

帝王把四海之内视作一家，将天下百姓通盘考虑。如果一个男子不耕作，天下就会有人因此而挨饿；如果一个妇女不纺织，天下就会有人因此而受冻。现在整个社会的人都舍弃农耕蚕桑，投身到商业买卖中，牛马和车辆充塞拥堵着大街小巷，游手好闲、虚浮不实之人挤满了城镇都邑，从事于农业的人少，不耕而食的人却有很多。"京师的礼仪制度繁盛，四方诸侯国都将其视为准则。"如今考察洛阳的情况，从事于商业的人十倍于农夫，虚浮伪诈、游手好闲的人又十倍于商人。这样一来，一个男子耕作，就会有一百个人等着吃他种的粮食，一个妇女采桑，就会有一百个人等着穿她纺的衣服，用一个人的劳动来奉养一百个人，谁能供应得了呢？天下有成百上千个郡县，上万的城邑市镇，如果都像洛阳这样的话，农业和商业怎么能够互相供给，民众又怎么能不挨饿受冻？饥寒交迫，民众怎能不为非作歹？为非作歹就会成为不法之徒，不法之徒众多，官吏怎能不施以严刑酷法？严刑酷法频繁施加，民众又怎能会没有愁苦怨恨？愁苦怨恨之人既多，那么不祥之兆和灾祸会频频降临，民众无以为生，上天又降下灾祸，那么国家就危险了！

夫贫生于富，弱生于强，乱生于治，危生于安。是故明王之养民也，忧之劳之①，教之诲之②，慎微防萌，以断其邪。

故《易》美“节以制度,不伤财,不害民”[③];《七月》诗大小教之[④],终而复始[⑤]。由此观之,民固不可恣也[⑥]。

【注释】

①忧之劳之:担忧、顾念他们,慰劳、劝勉他们。劳,慰劳,劝勉。

②教之诲之:见《诗经·小雅·绵蛮》。

③“节以制度”三句:语本《周易·节·彖》:“天地节而四时成,节以制度,不伤财,不害民。”《正义》:“天地以气序为节,使寒暑往来各以其序,则四时功成之也。王者以制度为节,使用之有道,役之有时,则不伤财、不害民也。”意谓君主以典章制度为节,就能不伤资财,不害百姓。节,控制,节制。

④《七月》:指《诗经·豳风·七月》。全诗详细周备地叙述了周人先祖一年之中农事劳作和日常生活的各个方面。大小教之:《后汉书》王符本传章怀注:“大谓耕桑之法,小谓索绹之类。”

⑤终而复始:指《七月》历述周人全年生活情景,自春及冬,农事生活终而复始。

⑥恣(zì):恣纵,放任自流。

【译文】

贫穷萌生于富贵,衰弱萌生于强盛,动乱萌生于太平,危难萌生于安逸。因此圣明的君王教养民众,顾念他们、慰劳他们,教育他们、引导他们,谨慎微小之处、提防萌芽之时,以此来断绝他们邪恶的念头。所以《周易》赞美“君主以典章制度为节,就能做到不伤资财,不害百姓”;《七月》诗中用大大小小的事情教化民众,生活终而复始,年复一年。由此可见,民众本来就不可以放任自流。

今民奢衣服,侈饮食,事口舌,而习调欺[①],以相诈绐[②],

比肩是也[3]。或以谋奸合任为业[4]，或以游敖博弈为事[5]；或丁夫世不传犁锄[6]，怀丸挟弹[7]，携手遨游，或取好土作丸卖之。于弹外不可以御寇[8]，内不足以禁鼠，晋灵好之以增其恶[9]，未尝闻志义之士喜操以游者也。惟无心之人，群竖小子，接而持之，妄弹鸟雀，百发不得一，而反中面目，此最无用而有害也。或坐作竹簧[10]，削锐其头，有伤害之象，傅以蜡蜜[11]，有甘舌之类，皆非吉祥善应[12]。或作泥车、瓦狗、马骑、倡排[13]，诸戏弄小儿之具以巧诈[14]。

【注释】

①调(tiáo)欺：欺诈。调，欺骗。

②诈绐(dài)：欺骗，诈骗。绐，欺诳。

③比肩：肩挨着肩，形容人很多。比，并列，挨着。

④合任：相合为任侠。任侠，古代带有侠客色彩，凭借权威、勇力或财力等手段扶助弱小、帮助他人的人。其中也有一些人作奸犯科、以暴凌弱。《史记·货殖列传》："其在闾巷少年，攻剽椎埋，劫人作奸，掘冢铸币，任侠并兼，借交报仇，篡逐幽隐，不避法禁。"

⑤游敖：遨游，游逛。敖，游玩，游逛。博弈：指六博和围棋，皆古代棋类游戏。此指赌博。

⑥或丁夫世不传犁锄：丁夫，指成年男子。或，汪《笺》疑衍，《后汉书》王符本传无"或"字。世，汪《笺》认为当作"卉"字。卉，即"卅"，三十。《说文》："卉，三十并也。"这里指几十年。传，《后汉书》王符本传作"扶"，汪《笺》认为盖本"傅"字。彭《校》从之，又谓："《释名·释言语》：'扶，傅也。'是汉世二字同音之证。"译文从之。

⑦弹(dàn):弹弓。

⑧于:四库本作“夫”,王绍兰谓当作“其”,义近之。弹(tán):《说文》:“弹,行丸也。”这里指用弹弓发射弹丸。

⑨晋灵:指晋灵公,春秋时期晋国国君。其少年继位,任性胡为,不听劝谏,残忍暴虐。史载他曾用弹弓弹人,看人躲闪而取乐。后被赵穿所杀。

⑩坐:彭《校》:“‘坐’字副词,《思贤》篇‘坐作骄奢’,是其用例。”竹簧:一种用竹片削制而成的吹奏乐器。一端呈尖形,簧体涂有蜂蜡、蜂蜜,便于吹奏时改变音色。

⑪傅:涂抹。蜡:此处指蜂蜡。

⑫应:征兆,征应。

⑬倡排:演员,歌伎。此指泥做的歌伎俑。排,指杂戏演员。

⑭诸戏弄小儿之具以巧诈:《后汉书》王符本传此句后有“此皆无益也”一句。

【译文】

如今百姓穿着华贵,饮食奢侈,专事口舌巧辩,染习欺诈,以此来互相诈骗,这样的人到处都是。有的把谋划奸恶,合伙任侠作为自己的职业,有的则把到处闲逛赌博当作自己的事业;有的成年男子几十年不碰耕犁锄头,却整日怀揣弹丸,腋挟弹弓,拉帮结伙到处游逛,有的挖取肥田沃土做成弹丸售卖。玩弹弓这种事对外不能够抵御寇敌,对内不足以禁绝鼠害,晋灵公因喜好它而加重了自己的恶行,从未听说有志于仁义的贤士喜欢拿着它到处游逛。只有那种没有抱负的人,幼稚无知的顽皮小子,才肯接受它、拿着它,随意弹射鸟雀,打百发不能中一次,反而可能弹过来击中自己的脸面眼睛,这种玩物是最无用处而且极有害的。有的制造竹簧,削尖它的端头,形似可以伤人的锋刃,涂上蜂蜡或蜂蜜,如同甜嘴蜜舌一般,这都不是吉利美好的征应。有的制作泥车、陶狗、雕塑的骑兵以及歌伎俑,用这些耍弄小孩的玩具来巧取诈骗。

《诗》刺"不绩其麻，女也婆娑"[①]，今多不修中馈[②]，休其蚕织，而起学巫祝[③]，鼓舞事神，以欺诬细民，荧惑百姓[④]。妇女羸弱[⑤]，疾病之家，怀忧愦愦[⑥]，皆易恐惧，至使奔走便时，去离正宅[⑦]，崎岖路侧[⑧]，上漏下湿，风寒所伤，奸人所利，贼盗所中[⑨]，益祸益祟[⑩]，以致重者不可胜数。或弃医药，更往事神，故至于死亡，不自知为巫所欺误，乃反恨事巫之晚，此荧惑细民之甚者也。

【注释】

①不绩其麻，女也婆娑：引诗见《诗经·陈风·东门之枌》。绩，指将麻析成丝状，再捻挫成线。婆娑，形容女子跳舞娱神时的姿态。《后汉书》王符本传章怀注："谓妇人于市中歌舞以事神也。"女，今本《诗经》作"市"，《后汉书》王符本传亦作"市"。彭《校》认为"女"字不误。

②中馈：家中饮食之事。此泛指家务。馈，膳食。

③巫祝：古代掌管祭祀占卜，专职事神的人员。此指其职业。巫，《说文》："巫，祝也。女能事无形，以舞降神者也。"祝，《说文》："祝，祭主赞词者。"

④荧惑：眩惑，迷惑。

⑤羸（léi）：瘦弱。

⑥愦愦（kuì）：烦乱，糊涂。

⑦奔走便时，去离正宅：汉代人的一种治病观念，以为挑选好日子，离开正宅去偏房或别人家可躲避疾病。便时，取时日之便。

⑧崎岖：奔波，跋涉。

⑨中：攻击。

⑩祟：祸患。《说文》："祟，神祸也。"

【译文】

《诗经》中讽刺"女子不好好绩麻纺织,反而终日跳舞事神",如今很多妇女都不去打理家务,放下她们的蚕桑纺织之事,而去学习巫祝之事,打着鼓跳着舞侍奉神灵,以此来欺骗小民,迷惑百姓。妇女和身体瘦弱的人,或是有病人的家庭,他们怀着忧惧心中昏乱,最容易恐惧害怕鬼神,致使他们选择时日,离开家宅以避疾,在道路上奔波,天上下雨,地上又潮湿,他们被风寒侵袭,被奸恶之徒利用,又被盗贼攻击,添灾添祸,因此导致病情加重的不在少数。他们有的放弃医药,改去侍奉神灵,以至于直到临死之时,还不明白自己是被巫祝欺骗而耽误了治疗,反而悔恨求助于巫祝太晚,这是最为严重的迷惑老百姓的事啊。

或裁好缯①,作为疏头②,令工采画,雇人书祝,虚饰巧言,欲邀多福。或裂拆缯彩,裁广数分③,长各五寸,缝绘佩之。或纺彩丝而縻,断截以绕臂④,此长无益于吉凶,而空残灭缯丝,萦悸小民⑤。或克削绮縠⑥,寸窃八采⑦,以成榆叶、无穷、水波之纹⑧,碎刺缝紩⑨,作为笥囊、裙襦、衣被⑩,费缯百缣⑪,用功十倍。此等之俦⑫,既不助长农工女⑬,无有益于世⑭,而坐食嘉谷,消费白日⑮,毁败成功,以完为破,以牢为行⑯,以大为小,以易为难,皆宜禁者也。

【注释】

①缯:丝帛。

②疏头:写有向鬼神祈福祝文的丝绸条幅。

③裁:通"才",仅仅。广:宽。分:古代小于寸的长度单位。

④或纺彩丝而縻(mí),断截以绕臂:縻,绳子。汪《笺》:"《御览》廿三引《风俗通》云:'夏至著五彩辟兵,题曰游光厉鬼,知其名者,

无温疾。五彩，辟五兵也。'又永建中京师大疫云：'厉鬼字野重，游光亦但流言，无指见之者。其后岁岁有病，人情愁怖，复增题之，冀以脱祸。今家人织新缣，皆取著后缣绢二寸许系户上，此其验也。'卅一引云：'五月五日，以五彩丝系臂者，辟兵及鬼，令人不病温。'八百十四引云：'五月五日，赐五色续命丝，俗说益人命。'此文所云，盖即指此类。"而，王宗炎认为当作"为"，彭《校》认为"而""为"古字形近而误，"而"或犹"如"。

⑤萦悸：迷惑恐惧。萦，通"荧"，迷惑。

⑥克削：镂刻裁剪。克，通"刻"，雕刻。绮縠(hú)：指精美的丝织品。绮，素地花纹的丝织品。縠，薄而轻的细帛。

⑦寸窃：切之各长寸许。窃，通"切"。八采：八种彩色。采，通"彩"。

⑧榆叶：汪《笺》："《方言》云：'揄铺、艦、極、帗缕、叶输，毳也。'郭璞注：'今名短度绢为叶输。''输'《玉篇》作'褕'。'榆叶'疑即'叶输'之误。"张觉《校注》认为榆叶指一种花纹。二说皆可参。译文取汪说。无穷：疑为一种象征性的图形，为环形或环环相接之形。《庄子·齐物论》："枢始得其环中，以应无穷。"

⑨碎刺缝紩(zhì)：琐碎刺绣缝制。碎，琐碎，琐细。刺，刺绣。紩，《说文》："紩，缝也。"汪《笺》："《说文》云：'缝，以针紩衣也。紩，缝也。'又云：'黹卒，会五采缯色。黹，针缕所紩衣。''刺'与'黹'通。'碎'疑当作'黹卒'。"说亦可参。

⑩笥(sì)囊：笥状的锦囊。笥，方形竹箱。裙：下衣。襦(rú)：《经典释文》："'襦'本亦作'襦(rú)'。"襦，短衣，短袄。

⑪缣(jiān)：双丝织缯为缣。

⑫俦(chóu)：类，辈。

⑬长农：汪《笺》认为当作"良农"。按，"长""良"形近而误，且"良农工女"于义为恰。其说是，译文从之。工：技巧熟练。

⑭无有益于世：彭《校》："'无有'疑当作'又无'，上文'无益于吉凶'，是其例。上言'既'，故下言'又'，作'无有益于世'，则句不相承，而又累于词矣。此书多以既、又连言。"按，此言不助耕织则无益于世，文意完顺，中间不必又加"又"。且与"既"连言者是下文的"而"。无有，即没有。

⑮白日：白天。此指时日，时间。

⑯以牢为行：意谓把结实的弄成不结实的。牢，坚固，结实。行，器物质量差、不坚实。

【译文】

有的裁剪优质丝帛，做成祈福的疏头，让画工画上彩色的图案，雇人写上祈祷的祝文，虚伪矫饰、花言巧语，想以此求得多福。有的撕裂拆开五彩的丝绸，裁成宽才几分，长仅五寸的小块，缝起来画上画佩戴在身上。有的用五彩丝线编织成绳子，截取剪开来缠绕在手臂上。这些做法对求吉避凶没有益处，反而白白糟蹋了精美的丝帛，又迷惑惊吓了老百姓。有的镂刻裁剪精美的绮縠，又一寸一寸地切断八彩的丝绸，在上面绣出叶输、无穷、水波等图形，琐细地刺绣、缝了又缝，做一个方形锦囊、一件下裙短袄、衣服被褥，常常需要上百匹丝绢，用上平常做工的十倍时间。这一类人，既无益于良农工女，又无益于社会，一味坐食精细的粮食，消磨浪费大好时光，消耗毁坏已做成的丝绢等产品，把完整的剪破，把结实的弄得不牢靠，把完整的裁成小片，把简单的搞得极复杂，这些都是应该禁止的啊。

山林不能给野火，江海不能灌漏卮[①]。孝文皇帝躬衣弋绨[②]，足履革舄[③]，以韦带剑[④]，集上书囊以为殿帷，盛夏苦暑，欲起一台，计直百万[⑤]，以为奢费而不作也。今京师贵戚，衣服、饮食、车舆、文饰、庐舍，皆过王制，僭上甚矣。从奴仆妾，皆服葛子升越[6]，筒中女布[7]，细致绮縠[8]，冰纨锦绣[9]。犀象珠玉，虎魄瑇瑁[10]，石山隐饰[11]，金银错镂[12]，獐麂履舄[13]，文组彩绁[14]，骄奢僭主，转相夸诧[15]，箕子所唏[16]，今在仆妾。富贵嫁娶，车軿各十[17]，骑奴侍僮，夹毂节引[18]。富者竞欲相过，贫者耻不逮及。是故一飨之所费，破终身之本业。

【注释】

①卮(zhī)：古代的一种酒器。

②躬：亲自，亲身。弋：通"黓"(yì)，黑色。绨(tí)：一种粗厚的丝织物。

③履(lǚ)：此处指穿着。革舄(xì)：普通皮革做的鞋。舄，鞋子。

④韦：牛皮条。

⑤直：同"值"。

⑥服：穿戴。葛子、升越：都是精细的布种。葛子，细葛布。子，小，引申为细。升越，精良的越布。升，八十条经线为一升，古代织布宽度一定，故经线越多布越细。越，古越地，今浙江北部一带。

⑦筒中女布：指精工细布。《后汉书》王符本传章怀注："杨雄《蜀都赋》曰：'布则蜘蛛作丝，不可见风，筒中黄润，一端数金。'盛弘之《荆州记》曰：'秭归县室多幽闲，其女尽织布至数十升。'今永州俗犹呼贡布为女子布也。"

⑧细致绮縠：皆指精美的丝织品。《释名·释采帛》："细致，染缣为五色，细且致，不漏水也。"

⑨冰纨(wán)锦绣：都是颜色好看的丝绸。冰纨，又称"绫纨"，晶莹的素丝。锦绣，斑斓的彩丝。

⑩虎魄：即琥珀。瑇瑁(dài mào)：即玳瑁。爬行动物，形似龟。甲

壳黄褐色，有黑斑和光泽，可做装饰品。古人以为祥瑞之物。

⑪石山隐饰：《后汉书》王符本传章怀注："谓隐起为山石之文也。"张觉《校注》释为"图案为岩石突起山陵高耸的饰物"。并可参。

⑫错：镶嵌。镂：雕刻。

⑬獐麂（jǐ）：獐和麂，两种像鹿的动物。毛皮名贵，可作革。履：鞋子。

⑭文组：此处指鞋边沿的彩色饰带。绁（xiè）：汪《笺》认为当为"屟"，《说文》："屟，履中荐也。"即鞋垫。

⑮夸诧：夸赞炫耀。诧，义同"夸"。

⑯箕子所唏：《淮南子·说山训》："纣为象箸而箕子唏。"《韩非子·说林上》载，纣王用象牙做筷子，箕子惶恐不安，认为用象牙筷子，则必犀玉之杯，吃珍馐，穿好衣，住高房，奢侈之渐，则尽天下所有不足以奉之。箕子，商纣王的叔父，封于箕，故称为箕子。唏，叹息声。

⑰车：此处指男子所乘的车。軿（píng）：有帷盖的车子。此处指妇女乘坐的车。

⑱夹毂（gǔ）：形容随从众多。毂，车轮的中心部位，周围与车辐的一端相接，中有圆孔，用以插轴。这里代指车子。节：停顿。引：在车前的引导。

【译文】

山中森林树木虽多，但不能供足燃烧的野火，江河湖海中的水虽多，但无法灌满漏底的酒杯。孝文皇帝身穿黑色的粗布衣服，脚穿粗糙的生皮鞋子，用牛皮条佩戴着剑，收集百官上书的布袋做成宫殿的帷帐，盛夏的时候苦于天气暑热，想建一座凉台，算下来会花费上百万钱，认为这太奢侈浪费就放弃修建了。如今京城的权贵国戚，衣服、饮食、车辆、装饰、房屋，都超过了帝王的规格，僭越君上太严重了。随从奴仆和婢妾，都穿精细的葛布和越布，优质的筒中女布，精美的细致和绮縠，颜色好看的冰纨和锦绣。犀角、象牙和珍珠、玉器，琥珀和玳瑁，精致华美的山石纹饰，金银镶嵌镂刻，用名贵的獐麂皮做鞋子，边沿装饰上彩色丝带，里面垫上绣花的彩色鞋垫，骄纵奢侈都超过了主人，转而互相夸示炫耀，箕子曾经所叹息的纣王的奢侈行为，如今出现在了奴仆婢妾身上。富贵之家嫁女娶妻，男女彩车各达十辆，骑马的奴仆、随从的家僮都拥拥挤挤，停停走走，护送引路。富贵的争相攀比超越，贫穷的惭愧自己不能够赶上他们。因此一次婚宴的花费，就会让终生劳作的农民破产。

古者必有命民[①]，然后乃得衣缯彩而乘车马。今者既不能尽复古，细民诚可不须[②]，乃逾于古昔孝文，衣必细致，履必獐麂，组必文采，饰袜必緰此[③]，挍饰车马[④]，多畜奴婢。诸能若此者，既不生谷，又坐为蠹贼也[⑤]。

【注释】

①命民：指有爵位的人。《后汉书》王符本传章怀注："《尚书大传》曰：'古之帝王者必有命。人能敬长矜孤，取舍好让者，命于其君，得乘饰车骈马，衣文锦。未有命者，不得衣，不得乘，乘衣者有罚。'"

②须：需要。

③緰（tóu）此：细布。此，汪《笺》引王宗炎说，认为应作"㡒（zī）"，指精布。《急救篇》"服琐緰㡒与缯连"颜注："緰㡒，緆布之尤精者也。"

④挍（jiào）饰：装饰。挍，同"校（jiào）"。

⑤蠹（dù）贼：指害虫。蠹，蛀虫。贼，蟊（máo）贼，一种吃禾苗的害虫。

【译文】

古时候只有受有爵位的人，封爵之后才能穿彩色的丝制衣服，乘坐马车。如今已经不能尽数恢复古代的礼制，百姓也确实不需要如此奢华，然而他们竟然超过了以前的孝文帝，衣服必定要极精美的细丝织作，鞋子必定要用名贵的獐麂皮制作，饰带必定要有纹路色彩，袜子必定用精细的布来做，装饰豪华车马，蓄养大量奴婢。那些能够像如此享受的人，既不去生产粮食，还堂而皇之地充当社会的蛀虫蟊贼。

子曰："古之葬者，厚衣之以薪，葬之中野，不封不树，丧期无时，后世圣人易之以棺椁①。"桐木为棺，葛采为缄②，下不及泉，上不泄臭。后世以楸梓槐柏杶樗③，各取方土所出，胶漆所致，钉细要④，削除铲靡⑤，不见际会⑥，其坚足恃，其用足任，如此可矣。其后京师贵戚，必欲江南檽、梓、豫、章、楩、楠⑦；边远下土，亦竞相仿效。夫檽、梓、豫、章，所出殊远，又乃生于深山穷谷，经历山岑⑧，立千步之高⑨，百丈之溪，倾倚险阻⑩，崎岖不便，求之连日然后见之，伐斫连月然后讫⑪，会众然后能动担⑫，牛列然后能致水，油溃入海⑬，连淮逆河，行数千里，然后到雒⑭。工匠雕治，积累日月，计一棺之成，功将千万。夫既其终用，重且万斤，非大众不能举，非大车不能挽。东至乐浪⑮，西至敦煌⑯，万里之中，相竞用之。此之费功伤农，可为痛心！

【注释】

①"古之葬者"六句：语本《周易·系辞下》。时，王弼本作"数"。封，坟堆。丧期，服丧的期限。棺椁(guǒ)，古代棺材最里面的一层为棺，套在外面的为椁。

②葛采：葛蔓。缄(jiān)：束缚，封闭。《墨子·节葬》："榖木之棺，

葛以缄之。"

③杶(chūn):香椿。樺:桦木。彭《校》:"即今白桦。"

④细要:又作细腰、小要,封棺用的木榫,两头大,中间小。要,同"腰"。

⑤削除:修整。铲:削平。靡:汪《笺》认为当作"磨。"彭《校》:"此'靡'字之坏,通'摩',研也。"

⑥际会:指棺材与榫相交接缝之处。

⑦檽(nòu)、梓、豫、章、楩(pián)、楠:皆产于江南的六种贵重木材。豫,樟树的一种。章,通"樟"。楩,黄楩,质地坚密,为建筑良材。

⑧岑(cén):指小而高的山。

⑨步:量词,一步为六尺。

⑩倾倚:倾斜不齐的样子。

⑪伐斫:砍伐。斫,砍,削。

⑫会众:指将众人汇集在一起。彭《校》:"'会众'疑当作'众会',与'牛列'对。"

⑬油溃入海:油江通入大海。油,指油江,为古代荆楚之地漕运要道。溃,通。彭《校》谓"油溃入海"与下文"连淮逆河"正好相对。

⑭雒:洛阳。

⑮乐浪:乐浪郡,汉代最东边的郡。其地在今朝鲜半岛。

⑯敦煌:敦煌郡,汉代最西边的郡。在今甘肃。

【译文】

孔子说:"古代埋葬死人,裹上一层厚厚的柴草,埋到野地里,不起坟堆,也不树标志,服丧的期限没有规定时限,后世的圣人用棺椁改变了这种原始的方法。"桐木做成棺材,葛藤编成绳子来捆束,往下不会挨着地下泉源,往上不会泄露腐臭就行了。后世用楸木、梓木、槐木、柏木、椿木、桦木,各自取本地所出产的木材,用胶和漆粘牢,钉上细要榫,削平磨光,不露出空隙接缝就好,它的坚固完全可靠,它的功用也足以胜任，这样就可以了。但后来京城洛阳的权贵国戚们，一定要用江南的檽木、梓木、豫木、樟木、楩木、楠木，边远的小地方，也争相效仿。出产檽木、梓木、豫木、樟木的地方特别遥远，这些树木又生长在深山幽谷。取材时要跋涉高岭，登上千步高山，下临百丈深谷，山石斜出、险恶多阻，道路又崎岖不平、极不便利，往往需要多日寻找才能发现，砍伐数月才能完工，会合众人才能将其搬动，动用成队牛车才能运到水边，从油江通到大海，又通过淮河，再沿黄河上溯，行程数千里，然后才能到达洛阳。工匠雕刻制作，又花费许多时日。算算一具棺材最后做成，耗费的人工接近千万钱。等到它最终使用的时候，重量也将近上万斤，很多人一起才能将其抬起，巨大的车才能将其拉动。全国上下东到乐浪郡，西到敦煌郡，几万里的地域内，人们都争着用这种棺木。这样的事浪费人工妨碍农业，真是让人为之痛心啊。

古者墓而不崇。仲尼丧母，冢高四尺，遇雨而堕，弟子请治之。夫子泣曰："礼不修墓。"① 鲤死，有棺而无椁②。文帝葬于芷阳③，明帝葬于洛南④，皆不藏珠宝，不造庙，不起山陵，陵墓虽卑而圣高。今京师贵戚，郡县豪家，生不极养，死乃崇丧⑤。或至刻金镂玉，檽、梓、楩、楠，良田造茔，黄壤致藏⑥，多埋珍宝偶人车马⑦，造起大冢，广种松柏，庐舍祠堂，崇侈上僭。宠臣贵戚，州郡世家，每有丧葬，都官属县⑧，各当遣吏赍奉⑨，车马帷帐，贷假待客之具，竞为华观。此无益于奉终，无增于孝行，但作烦搅扰，伤害吏民。

【注释】

①"古者墓而不崇"七句：语本《礼记·檀弓》。崇，高。此指堆高坟堆。

②鲤死，有棺而无椁：事见《论语·先进》。鲤，即孔鲤。字伯鱼，孔子之子。

③文帝葬于芷阳：汉文帝的霸陵在今陕西西安东郊白鹿原，汉代属芷阳县。

④明帝葬于洛南：汉明帝的显节陵在今河南偃师西南，洛阳东南。

⑤生不极养，死乃崇丧：本书《务本》篇云："今多违志俭养，约生以待终，终没之后，乃崇饬丧纪以言孝，盛飨宾旅以求名，诬善之徒，从而称之，此乱孝悌之真行，而误后生之痛者也。"

⑥黄壤：彭《校》疑当作"黄肠"。黄肠，即"黄肠题凑"，汉时帝王陵寝椁室四周用柏木枋堆垒成的框形结构。黄肠本谓柏木之心。柏木心黄，故称。此指僭越等级制度的丧葬规格。致：胡大浚《译注》："密。言用黄肠致密而藏之。"藏(zàng)：埋，葬。

⑦偶人车马：此指用泥土做的象人和象车马等陪葬明器。

⑧都官：京城诸官府。属县：州郡下属的县。

⑨赍(jī)奉：此指奉送祭品。赍，送，赠送。

【译文】

古时候虽有墓，但不将坟堆高。孔子埋葬母亲，坟高只有四尺，遇到天下雨塌陷了，弟子们请求修理。孔子哭泣着说："按照礼制，墓不能修。"孔鲤死后，只有内棺而没有外椁。汉文帝葬在芷阳，汉明帝葬在洛南，都不在墓里面陪葬珠宝，不建造宫庙，不建造高大的陵墓，陵墓虽然低矮但圣德崇高。如今京城的权贵国戚，郡县的豪富人家，父母活着的时候不尽心奉养，死了反而隆重地操办丧事。有的甚至雕琢黄金镂刻宝玉，用檽、梓、楩、楠等名贵的木材做棺材，占用良田营建坟茔，使用的棺椁超越礼制，又埋进大量的珍宝、人偶、车马等殉葬，建起高大的墓冢，栽上稠密的松柏，守墓的庐舍和祭祀的祠堂，奢侈规格远远僭越于国君之上。那些受宠的大臣、权贵国戚，以及州郡的世家大族，一旦有丧事，都官和属县各级官吏，都要派下属沿路奉送祭品，车马挂起帷帐，租借待客器具，都争相搞得华丽隆盛。这对送终没有任何用处，也不会增显孝道，只会制造麻烦搅扰社会，伤害官吏和百姓而已。

今按鄗、毕之郊，文、武之陵①，南城之垒，曾析之冢②。周公非不忠也，曾子非不孝也③，以为褒君显父，不在聚财；扬名显祖，不在车马④。孔子曰："多货财伤于德，弊则没礼⑤。"晋灵厚赋以雕墙，《春秋》以为非君⑥；华元、乐吕厚葬文公，《春秋》以为不臣⑦。况于群司士庶，乃可僭侈主上，过天道乎？

【注释】

①今按鄗(hào)、毕之郊，文、武之陵：指周文王、武王的坟墓在镐京毕原。崔实《政论》："文、武之兆，与平地齐。"按，考察。鄗，同"镐"，西周国都。其地在今陕西西安西南部。毕，毕原。按，古代渭水流域有二地名"毕"。一在渭水以南西周国都镐的东南杜中，即在今西安东南，此为周文王、周武王、周公的墓地；一在谓水以北咸阳，此为战国时秦惠文王、秦武王之公陵、永陵。二地之葬主古人多淆乱（参顾炎武《日知录》卷二十二"历代帝王陵寝"，杨宽《中国古代陵寝制度史研究》）。陵，战国中期以后，君主的坟墓始称"陵"。

②南城之垒，曾析之冢：指曾皙在南城的坟墓。南城，即春秋时鲁地武城，东汉叫南城，其地在今山东费县西南部。垒，土堆。曾析，即曾皙，孔子弟子，曾参的父亲。

③曾子：曾参，字子舆，春秋时鲁国人。孔子弟子，以孝著称。早期儒家代表人物。

④"以为褒君显父"四句：《白虎通义·谥》："以为人臣之义，莫不欲

褒称其君，掩恶扬善者也。”《孝经·开宗明义》：“立身行道，扬名于后世，以显父母，孝之终也。”

⑤多货财伤于德，弊则没礼：今本《仪礼·聘礼》作“多货则伤于德，币美则没礼”。弊，与“币”形近而误。币，指用于外交馈赠的成捆的帛。译文按《仪礼》。

⑥晋灵厚赋以雕墙，《春秋》以为非君：晋灵公是春秋时晋国国君，名夷皋，是晋文公的孙子。他少年继位，骄纵荒唐，加重赋税以满足奢靡的生活，《春秋》斥之曰“不君”。

⑦华元、乐吕厚葬文公，《春秋》以为不臣：《左传·成公二年》载，宋文公卒后，宋国大夫华元、乐吕用蜃炭、殉人、增加车马器具、扩大棺椁的规模以厚葬文公，时人斥其“不臣”。

【译文】

如今考察一下镐京郊外的毕原，有周文王、周武王的陵墓，南城的土堆，是曾子为父亲曾皙所造的坟冢。周公并非不忠诚，曾子也并非不孝顺，只是他们认为褒美君上、显耀父亲，不在于埋葬多少宝物；扬名耀祖不在于随葬多少车马器物。孔子说：“宝物钱财多了就会损伤德行，币帛多了就会掩盖礼义。”晋灵公加重赋税来雕饰宫墙，《春秋》认为他违反君道；华元、乐吕厚葬宋文公，《春秋》认为他们违反了臣道。何况对于普通官吏和士人百姓，难道就可以奢侈僭越君上，违反天道吗？

景帝时，武原侯卫不害坐葬过律夺国①。明帝时，桑民枞阳侯坐冢过制髡削②。今天下浮侈离本，僭奢过上，亦已甚矣！

【注释】

①武原侯卫不害坐葬过律夺国：事见《史记·高祖功臣侯者年表》。

卫不害，西汉时人，祖父因功封武原侯，卫不害袭之。

②桑民枞阳侯坐冢过制髡(kūn)削：其事不详。汉律："列侯坟高四丈，关内侯以下至庶人各有差。"桑民，张觉《校注》疑为"桑氏"。髡，古代一种削去男子头发的刑法。

【译文】

汉景帝时，武原侯卫不害由于丧葬规格超过律法规定而被剥夺封国；汉明帝时，枞阳侯桑民由于墓冢规格超过礼法制度而身受髡刑。如今天下皆务浮华奢侈，舍弃农桑本业，奢侈华贵僭越国君，实在已经是非常严重了啊！

凡诸所讥[①]，皆非民性，而竞务者，乱政薄化使之然也[②]。王者统世，观民设教[③]，乃能变风易俗，以致太平。

【注释】

①讥：讥刺，批评。

②薄化：浅薄的风俗教化。化，风俗，教化。

③观民设教：语本《周易·观·象》："先王以省方观民设教。"意谓观察民风以布设教化。

【译文】

以上所批评的这些事情，都不符合人民的本性，然而大家都争相去做，是混乱的政治与浅薄的风俗教化所造成的。帝王要治理天下，必须先要体察民情、设立教化，然后才能移风易俗，致世太平。

慎微第十三

凡山陵之高，非削成而崛起也，必步增而稍上焉。川谷之卑，非截断而颠陷也[①]，必陂池而稍下焉[②]。是故积上不止，必致嵩山之高[③]；积下不已，必极黄泉之深[④]。

【注释】

①颠陷：坠落塌陷。

②陂池(pō tuó)：即“陂陁”，倾斜不平的样子。

③嵩山：高山。嵩，指山高。

④黄泉：此处指地下泉水。

【译文】

山陵的高峻，并不是一下子砍削出来而耸然崛起的，必定是逐步增高而渐渐上升的结果。河川山谷的低凹，并不是一下子断截开来而坠落塌陷的，必定是逐步倾斜而渐渐降低的。因此向上不停地累积，必定会达到高山般的海拔；往下不停地陷落，必定会到达黄泉般的深处。

非独山川也，人行亦然。有布衣积善不怠[①]，必致颜、闵之贤[②]；积恶不休，必致桀、跖之名[③]。非独布衣也，人臣亦然。积正不倦，必生节义之志；积邪不止，必生暴弑之心。非独人臣也，国君亦然。政教积德[④]，必致安泰之福；举错数失[⑤]，必致危亡之祸。故仲尼曰：“汤、武非一善而王也，桀、纣非一恶而亡也。三代之废兴也，在其所积。积善多者，虽有一恶，是为过失，未足以亡。积恶多者，虽有一善，是为误中，未足以存。”人君闻此，可以悚惧；布衣闻此，可以改容。

【注释】

①有布衣积善不怠：王宗炎认为“有布衣”三字不成辞，疑有脱误。

彭《校》认为“有”为“布”之驳文，无脱字。张觉《校注》认为“有”为假设之词。说皆可参。布衣，平民百姓。

②颜、闵：指颜渊和闵子骞。二人皆孔子弟子，在孔门中以德行著称。《论语·先进》：“德行：颜渊，闵子骞，冉伯牛，仲弓。”

③跖（zhí）：盗跖，为春秋时大盗。

④政教积德：王宗炎认为“德”应作“得”，与下文“失”字相对。彭《校》云：“义对而文无取相对，‘德’字不误。”

⑤举错：举动，措施。错，通“措”。

【译文】

不只是高山河川，人的品行也是如此。平民百姓如果累积善行而不懈怠，必定会成就颜渊、闵子骞那样的贤德；累积恶行而不休止，必定会招来夏桀、盗跖那样的恶名。不只是平民，臣子也是如此。如果累积正义而不倦怠，必定会生发尚节尊义的志向；累积邪行不停止，必定会产生暴逆弑君的心思。不只是臣子，国君也是如此。政治教化累积恩德，必定会获得安宁康泰的福报；行动举措屡屡失误，必定会招致危难败亡的灾祸。所以孔子说：“商汤、周武王不是由于偶然一次的善行而君临天下，夏桀、商纣也不是由于偶然一次的恶行而灭国亡身。三代的兴亡废替，在于它们所累积的结果。累积善行多的，虽然有一次恶行，可以说是偶然失误，不会因此灭亡。累积恶行多的，虽然有一次善行，可以说是误打误撞，不会因此而安存。”君主听到这些话，会为此惊恐惧怕；平民听到这些话，会为此改变脸色。

是故君子战战栗栗，日慎一日，克己三省①，不见是图②。孔子曰：“善不积不足以成名，恶不积不足以灭身。小人以小善谓无益而不为也，以小恶谓无伤而不去也，是以恶积而不可掩，罪大而不可解也③。”此蹶、踽所以迷国而不返④，三季所以遂往而不振者也[⑤]。

【注释】

①克己三省：约束自己，再三反省。《论语·颜渊》："克己复礼为仁。"又《学而》："曾子曰：'吾日三省吾身。'"

②不见是图：指提前谋划以预防尚未出现的祸患。见，同"现"，出现，显露。图，图谋，谋划。

③"善不积不足以成名"六句：语见《周易·系辞下》。

④蹶（guì）、踽（jǔ）：皆周幽王时的乱臣。蹶为掌管车马的趣马之官。踽为掌管王室子弟的教育的师氏。或以二人为周厉王之臣。

⑤三季：指夏、商、周三代的末期。振：挽救，振兴。

【译文】

因此君子战战兢兢，一天比一天谨慎，约束自己再三反省，提前谋划以防备尚未出现的祸患。孔子说："不累积善行不足以成就美名，不累积恶行不足以毁灭自身。小人以为微小的善行没有好处而不去做，以为微小的恶行不会损害什么而不改正，因此恶行就积累到了不能掩盖的地步，罪行也严重到了无法消解的地步。"这就是蹶、踽惑乱国家而不可挽回，夏、商、周的晚期一直衰退而不能振兴的原因啊。

夫积微成显，积著成[①]。鄂誉鄂誉，鄂致存亡[②]，圣人常慎其微也。文王小心翼翼[③]，武王夙夜敬止[④]，思慎微眇[⑤]，早防未萌，故能太平而传子孙。

【注释】

①积著成：汪《笺》认为"成"下脱一字。《汉书·律历志》："三微而

成著，三著而成象。”彭《校》认为“成”下脱“象”字，与下句“亡”为韵。说可参。译文从之。

②鄂誉鄂誉，鄂致存亡：此处似有脱误。《汉书·韦贤传》：“睮睮（yú）谄夫，咢咢黄发。”《史记·商君列传》：“武王谔谔以昌，殷纣墨墨以亡。”汪《笺》因疑此句当作“鄂鄂誉誉，以致存亡”。鄂鄂，直言谏诤的样子。鄂，通“谔”。誉誉，阿谀奉承的样子。誉，通“睮”。译文姑从之。

③文王小心翼翼：语本《诗经·大雅·大明》：“维此文王，小心翼翼。”

④武王夙夜敬止：语本《诗经·周颂·闵予小子》：“维予小子，夙夜敬止。”四部本、四库本“武王”作“成王”。汪《笺》云：“按此为成王诗，‘武’当作‘成’。”彭《校》：“匡衡以此诗为武王毕丧。衡学齐《诗》，则是齐《诗》说也。节信引诗多本三家，‘武’字必不可改。”

⑤眇（miǎo）：细小。

【译文】

累积微小可以变得显著，累积显著就可以显示出具体的形象。耿介直言与阿谀奉承，分别可以引起兴盛或衰亡，圣人常常慎重于事物的细微处。周文王行事小心翼翼，周武王早晚都谨慎恭敬，考虑问题时重视细微和渺小的细节，早早地防范还未萌生的祸患，因此能致天下太平并把王位传给子子孙孙。

且夫邪之与正，犹水与火不同原[①]，不得并盛。正性胜，则遂重己不忍亏也，故伯夷饿死而不恨[②]。邪性胜，则忸怵而不忍舍也[③]，故王莽窃位而不惭。积恶习之所致也。夫积恶习非久，致死亡非一也。世品人遂[④]。

【注释】

①原：同“源”，源头，根源。

②伯夷饿死而不恨：伯夷、叔齐因义不食周粟而饿死首阳山。《论语·述而》：“（子贡）曰：‘伯夷、叔齐何人也？’曰：‘古之贤人也。’曰：‘怨乎？’曰：‘求仁而得仁，又何怨。’”

③忸怵（niǔ chù）：习惯。忸，通“狃”，习惯，习以为常。怵，汪《笺》认为当作“忕（shì）”，云：“《后汉书·冯异传》云：‘忸忕小利’，章怀注：‘“忸忕”犹“惯习”也，谓惯习前事复为之。’”

④“夫积恶习非久”三句：汪《笺》认为此处文有误脱。《汉书·董仲舒传》：“暴逆不仁者，非一日而亡也，亦以渐至。”此文盖本于此。胡大浚《译注》读此句为：“夫积恶习非，久致死亡，非一也。”疑“一”下脱“日”字。其说与《董仲舒传》文意近。译文从之。“世品人遂”下仍有脱文。

【译文】

奸邪与正直，就像水与火一样本源不同，不能够一起盛行。正直的品性占优势，就会因此自尊自重而不忍心损害它，所以伯夷守义饿死而不悔恨。奸邪的品性占优势，就会习以为常而不愿改掉它，所以王莽窃取了帝位而不羞惭。这就是累积恶习所导致的啊。累积恶习为非作歹，时间久了一定会导致死丧败亡，这不是一朝一夕的事。社会的品格风气是众人造就的。

夫圣贤卑革[①]，则登其福[②]。庆封、伯有，荒淫于酒，沉湎无度，以弊其家[③]。晋平殆政，惑以丧志[④]，良臣弗匡，故俱有祸[⑤]。楚庄、齐威，始有荒淫之行，削弱之败，几于乱亡[⑥]，中能感悟，勤恤民事，劳精苦思，孜孜不怠，夫出陈应，爵命管苏[⑦]，召即墨，烹阿大夫[⑧]，故能中兴，强霸诸侯，当时尊显，后世见思，传为令名，载在图籍。由此言之，有希人君[9]，其行一也，知己曰明，自胜曰强[10]。

【注释】

①革：汪《笺》疑为“恭”之误。张觉《校注》认为指悔改错误，即下文所说“中能感悟”“自胜”之类。译文姑取汪说。

②登：升，此处引申为增加。

③“庆封、伯有”四句：庆封，春秋时齐景公的大夫。齐景公二年（前546），庆封乘崔氏内乱，灭崔氏而当国，但耽于酒色，将国政交与其子庆舍，并移居大夫卢蒲嫳家。次年，遭田氏、鲍氏、栾氏、高氏联合反对，庆舍被杀，他只好奔鲁，又奔吴，楚灵王伐吴时被灭族。伯有即良霄，春秋时期郑国大夫，字伯友，与驷氏争权。伯有喜欢喝酒，造了地下室，还在夜里喝酒奏乐。朝见的人到了，他还没喝完酒。后驷氏攻打并放火烧了伯有的家，伯有逃到雍梁，酒醒之后逃亡许国。不久回国与驷氏相攻，被杀。

④晋平殆政，惑以丧志：晋平公病重，医和为他诊治，说他的病“疾不可为也。是谓近女室，疾如蛊，非鬼非食，惑以丧志”。晋平公，名彪，春秋时期晋国的国君。殆，通“怠”，懈怠。

⑤良臣弗匡，故俱有祸：医和诊治晋平公时说：“良臣将死，天命不祐。”晋国执政赵武问谁是良臣，医和说赵武就是所说的良臣：“主相晋国于今八年，晋国无乱，诸侯无阙，可谓良矣。和闻之，国之大臣荣其宠禄，任其大节，有灾祸兴而无改焉，必受其咎。今君至于淫以生疾，将不能图恤社稷，祸孰大。”赵武，晋平公时任正卿。匡，匡助，辅佐。俱有祸，此言赵武与晋平公俱不得善终。

⑥“楚庄、齐威”四句：指楚庄王和齐威王都曾三年不问政事，荒淫无度，致使国事混乱，诸侯不断来侵扰。楚庄，楚庄王，名侣，春

秋时楚国国君，春秋五霸之一。齐威，齐威王，田氏，名因齐，战国时齐国国君。

⑦出陈应，爵命管苏：汪《笺》据《说苑·君道》，以为楚文王时有出申侯伯、命管苏为令尹事。又据《汉书·古今人表》，陈应为楚庄王时贤大夫。故疑"陈应"为"申侯"形近而误。出，放逐。管苏，《新序》作"筦苏"，且记作楚共王时事。《吕氏春秋·长见》《说苑·君道》并以为文王时人。未知其详。此处盖王符另有所本。译文姑按原文。

⑧召即墨，烹阿大夫：俱为齐威王事。史载齐威王转变态度治理国政，首先召来即墨大夫，表扬他"自子之居即墨也，毁言日至。然吾使人视即墨，田野辟，民人给，官无留事，东方以宁，是子不事吾左右以求誉也"，封之万家。又召阿大夫，斥责他"自子之守阿，誉言日闻。然使使视阿，田野不辟，民贫苦。昔日赵攻甄，子弗能救；卫取薛陵，子弗知。是子以币厚吾左右以求誉也"，乃烹阿大夫。即墨，指即墨大夫。

⑨有希：汪《笺》认为当作"布衣"。译文姑从之。

⑩知己曰明，自胜曰强：《老子·三十三章》："知人者智，自知者明。胜人者有力，自胜者强。"

【译文】

那圣人贤人谦卑恭敬，所以能增加福佑。庆封、伯有荒淫于酒，沉溺其中毫无限度，以此败毁了家族。晋平公懈怠于政事，迷惑于女色而丧失了意志力，贤良的大臣不去辅佐他，所以他们都遭遇了灾祸。楚庄王、齐威王，最初也有荒淫的行为，国家被削弱打败，几近于国乱灭亡，但他们中道能够感悟觉醒，勤勉操劳民众事务，劳心费神，孜孜不倦，毫不懈怠，楚庄王放逐陈应，赐命管苏上卿的爵位，齐威王召来即墨大夫加以赏赐，烹杀了阿大夫，所以能够中道振兴，强盛到称霸诸侯，当时尊贵显赫，后世被人怀念，美好的名声流传千古，记载在图书典籍中。由此说来，百姓和君主，行事是一样的道理，能够认识自己就叫明智，能够战胜自己就叫强大。

夫有不善未尝不知，知之未尝复行，此颜子所以称庶几也①。《诗》曰："天保定尔，亦孔之固。俾尔亶厚，胡福不除？俾尔多益，以莫不庶②。"盖此言也，言天保佐王者，定其性命，甚坚固也。使汝信厚，何不治？而多益之，甚庶众焉。不遵履五常③，顺养性命，以保南山之寿④，松柏之茂也？

【注释】

①"夫有不善未尝不知"三句：语本《周易·系辞下》："颜氏之子，其殆庶几乎！有不善未尝不知，知之未尝复行也。"颜子，即颜渊，孔子曾赞其"不迁怒，不贰过"。庶几，差不多，此指修养接近完满。

②"天保定尔"六句：引诗见《诗经·小雅·天保》。保定，安定。孔，甚。俾，使。亶，多，厚。今本《诗经》作"单"。胡，今本《诗经》作"何"。除，授予。庶，众多，丰盛。

③不遵履五常：五常，仁、义、礼、智、信五种道德伦理规范。汪《笺》："'不'字误，或当作'目'。王侍郎（绍兰）云：'上云"甚坚固也"，"甚庶众"下疑脱"也"字。"焉不"二字属下读。'"彭《校》："'焉'属上读，'不'上疑脱'可'字。陈乔枞《鲁诗遗说考》八疑脱'罔'字，则为直陈句，今亦不从。"二说皆可参。译文姑取彭说。

④南山：又名终南山，属于秦岭山脉，在今陕西西安。相传有仙人居其上，古人常以之喻长寿。

【译文】

做得不好的地方从来没有不自知，知道后再也不会去重犯，这就是颜渊被称赞为近乎圣贤的原因。《诗经》说:“上天保护安定你,是非常坚固的。使你受福厚益,什么福佑不赐予你?使你多多受益,一切丰足。”这句话所说的大概就是上天保佑帝王,坚定他的信念、保全他的生命,使之更加坚固强健。假如你诚信厚道,什么不能治理呢?又大量地增加福分,使它越发丰厚。怎能不遵循五常去安顺心性、保养身体,以此来永葆南山般久长的寿命,松柏般长青的精力呢?

德輶如毛①,为仁由己②。莫与并蜂,自求辛螫③。祸福无门,惟人所召④。天之所助者顺也,人之所尚者信也,履信思乎顺,又以尚贤,是以吉无不利也⑤。亮哉斯言⑥!可无思乎?

【注释】

①德輶(yóu)如毛:语见《诗经·大雅·烝民》。此处指践行道德本来轻而易举。輶,轻。

②为仁由己:语见《论语·颜渊》。

③莫与并蜂,自求辛螫(shì):语见《诗经·周颂·小毖》。并蜂,今本《诗经》作“荓蜂”。彭《校》认为当据鲁《诗》作“甹夆”,掣曳之义,下云“福祸无门,唯人自召”正谓无人掣曳于我,祸福皆自己求之。辛螫,辛苦毒螫之害。此喻指受刑罚所诛害。

④祸福无门,惟人所召:语见《左传·襄公二十三年》。

⑤“天之所助者顺也”五句:语本《周易·系辞上》:“子曰:‘佑者助也。天之所助者,顺也;人之所助者,信也。履信思乎顺,又以尚贤也,是以“自天佑之,吉无不利”也。’”

⑥亮:确实。

【译文】

德行像羽毛一样轻,践行仁德在于自己。无人掣曳我,刑罚诛害全是自找。祸和福本无门可入，全在于人自己所招致。上天所帮助的是顺应民心的国君，人民所崇尚的是恪守诚信的君主，践行诚信而想着顺应民心，又加上崇敬贤能，这样就会万事大吉而无往不利。这些话说得多透彻啊！能不引起思考吗？

实贡第十四

国以贤兴，以谄衰，君以忠安，以忌危[①]。此古今之常论，而世所共知也。然衰国危君继踵不绝者[②]，岂世无忠信正直之士哉？诚苦忠信正直之道不得行尔。

【注释】

①以忌危：忌，四库本、《后汉书》王符本传皆作"佞"。王宗炎认为当据本传改，汪《笺》从之。今译文亦取之。

②继踵：接踵，前后相接。踵，脚后跟。

【译文】

国家因贤能之人而兴盛，因谄媚之徒而衰亡，君主因忠直之臣而安稳，因奸佞之人而危险。这是古往今来的常理，世人共知。然而衰亡的国家危难的君主一个接一个从未断绝，难道是世上没有忠诚可靠又正直的人吗？这实在是苦于忠诚正直之道在当今行不通啊！

夫十步之间，必有茂草，十室之邑，必有俊士。贤材之生，日月相属[①]，未尝乏绝。是故乱殷有三仁[②]，小卫多君子[③]。以汉之广博，士民之众多，朝廷之清明，上下之修治，而官无直吏，位无良臣。此非今世之无贤也，乃贤者废锢而不得达于圣主之朝尔[4]。

【注释】

①贤材之生，日月相属(zhǔ)：比喻贤才的出现如日月相继，不曾断绝。贤材，即贤才。材，通“才”。属，连接。

②乱殷有三仁：《论语·微子》：“微子去之，箕子为之奴，比干谏而死。孔子曰：‘殷有三仁焉。’”

③小卫多君子：《左传·襄公二十九年》：“卫多君子，未有患也。”卫，姬姓诸侯国，始封君为周武王的少弟康叔封，为周初重要诸侯国，鲁襄公时早已沦为小国，故称“小卫”。

④废锢：废弃，禁锢。

【译文】

十步的间距中，必定有茂盛的草木，十户的城邑里，必定有优秀的人才。贤才的出现，像日月交替，从未断绝。因此衰乱的殷商仍有三位仁人，弱小的卫国也多有君子。以我大汉的广博辽阔，士人、百姓的众多，朝廷的清明，中央和地方的修饬整治，而官府中却没有廉直的官吏，官位上也缺少贤良的大臣。这不是当今世上没有贤才，而是贤才被废置禁锢而无法上达圣明之君的朝堂啊。

夫志道者少友，逐俗者多俦[1]。是以举世多党而用私[2]，竞比质而行趋华[3]。贡士者[4]，非复依其质干[5]，准其材行也[6]，直虚造空美，扫地洞说[7]，择能者而书之。公卿、刺史、掾、从事[8]，茂才、孝廉且二百员[9]。历察其状[10]，德侔颜渊、卜、冉[11]，最其行能[12]，多不及中。诚使皆如状文，则是为岁得大贤二百也。然则灾异曷为讥[13]？此非其实之效。

【注释】

①俦:朋类,同类。

②举世多党而用私:《后汉书》王符本传作"朋党用私"。汉魏本作"举世多朋党而行私"。汪《笺》云古书"多""朋""用"三字往往相乱,此句"多"亦当作"朋"。按,"多"字亦通,指朋党众多。

③比质而行趋华:《后汉书》王符本传作"背实趋华"。比质,汪《笺》认为当从本传作"背实","行"字疑衍。译文从之。

④贡士:举荐士人。

⑤质干:指性格才干。

⑥准:标准。此指作为标准。

⑦扫地洞说:尽是空洞不实之说。扫地,尽数,全部。

⑧公卿:指三公九卿。刺史:为州一级的检察官。掾(yuàn):官府中佐助官吏的通称。从事:也称为从事史,是汉代州一级刺史的佐吏。

⑨茂才、孝廉:汉代选士制度的两种科目。由公卿、刺史考察适合的人才向朝廷举荐。茂才,即秀才。东汉后避光武帝讳而改。

⑩状:指推荐人才的状文。

⑪侔(móu):相等,相当。卜:即子夏,姓卜名商,在孔门中以文学著称。冉:姓冉名耕,字伯牛,在孔门中以德行著称。卜商、冉耕与颜渊俱为孔子的学生。

⑫最其行能:指总结核实其才行能力。最,总结,总计。

⑬灾异曷为讥:古人认为反常特殊的自然现象与政教风俗薄厚、朝廷举荐不实有关,是上天对于人间执政者的警诫和惩罚。灾异,指自然灾害和反常的自然现象,如日月食、干旱、洪涝等。曷为,为什么。讥,讥刺,劝谏。

【译文】

笃志于正道的人朋友少,逐流于世俗的人朋辈多。因此整个社会朋党遍布而私交大行，他们都争相背弃质实趋慕浮华。举荐士人，不再依照其性格和才干，以其能力与品行为标准，不过是虚浮造假、凭空夸赞，尽是空洞不实之言，再选文笔好的人把这些虚浮空洞之辞写在推荐状文上。公卿、刺史、掾和从事，一年举荐的茂才与孝廉将近两百人。一一察看他们的推荐状文，德行被描述得如同颜渊、子夏、冉伯牛，但如果总结核实一下他们的才行能力，其实大部分甚至赶不上中等之人。假如真的都像状文所说，那么一年选得的大贤就有二百人之多。既然如此，那么为什么还会有灾异警示呢？其实灾异正是对举荐不实的效验。

夫说粱饭食肉[①]，有好于面目[②]，而不若粝粢藜烝之可食于口也[③]。图西施、毛嫱[④]，有悦于心，而不若丑妻陋妾之可御于前也。虚张高誉，强蔽疵瑕，以相诳耀，有快于耳，而不若忠选实行可任于官也。周显拘时，故苏秦[⑤]；燕哙利虚誉，故让子之[⑥]。皆舍实听声，呕哇之过也[⑦]。

【注释】

①粱饭食肉：指精美的饭食。粱，即小米，亦称黄粱。

②有好于面目：《淮南子·说林训》："佳人不同体，美人不同面，而皆说于目。"王宗炎云："此语与下'有悦于心'句当互易，'面'字衍。"按，此句不必与"有悦于心"互易。这句是说谈起精美的饭菜，脸上就会露出愉悦的神色。好，此指神色愉悦。

③粝粢(lì zī)藜烝：与上"粱饭食肉"相对，指粗糙的食物。粝粢，粗劣的饭食。粝，粗米。粢，稷。藜烝，采藜的嫩叶蒸熟为食。多指粗劣之食。藜，一种野菜，初生可食。烝，同"蒸"。

④毛嫱：相传为越王的美姬。

⑤周显拘时，故苏秦：苏秦见周显王，因被显王身边的大臣轻视而不被任用。汪《笺》认为“时”下脱一字，“故”下疑脱“疏”字。周显，即周显王。东周天子，姓姬，名扁。苏秦，战国时纵横家。

⑥燕哙利虚誉，故让子之：燕王哙贪慕古代尧让位于许由的虚名，把政权让给了燕相子之，致使燕国大乱，几乎亡国。燕哙，战国时燕国国君，名哙。

⑦呕哇之过：《列子·说符》载，爰旌目饿倒在路上，有人给他喂饭。他醒来后，看见是狐父之盗喂的，就两手据地呕吐而死。又《孟子·滕文公下》载，陈仲子认为他哥哥的俸禄是不义的，他母亲有次给他杀了一只鹅，当他知道了这是别人送给他哥哥的，就出门呕吐出来。王符此处指舍弃实利而追求虚名的过错。

【译文】

说起黄粱肉食的精美饭菜，脸上就露出愉悦的神色，但不如粗米糙饼和煮熟的野菜能够吃到嘴里。观看西施、毛嫱的画像，心里十分喜爱，但不如丑陋的妻妾能够使唤在身边。夸张拔高的赞誉，竭力掩盖缺点毛病，来互相诓骗炫耀，耳中听着高兴，不如忠诚地选用那些能在官位上踏实做事的人。周显王拘限于时宜，因而疏远苏秦；燕王哙贪图虚夸的声誉，因而让位给子之。这都是舍弃实质而只听虚名，像爰旌目、陈仲子呕吐不义之食一般的过错。

夫圣人纯，贤者驳[①]，周公不求备[②]，四友不相兼[③]，况末世乎？是故高祖所辅佐，光武所将相，不遂伪举，不责兼行。亡秦之所弃，王莽之所捐，二祖任用以诛暴乱[④]，成致治安。太平之世，而云无士，数开横选[⑤]，而不得真，甚可愤也！

【注释】

①圣人纯，贤者驳：圣人心性纯一，贤人德行驳杂。《论衡·明雩

篇》:“世称圣人纯而贤者驳。”驳,驳杂,与“纯”相对。

②周公不求备:语本《论语·微子》:“周公谓鲁公曰:‘君子不施其亲,不使大臣怨乎不以。故旧无大故,则不弃也。无求备于一人。’”求备,求全责备。

③四友不相兼:四友,指周文王时佐周的南宫括、散宜生、闳夭、太颠四位贤人。不相兼,指才能各有所长。友,诸本作“肢”,汪《笺》据《后汉书》王符本传改;又云“肢”亦可通,四肢不相兼即指四肢功能不同,各有所职。亦可参。

④二祖:指汉高祖刘邦和汉光武帝刘秀。

⑤横选:犹特选。谓未经选试而拜官。

【译文】

圣人心性纯一,贤人德行驳杂,周公对人不求全责备,文王四友各有所长不能互相取代,何况是衰乱末世呢?因此高祖所用的臣辅,光武帝所用的将相,不依循虚假的举荐,也不会苛求德行兼备。亡秦所遗弃的,王莽所抛弃的,高祖和光武帝却任用他们来诛除暴虐动乱,实现了太平安定。如今这太平的时代,却说没有人才,多次破格选拔,但没有获得真正的人才,真是令人非常愤慨啊!

夫明君之诏也若声,忠臣之和也当如响应①,长短大小,清浊疾徐,必相和也。是故求马问马,求驴问驴,求鹰问鹰,求駹问駹②。由此教令,则赏罚必也。

【注释】

①和(hè):响应,配合。响:回声。

②求鹰问鹰,求駹(máng)问駹:指需要什么样的人才就寻找什么样的。汪《笺》认为“鹰”盖“骊”之误。骊,马毛深黑色者。駹,面、

额白色的黑马。马、驴、骊、駹为一类。又以马、驴以形为一类；骊、駹以色为一类。俞樾认为，“駹”当作“龙”，指杂毛犬。说并可参。问，寻找。

【译文】

圣君的诏令好比是声音，忠臣配合它应该如同回声一般响应，声音的长与短、大与小，清亮与浊厚、急促与缓和，必定是相互协调的。因此需要马就会去寻找马，需要驴就会去寻找驴，需要鹰就会去寻找鹰，需要駹就会去寻找駹。据此以颁行政教命令，那么就能赏罚必行了。

夫高论而相欺，不若忠论而诚实。且攻玉以石①，治金以盐②，濯锦以鱼③，浣布以灰④。夫物固有以贱治贵，以丑治好者矣。智者弃其所短而采其所长，以致其功，明君用士亦犹是也。物有所宜，不废其材，况于人乎？

【注释】

①攻：加工，打磨。

②治金以盐：古代以盐水淬洗金器使之去污发亮。治，加工。

③濯锦以鱼：古代用鱼鳔浆洗织好的丝织品，使之挺括。

④浣(huàn)布以灰：古人洗涤衣物时在水里和以草木灰，方便去除污垢。浣，洗涤。

【译文】

与其高谈阔论而互相欺骗，不如忠言实论而诚恳实际。打磨玉器要用石头，淬洗金器要用盐水，浆洗丝锦要用鱼鳔，浣洗布帛要用草木灰。事物本来就有用低廉的来加工昂贵的，用粗陋的来加工精美的。明智的人扬长弃短，以此达成自己的功业，圣明的君主选用士人也是这样。事物如果有其适用的地方，尚且不会弃置它的材用，更何况人呢？

夫修身慎行，敦方正直，清廉洁白，恬淡无为，化之本也[①]。忧君哀民，独睹乱原[②]，好善嫉恶，赏罚严明，治之材也。明君兼善而两纳之。恶行之器也，为金玉宝政之材刚铁用。无此二宝[③]，苟务作异以求名，诈静以惑众，则败俗伤风[④]。今世慕虚者，此谓坚白[⑤]。坚白之行，明君所憎，而王制所不取。

【注释】

①化：教化。

②原：同“源”。

③“恶行之器也”三句：汪《笺》以为文有脱误。译文按字面意思直译。器，器物，材用。刚，同“钢”。

④风：风化。汉魏本作“化”。

⑤坚白：战国时名家公孙龙认为，“坚”和“白”为石头两种互不关涉的属性。此指名实分离，不相符合。

【译文】

修养自身而谨慎行事，敦厚规矩而端正刚直，清正刚直而廉洁清白，淡泊寡欲而清静无为，这是教化的根本。忧虑君主哀怜百姓，慧眼独具看出祸源，好尚善良而嫉恨邪恶，奖赏惩罚严格分明，这才是治国的人才。圣明的君主同样赏识并一并接纳他们。某些缺欠好比是器物，是可以当作金玉珠宝般的政用之材而如钢铁般地使用它的。没有这两种用来教化和治国的宝物，只想致力于标新立异求取虚名，假装清静来迷惑众人，这只会败坏习俗损害风气。当今社会追求虚名的人，正是所谓的“坚白”一类。名实不符的行为是圣明的君主所憎恶的，也是帝王治理国家所不采取的。

是故选贤贡士，必考核其清素[①]，据实而言，其有小疵，勿强衣饰[②]，以壮虚声。一能之士，各贡所长，出处默语[③]，勿强相兼，则萧、曹、周、韩之论[④]，何足得矣[⑤]？吴、邓、梁、窦之徒[⑥]，而致十[⑦]。各以所宜，量材授任，则庶官无旷[⑧]，兴功可成，太平可致，麒麟可臻[⑨]。

【注释】

①清素：形容人品质的底色未装饰的状态。与下文“小疵”“衣饰”相应。

②衣饰：覆盖掩饰。衣，覆盖。

③出处默语：语本《周易·系辞上》：“子曰：‘君子之道，或出或处，或默或语。’”出，出仕。处，隐居不仕。

④萧、曹、周、韩：指辅佐刘邦建立西汉的功臣萧何、曹参、周勃、韩信。论：《后汉书》王符本传作“伦”。

⑤何足得矣：意为不难得。

⑥吴、邓、梁、窦：指东汉初的功臣吴汉、邓禹、梁统、窦融。吴汉，南阳郡宛县(今属河南)人。屡建奇功，刘秀即位后任大司马。邓禹，南阳郡新野(今属河南)人，为刘秀谋臣战将，刘秀即位封为高密侯。梁统，安定郡乌氏(今甘肃固原)人，因功封高山侯。窦融，右扶风平陵县(今陕西咸阳西北)人。因功封为安丰侯，后升任为大司空。

⑦而致十：汪《笺》认为本句应为“可得而致也”。译文姑从之。

⑧庶官：指百官。旷：空设。

⑨麒麟：传说在太平盛世才可以看见的瑞兽。臻：至。

【译文】

因此选拔贤才进用士人，一定要考查核实其人品质的本真状态，再根据实际情况来陈说，如果他有微小的瑕疵，不要刻意去覆盖掩饰，来夸大不切实际的名声。对有某一种才能的人,各自推荐他们的长处,出仕还是隐居、寡言抑或健谈,不强求样样兼备,那么萧何、曹参、周勃、韩信这些人,怎么会难以得到呢?吴汉、邓禹、梁统、窦融这类人,也就招致可得了。各自根据他们所适合的,考量才能授予职位,那么百官之位就没有空设的,兴盛的功业就能够成就,天下太平也可以实现,麒麟这样的瑞兽也就会到来了。

且燕小,其位卑,然昭王尚能招集他国之英俊①,兴诛暴乱,成致治强。今汉土之广博,天子尊明,而曾无一良臣,此诚不愍兆黎之愁苦②,不急贤人之佐治尔。孔子曰:"未之思也,夫何远之有③?"忠良之吏诚易得也,顾圣王欲之不尔④。

【注释】

①"且燕小"三句:燕昭王在子之之乱,国几破亡之后,励精图治,招贤纳士,乐毅自魏往,邹衍自齐往,剧辛自赵往,各国贤才纷纷投奔燕国。昭王,指燕昭王,名职,燕王哙之子。

②愍(mǐn):怜悯,哀怜。兆黎:指百姓。

③未之思也,夫何远之有:语见《论语·子罕》。

④不:通"否"。

【译文】

燕国是小国,其地位又低下,然而燕昭王尚且能够招揽聚集别国优秀的人才,和他们一起消除暴虐祸乱,成就国家的安治与强盛。如今大汉的土地广阔辽远,天子尊贵圣明,却竟然没有一个贤能的官员,这实在是不哀怜百姓的忧愁痛苦,不渴望贤人来辅佐治理啊。孔子说:"是没有想它吧?哪里是遥不可及呢?"忠诚贤良的官吏其实很容易获得,不过看圣明的君王是否想要他们罢了。

卷第四

【题解】

本卷论政事，侧重具体政令，包括《班禄》《述赦》《三式》《爱日》四篇。

《班禄》就是分等制定俸禄，班，即“列”。文章以上古以来的班禄制度为理想，指谪周室衰微之后“背义理而尚威力，灭典礼而行贪叨，重赋敛以厚己，强臣下以弱枝，文德不获封爵，列侯不获”的弊政，说明分等定俸的重要性，从而主张明君莅政“务节礼而厚下，复德而崇化，使皆阜于养生而竞于廉耻”，这样自可使“官长正而百姓化，邪心黜而奸匿绝”，从而“协和气而致太平”。其所针对，依然是汉末的衰政。

《述赦》论述屡赦之弊。文章批判汉末屡屡大赦的弊病：“今日贼良民之甚者，莫大于数赦。赦赎数，则恶人昌而善人伤矣。”“养稊稗者伤禾稼，惠奸宄者贼良民”，对倡导赦免的俗说陋议予以驳斥，以之为“误莫甚焉”“妄莫甚焉”。文章提出，“法令行则国治，法令弛则国乱。法无常行，亦无常弛。君敬法则法行，君慢法则法弛”，先王制刑作法、明罚饬刑，“非好伤人肌肤，断人寿命者也，乃以威奸惩恶除民害也”，而且，“大恶之资，终不可化，虽岁赦之，适劝奸耳”，因此，救世之道，“在于明法，不在数赦”。其所论述，不啻为救治乱世衰时的一剂良药。

《三式》即三种法式。文章专门阐释了上古以来的三种治世之法：

“封爵三公，以褒有德，若其尸素，则从渥刑，一也；分封诸侯，期于佐治，有功者迁，无状者夺，二也；审选守相，明察治功，称职者封，怀奸者戮，三也。此诸臣者，所司不同，而欲使之竭忠思职，则信赏必罚而已。汉世列侯率多袭爵，无德于民；而州郡牧守，亦多不恤公事。风俗陵夷，积怠已甚，故议法古以救之。”（《校正》）而最根本的依然是考绩论功、劝善惩恶、严明法纪、信赏必罚，“牧守大臣者，诚盛衰之本原也，不可不选练也；法令赏罚者，诚治乱之枢机也，不可不严行也”。这也就是文中一再说的“赏重而信，罚痛而必”，“赏不隆则善不劝，罚不重则恶不惩”，“故凡欲变风改俗者，其行赏罚者也，必使足惊心破胆，民乃易视”。

《爱日》即爱惜日力民时。文章开篇即说：“国之所以为国者，以有民也；民之所以为民者，以有谷也；谷之所以丰殖者，以有人功也；功之所以能建者，以日力也。”而国家治乱则是民时的根本：“治国之日舒以长，故其民闲暇而力有余；乱国之日促以短，故其民困务而力不足。”因此说“力者乃民之本也，而国之基，故务省役而为民爱日”。其所抨击的是当时乱政败俗对于民时的侵扰与损害，尤其是治讼之弊，而这都源于“万官挠民，令长自衒”，“百官乱而奸宄兴，法令鬻而役赋繁”。爱民惜时、指斥弊政，继承了先秦诸子的民本精神。

《后汉书》王符本传中，《述赦》在《爱日》篇后。彭铎先生说：“观前录《忠贵》《浮侈》《实贡》三篇适符今次，似旧第本如此。”（《校正》）意思是说，由本传著录的次序看，旧本次序应当就是今本的面目。不过，下卷第一篇即《断讼》，从内容看，与《述赦》正好前后相属、相互关联，今本反倒间隔了《三式》《爱日》两篇，不甚连贯。推测起来，本传著录很可能恰是旧本的次序，今本则反而有所错乱（《叙录》的相关次序也是后来的整理者根据正文所改）。

班禄第十五

太古之时①，烝黎初载②，未有上下，而自顺序，天未事焉[3]，君未设焉。后稍矫虔[4]，或相陵虐，侵渔不止[5]，为萌巨害[6]。于是天命圣人使司牧之[7]，使不失性，四海蒙利，莫不被德，佥共奉戴[8]，谓之天子。

【注释】

①太古：指上古时期。古人多指尧、舜之前。

②烝黎：百姓。烝，烝民，民众。初载：起初，开始。载，始，开始。

③事：行事。此指上天干预、影响人事。

④矫虔（qián）：此指扰乱。矫，揉曲为直，此引申为假托，诈称。虔，杀害，此引申为掠夺，强取。

⑤侵渔：侵夺，从中侵吞牟利。

⑥萌：通“氓”，指民众，百姓。

⑦司牧：管理，治理。

⑧佥（qiān）共奉戴：全都拥护爱戴。佥，都，全。奉，侍奉，拥护。戴，拥戴。

【译文】

上古之时，人类初生，还没有上下尊卑之别，一切都有自然顺序，上天尚未干预人事，君主也还没有设立。但后来逐渐混乱起来，有人欺凌虐待他人，掠夺不止，成为百姓的大害。于是上天派遣圣人对人们进行管理，让人们不丧失淳朴的本性，四海之内皆得利益，无不受其德泽，因而人们都拥护尊奉他，这就是天子。

故天之立君，非私此人也，以役民[1]，盖以诛暴除害利黎元也[2]。是以人谋鬼谋[3]，能者处之。《诗》云：“皇矣上帝！临下以赫。监观四方，求民之瘼。惟此二国，其政不获。惟此四国，爰究爰度。上帝指之，憎其式恶。乃睠西顾，此惟与度④。"盖此言也，言夏、殷二国之政不得，乃用奢夸廓大⑤，上帝憎之，更求民之瘼圣人⑥，与天下四国究度而使居之也。

【注释】

①"故天之立君"三句：彭《校》疑"以役民"当在"立君"下。其说是。译文从之。

②黎元：黎民，百姓。

③人谋：与人谋划，此指先听取百姓的议论。鬼谋：与鬼神商量，指用占卜算卦的方式来考察吉凶。

④"皇矣上帝"十二句：引诗见《诗经·大雅·皇矣》，字句略有出入。此诗为周人叙述其祖先开国历史的史诗。皇，光明，伟大。赫，明亮的样子。监，监察，视察，与"观"同义。瘼(mò)，病，此处引申为疾苦。二国，指夏、殷。不获，不得民心。四国，指四方诸国。爰(yuán)，于是。究，谋划，考虑。度(duó)，审度，辨识。指，意向。憎，通"增"，增加，扩大。式恶，当为"式廓"之误，由下文"乃用奢夸廓大，上帝憎之"可知。《诗经》亦作"式廓"。式廓，规模。睠(juàn)，同"眷"，顾念，留恋的样子。今本《诗经》作"眷"。西顾，回头看西方，此指注意西方的岐周。惟，通"维"，是。与，通"予"，我。度(zhái)，同"宅"，居住。今本《诗经》作"宅"。

⑤奢夸廓大：指骄奢浮阔。廓，通"阔"，阔绰。大，汉魏本、四库本作"人"，或云作"人"是，前奢、夸、廓三字皆为其定语。

⑥更求民之瘼圣人：彭《校》："邹氏读'更求民之瘼圣人'七字为句，云：'语不顺，殆是"更求知民瘼之圣人"，倒夺而如此。'"译文姑从之。

【译文】

因而上天设立君主来役使人民，并非偏私其人，而是让他来诛除强暴作恶之人来保护百姓。因此先听取百姓的议论，再向鬼神卜问，让有才能的人处于君位。《诗经》中说:"上帝光明伟大,俯视下界,明亮洞彻。视察四方,关注人民疾苦。想到夏、殷二朝国政多乱,民心尽失。又想西方之土,于是谋划审度。上帝意之所向,增加扩大其规模。回望西土,这就是我们周人先祖所居。"以上这些话,说的是夏、殷二国的政治不当,君王骄奢浮阔,上帝憎恶他们,寻求懂得人民疾苦的圣人,与天下四方之国谋划审度,让他处于帝位。

前哲良人①,疾奢夸廓无纪极也②,乃惟度法象③,明著礼秩④,为优宪艺⑤,县之无穷⑥。故《传》曰:"制礼,上物不过十二,天之道也⑦。"是以先圣籍田有制⑧,供神有度,奉己有节,礼贤有数⑨;上下大小,贵贱亲疏,皆有等威⑩,阶级衰杀⑪,各足禄其爵位⑫,公私达其等级,礼行德义⑬。

【注释】

①哲:圣哲,睿哲卓识之人。良人:贤人,美好善良之人。

②疾奢夸廓无纪极也:"奢夸廓"三字底本缺,今据汉魏本、四部本、四库本补。彭《校》:"此承上文'奢夸廓人',言前哲疾其无纪极,故为之制法修宪,文义甚明。"纪极,限度。

③惟度(duó):指思考,谋划。惟,思虑。度,审度。法象:指取法于天,即效法自然界的现象。

④明著:明确制定。礼秩:礼节等级。秩,次序,等次。

⑤优:汪《笺》疑为"修"之误。译文姑从之。宪艺:法度,规则。宪,法律条令。艺,准则。

⑥县(xuán):颁布,施行。

⑦"制礼"三句:语本《左传·哀公七年》。上物,指天子宴飨诸侯所用的食物。十二,指十二牢,古代天子宴飨诸侯所用的王礼

之数。

⑧籍田有制：指古代帝王、诸侯占有的耕地及耕地的收入用途都有具体的制度约束。籍田，古代天子、诸侯征用民力耕种的田。旧说天子籍田千亩，诸侯百亩。《礼记·月令》："乃择元辰，天子亲载耒耜，措之于参保介之御间，帅三公、九卿、诸侯、大夫躬耕帝藉。天子三推，三公五推，卿、诸侯九推。"又《礼记·祭义》："昔者天子为藉千亩。"耕种所得，作为祭祀祖先的祭品。

⑨数：指礼数。

⑩等威：等级不同的威仪。威，指威仪，典礼中的仪容礼节。

⑪阶级：等级。衰(cuī)杀：按照一定的等级减少。

⑫禄其爵位：使其爵位得到相应的俸禄。禄，汪《笺》："'禄'当作'保'，《慎微》篇亦误'保'为'禄'。《孝经》云：'保其禄位。'"

⑬礼行德义：汪《笺》认为此句文有脱误，"成二年《左传》云：'器以藏礼，礼以行义。'杜注：'车服所以表尊卑，尊卑有礼，各得其宜。'此文大意盖与传同"。

【译文】

古代圣哲贤人，痛恨骄奢浮阔毫无限度的行为，于是就想到取法于上天，明确礼仪秩序，又制定了相应的法规准则，公布施行，作为长久的准则。所以《左传》中说："制定礼仪制度，天子宴飨诸侯用物不得超过十二等，这是上天的规矩。"因此古代帝王耕种籍田有其制度，祭祀事神有其法度，奉养自身必有节制，以礼待贤必有其数；上下大小，贵贱亲疏，行事交接，其仪容礼节各有等差，且逐级减少，各自足以供奉保有其爵位，君臣公私都达到了各自等级的标准，都可以按照礼制的规定奉行道德大义。

当此之时也，九州之内①，合三千里，尔八百国②。其班禄也③，以上农为正④，始于庶人在官者⑤，禄足以代耕，盖食九人[6]。诸侯下士亦然[7]。中士倍下士,食十八人。上士倍中士,食三十六人。大夫倍之,食七十二人。小国之卿[8],二于大夫。次国之卿[9],三于大夫。大国之卿[10],四于大夫,食二百八十八人。君各什其卿。天子三公[11],采视公侯[12],盖方百里。卿采视伯,方七十里。大夫视子男,方五十里。元士视附庸[13],方三十里[14]。功成者封。是故官政专公[15],不虑私家;子弟事学,不干财利,闭门自守,不与民交争,而无饥寒之道,而不陷[16];臣养优而不隘,吏爱官而不贪,民安静而强力[17],此则太平之基立矣。乃惟慎贡选[18],明必黜陟[19],官得其人,人任其职;钦若昊天,敬授民时[20],"同我妇子,馌彼南亩"[21];上务节礼[22],正身示下,下悦其政,各乐竭己奉戴其上。是以天地交泰[23],阴阳和平,民无奸匿[24],机衡不倾[25],德气流布而颂声作也[26]。

【注释】

①九州:指中国。

②尔八百国:《汉书·贾邹枚路传》:"昔者周盖千八百国,以九州之民养千八百国之君。"《汉书·地理志》:"周爵五等……盖千八百国。"彭《校》疑"尔"为"千"之形讹。译文姑从之。

③班禄:班爵授禄,指依据等级爵次授予禄位。

④上农为正:指以一个强壮农夫劳作之所得为标准。正,标准。

⑤始于庶人在官者:指庶人在官者的俸禄为最低等级。《礼记·王制》:"庶人在官者,其禄以是为差也。"庶人在官者,按《礼记》郑注,指由官长所选用的庶人,他们非受命于天子、诸侯,非正式的命士,其地位高于一般庶人。庶人,平民。

⑥食九人:即以一个强壮农夫劳作所得为庶人在官者的俸禄,可以供养九个人的吃用。食,供养,奉养。

⑦诸侯下士:古代诸侯置上士、中士、下士之官,位于大夫之下。

⑧小国:据《孟子·万章下》,指方圆五十里的子男之国。卿:位于君之下、大夫之上的爵位。有天子之卿和诸侯之卿之分。

⑨次国:据《孟子·万章下》,指方圆七十里的伯爵之国。

⑩大国:据《孟子·万章下》,指方圆一百里的侯爵之国。

⑪天子三公:周天子所设的太师、太傅、太保,称三公。

⑫采:采邑,封地。视:比照。公侯:公、侯和下文的伯、子、男、附庸,都是周代诸侯的封爵等级。

⑬元士:指天子的上士。附庸:指地位低于男爵,不在诸侯之列,附属于诸侯国的小国。《孟子·万章下》:“不能五十里,不达于天子,附于诸侯,曰附庸。”

⑭方三十里:按,自“其班禄也”至此,语本《礼记·王制》。

⑮官政专工:指官长专务公事。官政,官吏,官长。政,通“正”,长。

⑯而无饥寒之道,而不陷:汪《笺》认为“而不陷”上脱三字。按,“陷”或为“谄”字之误。意思是官吏之子因无饥寒之忧,故不事谄媚。

⑰强(qiǎng)力:勉力,努力。

⑱惟:考虑。

⑲明必:严格,严明。黜陟:指官员的罢免和晋升。黜,贬斥,废黜。陟,晋升,提拔。

⑳钦若昊(hào)天,敬授民时:语本《尚书·尧典》。意谓敬谨地顺应广大的上天,谨慎地把时令授予民众。钦,敬谨。若,顺从。昊天,苍天。昊,元气博大的样子。

㉑同我妇子,馌(yè)彼南亩:语见《诗经·豳风·七月》。馌,馈食,送饭。南亩,朝南向阳的田地。南亩向阳,古代田地多向南开

辟，后多以“南亩”指称田地。

㉒节礼：减省礼仪，指不超过制度规定。

㉓天地交泰：指天地之气交融通泰。《周易·泰·象》：“则是天地交而万物通也。”

㉔慝（tè）：同“慝”，邪恶。

㉕机衡不倾：星斗各安其位，象征天下太平。机衡，即“玑衡”。指天玑、玉衡，北斗七星中的第三星和第五星，也指代北斗星，喻指政权的枢要机关。

㉖颂声：颂扬之声。《诗经》中有颂诗，为歌功颂德的乐曲。《诗大序》：“美盛德之形容。”

【译文】

就在此时，九州之内，方圆三千里之广，有一千八百多个国家。其班爵授禄，以一个强壮农夫的劳作之所得为标准，作为最低一等的庶人在官者的俸禄，这俸禄足以代替他们亲自耕种所得，大概可以供养九个人的日常吃用。诸侯国的下士与此相同。中士的俸禄是下士的两倍，可以供养十八个人。上士的俸禄是中士的两倍，可以供养三十六人。大夫的俸禄是上士的两倍，可以供养七十二人。子、男之国的卿，俸禄是大夫的二倍。伯爵之国的卿，其俸禄是大夫的三倍。公、侯之国的卿，其俸禄四倍于大夫，可以供养二百八十八人。国君的俸禄十倍于其卿。天子的三公，其封地比照公、侯，大约方圆百里。天子的卿，封地比照伯爵，方圆七十里。天子的大夫，其封地比照子、男，方圆五十里。天子的元士，其封地比照诸侯的附属国，方圆三十里。有功勋的就赐予其土地。因此官吏们皆专心于公事，不用担心自家的生计；他们的孩子皆致力于学业，不谋求财利，闭门自处以保持自己的操守，不与百姓争夺利益，也无饥寒之忧，故不事谄媚。臣子给养丰厚而不窘困，下吏敬爱自己的官长而不事贪污，百姓安定宁静而勉力劳作，这样太平的根基就奠定了。于是谨慎考虑选择人才，严格把控官吏的罢免和晋升，每个官位上都有合格的人选，每个人都能胜任自己的官职；敬谨地顺应那伟大的上天，谨慎地把时令传授给民众，“带上我的妻子儿女，去那农忙的田间送饭慰问”。君主致力于节操礼仪，端正自身给下面的臣民做榜样，臣民都心悦诚服，人人都乐于尽心竭力拥戴自己的君主。因此天地之气交融通泰，阴阳调和平畅，百姓中没有奸恶之人，天上星斗各安其位，仁德之气流布于天下，赞颂之歌响彻于四方。

其后忽养贤而《鹿鸣》思[①]，背宗族而《采蘩》怨[②]，履亩税而《硕鼠》作[③]，赋敛重而谭告通[④]，班禄颇而《倾甫》刺[⑤]，行人定而《绵蛮》讽[⑥]，故遂耗乱衰弱[⑦]。

【注释】

①忽：轻视。养贤：供养使用贤人。《鹿鸣》：《诗经·小雅》中的一篇，诗篇以野鹿鸣叫起兴，写贵族宴请嘉宾，琴瑟鼓舞，饮酒且乐的典礼盛况。《诗序》云：“《鹿鸣》，燕群臣嘉宾也。既饮食之，又实币帛筐篚，以将其厚意，然后忠臣嘉宾得尽其心矣。”王符此处却以为是怨诗，汪《笺》：“此后所述诗义，皆与毛传异，盖本三家之说。”彭《校》：“《史记·十二诸侯年表序》：‘仁义陵迟，《鹿鸣》刺焉。’《文选》嵇康《琴赋》李善注引蔡邕《琴操》：‘《鹿鸣》者，周大臣之所作也。王道衰，大臣知贤者幽隐，故弹弦讽谏。’《御览》五百七十八引同。陈乔枞《鲁诗遗说考》云：‘皆本鲁《诗》之说。’”

②《采蘩》：《诗经·召南》中的一篇，诗旨在写女子采蘩以供贵族在宗庙中祭祀祖先。王符此处用作刺背宗族之怨诗，亦本鲁《诗》之说。彭《校》：“马瑞辰曰：‘“采蘩”当为“采蘋”之讹。盖三家《诗》或因《诗》有“宗室牖下”一语，遂以为背宗族而作也。’”

③履亩税：用步数计量田地，并据此征收赋税。《硕鼠》：《诗经·魏风》中的一篇，《毛诗序》："刺重敛也。"全诗写巨鼠贪得无厌，实则讥刺统治者横征暴敛，盘剥百姓。《盐铁论·取下》："周之末涂，德惠塞而嗜欲众，君奢侈而上求多，民困于下，怠于上公，是以有履亩之税，《硕鼠》之诗作也。"

④赋敛重而谭告通：指《诗经·小雅·大东》。《毛诗序》："东国困于役而伤于财，谭大夫作是诗以告病焉。"谭，西周时东方古国。通，张觉《校注》认为当为"痛"，"告痛"即"告病"。说可参。

⑤颇：偏颇，不公正。《倾甫》：当作"颀甫"，指《诗经·小雅·祈父》。郑玄笺："此勇力之士责司马之辞也。"朱熹《诗集传》："说者又以为宣王三十九年，战于千亩，王师败绩于姜氏之戎，故军士怨而作此诗。"祈父，又作圻父，官名，即司马，掌管保卫边境的军队。鲁《诗》作"祈甫"。此作"倾"，盖"祈"形误为"颀"，又误为"倾"。

⑥行人：指使臣等官属。定：当为"乏"字之形讹。《绵蛮》：《诗经·小雅》中的一篇。诗写行人缺乏粮食、疲于奔命，讽刺了无仁爱之心的大臣。

⑦耗乱：衰败混乱。耗，凋敝，衰败。

【译文】

从那以后，周王朝轻视奉养贤才因而有《鹿鸣》的悲伤，背弃宗族而有《采蘩》的哀怨，实行"履亩税"制度而有《硕鼠》的创作，赋税过于繁重而有谭国大夫的怨言，俸禄不公而有《祈父》的讥刺，使者贫困无资财而有《绵蛮》的讽谏，于是国家最终走向衰败混乱。

及周室微而五伯作[1]，六国弊而暴秦兴[2]，背义理而尚威力，灭典礼而行贪叨[3]，重赋敛以厚己，强臣下以弱枝[4]，文德不获封爵[5]，列侯不获[6]。是以贤者不能行礼以从道，品臣不能无枉以从利[⑦]。君又骤赦以纵贼[⑧]，民无耻而多盗窃。

【注释】

①周室：周王室。微：衰微。五伯：又作五霸，即春秋时期先后称霸的齐桓公、晋文公、秦穆公、宋襄公和楚庄王。据《墨子·所染》《荀子·五霸》等，则为齐桓公、晋文公、楚庄王、吴王阖闾和越王勾践。

②六国：指战国七雄中除秦之外的韩、赵、魏、齐、楚、燕六国。

③典：法则，典章制度。叨（tāo）：同“饕”，贪婪。

④强臣下以弱枝：指秦废分封制而行郡县制，削弱了以血缘关系为纽带的诸侯力量，政权掌握在中央任命的各级官吏手中。枝，树干旁出的枝条，此处喻指同宗旁支、亲属。

⑤文德：与“武功”相对，指礼乐制度与道德教化。

⑥列侯不获：汪《笺》：“下脱二字，当是‘不获治民’，即《三式》篇所云‘列侯或有德宜子民，而道不得施’也。”胡大浚《译注》认为当据何本作“武功不获列侯”，意指列侯无法世袭封地，而奉尚武功，故此处仍在指责秦废分封。胡说近是。列侯，秦制爵位分二十级，最高一级为彻侯，汉承之。为避汉武帝刘彻讳，改彻侯为通侯，或称列侯。

⑦品臣：众臣。品，众，普通。枉：指枉法。

⑧骤：屡次，多次。

【译文】

等到周王朝衰微而五霸兴起，东方六国败亡而暴秦兴盛，其统治者皆背弃义理而崇尚暴力，毁坏典章礼制而贪婪成风，加重赋敛以富足自己，加强郡县臣属的权力而削弱自己宗族封国的力量，崇尚礼乐政教的人得不到封地爵位，功劳卓绝的列侯也无法世袭封地。因此贤良的人不能发扬礼义遵从正道，群臣百官不枉法为非就得不到财利。君主又常常实行大赦来纵恣乱臣贼子，百姓变得毫无羞耻之心，盗贼也就增多了。

何者？咸气加而化上风[①]，患害切而迫饥寒，此臧纥所以不能诘其盗者也[②]。《诗》云："大风有隧，贪人败类[③]。""尔之教矣，民斯效矣[④]。"是故先王将发号施令，谆谆如也[⑤]，惟恐不中而道于邪[⑥]，故作典以为民极[⑦]，上下共之，无有私曲[⑧]，三府制法[⑨]，未闻赦彼有罪，狱货惟宝者也[⑩]。

【注释】

①咸气加而化上风：汪《笺》认为"咸"当作"戾"，"戾气"与下文的"和气"相对。其说是。戾气加而化上风，指歪风邪气增加改变了上层风气。《说苑·贵德》："天子好利则诸侯贪，诸侯贪则大夫鄙，大夫鄙则庶人盗。上之变下，犹风之靡草也。"上风，在上位权贵之风气。

②臧纥所以不能诘其盗：《左传·襄公二十一年》载，臧纥认为如果君主的行为不正，国家政治黑暗，国内的盗贼是无法肃清的。臧纥，春秋时鲁国的司寇，又称武仲。诘，究查，整治。

③大风有隧，贪人败类：引诗见《诗经·大雅·桑柔》。诗旨在指责周厉王的暴政。有隧，隧隧，风势急速的样子。败，残害。类，指好人。

④尔之教矣，民斯效矣：引诗见《诗经·小雅·角弓》。

⑤谆谆如：言语诚恳的样子。

⑥不中：指不符合正道。中，正。道于邪：引上邪路。道，同"导"。

⑦典：典制，制度。极：标准。

⑧私曲：不公正。私，偏私。曲，邪曲。

⑨三府：指太尉、司徒、司空三公府。

⑩狱货惟宝：《尚书·吕刑》："狱货非宝。"狱货，指典狱审讼时收的财货，即贿赂所得。

【译文】

这是什么原因呢？歪风邪气增加使得上层风气改变，祸患伤害严重使得百姓迫于饥寒，这正是过去臧纥不能究查整治鲁国盗贼的原因所在。《诗经》中说："大风隧隧，其势迅疾，贪财枉法之人只会残害好人。""你怎样教导，百姓就怎样效仿。"因此前代帝王将要发号施令时，态度总是诚恳恭敬，唯恐会有不合礼之处而把人们引上邪路，因而制定典章制度作为人民的法则，上下共同遵守，没有丝毫偏私邪曲，官府制定法律条令，还从没有听说赦免那些有罪之人，把典狱审讼时受贿所得的财货当宝物的。

是故明君临众，必以正轨，既无厌有①，务节礼而厚下②，复德而崇化，使皆阜于养生而竞于廉耻也③。是以官长正而百姓化，邪心黜而奸匿绝④，然后乃能协和气而致太平也⑤。《易》曰："圣人养贤以及万民⑥。"为本，君以臣为基，然后高能可崇也⑦；马肥，然后远能可致也。人君不务此而欲致太平，此犹薄趾而望高墙⑧，骥瘠而责远道，其不可得也必矣。

【注释】

①既无厌有：汪《笺》认为句有误字。汉魏本作"既无有厌"。张觉《校注》"厌"作"猒"，通"餍"，饱。此句是说完全没有饱地占有。胡大浚《译注》释为"不要贪得无厌"。今姑依胡注。厌，满足。

②节礼：节制礼仪。厚：优厚。

③阜(fù)：丰厚。养生：保养身心。

④黜：消除。

⑤和气：指天地间阴阳二气交合而成之气。古人认为万物由“和气”而生。本书《本训》篇：“万物化淳，和气生人。”

⑥圣人养贤以及万民：语见《周易·颐·彖》。

⑦“为本”三句：文有脱误。汪《笺》认为当作“国以民为本，君以臣为基，基厚，然后高能可崇也”。其说可参。能，乃，才。崇，增高。

⑧趾：通“址”，地基。

【译文】

因此，英明的君主治理民众，一定是用正道，不贪得无厌占民财为己有。勉力于制度礼仪而厚待下民，返于德义而弘扬教化，使人人都能充分保养身心而竞相注重礼义廉耻。因此官长正直守法，百姓皆可感化，摒弃邪念，坏人就会绝迹，这样才能协调阴阳二气以致天下太平。《周易》中说：“圣人奉养贤才而惠及万民。”国家以人民为根本，君主以臣下为基础，根基厚实，然后高度才可以不断增加；这就好比将马匹喂得肥壮，然后才能驾驭它到达远方。君主如果不勉力于此而想实现天下太平，就好比在浅薄的地基上想筑起高高的墙，把千里马饿得非常羸弱却要它跑遥远的路，这愿望无法实现也是必然的了。

述赦第十六

凡治病者，必先知脉之虚实①，气之所结②，然后为之方③，故疾可愈而寿可长也。为国者，必先知民之所苦，祸之所起，然后设之以禁，故奸可塞国可安矣。

【注释】

①脉之虚实：古代中医理论认为“邪气盛则实，精气夺则虚”，脉象

会将其反映出来。

②气之所结:《黄帝内经·素问·举痛论》:“帝曰:‘余知百病生于气也,怒则气上,喜则气缓,悲则气消,恐则气下,寒则气收,炅则气泄,惊则气乱,劳则气耗,思则气结。’”

③方:药方。

【译文】

凡是治病的人,必须先摸清病人脉象的虚实,气所聚结的地方,然后再开出药方,因此病就可以治愈,寿命也就可以延长了。治理国家的人,一定要先了解百姓所痛苦的地方,祸乱兴起的原因,然后设立法度加以禁止,因此邪恶就可以杜绝,国家也就可以安定了。

今日贼良民之甚者[①],莫大于数赦[②]。赦赎数,则恶人昌而善人伤矣[③]。奚以明之哉[④]?曰:孝悌之家,修身慎行,不犯上禁,从生至死,无铢两罪[⑤];数有赦赎,未尝蒙恩,常反为祸。何者?正直之士之为吏也,不避强御[⑥],不辞上官[⑦],从事督察[⑧],方怀不快[⑨]。而奸猾之党,又加诬言,皆知赦之不久,则且共横枉侵冤[⑩],诬奏罪法,令主上妄行刑辟[⑪],高至死徙,下乃沦冤[⑫]。而被冤之家,乃甫当乞鞠告故以信直[⑬],亦无益于死亡矣。

【注释】

①贼:残害。

②数赦:屡次赦免罪犯。

③昌:通“猖”,猖獗,放肆。

④奚:何。

⑤铢(zhū)两:一铢一两,极言其轻。铢、两,都是古代重量单位,二

十四铢为一两。

⑥不避强御：语本《诗经·大雅·烝民》："不侮矜寡，不畏强御。"强御，指强暴凌弱。

⑦辞：辞谒，此处指好言奉承以请求宽恕。《国语·鲁语下》"鲁大夫辞而复之"，韦昭注："辞，请也。"

⑧从事：汉代官名，也称"从事史""从事掾"，是汉代刺史的佐吏。

⑨方怀：指为人刚直，胸怀方正。怏：放肆。《荀子·大略》"贱师而轻傅，则人有快"，杨倞曰："人有肆意。"

⑩横：蛮横。枉：枉法。侵：侵犯。

⑪令：底本作"今"，今据汉魏本改。刑辟：刑法，刑律。

⑫高至死徙，下乃沦冤：沦冤，孙诒让疑为"论免"之形误，云："此言诬奏良吏，令上失刑，重者至死，轻者亦论罪免官。"孙说是，今从之。

⑬甫：起始，开始。当：定罪。乞鞠：乞求审讯。鞠，通"鞫"，审讯，审问。信直：申冤。信，通"伸"，伸张。

【译文】

如今残害善良百姓最严重的事，莫过于屡次赦免罪犯。赦免和用钱赎罪太过频繁，就会使恶人愈加猖狂而善人愈受伤害。何以知晓呢？我们说：孝顺恭敬的人家，他们修养身心，谨慎言行，不触犯禁令，从出生到死亡，没有丝毫罪过；朝廷屡次的赦免赎罪之举，从未使他们从中得到好处，反而常常给他们带来祸害。为什么呢？这是因为正直的人士做官，不避强暴，不好言奉承上司，从事史督管监察，也刚正严格。而奸邪狡猾之徒结帮成派，又加之恶言诬陷，因为他们都知道自己不久就会被赦免，就相互勾结胡乱捏造罪行迫害正直的官吏，又诬奏罪状，致使君主胡乱施以刑罚，重的被处死或流放，轻的也论罪免官。那些受冤枉的人，刚一定罪就连忙乞求重新审查，诉说缘故以求申冤，但最终也难免一死。

及隐逸行士[①]，淑人君子[②]，为谗佞利口所加诬覆冒[③]，下土冤民，能至阙者[④]，万无数人；其得省问者[⑤]，不过百一；既对尚书[⑥]，空遣去者，复十六七。虽蒙考覆[⑦]，州郡转相顾望[⑧]，留苦其事[⑨]。春夏待秋冬，秋冬复涉春夏，如此行逢赦者，不可胜数。

【注释】

①行士：指德行高尚之士。

②淑人：善良的人。君子：此指在位的人。

③覆冒：指覆没，遮盖。此处引申为诬陷别人使其申冤不得。

④阙：指朝廷。

⑤省(xǐng)问：查问。

⑥对：对状，指受审时陈述事状。尚书：官名，东汉时职为协助皇帝处理政务。

⑦考覆：对诉讼事件进行考核审查。覆，审查。

⑧顾望：向后回望又向前瞻看。此指犹豫不决，观望拖延。顾，回头看。望，向前看。

⑨留：拖延，滞留。

【译文】

对于那些隐居避世德行高尚的人，品行善良的在位者，他们尚且被谗媚奸佞之人的巧言利齿所诬陷冤枉，更何况那些偏远之地含冤的百姓，他们能来到朝廷申诉的，万人中没有几个；其中能够得到查问的，不超过百分之一；已经向尚书省讲明冤情，却又被空手打发回去的，又占十分之六七。即使得到批复重新考核审查，州郡官员又辗转观望拖延，使申冤之人深受其苦。春夏等到秋冬，秋冬又拖到春夏，甚至一直拖到恶人都被赦免，这种情况多得数也数不清。

又谨慎之民，用天之道，分地之利[①]，择莫犯土[②]，谨身节用[③]，积累纤微，以致小过。此言质良盖民[④]，惟国之基也。

【注释】

①用天之道，分地之利：语见《孝经·庶人章》。唐玄宗注："分别五土，视其高下，各尽所宜，此分地利也。"指根据地形特征与气候条件因地制宜，进行耕作。

②择莫犯土：孙诒让认为当是"捽草杷土"之形误。《汉书·禹贡传》："捽草杷土，手足胼胝。"捽(zuó)，拔。杷(pá)，用手挖土。译文从之。

③谨身节用：修身饬行，节省用度。《孝经·庶人章》："谨身节用，以养父母。"

④此言质良盖民：汪《笺》认为当作"此皆贞良善民"。译文从之。

【译文】

那些谨小慎微的百姓，他们依据天时安排农事，根据土地的肥沃贫瘠因地制宜地耕种庄稼，拔草种地，修身饬行，省吃俭用，才积累起点点滴滴，虽然也会导致小过错，但他们都是正直善良的百姓，是国家的根基啊。

轻薄恶子，不道凶民[①]，思彼奸邪，起作盗贼，以财色杀人父母，戮人之子，灭人之门，取人之贿[②]。及贪残不轨，凶恶弊吏，掠杀不辜，侵冤小民。皆望圣帝当为诛恶治冤，以解蓄怨。反一门赦之，令恶人高会而夸诧[③]，老盗服臧而过门[④]。孝子见仇而不得讨，亡主见物而不得取[⑤]，痛莫甚焉。故将赦而先暴寒者，以其多冤结悲恨之人也[⑥]。

【注释】

①不道凶民:汉代刑律以杀无辜者一家三人为“不道”。《汉书·翟方进传》“丞相宣以一不道贼”,如淳曰:“律:杀不辜一家三人为不道。”

②贿:钱财,财物。

③高会:盛大宴会。此指高调地聚会。夸诧:夸耀,炫耀。诧,夸耀。

④服臧:持着赃物。臧,通“赃”,此指抢夺窃取之财。

⑤亡主:失主。

⑥冤结:含冤,结冤。

【译文】

那些轻薄不良的少年,滥杀无辜的暴民,心怀奸邪,出来做盗贼,因为钱财美色而杀人父母,戮人子女,杀害别人全家,夺取别人财物。还有那些贪残不法、凶恶的卑劣官吏,他们掠杀无辜,欺负冤枉老百姓。百姓都盼望着圣明的帝王能够惩治恶人为他们申冤,以消除他们内心的积怨。如今却把他们全部赦免了,使邪恶之人高调聚会处处夸耀,惯盗拿着赃物毫无顾忌地经过被盗者的家门。孝子见了杀亲仇人却不敢声讨,失主见了被盗财物而不能取回,没有比这更痛心的事了。所以将要赦免罪犯时天气就会突然变冷,这正是由于含冤悲恨的人太多的缘故啊。

夫养稊稗者伤禾稼[①],惠奸宄者贼良民[②]。《书》曰:“文王作罚,刑兹无赦[③]。”是故先王之制刑法也,非好伤人肌肤,断人寿命者也,乃以威奸惩恶除民害也。天下本以民不能相治[④],故为立王者以统治之。天子在于奉天威命,共行赏罚[⑤]。故经称:“天命有德,五服五章;天罚有罪,五刑五用[6]。"《诗》刺:"彼宜有罪,汝反脱之[7]。"古者惟始受命之君,承大乱之极,被前王之恶,其民乃并为敌仇,罔不寇贼消义奸宄夺攘[8],以革命受祚[9],为之父母,故得一赦。继体以下[10],则无违焉[11]。何者?人君配乾而仁[12],顺育万物以成大功,非得以养奸活罪为仁,放纵天贼为贤也[13]。

【注释】

①稊(tí)稗(bài):此指杂草。稊、稗,皆草名,形类禾谷。

②惠奸宄(guǐ)者贼良民:《韩非子·难二》:"夫惜草茅者耗禾穗,惠盗贼者伤良民。今缓刑罚,行宽惠,是利奸邪而害善人也。"此用其意。奸宄,《国语·晋语六》:"乱在内为宄,在外为奸。"

③文王作罚,刑兹无赦:语见《尚书·康诰》。作罚,制定刑法。兹,此,指有罪的人。

④天下本以民不能相治:张觉《校注》认为"下"为衍字,可参。

⑤共行:即"恭行"。《尚书·甘誓》:"今予惟恭行天之罚。"

⑥"天命有德"四句:语见《尚书·皋陶谟》,文字略有不同。孔《传》:"五服:天子、诸侯、卿、大夫、士之服也。尊卑采章各异,所以命有德。"章,花纹。五刑,古代五种轻重不同的刑罚,各个时期多所指不一。先秦指墨、劓(yì)、剕(fèi)、宫、大辟。秦汉为黥(qíng)、劓、斩左右趾、枭首、菹(zū)其骨肉。五用,五等刑罚所用五种不同刑具。据《国语》,大刑用甲兵,其次用斧钺,中刑用刀锯,其次用钻笮,薄刑用鞭扑,以威民也。

⑦彼宜有罪,汝反脱之:引诗见《诗经·大雅·瞻卬》。反脱,今本《诗经》作"覆说"。覆,反。说,通"脱"。

⑧罔不寇贼消义奸宄夺攘:语本《尚书·吕刑》"罔不寇贼鸱义奸宄夺攘矫虔"。王宗炎认为此处"消"即"鸱"之误。孙星衍云:"或

今文'鸱义'为'消义'。"陈乔枞《今文尚书经说考》云:"《尚书》疏引郑注云:'鸱义,盗贼状如鸱枭,抄略良善,劫夺人物。'疑'消义'乃'枭义'之讹,以声同致误也。"陈说是,译文从之。夺攘,争夺。

⑨革命:变革天命,指改朝换代。祚(zuò):指君位。

⑩继体:指继承君位。

⑪则无违焉:违,汪《笺》认为当作"遵",崔实《政论》:"大赦之造,乃圣王受命而兴,讨乱除残,诛其鲸鲵,赦其臣民,渐染化者耳。及战国之时,犯罪者辄亡奔邻国,遂赦之以诱还其逋逃之民。汉承秦制,遵而不越。"说可参。

⑫人君配乾而仁:语本《春秋繁露·王道通三》:"仁之美者在于天。天,仁也。天覆育万物,既化而生之,有养而成之,事功无已,终而复始。"配乾,德配于天。配,匹配,相当。乾,八卦之一,象征天。

⑬天贼:汪《笺》:"即《忠贵》篇所云'天以为贼'。"

【译文】

爱护杂草就会伤害庄稼,惠利邪恶之人就会伤害善良之人。《尚书》中说:"文王制定刑法,处罚这些罪人切勿宽恕。"因此古代先王制定刑法,并非是喜好伤害人的皮肉,中断人的寿命,而是用它来威慑奸邪、惩治罪恶而为民除害的。上天本来因为百姓不能自相治理,所以设立君王来统治他们。天子的职责在于奉行上天的威严命令,恭敬地行赏施罚。因此经书中说:"上天任命有德之人,规定五种不同纹彩的服饰表明尊卑各异;上天惩罚有罪之人,用五种刑法和刑具惩罚罪行不同的人。"《诗经》中讽刺说:"那个人应该是有罪的,你反而赦免他。"古代只有那些开国受命的君主,承接了混乱破弊至极的局面,遭受前代君主的昏庸恶行,人民互相敌视,没有人不攻击别人,杀害别人,像鸱枭云集一般为恶作乱,互相侵夺,因而变革天命改朝换代,登上王位,成为百姓的父母，所以可大赦一次。后代继位的君主，就不能违背赏罚必信的原则了。这是为什么呢？因为君主的德行与天相配，仁而爱人，顺化养育万物，以此成就大功，是不应该把姑息奸恶的罪人与救活罪犯当作仁，把放纵天以为贼的罪人当作贤德的。

今夫性恶之人，居家不孝悌，出入不恭敬①，轻薄慢傲，凶悍无辨②，明以威侮侵利为行③，以贼残酷虐为贤④，故数陷王法者⑤，此乃民之贼，下愚极恶之人也。虽脱桎梏而出囹圄⑥，终无改悔之心。自诗以羸敖头⑦，出狱踧踖⑧，复犯法者何不然⑨。

【注释】

①出入：指往来。《左传·成公十三年》“余虽与晋出入”，杜预注：“出入，犹往来。”

②无辨：彭《校》认为“辨”当读为“变”，“无辨”犹言“不变”，终不改悔之意。

③威：以威示人，指暴虐，欺凌。利：牟利。

④贼残：残害。《孟子·梁惠王下》：“贼仁者谓之贼，贼义者谓之残。”

⑤数(shuò)：屡次。

⑥桎梏(zhì gù)：镣铐，钳制。桎，脚镣。梏，木制的手铐。囹圄(líng yǔ)：指监狱。

⑦自诗以羸敖头：汪《笺》认为当作“自恃以数赦赎”，字形相近而误。彭《校》认为，“羸”与“数”形不相近，疑为“赢”之误。赢，受也。二说并可参，译文姑取汪说。

⑧踧踖(cù jí)：恭敬而心中不安的样子。

⑨何不然：何所不然。即到处都是这样。

【译文】

如那些本性邪恶之人，在家里不孝顺父母敬爱兄长，与人交际往来又不恭敬，轻浮傲慢，凶横蛮横不知悔改，明目张胆地欺负侮辱他人、侵夺他人财利，以伤害仁义、残酷暴虐为贤，因而常常触犯王法，这便是百姓的敌人，愚蠢恶极之人。即使解脱镣铐放出了监狱，最终也不会有悔过之心。他们自恃总能得到赦免和赎罪，出狱时尚有些许恭敬而心中不安，但很快又去犯法，这种情况到处都是如此。

洛阳至有主谐合杀人者①，谓之会任之家②，受人十万，谢客数千③。又重渍部吏④，吏与通奸。利入深重⑤，幡党盘牙⑥。请至贵戚宠臣，说听于上，谒行于下。是故虽严令、尹⑦，终不能破攘断绝⑧。何者？凡敢为大奸者，材必有过于众，而能自媚于上者也。多散苟得之财⑨，奉以谄谀之辞，以转相驱⑩，非有第五公之廉直⑪，孰能不为顾⑫？今案洛阳主杀人者，高至数十，下至四五，身不死则杀不止，皆以数赦之所致也。由此观之，大恶之资⑬，终不可化，虽岁赦之，适劝奸耳⑭。

【注释】

①主：主管，经办。谐合杀人：彭《校》："谐合杀人，即《浮侈》篇所谓'以谋奸合任为业'者，《史记·货殖传》称'借交报仇'亦指此。主其事者，受人厚赂，遣客为之刺杀仇家。"即买凶杀人。

②会任：即"合任"，相合为任侠。

③谢：酬谢。客：指受雇杀人的暴徒。

④渍：通"馈"，馈赠，此处指贿赂。部吏：张觉《校注》："秦汉时地方

乡部、亭部之吏，掌管乡、亭治安及诉讼之事。《汉书·王莽传下》：'盗贼始发，其原甚微，非部吏、伍人所能禽也。'可明其义。"

⑤利：指贿赂。深重：指处要职握大权的人。

⑥皤党：党羽。皤，通"蕃"，众多。盘牙：牙，四部本作"互"。汪《笺》认为应作"盘互"，互相勾结。

⑦令、尹：指洛阳令、河南尹。尹，官长。汉代专指掌治京师的长官。

⑧攘：王宗炎认为"攘"为"坏"字之误。汪《笺》："'破坏'见《救边》篇。"译文从其说。

⑨苟得之财：不义之财。

⑩以转相驱：辗转相驱使。

⑪第五公：即第五伦，字伯鱼，东汉京兆长陵（今陕西咸阳东北）人。东汉章帝时官至司空，位列三公。其为官奉公执法，公正无私。第五，复姓。

⑫顾：通"雇"，雇佣，驱使。张觉《校注》："此承上文而言，指接受其'苟得之财'而受其驱使。"汪《笺》认为"顾"犹"视""念"，谓委曲承意。说亦可参。

⑬资：资质，指本性。

⑭劝：劝勉，鼓励。

【译文】

洛阳甚至有经办买凶杀人的人，人们称之为"会任之家"，他们接受了别人十万佣金，然后付给杀手几千。又用重金贿赂官吏串通为奸。用重利打通与重臣高官的关系，众多党羽相互勾结。请托说情直到皇亲国戚与君主的宠臣，使他们的意见被君主采纳，他们的请求在下面得以实行。因此即使最严明的洛阳令、河南尹，最终也不能摧毁消灭他们的奸行。为什么呢？凡是敢做罪大恶极之事的人，他们一定有超过常人的能力，而且能够取悦上层高官。他们拿出大量不义之财，再加上谄媚阿谀的言辞，辗转驱使所需要的官员为他们办事，官员们如果没有像第五伦那样廉洁刚直的品行，谁能不为他们所驱使呢？如今考查一下洛阳经办买凶杀人的行当，多达数十家，少说也有四五家，他们不死，社会上的凶杀就不会停止，这都是由屡次赦免罪犯造成的。由此看来，大奸大恶之人的本性，终究是无法被感化的，即使每年赦免他们，也只不过是鼓励奸人继续作恶而已。

或云："三辰有候，天气当赦[①]，故人主顺之而施德焉。"未必然也。王者至贵，与天通精，心有所想，意有所虑，未发声色，天为变移。或若休咎庶征[②]，月之从星[③]，此乃宜有是事。故见瑞异[④]，或戒人主[⑤]。若忽不察，是乃己所感致，而反以为天意欲然，非直也[⑥]。

【注释】

①三辰有候，天气当赦：古人以天象附会人事，故以星辰风云的变化作为帝王实行大赦的征兆。汪《笺》："《开元占经》六十五引《黄帝占》云：'天牢中常有系星三，以甲子、丙子、戊子、庚子、壬子暮视之，其一星去，有喜事；其二星去，有赐令爵禄之事；三星尽去，人君德令赦天下。甲子期八十一日，丙子期七十二日，戊子期六十日，庚子期八十日，壬子期六十二日而赦。'《御览》六百五十二引《风角书》云：'春甲寅日，风高去地三四丈，鸣条，从申上来，为大赦，期六十日。'又云：'候赦法，冬至后尽丁巳之日，南风从巳上来，满三日以上，必有大赦。'又引《望气经》云：'黄气四出，注期五十日赦。'"三辰，指日、月、星。候，征候，征兆。天气，天象气候。

②休：吉庆，美善。咎：凶，灾祸。庶征：众多的征候。庶，众。征，

征候，征兆。

③月之从星：《尚书·洪范》："月之从星，则以风雨。"指月球运行异常，偏向某一星辰，就会导致气候异常。

④见：同"现"。瑞：祥瑞。异：指怪异的现象。《论衡·指瑞篇》："王者受富贵之命，故其动出见吉祥异物，见则谓之瑞。"

⑤或：王宗炎疑为"感"字之误。译文姑从之。

⑥非直也：直，汪《笺》认为当作"真"。按，直，意为直道、正道。汪说亦可备一说。

【译文】

有人说："日、月、星三辰显示出征兆，就应当根据天象气候实行大赦，因此君主顺应天意而施行仁德。"其实也未必是这样。君主至贵无比，与上天精神相通，心里有所想，意念有所思，还未发于声色，上天即已为之显示出变化。如吉凶的种种征兆，如月亮偏向某一星辰，这也本是应有的事情。所以上天显示出吉祥或怪异之象，以此感应告诫君主。倘若君主忽视而不能意识到这是由自己的行为所感召引起的，反而以为是天意要让这样做，这实在不是正道啊。

俗人又曰："先世欲赦，常先遣马分行市里[①]，听于路隅[②]，咸云当赦，以知天之教也[③]，乃因施德。"若使此言也而信，则殆过矣。夫民之性，固好意度者也[④]。见久阴则称将水，见久阳则称将旱，见小贵则言将饥，见小贱则言将穰[⑤]。然或信或否。由此观之，民之所言，未必天下[⑥]。前世赎赦稀疏，民无觊觎[⑦]。近时以来，赦赎稠数[⑧]，故每春夏，辄望复赦；或抱罪之家[⑨]，侥幸蒙恩，故宣此言，以自悦喜。诚令仁君闻此，以为天教而辄从之，误莫甚焉。

【注释】

①行：走访，巡视。市里：此泛指市镇里巷。里，古代居民住户单位，周以二十五家为里，后又有五十户、八十户、一百户不等。

②路隅：路边。隅，角落。

③天之教：指天意。教，教命，命令。

④意度（duó）：以意度之，无根据地臆测。

⑤见小贵则言将饥，见小贱则言将穰（rǎng）：穰，丰收。汪《笺》："两'小'字当作'米'。"彭《校》："天之阴阳不言天，则物之贵贱亦可不言物。《史记·货殖传》云'故物贱之征贵，贵之征贱'，又云：'计然曰："知斗则修备，时用则知物，二者形，则万货之情可得而观矣。贵上极则反贱，贱下极则反贵。"'是贵贱包民生食用百物言之，不独米也。且'小'与'久'对，皆状语，若作'米'，则文法参差矣。"彭说是。

⑥未必天下：彭《校》疑"下"为"示"之讹。说可参。

⑦觊觎（jì yú）：非分之想。

⑧稠：多。数（cù）：密。此指频繁。

⑨抱罪：因罪过而心怀愧疚。

【译文】

庸俗之人又说："前代想要实行大赦时，常先派人骑马分赴市镇里巷去走访调查，在路边打听各种议论，如果大家都说应当大赦，就此得知这是上天的旨意，于是就照办以施行仁德。"假使认为这些话是可信的，那么恐怕又要犯错误了。民众的天性，本来就喜欢无端臆测。看到天阴得久了就说将有水灾，看到晴朗的时日长了就说将有旱灾，物价稍贵就说要闹饥荒，物价稍贱则又说要丰收了。然而这些话有的是对的，有的是错的。由此看来，民众的传言，未必是上天的示意。前代赎罪和大赦的事很少，百姓们也没有非分的想法。近一段时期以来，赦免和赎罪之事频繁，所以每到春夏时节，人们就盼望着再次赦免；有些犯了罪而内心愧疚的人家，希望侥幸蒙恩获赦，故意散布将要大赦的消息，以此来宽慰自己。假如仁德之君听到这些话，认为此即上天的旨意而盲目地听从照办，那就大错特错了。

论者多曰："久不赦则奸宄炽①，而吏不制，故赦赎以解之。"此乃招乱之本原，不察祸福之所生者之言也。凡民之所以轻为盗贼，吏之所以易作奸匿者②，以赦赎数而有侥望也。若使犯罪之人终身被命③，得而必刑，则计奸之谋破④，而虑恶之心绝矣。

【注释】

①炽：火势猛烈。此处引申为势力强大而气焰嚣张。

②匿(tè)：同"慝"，邪恶。

③被命：指背负罪名。被，受，负。命，名，指罪名。

④计奸：指策划为奸。

【译文】

谈论此事的人多半这样说："如果长久不施行大赦，那么为非作歹的人就会越来越多，官吏无法控制，所以只能用赦免和赎罪来解决。"这才正是招致祸乱的根源，是不明白祸福如何产生的人说的话。百姓们之所以如此地轻易去做盗贼，官吏们之所以容易为非作恶，就是因为赦免和赎罪太过频繁而使他们有侥幸心理。假使犯罪的人终身背负罪名，一旦抓获必定定罪论刑，那么策划为奸的计谋就会破灭，考虑为非作恶的心思也就断绝了。

夫良赎可①，孺子可令姐②，中庸之人③，可引而下。故其谚曰："一岁载赦，奴儿噫嗟④。"言王诛不行，则痛瘀之子皆轻犯[5],况狡乎？若诚思畏盗贼多而奸不胜故赦[6],则是为国为奸宄报也[7]。夫天道赏善而刑淫[8],天工人其代之[9],故凡立王者,将以诛邪恶而养正善,而以逞邪恶逆[10],妄莫甚焉。

【注释】

①良赎可:汪《笺》认为“良”疑为“赦”,“可”疑为“行”。

②孺子:小孩。姐:汪《笺》认为当是“婟(jù)”字之省。《说文》:“婟,骄也。”

③中庸:指品行中等。

④一岁载赦,奴儿噫嗟:载,通“再”,第二次。噫嗟,发怒声。奴儿,汪《笺》认为当读为“驽儿”,即才能低劣的人。崔实《政论》亦载是谚。王应麟《困学纪闻》十三引《政论》“奴”作“好”。“好儿”即“好人”。汪《笺》认为作“好”非。彭《校》云:“王应麟引《政论》作‘好儿’,阎若璩谓‘好儿’即‘好人’,皆是也。”又云:“汪读‘奴’为‘驽’,盖以下文‘痛瘀之子’当‘奴儿’,不知‘好儿噫嗟’者,怒王诛之不行,而‘痛瘀之子皆轻犯’者,谓弱者亦皆为恶,节信固发明谚意,而非顺释原文也。自以作‘好’为是。”彭说近是。译文姑从之。

⑤痛瘀(yū)之子:指患病的人。痛瘀,疾病。

⑥若诚思畏盗贼多而奸不胜故赦:汪《笺》认为“思”字衍。其说是。

⑦为国为奸宄报:为奸宄报,彭《校》疑当作“为奸报仇”,曰:“‘为奸宄报’疑当作‘为奸报仇’。上文言‘奸不胜’,故此承之而言‘为奸报仇’,因‘仇’字倒在‘报’字上,后人又以‘奸宄’字常见而改之也。又为盗贼报仇,非‘为国报仇’之谓,‘国’字亦疑有误。”说可参。译文按王符原文。

⑧淫:奸邪放纵。

⑨天工人其代之:语见《尚书·皋陶谟》。意谓上天的功业要人来代其完成。

⑩逞邪恶逆:彭《校》认为犹本书《班禄》篇之“疾奢夸廓”,皆平列三字为宾语,句法一律。

【译文】

赦免赎罪的门一旦打开,小孩子也会变得骄横起来,普通人也会被引入作恶者的行列。所以那句谚语说:“一年大赦两回,好人就会发怒。”说的是君王的法令不能实行,连病弱的人也会轻易犯法,更何况奸诈狡猾之人呢?如果真的是怕盗贼多,奸人群起而无法压制才实行大赦,那就是治理国家反而给坏人回报了。上天的原则是奖赏善良之人而惩罚淫邪之人,上天的功业要由人代其完成,所以设立君主的用意,就是要让他来铲除邪恶之徒而养育正直善良之人,现在反而让他放纵奸邪罪恶之徒,没有比这更荒谬的了。

且夫国无常治,又无常乱。法令行则国治,法令弛则国乱。法无常行,亦无常弛①。君敬法则法行,君慢法则法弛。昔孝明帝时②,制举茂才③,过阙谢恩,赐食事讫,问何异闻。对曰:“巫有剧贼九人④,刺史数以窃郡⑤,讫不能得。”帝曰:“汝非部南郡从事邪⑥?”对曰:“是。”帝乃振怒,曰:“贼发部中而不能擒⑦,然材何以为茂?”捶数百,便免官,而切让州郡⑧,十日之间,贼即伏诛。由此观之,擒灭盗贼,在于明法,不在数赦。

【注释】

①法无常行,亦无常弛:《管子·任法》:“法者不可恒也,存亡治乱

之所从出。”“君臣上下贵贱皆从法,此谓为大治。”《韩非子·有度》:“国无常强,无常弱,奉法者强则国强,奉法者弱则国弱。”

②孝明帝:即东汉明帝刘庄,汉光武帝第四子,58—75年在位。“孝明”为其谥号。

③制举茂才:《太平御览》二百六十五、六百五十二并作“荆州举茂才”。汪《笺》认为作“荆州”是。其按《续汉书·郡国志》载,下文“南郡”即属荆州。制,指皇帝的命令。茂才,即秀才。东汉时避光武帝刘秀讳,改称为茂才。

④巫:巫县,按《续汉书·郡国志》,属南郡,其地在今四川巫山县北。剧贼:指强大的盗贼。剧,猛烈,强大。

⑤刺史:汉代州一级的监察官,负责监察、巡视郡国的各种政务。窃:汪《笺》认为当作“察”。“窃”“察”声相近。《汉书·朱博传》:“部刺史奉使典州,督察郡国。”

⑥部南郡从事:汉置部郡国从事史,每郡、国置一人,主管文书,察举非法。南郡,汉郡名,包括今湖北北部,四川东部部分地区,属荆州,郡治在今湖北江陵。

⑦部中:指部属管辖之地。

⑧切让:严厉责备。切,深切,严厉。让,责备。

【译文】

国家没有永久的安宁,也没有永久的动乱。法令畅行,国家就安宁太平,法令废弛,国家就动乱不安。法令不能永久畅行,也不能永久废弛。君主尊重法令,法令就能畅行,君主漠视法令,法令就会废弛。从前孝明帝的时候,下令各郡荐举茂才,被举之人到朝廷答谢皇恩,赐食的礼仪结束后,明帝问他们各地有什么奇事异闻。一人回答说:“巫县有势力强大的大盗九人,刺史多次亲临郡中督察,迄今不能抓获。”明帝说:“你不是担任部南郡从事吗?”他回答说:“正是。”明帝勃然大怒,说:“盗贼出现在你管辖的地区而不能擒获,这样的‘才’怎能称作‘茂’呢?”

棒打此人数百下,随即免官,并严厉责备荆州刺史、南郡太守。十日之内,盗贼便伏法了。由此来看,擒灭盗贼,在于严明国法,而不在于屡次大赦。

今不显行赏罚以明善恶,严督牧守以擒奸猾[①],而反数赦以劝之,其文常曰[②]:“谋反大逆不道诸犯,不当得赦皆除之,将与士大夫洒心更始[③]。”岁岁洒之,然未尝见奸人冗吏[④],有肯变心悔服称诏者也[⑤]。有司奏事,又俗以赦前之微过[⑥],妨今日之显举。然则改往修来,更始之诏,亦不信也。

【注释】

①牧守:州牧郡守。牧,指州牧、刺史。守,指郡守、太守。

②文:此处指发布大赦的文告。

③“谋反大逆不道诸犯”三句:《后汉书·孝顺帝纪》阳嘉三年诏云:“嘉与海内洗心更始。其大赦天下。自殊死以下谋反大逆诸犯不当得赦者,皆赦除之。”又,崔实《政论》:“践祚改元际,未尝不赦,每其令曰‘荡涤旧恶,将与士大夫更始’。”除,赦免。洒心,洗心革面。更始,重新开始。

④然未尝见奸人冗吏:王宗炎疑“冗”为“宄”字之误。译文从之。

⑤悔服:悔过服罪。称(chèn)诏:奉诏,指服从帝王的命令。称,随,按照。

⑥又俗以赦前之微过:汪《笺》:“‘俗’疑‘欲’,《汇函》作‘乃’。”俞樾从之,又云:“惟‘欲’上当补‘不’字。盖赦前之事,不得复奏,故不欲以赦前之微过,妨今日之显举也。无‘不’字,则义不可通。”说可参。译文从之。

【译文】

现在不大张旗鼓实行赏罚来彰明善恶,不严格督责州牧郡守去擒拿奸邪狡猾之徒，反而屡次赦免他们以鼓励恶人，大赦之令的诏书上常说："谋反大逆不道各类罪犯，本不应获赦者，今皆一律赦免，借此与士大夫们一起洗心革面，重新开始。"但年年让他们重新做人，却不曾见奸人恶吏有肯认错悔过、服罪听命的。官吏奏事朝廷时，又不愿拿赦免前的微小过错，来妨碍今天大赦的显赫功劳。那么所谓改革既往整饬未来，重新开始的诏书，也就不足取信了。

《诗》讥"君子屡盟，乱是用长"①，故不若希其令②，必其言。若良不能了无赦者③，罕之为愈④，令世岁老古时一赦⑤，则奸宄之减十八九，可胜必也⑥。昔大司马吴汉老病将卒⑦，世祖问以遗戒⑧，对曰："臣愚不智，不足以知治，慎无赦而已矣。"

【注释】

①君子屡盟，乱是用长：引诗见《诗经·小雅·巧言》。诗句原指诸侯屡次盟约，战乱反而因此愈加频繁。王符此处用之，意为说明屡次赦免，非但无益，反而愈发助长祸乱。是用，是以，因此。长，增长。

②希其令：指减少大赦之令。希，同"稀"，少，减少。

③良：确实。

④愈：好。

⑤令世岁老古时一赦：令，假如。世，汪《笺》认为当作"卅"，指三十年。老古，张觉《校注》："年岁大叫'老'，经历久叫'古'，字亦作'故'。"汪《笺》："'老'盖'放'字，与'考'字形相近……转误为'老'。"二说可并参。今译文姑取汪说。

⑥胜：胜任，实现。

⑦大司马：官名。殷商始置，位次三公，掌邦政、军政与军赋。后除之。汉武帝元狩四年（前119），复设大司马，以冠将军之号。其后大司马与丞相、御史大夫并称三公。东汉光武帝建武二十七年（51）又改为太尉。吴汉：字子颜，南阳郡宛县（今属河南）人，为东汉开国功臣之一。以偏将军因战功封大司马，封广平侯。

⑧世祖：指光武帝刘秀。“世祖”为其庙号。遗戒：指死前告诫帝王的遗言。

【译文】

《诗经》讥刺“国君屡次盟誓，战乱反而更频繁”，所以不如减少大赦之令，且令出必行。如果确实不能完全消除赦免，也还是少赦为好，如果效仿古制三十年才得赦一次，那么为非作歹的人就会减少十分之八九，这是一定可以办到的。从前大司马吴汉年老病重临终之时，世祖光武帝问他有什么告诫的话留下来，他回答说：“我愚笨而无智慧，不能通达治乱之理，只希望切勿轻易赦免罪犯罢了。”

夫方以类聚，物以群分[①]。人之情皆见乎辞[②]，故诸言不当赦者，非修身慎行，则必忧哀谨慎而嫉毒奸恶者也[③]。诸利数赦者，非不达赦务[④]，则必内怀隐忧有愿为者也。人君之发令也，必谘于群臣。群臣之奸邪者，固必伏罪，虽正直吏，犹有公过，自非鬻拳、李离[⑤]，孰肯刑身以正国？然则是皆接私计以论公政也[⑥]。与狐议裘，无时焉可[⑦]！

【注释】

①方以类聚，物以群分：语见《周易·系辞上》。

②人之情皆见（xiàn）乎辞：语本《周易·系辞下》：“圣人之情见乎辞。”见，同“现”。

③嫉毒：深切痛恨。嫉，憎恨。毒，痛恨。

④非不达赦务：汪《笺》疑“赦”为“政”字之误。彭《校》从之，又以下文“论公政”为证。译文从之。

⑤鬻(yù)拳：春秋时楚国典守城门的大阍。曾用兵器强迫国君楚文王纳谏。事后说：“吾惧君以兵，罪莫大焉。”后自刖。后来文王病死，他也随后自杀。李离：春秋时晋国人，晋文公时任掌管刑狱的理官。因错听属吏意见而判人死刑。文公以为错在属吏而不在他，他说：“理有法，失刑则刑，失死则死，……今过听杀人，罪当死。”遂自杀身死。司马迁《史记·循吏列传》论云：“李离过杀而伏剑，晋文以正国法。”

⑥接：通“挟”。

⑦无时焉可：彭《校》：“犹言‘何时而可’，盖方俗语如此。”意思是任何时候都行不通。

【译文】

物以类聚，人以群分。人的思想情感通过言辞表现出来，所以那些说不应当赦免罪犯的，不是重视自身修养、慎于言行的人，就一定是忧伤世道谨慎处事且痛恨奸恶的人。那些说多施行赦免有利的，不是不通晓政治事务的人，就一定是内心怀有痛忧想要借赦免达到目的的人。君主在发布政令时，一定要听取群臣的意见。群臣中那些奸邪之辈，本来就应当受到法律的制裁，即使品行正直的官吏，也会因公而犯错，如果不是鬻拳、李离那样的人，谁肯用杀身来端正国法呢？那么，这些人就都是怀着个人的私利来议论国家的政事了。这就好比和狐狸商量做皮袄，是任何时候都行不通的。

《传》曰：“民之多幸，国之不幸也[①]。”夫有罪而备辜[②]，冤结而信理[③]，此天之正也，而王之法也。故曰：“无纵诡随，以谨无良[④]。”若枉善人以惠奸恶，此谓“敛怨以为德”[⑤]。先帝制法,论衷刺刀者⑥。何则?以其怀奸恶之心,有杀害之意也。圣主有子爱之情⑦,而是有杀害之意,故诛之,况成罪乎?

【注释】

①民之多幸,国之不幸也:语见《左传·宣公十六年》。前一个"幸"指侥幸。后一个"幸"指幸运。

②备辜:彭《校》:"古读'服'为'备',故'服辜'为'备辜'。"指服罪。辜,罪。

③信(shēn):通"伸"。伸张。

④无纵诡随,以谨无良:语见《诗经·大雅·民劳》。无,勿,不要。纵,陈奂《毛诗传疏》认为当作"从",指听从。诡随,指狡猾欺诈的人。谨,慎,慎防。无良,指恶人。

⑤敛怨以为德:语见《诗经·大雅·荡》。敛,聚敛,积聚。怨,指怨怒凶暴的人。

⑥论:定罪,论罪。衷:汪《笺》:"'衷'与'衷甲'之'衷'同。或当作'衷'。"衷,即"袖"字,袖藏意。刺刀:汪《笺》认为当作"刺刃"。

⑦子爱:指像自己的孩子一样爱护。

【译文】

《左传》中说:"人民多侥幸,就是国家的不幸。"有罪就得服罪受刑,含冤就要申雪冤屈,这是上天的正道与君王的法度。所以说:"不要听从狡猾欺诈的人,慎防那些无良恶人。"如果冤枉善良之人而惠爱奸诈邪恶之人,这就叫"积聚怨恨而自以为美德"。前代帝王制定法令,袖中暗藏刺刀的也要论罪。为什么呢?这是因为他怀有奸邪恶逆之心,有杀害他人之意。圣明的君主有爱民如子的情怀,而这种人有杀害他人的念头,所以要诛除他,更何况已经构成犯罪的呢?

《尚书·康诰》[①]："王曰：'於戏[②]！封[③]，敬明乃罚[④]。人有小罪匪省[⑤]，乃惟终自作不典[⑥]，戒尔[⑦]，有厥罪小[⑧]，乃不可不杀。'"言恶人有罪虽小，然非以过差为之也，乃欲终身行之，故虽小，不可不杀也。何则？是本顽凶思恶而为之者也。"乃有大罪匪终，乃惟省哉[⑨]，适尔[⑩]，既道极厥罪[⑪]，时亦不可杀[⑫]。"言杀人虽有大罪，非欲以终身为恶，乃过误尔，是不杀也。若此者，虽曰赦之可也[⑬]。金作赎刑[⑭]，赦作宥罪[⑮]，皆谓良人吉士，时有过误，不幸陷离者尔[⑯]。

【注释】

①《尚书·康诰》：周公以成王之命告诫弟弟康叔的话。故下文用成王的口气作"王曰"。或以为是康叔封于康时武王告诫他的话。

②於戏(wū hū)：同"呜呼"。

③封：康叔的名字。

④敬明乃罚：谨慎地使你的刑罚严明。乃，你的。

⑤匪省：今本《尚书》作"非眚(shěng)"。指不是无心的过错。匪，同"非"。省，通"眚"，过错。

⑥终：指坚持己过而不肯改。不典：不法。

⑦戒：当依今本《尚书》作"式"，四库本亦作"式"。式，语助词。尔：如此。

⑧有厥罪小：即"有厥小罪"。有，语助词，无义。厥，他的。

⑨省哉：今本《尚书》作"眚灾"，四库本亦作"眚灾"。眚灾，指因过失而致罪过。

⑩适尔：适然如此。

⑪既道极厥罪：既然已经惩罚了他们的罪过。道，读为"迪"，助词。

极，读为“殛”，诛责。

⑫时：此，这。

⑬虽曰赦之可也：彭《校》疑“曰”当为“日”，其按上文“虽岁赦之”与之同例。又崔实《政论》：“虽日赦之。”其说是。译文从之。

⑭金作赎刑：语见《尚书·尧典》。赎刑，出钱赎罪。

⑮宥罪：从宽定罪。宥，宽仁，宽恕。

⑯陷离：指遭受刑罚。离，同“罹(lí)”，遭遇，遭受。

【译文】

《尚书·康诰》：“成王说：‘啊，封！要谨慎地使你的刑罚严明。如果有人犯有小罪而不是无心的过失，且一直恃恶不改，那是他自己有意去做不法之事，像这样的人，其罪虽小，也不可不杀。’”说的是恶人犯有小罪，但并不是因为偶然过失，而是想要终身这样做，所以即使他的罪小，也不可不杀。这是为什么呢？这是本性贪婪凶狠，心怀恶意而做出来的。《康诰》又说：“如果有人犯了大罪但并非永远恃恶不改，而是因为无心的过失而偶然犯了罪，既然已经惩罚了，像这种人，就不能杀他。”说的是杀人尽管是大罪，但并非想要终身作恶，只是偶然地过失罢了，这就可以不杀他。像这样的人，即使每日赦免他也是可以的。用钱赎罪和通过大赦来宽宥罪过，这都是针对善良正直的人，偶然犯有过错，不幸遭受刑罚而言的。

先王议谳狱以制[①]，原情论意[②]，以救善人，非欲令兼纵恶逆以伤人也。是故《周官》差八议之辟[③]，此先王所以整万民而致时雍也[④]。《易》故观民设教，变通移时之议[⑤]。今日救世，莫乎此意[⑥]。

【注释】

①先王议谳(yàn)狱以制：谳，议罪，审议定罪。狱，诉讼。汪《笺》

认为,“议谳”衍一字。制,定罪,判罪。《左传·昭公六年》:“昔先王议事以制,不为刑辟。”

②原情:探究其源。原,探究本源。

③《周官》:即《周礼》。汉代初出时称《周官》,刘歆《七略》称《周官经》。王莽居摄以后,刘歆认为此书为“周公致太平之迹”,故更名《周礼》,立为官学。差:次第。八议之辟:八种议罪之法。据《周礼·秋官·小司寇》,有“议亲之辟”“议故之辟”“议贤之辟”“议能之辟”“议功之辟”“议贵之辟”“议勤之辟”“议宾之辟”。辟,法律。

④时雍:和谐,和善,指时世太平。

⑤变通移时之议:根据时代推移而变通作法。《周易·系辞下》:“《易》,穷则变,变则通,通则久。”

⑥莫乎此意:汪《笺》认为当作“莫急乎此”。译文从之。

【译文】

前代帝王审议案情以定罪,要探究犯罪者的初衷和真实意图,以便挽救善良的人,并不是要将凶恶奸邪的人一起放掉去伤害他人。所以《周官》依次列出八种议罪之法,这正是前代帝王治理万民以致天下太平的方法。《周易》因此有观察民风以设布教化,有因时制宜而变通做法之辞。现在要拯救时世,没有比这更紧迫的了。

三式第十七

高祖定汉,与群臣约,自非刘氏不得王①,非有武功不得侯②。孝文皇帝始封外祖③,因为典式④,行之至今。孝武皇帝封爵丞相⑤,以褒有德,后亦承之,建武乃绝⑥。

【注释】

①与群臣约，自非刘氏不得王：《史记·吕后本纪》："高帝已定天下，与大臣约曰：'非刘氏王者，天下共击之。'"

②非有武功不得侯：《史记·汉兴以来诸侯王年表》："高祖末年，非刘氏而王者，若无功，上所不置而侯者，天下共诛之。"

③孝文皇帝始封外祖：指汉文帝刘恒追封其母薄太后之父为灵文侯。

④典式：典范，范式。

⑤孝武皇帝封爵丞相：汉代常以列侯为丞相。武帝元朔中，公孙弘代薛泽为丞相，因无爵，武帝于是下诏封公孙弘为平津侯。

⑥建武：东汉光武帝刘秀的年号，公元25—56年。

【译文】

高祖奠定大汉基业之初，和群臣约定，不是刘姓宗亲的不得封王，没有战功的不得封侯。孝文皇帝开始封外祖父为侯，于是成为法式，一直实行至今。孝武皇帝开始给丞相封侯赐爵，以嘉奖有德行的人，后代也继承了这种做法，直到光武帝建武年间才中断。

传记所载[①]，稷、卨、伯夷、皋陶、伯翳[②]，日受封土。周宣王时[③]，辅相大臣[④]，以德佐治，亦获有国。故尹吉甫作封颂二篇[⑤]，其诗曰："亹亹申伯，王缵之事，于邑于谢，南国于是式[⑥]。"又曰："四牡彭彭，八鸾锵锵，王命仲山甫，城彼东方[⑦]。"此言申伯、山甫文德致升平[⑧]，而王封以乐土，赐以盛服也[⑨]。

【注释】

①传记：泛指古书、史书。

②稷：此指周人始祖弃。他善于农耕，尧、舜时任农官，号称后稷，舜封之于邰，赐姓姬。卨(xiè)：即契，商人始祖。尧、舜时佐禹治水有功，被舜封为掌管教化的司徒之官。伯夷：尧、舜时人，炎帝的后代，姜姓，舜时任掌管郊庙祭祀的礼仪之官。皋陶：也称咎繇，传说是黄帝次子昌意的后裔，生于尧时，舜时任掌管刑狱的理官，与尧、舜、禹合称"上古四圣"。伯翳：即伯益，又作柏翳、柏益，因受封于费，又称大费，秦人始祖。善于畜牧和狩猎，又佐禹平治水土，舜时任掌管山林川泽之官，赐姓嬴。

③周宣王：西周天子，周厉王之子，名静，一作靖。其任用仲山甫、尹吉甫、方叔、召虎等贤臣，效法文王、武王、成王、康王之政，诸侯因此又宗奉周王朝，周室得以中兴。

④辅相：辅佐。辅、相义同。

⑤尹吉甫作封颂二篇：指尹吉甫创作了《诗经·大雅》中的《崧高》和《烝民》二诗，前者歌颂申伯，后者歌颂仲山甫。尹吉甫，周宣王时的大臣，兮氏，名甲。金文作兮甲、兮伯吉。与召虎、仲山甫等辅佐宣王，周道中兴。他曾带兵讨伐猃狁。传世有兮甲盘记其事。颂，汪《笺》："'颂'疑当为'诵'。《诗·崧高》云'吉甫作诵'，毛传：'作是工师之诵也。'"彭《校》："陈奂曰：'疑三家《诗》此及《烝民》诗"诵"作"颂"字。'"

⑥"亹亹(wěi)申伯"四句：引诗见《诗经·大雅·崧高》。朱熹《诗集传》："宣王之舅申伯出封于谢，而尹吉甫作诗以送之。"亹亹，勤勉的样子。申伯，周宣王的母舅，受封于周朝南部的申国。因为他是申国国君，为伯爵，所以称"申伯"。王，指周宣王。缵(zuǎn)，继，继承。周宣王让申伯继承祖先的事业。邑，建造城邑。谢，申国国都，其地在今河南南阳南部。南国于是式，今本《诗经》作"南国是式"。彭《校》认为，盖本作"南国于式"，与《志氏姓》篇作"南国为式"同，后人不知此意，遂据《毛诗》增"是"字，

使其非今非古而成五字句。南国,指周王朝南边的国家。式,模式,榜样。

⑦“四牡彭彭(bāng)”四句:引诗见《诗经·大雅·烝民》。朱熹《诗集传》:“宣王命樊侯仲山甫筑城于齐,而尹吉甫作诗以送之。”牡,雄性的鸟兽,此处指公马。彭彭,强壮有力的样子。鸾(luán),古代帝王车舆上的配饰之铃。锵锵(qiāng),铃响声。仲山甫,也作“中山父”“仲山父”,周宣王的卿士,樊侯。城,动词,筑城。东方,指齐国。因在周的东面,故称东方。

⑧文德:与“武功”相对,指礼乐制度和道德教化。升平:民生富足,天下太平。《汉书·梅服传》“升平可致”,颜师古注引张晏曰:“民有三年之储曰升平。”

⑨盛服:华美的器物与服饰。《周礼·春官·都宗人》“与其服”,郑注:“服谓衣服及宫室车骑。”

【译文】

在古书的记载中,稷、契、伯夷、皋陶、伯翳,都曾受封过土地。在周宣王的时候,辅弼大臣皆以德义来辅助宣王治理天下,也获得过封国。所以尹吉甫作了两首诗颂扬封国之事,诗中写道:“勤勉行事的申伯啊,君王让他继承祖先的功业爵禄,在谢地修建城邑,那些南方诸国皆以他为榜样。”又写道:“四匹公马健又壮,八只鸾铃叮当响。宣王命令仲山甫,受土筑城在东方。”这是说申伯、仲山甫以道德教化实现了天下太平,因而宣王把安乐之地封给他们,又赐给他们华美的器物服饰。

《易》曰:“鼎折足,覆公餗,其刑渥。凶[①]。”此言公不胜任,则有渥刑也[②]。是故三公在三载之后,宜明考绩黜刺[③],简练其材[④]。其有稷、卨、伯夷、申伯、仲山甫致治之效者,封以列侯,令受南土八蛮之赐[⑤]。其尸禄素餐[⑥],无进治之效、无忠善之言者，使从渥刑。是则所谓明德慎罚[⑦]，而简练能否之术也。诚如此，则三公竞思其职，而百寮争竭其忠矣[⑧]。

【注释】

①“鼎折足”四句：语见《周易·鼎·九四》。王弼本“刑”作“形”。其注云：“既覆公餗，体为渥沾，知小谋大，不堪其任，受其至辱，灾及其身。”鼎，古代炊器，又为盛熟牲之器。多用青铜或陶土制成。盛行于商周。多用为宗庙的礼器。《说文》：“鼎，三足两耳，和五味之宝器也。”鼎有三足，古时常用来比喻辅佐帝王的三公。餗(sù)，鼎中的食物。孔颖达疏：“餗，糁也，八珍之膳，鼎之实也。”渥(wò)，沾湿，浸润貌。

②渥刑：大刑，大灾祸。

③考绩黜刺：考核功绩，罢黜问责。黜，罢黜，罢免。刺，问责，指责。按，“考绩黜刺”或本《尚书·尧典》“三载考绩；三考，黜陟幽明”。张觉《校注》：“因为三公之官至高，无以‘陟之’，所以此文改为‘刺’。”说可参。

④简练：精挑细选。简，通“拣”，选择，分别。练，选择。

⑤南土：南方国土。即承上文引《崧高》诗中之“南国”。指赏赐土地而言。蛮：王宗炎认为当作“鸾”。八鸾，即承上文引《烝民》诗中之“八鸾”，指赏赐器物而言。

⑥尸禄素餐：占据官位，空受俸禄，而不做职分内应做之事。尸禄，指不治事而空受俸禄。素餐，白吃。

⑦明德慎罚：语本《尚书·康诰》：“惟乃丕显考文王，克明德慎罚，不敢侮鳏寡。”德，此指施惠于人。《韩非子·二柄》：“杀戮之谓刑，庆赏之谓德。”

⑧寮：同“僚”，官。

【译文】

《周易》上说："鼎折断了脚，倾洒了公的美味佳肴，罪当大刑。不吉利。"这是说三公不能胜任他们的职位，就会遭遇大刑。因此三公在任职三年之后，就应当明确考核功绩、罢黜问责，精选贤才。对那些像稷、契、伯夷、申伯、仲山甫一样有致世太平之效的，就封为列侯，让他们接受南国封地和车马器物的赏赐。对于那些空食俸禄不尽职守，也没有治国政绩、没有忠良善言的，就施以重刑。这就是《尚书》所说的"彰明德化，慎用刑罚"，也是挑选贤能的方法。如果真能做到这些，那么三公就会争先思考自己的职守，百官也就会竞相竭尽自己的忠诚了。

先王之制，继体立诸侯，以象贤也①。子孙虽有食旧德之义②，然封疆立国，不为诸侯，张官置吏，不为大夫③，必有功于民，乃得保位，故有考绩黜刺九锡三削之义④。《诗》云："彼君子兮，不素餐兮⑤。"由此观之，未有得以无功而禄者也。当今列侯，率皆袭先人之爵，因祖考之位，其身无功于汉，无德于民，专国南面⑥，卧食重禄，下殚百姓⑦，富有国家，此素餐之甚者也。孝武皇帝患其如此，乃令酎金以黜之⑧，而益多怨。

【注释】

①继体立诸侯，以象贤也：语本《仪礼·士冠礼》"继世以立诸侯，象贤也"。郑注："象，法也。为子孙能法先祖之贤，故使之继世也。"继体，指君位继承人。象贤，效法贤人，谓子孙能继承父辈的德行。

②食旧德：指因父辈祖辈之功德而享有俸禄。旧德，先辈的功德。义：事宜，道理。

③“然封疆立国”四句:《荀子·大略》:“天之生民,非为君也。天之立君,以为民也。故古者,列地建国,非以贵诸侯而已;列官职,差爵禄,非以尊大夫而已。”《白虎通义·封公侯》:“列土为疆,非为诸侯,张官设府,非为卿大夫,皆为民也。”意与此同。

④九锡:即“九赐”。古代天子赐给诸侯、大臣的九种器物,是一种最高礼遇。《公羊传·庄公元年》何休注:“礼有九锡:一曰车马,二曰衣服,三曰乐则,四曰朱户,五曰纳陛,六曰虎贲,七曰弓矢,八曰铁钺,九曰秬鬯。”三削:三次削地削爵,以示惩罚。汪《笺》引《白虎通义·考黜》:“百里之侯,一削为七十里侯,再削为七十里伯,三削为寄公。七十里伯,一削为五十里伯,再削为五十里子,三削地尽。五十里子,一削为三十里子,再削为三十里男,三削地尽。五十里男,一削为三十里男,再削为三十里附庸,三削爵尽。”

⑤彼君子兮,不素餐兮:引诗见《诗经·魏风·伐檀》。

⑥专国:统治一国。专,一。南面:本指君主坐南朝北统治天下,此指列侯继承爵位。

⑦下殚百姓:谓搜尽百姓财物。殚,竭尽。

⑧酎(zhòu)金:汉代诸侯献给朝廷供祭祀之用的贡金。汉武帝为削弱、打击地方割据势力,借口诸侯酎金的重量、成色不足,削去一百多个诸侯。

【译文】

前代帝王的制度是,帝王的子孙立为诸侯,是因为他们能效法贤人继承父祖先辈的德行。子孙后代即使有因父辈的功德而享受爵禄的道理,然而分封土地建立侯国,不是为诸侯自身,设立封国的官员安置官吏,也不是为了大夫自身,一定要有功于人民,才可以保住自己的官位,所以才有考核功绩、贬黜问责、九种赏赐、三级削罚的道理。《诗经》中说:“那君子啊,不白食俸禄啊!”由此来看,从来没有可以无功而受禄的。如今的列侯，全都是承袭先人的封爵，继承祖辈的官位，他们自身对大汉没有功劳，对人民没有恩德，却掌管一国，南面为君，躺着不干事却享受优厚的俸禄，搜刮尽老百姓财物，拥有一国的财富，这是白食俸禄的官员中最严重的了。孝武皇帝忧虑他们的这种状况，才下令收取助祭的酎金并借故废黜了他们，但也因此造成了更多的怨恨。

今列侯或有德宜子民①，而道不得施；或有凶顽丑，不宜有国，而恶不上闻。且人情莫不以己为贤而效其能者。周公之戒，不使大臣怨乎不以②，《诗》云："驾彼四牡，四牡项领③。"今列侯年卅以来，宜皆试补长吏墨绶以上④，关内侯补黄绶⑤，以信其志⑥，以旌其能⑦。其有韩侯、邵虎之德⑧，上有功于天子，下有益于百姓，则稍迁位益土，以彰有德。其怀奸藏恶尤无状者⑨，削土夺国，以明好恶。

【注释】

①子民：以民为子，指统治人民。《白虎通义·封公侯》："择贤而封之……上以尊天子，备蕃辅，下以子养百姓，施行其道。"

②周公之戒，不使大臣怨乎不以：语本《论语·微子》："君子不施其亲，不使大夫怨乎不以。"以，用，任用。

③驾彼四牡，四牡项领：引诗见《诗经·小雅·节南山》。毛传："项，大也。"汪《笺》："笺云：'四牡者，人君所乘驾。今但养大其领，不肯为用。喻大臣自恣，王不能使也。'此引诗以明大臣怨乎不以，则以四牡项领而靡所骋，喻贤者有才而不得试，与郑氏异谊。盖本三家《诗》说。"四牡，诗中指替君主驾车的四匹马，喻指股肱帝王的大臣。项领，比喻大臣有才能。项，硕大。领，颈，脖子。

④补：指委任官职。长吏：指县长、县长的佐官，其俸禄为六百石以上。墨绶：据《汉书·百官公卿表》《汉官仪》，汉制俸禄六百石以上的官吏用铜印、墨绶。绶，系官印的带子。

⑤关内侯：汉承秦制，爵分二十级，第十九级为关内侯，地位仅次于彻侯。黄绶：据《汉书·百官公卿表》，汉制俸禄二百石以上的官吏用铜印、黄绶。张觉《校注》认为此指县官之副官。

⑥信：通"伸"，伸展，施展。

⑦旌：表彰。

⑧韩侯：周宣王时诸侯，韩国君主。其事见《诗经·大雅·韩奕》。邵(shào)虎：又作召虎，即召穆公。周宣王时，曾奉王命平定淮夷。事见《诗经·大雅·江汉》，又有出土召伯虎簋记其事。

⑨无状：指罪大恶极，不可名状。

【译文】

如今列侯中，有的有道德适合统治百姓，然而他们的正道却无法施行；有的行为凶横顽劣，不应拥有封国，然而他们的罪恶却不能为君王所知道。况且按人之常情没有不认为自己贤能而尽力展示自己才能的。周公告诫，不要让大臣产生不被任用的怨恨，《诗经》中也说："驾上那四匹大公马，四匹马的脖子硕大有力。"现在列侯年龄在三十以下的，都应该尝试委任为俸禄六百石墨绶以上级别的官职，关内侯委任为俸禄二百石黄绶以上的官职，以此来让他们施展抱负，展现他们的才能。如果其中有像古代的韩侯、邵虎那样贤德的，上有功于天子，下有益于百姓，就逐渐提升他们的官爵，增加他们的封地，以表彰他们的功德。对于那些心怀奸邪恶念、罪大恶极的，就削去他们的封地、封国，以此来表明君王的好恶。

且夫列侯皆剖符受策①，国大臣也，虽身在外，而心在王室②。宜助聪明与智贤愚③，以佐天子。何得坐作奢僭④，骄育负责[5]，欺枉小民，淫恣酒色，职为乱阶[6]，以伤风化而已乎？诏书横选[7]，犹乃特进，而不令列侯举[8]，此于主德大洽，列侯大达[9]，非执术督责总览独断御下方也[10]。今虽未使典始治民[11]，然有横选，当循王制[12]，皆使贡士，不宜阙也。

【注释】

①剖符：古代帝王分封诸侯、功臣时，以竹符为信证，剖分为二，君臣各执其一，后因以“剖符”“剖竹”为分封、授官之称。符，古代君主命官封爵或调兵遣将所用的凭证，用竹、木、铜、玉等材料制成，上面刻有文字，刻好后剖成两半，君臣各执其一，相合无差，以作凭证。策：皇帝封臣下的策命。

②虽身在外，而心在王室：语本《尚书·顾命》：“虽尔身在外，乃心罔不在王室。”

③宜助聪明与智贤愚：汪《笺》疑句有误字。俞樾云：“‘愚’字衍文也。‘与’读为‘举’，古字通用。言宜举智贤以佐天子也。下文云：‘当循王制，皆使贡士。’可证其义。”彭《校》又举下文“而不令列侯举”以证之。译文从之。聪明，耳聪目明。此指明察真实情状。

④坐作：指行为举止。

⑤骄育：汪《笺》：“‘育’盖‘赢’字之坏。《大戴礼·曾子制言》上篇云：‘富贵吾恐其赢骄也。’字亦作‘盈’。”骄赢，谓骄傲自满。负责(zhài)：即“负债”，指强借民财而不还，变相掠夺。责，同“债”。

⑥职：主，专。乱阶：祸乱的阶梯，指祸乱的由来。

⑦横选：与下句中“特进”皆指不按常规选举或破格提拔。横，不循正道。《后汉书·左雄列传》：“特选横调，纷纷不绝。”

⑧而不令列侯举：汪《笺》认为“举”下当脱“士”字。彭《校》疑本作

“与士”。与、举古字通，误合“与士”二字而为“举”字。说是，译文从之。

⑨此于主德大洽，列侯大达：二“大”字汪《笺》疑均当作“未”。当为“主德未洽，列侯未达”。译文从之。洽，周遍。

⑩执术、督责、总览、独断：这些都是先秦法家主张的君主集权的思想。术，此处指君主驾驭群臣的方法。览，通“揽”，把持。

⑪未使典始治民：《汉书·百官公卿表》：“景帝中五年令诸侯王不得复治国，天子为置吏。”自此以后，诸侯只有爵禄，而无治权。典始，汪《笺》认为“始”当作“司”。典司，掌管，主管。

⑫王制：指符合圣王之道的制度。即上文所云“封疆立国，不为诸侯，张官置吏，不为大夫”之类。

【译文】

况且那些列侯都是接受了朝廷的符节和皇帝的策命，是国家的重臣，即使身在远方，而心仍在朝廷。应该帮助皇帝明察真实情状，又能举荐智慧贤达之人来辅佐皇帝，怎么能够行为举止奢侈僭越，骄傲自满，借债不还，欺压冤枉百姓，荒淫放纵于酒色，专干那些导致祸乱而伤风败俗的事呢？如今皇帝下诏书破格选拔人才，又有各种特殊的任命，却不让列侯推举人才，这样做不利于皇帝恩德的遍布广施，列侯未能充分发挥其才能，这也不是帝王所应有的督促责罚、总揽全局、独决专断、控制群臣的方法。现在虽然还没有使列侯执掌治理百姓事务的权力，但是遇有临时需要破格选拔人才的情况，就应当依照朝廷的制度，让列侯举荐人才，不应该出现缺漏。

是诚封三公以旌积德[①]，试列侯以除素餐，上合建侯之义，下合黜刺之法。贤材任职，则上下蒙福[②]，素餐委国[③]，位无凶人。诚如此，则诸侯必内思制行而助国矣[④]。今则不然，有功不赏，无德不削，甚非劝善惩恶，诱进忠贤[⑤]，移风易俗之法术也。

【注释】

①是：彭《校》认为犹"是故"也。译文从之。张觉《校注》认为，"是"犹"夫"，说并可参。

②贤材任职，则上下蒙福：彭《校》认为"则"字当在"贤"字上，作"则贤材任职，上下蒙福"。说可参。

③委：离去。指被削夺封国。

④必内思制行而助国矣：制，张觉《校注》认为当依四部本作"剌"，"剌"当为"勅"之形讹，"勅"同"敕"，通"饬"，整治的意思。"敕行而助国"，与《汉书·孔光传》"敕躬自约，总正尤事"的意思相类。其说近是。译文从之。

⑤诱：进，引进。

【译文】

因此如果真能分封三公以表彰积德的人，起用列侯来废黜尸位素餐的人，就是上合分封诸侯的大义，下合废黜责罚的法规。让贤才担任官职，那么上至君王下至臣民都会因此得福，弃空享俸禄的人不用，官位上就不再有奸恶之人。果真能够做到这些，那么诸侯就必然会在心里考虑整饬自身的行为而辅佐治国了。现在却不是这样，有功劳的不予赏赐，没有德行的也不削除封地，这实在不是劝善惩恶，引进忠贤，移风易俗的方法啊。

昔先王抚世[①]，选练明德[②]，以统理民。建正封不过百，取法于《震》[③]，以为贤人聪明不是过也；又欲德能优而所治纤[④]，则职修理而民被泽矣。今之守相[⑤]，制地千里，威权势力，盛于列侯，材明德义，未必过古，而所治逾百里，此以所治多荒乱也。是故守相不可不审也。

【注释】

①抚世：指统治天下。

②练：通“拣”，选择。汉魏本、四库本作“拣”。明德：美好的德行。

③建正封不过百，取法于《震》：《周易·震》“震惊百里，不丧匕鬯”，孔颖达疏：“先儒皆云雷之发声，闻乎百里，故古帝王制国，公侯地方百里，故以象焉。”《后汉书·光武帝纪》：“建武二年，博士丁恭议曰：‘古帝王封诸侯不过百里，故利以建侯，取法于雷。’”《白虎通义·封公侯》：“诸侯封不过百里，象雷震百里。”正封，封地。诸侯受封于天子，各有定分，称为正封。此处指诸侯治理的疆域。王宗炎认为，“百”下脱“里”字。

④所治纤：此指治理精细周备。《汉书·食货志》：“古之治天下，至纤至悉也。”纤，细。

⑤守：即郡守、太守，州郡中的最高长官。相：指国相，汉代诸侯国的行政负责官员，由朝廷直接任命。汉武帝为削弱诸侯国力量，逐渐将其封国内官员的任免权收归中央，后汉成帝时又废诸侯内史，以相治民。

【译文】

从前古代帝王统治天下的时候，挑选德行通达的人去治理百姓。分封诸侯的土地不超过方圆一百里，这是取法于《震卦》雷震百里之意，认为贤人的聪明程度不能超过此范围；又想要他们的品德才能优秀而治理又精细周备，那样他们的官职职事就会得体完善、人民也就可以获得福泽了。现在的郡守国相管理的地方达到了方圆千里，其威势权力，超过了列侯，而他们的才能智慧、德行道义却未必胜过古人，而所治理的地方却超过了方圆百里的范围，这就是他们多半治理得政荒国乱的原因。因此对于郡守国相这些官员的选择不能不审慎啊!

昔宣皇帝兴于民间[①],深知之,故常叹曰:“万民所以安田里无忧患者,政平讼治也。与我共此者,其惟良二千石[②]。”于是明选守相,其初除者[③],必躬见之,观其志趣,以昭其能[④],明察其治,重其刑赏。奸宄减少、户口增息者,赏赐金帛,爵至封侯[⑤]。其耗乱无状者[⑥],皆衔刀沥血于市[⑦]。赏重而信,罚痛而必[⑧],群臣畏劝,竞思其职,故能致治安而世升平,降凤皇而来麒麟[⑨],天人悦喜,符瑞并臻[⑩],功德茂盛,立为中宗[⑪]。由此观之,牧守大臣者,诚盛衰之本原也,不可不选练也;法令赏罚者,诚治乱之枢机也,不可不严行也。

【注释】

①宣皇帝:西汉宣帝刘询,又名病已,武帝戾太子之孙,自幼流落民间,《汉书·宣帝纪》载其“具知闾里奸邪,吏治得失”。

②“万民所以安田里无忧患者”四句:语见《汉书·循吏传》。二千石,汉代俸禄等级。此处指食禄二千石的郡守、诸侯相。石,古代容量单位,十斗为一石。

③除:拜官,任命官职。

④昭:了解,明白。

⑤爵至封侯:《汉书·循吏传》载,胶东相王成、颍川太守黄霸有治绩,增秩赐金,封关内侯。崔实《政论》:“汉法亦三年壹察治状,举孝廉尤异。宣帝时,王成为胶东相,黄霸为颍川太守,皆且十年,但就增秩、赐金、封关内侯,以次入为公卿。”

⑥耗乱:衰败混乱。耗,凋敝,衰败。

⑦衔刀沥血:指被处死。衔刀,指被杀头。

⑧赏重而信，罚痛而必：《韩非子·五蠹》："赏莫如厚而信，使民利之；罚莫如重而必，使民畏之。"痛，彻底地。

⑨凤皇：即凤凰。传说中的祥瑞神鸟，雄曰凤，雌曰凰。麒麟：传说中的瑞兽，雄曰麒，雌曰麟。《论衡·宣汉篇》："孝宣皇帝元康二年，凤皇集于太山，后又集于新平。四年，神雀集于长乐宫，或集于上林，九真献麟。"

⑩符瑞：吉祥的征兆。臻：至，到来，出现。

⑪立为中宗：《续汉书·礼仪志》载，东汉光武帝刘秀建武十九年(43)，下诏尊汉宣帝为中宗。

【译文】

从前孝宣皇帝兴起于民间，因此深知民生疾苦与吏治得失，所以常常感叹说："万民之所以能安居乐业没有忧虑祸患，这是因为政治清明办案公正。能与我一道开创这一局面的，大概只有贤能的二千石郡国长官了。"于是严格选择郡守国相，初次任命的，一定亲自接见，观察他们的志向情趣，了解他们的才能，严格考查他们的治理情况，加重对他们的惩罚和赏赐。如果他们所治地区坏人减少、住户人口增多，就赏赐财物，晋爵封侯。如果所治地区凋敝混乱，就将其在街头斩首示众。奖赏丰厚且守信用，惩罚严重且令出必行，群臣受到刑法的震慑和奖赏的激励，都会竭尽全力做好自己的本职工作，所以能够使国家安定太平而社会富足，凤凰降临而麒麟并至，天人同乐，各种祥瑞征兆一齐出现，宣帝的功德美盛伟大，被尊为中宗。由此看来，州牧郡守这些重臣，的确是国家兴衰的根源，不能不精挑细选；法令的赏罚，确实是国家治乱的关键，不能不严格执行。

昔仲尼有言："政宽则民慢，慢则纠之以猛；猛则民残，残则施之以宽。宽以济猛，猛以济宽，政是以和①。"今者刺史、守相，率多怠慢，违背法律，废忽诏令，专情务利②，不恤公事[3]。细民冤结,无所控告。下土边远,能诣阙者[4],万无数人,其得省治[5],不能百一。郡县负其如此也[6],故至敢延期,民日往上书。此皆太宽之所致也。

【注释】

①"政宽则民慢"七句:语见《左传·昭公二十年》。慢,怠慢,懈怠。猛,严厉,严格。残,受伤害。济,救济,调节。

②专情务利:指一心谋求私利。

③不恤公事:指不忧虑国事。恤,忧虑。

④诣阙:指上达朝廷。诣,往,到。阙,本指宫门两边供瞭望的楼,此引申为朝廷。

⑤省治:查问治理。省,省问,查问。

⑥负:恃,依仗。

【译文】

从前孔子说过:"政策宽松百姓就会懈怠,百姓懈怠就用严厉的政策来纠正;政策太过严厉百姓就会受伤害,伤害百姓就用宽大政策去抚慰。用宽大调节严厉,用严厉调节宽大,政治因此调和得当。"现在刺史、郡守、国相,大多数为政怠慢,违反国家法律,轻忽君王的诏令,一心谋求私利,不忧虑国事。弱小的百姓含冤郁结,无处去控告。偏远地区的百姓,能来朝廷申述的,一万个人中没有几个,其中能得到查问办理的,又不到百分之一。郡、县的官员依仗着这种情况,所以处理民事时敢于长期拖延,百姓于是天天前往朝廷上书。这都是因为政策太宽所导致的啊。

《噬嗑》之卦[1],下动上明[2],其《象》曰[3]:"先王以明罚敕法[4]。"夫积怠之俗,赏不隆则善不劝,罚不重则恶不惩[5]。故凡欲变风改俗者，其行赏罚者也[6]，必使足惊心破胆，民乃易视。

【注释】

①噬嗑(shì hé)：《周易》中的卦名。

②下动上明：《噬嗑》下卦为震，震为动；上卦为离，离为明。

③《象》：指《象辞》，《易经》中解释卦爻之象的文字。

④先王以明罚敕法：意谓先王效法《噬嗑》之象，明其刑罚，正其法度。敕，整饬，修正。

⑤赏不隆则善不劝，罚不重则恶不惩：《管子·正世》："赏薄则民不利，禁轻则邪人不畏。"隆，重。劝，劝勉，勉励。

⑥其行赏罚者也："者"字涉上句"者"字而衍。

【译文】

《周易·噬嗑》的卦象，下为震动，上为明亮，它的《象辞》解释卦象说："先王因此严明刑罚，肃正法令。"怠慢之风积累已久，赏赐如果不丰厚，那么行善之风就鼓励不起来，惩罚如果不严厉，那么作恶之人就不会得到惩处。所以凡是决心要移风易俗的君主，行赏施罚一定使它足以震慑人心、吓破人胆，只有这样百姓才会改变看法。

圣主诚肯明察群臣，竭精称职有功效者，无爱金帛封侯之费；其怀奸藏恶别无状者，图铁锧钺之决[1]。然则良臣如王成、黄霸、龚遂、邵信臣之徒[2]，可比郡而得也[3]；神明瑞应[4]，可期年而致也[5]。

【注释】

①图铁(fū)锧(zhì)钺(yuè)之决：铁、锧、钺，均为古代刑具。铁，铡

刀，古代用作腰斩的刑具。锧，腰斩时所用的砧板。钺，古代一种像斧子的兵器。此处文似有脱误。彭《校》："则似当云'必图椹锧铁钺之决'。图者，议也。决者，论也。《后汉书·陈宠传》'季秋论囚'，章怀注：'论，决也。'……句脱二字耳。"

②王成、黄霸、龚遂、邵信臣：均为西汉宣帝时良吏，其事见诸《汉书·循吏传》。

③比郡：相邻之郡，指每郡皆有。比，并。

④瑞应：帝王修德，天降祥瑞以应之，谓之瑞应。

⑤期(jī)年：一周年。此处指每年。

【译文】

圣明的君主真要肯明察群臣，那么对于尽心称职而有功劳的人，一定不要吝啬钱财和爵位；对于那些心怀奸恶，罪大恶极的人，一定要判定其罪，行刑论处。这样的话，像王成、黄霸、龚遂、邵信臣之类的良臣，每郡就都能获得，神明降下的祥瑞，也可以每年都能得到。

爱日第十八

国之所以为国者，以有民也；民之所以为民者，以有谷也；谷之所以丰殖者[①]，以有人功也[②]；功之所以能建者，以日力也[③]。治国之日舒以长[④]，故其民闲暇而力有余；乱国之日促以短，故其民困务而力不足[⑤]。

【注释】

①丰殖：丰产，丰收。殖，繁殖，生长。

②以有人功也：人功，即人工，此指劳动力。汪《笺》："'有'字疑衍。"彭《校》："本传亦有'有'字，汪例以下句而疑衍，然转恐是下

句字脱耳。”

③日力:一日之力,指一天的劳动所得。

④舒:舒适,安详。

⑤困务:困于所务。指繁重的赋役。

【译文】

国家之所以能成为国家,是依靠有人民;人民之所以能成为人民,是依靠有粮食;粮食之所以能丰收,是依靠有足够的劳动力;劳动力之所以能有所建树,是依靠每日的劳动所得。在太平的国家里日子舒适又悠长,所以盛世的人民闲暇而力量有余;在混乱的国家里日子急迫而短暂,所以乱世的人民困于赋役而力量不足。

所谓治国之日舒以长者,非谒羲和而令安行也①,又非能增分度而益漏刻也②。乃君明察而百官治,下循正而得其所③,则民安静而力有余,故视日长也。所谓乱国之日促以短者,非谒羲和而令疾驱也,又非能减分度而损漏刻也。乃君不明则百官乱而奸宄兴,法令鬻而役赋繁④,则希民困于吏政⑤,仕者穷于典礼⑥,冤民鬻狱乃得直⑦,烈士交私乃见保⑧,奸臣肆心于上⑨,乱化流行于下⑩,君子载质而车驰⑪,细民怀财而趋走,故视日短也。

【注释】

①谒(yè):请求。羲和:神话中替太阳赶车的天神。安行:缓行,慢行。汪《笺》:“《楚辞·离骚》云‘吾令羲和弭节兮’,王逸注:‘羲和,日御也。弭,按也。按节,徐步也。’‘安行’亦‘弭节’之意。”

②分度:指黄道分度。古人想象将太阳在天上运行一周的轨道称为“黄道”。又将周天分为三百六十五度四分度之一,一度为一

千九百三十二里,太阳一日行一度。漏刻:漏上的刻度。此指时间。漏,漏壶。古代计时器,标有刻度,一昼夜共一百刻。汉哀帝时改为一百二十刻。

③下:指臣下。循正:走正道,奉公守法。循,遵循。

④法令鬻(yù):指法令废坏。鬻,卖。

⑤希民:俞樾疑当作"布衣",与"仕者"对举,云:"犹《慎微》篇云:'人君闻此,可以悚惧;布衣闻此,可以改容。'以'布衣'与'人君'对举也。《慎微》篇又云:'由此言之,有希人君,其行一也。'汪《笺》云:'有希当作布衣。汉碑布作吊,与希相似。'然则此篇'布'字,亦因作'吊'而误作'希'可知矣。'衣'与'民'下半亦微似。"说是,今从之。

⑥典礼:汪《笺》认为当作"曲礼",谓"小礼曲意"。彭《校》:"古书典、曲二字多相乱,《周语上》'瞽献曲',《潜叹》篇及《史记·周本纪》作'献典',误与此同。"此指繁琐的礼节。

⑦鬻:底本阙,汉魏本、四部本、四库本皆作"就"。今据汪《笺》补"鬻"字。《左传·昭公十四年》:"雍子自知其罪,而赂以买直,鲋也鬻狱。"

⑧烈士:谓高节之士。交私:勾结权贵。私,指权贵。见保:得以保全。

⑨肆心:肆意妄为,为所欲为。

⑩乱化:坏风气。

⑪君子载质而车驰:谓君子驱车载着礼物匆忙奔走以投靠权贵。与下句"细民怀财而趋走"对文。质,通"贽(zhì)",礼物。

【译文】

所谓在太平的国家里日子舒适又悠长,并不是因为请求羲和让他缓慢行走,也不是能增加分度而延长时间,而是君主明察,各级官员治理得当,臣下都奉公守法而各得其所,那么百姓就能安定平静且有多余劳力,所以看起来日子就长了。所谓混乱的国家日子急迫而短暂,并不是因为请求羲和让他疾速飞驰,也不是能减少分度而缩短时间,而是君主不英明,各级官员治事混乱而奸邪大兴,法令废坏而徭役赋税繁多,于是百姓被恶吏坏政所困,官员在繁文缛节中穷于应付,含冤百姓要出钱"买狱"才能得以平反,高节之士需要结交权贵才能保全自己,奸臣在上面肆意妄为,坏风气在下面流布盛行,君子驱车载着礼物奔走投靠权贵,百姓怀揣钱财奔走求告,所以看起来日子就短了。

《诗》云:"王事靡盬,不遑将父[①]。"言在古闲暇而得行孝,今迫促不得养也。孔子称庶则富之,既富则教之[②]。是故礼义生于富足,盗窃起于贫穷[③];富足生于宽暇,贫穷起于无日。圣人深知,力者乃民之本也[④],而国之基,故务省役而为民爱日[⑤]。是以尧敕羲、和,钦若昊天,敬授民时[⑥];邵伯讼不忍烦民[⑦],听断棠下,能兴时雍而致刑错[⑧]。

【注释】

①王事靡盬(gǔ),不遑将父:引诗见《诗经·小雅·四牡》。《毛序》:"劳使臣之来也。"而此处王符引之说明有暇行孝,与《毛诗》意不合。彭《校》认为这是取鲁《诗》说。王事,指公事,国事。靡,没有。盬,止息。不遑,顾不上。将,奉养。

②孔子称庶则富之,既富则教之:《论语·子路》:"子适卫,冉有仆。子曰:'庶矣哉!'冉有曰:'既庶矣,又何加焉?'曰:'富之。'曰:'既富矣,又何加焉?'曰:'教之。'"庶,指人口众多。

③是故礼义生于富足,盗窃起于贫穷:《史记·货殖列传》:"仓廪实而知礼节,衣食足而知荣辱,礼生于有而废于无。"《淮南子·齐俗训》:"夫民有余即让,不足则争。让则礼义生,争则暴乱起。"

④力：劳动力。

⑤务：尽力。

⑥“是以尧敕羲、和”三句：语本《尚书·尧典》：“乃命羲、和，钦若昊天，历象日月星辰，敬授人时。”敕，帝王的命令。羲、和，此指羲氏、和氏，相传为颛顼时南正重与火正黎的后代，尧时任掌历法之官。与上文中御日的“羲和”不同。钦，恭敬。若，顺从。昊天，广大的天。敬授民时，谨慎地将时令授予民众。

⑦邵伯讼不忍烦民：邵伯，即召伯，周成王时任太保。《诗经·召南·甘棠》郑笺云：“召伯听男女之讼，不重烦劳百姓，止舍小棠之下而听断焉。”汪《笺》认为“讼”上当有“决”字。彭《校》疑“讼”上脱“理”字，“理讼”亦见于下文。彭说近是，今从之。

⑧时雍：和谐，和善。指时世太平。雍，和谐。刑错：或作“刑措”，谓无人犯法，以致刑罚搁置不用，喻指天下太平。错，通“措”，搁置，废弃不用。

【译文】

《诗经》中说：“君王吩咐的公事无休无止，哪有时间奉养父亲。”说的是古代时日闲暇而得以尽孝道，如今时日急迫不能奉养亲人了。孔子说人口众多了就使他们富裕起来，已经富裕了就教育他们。所以礼义产生于富足，盗窃起源于贫困；富足产生于百姓有充裕的劳动时间，贫穷起源于百姓没时间从事生产劳动。又圣人深知劳动力是百姓的根本和国家的基础，所以尽量减少百姓的劳役负担为他们珍惜时日。因此帝尧命令羲氏、和氏，恭敬地顺应天时，谨慎地将时令传授给民众；召伯审理案件时不忍烦扰百姓，就在棠树下审理断案，因此能够实现时世太平而不用刑法。

今则不然。万官挠民①，令长自衒②，百姓废农桑而趋府庭者，非朝晡不得通③，非意气不得见④。讼不讼辄连月日，举室释作[5]，以相瞻视[6]。辞人之家[7]，辄请邻里应对送饷[8]，比事讫[9]，竟亡一岁功。则天下独有受其饥者矣[10]，而品人俗士之司典者[11]，曾不觉也。郡县既加冤枉，州司不治，令破家活[12]，远诣公府[13]。公府不能照察真伪，则但欲罢之以久困之资[14]，故猥说一科[15]，令此注百日[16]，乃为移书[17]，其不满百日，辄更造数[18]，甚违邵伯讼棠之义。此所谓"诵《诗》三百，授之以政，不达，虽多亦奚以为者也"[19]。

【注释】

①挠：扰乱。

②令长：秦汉时县一级行政长官。万户以上的大县称令，万户以下的小县称长。衒（xuàn）：沿街叫卖。此处喻指令长公开贪赃受贿。彭《校》引《后汉书》王符本传"令长以神自蓄"章怀注"难见如神也"，认为"难见如神，则与衒卖适相反。今按'衒'当为'眩'。眩，幻也。言令长变幻自神，以惑百姓也。"张觉《校注》认为是炫耀、自夸之意，文中指向人夸耀自己的地位。二说并可参。

③朝晡（bū）：从早晨到下午。朝，早晨。晡，申时，即下午三时至五时。古代官吏在这一时刻进一步处理完早晨留下的任务。

④意气：指送财礼"人情"。汉晋人习用语。

⑤举室：全家。释作：放下农活。作，指农事。

⑥以相瞻视：指互相探视、照看。瞻、视，都是看的意思。

⑦辞人之家：打官司的人家。辞，诉讼。《说文》："辞，讼也。"

⑧邻里：古代五家为邻，五邻为里。饷：所送的食物。

⑨比：及，等到。事讫：事情结束。

⑩独：必，一定。本书《浮侈》："一夫不耕，天下必有受其饥者。"

⑪品人：众人，普通人。品，众。俗士：见识鄙陋的人。司典者：掌管法律讼事的人。

⑫令破家活：使百姓倾家荡产。家活，家产。

⑬诣：到。公府：指三公府，汉代的中央机构。

⑭但：只。罢：通“疲”。

⑮猥：苟且。说：诸家均谓当作“设”，形声相近而误。科：法规，刑律。

⑯注：投，投入。

⑰移书：转递讼书。

⑱更：再。造数：汪《笺》疑当作“遭赦”。译文从之。

⑲“诵《诗》三百”四句：语见《论语·子路》。不达，指不通政事。奚，何。

【译文】

现在却不是这样。成千上万的官吏都在搅扰百姓，大小官员都在公开贪赃受贿，百姓荒废耕织而求告官府的，如果不是从早上一直等到下午申时就得不到通报，不送人情就不被接见。官司无论输赢都得拖上好几个月，全家人丢下农活，来照看那打官司的人。打官司的人家，还得请乡亲邻居去对答官府的查问，又要送饭送水，等到事情了结，竟是耽误了一年的农事。那么天下一定会有人因此而挨饿了，但是那些鄙陋的主管官员却丝毫不知晓这些。郡县衙门已经冤枉了百姓，州官不予查办，致使百姓倾家荡产，远赴朝廷的三公衙门。三公衙门也不能明察真伪虚实，只是让诉讼者长期耗费疲惫直至想要自己放弃官司，所以随便设立一个条文，让他们等够一百天之期，才予以传递诉讼文书，可还没等满一百天，又遇上朝廷大赦，上诉的案子也不再追究了。这样做，也太过违背古时召伯在棠树下审案断讼的精神了。这就是孔子所说的“熟读了《诗经》三百篇，交给他政治任务，却办不成，纵然读得很多，又有什么用处呢”！

孔子曰："听讼，吾犹人也[①]。"从此观之，中材以上[②]，皆议曲直之辨，刑法之理可[③]；乡、亭部吏[④]，足以断决，使无怨言。然所以不者，盖有故焉。

【注释】

①听讼，吾犹人也：语见《论语·颜渊》。彭《校》："上用《论语》作结。此引《论语》起下。言凡人但使秉心正直，则皆可断讼也。"听讼，审理诉讼。听，审理。

②中材：中等才能的人。

③皆议曲直之辨，刑法之理可：汪《笺》："'可'字疑当在'皆'字下；或当作'耳'，带上读。"彭《校》："前说是。'中材以上，皆可议曲直之辨，刑法之理'，与'乡亭部吏，足以断决，使无怨言'相对成文。"

④乡、亭部吏：乡、亭一级的官吏。《汉书·百官公卿表》载："大率十里一亭，亭有长。十亭一乡，乡有三老、有秩、啬夫、游徼。"

【译文】

孔子说："审理诉讼，我和别人是一样的。"由此看来，中等才能以上的人，都能评判是非曲直的争辨，明白量刑执法的事情；乡、亭的官吏，也足以评判百姓的诉讼，使人人都无怨言。然而事实却不是这样，这里面是有原因的啊。

传曰："恶直丑正，实繁有徒[①]。"夫直者贞正而不挠志[②]，无恩于吏，怨家务主者结以货财[③]，故乡亭与之为排直家[④]，后反覆时吏坐之[⑤]，故共枉之于庭[⑥]。以羸民与豪吏讼[⑦]，其势不如也。是故县与部并[⑧]，后有反覆，长吏坐之[⑨]，故举县排之于郡。以一人与一县讼，其势不如也。故郡与县并，后有反覆，太守坐之，故举郡排之于州。以一人与一郡讼，其势不如也。故州与郡并，而不肯治，故乃远诣公府尔。公府不能察，而苟欲以钱刀课之[10]，则贫弱少货者终无以旷旬满祈[11]，豪富饶钱者取客使往[12]，可盈千日，非徒百也。治讼若此，为务助豪猾而镇贫弱也[13]，何冤之能治？

【注释】

①恶直丑正，实繁有徒：语见《左传·昭公二十八年》。今本《左传》“繁”作“蕃”，二字相通。恶、丑，皆指憎恶、厌恶。直、正，指正直的人。实，确实。繁，多。徒，同一类的人。

②挠志：屈节，改变志节屈从他人。挠，弯曲。

③怨家：仇家，仇人。务：汪《笺》认为当作“赂”。译文从之。主者：指主管讼事的官吏。

④与：帮助。排：排挤，打击。直家：正直的人家。

⑤后反覆时吏坐之：意谓有经复查核实确为办案失误者，官吏就要被判罪。反覆，指办案失误，复查核实。坐，定罪，判罪。汪《笺》：“《周礼·乡士》‘旬而职听于朝’，郑注：‘十日乃以职事治之于外朝，容其自反覆。’《方士》‘但书其刑杀之成与其听狱讼者’，郑注：‘但书其成与治狱之吏姓名，备反覆有失实者。’”彭《校》认为，“后”下当依下文例补“有”字。

⑥枉：王宗炎认为，以上下文之例，当作“排”。庭：县庭，县衙。

⑦羸(léi)民：贫弱的百姓。羸，瘦弱。

⑧部：此指乡、亭。并：此指勾结、串通。

⑨长吏：此指县令、县长的佐官，即县丞、县尉。见《汉书·百官公卿表》。

⑩钱刀：指钱财。古时钱币有刀形者，故钱财又称钱刀。课：征收

赋税。此处指索要贿赂。

⑪弱：衰弱，指财力不足。旷旬：空废时日。旷，长久地耗费。旬，指时日。祈：四库本作“期”，王宗炎亦疑作“期”。按，此谓上文“百日”之期，作“期”是。

⑫取客：雇人。

⑬豪猾：此指豪民猾吏。

【译文】

《左传》中说：“憎恶正直之士，这样的人实在很多。”正直的人品行坚贞正派而不屈节，不给那些官吏以恩惠，而他们的仇家却用钱财贿赂勾结主管讼狱的官吏，所以乡、亭的官吏便与仇家串通一气来排挤那些正直的人，如果后来案情反复，乡、亭的官吏就要被定罪，所以他们便一起到县衙去冤枉正直的人。以一个贫苦疲弱的百姓的身份去与强横的官吏打官司，那势力一定是比不上的。因此县官和乡、亭的官吏又串通在一起，以后案情再有反复，县中的官吏也要被判罪，所以全县官吏又合伙到郡里去打压正直的人。以一个人的力量与一县官吏打官司，那势力自然是比不上的。所以郡和县又串通在一起，以后再出现反复，郡太守也会被定罪，所以一郡官员又到州里打压正直的人。一个人与一郡官吏打官司，势力更是比不上了。所以州里又会同郡里串通一气而不肯受理，所以正直的人只好远赴朝廷的三公衙门。三公衙门不愿查明案情而只想借机索取钱财贿赂，那么贫弱无钱的人最终没有办法荒废时日等到一百天期满，而豪富之人雇人去代理此事，可以等满一千天，何止一百天！像这样治理诉讼，实在是只帮助那些豪强而欺压贫弱百姓啊，还有什么冤情能够得到申诉呢？

非独乡部辞讼也。武官断狱，亦皆始见枉于小吏，终重冤于大臣。怨故未讎[①]，辄逢赦令，不得复治，正士怀冤结而不得信[②]，猾吏崇奸宄而不痛坐[③]。郡县所以易侵小民，而天下所以多饥穷也。

【注释】

①故:本来。雠:偿,报。

②信:通"伸",伸展,伸张。

③崇:助长。痛坐:被严厉治罪。痛,严厉。坐,定罪。

【译文】

不仅乡亭里的诉讼如此。就是武官审判案件,也都是先被小吏所欺枉,最终沉冤于高官大臣手中。仇怨本来还没有报,就碰上了赦免的命令,就不能再查办下去了,正直的人含冤郁结而得不到申雪平反,豪民恶吏助长奸邪而不被严厉治罪。这就是郡县官吏随便侵冤平民百姓,而天下有众多饥寒贫穷之人的原因啊。

除上天感动,降灾伤谷,但以人功见事言之①。今自三府以下,至于县、道、乡、亭②,及从事、督邮③,有典之司④,民废农桑而守之,辞讼告诉,及以官事应对吏者,一人之,日废十万人⑤。人复下计之⑥,一人有事,二人获饷⑦,是为日三十万人离其业也。以中农率之⑧,则是岁三百万口受其饥也⑨。然则盗贼何从消⑩,太平何从作?

【注释】

①但:只。人功:指被讼事耽误的劳动力。人功,指劳动力。见,被。

②道:汉代少数民族地区设立的行政区,相当于县。

③从事:又称从事史、从事掾,汉代州刺史的佐官。督邮:官名,为郡国佐吏。

④典：掌管。司：主管部门。

⑤一人之，日废十万人：此句有脱误。彭《校》："此疑本作'一人之日废，日废十万人'，字相重而脱。上'日'谓时日，下'日'即一日。"

⑥人复下计之：汪《笺》疑"人"字衍，或当作"又"。彭《校》认为，"人"字涉上下文而衍。彭说是。

⑦二人获饷：获，王宗炎以为当作"护"："传云'二人经营'，亦护持之意。"说是，今从之。饷，送饭。

⑧中农：指中等劳力的农夫，其劳力可以养活七人。《孟子·万章下》："百亩之粪，上农夫食九人，上次食八人，中食七人，中次食六人，下食五人。"率(lǜ)：按比例计算。

⑨三百万：汪《笺》："'三百'当作'二百'。中农食七人，三十万人当食二百一十万人，云二百者，举成数也。"即举其大概之数。译文从之。

⑩消：减少。

【译文】

除去上天因某些事感应而显示征兆，降下灾祸伤害庄稼不说，只以被狱讼耽误的劳动力来说一下这件事吧。现在从三公以下，直到县、道、乡、亭各级官府，以及从事、督邮，所有主管部门的官署，百姓荒废耕织而守候在那里，诉讼上告，再加上由于官府的事情被官吏传唤问话的人，一人的时日荒废，一天就要荒废十万个劳力。这样再往下计算，一个人打官司，就得两个人护理、送饭，这相当于每天有三十万人离弃了农桑本业。将他们按中等农业劳力每人养活七口人的比例计算，那么就是每年有二百万人口要挨饿了。这样的话盗贼如何消除？太平盛世又怎能出现？

孝明皇帝尝问："今旦何得无上书者？"左右对曰："反支

故①。"帝曰："民既废农远来诣阙②，而复使避反支，是则又夺其日而冤之也。"乃敕公车受章③，无避反支。上明圣主为民爱日如此④，而有司轻夺民时如彼，盖所谓有君无臣⑤，有主无佐，元首聪明⑥，股肱怠惰者也⑦。《诗》曰："国既卒斩，何用不监⑧！"伤三公居人尊位，食人重禄，而曾不肯察民之尽瘁也⑨。

【注释】

①反支：指反支日，古人以干支计日，反支日即不吉利的支日。《后汉书》王符本传章怀注引《阴阳书》："凡反支日，用月朔为正。戌、亥朔一日反支，申、酉朔二日反支，午、未朔三日反支，辰、巳朔四日反支，寅、卯朔五日反支，子、丑朔六日反支。"反支日有诸多禁忌，由下文可知不受奏章即其一。

②诣阙：指到朝堂上书。诣，往，到。阙，宫阙，朝堂。

③公车：汉代官署名，其长官为公车司马令，掌管吏民上书。

④上明圣主：汪《笺》认为当作"上圣明主"。

⑤有君无臣：语见《公羊传·僖公二十二年》："故君子大其不鼓不成列，临大事而不忘大礼。有君而无臣。"

⑥元首：指君王。

⑦股肱(gōng)：大腿和胳膊，喻指辅佐君主的重臣。

⑧国既卒斩，何用不监：引诗见《诗经·小雅·节南山》。意谓国运已经完全断绝，为什么看不见呢？国，此指国运。卒，尽。斩，断，绝。何用，何以，为什么。监，看。

⑨尽瘁：憔悴，劳病。此指百姓疾苦。《诗经·小雅·北山》"或尽瘁事国"，传云："尽力劳病。"

【译文】

孝明皇帝曾经问过："今天早晨怎么没有上书的人呢？"身边的臣子

回答说："因为回避反支日的缘故。"明帝说："百姓已经荒废农事远赴朝廷来上书，而又让他们回避反支日，这就又耽误了他们的时日，更使他们受冤了。"于是命公车令接受百姓的上书，无需避反支日。圣明的君主就是这样地为民爱惜时日，而主管官员却那样轻易地耽误百姓的时光，这大概就是所谓有好君却无好臣，有明主却无辅佐之人，君主聪明，大臣却懒惰的情况吧。《诗经》中说："国运已到完全断绝的地步，为什么看不见呢？"这是伤叹三公居于国家的尊位，领受君主的优厚俸禄，却竟然不肯体察百姓疾苦啊。

孔子病夫"未之得也，患不得之，既得之，患失之"者[①]。今公卿始起州郡而致宰相，此其聪明智虑，未必暗也，患其苟先私计而后公义尔。《诗》云："莫肯念乱，谁无父母[②]！"今民力不暇，谷何以生？百姓不足，君孰与足[③]？嗟哉，可无思乎！

【注释】

①孔子病夫"未之得也，患不得之，既得之，患失之"者：病，恨，憎恶。夫，指示代词，那。"未之得也"四句，语本《论语·阳货》。今本《论语》"患不得之"作"患得之"。汪《笺》："按《荀子·子道》篇：'孔子曰："小人者，其未得也，则忧不得；既已得之，又恐失之。"'《说苑·杂言》篇同，《论语》古本亦当有'不'字。"彭《校》："'患得之'，宋沈作喆《寓简》亦谓当作'患不得之'。虽所据者不过韩愈《王承福传》，然亦足证唐人所见《论语》有如此作者。焦循、刘宝楠二家并申何晏'患得之，患不能得之'之注，谓古人语急，'得'犹'不得'。说殆不然。"按，此亦可见本书文献价值之一端。

②莫肯念乱，谁无父母：引诗见《诗经·小雅·沔水》。毛传："京师者，诸侯之父母也。"郑笺："臣之道资于事父以事君。"王符此处不以父母为京师，用三家《诗》义。莫肯念乱，指执政者不肯考虑止乱。谁无父母，言乱之既生，有父母之人，则更加忧愁，他们将受到颠沛流离之苦。陈乔枞认为是鲁《诗》义。

③百姓不足，君孰与足：语见《论语·颜渊》。

【译文】

孔子憎恶那些"没有得到职位的时候，生怕得不到，已经得到了，又怕失去"的人。现在朝廷的三公九卿从做州郡长官开始直至晋升宰相，这就说明他们聪明智慧，未必愚暗，只是怕他们先盘算自己的私利而后考虑公义罢了。《诗经》中说："没有人肯考虑止乱，难道谁没有父母吗？"现在百姓们没有时间从事生产，粮食怎么长得出来？百姓吃穿用度不足，君王又怎么会富足？唉，能不令人深思吗？

卷第五

【题解】

本卷承上卷论政事，侧重治讼和治边，包括《断讼》《衰制》《劝将》《救边》《边议》《实边》六篇。

《断讼》即论讼，论析讼事，断，义同"论"。文章着重探讨当时讼事繁多之因及其救治之法。文字虽有错乱、脱夺，其思想却很明确："东汉狱讼繁兴，其流有二：一则王侯骄淫负债，残掠官民；一则奸徒迫嫁妇人，利其聘币。祸根所在，绐欺而已。故节信议重罚塞原而著之篇。"（《校正》）。只有"立义顺法"，"设法禁而明赏罚"，"表显有行，痛诛无状"，才能"遏绝其原"，"辞讼自消"。文章也是讨论东汉妇女问题的重要材料。

《衰制》即衰世之制。文章强调汉末衰世，君主必须令行禁止、厉行法治，"以诛止杀，以刑御残"。"已令无违，则法禁必行矣。故政令必行，宪禁必从"，"妄违法之吏，妄造令之臣，不可不诛"。文中所论"已之命所以独制人也"，"君出令而不从，是与无君等"，"已令无违，则法禁必行"等专权独制的思想，则又不时透露出商君、韩非的影子。

《劝将》以下四篇，皆针对汉安帝永初元年（107）六月西羌反叛以来东汉王朝的将帅与边疆问题而言。批判边将长吏怯劣软弱、腐败无能，"既无断敌合变之奇，复无明赏必罚之信"，"将不明于变势，而士不劝于死敌”，因而屡屡溃败，丧民失地；公卿大夫若“痴儿骇子”，尸位素餐，目光短浅，“咸欲捐弃凉州，却保三辅”，多浅薄惑乱之论，“用意若此，岂人也哉”；朝廷腐败、弃边自保，以致“五州残破，六郡削迹，周回千里，野无孑遗。寇钞祸害，昼夜不止，百姓灭没，日月焦尽”。主张任贤选能、勉励将士，早定守战之策，救边安民；广开仕途、倍增收益，“诱之以利”，移民实边，使“君子小人各有所利”，从而使边疆无患，“边无患，中国乃得安宁”。而其所云“地不可（二字原无）无边，无边亡国。是故失凉州，则三辅为边；三辅内入，则弘农为边；弘农内入，则洛阳为边。推此以相况，虽尽东海犹有边也。今不厉武以诛虏，选材以全境，而云边不可守，欲先自割，示偄寇敌，不亦惑乎”，见解超迈，眼光过人，实为不易之论，故《四库全书总目》谓之“灼然明论，足为轻弃边地之炯鉴也”！

《劝将》《救边》《边议》《实边》四篇之作时基本可以确定。据《后汉书·孝安帝纪》，永初元年（107）六月，“先零种羌叛，断陇道，大为寇掠，遣车骑将军邓骘、征西校尉任尚讨之。丁卯，赦除诸羌相连结谋叛逆者罪”。《劝将》说“军起以来，暴师五年”，可知作于永初五年（111）；《救边》说“前羌始反”至今“出入九载”，可知作于元初二年（115）；《边议》说“虏遂乘胜上强，破州灭郡，日长炎炎，残破三辅，覃及鬼方。若此已积十岁矣”，可知作于元初三年（116）；《实边》说“羌反以来，户口减少，又数易太守，至十岁不得举”，可知作于元初三年（116）以后。

断讼第十九

五代不同礼[①]，三家不同教[②]，非其苟相反也，盖世推移而俗化异也[③]。俗化异则乱原殊，故三家符世[④]，皆革定法[⑤]。高祖制三章之约[⑥]，孝文除克肤之刑[⑦]，是故自非杀伤盗臧[⑧]，文罪之法[⑨]，轻重无常，各随时宜，要取足用劝善消恶而已。

【注释】

①五代：此指传说中的五帝时期，一般指黄帝、颛顼、帝喾、尧、舜之时。张觉《校注》认为王符的观念是依从《周易·系辞》之说，指伏羲、神农、黄帝、尧、舜之时。亦可参。

②三家：即三代，指夏、商、周。或以为指夏、商、周三代开国君主。

③非其苟相反也，盖世推移而俗化异也：《管子·正世》："古之所谓明君者，非一君也。其设赏有薄有厚，其立禁有轻有重，迹行不必同。非故相反也，皆随时而变，因俗而动。"《史记·秦始皇本纪》："李斯曰：'五帝不相复，三代不相袭，各以治，非其相反，时变异也。'"皆同此意。俗化，世风。

④符世：符，彭《校》认为当作"拊"，"拊"通"抚"。抚世，指统治天下。

⑤皆革定法：《商君书·更法》："礼法以时而定，制令各顺其宜。"革，改变。

⑥高祖制三章之约：汉高祖刘邦入关中后曾与秦民约法三章："杀人者死，伤人及盗抵罪。"

⑦孝文除克肤之刑：汉文帝刘恒废除了黥、劓、刖三种肉刑。《史记·孝文本纪》十三年诏曰："夫刑至断支体，刻肌肤，终身不息，何其楚痛而不德也，岂称为民父母之意哉！其除肉刑。"克肤，伤残体肤。指黥、劓、刖等肉刑。克，害，损伤。

⑧臧：通"赃"。

⑨文罪：论罪，定罪。

【译文】

五帝时期的礼制各不相同，三代时期的教令也互有差异，这不是因为他们故意显示出礼制的差别，而是时代推移世风变化的结果。世风不同，那么引起社会动乱的根源也就有所不同了，所以三代治理国家，都会变革前代确定的法律制度。高祖与秦民约法三章，孝文帝废除了伤残身体的肉刑，因此如果不是杀人、伤人、盗窃的话，那些定罪的律令，或轻或重并无定规，各随时宜而用，重点在于采用它以后要起到劝善除恶的作用罢了。

夫制法之意，若为藩篱沟堑以有防矣[①]，择禽兽之尤可数犯者[②]，而加深厚焉。今奸宄虽众，然其原少；君事虽繁，然其守约[③]。知其原少奸易塞，见其守约政易持[④]。塞其原则奸宄绝，施其术则远近治。

【注释】

①藩篱：篱笆。沟堑：壕沟。有：犹“为”。

②数(shuò)：屡次，多次。

③守：持守，坚守。此指持守的原则。约：简约。

④持：持守，掌控。

【译文】

制定法律的意图，就好比筑起藩篱挖开壕沟防卫禽兽一样，要针对那些频繁被禽兽侵入的地方而加深加厚。现在不法之徒尽管很多，然而导致其出现的根源却很少；帝王的事务尽管繁重，然而其持守的原则却简约。明白动乱的根源不多，那么奸邪就容易杜绝了；看到持守的原则简约，那么国政也就易于管理了。堵塞了动乱的根源，不法之徒就可以杜绝；治国的策略得以施行，那么举国之内上下远近就都可以治理好了。

今一岁断狱，虽以万计，然辞讼之辩[①]，斗贼之发，乡部之治，狱官之治者[②]，其状一也。本皆起民不诚信，而数相欺绐也[③]。舜敕龙以谗说殄行，震惊朕师[④]，乃自上古患之矣。

故先慎己喉舌[5]，以元示民[6]。孔子曰："乱之所生也，则言语以为阶[7]。""小人不耻不仁，不畏不义[8]。"脉脉规规[9]，常怀奸唯[10]，昧冒前利[11]，不顾廉耻，苟且中[12]，后则榆解奴抵[13]，以致祸变者，比屋是也[14]。

【注释】

①辞：辞讼，诉讼。辩：治理。

②狱官之治：彭《校》疑"治"当作"决"，涉上句而讹。决，决断。《汉书·晁错传》："狱官主断。"

③欺绐（dài）：欺诈，欺骗。绐，欺骗。

④舜敕（chì）龙以谗说殄行，震惊朕师：谗说殄行，震惊朕师，语见《尚书·尧典》。敕，帝王的命令。龙，人名，舜时的纳言官。谗说，谗言。殄行，残暴之行。震惊，惊动。朕，我。师，众，指臣民。

⑤喉舌：指君主倚重之臣和朝廷要员。《诗经·大雅·烝民》："出纳王命，王之喉舌。"

⑥以元示民：俞樾认为当作"以示小民"，或作"以示下民"。俞说近是。汉魏本、四库本正作"以示小民"。元，汪《笺》认为当作"玄"。

⑦乱之所生也，则言语以为阶：语见《周易·系辞上》。阶，阶梯，喻事物渐进的根由。

⑧小人不耻不仁，不畏不义：语见《周易·系辞下》。

⑨脉脉（mò）规规：形容神情邪恶不正派。脉脉，用邪恶的眼光看人。规规，斜眼视人的样子。《荀子·非十二子》"学者之嵬容……莫莫然，瞡瞡然，瞿瞿然"，杨倞注："'瞡'与'规'同。规规，小见之貌。"

⑩唯：汪《笺》认为当作"诈"。王绍兰疑作"睢"，"奸睢"犹"恣睢"，

放纵无拘的样子。彭《校》从汪说，今译文亦从之。

⑪昧冒：即“冒没”，贪求。昧，贪冒，贪求。

⑫苟且中：汪《笺》认为“中”下脱一字。张觉《校注》以下句“后”字属此，亦可通。

⑬榆解奴抵：榆，汪《笺》认为是“偷”之误；张觉《校注》认为是“揄”之误，揄，脱离，排除。解，汪《笺》认为当读为“懈”；张觉《校注》认为同“揄”。奴抵，张觉《校注》认为即下文所说“迫胁”，奴，通“怒”，谴责；抵，推，排斥。其说可参。胡大浚《译注》据何镗本改“榆”为“偷”，此句大意是：偶然达到目的后，就怠惰偷安起来。今译文姑取胡说。

⑭比屋：一家紧挨一家。

【译文】

如今一年断的案子虽然数以万计，但是诉讼的处置，斗殴抢劫的发生，乡吏的审理，法官的判决，情况大体是一样的。根源都在于百姓不诚信，且经常相互欺诈。虞舜给他的纳言官龙的敕命说：谗言暴行，使我的臣民震惊。可见从远古之时就已经开始忧虑这种情况了。所以先审慎地选择自己的喉舌重臣，用好的榜样给百姓作示范。孔子说：“祸乱的发生，往往是由言语作为阶梯的。”“小人不知羞辱，不明仁德，不畏正义，不行道义。”他们神情邪恶，心怀奸诈，贪图眼前小利，不顾身后廉耻，偶尔达到目的就怠惰偷安起来，这样的人几乎每家每户都有。

非唯细民为然，自封君王侯贵戚豪富[①]，尤多有之。假举骄奢[②]，以作淫侈[③]，高负千万，不肯偿责[④]。小民守门号哭啼呼，曾无怵惕慚怍哀矜之意[⑤]。苟崇聚酒徒无行之人[⑥]，传空引满[⑦]，啁啾骂詈[⑧]，昼夜鄂鄂[⑨]，慢游是好[⑩]。或殴击责主，入于死亡，群盗攻剽[⑪]，劫人无异。虽会赦赎，不当复得在选辟之科[12]，而州司公府反争取之。且观诸敢妄骄奢而作大责者，必非救饥寒而解困急，振贫穷而行礼义者也[13]，咸以崇骄奢而奉淫湎尔[14]。

【注释】

①自：在。封君：指受封邑的贵族。

②假举：借贷。

③淫侈：过度奢侈。

④责(zhài)：同“债”。此指强取民财而不肯偿还。

⑤怵惕：恐惧警惕。惭怍(zuò)：惭愧。哀矜(jīn)：哀怜，同情。

⑥崇聚：指聚集，纠结。崇，义同聚。

⑦传空引满：指肆意饮酒。传空，传递空酒杯。汪《笺》认为犹举杯。《汉书·叙传》：“赵、李诸侍中皆引满举白。”孟康《音义》云：“举白，见验饮酒尽不也。”引满，斟酒满杯而饮。空、满，指酒杯空满。

⑧啁啾(zhōu jiū)：象鸟声，此处指怪声乱叫。詈(lì)：骂。

⑨鄂鄂：哓哓不休的样子。

⑩慢游是好：好尚慢游。慢游，浪荡游逛。

⑪攻剽(piào)：侵扰劫夺。

⑫选辟(bì)：选拔征召。辟，征召。科：指选拔征召人才时所设的科目，如孝廉、秀才之类。

⑬振：救济。

⑭淫湎：过度地沉迷。湎，沉湎。

【译文】

并非仅平民百姓是这样，在分封的王侯、贵戚以及富豪当中，这样的人尤其很多。他们大举借债，骄横奢侈，以满足其荒淫放纵的欲望，债务高达数千万，也不肯偿还。债主小民守在他们门前哭号叫喊，他们竟无丝毫恐惧警惕、惭愧哀怜之心。只管聚集酒鬼和品行顽劣的人，肆意饮酒，杯空复满，叽叽喳喳，骂骂咧咧，日夜不停，浪荡游逛，乐此不疲。有的甚至殴打债主，致其死亡，这与结伙为盗去攻掠抢劫他人没有区别。尽管碰巧会得到赦免赎罪，也不应当再把他们列入选拔征召的行列了，但各州长官和三公却争相录用他们。再者考察一下那些胆敢妄行骄奢而身负巨债的人，他们必定不是为拯救饥寒和解除困急，救济贫穷和施行礼义，而全都是用来增加其骄横奢侈和供给其沉迷无度罢了。

《春秋》之义①，责知诛率②。孝文皇帝至寡动，欲任德③，然河阳侯陈信坐负六月免国④。孝武仁明，周阳侯田彭祖坐当轵侯宅而不与免国⑤，黎阳侯邵延坐不出持马，身斩国除⑥。二帝岂乐以钱财之故而伤大臣哉？乃欲绝诈欺之端，必国家之法，防祸乱之原，以利民也。故一人伏正罪而万家蒙乎福者⑦，圣主行之不疑。永平时⑧，诸侯负责，辄有削绌之罚⑨。此其后皆不敢负民，而世自节俭，辞讼自消矣。

【注释】

①《春秋》之义：孔子在整理修订《春秋》时常以隐微精深的语言寓人事的褒贬，称为“《春秋》大义”。《春秋》公羊学派以阐发义理见长。

②责知诛率：王绍兰曰：“《公羊》桓五年‘葬陈桓公’，何休注云：‘不月者，责臣子也。知君父有疾，当营卫，不谨而失之也。’襄二十五年‘吴子谒伐楚，门于巢，卒’，何休注云：‘君子不怨所不知，故与巢得杀之。’是责知也。昭二十六年‘尹氏、召伯、毛伯以王子

朝奔楚'，何休注云：'立王子朝，独举尹氏，出奔并举召伯、毛伯者，明本在尹氏，当先诛渠率，后治其党。'是诛率也。"知，知法犯法者。率，同"帅"，带头，首先。

③至寡动，欲任德：指西汉治国采用的"清静无为"的黄老之术。彭《校》认为可从汉魏本互易"动""欲"二字；又云："《汉书·景帝纪》元年诏曰'孝文皇帝减耆欲'，即此所谓'至寡欲'也。又赞云'专务以德化民'，即此所谓'动任德'也。"可参。

④河阳侯陈信坐负六月免国：《史记·高祖功臣侯者年表》记载河阳侯陈信因"坐不偿人责过六月"，夺侯废爵。河阳，汉代县名，属河内郡。坐，入罪，定罪。负，负债不偿还。

⑤周阳侯田彭祖坐当轵(zhǐ)侯宅而不与免国：《史记·惠景间侯者年表》《汉书·外戚恩泽侯表》记载，元狩二年(前121)，田彭祖因"坐当归轵侯宅不与"而免侯。坐当轵侯宅，当从《汉书·外戚恩泽侯表》作"坐当归轵侯宅"。周阳，邑名。汉时属河东郡，其故城当在今山西闻喜东。田彭祖，汉景帝皇后的同母异父弟田胜之子。轵侯，汉文帝母舅薄昭始封轵侯，此当为其后裔。

⑥黎阳侯邵延坐不出持马，身斩国除：事见《汉书·高惠高后文功臣表》，邵延在元封六年(前105)，坐不出持马，腰斩。颜师古注云："时发马给军，匿而不出也。"黎阳侯，《汉书·高惠高后文功臣表》作"黎顷侯"。持马，汪《笺》认为当作"特马"，即公马。《汉书·食货志》："令封君以下至三百石吏，以差出牡马。""牡马"即"特马"。

⑦正罪：治罪。

⑧永平：东汉明帝刘庄的年号，公元58—75年。

⑨绌：通"黜"，罢黜，免官。

【译文】

《春秋》的义理是，责罚知法犯法者和带头作恶者。孝文皇帝极其清静寡欲，专务以德治民，但是河阳侯陈信还是因为欠债六个月不还被判罪，罢免侯爵，剥夺封地。孝武皇帝仁爱英明，但周阳侯田彭祖因为强占轵侯的住宅不归还被判罪，剥夺封地，黎阳侯邵延因为不肯给国家献出马匹被判罪腰斩，封国也被削除。这两位皇帝难道乐意因钱财的缘故而伤害大臣吗？他们不过是要断绝欺诈之风的苗头，坚决执行国家的法令，堵塞祸乱的源头，为的都是有利于人民。所以若是治罪一人而万家因此蒙受福祉的事，圣明的君主会果断不疑地去做。永平年间，诸侯中只要有欠债的，就会受到罢官削地的处罚。从那以后诸侯们都不敢负债于民，因而节俭之风自行于世，诉讼纠纷自然也就减少了。

今诸侯贵戚，或曰敕民慎行[①]，德义无违，制节谨度[②]，未尝负责，身洁规避[③]，志厉青云[④]。或既欺负百姓[⑤]，上书封租[⑥]，愿且偿责[⑦]；此乃残掠官民，而还依县官也[⑧]，其诬罔慢易[⑨]，罪莫大焉。

【注释】

①或曰敕民慎行：曰，汪《笺》认为有误，彭《校》疑当作“有”。敕民，王宗炎疑作“敕己”，彭《校》疑作“敕身”，指整饬自身，严格约束自己。今从彭说。

②制节谨度：语见《孝经・诸侯章》，唐玄宗注：“费用约俭谓之制节，慎行礼法谓之谨度。”

③规避：王宗炎认为当作“珪璧”。

④志厉青云：指志向高尚。厉，高。

⑤欺负：欺诈负债。

⑥封租：封存其租税收入。

⑦且：将。

⑧还依县官:县官,汉代称皇帝为县官。《史记索隐》:“县官谓天子也。所以谓国家为县官者,《夏官》王畿内县即国都也。王者官天下,故曰县官也。”依,汪《笺》认为当读为“薆(ài)”,蒙蔽。彭《校》:“言反依恃天子之宠以自保。”认为作“依”是。其说是,今从之。

⑨诬罔:欺骗。慢易:轻视,怠慢。

【译文】

如今的诸侯和皇亲贵戚,也许有的能警饬自身,审慎其行,德行道义无所违背,克制节俭,慎行礼法,从不拖欠负债,人品如珪璧美玉般洁白,志向高如青云。有的却已经用欺骗的手段欠下了百姓的债务,却上书皇帝请求封存其租税收入,说是将来再还债;这是残酷地掠夺官吏百姓,而又反过来依靠皇帝的宠爱以自保,他们如此欺骗君王,轻视国法,罪过没有比这更大的了。

《孝经》曰:“陈之以德义而民兴行,示之以好恶而民知禁[①]。”今欲变巧伪以崇美化,息辞讼以闲官事者,莫若表显有行[②],痛诛无状[③],导文、武之法[④],明诡诈之信[⑤]。

【注释】

①陈之以德义而民兴行,示之以好恶而民知禁:语见《孝经·三才章》。

②表显有行:表彰显扬有德行的人。表,表彰。显,显扬。

③痛诛无状:严厉诛责邪恶无状的人。痛,彻底地,严厉地。

④导文、武之法:胡大浚《译注》:“意指效文、武‘必国家之法’。”导,引导,指导。文、武,此指汉文帝、汉武帝。

⑤信:汪《笺》疑当作“罚”。译文从之。

【译文】

《孝经》中说："把道德仁义展示给百姓，百姓就会按照它来行事，把善恶好坏显示给百姓，百姓就知道有所禁忌。"如今想要改变巧诈虚伪的恶习以弘扬美善的教化，消除诉讼案件以减轻官府的政务负担，最好的办法就是表彰显扬那些有德行的人，严厉诛责那些邪恶无状的人，以文帝、武帝的法令作为指导，严明对奸诡欺诈行为的惩罚。

今侯王贵戚不得浸广①，奸宄遂多②，岂谓每有争斗辞讼，妇女必致此乎？亦以传见③。凡诸祸根不早断绝，则或转而滋蔓，人若斯邪④。是故原官察之所以务念⑤，臣主之所以忧劳者，其本皆乡亭之所治者⑥，大半诈欺之所生也。故曰：知其原少则奸易塞也，见其守约则政易持也⑦。

【注释】

①今侯王贵戚不得浸广：得，通"德"。浸广，渐渐增多。浸，逐渐，渐渐。汪《笺》认为此句下有脱文。彭《校》云："'浸广'与'遂多'对，即有脱文，亦当在'浸广'上。"

②奸宄遂多：汪《笺》认为此句以下至本段末"见其守约则政易持也"句文意在总结全文，当在本篇之末。彭《校》："'奸宄遂多'，下接'或妇人之行'，文义自顺。错简乃自'岂谓'至'易持也'一段。"按，下段"或妇人之行"至篇末，历述妇女婚姻遭遇之种种情状，尤以篇末言受人挟持，屈辱成婚，终至"婴绢吞药"自尽，为妇女鸣不平之意自明，其后正接"岂谓每有争斗辞讼，妇女必致此乎"句之反问。而"岂谓每有争斗辞讼"至"见其守约则政易持也"数句自在篇末总结全文，文意完畅。

③以：从。传：书传，书籍。

④人若斯邪：人，汪《笺》疑为“必”，彭《校》疑为“令”。二说皆可通。然依文意，此处为列举现状后的总结之辞，当以彭说近是，今从之。

⑤是故原官察之所以务念：原，推究本原。官察，明察之官。念，彭《校》认为当作“急”。说可从。

⑥乡亭：指基层官府，与上句“臣主”相对。

⑦“故曰”三句：张觉《校注》认为当接在前“《春秋》之义”一段末“辞讼自消矣”句后。说可参。

【译文】

现在的王侯贵戚们无德之行逐渐增多，为非作歹的人于是也越来越多，难道说每次发生争斗诉讼一定是由妇女引起的吗？我也是从书籍的记载中看到的。各种各样祸乱的根源如果不尽早将其断绝，那么很有可能转而滋长蔓延开来，使之出现上述的情况。因此要推究官府事务之所以繁重紧急，臣子君主之所以忧虑操劳的原因，很多案件其实本来都是些应由乡亭一级的基层官府处理的，其多半都是由欺诈引起的。所以说：明白导致动乱的根源其实不多，那么奸邪就容易杜绝了，看到君主应持守的原则其实很简约，那么政务就容易处理了。

或妇人之行，贵令鲜洁①，今以适矣②，无颜复入甲门③，县官原之④，故令使留所既入家⑤。必未昭乱之本原⑥，不惟贞洁所生者之言也⑦。贞女不二心以数变，故有匪石之诗⑧；不枉行以遗忧⑨，故美归宁之志⑩。一许不改⑪，盖所以长贞洁而宁父兄也。其不循此而二三其德者⑫，此本无廉耻之家，不贞专之所也。若然之人，又何丑吝⑬！轻薄父兄，淫僻妇女，不惟义理，苟疏一德⑭，借本治生⑮，逃亡抵中⑯，卒以致于刳腹芟颈灭宗之祸者⑰，何所无之？

【注释】

①“或妇人之行，贵令鲜洁”一段：此处以下文字多有错乱，大意是说：妇女不当再嫁，他人更不可因贪图财利而迫其改嫁。译文就字面意思参考诸家之说予以疏解。又，此处对于妇女品德方面的批判，亦体现出王符思想的历史局限性。贵，崇尚。令，美好。鲜洁，清洁，清白。

②以：通“已”，已经。适：出嫁。汪《笺》认为“适”下当有“乙”字，与下句“甲”相对，古代常以甲乙称人。说可从。

③入：指嫁入。

④县官：此处指地方官吏。原：体谅。

⑤所既入家：指乙家。胡大浚《译注》认为此句以下有脱文，疑即上段“岂谓每有争斗辞讼，妇女必致此乎？亦以传见”数句。张觉《校注》据《述赦》篇“论者多曰：‘久不赦则奸宄炽，而吏不制，故赦赎以解之。’”一段文例，认为此段“或妇人”至“所既入家”为当时人之言。则此句不必脱误亦通。

⑥必未昭乱之本原：此处当有脱文。必，彭《校》认为当依本书《述赦》篇作“此”。乱，汪《笺》认为上当有“治”字。二说皆可从。

⑦惟：思。

⑧匪石之诗：指《诗经·邶风·柏舟》，诗中有“我心匪石，不可转也”之句。诗旨在写妇女不得于夫，又见侮于众妾之无可告诉的委曲与忧伤。

⑨枉行：行为不合正道。枉，不正直。遗（wèi）忧：添忧。遗，遗留。引申为增加，增添。

⑩归宁之志：指《诗经·周南·葛覃》，诗中有“归宁父母”之句。诗旨在写出嫁后的女子准备回娘家探望父母。归宁，指妇女出嫁后回母家省亲。宁，安。

⑪许：许配，嫁与。

⑫二三其德：语见《诗经·卫风·氓》。诗旨为一位弃妇叙述其与其夫氓相恋、结婚、受虐、被弃的过程，表达其悔恨与决绝的心情与态度。二三其德，指三心二意，感情不专一。

⑬丑：认为丑恶，羞耻。吝：鄙吝，鄙俗。

⑭疏：疏远，此处引申为抛弃。一德：专一之德。指女子从一而终。

⑮本：资本，本钱。治生：营生。

⑯抵中：抵挡，相抵。指赖账。

⑰卒以致于刳(kū)腹芟(shān)颈灭宗之祸者：刳，剖。芟，本意为割草，此处引申为割断。卒，底本作“乎”，四部本作“卒”，汪《笺》从之，今据改。

【译文】

又，妇女的品行，贵在贞洁清白，一人如已嫁了乙家，就再无脸面嫁入甲家了，官吏体谅她们的这种情况，所以允许她们留在原先所嫁的人家。……这一定是不明白祸乱发生的根源，是那些没有思考过贞洁从何而来的人所说的话。持守贞洁的女子不会三心二意以改变情意，所以有称扬“我心匪石，不可转也”的诗篇；不做不合正道的行为给父母添忧，所以有赞美回娘家请安的心意。一旦出嫁再不改志，这正是为了增长贞洁而使父兄安心啊。那些不遵循这种品德而三心二意的人，本来就生于寡廉鲜耻的人家和不守贞洁之道的地方。像这样的人，又是多么羞耻鄙吝！那些轻佻浮薄的父兄，放荡淫乱的妇女，不思道德义理，轻易抛弃专一的德行，就好比向别人借本钱经营生计，随即又逃走赖账，最终导致剖腹断头的灭族大祸，这种人哪里没有呢？

先王因人情喜怒之所不能已者，则为之立礼制而崇德让[①]；人所可已者，则为之设法禁而明赏罚。今市卖勿相欺[②]，婚姻无相诈，非人情之不可能者也。是故不若立义顺法，遏绝其原。初虽惭吝于一人，然其终也，长利于万世。小惩而大戒[③]，此所以全小而济顽凶也[④]。

【注释】

①先王因人情喜怒之所不能已者，则为之立礼制而崇德让：《盐铁论·散不足》："宫室舆马，衣服器械，丧祭食饮，声色玩好，人情之所不能已也。故圣人为之制度以防之。"已，止，此指人情所至而不可自我控制。

②市卖：买卖。市，买。

③小惩而大戒：《周易·系辞下》："小惩而大诫，此小人之福也。"《正义》："小人之道，不能恒善，若因惩诫而得福也。"

④此所以全小而济顽凶也：汪《笺》认为"小"下当脱"人"字。济，救助。

【译文】

前代帝王对于人情喜怒所不可自我控制之处，就设立礼仪制度使人能崇尚德行与谦让；对于人情所能控制之处，就设立法律禁忌使人明白赏罚的规则。如今做买卖做到不互相欺骗，婚姻嫁娶做到不互相诈骗，这并非人情所不能做到的。因此不如提倡德义遵顺法律，来堵塞欺诈为非的源头。起初虽然会让个别人感到惭愧悔恨，然而最终将使千秋万代的人长久得益。出现小的过失即加以惩戒，使其受到教训而不致酿成大祸，这是为了保全小民而挽救顽固作恶的人啊。

夫立法之大要[①]，必令善人劝其德而乐其政，邪人痛其祸而悔其行。诸一女许数家，虽生十子，更百赦[②]，勿令得蒙一还私家，则此奸绝矣。不则髡其夫妻[③]，徙千里外剧县[④]，乃可以毒其心而绝其后[⑤]，奸乱绝则太平兴矣。

【注释】

①大要：大旨，要旨。

②更：经历，历经。

③不(fǒu)：同“否”。髡(kūn)：古代剃除罪犯头发的刑罚。

④剧县：指偏远苦寒之地。剧，辛苦，艰苦。

⑤毒：祸害，损害。此指感到痛苦。

【译文】

立法的要旨所在，一定要让良善的人发扬美德从而喜爱国家政令，让奸恶的人担忧其祸患从而悔恨自己的恶行。对于那些一人许配数家的女子，即使生了十个孩子，历经数百次大赦，也不让她得到一次彻底赦免而回到自己家中，那么这种奸恶的行为也就会绝迹。要不然就剃光他们夫妻俩的头发，把他们发配到千里以外的苦寒之地，只有这样才可以使他们的心灵受到极度的痛苦而断绝后来的仿效者，奸邪乱行就可以绝迹，天下也就太平了。

又贞洁寡妇[①]，或男女备具，财货富饶，欲守一醮之礼[②]，成同穴之义[③]，执节坚固，齐怀必死[④]，终无更许之虑。遭值不仁世叔[⑤]，无义兄弟，或利其娉币[⑥]，或贪其财贿，或私其儿子，则强中欺嫁[⑦]，处迫胁遣送[⑧]，人有自缢房中，饮药车上，绝命丧躯，孤捐童孩。此犹迫胁人命自杀也。

【注释】

①又：通“有”。

②醮(jiào)：此处指妇女出嫁。

③同穴：夫妇合葬。意指夫妻终老一处，妻不再改嫁。

④齐怀：指同心。齐，一同。必死：指到死没有二心。《列女传·节

义传序》:“惟若节义,必死无二。”

⑤世叔:指伯父和叔父。世,世父,即伯父。

⑥利:贪利。娉币:聘礼。娉,同“聘”,聘礼或聘物的省称。

⑦中:中人,介绍人,此处指中介做媒。

⑧处:彭《校》认为当作“遽(jù)”,仓促,骤然。译文从之。

【译文】

有些贞洁的寡妇,儿女俱全,家产富足,愿意守定只嫁一夫的礼制,成全与夫合葬的道义,节操坚固,至死没有二心,始终没有再嫁的想法。可是遇上不人道的叔伯,无情无义的兄弟,他们贪图聘礼的财利,或贪求家中的财产,盘算着要把她的儿子占为己有,于是就强行做中人欺骗她改嫁,仓促间胁迫遣送,妇女有的在房间里自缢,有的在车上服毒自杀,断送了性命,抛下了年幼的孩子。这就如同是胁迫他人令其自杀啊。

或后夫多设人客,威力胁载,守将抱执[①],连日乃缓,与强掠人为妻无异。妇人软弱,猥为众强所扶与执迫[②],幽厄连日[③],后虽欲复修本志,婴绢吞药[④]。

【注释】

①将:扶。

②猥:同“委”,委曲。与:彭《校》疑为“舁(yú)”。舁,举,抬。

③幽厄:囚禁,囚困。

④婴绢吞药:指上吊、服毒自杀。婴绢,上吊。婴,缠绕。吞药,服毒药。按,此段上至“或妇人之行”凡数段文字当接在“奸宄遂多”句下,而“岂谓每有争斗辞讼”下至“见其守约则政易持”又当接在此“婴绢吞药”句下。

【译文】

有的是后夫请来许多外人，强力胁持寡妇上车，拉扯环抱，拘执看管，拘禁多日才稍加放松，这与强盗强抢妇女为妻没有什么两样。妇女本来就身软体弱，又委屈地被众多强壮的男人拉扯拘执，被囚禁起来连续多日，后来即使她想恢复自己的初志也终不可得，无奈只能上吊、服毒自杀了。

衰制第二十

无慢制而成天下者[①]，三皇也；画则象而化四表者[②]，五帝也；明法禁而和海内者，三王也。行赏罚而齐万民者，治国也；君立法而下不行者，乱国也；臣作政而君不制者[③]，亡国也。

【注释】

①无慢制而成天下者：慢，王宗炎疑为“宪”字之形误。宪，法规，制度。说可参。译文从之。

②画则象而化四表者：本书《本训》篇“画法象而民不违”与此句意同。画则象，传说三皇五帝时期画图以象征刑法。《白虎通义·五刑》：“三皇无文，五帝画象。三王明刑。”《公羊传·襄公二十九年》何休注引孔子曰：“三皇设言民不违，五帝画象世顺机。”四表，四方。

③作政：把持政权。此处指专权。

【译文】

不设法规制度却能成就天下之功的，只有三皇；只使用象征性的刑法而能教化四方之民的，只有五帝；明确规定法律禁令而使海内和睦顺化的，只有三王。行赏施罚统一万民的，是太平的国家；君主设立法律而臣下却不能执行的，是混乱的国家；臣子专权而君主无法控制的，就是将要灭亡的国家了。

是故民之所以不乱者，上有吏；吏之所以无奸者，官有法；法之所以顺行者，国有君也；君之所以位尊者，身有义也。义者君之政也，法者君之命也。人君思正以出令，而贵贱贤愚莫得违也，则君位于上①，而民氓治于下矣。人君出令而贵臣骄吏弗顺也，则君几于弑，而民几于乱矣。

【注释】

①位：通"莅"，临视，监临。

【译文】

因此百姓之所以不作乱，是因为上面有官吏；官吏之所以不为奸，是因为官府有法令；法令之所以能顺利执行，是因为国家有君主；君主之所以地位尊贵，是其本身心怀道义。道义就是君主的政治，法律就是君主的政令。君主心思正道而发布命令，无论高贵低贱、贤能愚蠢都不得违背，那么君主临视于上，下面的百姓就可以治理得很好了。假如君主发布命令而权贵大臣和骄横的官吏不服从，那么君主就差不多有杀身之祸，百姓也就差不多要作乱了。

夫法令者，君之所以用其国也①。君出令而不从，是与无君等②。主令不从则臣令行，国危矣。

【注释】

①用：此处指治理，管理。

②君出令而不从,是与无君等:《艺文类聚》卷五十四引《申子》:“君之所以尊者令,令之不行,是无君也,故明君慎令。”或此所本。等,等同,一样。

【译文】

法令,是君主用来治理自己国家的工具。君主发布命令却无人服从,这就和没有君主一样。君主的命令无人服从,臣下的命令却大行其道,那国家就危险了。

夫法令者,人君之衔辔箠策也①,而民者,君之舆马也。若使人臣废君法禁而施己政令,则是夺君之辔策,而己独御之也。愚君暗主托坐于左②,而奸臣逆道执辔于右③,此齐驺马繻所以沉胡公于具水④,宋羊叔牂所以弊华元于郑师⑤,而莫之能御也⑥。是故陈恒执简公于徐州⑦,李兑害主父于沙丘⑧,皆以其毒素夺君之辔策也⑨。《文言》故曰⑩:“臣弑其君,子弑其父,非一朝一夕之故也,其所由来者渐矣,由变之不早变也⑪。”是故妄违法之吏,妄造令之臣,不可不诛也。

【注释】

①衔:马嚼子,用以控制马之行止。辔(pèi):驾驭马的缰绳。箠(chuí)策:马鞭。

②托坐于左:寄坐在左边尊位。古代车制,尊者或将帅居左。御者居中,勇力之士居右以备非常。托,寄托,依靠。

③逆道:指违背正道。

④齐驺(zōu)马繻(xū)所以沉胡公于具水:胡公靖虐待驺马繻,驺马繻杀死他并把尸首投入具水中。驺马繻,西周时齐国大夫,胡公靖的驾车者。胡公,胡公靖,姜太公五世孙,周夷王时为齐侯。

具水，河名，又称巨蔑水、巨洋水。

⑤宋羊叔牂(zāng)所以弊华元于郑师：史载公元前607年春，郑国攻打宋国。宋军主帅华元战前杀羊犒劳将士，羊叔牂因没有分到羊羹，交战时故意把车赶到敌军中去，使华元被擒，宋军大败。羊叔牂，春秋时宋国人，宋国大臣华元的驾车者。弊，败。

⑥御：抗拒，抵抗。这里指防备。

⑦陈恒执简公于徐(shū)州：齐简公四年(前481)，田常囚禁简公十四天后杀了简公，拥立齐平公，自任齐相国，独揽齐国政权。陈恒，即田常，田乞之子，春秋时齐国大臣。执，逮捕。徐州，《左传》作"舒州"，《史记》作"徐州"，即今山东滕州东南之薛邑故城。

⑧李兑害主父于沙丘：赵武灵王将君位传给少子赵惠文王后，自称主父。其长子赵他与惠文王游沙丘时起兵作乱，失败后投奔他。赵惠文王的司寇李兑带兵包围沙丘主父所居之宫三个月，主父饿死。李兑，战国时赵国大臣。主父，即赵武灵王，战国时赵国国君。

⑨毒素：彭《校》认为"毒"当借为"蓄"，二字古音同部。蓄素，久积于平素。

⑩《文言》：《周易》十翼之一，专门解释《乾》《坤》二卦。

⑪"臣弑其君"五句：语见《周易·坤·文言》，文字与今本《周易》略有出入。

【译文】

法令，就好比是君主的马嚼子、缰绳和马鞭子，而百姓，就好比是君主的车马。假使让臣子废弃君主的法律禁令而施行自己的政令，就好比是夺取了君主的缰绳鞭子，自己独自去驾驭车马。愚昧昏暗的君主寄坐在车子左边的尊位上，而背逆的奸臣却手执缰绳在车子右边驾驭，这就是齐国驺马繻能把胡公沉入具水，宋国羊叔牂能让主帅华元大败于郑军，而没有人能够控御的原因。因此陈恒在徐州囚杀了君主齐简公，李兑在沙丘害死了先君赵武灵王，这都是因为他们长期夺取了君主的缰绳马鞭的结果。所以《文言》中说："臣子弑杀国君，儿子弑杀父亲，并非一朝一夕的缘故，其作恶的由来是渐萌渐长的，只是君父没能早日辨清真相。"因此对于肆意违法的官吏，随意编造王命的大臣，是不可不杀的。

议者必将以为刑杀当不用，而德化可独任[①]。此非变通者之论也[②]，非叔世者之言也[③]。夫上圣不过尧、舜，而放四子[④]；盛德不过文、武，而赫斯怒[⑤]。《诗》云："君子如怒，乱庶遄沮；君子如祉，乱庶遄已[⑥]。"是故君子之有喜怒也，盖以止乱也。故有以诛止杀，以刑御残[⑦]。

【注释】

①刑杀当不用，而德化可独任：《汉书·董仲舒传》："天道之大者在阴阳，阳为德，阴为刑，刑主杀而德主生。是故阳常居大夏，而以生育养长为事，阴常居大冬，而积于空虚不用之处，以此见天之任德不任刑也。……王者承天意以从事，故任德教而不任刑。刑者不可任以治世，犹阴之不可任以成岁也。"德化可独任，指专用道德教化实现天下大治。

②变通：变化以致通达，引申指随机应变。《周易·系辞下》："《易》，穷则变，变则通，通则久。""变通者，趣时者也。"

③非叔世者之言也：叔，王宗炎认为当作"救"。译文从之。

④放：流放，放逐。四子：指驩兜、共工、鲧、三苗，尧时被称为"四凶"，他们被舜放逐。事见《尚书·尧典》。

⑤赫斯怒：语见《诗经·大雅·皇矣》："王赫斯怒，爰整其旅。"意思是勃然大怒。斯，语助词。《孟子·梁惠王下》："《诗》云：'王赫

斯怒，爰整其旅，以遏徂莒，以笃周祜，以对于天下。'此文王之勇也，文王一怒而安天下之民。"

⑥"君子如怒"四句：引诗见《诗经·小雅·巧言》。庶，庶几，差不多。遄(chuán)，快速，迅速。沮(jǔ)，制止。祉(zhǐ)，喜。已，止，结束。

⑦故有以诛止杀，以刑御残：《商君书·画策》："以杀去杀，虽杀可也；以刑去刑，虽重刑可也。"意与此同。以诛止杀，指通过诛除杀人凶手来制止更多的杀戮。以刑御残，指用刑法来对付残害他人性命的罪犯。御，应对，对付。

【译文】

议论政事的人必将认为刑法杀戮应该废弃不用，只用道德感化即可实现天下大治。这并不是懂得事物变通之理的人说的话，也非拯救时世者的言论。再伟大的圣人也超不过尧、舜，而尧、舜放逐四凶；再隆盛的德行也超不过周文王、武王，而文王、武王也会勃然大怒去兴兵伐罪。《诗经》中讲："君子一旦发怒，动乱就差不多可以迅速制止了；君子一旦喜悦，动乱就差不多可以迅速结束了。"因此君子有喜有怒，是用来制止祸乱的。因此必须通过诛除杀人凶手来制止杀戮，通过刑罚来对付残害性命。

且夫治世者若登丘矣，必先蹑其卑者[①]，然后乃得履其高[②]。是故先致治国，然后三王之政乃可施也；道齐三王[③]，然后五帝之化乃可行也；道齐五帝，然后三皇之道乃可从也[④]。

【注释】

①蹑(niè)：踩，踏。卑：指山的低处。

②履：践，踩。此指登上。高：指山的高处。

③道：此指治国的方略，方法。

④从：跟从，效法。

【译文】

治理国家犹如攀登山峰，一定先从它的低处起步，然后才能登上高峰。因此要先实现国家的安定太平，然后三王的政治措施才可以施行；治国的方略达到三王的水平了，然后五帝的教化才可以实行；治国的方略达到五帝的水平了，然后三皇的治国方法才可以仿效。

且夫法也者，先王之政也；令也者，己之命也。先王之政所以与众共也[①]，己之命所以独制人也[②]。君诚能授法而时贷之[③]，布令而必行之，则群臣百吏莫敢不悉心从己令矣。己令无违，则法禁必行矣。故政令必行，宪禁必从[④]，而国不治者，未尝有也。此一弛一张[⑤]，以今行古[⑥]，以轻重尊卑之术也[⑦]。

【注释】

①先王之政所以与众共也：《吕氏春秋·处方》："法也者，众之所同也。"意近。

②己之命所以独制人也：《商君书·修权》："法者，君臣之所共操也；信者，君臣之所共立也；权者，君之所独制也。"意近。

③授法：此指颁行、公布法令。时贷：随时代的发展而有所变化。时，适时。贷，胡大浚《译注》："应作'贳(tè)'，'忒'的古字，差别的意义。"说可从。

④宪禁：即法禁。宪，法。

⑤一弛一张：喻指君主对臣民的统治要宽严相济、德刑并用。弛，

放松弓弦。张，绷紧弓弦。《礼记·杂记下》："一张一弛，文、武之道也。"

⑥以今行古：此指在当今社会推行古代的法制。

⑦轻重尊卑：胡大浚《译注》："疑'重轻尊卑'之误，意思是使已轻的法令重起来，已卑的君主尊起来。《管子·重令》篇：'凡君国之重器，莫重于令。令重则君尊，君尊则国安；令轻则君卑，君卑则国危。故安国在乎尊君，尊君在乎行令，行令在乎严罚。罚严令行，则百吏皆恐；罚不严，令不行，则百吏皆喜。故明君察于治民之本，本莫要于令。'"译文从之。

【译文】

法制，是前代帝王的立政准则；政令，是当世君主自己发布的命令。前代帝王的立政准则是和臣民共同遵守的，君主自己的命令是独自用来制约臣民的。君主果真能颁行法令而又能依据时代的变化有所变通，发布命令就一定执行，那么群臣百官就没有敢不尽心去服从君主命令的了。君主自己的命令无人敢违背，那么法律禁令就一定能够实行。所以政令必行，法禁必从，国家却还治理不好，那是从来没有过的。这就是张弛有度，根据当下实际推行古法，从而使法律由轻转重，君主由卑变尊的方法啊。

劝将第二十一

太古之民，淳厚敦朴[①]，上圣抚之，恬淡无为[②]，体道履德[③]，简刑薄威[④]，不杀不诛，而民自化，此德之上也。德稍弊薄[⑤]，邪心孳生，次圣继之，观民设教[⑥]，作为诛赏[⑦]，以威劝之[⑧]，既作五兵[⑨]，又为之宪[⑩]，以正厉之[⑪]。《诗》云："修尔舆马，弓矢戈兵，用戒作则，用逖蛮方[⑫]。"故曰："兵之设也久矣[13]。”涉历五代[14],以迄于今,国未尝不以德昌而以兵强也。

【注释】

①淳厚敦朴:厚道朴实。

②恬淡无为:清静无为,任其自然。

③体、履:皆指奉行,践行。

④简、薄:皆为减省的意思。威:威势。

⑤德稍弊薄:德,彭《校》疑当作“后”,涉上“德”字而误。弊,败坏。薄,浅薄。

⑥观民设教:语见《周易·观·象》,意为观察民风以设布教化。

⑦诛赏:刑赏,刑罚和奖赏。

⑧威:威慑,震慑。劝:劝勉,鼓励。

⑨五兵:本指古代五种兵器,说法不一,一说指矛、戟、钺、盾、弓矢。此处泛指各种兵器。

⑩宪:法律。

⑪正:端正。厉:同“励”,勉励,激励。

⑫“修尔舆马”四句:引诗见《诗经·大雅·抑》。今本《诗经》作:“修尔车马,弓矢戎兵。用戒戎作,用逷蛮方。”戒,警戒,戒备。作则,指遵守国法。逖,同“逷”,剪除,制服。蛮方,远方异族。

⑬兵之设也久矣:语本《左传·襄公二十七年》子罕语。

⑭涉历:经过。五代:一般指唐尧、虞舜之世并夏、商、周三代。

【译文】

上古时期的民众,敦厚淳朴,最伟大的圣人治理他们,清静无为,任其自然,奉行道德,减省刑罚威势,不杀戮不惩处,而百姓自然受到教化,这是德行的最高境界。以后道德渐渐败坏浇薄,邪恶的思想开始滋生,次一等的圣人紧随其后,观察民风而设布教化,建立起刑罚和奖赏,来威慑和鼓励百姓,又制造了各式兵器,制定了种种法律条令,以端正和勉励他们。《诗经》中说："整理好你的车马，弓箭和戈，用来戒备和维护王法，用来制服远方异族。"因此说"军队的设置已经很久了"。经历了唐、虞、夏、商、周五代，直到今天，国家没有不是凭借道德教化而昌盛，又依赖军事力量而强大的。

今兵巧之械①，盈乎府库②，孙、吴之言③，聒乎将耳④，然诸将用之，进战则兵败，退守则城亡。是何也哉？曰：彼此之情，不闻乎主上，胜负之数⑤，不明乎将心，士卒进无利而自退无畏⑥。此所以然也。

【注释】

①械：汪《笺》："《史记·律书》云'其于兵械尤所重'，《正义》云：'内成曰器，外成曰械。械谓弓、矢、殳、矛、戈、戟。'"

②盈：满。府库：古代储藏财物及兵甲车马之处。《礼记·曲礼》"在府言府，在库言库"，郑注："府谓宝藏货贿之处也，库谓车马兵甲之处也。"

③孙、吴：指孙武和吴起。孙武是春秋时期齐国著名军事家。他曾以兵法十三篇见吴王阖闾，被任用为将，率吴军西破强楚，北威齐、晋。著《孙子兵法》，是我国现存最早最杰出的兵书。吴起是战国时军事家。卫国左氏（今山东曹县北）人。《汉书·艺文志》著录《吴起》四十八篇，现存《吴子》六篇，然其中杂有后人的整理加工。言，著作，学说。

④聒（guō）：喧扰，吵闹。

⑤数：道理，规律。

⑥利：好处，此处指奖赏。

【译文】

现在各种精巧的兵器，堆满了军械府库，孙武、吴起的学说，在将帅的耳边讲个不休，但是将领们在运用时，前进冲锋就落得兵败人亡，后撤退守又会丢城失地。这是什么原因呢？原因在于：敌我双方的情况，君主一无所知，战事胜败的策略，将帅心中毫不明白；士兵们冲锋拼杀得不到任何奖赏，而自行撤退也无所畏惧。这就是其中的原因啊。

夫服重上阪①，出驰千里，马之祸也。然节马乐之者②，以王良足为尽力也③。先登陷阵，赴死严敌④，民之祸也。然节士乐之者⑤，以明君可为效死也。凡人所以肯赴死亡而不辞者，非为趋利，则因以避害也⑥。无贤鄙愚智皆然，顾其所利害有异尔⑦。不利显名，则利厚赏也⑧；不避耻辱，则避祸乱也。非此四者，虽圣王不能以要其臣⑨，慈父不能以必其子⑩。明主深知之，故崇利显害以与下市⑪，使亲疏贵贱贤鄙愚智，皆必顺我令乃得其欲，是以一旦军鼓雷震，旌旗并发，士皆奋激，竞于死敌者⑫，岂其情厌久生，而乐害死哉⑬？乃义士且以徼其名⑭，贪夫且以求其赏尔。

【注释】

①服：驾，驾车。阪（bǎn）：斜坡，山坡。

②节马：《群书治要》作“骐骥”。王宗炎认为当作“良马”，涉下“节士”而讹。译文从之。

③以王良足为尽力也：汪《笺》：“‘王良’疑当作‘良工’。”彭《校》：“王良识马，故马乐为尽力，犹明君爱士，故士乐为效死。此义出《楚策》。”王良，即邮无恤，字子良，故又称王良。春秋末晋国大夫赵简子的御者，以善于驾车及爱马著称。

④严敌：强敌，劲敌。

⑤节士：节义之士。

⑥非为趋利，则因以避害也：《管子·明法解》："人臣之行理奉命者，非以爱主也，且以就利而避害也。"

⑦顾：只是，不过。

⑧则利厚赏也：汪《笺》："'赏'当作'实'。《史记·鲁仲连传》云：'此两计者，显名厚实也。'下文亦云'荣名厚实'。"

⑨要(yāo)：要求。

⑩必其子：要求儿子务必做到。张觉《校注》认为，"必"通"绋(bì)"，与"要"对文同义，亦约束意。说亦可参。

⑪崇利显害：指增加利禄，加重刑罚。与下市：和臣下做交易。市，做交易。张觉《校注》："指君主用赏罚的手段来换取臣下的拼命与尽力。《韩非子·难一》云：'臣尽死力以与君市，君垂爵禄以与臣市。君臣之际，非父子之亲也，计数之所出也。'"

⑫死敌：和敌人拼死命。

⑬而乐害死哉：害，《群书治要》引作"空"，汪《笺》从之，认为指空死而无成名。译文从之。

⑭且：将，欲。徼(yāo)：通"邀"，求取，希望得到。

【译文】

拉重车上陡坡，奔驰千里远道，对于马来说是灾祸，然而良马却乐于这样做，是因为驾车的王良值得为他尽力。率先登城陷阵，赴死于强敌之前，对于百姓来说是灾祸，然而节义之士乐于这样做，是因为英明的君主值得为他献身。大凡人之所以愿意奔赴死亡而不推辞的原因，不是为了追求利益，就是借以避免灾祸，不管贤人、鄙夫、蠢人、智者都是如此，只不过他们所认为的利益和祸害各有不同罢了。不是贪图显赫的名声，就是贪图丰厚的奖赏；不是为了避免耻辱，就是为了躲开祸乱。如果不是这四种情况，就算再圣明的君主也没有办法要求臣下一定做到，再慈爱的父亲也没有办法要求他的孩子一定做到。贤明的君主深知这一点，所以增加利禄、加重处罚与臣下作交易，无论亲近疏远、高贵卑贱、贤能鄙陋、愚蠢有智的人，皆使其必须顺服君主的命令才能得到他想要的利益。因此一旦战鼓如雷般敲响，军旗一起挥舞的时候，士兵们个个都振奋激昂，竞相拼死杀敌，难道他们的心里是厌恶长久地活着而乐于白白送死吗？这不过是节义之士想以此来求得美好的名声，而贪婪之人想以此来求得奖赏罢了。

今吏从军败没死公事者[①]，以十万数，上不闻吊唁嗟叹之荣名，下又无禄赏之厚实[②]，节士无所劝慕，庸夫无所贪利。此其所以人怀沮解[③]，不肯复死者也[④]。

【注释】

①没(mò)死：指献身。没，死。

②实：指财物。

③沮解(jǔ xiè)：指人心涣散懈怠。沮，丧气，颓丧。解，懈怠，涣散。汉魏本、四部本作“懈”字。

④不肯复死：复，彭《校》疑作“赴”，上文“赴死严敌”“肯赴死亡”，皆是此例。按，“复”字亦通。不肯复死，意为士兵不愿意再拼死杀敌。

【译文】

如今兵吏从军打仗而败亡，为国捐躯的，达十万之多，上听不到吊唁赞叹的荣耀之名，下又得不到钱财奖赏的丰厚之利，节义之士得不到足以激励的名誉，庸俗之人得不到可以贪求的财利。这就是为什么人心涣散懈怠，不愿意再拼死杀敌的原因啊。

军起以来，暴师五年[①]，典兵之吏[②]，将以千数[③]，大小之战，岁十百合[④]，而希有功[⑤]。历察其败，无他故焉，皆将不明于变势[6]，而士不劝于死敌也[7]。其士之不能死也，乃其将不能效也[8]，言赏则不与，言罚则不行，士进有独死之祸，退蒙众生之福。此其所以临阵亡战[9]，而竞思奔北者也[10]。

【注释】

①暴(pù)师：指军队在外受风吹日晒雨淋等。暴，露，晒。

②典：掌管，主管。

③将：接近，将近。

④合：指两军交锋，开战。

⑤希：少。

⑥变势：指战争中变化莫测的态势。《孙子·势》："战势不过奇正，奇正之变，不可胜穷也。"

⑦死敌：拼死抗敌。

⑧乃其将不能效也：效，汪《笺》："'效'当作'故'。《韩非子·初见秦》云：'白刃在前，斧锧在后，而却走不能死也，非其士民不能死也，上不能故也。言赏则不与，言罚则不行，赏罚不信，故士民不死也。'"

⑨亡：彭《校》认为与"忘"同。《群书治要》正作"忘"。

⑩奔北：败逃。北，败，败逃。

【译文】

自从出兵以来，军队在外风吹日晒已经整整五年了，掌管军队的官吏，多达千人，大大小小的战斗算起来，每年有几十乃至上百次，却很少有战绩。逐一考察其失败的原因，没有其他缘故，都是由于带兵将领不懂得战争变化莫测的态势，而士兵又不尽力拼死杀敌所造成的。士兵之所以不能拼死杀敌，是由于其将领无能所致。说要奖赏而不兑现，说要处罚却不执行，士兵向前冲锋有独自丧生的灾祸，向后撤退却可以得到和大家一起活命的福分。这就是为什么士兵们到了阵前却忘记去战斗,反而争着想败逃的原因啊。

孙子曰:“将者,智也、仁也、敬也、信也、勇也、严也①。”是故智以折敌②,仁以附众③,敬以招贤,信以必赏,勇以益气,严以一令。故折敌则能合变④,众附爱则思力战,贤智集则英谋得⑤,赏罚必则士尽力,勇气益则兵势自倍,威令一则惟将所使⑥。必有此六者,乃可折冲擒敌⑦,辅主安民。

【注释】

①将者,智也、仁也、敬也、信也、勇也、严也:今本《孙子·始计》作:“将者,智、信、仁、勇、严也。”汪《笺》引曹操注“将宜五德备”,并云:“此益以‘敬’,盖所见本异。”按,此又本书文献价值之证。

②智以折敌:折,汪《笺》疑为“料”字之误。料敌,即判断估计敌情。下文的“故折敌则能合变”的“折”同。又,张觉《校注》认为“折”字不误,与“断”字义同,判断、判定义。亦通。

③附:此指亲近。张觉《校注》:“通‘抚’,安抚,抚慰。”亦可参。

④合变:胡大浚《译注》谓指兵力的分散和集中根据客观情况的变化而变化。《孙子·军争》:“以分合为变者也。”

⑤贤智集则英谋得:英,汪《笺》:“按‘英’疑‘策’之误。《诗·兔罝》郑笺云:‘此兔罝之人,于行攻伐,可用为策谋之臣,使之虑无,亦言贤也。’”彭《校》:“‘阴谋’见《史记·陈丞相世家》,‘英’字盖俗音讹。”汉魏本、四库本正作“阴”。彭说近是,今从之。

⑥威令:威严的命令,指军令。一:统一。

⑦折冲:使敌人的战车后撤。喻指克敌制胜。冲,冲车,古兵车名。用以冲城攻坚。

【译文】

孙子说："将帅之才，要多智、仁爱、恭敬、诚信、勇武、严厉。"所以多智才能正确判断敌情，仁爱才能亲近士卒，恭敬才能招揽贤才，诚信才能赏罚必行，勇武才能鼓舞士气，严厉才能统一军令。因此正确判断敌情，就能随机应变调度指挥，士卒亲附爱戴，就会想着全力作战，贤能智慧的人聚集，各种密谋计策就会随时可得，赏罚严格执行，士兵就会尽力效忠，士气增强，军威就会成倍增长，军令统一，士兵就会只听将帅指挥了。一定要有这六种品质，才可以击退来敌，擒捉敌人，辅佐君主，安定百姓。

前羌始反时[①]，将帅以定令之群[②]，藉富厚之蓄[③]，据列城而气利势[④]，权十万之众[⑤]，将勇杰之士，以诛草创新叛散乱之弱虏[⑥]，击自至之小寇，不能擒灭，辄为所败，令遂云烝起[⑦]，合纵连横[⑧]，扫涤并、凉[⑨]，内犯司隶[⑩]，东寇赵、魏[⑪]，西钞蜀、汉[⑫]，五州残破[⑬]，六郡削迹[⑭]。此非天之灾，长吏过尔。

【注释】

①前羌始反：据《后汉书·孝安帝纪》及《西羌传》载，永初元年(107)，汉王朝征发金城、陇西、汉阳三郡的羌人去征讨西域。羌人恐路远而无法回还，行至酒泉时，多有散叛逃亡。汉王朝发兵攻打羌人，终于激起羌人的反抗，先零羌滇零在北地郡自称天子。羌，我国古代西部少数民族之一，此指先零羌，为汉代羌族的一支，主要活动在今甘肃、青海的湟水流域一带。

②将帅：此指车骑将军邓骘和征西校尉任尚。他们奉命征讨反叛之先零羌。定令：当依俞樾说作"守令"。守令，即郡守县令。

群:指其人众多。

③藉:凭借。

④据列城而气利势:气,汪《笺》认为当作“处”。译文从之。

⑤权:秉,持。此指掌握。

⑥草创:开始兴起,创建。

⑦令遂云烝起:汪《笺》认为“烝”下脱一字。云烝,像云气蒸发起来一样。烝,同“蒸”。

⑧合纵连横:本指战国纵横家的外交军事政策,东方六国联合起来西向抗秦为合纵,秦与东方某诸侯国联合对付其他诸侯国为连横。此指羌人各部互相勾结联络。

⑨并(bīng):指并州,相传大禹治水时所置,汉武帝时设立并州刺史,并州成为汉十三部州之一。其地包括今山西大部、河北、内蒙古、陕西的一部分。凉:指凉州。也是西汉武帝设立的十三部州之一。其地涵盖今甘肃、宁夏全境,青海东部和内蒙古的额济纳旗。

⑩司隶:司隶校尉部的简称。指东汉司隶校尉所监察管辖的京兆等七郡,包括三辅:京兆尹、左冯翊、右扶风;三河:河东、河内、河南;以及弘农郡。为东汉十三部州之一。其地包括今陕西关中到河南洛阳一带。

⑪赵:指赵国。汉高祖四年(前203)改邯郸郡,置赵国,其地包括今河北南部、山西南部。魏:指魏郡。汉高祖十二年(前195)置,其地包括今河南北部、陕西东部、山西西南部和河北南部。赵、魏在东汉时均属冀州。

⑫钞:通“抄”,抢劫,掠夺。蜀:指蜀郡,秦置汉承,郡治在今四川成都。汉:指汉中郡,秦置汉承,郡治在今陕西汉中。蜀郡和汉中郡东汉时均属益州。

⑬五州:即上文之并州、凉州、冀州、益州和司隶地区。

⑭六郡:《汉书·地理志》颜师古注谓六郡为陇西、天水、安定、北地、上郡、河西郡。又《汉书·赵充国传》“六郡良家子”服虔曰:“金城、陇西、天水(汉明帝时改汉阳郡)、安定、北地、上郡是也。”《郡国志》同。其地相当今青海河湟地区,甘肃中部、东部,宁夏南部,陕西北部及内蒙古乌审旗一带。削迹:没有人迹,荒无人烟。

【译文】

先前羌人刚开始反叛的时候,将帅率领众多郡守县令,凭借积蓄的丰厚财富,占据着众多城池而处于有利之势,掌握着十万大军,统领着勇敢杰出的士兵,去讨伐刚刚发动叛乱、乌合散乱的弱小叛贼,攻击自行来犯的小股贼寇,但不能将他们擒拿诛灭,反而常常被打败,以致使贼寇如云气蒸腾一般兴起,互相勾结联络,扫荡洗劫了并、凉二州,又内犯京郊地区,东侵赵、魏二郡,西劫蜀、汉之地,搞得五州残缺破败,六郡荒无人烟。这并非上天所降的灾祸,而是那些官员们的过错啊。

孙子曰:“将者,民之司命,而国家安危之主也①。”是故诸有寇之郡,太守令长不可以不晓兵②。今观诸将③,既无断敌合变之奇④,复无明赏必罚之信,然其士民又甚贫困,器械不简习⑤,将恩不素结,卒然有急⑥,则吏以暴发虐其士⑦,士以所拙遇敌巧⑧。此为将吏驱怨以御仇,士卒缚手以待寇也。

【注释】

①“将者”三句:语见《孙子·作战》,与今本《孙子》文字略异。民之司命,此喻民众命运的掌握者。司命,指司命神,司掌人之生死与子嗣之有无。

②守:指郡守、太守,郡一级的最高长官。令长:指县令、县长,县中的最高长官。万户以上的大县,其长官称"令",万户以下的小县,其长官称"长"。

③今观诸将:汪《笺》:"'将'谓郡守。《汉书·酷吏严延年传》颜师古注云:'谓郡守为郡将者,以其兼领武事也。'"

④断敌:判断敌情。合变之奇:出奇制胜。《孙子·势》:"凡战者,以正合,以奇胜。故善出奇者,无穷如天地,不竭如江河。"

⑤简习:熟练掌握。简,习。

⑥卒:同"猝",突然。

⑦暴发:暴力征发。胡大浚《译注》释"暴"为突然,亦可参。虐:残害。《论语·尧曰》:"不教而杀谓之虐。"

⑧所拙:此指作战能力差,即上文"器械不简习"。

【译文】

孙子说:"将帅,是民众命运的掌握者,是国家安危的主宰者。"因此各个有匪寇的郡县,太守、县令、县长不可以不懂军事。如今看看那些将领们,既没有料敌制胜、随机应变的奇谋,又没有赏罚必行的信用,而他们的士兵百姓又十分贫困,没有熟练掌握兵器军械的使用方法,将领的恩情平常也没有建立起来,仓促间发生紧急情况,官吏就用暴力征发的办法残害他们的士兵,士兵们以自己不熟军械的短板应付敌人灵活作战的优势。这就好比是军官们驱使胸中积怨的士兵去抵抗仇人,而士兵们捆绑双手来对付敌寇。

夫将不能劝其士,士不能用其兵,此二者与无兵等。无士无兵,而欲合战,其败负也,理数也然①。故曰:其败者,非天之所灾,将之过也。

【注释】

①理数：必然之理。然：彭《校》认为当属下读，“然故”即云“是故”。说可参。

【译文】

将领不能激励他的士兵，士兵不会使用手中的武器，这两种情况就和没有军队一样。没有士兵又没有武器，却想要去交战，那失败就是情理之中的事了。所以说：战争失败，不是上天所致的灾殃，而是将领的过错。

饶士处世[①]，但患无典尔[②]。故苟有土地，百姓可富也[③]；苟有市列[④]，商贾可来也[⑤]；苟有士民，国家可强也；苟有法令，奸邪可禁也。夫国不可从外治，兵不可从中御[⑥]。郡县长吏，幸得兼此数者之断已[⑦]，而不能以称明诏安民氓哉[⑧]，此亦陪克阘茸无里之尔[⑨]。

【注释】

①饶士：德才出众的人。

②无典：指没有可掌管的事物以施展才能。典，司，掌管。

③苟有土地，百姓可富也：《论语·先进》：“方六七十，如五六十，求也为之，比及三年，可使民足。”

④市列：市场，店铺。

⑤来：招来。

⑥夫国不可从外治，兵不可从中御：《六韬·立将》：“国不可从外治，军不可从中御。”《白虎通义·三军》：“大夫将兵出，不从中御者，欲盛其威，使士卒一意系心也。”外，朝廷以外，指地方。中，中央，指朝廷。

⑦此数者：指上文所讲“土地”“市列”“士民”“法令”。断：决断，决定。已：同“矣”。

⑧称明诏：与帝王任命的诏书相称。指官员才称其职。

⑨陪克：本书《叙录》篇作“掊（póu）克”，指聚敛财物，盘剥人民。阘茸（tà rǒng）：庸碌无能之人。里：汪《笺》认为当作“俚”，无俚，即无赖。译文从之。之：汪《笺》认为下脱一字。

【译文】

德才出众的人处于世上，只担忧自己无所掌管而已。所以只要给他们土地，他们就能使百姓富足起来；只要给他们市场，他们就能招来商人；只要给他们士民百姓，他们就能使国家强盛起来；如果再施以法令，那么奸诈邪恶就可以禁绝了。国家不能从朝廷之外的地方来治理，军队不可以撇开将帅而由朝廷指挥。郡县的长官有幸兼掌这几项决断权，却不能胜任君主委任的职责而使百姓安居乐业，这样的人不过是一帮只知聚敛财物、盘剥百姓、庸碌无能的无赖之徒罢了。

夫世有非常之人，然后定非常之事①。必道非常之失②，然后见③。是故选诸有兵之长吏，宜踔跞豪厚④，越取幽奇⑤，材明权变，任将帅者⑥。不可苟惟基序⑦，或阿亲戚⑧，使典兵官。此所谓以其国与敌者也。

【注释】

①事：此处指戎事，战争。

②必道非常之失：道，汪《笺》疑作“遇”。彭《校》：“道，由也。字盖不误。”彭说是。道，途经，由经。

③然后见：汪《笺》：“‘见’下脱四字。《史记·司马相如传》云：‘盖世必有非常之人，然后有非常之事，有非常之事，然后有非常之

功。'此文当同之。"译文姑按"非常之功"译出。

④踔跞(chuō luò):卓绝出众。豪厚:指才力深厚。

⑤越取:破格提拔取用。幽奇:指隐藏无名却才能奇绝的人。幽,隐藏不露。

⑥任:胜任。

⑦惟:通"唯",听从。基序:门阀,指世家大族。

⑧阿(ē)亲戚:《后汉书·西羌传》载,邓骘任车骑将军征讨羌人失败,羌人势力大盛,以至朝廷无法控制。邓骘还师后,非但无罪,反而因为邓太后的缘故官拜大将军。阿,偏袒,徇私。

【译文】

世上有非同寻常之人,而后才能做出非同寻常之事。必定先经历非同寻常的失败,然后才能显示出非同寻常的功业。因此选拔那些带兵的长官,应当选用本领高强、才力深厚的人,破格取用那些幽隐无名却才能奇绝之人,以及那些资质聪明,懂得权衡变通,胜任将帅的人去担任。不可只听从门阀之见,或偏私重用亲戚,让他们去统兵打仗。这就是所谓的将自己的国家奉送给敌人啊。

救边第二十二

圣王之政,普覆兼爱,不私近密,不忽疏远[①],吉凶祸福,与民共之,哀乐之情,恕以及人[②],视民如赤子[③],救祸如引手烂[④]。是以四海欢悦,俱相得用。

【注释】

①"圣王之政"四句:谓圣王治民一视同仁,没有偏私。《盐铁论·地广》:"王者包含并覆,普爱无私,不为近重施,不为远遗恩。"

意近。

②恕：宽恕，推己及人。即孔子所云“己所不欲，勿施于人”。

③赤子：原指婴儿。《尚书·康诰》：“若保赤子，惟民其康乂。”孔颖达疏：“子生赤色，故言赤子。”

④救祸如引手烂：救治祸患的措施就像缩回烧伤的手一样迅速。喻指举措迅速及时。引，退回，缩回。《盐铁论·德行》：“有司法之，若救烂扑焦。”与此意同。

【译文】

圣王的为政之道，是将自己的恩德遍施天下，同等地爱护所有民众，不偏爱关系亲近的人，也不忽视关系疏远的人，不管吉利、凶险、灾难、幸福，都与民众一起担当，无论是心情难过还是快乐，都推己及人，待民众就像父母对待初生的婴儿一样慈爱，救治祸患的措施就像缩回烧伤的手一样迅速。因此天下百姓欢欣喜悦，都愿意为其君王所用。

往者羌虏背叛，始自凉、并，延及司隶，东祸赵、魏，西钞蜀、汉[①]，五州残破，六郡削迹，周回千里，野无孑遗[②]。寇钞祸害，昼夜不止，百姓灭没，日月焦尽[③]。而内郡之士不被殃者[④]，咸云当且放纵，以待天时[⑤]。用意若此，岂人心哉！

【注释】

①钞：通“抄”，抢劫，掠夺。

②孑(jié)遗：残存，剩余。孑、遗二字义同。

③日月焦尽：日月都被战火烧为焦土灰烬。此为夸张说法，极言战事惨烈。尽，通“烬”，灰烬。

④内郡：此指内地。

⑤天时：此指有利于战争的好机会。

【译文】

以前羌人反叛朝廷，从凉州、并州开始，蔓延到司隶校尉统辖的京兆地区，东祸赵国、魏郡，西掠蜀郡、汉中郡，使得五州残缺破败，六郡荒无人烟，方圆千里的田野被劫掠殆尽。敌寇没日没夜地侵略祸害，百姓都被消灭杀害，连日月都似乎被战火烧为焦土灰烬。而内地那些没有被殃及的大臣，都说应当暂且放任敌寇，等待好的作战时机。用意如此，难道还是人的心肠吗？

前羌始反，公卿师尹咸欲捐弃凉州[①]，却保三辅[②]，朝廷不听。后羌遂侵[③]，而论者多恨不从惑议[④]。余窃笑之，所谓媾亦悔，不媾亦有悔者尔[⑤]，未始识变之理。地不可无边[⑥]，无边亡国。是故失凉州，则三辅为边；三辅内入，则弘农为边[⑦]；弘农内入，则洛阳为边。推此以相况[⑧]，虽尽东海犹有边也[⑨]。今不厉武以诛虏[⑩]，选材以全境，而云边不可守，欲先自割，示㑌寇敌[⑪]，不亦惑乎！

【注释】

①公卿师尹：指朝廷中的重臣要员。公卿，三公九卿。师尹，众官之长。捐弃：遗弃。

②三辅：指西汉治理京畿地区的三个职官：京兆尹（治长安以东）、左冯翊（治长陵以北）、右扶风（治渭城以西），三地辅卫京师，故称“三辅”。此处指其辖区之地，东汉时大致相当于今陕西洛川以南，秦岭至商南以北之地。

③后羌遂侵：汪《笺》认为“侵”下有脱字。

④惑议：蛊惑人心的议论。此指前文“捐弃凉州，却保三辅”。

⑤媾亦悔，不媾亦有悔：《战国策·秦策四》载，魏、齐、韩三国攻秦，

兵至函谷关，秦昭王欲割地以求和，征求大臣意见。公子池说："讲和会后悔，不讲和也会后悔。因为靠割让土地使三国退兵，大王就会觉得或许三国本来就打算撤离了，因而会后悔。如果不讲和，三国进兵函谷关，国都咸阳就会危在旦夕，大王又会后悔当初没有割地讲和。"最终秦昭王还是同三国讲和了。此处即本此事。媾，媾和，讲和。

⑥不可：二字底本旧脱，今据汪《笺》补。

⑦弘农：弘农郡，汉属司隶校尉所辖，在京兆尹东，东汉时辖九城，其地相当于今河南新安、嵩县、栾川以西，黄河以南地区。

⑧况：譬，比方。

⑨东海：东海郡。其地在今山东枣庄、郯城与江苏新沂、灌云以北。

⑩厉：同"砺"，磨砺。此处引申为准备。

⑪偄(nuò)：懦弱，软弱。

【译文】

当初羌人刚开始反叛的时候，公卿大臣都主张放弃凉州，退回来保卫三辅之地，朝廷没有听从。后来羌人入侵，议论政事的大臣们大多悔恨没有听从那蛊惑人心的错误意见。我私下里曾讥笑过他们，这正是前人所谓的"讲和会后悔，不讲和也会后悔"，根本不懂得事物变化的道理。国家的疆土不能没有边境，没有边境就会亡国。因此丢掉了凉州，三辅就成了边境；攻破了三辅，弘农郡就成了边境；攻破了弘农，则洛阳就成了边境。以此类推，即使到了东海的尽头也还是有边境的。如今不思积极备战来讨伐敌寇，选举将才来保全边境，却只说边境无法守卫，一开始就想着主动割让领土，在敌寇面前示弱，这也太不明智了吧！

昔乐毅以慱慱之小燕[①]，破灭强齐，威震天下，真可谓良将矣；然即墨大夫以孤城独守[②]，六年不下，竟完其民。田单帅穷卒五千，击走骑劫[③]，复齐七十余城，可谓善用兵矣；围聊莒连年[4]，终不能拔。此皆以至强攻至弱，以上智图下愚，而犹不能克者，何也？曰：攻常不足，而守恒有余也。前日诸郡，皆据列城而拥大众，羌虏之智，非乃乐毅、田单也[5]；郡县之厄，未若聊、莒、即墨也。然皆不肯专心坚守，而反强驱劫其民，捐弃仓库，背城邑走。由此观之，非苦城乏粮也，但苦将不食尔。

【注释】

①乐（yuè）毅：战国时燕国名将，魏将乐羊之后。燕昭王二十八年（前284）拜为燕国上将军，史载其曾合秦、赵、韩、魏之力攻齐，克齐城七十余，唯有莒、即墨二城不克。后来昭王死，惠王疏远他，乐毅奔赵，封望诸君，后死于赵。事见《史记·乐毅列传》。慱慱（tuán）之小燕：燕昭王初即位时，适燕国遭“子之之乱”又被齐国趁机攻破，内忧外患，国力极其衰弱，燕昭王为此而忧虑。慱慱，汪《笺》认为是“惴惴”之误。按，慱慱，谓忧劳不安的样子，正合文意，不烦改字。

②即墨：战国时齐地名，因其城近墨水，故称“即墨”。其地在今山东平度以南。

③田单帅穷卒五千，击走骑劫：燕乐毅攻齐，下七十余城，仅莒、即墨二城未下，即墨守将战死，城中人推田单为将军。后田单先用反间计，使燕用骑劫代替乐毅，然后用火牛阵攻破燕军，收复被乐毅攻克的七十余齐城，以功封安平君。事见《史记·田单列传》。田单，战国时齐国人。穷，走投无路，处境困窘。走，逃跑。

④聊莒：汪《笺》认为是“聊城”之误，《史记·鲁仲连列传》：“田单攻聊城，岁余，士卒多死，而聊城不下。”汪说是。不知王符是否另有所本。译文姑按原文。

⑤乃：义同"未若聊、莒、即墨也"之"若"，及，比得上。四库本作"若"。

【译文】

从前乐毅凭借着国力羸弱的燕国，打败了强大的齐国，威震天下，的确可以称之为优秀的将领了；然而即墨大夫凭借一座孤城独自坚守，六年都没有被攻下，最终保全了自己的民众。田单率领五千走投无路的士兵，击退骑劫之军，终于收回齐国失去的七十多座城池，可以说是善于用兵了；但是他包围聊、莒多年，却始终不能攻克。这都是用最强的兵力去攻打最弱小的城池，以最聪明的将领对阵最愚蠢的将领，然而却无法取胜，这是什么原因呢？是因为，进攻一方的准备常常不够充分，而防守一方的力量却一直绰绰有余。前几年受西羌攻掠的诸郡，都各据其城拥有大量的民力，羌敌的智慧自然不能与乐毅、田单相比，诸郡县的困窘也无法与聊、莒、即墨相比。但是他们都不肯一心一意地坚守，甚至反而强行驱赶劫掠自己的民众，抛弃仓廪府库，弃城而逃。由此看来，失败的原因并不是苦于守城中缺乏粮食，而是苦于将士不肯奋力抵抗啊！

折冲安民[①]，要在任贤，不在促境[②]。齐、魏却守[③]，国不以安。子婴自削，秦不以在[④]。武皇帝攘夷柝境[⑤]，面数千里，东开乐浪[⑥]，西置燉煌[⑦]，南逾交趾[⑧]，北筑朔方[⑨]，卒定南越[⑩]，诛斩大宛[⑪]，武军所向[⑫]，无不夷灭[⑬]。今虏近发封畿之内[⑭]，而不能擒，亦自痛尔[⑮]，非有边之过也。唇亡齿寒，体伤心痛，必然之事，又何疑焉？君子见机[⑯]，况已著乎？

【注释】

①折冲：使敌人的战车后撤，喻指击退来犯，克敌制胜。

②促境：此指收缩疆土。

③齐、魏却守：齐却守指齐湣王时，乐毅攻齐，齐湣王退缩逃跑，后来乐毅攻克齐首都临淄和齐七十多座城池。魏却守指魏安釐王二年（前 275），秦攻魏，兵临魏都大梁，魏安釐王割地求和，次年，秦又攻魏，取四城，魏又割地求和，如此反复，而秦国不厌。

④子婴自削，秦不以在：秦二世三年（前 207），赵高杀秦二世，立始皇帝长子公子扶苏之子子婴为秦王。后十六日，刘邦军至霸上，子婴降刘邦，后项羽至，杀子婴与秦国公族，秦朝遂亡。

⑤武皇帝攘夷柝（tuò）境：汉武帝开疆拓土，吞并朝鲜、收复南越、降服西南夷、远征大宛，威震西域，建立了“北绝大漠、西愈葱岭、东至朝鲜、南到大海”的广袤疆域，相当于现在东、南到海，西到今巴尔喀什湖、葱岭一线，西南到今云南、广西以及今越南中部，北接大漠，东北至今朝鲜半岛北部。攘，攘除，排除。夷，本指我国古代东部少数民族，后泛称中原汉族以外各少数民族。柝，通“拓”，开拓，扩大。

⑥乐浪：指乐浪郡，属幽州，是汉代最东边的郡。汉武帝元封三年（前 108），朝鲜败降后所置。

⑦燉煌：即敦煌。汉郡，属凉州，是汉代最西边的郡。汉武帝元鼎六年（前 111）分酒泉郡置，辖六县，其地包括今甘肃疏勒河以西以南的地区。

⑧逾：超过。交趾：交趾郡，汉武帝元鼎六年（前 111）平南越所置。位于今越南北部红河流域。

⑨朔方：朔方郡，汉武帝元朔二年（前 127）置，辖地为黄河河套的西北部，主要在今内蒙古自治区境内。

⑩南越：也作“南粤”，秦汉时国名，汉武帝元鼎六年（前 111）灭之，在其地置九郡。辖今广东、广西、海南、越南一带。

⑪大宛（wǎn）：古西域三十六城国之一，北通康居，南面和西南面与

大月氏接，产汗血马。汉武帝欲以金马换其名马，大宛不予，并杀汉使。武帝遂派李广利伐大宛。太初四年(前103)兵临城下，大宛贵族杀其王，终献好马。其地在今新疆西部境外吉尔吉斯斯坦南部与乌兹别克斯坦东北部一带。

⑫武军：勇武之军。

⑬夷灭：消除，消灭。

⑭封畿(jī)：指京都附近的地域。

⑮痛：汪《笺》疑作“病”。彭《校》认为涉下“痛”字而误。

⑯机：事物的细微迹象或兆头。

【译文】

击退来犯之敌以安抚民众，最要紧的事情在于任用贤才，而不是收缩疆域。以前齐国、魏国采取退却防守的策略，并没有使国家得以安定。子婴主动割让领土，秦王朝也并没有因此得到保全。武帝驱逐异族开拓疆土，国土广达数千里，东设乐浪郡，西设敦煌郡，南设交趾郡，北设朔方郡，最后平定了南越国，诛杀了大宛国君，勇武之师所到之处，敌寇无不被消灭。如今敌寇发兵已迫近京都，却不能将其擒获，这是自己的过错，并不是因为有边境。没有了嘴唇，牙齿就会感觉到寒冷，身体受伤，心里就会痛苦，这是毫无疑问的事，还有什么可怀疑的呢？君子在事情萌发之初就已察觉其苗头，更何况是已经很显著的事呢？

乃者[①]，边害震如雷霆，赫如日月，而谈者皆讳之，曰猋并窃盗[②]。浅浅善靖[③]，俾君子怠[④]，欲令朝廷以寇为小，而不蚤忧[⑤]，害乃至此，尚不欲救。谚曰：“痛不著身言忍之，钱不出家言与之。”假使公卿子弟有被羌祸，朝夕切急如边民者，则竞言当诛羌矣。

【注释】

①乃者：犹“曩者”。从前，过去。

②猋(biāo)：本意指狗奔跑，这里引申为窜逃。并：吞并，这里引申为抢取，掠夺。

③浅浅(jiàn)善靖：语本《公羊传·文公十二年》：“惟諓諓善竫言。”又《尚书·秦誓》：“惟截截善谝言，俾君子易辞。”能言善辩，花言巧语的样子。浅，通“諓(jiàn)”，善于言辞。靖，谋议。

④俾(bǐ)：使。怠：轻视，怠慢。

⑤蚤(zǎo)：通“早”。

【译文】

以前边境发生的祸患像雷霆一样震惊四方，像日月一样明显，但是议论政事的人却都忌讳不谈，只说不过是流寇盗贼而已。花言巧语，使君主轻视怠慢，他们想让朝廷觉得敌寇力量尚小，不必早早为之忧虑，致使祸患发展到了如今的地步，而他们却依然不思挽救。谚语说：“疼痛不在自己身上就劝别人要忍耐，钱财不出于自己家里就劝别人要施舍。”倘若羌乱祸及王公贵族的子弟们，使他们如同边境的百姓一样早晚痛苦焦虑，他们就会争先主张要平定羌乱了。

今苟以己无惨怛冤痛[①]，故端坐相仍[②]，又不明修守御之备，陶陶闲澹[③]，卧委天职[④]。羌独往来，深入多杀，己乃陆陆[⑤]，相将诣阙[⑥]，谐辞礼谢[⑦]，退云状[⑧]。会坐朝堂，则无忧国哀民恳恻之诚，苟转相顾望，莫肯违止[⑨]，日晏时移，议无所定，已且须后[⑩]。后得小安，则恬然弃忘。旬时之闲[⑪]，虏复为害，军书交驰，羽檄狎至[⑫]，乃复怔忪如前[⑬]。若此以来，出入九载，“庶曰式臧，覆出为恶”[⑭]，佪佪溃溃[⑮]，当何终极！《春秋》讥“郑弃其师”[⑯]，况弃人乎？一人吁嗟，王道为亏[⑰]，况百万之众，叫号哭泣，感天心乎？

【注释】

①惨怛(dá)：惨痛，悲伤。

②端坐相仍：继续安坐着。汪《笺》认为“端坐”犹言“安坐”。其说是。仍，继续，接续。

③陶陶闲澹(dàn)：快乐闲适的样子。陶陶，快乐舒适的样子。澹，安，静。

④卧委天职：意谓高枕无忧，不负责任。职，底本阙，汉魏本、四库本皆作“听”，汪《笺》疑非。彭《校》：“程本‘听’盖‘职’讹。”今据彭说补。

⑤陆陆：《后汉书·马援列传》“今更共陆陆”，章怀注：“‘陆陆’犹‘碌碌’也。”碌碌，平庸无能。

⑥相将诣(yì)阙(què)：一齐来到朝堂。相将，一起，共同。诣，到。阙，借指宫殿或京城。

⑦谐辞礼谢：谓公卿大臣说着轻松客气的话，相互致礼谢罪。汪笺：“《后汉书·桥玄传》云：‘诣阙谢罪。’”

⑧退云状：汪笺：“‘状’上脱‘无’字。”无状，谓没有功绩。

⑨莫肯违止：汪《笺》：“‘止’当作‘正’。《后汉书·郅恽子寿传》云：‘违众正议，以安宗庙。’《皇甫规传》云：‘互相瞻顾，莫肯正言。’皆此意。”译文从之。违正，意谓坚持正见，力排众议。

⑩须后：等以后再说。

⑪旬时：即旬日，十天。

⑫羽檄(xí)狎(xiá)至：插着羽毛的公文轮流来到。喻指军情紧急。羽檄，插着羽毛的公文，以示紧急。檄，古代官府用来晓谕、征召、声讨等的公文。狎，交替，轮流。

⑬怔忪(zhēng zhōng)：惊惧的样子。

⑭庶曰式臧，覆出为恶：语见《诗经·小雅·雨无正》："邦君诸侯，莫肯朝夕。庶曰式臧，覆出为恶！"意谓希望任用贤才，反而又出来作恶。庶，希望。式，用。臧，善，指贤才。覆，反而。

⑮佪佪(huí)：昏瞶糊涂的样子。溃溃(kuì)：坏乱的样子。

⑯《春秋》讥"郑弃其师"：鲁闵公二年(前660)，郑文公因厌恶高克，便派他驻守边境，高克既知文公恶己，弃师奔陈，军队溃散。郑文公因恶高克而丢失军队，所以《春秋》以"弃其师"贬之。

⑰一人吁嗟(xū jiē)，王道为亏：汪《笺》谓此语盖当时之成语。吁嗟，叹息。王道，与"霸道"相对，指以礼乐教化治理天下。

【译文】

如今他们只是因为自己没有遭遇凄惨痛苦，所以都安坐无忧，也不修缮御敌的防守设备，快乐安闲，高枕无忧，不负责任。羌敌来往无阻，深入内地，杀戮无数，他们仍然庸庸碌碌，一齐来到朝堂，说着轻松客气的话互相致礼谢罪，下来又假惺惺地说自己毫无功绩。坐在朝堂之上集会议论，毫无忧虑国家、哀痛民众的恳切诚意，只是相互观望，却无人能够坚持己见、力排众议，直至太阳落山，时间耗尽，决策却终究未能定下来，只能拖到以后。后来局势稍微安定一些，他们就又安然忘记。数十天之间，敌寇又来祸害，军事文书奔驰交相，带羽毛的檄文接连不断地快马送到，他们又和以前一样惊慌恐惧。就像这样的情况，持续九年之久，"希望任用贤才，反而又出来作恶"，他们的昏瞶糊涂，何时才能终结？《春秋》讽刺"郑国抛弃了自己的军队"，更何况抛弃了自己的人民呢？只要有一个人叹息，就说明圣王的治国之道做得不够好，何况百万民众的痛苦哀号都已感动了上天呢？

且夫国以民为基，贵以贱为本。是以圣王养民，爱之如子，忧之如家，危者安之，亡者存之，救其灾患，除其祸乱。是故鬼方之伐[①]，非好武也，猃狁于攘[②]，非贪土也，以振民育德，安疆宇也。古者,天子守在四夷[3],自彼氐、羌,莫不来享[4],普天思服[5],行苇赖德[6],况近我民蒙祸若此,可无救乎?

【注释】

①鬼方之伐:据《竹书纪年》卷上载,殷高宗武丁三十二年,伐鬼方,三十四年,克之。鬼方,殷周时期西北部族名。

②猃狁(xiǎn yǔn)于攘:周宣王时期,屡次与猃狁作战。猃狁,殷周时西北方部族名。即商代之鬼方,商周之际称"混夷""獯鬻",也即后来之北狄、匈奴。攘,排除,赶走。

③四夷:古代对四方少数民族的统称。

④自彼氐(dǐ)、羌,莫不来享:语见《诗经·商颂·殷武》:"昔有成汤,自彼氐羌,莫敢不来享,莫敢不来王。"氐,商代西部的氐族。享,献。

⑤普天思服:天下之人皆心悦诚服。思,语助词。服,归服。

⑥行(háng)苇赖德:路边的芦苇都蒙受了恩惠。行,道路。赖,蒙受。《诗经·大雅·行苇》:"敦彼行苇,牛羊勿践履。"此诗为歌颂周人先祖公刘之德。

【译文】

国家以民众为基础,位尊之人以低贱之人为根基。因此圣王养育民众,爱护他们如同爱护自己的孩子,担忧他们如同担忧自己的家庭,扶助落难之人,保全将死之人,救济他们的灾难,除去他们的灾祸。因此商王武丁征讨鬼方不是因为好战,周宣王驱逐猃狁也不是因为贪图疆土,而是以此赈济民众、培养品德,以安定天下。古时,天子的防守重在四方异族,那些氐人、羌人,没有不来献贡的,普天之下都服从于天子,连路边的芦苇都蒙受到了恩惠,何况自己的民众受到如此深重的灾祸,难道可以不救吗?

凡民之所以奉事上者，怀义恩也。痛则无耻，祸则不仁。忿戾怨怼[①]，生于无耻。今羌叛久矣！伤害多矣！百姓急矣！忧祸深矣！上下相从，未见休时。不一命大将以扫丑虏[②]，而州稍稍兴役，连连不已，若排帘障风，探沙拥河[③]，无所能御，徒自尽尔。今数州屯兵十余万人[④]，皆廪食县官[⑤]，岁数百万斛[⑥]，又有月直[⑦]。但此人耗，不可胜供，而反惮暂出之费，甚非计也。

【注释】

①忿(fèn)戾(lì)怨怼(duì)：愤怒怨恨。戾，凶暴。怨怼，怨恨。

②丑虏：对羌人的蔑称。张觉《校注》引《诗经·大雅·常武》“仍执丑虏”郑《笺》：“丑，众也。”以为此处亦是“众”义。亦可参。

③探：掏，取。拥：堵塞，阻碍。

④屯：驻扎，防守。

⑤廪(lǐn)食县官：国家供给的粮食。廪，粮仓。县官，此指官府。

⑥斛(hú)：古量器，十斗为一斛。

⑦月直：每月的俸禄。直，工钱，报酬。

【译文】

大凡民众之所以侍奉君主，是因为感念君主的道义恩德。处于痛苦之中，人就会没有羞耻之心，处于灾祸之中，人就会没有仁义之心。愤怒怨恨等情绪都产生于没有了羞耻之心。如今羌敌叛乱已经很久了！伤害的民众已经很多了！百姓已经很急切了！忧患也已经很深重了！举国上下都被这场灾难所左右，不知何日才能结束。不一举派遣大将以扫羌寇，只在州内稍稍征发兵役，看似连续不断，实在规模太小，就像把帘子排在一起挡风，挖沙子去堵河，什么也挡不住，只会白白地使自己消耗殆尽而已。现在好几个州都驻扎了十万余军队，国家供给他们的粮食，每年需要几百万斛，还给他们每月发放俸禄。仅仅是人员的消耗，就已经很难完全供应上了，现在却反而害怕短期出兵的费用，实在不是办法啊！

且夫危者易倾，疑者易化。今虏新擅边地，未敢自安，易震荡也[①]。百姓新离旧壤，思慕未衰，易奖厉也[②]。诚宜因此遣大将诛讨，迫胁离逖破坏之[③]。如宽假日月[④]，蓄积富贵，各怀安固之后，则难动矣。《周书》曰[⑤]："凡彼圣人必趋时[⑥]。"是故战守之策，不可不早定也。

【注释】

①震荡：震动，动摇。

②奖厉：即"奖励"，劝勉鼓励。厉，通"励"。

③离逖（tì）：远离。此指驱逐，赶走。逖，远。

④宽假：宽容，拖延。

⑤《周书》：此处指《逸周书》，是一部周代诰誓辞命的记言性史书。《汉书·艺文志》著录七十一篇，今本十卷，正文七十篇，其中十一篇有目无文。其叙事上起周文王、武王，下至春秋后期的灵王、景王。内容庞杂，体例不一，性质各异，为研究周代历史的重要史料。

⑥凡彼圣人必趋时：语本《逸周书·周祝解》。彭《校》："《周书》云：'凡彼济者必不怠，观彼圣人必趣时。'此作'凡彼圣人'者，因上句而误记耳。趋、趣古字通。"趋时，谓抓住时机。

【译文】

高处的东西容易倾覆，疑虑重重的人容易被改变。如今羌寇刚刚占领了边境，还不敢自安，而且容易动摇。加上我们的百姓也才刚刚离开故乡，对故土的思恋之情还没有衰减，易于鼓舞勉励。的确应该趁此机会派遣大将诛伐征讨，逼迫、驱逐和击退敌人，如果再拖些时日，等到羌寇储备财物，安稳下来，就很难再撼动了。《周书》中说："那些圣人懂得抓住时机。"所以战守攻防的策略，一定要早作决定呀。

边议第二十三

明于祸福之实者，不可以虚论惑也；察于治乱之情者，不可以华饰移也①。是故不疑之事，圣人不谋；浮游之说②，圣人不听。何者？计不背见实而更争言也。是以明君先尽人情③，不独委夫良将，修己之备，无恃于人④，故能攻必胜敌，而守必自全也。

【注释】

①华饰：华美的装饰，此处引申为虚假的言辞。

②浮游之说：浮夸没有根据的说法。

③人情：此处指敌情。

④恃(shì)：依靠，依赖。

【译文】

洞明祸福真伪的人，就不会被虚假的言论所迷惑；洞察治乱实情的人，就不会被花言巧语所动摇。因此对于没有疑问的事，圣人是不会谋议的；没有根据的说法，圣人是不会听取的。这是什么原因呢？是因为不能背离事实而更相争辩。因此英明的君主准备打仗必先详尽了解敌情，不仅要委任那些优秀的将领，还要修缮自己的装备，不依赖敌人的失误，所以才可以做到一旦进攻必可以取胜，防守必可以保全自己。

羌始反时，计谋未善，党与未成，人众未合，兵器未备，或持竹木枝，或空手相附[①]，草食散乱[②]，未有都督[③]，甚易破也。然太守令长，皆奴怯畏偄不敢击[④]。故令虏遂乘胜上强[⑤]，破州灭郡，日长炎炎[⑥]，残破三辅，覃及鬼方[⑦]。若此已积十岁矣。百姓被害，迄今不止。而痴儿騃子[⑧]，尚云不当救助，且待天时。用意若此，岂人也哉！

【注释】

①附：王宗炎疑作"搏"。彭《校》疑作"拊"。按，"附"字亦通，附着，跟着。

②草食：汪《笺》疑作"草舍"。俞樾认为当为"草创"，谓因"创"字缺其半，误为"食"字。按，此处与"散乱"连言，义当相关，《劝将》篇亦有此例，俞说是。译文从之。

③都督：统领，总领。

④奴：通"驽"，才能低劣。偄(nuò)：懦弱，软弱。

⑤乘胜上强：汪《笺》疑"上"为"自"之误。彭《校》："'上'谓虏势腾上，字盖不误。"彭说近是。

⑥日长(zhǎng)炎炎：日盛一日地发展壮大起来。炎炎，形容强劲的发展势头。

⑦覃(tán)及鬼方：语本《诗经·大雅·荡》。覃，延，延伸。鬼方，殷周时西北地区少数民族。此处泛指远方。

⑧痴儿騃(ái)子：呆傻愚蠢的人。騃，痴傻。

【译文】

当初羌人刚开始反叛的时候，他们的计谋尚未完善，党羽尚未形成，兵力尚未聚合，兵器也尚未齐备，有的人拿着竹竿木棒，有的人空手跟随。他们散乱无序，没有统一的将领，很容易攻破。但是太守县令们，都庸俗无能、胆小懦弱不敢攻打，所以才使得敌寇乘胜追击越来越强盛，他们攻破州郡，一天天地壮大起来，甚至残害破坏了三辅之地，祸乱一直波及远方。像这样的情况已经十年之久了。百姓被残害，至今不止，而这些愚蠢之人，还说什么不应该去救助，要等待天降有利的时机。这样的用意，难道还是人么？

夫仁者恕己以及人，智者讲功而处事[①]。今公卿内不伤士民灭没之痛，外不虑久兵之祸，各怀一切[②]，所脱避前[③]，苟云不当动兵，而不复知引帝王之纲维[④]，原祸变之所终也[⑤]。

【注释】

①讲：讲求，重视。

②一切(qiē)：权宜之计。《汉书·平帝纪》颜师古注："一切者，权时之事，非经常也。犹如以刀切物，苟取整齐，不顾长短纵横，故言一切。"

③所脱避前：汪《笺》认为此句有误字，当作"苟脱目前"。脱，逃避，逃脱。译文按上下文意疏通。

④引：引援，运用。纲维：法纪。

⑤原：探寻根源。变：事变，突发事件。

【译文】

那些仁爱之人懂得推己及人，智慧之人讲求功效来处理事情。现在公卿大臣们对内不哀悯士人百姓家破人亡的痛苦，对外不忧虑长期战争的祸害，各怀权宜之计，只顾眼前安逸，不虑长远，还说不应当动用武力，他们真是不懂得运用君主的法纪，去探究祸患该如何终止啊！

《易》制"御寇"[①]，《诗》美"薄伐"[②]，自古有战，非乃今也。

《传》曰："天生五材，民并用之，废一不可，谁能去兵？兵所以威不轨而昭文德也，圣人所以兴，乱人所以废[3]。"齐桓、晋文、宋襄[4]，衰世诸侯，犹耻天下有相灭而已不能救，况皇天所命四海主乎？晋、楚大夫，小国之臣，犹耻已之身而有相侵，况天子三公典世任者乎[5]？公刘仁德[6]，广被行苇，况含血之人，已同类乎？一人吁嗟，王道为亏，况灭没之民百万乎？《书》曰："天子作民父母。"父母之于子也，岂可坐观其为寇贼之所屠剥[7]，立视其为狗豕之所啖食乎[8]？

【注释】

①《易》制"御寇"：制，卢文弨疑作"利"。《周易·蒙·上九》："利御寇。"译文从之。

②《诗》美"薄伐"：此指《诗经·小雅·六月》："薄伐猃狁，至于大原。"诗旨在赞美周宣王时征伐猃狁的武功。

③"天生五材"七句：语见《左传·襄公二十七年》。五材，指金、木、水、火、土。

④齐桓：即齐桓公。晋文：即晋文公。宋襄：即宋襄公。三人都曾为春秋五霸之一。

⑤典：掌管。

⑥公刘：周人的祖先，后稷的曾孙。他带领周民迁到豳地，初步定居，并发展农业。人们感念他的恩德，大多迁到这里，拥护和归顺他。周朝事业的兴起从这时开始。

⑦屠剥：彭《校》认为当作"屠杀"。按，"剥"有伤害义，不改亦通。

⑧啖（dàn）：吃。

【译文】

《周易》以防御敌寇为吉利，《诗经》赞美征伐，战争自古就有，不只今天才有。《左传》中说："自然界产生了金、木、水、火、土五种材料，百姓充分利用他们，缺一不可。谁能废弃战争呢？战争是用来惩罚奸邪乱行和彰显仁义德行的，圣明的人因武力而兴盛，谋乱的人却因之而衰废。"齐桓公、晋文公、宋襄公，都是衰微时代的诸侯，都把天下之人互相残杀而自己无法施救当作耻辱，更何况上天所任命的天下之主呢？晋国、楚国的大夫，都是小国的臣子，尚且把自己国土遭受侵犯作为耻辱，更何况天子的三公这种世代掌管国家重任的人呢？古代公刘的仁德之心，恩及路边的芦苇，更何况对于那些有血肉之躯的同类呢？只要有一个人怨叹，就说明圣王的治国之道还不够好，更何况有成千上万家破人亡的百姓呢？《尚书》中讲："天子是民众的父母。"父母对于自己的孩子，怎么能坐视他们被敌寇屠戮杀害，旁观他们被猪狗吃掉呢？

除其仁恩，且以计利言之。国以民为基，贵以贱为本。愿察开辟以来，民危而国安者谁也？下贫而上富者谁也？故曰："夫君国将民之以，民实瘠，而君安得肥①？"夫以小民受天永命，窃愿圣主深惟国基之伤病②，远虑祸福之所生。

【注释】

①"夫君国将民之以"三句：语本《国语·楚语上》："夫君国者，将民之与处。民实瘠矣，君安得肥。"以，与。瘠(jí)，瘦。

②惟：思虑，思考。国基：国家的根基，此指民众。

【译文】

抛开仁爱恩德不谈，就以计算利益来说。国家以民众为基础，贵人以贱民为根基。回顾开天辟地以来的历朝历代，百姓危难而国家安定的有哪一个？下层人民贫困而上层贵族富有的有哪一个？所以说："统治国家的君主和百姓们是一体的，百姓瘦弱，君主怎么能富足呢？"君主是靠民众来接受上天赋予的永久天命，我衷心地希望圣明的君主能够深切地思考民众的伤病，长远地考虑这些灾难福泽的根源。

且夫物有盛衰，时有推移，事有激会①，人有变化。智者揆象②，不其宜乎！孟明补阙于河西③，范蠡收责于姑胥④，是以大功建于当世，而令名传于无穷也⑤。

【注释】

①激会：事物相互激发的时机。

②揆(kuí)：度量，考察。象：迹象，现象。

③孟明补阙(quē)于河西：秦穆公使孟明伐郑，孟明被晋大败于崤山。次年为报崤山之仇，孟明伐晋，再败。孟明整顿内政，训练军队，率军再次攻晋，渡河后烧毁船只，誓要决一死战，终于胜利。后来秦穆公又命他攻打西戎，秦于是称霸西戎。孟明，即孟明视，百里奚之子，春秋时秦国将领。河西，泛指黄河以西的地区。阙，缺点，过失。

④范蠡(lǐ)收责(zhài)于姑胥：越国被吴国攻破以后，范蠡随越王勾践在吴为仆三年，回越后辅佐勾践励精图治，终于将吴王夫差围困在姑胥，使其自杀。范蠡，春秋末楚国宛人，字少伯，后为越国大夫。收责，收回欠债，此处引申为报仇雪恨。责，同“债”。姑胥，山名。在今江苏苏州西南。

⑤令名：美好的声誉。令，美好。

【译文】

万物有兴盛衰败，时世有发展推移，事物有相互激发的时机，人也有变化发展。智慧之人考察事物的迹象而采取措施，不是很应该的吗？孟明在河西弥补了过失，范蠡在姑胥报仇雪恨，因此在生前建立伟大功勋，美好的名声就会永远地流传下去。

今边陲搔扰[①]，日放族祸[②]，百姓昼夜望朝廷救己，而公卿以为费烦不可。徒窃笑之[③]，是以晏子“轻囷仓之蓄而惜一杯之钻”何异[④]？今但知爱见薄之钱谷[⑤]，而不知未见之待民先也；知傜役之难动[⑥]，而不知中国之待边宁也[⑦]。

【注释】

①边陲：边境，边地。搔：骚乱，扰乱。

②日放族祸：放，汪《笺》疑作“被”。族，灭族。

③徒：役徒，自谦之称。

④以：与。轻囷(qūn)仓之蓄而惜一杯之钻：今本《晏子春秋》无此文，张觉《校注》谓此语为王符概述晏子言行的话，晏子曾批评齐景公“使财货偏有所聚，菽粟币帛腐于囷府”。又，《晏子春秋·内篇杂下》《说苑·臣术》都记有晏子吃饭时齐景公使者到来，他把饭食分给使者而自己没吃饱。当齐景公想要送他千家之县时，他又推辞不受。囷，圆形的谷仓。钻，繁体字为“鑽”，彭《校》疑当作“饡”。《说文》：“饡，以羹浇饭也。”作“鑽”，则与“囷仓之蓄”不甚相关。其说是。

⑤今但知爱见薄之钱谷：薄，彭《校》：“‘薄’即‘簿’字，汉隶草、竹字头不分。”簿，账簿。

⑥傜役：即“徭役”。傜，同“徭”。伇，同“役”。

⑦中国：指内地，与“边境”相对。

【译文】

现在边境受到了骚扰，每天都面临着灭族的灾祸，百姓日夜希望朝廷来拯救自己，但是公卿大臣们却担心费用太多而不肯出兵。我私底下嘲笑他们，这和晏子所谓的那些“轻视整座粮仓的积蓄而吝惜一杯羹饭”的人有什么区别呢？现在只知道怜惜记在账簿上的钱粮，却不知道善待民众要先于记在账簿上的钱粮；只知道徭役戍边的人难以征发，却不知道内地要依靠着边境才得以安宁。

《诗》痛“或不知叫号，或惨惨劬劳”①。今公卿苟以己不被伤，故竞割国家之地以与敌，杀主上之民以喂羌。为谋若此，未可谓知②，为臣若此，未可谓忠，才智未足使议。

【注释】

①或不知叫号，或惨惨劬(qú)劳：引诗见《诗经·小雅·北山》。《毛诗序》说此诗为刺“役使不均”。此处用来指边患。彭《校》：“邹汉勋《读书偶识》三云：‘如潜夫此言，则北山亦主于边患。此北山对东国、南国，殆幽、并之北山也。’”叫号，痛苦呼号。惨惨，通“懆懆”，忧愁憔悴的样子。劬，过度劳累。

②知(zhì)：同“智”，明智。

【译文】

《诗经》中痛心“有人不闻哀号，有人过度忧劳”。如今公卿大臣只是因为自己的利益没有被伤害，所以竞相割让国家的土地送给敌人，残杀君主的子民来喂养羌寇。这样的出谋划策，不能称作是明智，这样的为臣之道，不能称作是忠诚，这样的才智也不足以来议论国事。

且凡四海之内者，圣人之所以遗子孙也①；官位职事者，群臣之所以寄其身也。传子孙者，思安万世；寄其身者，各取一阕②。故常其言不久行③，其业不可久厌④。夫此诚明君之所微察也，而圣主之所独断。今言不欲动民以烦可也，即然[5]，当修守御之备。必今之计，令虏不敢来，来无所得；令民不患寇，既无所失。今则不然，苟惮民力之烦劳，而轻使受灭亡之大祸。非人之主，非民之将，非主之佐，非胜之主者也。

【注释】

①遗（wèi）：给予。

②阙（quē）：通"缺"，缺口。此指补职位之缺。

③故常其言不久行：汪《笺》以为"久行"上有脱字。彭《校》认为词句倒误，当为"故其言常不久行"，无脱字。彭说可从。

④厌：通"懕（yān）"，安详的样子。

⑤即：彭《校》认为犹"若"也。说是。

【译文】

而且凡是四海之内的领土，是圣王留给自己的子孙的；官位职务，是群臣寄托来安身的。留给后世子孙的，想要千秋万代能够安定；寄托安身的，只是为了各自补职位之缺。所以他们的意见往往不能长久地实行，他们的职务也不能长久地安任。这一点的确是需要圣明的君主仔细考察，也是圣明的君主需要独自决断的。如今建议不要过于频繁地劳烦百姓是可以的，果真如此，就应该修整御敌防守的装备。现在必须要做的事，就是使敌寇不敢前来，即使来了也一无所获；使得百姓不再忧患敌寇，即使敌寇侵犯也无所损失。现在的情形却不是这样，一味地害怕劳烦百姓，却轻易地使他们遭受灭顶之灾。这不是人民的君主、百姓的将领、君主的佐臣以及克敌的主帅应该做的事啊！

且夫议者，明之所见也[1]；辞者，心之所表也。维其有之，是以似之[2]。谚曰："何以服很[3]？莫若听之。"今诸言边可不救而安者，宜诚以其身若子弟补边太守令长丞尉[④]，然后是非之情乃定，救边乃无患。边无患，中国乃得安宁。

【注释】

①明：目明，这里引申为眼光。见：通“现”，显示。

②维其有之，是以似之：语见《诗经·小雅·裳裳者华》。意为先人有德，后嗣继之。此处指心中有了这种认识，所发出言论才和心意相似。彭《校》：“《新序·杂事》一云‘唯善故能举其类’，下引此诗证之。刘向习鲁《诗》，此盖亦用鲁义也。”

③很：违逆，不听从。《说文》：“很，不听从也。”

④宜诚以其身若子弟补边太守令长丞尉：汪《笺》：“‘诚’疑‘试’。”彭《校》认为“诚”字当在“宜”字上，传写倒误。二说皆可参，译文姑取彭说。

【译文】

再者，议论是眼光的显示，言辞是心意的表达。心中有了这种认识，发出的言论才和心意相似。谚语说：“怎样去对付那些不服从的人呢？最好让他按照自己说的去办。”现在说边境可以不去救援就能安定的那些人，应该真正让他们自己或其子弟去担任边境的太守、令长、丞尉，这样是非对错就可以判定了，援救边境才能没有祸患。边疆没有祸患，内地就能安宁了。

实边第二十四

夫制国者，必照察远近之情伪[①]，预祸福之所从来[②]，乃能尽群臣之筋力[③]，而保兴其邦家[④]。

【注释】

①照察：明察。

②预祸福之所从来：汪《笺》："'预'下脱一字。《说苑·权谋》篇云：'知命者预见存亡祸福之原。'《吕氏春秋·召类》篇云：'祸福之所自来，众人以为命焉，不知其所由。'"胡大浚《译注》认为或脱"见"字。

③筋力：此指才力。

④邦家：国家。

【译文】

管理国家的人，一定要明察远近四方情况的真假，预见祸福的源头，这样才能充分发挥群臣的才力，从而维护和振兴自己的国家。

前羌始叛，草创新起，器械未备，虏或持铜镜以象兵，或负板案以类楯[①]，惶惧扰攘，未能相持。一城易制尔[②]，郡县皆大炽[③]。及百姓暴被殃祸，亡失财货，人哀奋怒，各欲报仇，而将帅皆怯劣软弱，不敢讨击，但坐调文书[④]，以欺朝廷。实杀民百则言一，杀虏一则言百；或虏实多而谓之少，或实少而谓之多。倾侧巧文[⑤]，要取便身利己，而非独忧国之大计，哀民之死亡也。

【注释】

①类：类似，此指充当，与上文"象"字对文。楯(dùn)：同"盾"，盾牌。

②"惶惧扰攘"三句：意谓羌人举事之初尚未形成气候，没有统一的指挥，混乱无序，确实容易压制。《太平御览》卷三百五十七引作"惶遽扰攘，未能相一，诚易制也。"一城，当据《御览》作"诚"，一

字属上读。

③郡县皆大炽(chì):炽,火旺盛,比喻敌寇猖狂。张觉《校注》认为“皆”下有脱文,其据本书《边议》篇谓此句当作:“郡县皆畏偄不敢击,故令虏大炽。”可备一说。

④坐调文书:坐在衙门里调发军情文书。

⑤倾侧巧文:歪曲事实,巧言伪饰。倾侧,倾斜,歪曲。巧,巧诈,虚伪不实。文,文饰,伪饰。

【译文】

前面羌人开始反叛的时候,散乱无序方才兴起,兵器尚未齐备,敌寇有的拿着铜镜当作兵器,有的背起案板当作盾牌,他们惶恐混乱,不能和国家军队相对抗。确实很容易压制下去,可是郡县官长畏惧怯懦不敢攻击,敌人就猖狂起来了。终于致使敌寇愈加猖狂地攻打郡县。等到百姓们都遭受祸患,丧失财产,人人心里悲哀愤怒,都想着要报仇雪恨的时候,带兵的将帅们却怯懦软弱,不敢出兵讨伐,只是坐在衙门里调发军情文书,欺瞒朝廷。敌人实际上杀害百姓上百人,却说只杀了一个人,才杀死敌寇一人,却谎称上百。有时敌人明明很多却说很少,有时候敌人很少却说很多。这些将帅们故意歪曲事实、巧言伪饰,只是便利开脱自己,而不是考虑国家的安危大计,哀痛百姓们的生死存亡。

又放散钱谷,殚尽府库[1],乃复从民假贷[2],强夺财货。千万之家,削身无余,万民匮竭[3],因随以死亡者,皆吏所饿杀也。其为酷痛[4],甚于逢虏。寇钞贼虏,忽然而过,未必死伤,至吏所搜索剽夺[5],游踵涂地[6],或覆宗灭族,绝无种类[7];或孤妇女[8],为人奴婢,远见贩卖,至令不能自活者,不可胜数也[9]。此之感天致灾,尤逆阴阳[10]。

【注释】

①殚(dàn):尽,竭尽。

②假(jiǎ):借,贷。

③匮(kuì):缺乏,不足。

④酷:甚,很,指程度深。

⑤剽(piāo)夺:抢劫,掠夺。

⑥游踵涂地:游,汪《笺》认为当作“旋”。旋踵,即转动脚跟,形容速度快。译文从之。涂地,指遭受残害,家破人亡。

⑦种类:种族。

⑧或孤妇女:王宗炎认为“孤”下有脱字。汪《笺》认为当作“幼孤”。译文从之。

⑨不可胜数也:汪《笺》认为此句“也”字为衍文。彭《校》认为“也”字当在下句“尤逆阴阳”后。

⑩感天致灾,尤逆阴阳:使上天感应而招致灾祸,尤其违背了阴阳。《汉书·严助传》淮南王安上书云:“臣闻军旅之后,必有凶年。言民之各以其愁苦之气,薄阴阳之和,感天地之精,而灾气为之生也。”盖即此意。

【译文】

那些将帅们又任意发放钱财粮食,散尽仓库的积蓄,再从百姓那里借贷,强取其财物。家财万贯的人家也被剥削殆尽了,民众物资匮乏至极因而相继死亡,他们都是因为那些官员们而饿死的啊。民众受到的这些惨酷遭遇,甚至超过敌寇带给他们的。敌寇抢劫掠夺,很快就过去了,还不一定会有死伤,但到了官吏那里,搜刮、掠夺,转眼间就使民众家破人亡,有的整个家族惨遭覆灭,血脉绝断;有的只留下妇女孤儿,沦为别人的奴婢,被贩卖到了远处,以至于无法生存,这样的事数都数不清。这些惨象上达于天,招致了灾祸,更是违背了阴阳。

且夫士重迁[①],恋慕坟墓,贤不肖之所同也。民之于徙[②],甚于伏法。伏法不过家一人死尔,诸亡失财货,夺土远移,不习风俗,不便水土[③],类多灭门[④],少能还者。代马望北,狐死首丘[⑤]。边民谨顿[⑥],尤恶内留。虽知祸大,犹愿守其绪业[⑦],死其本处,诚不欲去之极。太守令长,畏恶军事,皆以素非此土之人[⑧],痛不著身,祸不及我家,故争郡县以内迁[⑨]。至遣吏兵,发民禾稼,发彻屋室[⑩],夷其营壁[⑪],破其生业,强劫驱掠,与其内入[⑫],捐弃羸弱[⑬],使死其处。当此之时,万民怨痛,泣血叫号[⑭],诚愁鬼神而感天心。然小民谨劣[⑮],不能自达阙廷,依官吏家,迫将威严,不敢有挚[⑯]。民既夺土失业,又遭蝗旱饥匮,逐道东走,流离分散,幽、冀、兖、豫、荆、扬、蜀、汉[⑰],饥饿死亡,复失太半。边地遂以丘荒[⑱],至今无人。原祸所起,皆吏过尔。

【注释】

①夫士重迁:汪《笺》:"当作'安土重迁'。"译文姑依王符原文。迁,迁移,迁徙。

②民之于徙:王宗炎疑"于徙"为"畏徙"之误。译文从之。

③不便水土:水土不调服。便,适应,调服。

④类:大抵,大都。

⑤代马望北,狐死首丘:两句盖当时谚语。喻指怀念故土家园,不忘本。《后汉书·班超列传》:"狐死首丘,代马依风。"又《文选·古诗十九首》李善注引《韩诗外传》:"诗曰:'代马依北风,飞鸟栖故巢。'皆不忘本之谓也。"。代马,代地之马。代,春秋战国时小国,其地在今河北蔚县一带。

⑥谨顿:拘谨,迟钝。顿,通“钝”,迟钝。

⑦绪业:遗业。

⑧素:平素,一向。

⑨故争郡县以内迁:汪《笺》认为“争”下脱“坏”字。本书《叙录》:“令坏郡县,殴民内迁。”译文从之。

⑩发彻屋室:发,汪《笺》认为与上句“发”字重复,此处当读为“废”,毁坏意。彭《校》认为此处不误,而上句“发民禾稼”中的“发”字当为“癹(bá)”。《说文》:“癹,以足蹋夷艸。”彻,通“撤”,除去,拆除。

⑪夷:铲平,除平。营壁:堡垒,村庄。

⑫与其内入:其,彭《校》认为“其”犹“之”也,“此言太守令长强驱其民,使与之入居内郡也。本书之、其多互用,上文‘此之感天致灾’,以‘之’为‘其’,犹此以‘其’为‘之’矣。”说是。

⑬捐弃:抛弃。羸(léi)弱:瘦弱。此处指老弱妇儿。

⑭泣血叫号:呼喊号哭,眼泪流尽,继之以血。此处指边民情状极其惨烈。

⑮谨劣:软弱,胆小。

⑯不敢有挚:挚,汪《笺》疑作“违”,因字形相近而误。彭《校》:“此疑当作‘敢有不慹’。《说文》:‘慹,怖也。’言敢有不惧耳。汪说失之。”今从彭说。

⑰幽、冀、兖、豫、荆、扬:汉代的六个州。幽,幽州,在今河北东北部及辽宁、朝鲜一带。冀,冀州,在今河北南部和河南北部一带。兖,兖州,在今山东西南部和河南东部一带。豫,豫州,在今淮河以北伏牛山以东豫东、皖北一带。荆,荆州,在今湖北中南部,长江中游两岸。扬,扬州,在今安徽、江苏的南部与浙江、江西、福建一带。蜀、汉:指蜀郡、汉中郡,东汉时二郡均属益州。

⑱丘:《尔雅·释诂》:“丘,空也。”汉魏本作“兵”。

【译文】

再说士人重视迁移，眷恋祖先的坟墓之地，不论是贤人还是不贤之人都是一样的。百姓对于迁移的畏惧，超过被判死刑。判了死刑不过是家里一个人死去，而失去了财物，田地被夺，举家向远处迁徙，不习惯异地风俗，水土不调服，大多全家死亡，很少能有活着回来的人。代地的骏马总是望向北方，狐狸死的时候头总是朝着自己洞穴的方向。边境的人民拘谨迟钝，尤其不愿意留在内地。即使知道灾难深重，还是愿意守着自己边境的家业，老死在他们故土家乡，实在极其不想离开家乡。郡县的太守令长们都害怕、厌恶战争，又素来不是本地人，自身感受不到痛苦，灾祸到不了自己家里，于是就争相把郡县之民内迁。他们甚至派遣官兵，强行拔取百姓的庄稼，拆毁他们的房屋，铲平他们的村庄，破坏他们赖以生存的产业，强行驱赶掠夺，让他们向内地迁移，抛弃老弱病残，致使他们死在边境。这个时候，千万民众哀怨痛苦，泪尽泣血，号哭喊叫，真是鬼神发愁，上天感动。但是民众终归胆小软弱，不能自己亲赴朝廷申诉，只能依靠官吏，迫于将领威严，又不敢有所反抗。民众已经丢失了田地和家业，又遭受蝗灾旱灾、饥荒匮乏，顺道向东逃亡，流离四散到了幽州、冀州、兖州、豫州、荆州、扬州、蜀郡、汉中郡等各州郡时，因为饥饿死亡又丧失了一大半。边境因此而空旷荒芜，至今都没有人烟。推究灾祸的产生，都是官吏的过错啊！

夫土地者，民之本也，诚不可久荒以开敌心①。且扁鹊之治病也②，审闭结而通郁滞，虚者补之，实者泻之，故病愈而名显。伊尹之佐汤也，设轻重而通有无，损积余以补不足，故殷治而君尊。贾谊痛于偏枯躄痱之疾③。今边郡千里，地各有两县，户财置数百④，而太守周回万里，空无人民，美田弃而莫垦发；中州内郡⑤，规地拓境，不能半边，而口户百万[⑥]，田亩一全[⑦]，人众地荒[⑧]，无所容足，此亦偏枯躄痱之类也。

【注释】

①开敌心：激发敌人意图侵略的野心。

②扁鹊：据《史记·扁鹊仓公列传》，姓秦氏，名越人。春秋时名医。师从长桑君，据说他能洞见人五脏的症结。家居齐国卢邑，世称卢医，因其医术高明，所以人们就用传说中的上古神医扁鹊的名字来称呼他。

③贾谊痛于偏枯躄(bì)痱(féi)之疾：贾谊《新书·解县》用"偏枯躄痱"来比喻西汉初期对匈奴采取的妥协政策给西北边境造成的危害，就好像国家患了偏瘫症一样。偏枯，偏瘫。躄，瘸，跛。痱，偏瘫，中风。

④财：通"才"，仅仅。

⑤中州内郡：指内地各州郡。

⑥口户：汪《笺》疑此处倒误，当作"户口"。译文从之。

⑦一全：王宗炎认为当作"一金"，汉代一金价值极高，此处指地价高。汪《笺》认为"一"盖"不"字之坏，"不全"即是"不备"。张觉《校注》以为"一"字不误，其意指十分之一，此处形容有田之人极少。汪说近是。译文从之。

⑧人众地荒：荒，汪《笺》认为当作"狭"。译文从之。

【译文】

土地是百姓的根基，实在是不应该荒废太久以激发敌人侵略的野心。扁鹊治病的时候，观察气血郁结的地方然后进行疏泻，对于虚弱的人就补益，对于郁积的人就疏通，病人痊愈，他的名声也就传扬了出去。伊尹辅佐商汤的时候，设置物价高低来使得各地民众互通有无，调节贬损多余的部分补给不足，所以殷商天下大治而君王更受尊崇。而贾谊也痛心于国家妥协匈奴就像患上偏瘫跛脚之疾。如今边境之郡地广千里,每郡各置两县,住户却只有几百家,太守辖区方圆万里,空无一人,肥沃的土地被废弃而没有开垦;内地的郡县,丈量规划而开拓的土地,不到边境的一半,但是住户却上百万,致使田地远远不够,人口众多而土地狭小,百姓插足之处都没有,这也是国家所患的偏瘫跛脚之疾。

《周书》曰:“土多人少,莫出其材,是谓虚土,可袭伐也。土少人众,民非其民,可匮竭也[①]。”是故土地人民必相称也。今边郡多害而役剧,动入祸门[②]。不为兴利除害,有以劝之,则长无与复之,而内有寇戎之心[③]。西羌北虏,必生窥欲,诚大忧也。

【注释】

①“土多人少”七句:语本《逸周书·文传解》:“土多民少,非其土也。土少人多,非其人也。”袭伐,侵略,征伐。

②动:动辄,动不动就。

③寇戎之心:指造反为祸的念头。

【译文】

《周书》中讲:“土地多人口少,不能充分开发地力,就称为浪费土地,可能会被侵略和征伐。土地少人口多,百姓无法作好百姓,同样会导致国运衰竭。”因此土地的数量和人口的多寡一定要相称。如今边境灾害频发而徭役繁重,动辄就会陷入祸乱之中。现在不为边境百姓兴利除害,以便有所鼓励,等到时间长了就再也没有办法做到了,而且到了那时候民众心里还会产生造反为祸的念头。西面和北面的羌寇也一定会生出窥探侵夺的欲望,这的确是很大的忧患啊!

百工制器，咸填其边[①]，散之兼倍[②]，岂有私哉[③]？乃所以固其内尔。先圣制法，亦务实边，盖以安中国也。譬犹家人遇寇贼者，必使老小羸软居其中央，丁强武猛卫其外。内人奉其养，外人御其难，蛩蛩距虚[④]，更相恃仰[⑤]，乃俱安存。

【注释】

①咸：都。填：填充，此处指加固。

②散之兼倍：指对器物的边缘不牢靠的地方加倍用料加工。散，散开，扩展。这里指不牢靠。

③私：偏爱。

④蛩蛩(qióng)距虚：又作邛邛岠虚，传说中的一种兽，色青，状如马。与另外一种兽蟨互相配合，邛邛岠虚其身前高后低，善于奔走却无法吃草，蟨身前低后高，善于吃草却无法奔走。所以蟨为邛邛岠虚提供食物，遇到危险邛邛岠虚背负蟨逃跑。见《尔雅·释地》。

⑤恃：依靠，凭借。

【译文】

百工制作器物，都要加固它的边沿，尤其对不牢靠的地方还要加倍用料，哪里是有什么偏私呢？这样做不过是为了巩固内部而已。古代的圣王制定法令的时候，致力于充实边境，也是为了安定内地。就像一家人遇到匪寇盗贼，一定要使老幼病弱待在中间，强壮勇猛的人在外面保护。里面的人供应给养，外面的人抵御灾难，就像蛩蛩距虚和蟨兽，互相依靠仰仗，才能都安全存活啊！

诏书法令[①]：二十万口，边郡十万，岁举孝廉一人[②]；员除世举廉吏一人[③]。羌反以来，户口减少，又数易太守，至十岁不得举。当职勤劳而不录，贤俊蓄积而不悉[4]，衣冠无所觊望[5]，农夫无所贪利，是以逐稼中灾[6]，莫肯就外。古之利其民[7]，诱之以利，弗胁以刑。《易》曰："先王以省方观民设教[8]。"是故建武初[9]，得边郡，户虽数百，令岁举孝廉，以召来人[10]。今诚宜权时令边郡举孝一人，廉吏世举一人，益置明经百石一人[11]，内郡人将妻子来占著[12]，五岁以上，与居民同均，皆得选举。又募运民耕边入谷[13]，远郡千斛[14]，近郡二千斛，拜爵五大夫[15]。可不欲爵者[16]，使食倍贾于内郡[17]。如此，君子小人各有所利，则虽欲令无往，弗能止也。此均苦乐，平徭役，充边境，安中国之要术也。

【注释】

①诏书法令：汪《笺》认为此处文有脱误。

②孝廉：汉武帝时设立的察举考试，任用官员的一种科目，孝廉本意指孝顺父母、办事廉正。

③员除世举廉吏一人：除，任命，授职。俞樾认为当作"际"。际，至，达到。世，彭《校》认为当为"卅"之讹。下文"世"字亦同。卅，三十。此句意谓官员满三十人举孝廉吏一名。

④不悉：不了解。

⑤衣冠：指官绅，士大夫。觊(jì)：希望得到。

⑥逐稼：从事农业。中(zhòng)灾：遭受灾害。

⑦利：汪《笺》认为当作"理"，治理。彭《校》认为"利"当作"制"，"制"古作"剌"，形近"利"而误。又古书中"制民""制国"常见。彭说近是。译文从之。

⑧先王以省(xǐng)方观民设教：语见《周易·观·象》。省，查看，观察。

⑨建武：东汉光武帝年号，公元25—56年。

⑩召来：通“招徕”，吸引召集。

⑪明经：汉武帝时选拔人才的科目之一，指精通经学。百石：彭《校》：“上文‘边郡举孝一人，廉吏卅举一人’，皆言口率，不言其秩，疑此‘百石’当为‘百户’，言此时边郡户口锐减，每百户得增置一明经，所谓权宜之计也。”译文从之。

⑫著(zhuó)：居于，处在。

⑬运民：指迁徙之民，移民。

⑭斛(hú)：容量单位，十斗为一斛。

⑮五大夫：秦汉时爵位分为二十级，五大夫为第九级爵位名。

⑯可不欲爵者：可，汪《笺》疑为“其”字之误。

⑰贾：同“价”。

【译文】

朝廷的诏书法令规定：内地每二十万人中，边境每十万人中，每年推举孝廉一人，已经任命的官员每三十人中推举孝廉一人。羌敌反叛以来，户口减少，又频繁更换太守，以至于十年都没有推举过。在职的官员辛勤工作却无法被选拔，贤才累积成群却不被人知，士大夫没有了期望，农民也无利可图，因此内地农民种庄稼受了灾也不愿意去边地。古代治理民众的方法，是用利益诱导他们，而不是用刑法威胁。《周易》中说：“古代帝王靠它来视察四方、观察民风以布设教令。”因此光武帝初年，收复边境，一郡之民虽然只有几百户，也规定每年要推举孝廉，以招揽人才。如今的确应该权衡时势，令边境每年推举孝廉一人，在每三十人中选拔廉吏一名，每一百户中增设明经一人，内郡民众带着妻子儿女来定居的，五年以后，和当地居民同等待遇，也都可以被选拔举荐。再招募移民在边境耕种，向国家上交粮食，远处的郡交一千斛，近处的郡交两千斛，就授予五大夫的爵位。不想要爵位的人，让他们将运来的粮食以成倍的价格售卖。这样的话，官员和农民都会得到利益，即使想要阻止他们去边地，也不能制止啊。这便是平均苦乐，减少徭役，充实边境以安定内地的重要方法。

卷第六

【题解】

本卷专论卜筮、巫史、相人诸事，凡《卜列》《巫列》《相列》三篇。

列，即“论”。“凡陈说事理而有次序为‘论’，亦可谓之‘列’”（《校正》）。《卜列》《巫列》《相列》与下卷《梦列》，分别探讨求神问卜、相人占梦等鬼神祭祀、世俗迷信之事，是在《墨子·明鬼》《周礼·春官·占梦》《灵枢经·淫邪发梦》以及《论衡》的《骨相》《订鬼》《卜筮》《诘术》等专论的基础上，对这些问题所做的集中论述，可称之为“潜夫四列”。

总体看来，王符对于天命鬼神、吉凶祸福等，基本上采取了审慎的态度，敬而远之，“凡人吉凶，以行为主，以命为决”，因而更强调德义品行的作用，“德义无违，鬼神乃享；鬼神受享，福祚乃隆”，强调恪尽人事、务实进善，“凡卜筮者，盖所问吉凶之情，言兴衰之期，令人修身慎行以迎福也”。认为“妖不胜德，邪不伐正，天之经也”，“鬼神与人殊气异务，非有事故，何奈于我”。主张“人不可多忌，多忌妄畏，实致妖祥”；主张“智者见祥，修善迎之，其有忧色，循行改尤”；主张“常恐惧修省，以德迎之，乃其逢吉，天禄永终”。归根结底，“自天佑之，吉无不利”，“此最却凶灾而致福善之本也”。王符对世俗迷信也予以批判：“今俗人筴于卜筮，而祭非其鬼，岂不惑哉！”“亦有妄传姓于五音，设五宅之符第，其为诬也甚矣！”指出“移风易俗之本，乃在开其心而正其精。今民生不见正道，而长于邪淫诳惑之中，其信之也，难卒解也。”这些思想，在谶纬、符瑞盛行的东汉，超越了当时普遍的认识水平，的确是过人之论。

当然，王符对于天命、鬼神等并没有否认，承认其存在与作用，这自是其时代的局限，然而，不可由此否定他在这些问题上的积极意义。一个时期以来，研究者纠缠于王符是“有神论者”还是“无神论者”，或刻意回护、曲为之说，或苛求古人、自相矛盾。这些都不是客观的、应有的态度。

卜列第二十五

天地开辟有神民，民神异业精气通①。行有招召②，命有遭随③，吉凶之期，天难谌斯④。圣贤虽察不自专⑤，故立卜筮以质神灵⑥。孔子称：“蓍之德圆而神，卦之德方以智⑦。”又曰：“君子将有行也，问焉而以言，其受命而向⑧。”是以禹之得皋陶，文王之取吕尚，皆兆告其象⑨，卜底其思⑩，以成其吉。

【注释】

①民神异业精气通：意思是人神职务各有不同，但其内在的精神元气是相通的。《国语·楚语下》观射父云：“古者民神不杂。民之精爽不携贰者，而又能齐肃衷正，其智能上下比义，其圣能光远宣朗，其明能光照之，其聪能听彻之，如是则明神降之，在男曰觋，在女曰巫。……民是以能有忠信，神是以能有明德，民神异业，敬而不渎，故神降之嘉生，民以物享，祸灾不至，求用不匮。”业，职务，职分。精气，阴阳元气。

②行有招召：指人的行为会招致福祸。《荀子·劝学》：“言有召祸

也，行有招辱也。”招，引来，招致。召，召来。

③命有遭随：指人的命运有遭命、随命之分。遭命，指由遭遇的外部环境而决定的命运。随命，指因自身的主观原因而决定的命运。《论衡·命义篇》：“随命者，戮力操行而吉福至，纵情施欲而凶祸到，故曰随命。遭命者，行善得恶，非所冀望，逢遭于外而得凶祸，故曰遭命。”

④天难谌(chén)斯：语见《诗经·大雅·大明》：“天难忱斯，不易为王。”谌，相信。

⑤自专：自己专断。

⑥质：咨询，询问。

⑦蓍(shī)之德圆而神，卦之德方以智：语见《周易·系辞上》。蓍，蓍草，古人用其茎来占卜。这里指蓍数。德，德性，本性。圆而神，圆通而神明。张觉《校注》：“蓍草在抽取排列时，就像圆形循环无穷一样，变化无穷而神奇莫测。”卦，古代占卜用的符号，以阳爻和阴爻相配合而成。相传伏羲始创八卦，后经周文王推演而成六十四卦。方，方正，这里引申为不可更改。智，明智。

⑧“君子将有行也”三句：语见《周易·系辞上》：“君子将有为也，将有行也，问焉而以言，其受命也如向。”意思是君子将要有所行动时用《周易》卜蓍占问，而据以发言行事，《周易》就会如响应声地承受占筮者的蓍命。而，今本《周易》作“如”。向，同“响”，如响应声。汉魏本作“响”。

⑨兆告其象：古代占卜时，占卜者烧灼龟甲观察其形成的裂纹来判断吉凶。

⑩卜底(zhǐ)其思：占卜的结果达到他们的心愿。底，同“厎(zhǐ)”，致，达到。

【译文】

自天地开辟以来就有神灵和人，人和神灵虽然职分不同但其内在的阴阳元气是相通的。人的行为举止有时会招致祸患,命运也有遭随之分。对于吉凶降临时间的预测,上天都不足以相信。圣贤之人虽能明察但也不敢专断,所以设立了卜筮之官询问神灵。孔子说:"蓍数的性质是圆通而神明,卦象的性质是方正而明智。"又说:"君子将要有所行动时,就用《周易》卜蓍占问而据以发言行事,《周易》便能如响应声地承受占筮者的著命。"因此禹得到了皋陶,文王得到了吕尚,都是龟兆预先告诉了他们迹象,占卜达到了他们的心愿,从而成就了吉利的事。

夫君子闻善则劝乐而进德①,闻恶则循省而改尤②,故安静而多福;小人闻善,闻恶即慑惧而妄为③,故狂躁而多祸。是故凡卜筮者,盖所问吉凶之情,言兴衰之期,令人修身慎行以迎福也。

【注释】

①德:底本阙,今据四库本补。

②循省:汪《笺》认为"循"当作"修"。按,"循省"亦通。《公羊传·僖公三年》:"夏四月不雨,何以书?记异也。"何休注:"一月不雨……饬过求已,循省百官,放佞臣郭都等,理冤狱四百余人。"循省,省察之意。此指反省,省察自身。尤:罪过,过错。

③小人闻善,闻恶即慑(shè)惧而妄为:小人闻善,汪《笺》:"'善'下脱六字。"汉魏本、四部本作"小人闻善则慑惧而妄为",四库本作"小人闻善则慑惧,闻恶则妄为"。张觉《校注》以《荀子·不苟》"(君子)不能则恭敬缚绌以畏事人。……(小人)不能则妬嫉怨诽以倾覆人"与此句文意类比,认为疑脱"即妒嫉而怨诽"。译文姑依张说。慑,害怕,恐惧。

【译文】

君子听闻他人的善行就欢欣鼓舞去提高自己的品德,听闻恶行就省察自身改正错误，因此安宁平静多有福报；小人听闻他人的善行就会嫉妒而心生怨恨，听闻恶行就会恐惧而胡作非为，所以狂妄浮躁多有灾祸。因此大凡占卜之人，回答人们所询问的吉凶之事，讲说兴衰的期限，都是为了让人们修养身心谨慎行事以迎取福报啊。

且圣王之立卜筮也，不违民以为吉，不专任以断事。故《鸿范》之占①，大同是尚②。《书》又曰："假尔元龟，罔敢知吉③。"《诗》云："我龟既厌，不我告犹④。"从此观之，蓍龟之情，傥有随时俭易⑤，不以诚邪？将世无史苏之材⑥，识神者少乎？及周史之筮敬仲⑦，庄叔之筮穆子⑧，可谓能探赜索隐，钩深致远者矣⑨。使献公早纳史苏之言⑩，穆子宿备庄叔之戒⑪，则骊姬、竖牛之谗⑫，亦将无由而入，无破国危身之祸也。

【注释】

①《鸿范》：《尚书》中的篇目，今本作《洪范》。周武王战胜殷商以后，向箕子请教治国之方，箕子对以"洪范九畴"，其中次七"明用稽疑"中讲到设立卜筮之官的相关事宜。

②大同：《洪范》中箕子说："汝则从、龟从、筮从、卿士从、庶民从，是谓大同。"认为占卜的结果如果符合君主的意愿，也和臣民的意见一致的话，就是占卜最理想的境界，称作"大同"。

③假(gé)尔元龟，罔敢知吉：语见《尚书·西伯戡黎》，意谓至于占卜的大龟，也不敢预知吉凶。今本《尚书》作"格人元龟，罔敢知吉"。假，至。元龟，占卜用的大龟。罔，无，没有。

④我龟既厌，不我告犹：引诗见《诗经·小雅·小旻》。意谓频繁地占卜，神龟已经厌烦，不再把吉凶告诉我们了。犹，道，办法。

⑤傥(tǎng):或许。俭:通“险”,凶险,险恶。

⑥史苏:春秋时期晋国大夫。为人忠诚正直,精通《易》理,主管卜筮。晋献公五年(前672),晋伐骊戎,史苏占得“胜而不吉”,献公果然战胜骊戎获骊姬而还,并立为夫人。史苏根据卜兆和晋国现状,结合夏、商、周三代皆因女色亡国的教训,告诫诸位大夫,献公宠爱骊姬也必将祸败晋国。

⑦周史之筮敬仲:周太史曾过陈为陈敬仲占卜,预言其子孙将在七世之后取代姜姓为诸侯,其后果然验证,陈敬仲的后代后来在齐国发展壮大,最终夺取了姜姓齐国的政权成为诸侯,称为“田齐”。敬仲即陈完,陈厉公之少子。

⑧庄叔之筮穆子:叔孙穆子初生时,其父庄叔为之占卜,卜者预言穆子将来会死于一个叫“牛”的人之手,后来穆子果然被竖牛所害。庄叔,即叔孙得臣。春秋时鲁国大夫。穆子,叔孙得臣之子,名豹,谥“穆”,故史称叔孙穆子。

⑨探赜(zé)索隐,钩深致远:语见《周易·系辞上》。这两句讲卜筮的功用。《周易正义》:“探,谓窥探求取;赜,谓幽深难见。卜筮则能窥探幽昧之理,故云‘探赜’也。索,谓求索;隐,谓隐藏。卜筮能求索隐藏之处,故云‘索隐’也。物在深处能钩取之,物在远方能招致之。卜筮能然,故云‘钩深致远’也。”

⑩献公:即晋献公。姬姓,名诡诸,春秋时代的晋国国君。晚年宠爱骊姬,欲立其子,故杀太子申生,引起晋国数世之乱。

⑪宿:彭《校》认为即“早”也。

⑫骊姬:春秋时骊戎国君之女。晋献公宠爱骊姬,后骊姬生奚齐,想让献公立其为嗣,遂进谗逼得公子申生自杀,公子重耳、夷吾出奔。献公死,奚齐立为国君,后被大夫里克所杀,骊姬也被杀。晋国因此陷入长期混乱局面。竖牛:叔孙豹家臣。传为叔孙豹出走时的私生子,深得叔孙豹的喜爱而长期掌管家政,他进谗使

得叔孙豹杀了长子孟丙，赶走了次子仲任，后叔孙豹病，竖牛绝其饮食，将其饿死。

【译文】

圣明的帝王设立占筮之官，不会把违背民意当作吉利，不专用卜筮的结果以决定事情。所以《洪范》中所讲的占卜之道，推崇君主和臣民意见一致的“大同”境界。《尚书》中说：“至于占卜的大龟，也不敢预测吉凶。”《诗经》说：“频繁的占卜，我的灵龟已经厌倦了，占卜也不再把吉凶告诉我们了。”这样看来，蓍草、灵龟的占卜结果，或许有时也会出现因时势的险恶变化而改变的情况，这是因为占卜不诚心呢？还是世上再没有具有史苏一般的才能而可通晓神意的人呢？至于周王室的史官为敬仲占卜，庄叔为穆子占卜，可谓达到了窥探幽深、求索隐秘，钩稽深奥、招致远物的境界了。假如晋献公早早地听取史苏的建议，穆子也早早地按庄叔的告诫做好防备，那么骊姬、竖牛的谗言也就无法得逞，他们也就不会招致国家破败、危害自身的灾祸了。

圣人甚重卜筮，然不疑之事，亦不问也①。甚敬祭祀，非礼之祈，亦不为也②。故曰：“圣人不烦卜筮③。”“敬鬼神而远之④。”夫鬼神与人殊气异务，非有事故，何奈于我？故孔子善楚昭之不祀河⑤，而恶季氏之旅泰山⑥。今俗人筴于卜筮⑦，而祭非其鬼⑧，岂不惑哉！

【注释】

①然不疑之事，亦不问也：《左传·桓公十一年》：“卜以决疑，不疑何卜？”

②非礼之祈，亦不为也：《礼记·曲礼》：“非其所祭而祭之，名曰淫祀。”《论语·为政》：“子曰：‘非其鬼而祭之，谄也。’”

③圣人不烦卜筮:语见《左传·哀公十八年》。烦,频繁。

④敬鬼神而远之:语见《论语·雍也》。

⑤孔子善楚昭之不祀河:《左传·哀公六年》载,吴国攻打陈国,楚昭王前去援救,驻扎在城父。作战时昭王生病,占卜说是河神作祟,大夫想要祭祀黄河神,昭王以祭祀只能祭祀国内的山川,黄河不在楚人应当望祭的范围内,于是不同意祭告。孔子评论此事说:"楚昭王知大道矣。其不失国也,宜哉!"赞扬昭王深明诸侯不祭祀本国之外的山川神灵的礼制。楚昭王,芈姓,熊氏,名壬,又名轸。楚平王之子。

⑥季氏之旅泰山:古代只有天子和诸侯可以祭祀山川,而鲁国大夫季康子作为诸侯国的卿大夫祭祀泰山,孔子认为这是僭礼,让冉有去劝谏。事见《论语·八佾》。季氏,春秋时鲁桓公少子季友的后裔,为三桓之一,长期把持鲁国国政。此指季康子,春秋后期掌握鲁国政权。旅,陈列祭品而祭。

⑦筴(cè):古代占卜用的筮草。《礼记·曲礼》:"龟为卜,筴为筮。"此处引申为一味地占卜。汪《笺》疑作"狎"。狎,亲近。

⑧而祭非其鬼:指祭祀本不应祭祀的祖先。《论语·为政》:"非其鬼而祭之,谄也。"鬼,祖先。

【译文】

圣人虽然很看重占卜之事,但是不怀疑的事情,他们也是不会去占问的。他们虽然很尊崇祭祷,但是不合礼制的祈祷,他们也是不会去做的。因此说:"圣人不频繁地占卜。""严肃地对待鬼神但不要接近他们。"鬼神和人的精气相异,职务相殊,假如没有什么特殊的事情,他们又与我有什么相干?因此孔子赞扬楚昭王不祭祀黄河,厌恶季氏祭祀泰山。现在普通人都一味地迷信于占卜,而祭祀他们本不该祭祀的鬼神,难道不是太糊涂了吗?

亦有妄传姓于五音，设五宅之符第[①]，其为诬也甚矣！古有阴阳，然后有五行[②]。五帝右据行气[③]，以生人民[④]，载世远[⑤]，乃有姓名敬民[⑥]。名字者，盖所以别众猥而显此人尔[⑦]，非以纪五音而定刚柔也[⑧]。今俗人不能推纪本祖[⑨]，而反欲以声音言语定五行，误莫甚焉。

【注释】

①亦有妄传姓于五音，设五宅之符第：汪《笺》："《论衡·诘术篇》云：'五音之家，用口调姓名及字，用姓定其名，用名正其字。口有张歙，声有外内，以定五音宫商之实。'又云：'《图宅术》曰："宅有八术，以六甲之名数而第之，第定名立，宫商殊别。宅有五音，姓有五声。宅不宜其姓，姓与宅相贼，则疾病死亡，犯罪遇祸。"'"古人把音调分为宫、商、角、徵、羽，后又按姓氏的字音把人的姓氏分为五类，又据五音、五行把宅第按方位分为五类：东配角、木，南配徵、火，中配宫、土，西配商、金，北配羽、水，依据五行相生相克的联系来推算住户的吉凶。传，汉魏本作"博"；王宗炎疑作"傅"，附会。五宅，东、南、西、北、中五个方位的住宅。符，符合。第，次第，次序。

②五行：指金、木、水、火、土五种物质，古人认为宇宙万物无不由这五种物质构成，五行相生相克，万物得以化育发展。

③五帝右据行气：王宗炎疑"右"当作"各"，王说是。此句意谓五帝各占五行之一气。五帝，此处当指五行之帝。《孔子家语·五帝》："孔子曰：'昔丘也闻诸老聃曰："天有五行：水、火、金、木、土。分时化育，以成万物，其神谓之五帝。"'"

④以生人民：古代阴阳五行思想认为，天下人都是五帝生育繁衍的子孙。《礼记·大传》郑玄注："王者之先祖，皆感太微五帝之精

以生。"《公羊传·宣公三年》何休注:"上帝、五帝在太微之中,迭生子孙,更王天下。"

⑤载世:年代,历代。

⑥敬民:汪《笺》认为是"号氏"之误。张觉《校注》认为"敬"当为"别"字之误。译文从张说。

⑦众猥(wěi):众人,群众。猥,众多,众人。

⑧纪五音而定刚柔:指依据姓氏所属的五音来判断一个人秉性的刚柔。纪,通"记",记载。

⑨推纪本祖:推源、追溯其祖先。推纪,推源。

【译文】

还有人妄自将姓氏与五音相配,又将五种方位的宅第与五音配合,其做法实在是荒诞至极。古代先有阴阳之分,然后才有五行之说。五帝各占五行之气,人类才繁衍而来,很久以后,才有了姓氏名字来区别人民。所谓名字,大概就是分别众人而突显它所指称的这个人罢了,不是按其五音来确定人的秉性刚柔的。如今庸众之人不能推源追溯自己的祖先,反而用姓氏的读音来判定五行,实在是荒谬至极。

夫鱼处水而生,鸟据巢而卵。即不推其本祖[①],谐音而可[②],即呼鸟为鱼[③],可内之水乎[④]?呼鱼为鸟,可栖之木邪?此不然之事也。命驹曰犊,终必为马。是故凡姓之有音也,必随其本生祖所王也[⑤]。太皞木精[⑥],承岁而王[⑦],夫其子孙咸当为角[⑧]。神农火精,承荧惑而王[⑨],夫其子孙咸当为徵[⑧]。黄帝土精,承镇而王[⑩],夫其子孙咸当为宫。少皞金精[⑪],承太白而王[⑫],夫其子孙咸当为商。颛顼水精[⑬],承辰而王[⑭],夫其子孙咸当为羽。虽号百变,音行不易。

【注释】

①即：如果，倘若。汪《笺》疑为“卵”之驳文。彭《校》：“‘即’犹‘若’也。”

②谐音而可：指以鱼和鸟名称的读音作为判断依据。

③即：汪《笺》：“‘即’与‘则’同。”

④内：同“纳”，入，放入。

⑤王(wàng)：称王。这里指其祖先称王时。

⑥太皞木精：太皞帝秉受木之精华。太皞，即伏羲。传说中的古帝名。木精，汉代谶纬学说把五行比附为帝王受命之符，认为太皞帝承木之精气。下文神农、黄帝、少皞、颛顼等皆同此。

⑦承岁而王：顺承岁星而称王。岁，即岁星，指木星。古人以金、木、水、火、土五星合五行，又分别比附五帝。《汉书·律历志》：“五星之合于五行，水合于辰星，火合于荧惑，金合于太白，木合于岁星，土合于填星。”又《太平御览》引纬书《尚书考灵曜》：“岁星木精，荧惑火精，镇星土精，太白金精，辰星水精也。”

⑧角：五音之一，古代方术家将宫、商、角、徵、羽五音与五行相配：角与木配，徵与火配，宫与土配，商与金配，羽与水配。

⑨荧惑：火星。

⑩镇：镇星，即土星。

⑪少皞：传说中的古帝名，相传为黄帝之子。

⑫太白：即金星。

⑬颛顼(zhuān xū)：古帝名。黄帝之孙，号高阳氏，居于帝丘(今河南濮阳附近)。

⑭辰：辰星，即水星。

【译文】

鱼在水里才能生存，鸟在树上作巢产卵。如果不推究它们的祖先，仅仅以其名称的字音判定属性，那么把鸟叫作鱼，能把它放在水里吗？

把鱼叫作鸟，它能栖息在树上吗？这是不可能的事。把马驹叫作牛犊，它终究还是马。因此凡是姓氏的字音，一定是沿袭它的始祖最开始的读音。太皞为木精，承木星以称王，他的子孙姓氏都属角音。神农为火精，承火星以称王，他的子孙姓氏都属徵音。黄帝为土精，承土星以称王，他的子孙姓氏都属宫音。少皞为金精，承金星以称王，他的子孙姓氏都属商音。颛顼为水精，顺承水星以称王，他的子孙姓氏都属羽音。即使名号屡次改变，但是姓氏读音和五行之属是不会改变的。

俗工又曰："商家之宅，宜西出门[①]。"此复虚矣。五行当出乘其胜[②]，入居其隩乃安吉[③]。商家向东入[④]，东入反以为金伐木，则家中精神日战斗也。五行皆然。又曰："宅有宫商之第[⑤]，直符之岁[⑥]。"既然者，于其上增损门数，即可以变其音而过其符邪？今一宅也，同姓相代，或吉或凶；一官也，同姓相代，或迁或免；一宫也，成、康居之日以兴[⑦]，幽、厉居之日以衰[⑧]。由此观之，吉凶兴衰不在宅明矣。

【注释】

①商家之宅，宜西出门：古代阴阳五行思想认为，姓氏字音所属五音不同，其住宅大门的朝向也应当有所不同。《论衡·诘术篇》引《图宅术》云："'商家门不宜南向，徵家门不宜北向，则商金南方火也，徵火北方水也。水胜火，火贼金，五行之气不相得，故五姓之宅，门有宜向。向得其宜，富贵吉昌；向失其宜，贫贱衰耗。'"商家，姓氏字音在五音中属于商的人家。西出门，即门向西开。

②五行当出乘其胜：出门应当利用五行相胜的道理。张觉《校注》："例如，商家属五行之金，出门时应该向东才吉利。因为东配五

行之木,商家向东出门,正好是金克木,象征着商家外出无敌。”乘,趁,利用。胜,克制,制服。这里指五行相胜。

③入居其隩(ào):在家中居于其适宜的方位。隩,本指居室的西南角。《风俗通义》引《尔雅》云:“‘西南隅谓之隩。’尊长之处也。”亦为神位所在。《汉书·郊祀志》:“自古以雍州积高,神明之隩,故立畤郊上帝,诸神祠皆聚云。”

④商家向东入:汪《笺》认为此处文有脱误。张觉《校注》:“此文与上文‘西出门’相应。大门西出,所以‘向东入’,文无脱误。”

⑤宅有宫商之第:指将五种不同方位的住宅按其主人姓氏的字音与五行、五音各自对应的次序。

⑥直符之岁:指正对太岁。古人以正对太岁为忌。直符,正对,对应。岁,太岁,指木星。古人以木星为岁星,以之纪年。因其自西向东运行方向与黄道所分十二地支方向相反,于是又虚构了一个自东向西运行与岁星方向相反的岁星纪年,称之为太岁,亦称岁神。

⑦成、康:指周成王和周康王。周成王,周武王之子。周康王,成王之子。成、康之时,社会安定,百姓和睦,被誉为“成康之治”。

⑧幽、厉:周幽王和周厉王。周幽王,周宣王之子,西周的亡国之君。周厉王,夷王之子。暴虐奢侈,用巫师监视人民来消除批评,以致国人敢怒不敢言,三年后,激起百姓叛乱,厉王被流放彘地。

【译文】

而平庸的工匠们又说:“姓氏字音属于商音的人家,住宅的大门应该向西开。”这又是胡说了。按五行的原则,出门应当利用五行相胜的道理,安居其所适宜的方位,才能安宁吉利。姓氏字音属于商音的人家现在向东入,东入反而是以金克木,家里的精气就会天天相斗受损。五行都是这样的。他们又说:“住宅按其主人姓氏的字音有五音的次序,而且每年都有太岁直符的禁忌和讲究。"既然这样,那宅第增减门的数目,就可以改变其五音归属而不管太岁直符的禁忌了吗?现在同一个住宅,同姓的人一代又一代地更替,有的吉利、有的却不幸;同一个官邸,同姓的人互相接替,有的升迁、有的却免职;同一座王宫,周成王、康王居住就日渐兴盛,而周幽王、厉王居住却日渐衰败。这样看来,人的吉凶祸福不在于其住宅,这是很明白的了。

及诸神祇太岁、丰隆、钩陈、太阴将军之属[①],此乃天吏,非细民所当事也。天之有此神也,皆所以奉成阴阳而利物也[②],若人治之有牧守令长矣[③]。向之何怒?背之何怨[④]?君民道近,不宜相责,况神致贵[⑤],与人异礼,岂可望乎[⑥]?

【注释】

①神祇(qí):泛指众神灵。神,指天神,祇,指地神。太岁:指太岁之神。古代方术家认为太岁亦有岁神。丰隆:古代神话中的雷神。钩陈:星官名。亦作"勾陈"。《韩非子·饰邪》:"此非丰隆、五行、太一、王相、摄提、六神、五括、天河、殷抢、岁星非数年在西也。"太阴将军:神名,主杀伐。汪《笺》:"《汉书·扬雄传》云:'诏招摇与太阴兮,伏钩陈使当兵。'张晏曰:'太阴,岁后三辰也。'"按,《抱朴子·登涉篇》:"诺皋,太阴将军。"

②奉成阴阳而利物:成就于天地阴阳二气而造福万物。汪《笺》:"《汉书·律历志》云:'万物棣通,族出于寅,人奉而成之。''利'何本作'吏'。按利、吏并误,当是'剌'字。《说文》云:'剌,裁也。从刀,从未。'剌、利字形相近而误。"按,"利"字亦通,意为利益,造福。

③牧守令长:州牧、郡守、县令、县长。此处泛指管理统治人间的

官长。

④向之何怒？背之何怨：意思是对于向人间牧守令长一样的天神地祇，人们迎向他们，他们有什么可恼怒的？避开他们，他们又有什么可怨愤的呢？向，向着。这里指不回避。背，背离。这里指避开。

⑤致：通“至”，极。

⑥望：责怪，怨恨。

【译文】

至于那些神灵，如太岁、丰隆、钩陈、太阴将军之类，他们是天上的官吏，本不是平民百姓所应该奉侍的。上天之所以设有这些神灵，都是为了成就天地阴阳之气而造福万物的，就像管理人间的有州牧、郡守、县令、县长之类。人们迎向他们，他们有什么可恼怒的呢？避开他们，他们又有什么可怨恨的呢？君主和人民情理相近，尚且不应该相互责备，更何况神灵都是极尊贵的，又与人礼法不同，难道有什么可以责怪的吗？

且欲使人而避鬼，是即道路不可行，而室庐不复居也。此谓贤人君子秉心方直，精神坚固者也。至如世俗小人，丑妾婢妇，浅陋愚戆[1]，渐染既成[2]，又数扬精破胆[3]。今不顺精诚所向[4]，而强之以其所畏，直亦增病尔[5]。何以明其然也？夫人之所以为人者，非以此八尺之身也，乃以其有精神也。人有恐怖死者，非病之所加也，非人功之所辜也[6]，然而至于遂不损者[7]，精诚去之也。孟贲狎猛虎而不惶[8]，婴人畏蝼蚁而发闻[9]。今通士或欲强羸病之愚人[10]，必之其所不能，吾又恐其未尽善也。

【注释】

①戆(zhuàng):愚蠢。

②渐(jiān)染:因浸泡而沾染,比喻沾染恶习。

③扬精破胆:指被吓得魂飞魄散。扬,飞散。

④精诚:至诚。

⑤直:只不过。病:痛苦。

⑥非人功之所辜也:汪《笺》认为此句有误字。人功,人力。辜,罪。此处指归罪,加害。

⑦遂不损者:指病情竟然一直加重毫不减损。遂,竟然。

⑧孟贲(bēn):战国时期勇士,传说他“水行不避蛟龙,陆行不避虎兕”。狎:戏弄。惶:惊慌,惊惧。

⑨婴人:即婴儿。发闻:指因害怕而惊慌喊叫,发声被人听到。

⑩通士:通达事理之人。汪《笺》:“《荀子·不苟》篇曰:‘物至而应,事起而辨,若是则可谓通士矣。’”

【译文】

况且要想使人避开鬼神,就像有路而不能行走,有房屋而无法居住一样。这只是对于那些秉性方正耿直、意志坚定的贤人君子来说。至于那些世俗之人,鄙贱妄妇,他们浅薄愚蠢,长期沾染迷信恶习,多次被吓得魂飞魄散。现在不顺着至诚正确的精神方向去引导他们,反而用他们所惧怕的鬼神来强迫他们,这样只能是增加他们的痛苦罢了。何以见得呢?人之所以成为人,不是因为这八尺身躯,而是因为他们有精神。有因为恐怖而死的人,他们并不是患了疾病,也不是因为人为加害,可是最终病情竟然一直加重而毫不减轻,是因为失去了人的精神啊。孟贲戏耍猛虎而毫无惧色,婴儿却因害怕蝼蚁而惊慌喊叫。现在通达事理的人想要强迫孱弱多病的愚人,一定要做他们做不到的事,我担心这也不是什么好主意啊。

移风易俗之本，乃在开其心而正其精[1]。今民生不见正道，而长于邪淫诳惑之中，其信之也，难卒解也[2]。惟王者能变之。

【注释】

①移风易俗之本，乃在开其心而正其精：《淮南子·泰族训》："诚决其善志，防其邪心，启其善道，塞其邪路，与同出道，则民性可善，风俗可美也。"或即此句之所本。

②卒(cù)：通"猝"，猝然，突然。

【译文】

转变风俗习惯的根本，在于打开人的心扉并端正其精神。现在人民一出生就看不见正道，又成长在邪淫盛行、欺骗混乱的环境之中，他们对鬼神的迷信，很难一下子根除。只有圣明的王者才能改变这种局面。

巫列第二十六

凡人吉凶，以行为主[1]，以命为决[2]。行者，己之质也；命者，天之制也[3]。在于己者，固可为也；在于天者，不可知也。巫觋祝请[4]，亦其助也，然非德不行。巫史祝祈者[5]，盖所以交鬼神而救细微尔，至于大命[6]，末如之何。譬民人之请谒于吏矣[7]，可以解微过，不能脱正罪。设有人于此，昼夜慢侮君父之教，干犯先王之禁，不克己心，思改过善[8]，而苟骤发请谒，以求解免，必不几矣[9]。不若修己[10]，小心畏慎，无犯上之必令也[11]。故孔子不听子路，而云"丘之祷久矣"[12]。《孝经》云:“夫然,故生则亲安之,祭则鬼享之⑬。”由此观之,德义无违,鬼神乃享;鬼神受享,福祚乃隆⑭。故《诗》云:“降福穰穰,降福简简,威仪板板。既醉既饱,福禄来反⑮。”此言人德义美茂,神歆享醉饱⑯,乃反报之以福也。

【注释】

①行:行为,品行。

②决:判决,裁决。

③命者,天之制也:汪《笺》:“《白虎通·寿命》篇云:‘命者何谓也?人之寿也,天命已使生者也。’”

④巫觋(xí):男女巫合称,巫指女巫,觋指男巫。祝:指对人的祝颂。请:指对神的请谒。

⑤巫史:古代专职祭祀卜问鬼神的人,又兼掌天文历法、史籍典册。最初地位极高,后慢慢衰落,其史职也逐渐分化而出。

⑥大命:胡大浚《译注》:“犹言天命。”

⑦谒(yè):拜见。

⑧思改过善:“过”下脱一字。汉魏本臆补“迁”。

⑨几(jì):通“冀”,期冀,希望。

⑩不若:汉魏本作“若不”。

⑪无犯上之必令也:汪《笺》:“‘必令’疑倒,《述赦》篇云:‘奸宄之减十八九,可胜必也。’即其例。或云:‘必令,谓罚严而必也。’”按,必令,四库本作“禁令”,译文姑按四库本。

⑫故孔子不听子路,而云“丘之祷久矣”:《论语·述而》:“子疾病,子路请祷。子曰:‘有诸?’子路对曰:‘有之。《诔》曰:“祷尔于上下神祇。”’子曰:‘丘之祷久矣。’”孔子认为求福的关键不在于祈祷而在于修身立德,故曰:“丘之祷久矣。”子路,孔子弟子,名仲

由，字子路，又字季路。

⑬“夫然”三句：语见《孝经·孝治章》。意思是，由于这样，赡养父母，父母就接受其侍奉；祭祀鬼神，鬼神就欣悦享受。生，使……生。这里引申为赡养。享，指鬼神享受祭品。

⑭祚（zuò）：福祚，福分。

⑮“降福穰穰（ráng）”五句：引诗见《诗经·周颂·执竞》。穰穰，繁多茂盛的样子。简简，盛大的样子。板板，今本《诗经》作“反反”。胡承珙《毛诗后笺》：“《说文》：‘反，覆也。’凡言反覆者，皆慎重之意。”此处指降神的灵巫容止威仪慎重有度。

⑯歆（xīn）享：指鬼神享用祭品。歆，鬼神享用祭品的香气。

【译文】

人的吉凶祸福，是由自己的行为作为主宰，由自己的命运作为决断的。行为出于自己的秉性，命运是上天的安排。出于自身的，本来就可以由自己掌握；出于上天安排的，则是无法知道的。巫史祝颂请愿，虽然有所帮助，但没有道德是不行的。巫史的祈愿祷告，仅仅可以做到沟通鬼神去挽救微小的事情罢了。至于天命大事，却无可奈何。例如人民请求官吏，虽可以免去微小的过错，但不可以解脱大罪。假设有人经常轻慢懈怠君主和父亲的教诲，触犯先王的禁令，而不克制自己的内心，想着改过从善，只是苟且地求情，以求得到赦免，这一定是办不到的。不如提高自己的修养，处事谨慎，不触犯上级的禁令。因此孔子不听从子路的话去祷告，而说“我很久之前就已经祈祷过了”。《孝经》中说：“由于这样，所以父母在世时能够安享侍奉，祭祀时鬼神能够歆享祭品。”这样看来，平日不违背道德仁义，祭祀时鬼神就会享用他的祭品；鬼神享用祭品，他的福禄就会很丰隆。所以《诗经》中说：“祖先神灵降福众多，降福盛大，灵巫的容止威仪慎重有度。鬼神享用祭品，酒足饭饱后，自然会将福禄回报给他。”这是说人有美好的德行道义，神灵就会充分享受祭品，酒足饭饱，反过来就会用福禄报答他。

虢公延神而亟亡[①]，赵婴祭天而速灭[②]，此盖所谓"神不歆其祀，民不即其事"也[③]。故鲁史书曰："国将兴，听于民；将亡，听于神[④]。"楚昭不禳云[⑤]，宋景不移咎[⑥]，子产距禆灶[⑦]，邾文公违卜史[⑧]，此皆审己知道，身以俟命者也[⑨]。晏平仲有言[⑩]："祝有益也，诅亦有损也[⑪]。"季梁之谏隋侯[⑫]，宫之奇说虞公[⑬]，可谓明乎天人之道，达乎神明之分矣[⑭]。

【注释】

①虢(guó)公延神而亟(jí)亡：春秋时期，有神降于虢国的莘地，虢公派人祭之，请求神赐予他土地，却不修自己的德行，暴虐百姓，所以史嚚、周朝内史都断言其将亡，不久虢国就被晋国灭掉了。虢，古国名。延，迎接。亟，快速，迅速。

②赵婴祭天而速灭：春秋时期，赵婴与侄媳赵庄姬通奸，次年被流放到齐国。梦见神灵说："祭祀我，我将降福给你。"他派人问士贞伯，士贞伯说："神灵使仁德之人得福，使淫乱的人遭祸。淫乱而得不到惩罚就是福。要是祭神或许还可以逃亡。"赵婴祭天，第二天就逃亡了。三年后，其家族被灭。赵婴，春秋时期晋国大夫赵衰之子。

③神不歆其祀，民不即其事：语本《左传·昭公元年》刘定公的话："神怒，不歆其祀；民叛，不即其事。"即事，做事，从事。

④"国将兴"四句：语本《左传·庄公三十二年》史嚚对于虢公请神的评论。

⑤楚昭不禳(ráng)云：楚昭王为救陈国而驻于城父，看到云彩如一群赤鸟，夹着太阳飘飞了三天，楚昭王派人问周太史。周太史说："楚王将有灾，如果举行禳祭，即可将灾祸转移到大臣身上。"楚昭王没有听从，也没有举行禳祭。楚昭，楚昭王，名轸。春秋

后期楚国国君。禳,四部本、四库本皆作“禳”,义同。指古代为消除灾祸而祭祀鬼神的活动。

⑥宋景不移咎:史载公元前480年,火星居于心宿,心宿是宋国的分野,预示着宋景公要有灾祸。占卜的子韦说可以将灾祸转移到宰相、百姓、收成上,景公不肯,最终感动了火星而避免了灾祸。宋景,即宋景公。宋元公之子,名头曼,又作兜栾。春秋末年宋国国君。咎,灾祸,灾难。

⑦子产距裨(pí)灶:史载公元前525冬天,有彗星出现在大辰边上,向西直到天汉。有人据此说卫、陈、宋、郑四国将发生大火。郑国大夫裨灶说:“如果用玉勺、玉爵来祭神,必能禳除大火。”子产不听,次年夏天,郑国真的发生了火灾。裨灶又预言如果子产依然不祭祀,郑国还是会发生火灾。子产说:“天道远,人道迩,非所及也,何以知之?灶焉知天道?是亦多言矣,岂不或信。”依然没有祭祀,结果郑国也没有发生火灾。距,通“拒”,拒绝,摒弃。裨灶,郑国大夫,擅长根据星象做出预言。

⑧邾(zhū)文公违卜史:邾文公为迁都占卜,史官说:“迁都于绎,利于人民却不利于君主。”邾文公觉得只要对百姓有利就可以了,迁都后,邾文公果卒。邾文公,春秋时邾国君主。

⑨身以俟(sì)命者也:汪《笺》引《孟子·尽心上》“夭寿不贰,修身以俟之,所以立命也”,认为“身”当上脱“修”字。译文从之。俟命,等待命运的安排。俟,等待。

⑩晏平仲:即晏子,齐国贤相。名婴,字仲,晏弱之子,谥“平”。历仕齐国灵公、庄公、景公三君。

⑪祝有益也,诅亦有损也:语见《左传·昭公二十年》。齐景公有疾,有人建议景公杀了祝、史。晏子劝谏齐景公说:病不在祝、史,应当修养自己的德行,使上下无怨,这样鬼神也会歆享其祀,国家也会因此得福。反之,人民皆以昏乱的国政为病,就会一起

诅咒。祷告有益，诅咒有损，全国上下都诅咒国君，即使祝、史能祷告，也于事无补。景公听从了他的谏言。

⑫季梁之谏隋侯：季梁曾谏隋侯说："臣闻小之能敌大也，小道大淫。所谓道，忠于民而信于神也。上思利民，忠也；祝史正辞，信也。今民馁而君逞欲，祝史矫举以祭，臣不知其可也。"季梁，春秋时隋国的贤臣，以诤言强谏闻名。

⑬宫之奇说虞公：晋国向虞国借道以伐虢，宫之奇以"辅车相依，唇亡齿寒"劝谏虞公，虞公认为自己祭祀神灵整洁尊敬，神灵会保佑的。宫之奇认为"鬼神非人实亲，惟德是依"，神灵不是亲近人而是依存于德，如果晋国占领了虞国，发扬美德，再给神灵献上芳香的祭品，神灵是会保佑晋国的。虞公不听，后来晋灭了虢后果然灭了虞。事见《左传·僖公五年》。宫之奇，春秋时虞国大夫。虞公，春秋时虞国国君。

⑭分(fèn)：职分，职守。

【译文】

虢公迎奉神灵而很快灭国，赵婴祭祀上天也迅速灭族，这就是所谓的"神灵不享用他们的祭品，民众也不为他们做事"。因此鲁国的史书写道："国家要兴盛，国政就要听从于百姓的意见；国家将灭亡，就听从于神灵的旨意。"楚昭王不禳除赤云之灾，宋景公不转移灾祸保全自己，子产拒绝禅灶的建议，邾文公违背占卜的史官，这些人都是既能内察自身又深明道义，修养身心以等待天命的安排。晏子说："祝、史向神灵祷告是有好处的，但是民众的诅咒也是有害处的啊。"季梁劝谏隋侯，宫之奇劝说虞公，可以说他们都是深明天人之道，通晓神灵与人的职分。

夫妖不胜德①，邪不伐正②，天之经也③。虽时有违，然智者守其正道，而不近于淫鬼④。所谓淫鬼者，闲邪精物⑤，非有守司真神灵也⑥。鬼之有此，犹人之有奸言卖平以干求者也[7]。若或诱之,则远来不止,而终必有咎。鬼神亦然,故申繻曰[8]:"人之所忌,其气炎以取之。人无衅焉,妖不自作[9]。"是谓人不可多忌,多忌妄畏,实致妖祥[10]。

【注释】

①妖不胜德:《史记·殷本纪》:"伊陟曰:'臣闻妖不胜德。'"

②邪不伐正:《淮南子·缪称训》:"正身直行,众邪自息。"伐,伤害。

③经:纲常,规律。

④淫鬼:此指本不应祭祀的鬼神。淫,超过本分,僭越。

⑤闲邪:邪恶。闲,大。精物:精灵,精怪。

⑥守司:职责,职守。

⑦鬼之有此,犹人之有奸言卖平以干求者也:意谓鬼神中有淫鬼,就如人间有奸言欺诈,破坏市场规则来谋求私利的人一样。卖平,汪《笺》:"以市道为喻。"即乱定物价违反市场交易的标准。卖,出卖。此指违反。平,平准。指官方为稳定和平衡市场交易所设立的标准。《盐铁论·本议》:"开委府于京,以笼货物,贱即买,贵则卖,是以县官不失实,商贾无所贸利,故曰平准。"张觉《校注》:"'卖'即'卖狱'之'卖',指通过某种不法行径换取实利。'平'指平定(物价),使(物价)公平统一。'卖平'指管理市场物价的官吏因受贿而妄依奸商乱定物价。所以这里用来喻指那些见祭品即来的淫鬼的行径。"说亦可参。干(gān)求:请求。

⑧申繻(xū):春秋时鲁国大夫。

⑨"人之所忌"四句:语见《左传·庄公十四年》。气炎,即"气焰",指火开始燃烧时的气势,用来比喻人的气势。杜预注:"焰未盛而进退之时,以喻人心不坚正。"炎,通"焰"。衅(xìn),裂痕,破绽。此指人自身的问题。

⑩致:招来。妖祥:指显示灾异的凶兆。祥,吉凶的预兆。

【译文】

妖孽战胜不了德行，邪恶伤害不了正义，这是天道的规律。虽然偶尔有所违背，但是明智的人始终恪守自己的原则，而不去接近不合正道的鬼怪。所谓不合正道的鬼怪，都是邪恶的精怪，不是掌管万物的真正神灵。鬼神中有这样的鬼怪就像人间有奸言欺诈、破坏市场规则来谋求私利的人一样。如果有人引诱，他们就会源源不断地从远处汇聚而来，终会招致祸患。鬼神也是如此。因此申繻说："由于人有所畏忌，他的气息就会引来妖邪，人若自身德行没有瑕疵，妖邪就不会自己胡作非为。"这是说人不能有太多忌讳，忌讳太多就会盲目畏惧，这样就一定会招致妖邪作祟之兆。

且人有爵位，鬼神有尊卑。天地山川、社稷五祀、百辟卿士有功于民者[①]，天子诸侯所命祀也[②]。若乃巫觋之谓独语[③]，小人之所望畏[④]，土公、飞尸、咎魅、北君、衔聚、当路、直符七神[⑤]，及民间缮治微蔑小禁[⑥]，本非天王所当惮也[⑦]。

【注释】

①天地山川、社稷五祀：《礼记·王制》："天子祭天地，诸侯祭社稷，大夫祭五祀。……天子祭天下名山大川。……诸侯祭名山大川之在其地者。"社稷，土神和谷神的总称。五祀，古代祭祀的五种神。其所指说法不一。此处当指五行之神。《周礼·春官·大宗伯》："以血祭，祭社稷、五祀、五岳。"郑玄注谓"五官之神"，金鹗曰："五神分列五方，佐地以造化万物，天子祀之，谓之五祀。五官，即五行之神。"《太平御览》五二九引《汉书议》："祠五祀，谓金、木、水、火、土也。木正曰勾芒，火正曰祝融，金正曰蓐收，水正曰玄冥，土正曰后土，皆古贤能治成五行有功者也，主其神祀

之。"百辟(bì):指诸侯。辟,君主。卿士:执政之官。

②命祀:受命祭祀。

③乃巫觋之谓独语:谓独,彭《校》疑作"请祷"。译文从之。谓,四库本作"所"。

④望畏:敬畏。望,瞻望,景仰。

⑤土公、飞尸、咎魅、北君、衔聚、当路、直符:古人认为主宰住宅的七位神灵。土,汉魏本、四部本、四库本皆作"士"。

⑥民间缮治微蔑小禁:民间修缮房屋时的微小禁忌。《论衡·解除篇》:"世间缮治宅舍,凿地掘土,功成作毕,解谢土神,名曰'解土'。为土偶人以像鬼形,令巫祝延以解土神。已祭之后,心快意喜,谓鬼神解谢,殃祸除去。"缮治,整理,修补。此指修理房屋。蔑,微小。

⑦天王:君王,帝王。

【译文】

况且人有爵位高低之分,鬼神有地位尊卑之别。天、地、山、川,社神、稷神、五祀之神,以及有功于民的诸侯卿士,都是天子、诸侯受命要祭祀的。至于男女巫师之所祷祝的,小民之所敬畏的,就像土公、飞尸、咎魅、北君、衔聚、当路、直符这七种神灵,以及民间修缮房屋时微小的禁忌,这些本来就不是帝王应该惧怕的。

旧时京师不防[①],动功造禁[②],以来吉祥应瑞[③],子孙昌炽,不能过前。且夫以君畏臣,以上需下[④],则必示弱而取陵[⑤],殆非致福之招也。

【注释】

①旧时京师不防:不防,彭《校》:"'不防'二字疑有误。"胡大浚《译

注》:"'不'通'丕',大的意思。防,禁忌。"大防,极为讲究禁忌。说可从。

②动功造禁:动土兴工时所设立的禁忌。动功,指动土建筑。

③来:求得,招致。彭《校》:"或'来'当为'求'。隶书求、来多相乱。"应瑞:使吉兆应验。汪《笺》认为是"瑞应"之倒误。

④以上需下:意谓以君主之尊却顾虑臣下的禁忌。需,彭《校》:"'需'亦'畏'也。《周礼·考工记·辀人》:'马不契需。'先郑注:'"需,读为畏需之需。"'是'需'与'畏'同义。"按,需当读为偄(ruǎn),懦弱意。《集韵·换韵》:"偄,《说文》:'弱也。'或从心,亦作需、懦、燸、耎。"此处引申为顾虑、害怕。彭说亦通。

⑤取陵:受侵犯。陵,通"凌",侵凌。

【译文】

过去京城里特别讲究禁忌,凡是动土兴工都设立禁忌,以求得吉祥的瑞应,可是他们子孙后代的昌盛还比不过前辈。以君主之尊却顾虑臣下的禁忌,尊位者示弱于贱位者的禁忌,那就一定会显出自己的软弱而招致欺凌,这恐怕不是招来福佑的办法吧。

尝观上记[①],人君身修正赏罚明者,国治而民安;民安乐者,天悦喜而增历数[②]。故《书》曰:"王以小民受天永命[③]。"孔子曰:"天之所助者顺也,人之所助者信也。履信思乎顺,又以尚贤,是以自天佑之,吉无不利[④]。"此最却凶灾而致福善之本也。

【注释】

①上记:指古书。《吕氏春秋·务本》"尝试观上古记",高诱注:"上古记,上世古书也。"

②历数:指帝王继承的次序。古人认为帝位相承和天象运行次序相应。

③王以小民受天永命:语本《尚书·召诰》。意谓君王因为百姓的安乐而取悦于上天,故而获得上天赐予的永久天命。

④“天之所助者顺也”六句:语本《周易·系辞上》,此省去“贤”下、“利”下之二“也”字。履信思乎顺,践行诚信而又顺应民心。履,履行,践行。顺,顺应民心。

【译文】

我曾看古书上说,君主能修身正行、赏罚分明的,国家必得大治且人民必得安居;人民安居乐业,上天就会欣慰,并且延长他的国运。因此《尚书》中说:“君王因为百姓的安乐而取悦于上天,故而获得上天赐予的永久天命。”孔子说:“上天帮助的,是顺应民心的国君,人民所帮助的,是恪守诚信的君王。履行诚信而又顺应民心,再加上尚贤崇能,因此从上天到万民都会福佑他万事大吉,无往不利。”这便是消灾除祸、获得福善的根本方法。

相列第二十七

《诗》所谓“天生烝民,有物有则”[①],是故人身体形貌皆有象类[②],骨法角肉各有分部,以著性命之期,显贵贱之表[③],一人之身,而五行八卦之气具焉。故师旷曰“赤色不寿”[④],火家性易灭也[⑤]。《易》之《说卦》[⑥]:“巽为人多白眼[⑦]。”相扬四白者兵死[⑧],此犹金伐木也。《经》曰:“近取诸身,远取诸物[⑨]。”“圣人有见天下之至赜,而拟诸形容,象其物宜[⑩]。”此亦贤人之所察,纪往以知来[⑪],而著为宪则也[⑫]。

【注释】

①天生烝民，有物有则：引诗见《诗经·大雅·烝民》。烝，众，多。物，事物。则，法则。

②是故人身体形貌皆有象类：汪《笺》："《春秋繁露·人副天数》篇云：'人有三百六十节，偶天之数也。形体骨肉，偶地之厚也。上有耳目聪明，日月之象也。体有空窍理脉，川谷之象也。心有哀乐喜怒，神气之类也。'"象类，相像，比类。

③"骨法角肉各有分部"三句：古人认为人的命运遭随与贫富贵贱皆与其骨相密切相关，观其骨相则其人略可知。汪《笺》："《论衡·骨相篇》云：'人命禀于天，则有表候于体。察表候以知命，犹察斗斛以知容矣。表候者，骨法之谓也。'又云：'贵贱贫富，命也；操行清浊，性也。非徒命有骨法，性亦有骨法。'"骨法角肉，泛指人的形体外貌。骨法，指人的骨相结构特点，又称骨相。角肉，指甲和皮肉。著，显露，显示。表，标志，标记。

④师旷：春秋时晋国主管音乐的太师。赤色不寿：古人认为脸色红的人不长寿。《逸周书·太子晋》师旷语太子晋："汝色赤白，火色不寿。"

⑤火家性易灭也：火的本性是容易熄灭。家，类，族。

⑥《说卦》：《易传》中的一篇。篇旨在说明八卦的取象特点及八种基本物象与其象征意义。

⑦巽(xùn)为人多白眼：《易·说卦》："巽为木……其于人也……为多白眼……其究为躁卦。"《正义》："为多白眼，取躁人之眼，其色多白也。"巽，八卦之一，代表风。又为白色。

⑧相：通过观察面相判断凶吉。扬：露出。四白：王宗炎云："四白，谓睛之上下左右皆露白，《易》所谓多白眼也。相妇人法：目有四白，五夫守宅。见《唐书·方技·袁天罡传》。"兵死：死于兵，即死于战争。

⑨近取诸身，远取诸物：语见《周易·系辞下》。

⑩“圣人有见天下之至赜（zé）”三句：语本《周易·系辞下》。赜，幽深难见。这里指事物深奥的道理。拟，模拟，比拟。形容，指具体的形象容貌。象，象征。宜，适宜，恰当。

⑪纪：记录，记载。

⑫宪则：法则。

【译文】

《诗经》中讲“上天降生民众，既有事物又有法则”，因此人的形体外貌都有与自然万物可以类比的东西，骨相筋肉各自有分布，来显示人生命的期限和贵贱的标志，一个人的身体，完整地具备了五行八卦的元素。因此师旷说“脸色红的人无法长寿”，因为火的本性就是容易熄灭。《周易·说卦》中讲：“《巽》卦之卦象特征对于人来讲就是眼睛中多白色。”相面看到眼珠四周露出白色的人则可推知他将会死于战争，就和金克木是一样的道理。《周易》说：“近的取喻于己身，远的则取喻于外物。”“圣人能够发现天下最为幽深难见的道理，就把它譬喻成具体的形象容貌，用来象征事物恰当的意义。”这也就是贤人能够明察，记录总结过往而预知未来，明确写成法则的东西。

人之相法[①]，或在面部，或在手足，或在行步，或在声响。面部欲溥平润泽[②]，手足欲深细明直，行步欲安稳覆载[③]，音声欲温和中宫[④]。头面手足，身形骨节，皆欲相副称[⑤]。此其略要也。

【注释】

①相法：指人的体相特征。

②溥（pǔ）：广大，宽阔。王宗炎认为当作“博”。彭《校》：“博平，谓

宽而平。王说是。”按，“溥”字本通，不烦校改。

③覆载：覆盖，承载。此处引申为涵养厚重，安稳从容。

④中（zhòng）官：符合音律。中，符合。官，五音之一。这里代指音律。

⑤副称：符合，相称。

【译文】

人的体相特征，有的表现在面部，有的表现在手脚，有的表现在行走的步伐，有的表现在说话的声音。面部要宽阔平坦而有光泽，手脚要修长分明且细直，走起路来要安稳从容，就如同天覆地载一样，说话的声音要温顺平和符合音律。头面手脚，形体骨骼都要相副相称。这就是大概的要领吧。

夫骨法为禄相表，气色为吉凶候[①]，部位为年时[②]，德行为三者招[③]，天授性命决然[④]。表有显微，色有浓淡，行有薄厚，命有去就。是以吉凶期会[⑤]，禄位成败，有不必[⑥]。非聪明慧智，用心精密，孰能以中？

【注释】

①夫骨法为禄相表，气色为吉凶候：汪《笺》：“《荀子·非相》篇云：‘相人之形状颜色，而知其凶吉妖祥。’《论衡·自然篇》云：‘吉凶蜚色见于面，人不能为色自发也。’”禄相，指福禄之相。表，表征。候，征候，表征。

②部位为年时：汪《笺》认为“时”下脱一字。张觉《校注》认为脱“徵”字，与下“德”字形近而误脱。部位，张觉《校注》：“指身体各部分的位置。人身各部分的位置随年龄的不同，其比例也不同。如年幼时头部占身长的比例大于成年时。所以说部位是‘年时

徵’。”译文姑依张说。

③三者：指上文禄相、吉凶、年时。招：箭靶。这里引申为标准。

④性命：指人的本性和命运。张觉《校注》：“《周易·乾》‘乾道变化，各正性命’，疏：‘性者，天生之质，若刚柔迟速之别；命者，人之禀受，若贵贱夭寿之属是也。’”

⑤期会：聚合，遇合。

⑥禄位成败，有不必：汪《笺》认为“必”下有脱字。张觉《校注》认为当脱“至”字。结合文意，此句意思当为突出强调例外的情况，即不一定都完全符合相法的特征。张说可参。

【译文】

人的骨相是福禄的标识，气血脸色是吉凶的征候，器官的部位是寿命的表征，而德行是这三者的标准，上天授予人的天性和命运时就取决于此。表象有显著有隐微，脸色有浓重有浅淡，德行有浅薄有深厚，命运有离散有相随。因此凶吉的遇合，福禄的成败，也有时不一定符合相法的规律。除了聪明睿智，心思精致细密的人，谁又能做到准确预测呢？

昔内史叔服过鲁[①]，公孙敖闻其能相人也[②]，而见其二子焉。叔服曰：“穀也食子，难也收子。穀也丰下，必有后于鲁[③]。”及穆伯之老也，文伯居养；其死也，惠叔典哭[④]。鲁竟立献子[⑤]，以续孟氏之后[⑥]。及王孙说相乔如[⑦]，子上几商臣[⑧]，子文忧越椒[⑨]，叔姬恶食我[⑩]，单襄公察晋厉[⑪]，子贡观邾鲁[⑫]，臧文听御说[⑬]，陈咸见张[⑭]，贤人达士，察以善心，无不中矣。及唐举之相李兑、蔡泽[⑮]，许负之相邓通、条侯[⑯]，虽司命班禄[⑰]，追叙行事，弗能过也。

【注释】

①内史：官名，西周始置，协助天子管理政务。叔服：周襄王至周定王时的内史，善于占星相面。

②公孙敖：鲁国大夫，庆父长子。以孟为氏，谥“穆”，所以又称“孟穆伯”。

③“穀也食（sì）子”四句：穀，公孙敖长子，鲁国大夫，谥“文”，史称“文伯”“孟文子”。食，供养，侍养。难，公孙敖次子，鲁国大夫，谥“惠”，史称“惠叔”。收，收殓，安葬。丰下，下巴丰满，喻义后代繁盛。按，内史叔服相公孙敖二子事见《左传·文公元年》。

④典哭：汪《笺》：“王侍郎（绍兰）云：‘“典哭”疑“典丧”。’继培按：‘丧’字是也。《汉书·武五子传》‘霍光征王贺典丧’，颜师古注：‘令为丧主。’”其说是。典丧，即主持葬礼。典，主持。译文从之。

⑤鲁竟立献子：文伯穀死后，其子蔑尚幼，鲁国先立惠叔，后立蔑。竟，终究，终于。献子，即穀之子，名蔑，谥“献”，又称“孟献子”。

⑥以续孟氏之后：公孙敖之父庆父为鲁“三桓”之孟孙氏。献子得立，继承其祖，因此说续孟氏之后。

⑦王孙说相乔如：叔孙乔如至周，王孙说见后对周简王说：“叔孙乔如长相上方下锐，会冒犯人的。”事见《国语·周语中》。王孙说，周朝大夫，善相面。乔如，即叔孙乔如，鲁国大夫，其人荒淫贪婪，欲逐孟氏、季氏而独掌鲁国国政，终被流放。

⑧子上几商臣：楚成王想立长子商臣为太子，子上说：“商臣眼睛像胡蜂，声音像豺狼，是个残忍的人，不可立。”成王不听。后成王又欲废商臣，商臣听说后带兵围攻成王，成王自杀。商臣自立为王，是为楚穆王。子上，即斗勃，字子上，楚国大夫，后为楚令尹。几，察。

⑨子文忧越椒：子文的弟弟司马子良生了儿子越椒，子文见越椒长

得像虎狼，声音像豺狼，要子良杀死他，子良不从。子文临终的时候还嘱咐家族，如果越椒当权一定要逃走，免受灾殃。越椒后为楚国司马、令尹，果因作乱而被灭族。子文，即斗穀於菟，字子文，斗伯比的私生子，楚国令尹。

⑩叔姬恶食我：食我出生的时候，其祖母叔姬听到他的声音认为这是豺狼的声音，会葬送羊舌氏家族。后来食我因助祁温杀祁胜而被晋顷公所杀，羊舌氏亦被灭族。叔姬，叔向（羊舌肸）的母亲。食我，春秋时晋国大夫，叔向长子伯石。

⑪单（shàn）襄公察晋厉：公元前575年，诸侯会师伐郑，单襄公看到晋厉公视远步高，盛气凌人，便预言晋国有难。后晋厉公果然被大夫栾书、中行偃所杀。单襄公，周卿士。

⑫子贡观邾鲁：邾隐公朝见鲁定公，邾隐公骄傲地将礼品拿得高高的，鲁定公谦卑地低头接受，子贡认为二君行为都不符合礼法，他们都将会死亡。其后四月，鲁定公果然去世了，邾隐公也被鲁国打败。子贡，即端木赐，孔子的学生。

⑬臧文听御说：宋国发生水灾，鲁庄公派人慰问，宋闵公回答时称“孤”。臧文仲听说后认为宋君在凶年称“孤”是合乎礼制的，宋国必将兴盛。后听说此言出自宋公子御说，臧文仲的祖父臧孙达说：“这个人可以做宋国国君了，因为他有体恤民众之心。”后公子御说果然继位，是为宋桓公。臧文，即臧文仲，鲁国大夫。御说，宋庄公之子，闵公之弟。

⑭陈咸见张：其事不详。汪《笺》认为“张”下脱一字。陈咸，《汉书》有两陈咸，一为陈万年子，一为王莽讲礼祭酒。

⑮唐举之相李兑、蔡泽：唐举为李兑相面，说他百日之内就能执掌国家大权。又相蔡泽，说他像圣人一样不可貌相，还可以活四十三年。唐举，即唐莒，战国时魏国人，善于相面。李兑，战国时赵国大臣。在公子章之乱、武灵王被围身死后，因赵惠文王年幼，

实掌赵国国政。蔡泽,战国时燕国人,入秦说秦相应侯范雎自动让位给他,拜为秦相,东收周室。

⑯许负之相邓通、条侯:汉文帝让相者为男宠邓通相面,相者说邓通当贫而饿死。文帝赐给邓通铜山,使自铸钱。邓通于是富极一时。景帝继位后,邓通被免官,没收了所有财产,最后困饿而死。事见《史记·佞幸列传》。《史记》不说相者是许负,或王符另有所本。许负给条侯周亚夫相面,说他三年后封侯,八年后为相,再过九年后饿死。周亚夫后果然封侯拜相,又蒙冤罢相下狱,绝食而死。事见《史记·绛侯周勃世家》。许负,西汉初人,善相面。条侯,即周亚夫。西汉开国功臣周勃之子。军事才能卓越,嗣封条侯。景帝时任太尉,平定吴楚七国之乱,升丞相。后因劝谏景帝获罪,在狱中绝食而死。

⑰司命:星名。古人认为此星主管人间寿命爵禄、功过灾咎。班禄:分列爵禄等级。

【译文】

从前周内史叔服出使鲁国时,公孙敖听说他会相面,就让自己的两个儿子去拜见他。叔服说:“穀将会奉养你,难将会安葬你。穀的下颌丰满,后嗣在鲁国一定会昌盛。”到了穆伯年老的时候,果然是文伯赡养他;死了以后,果然是惠叔为他操办丧礼。而鲁国最终立文伯之子献子,以继承孟氏家族。再如王孙说为叔孙乔如相面,子上明察商臣,子文忧虑越椒,叔姬讨厌食我,单襄公观察晋厉公,子贡观察邾、鲁两国国君,臧文仲预测御说将嗣君位,陈咸见张某,这些贤能之人、通达之士用善心来考察人,预言全部应验无误。还有唐举为李兑、蔡泽相面,许负为邓通、条侯相面等事,即使司命之神安排人们的爵位福禄,追述其过往行事,其准确度也无法超过以上诸人啊!

虽然,人之有骨法也,犹万物之有种类,材木之有常宜。

巧匠因象[①]，各有所授[②]，曲者宜为轮，直者宜为舆[③]，檀宜作辐[④]，榆宜作毂[⑤]，此其正法通率也[⑥]。若有其质，而工不材[⑦]，可如何？故凡相者，能期其所极[⑧]，不能使之必至。十种之地[⑨]，膏壤虽肥，弗耕不获；千里之马，骨法虽具，弗策不致。

【注释】

①巧匠因象：能工巧匠根据木料的质地形状加以施用。因象，这里指根据木料的质地形状。因，依据，根据。

②授：任命，委任。此处引申为安排。

③舆：车身，车厢。

④檀宜作辐：檀木其质坚硬，适宜做车辐。辐，车辐。固定车轮的两根直木。

⑤榆宜作毂(gǔ)：榆木其质坚韧，硬度与强度适中，适宜做车毂。毂，车轮的中心部位，周围与车辐的一端相接，中有圆孔，用以插轴。

⑥率(lǜ)：法则，标准。

⑦材：通“裁”，加工制造。

⑧极：至。

⑨十种之地：指多次耕种过的熟地。

【译文】

即便这样，人的骨骼有其骨相特征，就像万物各有其种类，木材各有其适宜之用。灵巧的工匠根据木材的质地形状加以施用，各种木料的用途各有安排，弯曲的适合作车轮，挺直的适合作车身，檀木适合作车辐，榆木适合作车毂，这是使用木材正确的法度和普遍的准则。假如有好质地的木材，但是工匠却不会安排，又能怎么样呢？所以但凡相面的人，能够预测人凶吉祸福的极限，但不能使它必然到来。就像耕种多次的熟地，虽然土壤肥沃，但不去耕种也就毫无所获；日行千里的骏马，尽管骨相具备，但不去鞭策它，也是到不了目的地的。

夫觚而弗琢，不成于器[①]；士而弗仕，不成于位。若此者，天地所不能贵贱，鬼神所不能贫富也。或王公孙子，仕宦终老，不至于谷[②]。或庶隶厮贱[③]，无故腾跃，穷极爵位。此受天性命，当必然者也。《诗》称"天难忱斯"[④]，性命之质，德行之招[⑤]，参错授受[⑥]，不易者也。

【注释】

①夫觚(gū)而弗琢，不成于器：《盐铁论·殊路》："子曰：'觚不觚，觚哉！觚哉！'故人事加则为宗庙器，否则厮养之爨才。"此处即用其意。觚，古代一种酒器，呈四棱形。

②谷：爵禄。《经典释文》引郑注："谷，禄也。"

③庶隶：仆隶，奴隶。厮贱：地位低贱的杂役。

④天难忱斯：引诗见《诗经·大雅·大明》。忱，相信，信赖。

⑤性命之质，德行之招：质、招，皆箭靶，引申为目的，目标。

⑥参错授受：汉魏本、四部本、四库本皆作"参错授"。张觉《校注》认为当脱"之"字，与下文"不"字形近而误脱。指上文中的"士""王孙公子""庶隶厮贱"之类。其说可参。参错，参差交错。

【译文】

觚不经过雕琢，就不会成为器皿；士不去任职做官，就不能成就其地位。这样的话，天地也无法使之贵贱，鬼神也不能使之贫富。有的贵族子弟，终身任职做官，也没有获得尊位厚爵。有些出身低贱的仆隶，无缘无故地飞黄腾达，获得了极高的爵位。这是接受了上天赋予的天性和命运，应当是必然的事情。《诗经》中讲"上天的旨意难以信赖"，天性命运的归旨，道德品行的目标，参差交错，不可更改。

然其大要，骨法为主，气色为候[①]。五色之见，王废有时[②]。智者见祥，修善迎之，其有忧色，循行改尤[③]。愚者反戾[④]，不自省思，虽休征见相，福转为灾。於戏君子[⑤]，可不敬哉！

【注释】

①候：征兆，征候。

②五色之见(xiàn)，王废有时：汪《笺》："《长短经·察相篇》注引《相经》云：'五色并以四时判之。春三月，青色王，赤色相，白色囚，黄、黑二色皆死。夏三月，赤色王，白色、黄色皆相，青色死，黑色囚。秋三月，白色王，黑色相，赤色死，青、黄二色皆囚。冬三月，黑色王，青色相，白色死，黄与赤二色囚。若得其时色王相者吉，不得其时色王相若囚死者凶。'"即古代阴阳家认为青、赤、白、黄、黑五色，各因春、夏、秋、冬四季的不同而表现出王、相、死、囚、休的吉凶循环与推移。见，同"现"。

③循：汪《笺》谓当作"修"。修行，即修养德行。译文从之。

④戾(lì)：乖张，违反。

⑤於戏：同"呜呼"。

【译文】

相人之法的要领，当以骨相为主要依据，以血气脸色为征候。五色的出现和王废吉凶等的兴衰依时序而循环变化。智慧的人看到祥兆，就修习善行去迎接它，如果有了忧虑的神色，就修养德行改正过错。愚蠢的人却违逆乖戾，不自我反省，即使有美好的征兆出现在骨相上，福气也会转为灾祸的。啊！君子呀，能不慎之又慎吗！

卷第七

【题解】

本卷包括《梦列》《释难》两篇，分别论梦与辩难。

《梦列》之主旨已见前述。这里需要补充的是，关于梦的分析，本文在先秦以来论梦的基础上，又有所推进。《周礼·春官·占梦》将梦分为六类，“以日月星辰占六梦之吉凶：一曰正梦，二曰噩梦，三曰思梦，四曰寤梦，五曰喜梦，六曰惧梦。”王符进一步将梦分为十类：“凡梦：有直，有象，有精，有想，有人，有感，有时，有反，有病，有性。”分别为“直应之梦”“象□（疑阙字）之梦”“意精之梦”“记想之梦”“人位之梦”“极反之梦”“感气之梦”“应时之梦”“病（“病”字原无）气之梦”“性情之梦”，占梦之法亦与之一一对应。较之于《周礼》，本文显然有新的拓展。就占梦而言，必须要“谨其变故，审其征候，内考情意，外考王相”，则“吉凶之符，善恶之效，庶可见也”。总之，“凡有异梦感心，以及人之吉凶，相之气色，无问善恶，常恐惧修省，以德迎之，乃其逢吉，天禄永终”，这才是本文论梦的根本。

《释难》即解答诘难。文章假托庚子、伯叔、秦子等与潜夫辩难，以申说作者的主张。彭铎先生指出：“此篇所明者大要有四：尧、舜俱贤，非矛盾之说，一也；周公尊王，故诛管、蔡，二也；耕者食之本，学又耕之本，三也；贤人忧国爱民，亦为身作，四也。盖时人有疑者，故设为客难而答之。"(《校正》)其主张与《赞学》《务本》《德化》等也是一致的。值得注意的是本篇的文体形式。其源可追溯至《韩非子》。《韩非子》中有辩难一体,包括《难一》《难二》《难三》《难四》《难势》等文,立义设词,往来诘难。这种文体对两汉以来的文章影响很大,东方朔《答客难》、扬雄《难蜀父老》都是典型的辩难体;王充的《论衡》更多辩难体文章,《问孔》《刺孟》《非韩》诸篇皆是如此。王符著《释难》,自然也是受此影响。此后,这类文章就更多了,如嵇康《难自然好学论》、柳宗元《非国语》等。至于韩愈的《讳辩》、柳宗元的《桐叶封弟辩》等,虽名为"辩",却未脱辩难的窠臼。

梦列第二十八

凡梦:有直,有象,有精[①],有想,有人,有感,有时,有反,有病,有性[②]。

【注释】

①精:即下文"意精之梦"。指意念精诚所致之梦。

②性:即下文"性情之梦"。指依据自己的性情解释之梦。

【译文】

梦大致来讲:有直应之梦,有象征之梦,有意精之梦,有念想之梦,有人位之梦,有感应之梦,有应时之梦,有极反之梦,有病症之梦,有性情之梦。

在昔武王,邑姜方震太叔[①],梦帝谓己:"命尔子虞,而与之唐[②]。"及生,手掌曰"虞",因以为名。成王灭唐,遂以封之。此谓直应之梦也。《诗》云:"维熊维罴,男子之祥;维虺维蛇,女子之祥[③]。""众维鱼矣,实维丰年;旐维旟矣,室家蓁蓁[④]。"此谓象之梦也[⑤]。孔子生于乱世,日思周公之德,夜即梦之。此谓意精之梦也。人有所思即梦其到,有忧即梦其事。此谓记想之梦也。今事,贵人梦之即为祥,贱人梦之即为妖,君子梦之即为荣,小人梦之即为辱。此谓人位之梦也。晋文公于城濮之战[⑥],梦楚子伏己而盬其脑[⑦],是大恶也,及战,乃大胜。此谓极反之梦也。阴雨之梦使人厌迷[⑧],阳旱之梦使人乱离[⑨],大寒之梦使人怨悲,大风之梦使人飘飞。此谓感气之梦也。春梦发生[⑩],夏梦高明[⑪],秋冬梦熟藏。此谓应时之梦也。阴病梦寒[⑫],阳病梦热[⑬],内病梦乱[⑭],外病梦发[⑮],百病之梦,或散或集。此谓气之梦也[⑯]。人之情心,好恶不同,或以此吉,或以此凶。当各自察,常占所从。此谓性情之梦也。

【注释】

①邑姜:周武王之后,成王之母。震:通"娠",怀孕。太叔:周成王之弟。成王灭唐以封之,故称唐叔虞,是为晋国始祖。

②唐:古国名,祁姓,为尧后裔的封国,周初叛乱,被成王所灭,将其封给叔虞,成为姬姓之国。其地在今山西翼城。

③"维熊维罴(pí)"四句:引诗见《诗经·小雅·斯干》。罴,棕熊。虺(huǐ),古代传说中一身多头的毒蛇。

④"众维鱼矣"四句:引诗见《诗经·小雅·无羊》。旐(zhào),古代一种画有龟蛇的旗帜。旟(yú),画有鸟隼的旗帜。蓁蓁(zhēn),茂盛、众多的样子。今本《诗经》作"溱溱"。

⑤此谓象之梦也:王宗炎认为"象"下脱一字。

⑥晋文公:姬姓,名重耳,晋献公庶子,出亡十九年返国,立九年而薨,谥号为“文”,春秋五霸之一。城濮之战:周襄王二十年(前632),晋、楚两国在城濮地区进行的争夺中原霸权的首次大战。此战晋国大胜,从此开始成为中原霸主。城濮,春秋属卫国,在今山东鄄城西南。

⑦梦楚子伏己而盬(gǔ)其脑:事见《左传·僖公二十八年》。楚子,即楚成王熊恽,因楚君为子爵,故称“楚子”。盬,吸饮,吸食。

⑧迷:迷离,困迷。

⑨乱:烦乱。离:分离,注意力不集中。

⑩发生:草木萌发生长。

⑪高明:高远明清。此喻夏季万物生机繁茂。

⑫阴病:古人认为阴盛阳衰会出现阴病,阴病怕冷,故“梦寒”。

⑬阳病:阳盛阴衰会出现阳病,阳病发热,故“梦热”。

⑭内病:身体腹脏内部的病。

⑮外病:身体外部肢体上的病。发:诸症并发。

⑯此谓气之梦也:汪《笺》:“孙侍御(志祖)云:‘“气”上当有“病”字。’继培按:《素问·举痛论》云:‘黄帝曰:“余知百病生于气也。”’《论衡·订鬼篇》云:‘病笃者气盛。’”译文从之。

【译文】

过去周武王时,邑姜刚刚怀上太叔,梦见天帝对自己说:“将你的儿子命名为虞,给他唐作为封地。”等到太叔出生的时候,手掌上有一个“虞”字,便以此当作他的名字。成王灭掉唐以后,就把唐地封给了他。这就是直接应验之梦。《诗经》中说:“梦见熊和罴,是生男孩的征兆;梦到虺和蛇,是生女孩的征兆。”“梦见鱼群,必定丰收富足;梦见旐旟的旗子,必定家事兴旺。”这就是象征之梦。孔子生活在混乱的时代,每天怀念周公的仁德,晚上就梦到了。这就是心意精诚之梦。有思念的人,就会梦见他来到你的梦里,有忧虑的事,就会梦到那件事。这就是念想牵挂之梦。同一件事，高贵的人梦到就是祥兆，卑贱的人梦到就是凶兆，君子梦到就是荣耀，小人梦到就是屈辱。这就是因地位不同而产生的人位之梦。晋文公在城濮之战中，梦到楚成王趴在他身上吸食他的脑髓，这是最不吉利的，到了打仗的时候却取得了胜利。这就是与现实情况相反的梦。梦到阴雨天气会让人厌烦迷惘，梦到干旱天气会让人烦乱迷离，梦到严寒天气会让人哀怨悲凉，梦到大风天气会让人感觉飘忽飞扬，这就是感应之梦。春天梦到万物萌生，夏天梦到万物繁茂，秋冬之时梦到谷物收获储藏，这就是对应时序之梦。得了阴病就梦到寒冷，得了阳病就梦到发热，体内之病多梦烦乱，体外之病多梦诸症并发。百病的梦境，有的散乱，有的集中。这就是病气之梦。人的情感心思好恶不同，有的认为这是吉利，有的认为这是不吉利。应当各自考察，时常推测发生的原因。这就是性情之梦。

故先有差忒者，谓之精[①]；昼有所思，夜梦其事，乍吉乍凶，善恶不信者[②]，谓之想；贵贱贤愚，男女长少，谓之人；风雨寒暑谓之感；五行王相谓之时[③]；阴极即吉，阳极即凶，谓之反；观其所疾，察其所梦，谓之病；心精好恶[④]，于事验[⑤]，谓之性：凡此十者，占梦之大略也。

【注释】

①故先有差忒者，谓之精：此句脱误不通。张觉《校注》据明陈士元《梦占逸旨》补作："故先有所梦，后无差忒者，谓之直。比拟相肖，谓之象。凝念注神，谓之精。"今从之，译文亦据以译出。差忒(tè)，差错。

②乍吉乍凶，善恶不信者：汉魏本、四部本、四库本皆作"乍吉乍善，凶恶不信者"。乍，忽然。信，真实，应验。

③五行王相：古代阴阳家将五行、五色各因春、夏、秋、冬四季的不同而代表王、相、死、囚、休的吉凶循环与推移。

④心精：即上段之“情心”。“精”“情”古通。

⑤于事验：汪《笺》认为“验”后脱一字。

【译文】

所以先有了梦境，后来发生的事情和梦毫无差错，就叫作直接应验之梦；将梦境与现实相互比较而十分相似，就叫作象征之梦；聚精凝神地思念而导致的梦，就叫作精诚之梦；白天有所牵挂，晚上梦到此事，忽吉忽凶，好坏善恶都不能应验，就叫作思念之梦；因贵贱贤愚、男女长幼等的不同而梦境也各不相同的，就叫作人位之梦；因刮风下雨寒冷酷暑做的梦不同，就叫作感应之梦；因五行变化、王相更迭而做的梦不同，就叫作时序之梦；梦见阴到极点反而会吉利，梦见阳到极点反而会凶险，就叫作相反之梦；观察一个人的疾病，再考察他的梦境，这就叫作病症之梦；梦中的心情有好有坏，醒来后都一一验证于发生的事情，这就叫作性情之梦。以上这十个方面是解释梦境的大致要领。

而决吉凶者之类以多反[①]，其何故哉？岂人觉为阳，人寐为阴[②]，阴阳之务相反故邪？此亦谓其不甚者尔。借如使梦吉事而己意大喜乐[③]，发于心精，则真吉矣。梦凶事而己意大恐惧忧悲，发于心精，即真恶矣。所谓秋冬梦死伤也，吉者顺时也[④]，虽然，财为大害尔[⑤]，由弗若勿梦也[⑥]。

【注释】

①而决吉凶者之类以多反：汪《笺》疑“之”字衍。

②人觉为阳，人寐为阴：汪《笺》：“《论衡·纪妖篇》云：‘卧梦为阴候，觉为阳占。’”

③借如使梦吉事而己意大喜乐：汪《笺》以下文例之，认为此句后脱二字。张觉《校注》："'喜乐'二字当重，并属下句。盖前人以为文复而误删之。"可参。

④所谓秋冬梦死伤也，吉者顺时也：汪《笺》认为"所谓"以下文有脱误。王宗炎认为"秋冬梦死伤"，疑是释"五行王相谓之时"义，上当有"春夏梦生长"语。彭《校》："疑尚脱'凶者'一五字句。"译文按字面意思译出。

⑤财：通"才"，只。

⑥由：通"犹"，还，尚且。

【译文】

然而判断吉凶的人认为梦境与现实大多是相反的，这是什么原因呢？难道是因为人醒着为阳，睡着后为阴，阴阳之事相反吗？这也只不过是说那些一般情况罢了。假如梦到吉利的事而自己感到开心快乐，只要是发自内心，就是真正的吉利。梦到凶险的事而自己感到恐惧悲伤，如果也发自内心，就是真正的凶险。通常来讲，秋冬之季梦见死亡凋敝，吉祥是因为顺应时序。……即使如此，那也只是大的灾祸而已，不如不要梦到它。

凡察梦之大体：清洁鲜好，貌坚健[①]，竹木茂美，宫室器械新成，方正开通，光明温和，升上向兴之象皆为吉喜，谋从事成。诸臭污腐烂，枯槁绝雾[②]，倾倚徵邪[③]，劓刖不安[④]，闭塞幽昧，解落坠下向衰之象皆为[⑤]，计谋不从，举事不成。妖孽怪异，可憎可恶之事皆为忧，图画衃胎[⑥]，刻镂非真，瓦器虚空，皆为见欺绐[⑦]。倡优俳儛[⑧]，侯小儿所戏弄之象[⑨]，皆为欢笑。此其大部也[⑩]。

【注释】

①貌坚健：汪《笺》认为“貌”上脱一字。张觉《校注》据《梦占逸旨》补“体”字。译文姑依张说。

②绝雾：朦胧昏暗。汪《笺》：“‘绝’当作‘晻’。《说文》云：‘晻，不明也。’晻、绝字形相近。”彭《校》认为“绝雾”疑当作“沌霿(tūn méng)”，“沌”误为“纯”，又转为“绝”。沌霿，指昏瞶糊涂。张觉《校注》认为此“枯槁绝雾”与上文“貌坚体健”对文，当指梦见之人的体貌而言。其引《说文》：“绝，断丝也。”此处引申为断绝，没有，“雾”通“敄”，《说文》：“敄，强也”。“绝雾”，即说“不强”，衰弱。诸说皆可参。

③徵邪：汪《笺》疑“徵”为“敧”。彭《校》疑“徵”为“微”之误，读作“违”，离也，邪也。违邪，即邪恶不正意。彭说近是，今从之。

④劓(yì)刖(yuè)：通“臬兀”“臲卼”，动摇不安。

⑤解落坠下向衰之象皆为：汪《笺》认为“为”下脱两字。依文意当为凶险之类。张觉《校注》补“凶忧”。译文姑从张说。

⑥衃(xù)胎：汪《笺》认为“衃”当作“卵”。卵胎，即事物没有形成的时候，此处指梦中残败未成之事。译文从之。

⑦绐(dài)：欺诳。

⑧倡(chāng)优：乐舞杂技艺人。俳(pái)：演滑稽戏的人。儛(wǔ)：跳舞的艺人。

⑨侯小儿所戏弄之象：汪《笺》疑“侯”当作“及”。彭《校》：“‘及’字涉上四字而加人旁，因误为‘侯’。”张觉《校注》：“‘侯’字为‘偄’字形误，其上又脱‘侏’字，‘侏偄小儿’四字为句，‘偄’与‘儒’同，‘侏儒小儿’，即发育异常而身材矮小的人，古代常用来供人取乐。”说可参。

⑩此其大部也：彭《校》：“‘大部’疑‘大都’。《广雅·释训》：‘都，凡也。’韩愈《画记》：‘乃命工人存其大都焉。’‘大都’盖有所本。或

曰:‘大部’犹‘大类’也。”按,大部,意为数量众多,大部分。《史记·酷吏列传》:“持节,虎符发兵以兴击,斩首大部或至万余级。”此处引申为主要的、重要的、要点。指依据梦境来推测吉凶的要点所在。

【译文】

一般来讲,考察梦境的要点是:如果梦见事物清洁美好,人体貌坚实健康,竹木茂盛修美,宫殿器物崭新,规整舒畅,明亮温暖,一派生机勃勃、欣欣向上的景象,这些都是吉利可喜的,那么计划可以顺利展开,事情也会成功。如果梦到恶臭肮脏,腐烂发霉,干枯消瘦,幽暗昏乱,邪恶不正,动摇不安,闭塞幽昧,跌落下坠,一派衰败的景象,这些都是凶险可忧的,那么计划将不会顺利进行,事情也不会成功。梦见妖魔鬼怪、可憎可恶的东西,这些都是忧患的征兆。梦见图画破败未成形,雕刻模糊不清,瓦罐器物空置,都是被欺骗的征兆。梦到艺人唱戏跳舞、小孩嬉戏,这些都是被调笑的征兆。以上就是依据梦境来推测吉凶的要点所在。

梦或甚显而无占①,或甚微而有应,何也?曰:本所谓之梦者②,困不了察之称③,而懵愦冒名也④,故亦不专信以断事。人对计事⑤,起而行之,尚有不从⑥,况于忘忽杂梦⑦,亦可必乎?惟其时有精诚之所感薄⑧,神灵之所告者,乃有占尔。

【注释】

①无占:指无法应验。

②本:推究本源。

③困:彭《校》认为“困”即“困倦”。了察:明了,看清。

④懵(méng)愦冒：懵，懵懂，不明白。愦，昏聩，糊涂。冒，通“眊”，看不清楚，引申为昏聩，糊涂。彭《校》：“‘懵愦冒’三字平列，皆惛乱不明之意。”又曰：“梦本于昏睡中曚眬得之，故为‘困不了察之称’，而亦‘懵愦冒名’也。”

⑤对计事：彭《校》认为“对”字无意，疑当作“讨”，《说文》：“讨，治也。”与“计”义相近，故连言。“讨”“对”是形近而误。讨计事，即计划、商量事情。译文从之。

⑥从：就，成功。

⑦忘忽：即“恍惚”，神志不清貌。

⑧感薄：激发，感触。感，动。薄，迫近，靠近。

【译文】

梦境有的时候很清晰却没有应验，有的时候很幽微却应验了，这是什么缘故呢？答案就是：推究我们所谓的梦的本原，本来就是昏昧困倦朦胧不清的代称，或是惛乱不明的说法，因此也不能一味地凭信它来决断事情。人们计划商量好事情，执行的时候尚且不能完全一致，更何况神志恍惚之时做的杂乱无章的梦呢？怎么会完全应验？只有那些至精至诚之意志激发感触的，神灵所告示的，才会有应验啊。

是故君子之异梦，非妄而已也，必有事故焉①。小人之异梦，非乘而已也②，时有祯祥焉③，是以武丁梦获圣而得傅说④，二世梦白虎而灭其封⑤。

【注释】

①必有事故焉：彭《校》疑“事故”当与下文“祯祥”互易。其说是，译文从之。事故，缘由，原因。

②乘：趁机，偶然出现。

③祯祥：吉祥的征兆。祯，吉祥。

④武丁梦获圣而得傅说(yuè)：武丁梦到一个名叫“说”的圣人，就派人四处寻找，最后找到了傅说，果然是梦中之人，后傅说辅佐武丁，殷商大兴。武丁，商代帝王，即殷高宗。傅说，曾为刑徒在傅岩筑城，被商王武丁访得后举以为相。

⑤二世梦白虎而灭其封：秦二世梦到白虎咬死了自己的左骖马，占梦的人说泾水在作怪，于是他去望夷宫斋戒，被赵高逼死，秦王朝不久即灭亡。封，封地。此处引申为国家。

【译文】

因此君子做了奇异的梦，并不是毫无根据的，一定是有吉祥的征兆。小人作了奇异的梦，也不是偶然出现的，也一定有其原因。因此武丁梦见自己获得了圣人，果然得到了傅说，秦二世梦到了白虎，果然自己的国家被灭。

夫奇异之梦，多有故而少无为者矣[①]。今一寝之梦，或屡迁化，百物代至，而其主不能究道之，故占者有不中也。此非占之罪也，乃梦者过也。或言梦审矣，而说者不能连类传观[②]，故其善恶有不验也。此非书之罔，乃说之过也。是故占梦之难者，读其书为难也。

【注释】

①多有故而少无为者矣：彭《校》：“‘为’与‘谓’同。”张觉《校注》认为，“为”当与“故”相对，为同义词。二说皆通。译文从张说。

②连类传观：指联系起来考察同类的梦境，推知规律。

【译文】

奇异的梦境，大多都有原因而很少有无缘无故的。一夜的梦境，有的多次发生变化，各种事物交替出现，但是做梦的人不能完全描述出来，所以占梦的人就预测不准了。这不是占卜者的过错，是做梦者的过错。有的人描述梦境已经很清楚了，但是占梦的人不能联系考察同类的梦境推知其规律，所以吉凶会有不应验的。这不是占梦书的过错，是占梦者的过错啊。因此占梦之难就在于读懂那些占梦之书。

夫占梦必谨其变故①，审其征候，内考情意，外考王相，即吉凶之符②，善恶之效，庶可见也。

【注释】

①变故：事变，事故。

②即：同“则”，那么。符：此指征兆。

【译文】

占梦一定要谨慎地对待梦里的事件变故，审查清楚它的征兆，对内考察做梦者的感情思想，对外考察五行的发展走向，那么吉凶的征兆，善恶的验证，差不多就可以看出来了。

且凡人道见瑞而修德者，福必成，见瑞而纵恣者①，福转为祸；见妖而骄侮者，祸必成，见妖而戒惧者，祸转为福。是故太姒有吉梦②，文王不敢康吉③，祀于群神，然后占于明堂④，并拜吉梦。修省戒惧，闻喜若忧，故能成吉以有天下。虢公梦见蓐收赐之上田，自以为有吉，囚史嚚，令国贺梦⑤。闻忧而喜，故能成凶以灭其封。

【注释】

①纵恣：放纵恣睢。

②太姒有吉梦：据《逸周书·程寤》，太姒曾梦见商朝朝廷长满了荆棘，而周太子姬发从周朝朝廷取来梓树种上，都变成了松、柏、棫、柞等树。太姒，周文王妻，武王之母。

③康吉：以此吉兆而安乐。康，安乐。

④明堂：古代君王举行大典，宣布政教的地方。

⑤"虢公梦见蓐(rù)收赐之上田"四句：《国语·晋语二》载虢公梦见蓐收对他说要让晋进入虢国大门，史嚚(yín)认为这是上天要降下刑罚，虢公不听，将史嚚囚禁，并使国人贺梦。《左传·庄公二十三年》载有神居于虢国的莘地，虢公让史嚚等祭祀，神赐给他土田。此处是将此二事混淆成了一件事。蓐收，古人认为是西方主管刑杀的神，俗称白虎金星。史嚚，虢国史官。

【译文】

而且大凡人世之道，见到祥瑞就修身养德，福报必定会来临，见到祥瑞就放纵恣睢，福报也会转为灾难；看到凶兆而骄傲怠慢，灾祸一定会降临，看到凶兆就谨慎小心的，灾祸就会转化为福报。因此大姒梦到吉利的梦境，文王不敢安乐以为吉祥，而是祭祀群神，然后再去明堂占卜，和太子姬发一起拜谢吉梦。如此修身反省、警戒忧惧，听到欣喜之事如闻忧愁，所以能成就吉利之事而得到天下。虢公梦见蓐收赐予他土地，自己以为吉利，便囚禁史嚚，命令全国上下为他祝贺吉梦。如此听到忧患却反以为喜，所以导致灾祸而葬送了国家。

《易》曰："使知惧，又明于忧患与故[①]。"凡有异梦感心，以及人之吉凶，相之气色，无问善恶[②]，常恐惧修省，以德迎之，乃其逢吉，天禄永终[③]。

【注释】

①使知惧，又明于忧患与故：语本《周易·系辞下》："其出入以度，

外内使知惧,又明于忧患与故。"

②无问:不论。

③天禄永终:张觉《校注》据《尚书·皋陶谟》孔传"天之籍禄长终汝身",认为"永终"指长久至生命完结。

【译文】

《周易》说:"不但使人知道戒惧,还要明白忧患所在及其原因。"但凡有怪异的梦境感发人心,已经关涉吉凶祸福、面相气色的话,不论好坏,都要经常感到恐惧而警诫自己,修身反省,用德义去迎接它,就会得到吉利,上天赐予的福禄也会终身长存。

释难第二十九

庚子问于潜夫曰[①]:"尧、舜道德,不可两美,实若韩子戈伐之说邪[②]?"

【注释】

①庚子:王符虚构的人名。即如司马相如赋中"亡是公""子虚"之类的人。下文"伯叔""秦子"亦同。张觉《校注》认为这些人或是王符同乡之人。潜夫:王符自号潜夫。潜,隐藏。

②韩子戈伐之说:即《韩非子·难一》中"以子之矛陷子之盾"的"矛盾"之说。韩子,即韩非子。戈伐,矛盾。汪《笺》认为"伐"为"瞂(fá)"之借。瞂,盾也。

【译文】

庚子问潜夫说:"尧、舜的道德不可并称为美,就像韩非子的矛盾之说吗?"

潜夫曰:“是不知难而不知类[①]。今夫伐者盾也,厥性利[②];戈者矛也,厥性害。是戈为贼[③],伐为禁也,其不俱盛,固其术也[④]。夫尧、舜之相于[⑤],人也,非戈与伐也,其道同仁,不相害也。舜、伐何如弗得俱坚,尧、伐何如不得俱贤哉[⑥]?且夫尧、舜之德,譬犹偶烛之施明于幽室也,前烛即尽照之矣,后烛入而益明。此非前烛昧而后烛彰也,乃二者相因而成大光,二圣相德而致太平之功也[⑦]。是故大鹏之动,非一羽之轻也[⑧];骐骥之速,非一足之力也。众良相德,而积施乎无极也[⑨]。尧、舜两美,盖其则也。”

【注释】

①难(nàn):诘难,辩难。

②厥:代词,其,它。性利:盾可作防御,其性有利于人。下句“性害”指矛则反之。

③贼:残害。

④术:道术,道理。

⑤相于:相亲近。张觉《校注》引本书《交际》:“俗人之相于也,有利生亲,积亲生爱……无利生疏,积疏生憎……”认为“相于”既包括相亲,又包括相疏。说亦可参。

⑥舜、伐何如弗得俱坚,尧、伐何如不得俱贤哉:汪《笺》认为句中两“伐”字必有一误。舜,疑为“盾”字之误,上文云:“夫今伐者盾也”,盾、伐属同类,故言俱坚。下句“伐”疑为“舜”字之误。胡大浚《译注》释此两句说:即使将舜比作戈,尧比作伐,两人的道德为什么不能同样坚固不拔呢?两人的才能为什么不能同样都称贤良呢?译文从之。

⑦相德:即“相得”。德,同“得”。

⑧是故大鹏之动，非一羽之轻也：汪《笺》：“《诗·简兮》疏引《五经异义》云：‘公羊说，乐万舞以鸿羽，取其劲轻，一举千里。’《抱朴子·广喻篇》云：‘六翮之轻劲。’”轻，轻劲，指轻而有力。

⑨积：同“绩”，功绩。施（yì）：延续。

【译文】

潜夫答道：“这是不懂得辩难，也不懂得类别。伐即是盾，它的性质有利于人；戈即是矛，它的性质有害于人。矛可以伤害人，盾可以阻止伤害，它们不能同时强大，道理不言而喻。尧和舜的关系相亲相近，他们是人，而非矛与盾，尧、舜皆崇尚仁爱之道，所以不会互相残害。即使将舜比作矛，将尧比作盾，二人的德行为何不能同时坚固，二人的才能为何不能同时称贤呢？况且尧、舜的道德，就像两支蜡烛在同一间暗室里照亮，前一支已经把暗室照亮了，后一支只会使之更加明亮。这并不是说前一支烛光昏暗，而后一支烛光明亮，而是两支蜡烛相得益彰而使暗室更加明亮，尧、舜也是如此，他们相得益彰，故而同样取得了天下太平的功业。因此大鹏飞翔，并不只靠一片羽毛的轻劲；骏马疾驰，并不只靠一只马蹄的力量。众多贤才合聚一处，那么功绩就会延续至无穷无尽。尧、舜二人的德行同臻完美，大概就是基于这种法则吧。”

伯叔曰：“吾子过矣[①]。韩非之取矛盾以喻者，将假其不可两立，以诘尧、舜之不得并之势。而论其本性之仁与贼[②]，不亦失是譬喻之意乎？”

【注释】

①吾子：对说话对方的敬称之辞。

②贼：《孟子·梁惠王下》：“贼仁者谓之贼，贼义者谓之残。”

【译文】

伯叔说：“先生您说错了。韩非用矛和盾作譬喻，是借它们二者不可并立来诘难尧、舜不能同时称美的情势。而您却在探讨了他们本性的仁与不仁,这不是违背了这个譬喻本来的意思吗?”

潜夫曰:“夫譬喻也者,生于直告之不明,故假物之然否以彰之①。物之有然否也,非以其文也②,必以其真也③。今子举其实文之性以喻④,而欲使鄙也释其文⑤,鄙也惑焉。且吾闻问阴对阳,谓之强说⑥;论西诘东,谓之强难。子若欲自必以则昨反思⑦,然后求,无苟自强⑧。”

【注释】

①彰:彰显,显示。

②文:文辞,文饰。这里指事物外在的表象装饰。

③真:指事物的本质。

④举其实文之性以喻:即将“其实之性”与“其文之性”混在一起做比喻。

⑤鄙:自谦之辞。

⑥强(qiǎng):勉强。

⑦子若欲自必以则昨反思:汪《笺》认为“自必”以下文有脱误。按上下文意,此句为潜夫强调要想别人赞同自己,首先必须要使自己的观点站得住脚。

⑧无:不要。

【译文】

潜夫答道:“譬喻这种方法,出现在道理无法直接阐明的情况下,所以借助事物的是与非来加以阐明。事物的是与非,并不取决于它的表象装饰,而是取决于它的实质。现在您同时举出它的实质和表象两个方面的特性来做比喻,却要我只解释其中的表象,我实在困惑。我听说对方问你阴，你却回答阳，这叫作勉强的解说；对方议论西而你责问东，这叫作牵强的辩难。如果您想要别人肯定自己的说法，那还是提前仔细反思一下再寻求解答吧，不要轻易妄下结论。”

庚子曰：“周公知管、蔡之恶①，以相武庚②，使肆厥毒③，从而诛之，何不仁也？若其不知，何不圣也？二者之过，必处一焉④。”

【注释】

①管：即管叔。名鲜，周武王弟。蔡：即蔡叔。名度，周武王弟。

②以相武庚：周武王灭纣，封武庚以祀殷祀，同时让管叔、蔡叔辅助并监管他。相，帮助，辅佐。武庚，殷纣王之子，名禄父。

③使肆厥毒：故意使其肆意作恶。此指武王去世后，成王年幼，周公辅政，管叔、蔡叔同武庚叛乱。肆，放肆，放纵。

④必处一焉：按，庚子此问，本于《孟子·公孙丑下》：“周公使管叔监殷，管叔以殷畔。知而使之，是不仁也。不知而使之，是不智也。”

【译文】

庚子说：“周公明知道管叔、蔡叔的奸恶之心，却还让他们去辅助武庚，故意让他们肆意作恶，然后再去诛灭他们，为何如此不仁呢？倘若周公不知道管叔、蔡叔的奸恶之心，那他又为何如此不圣明呢？这两方面的过错，周公必占其一啊。”

潜夫曰：“《书》二子挟庚子父以叛①，然未知其类之与？抑抑相反②？且天知桀恶而帝之夏，又知纣恶而王之殷，使虐二国③，残贼下民④，多纵厥毒，灭其身⑤，亦可谓不仁不知乎⑥?"

【注释】

①《书》:这里指《尚书》。《尚书·金縢》《大诰》等篇皆记管、蔡叛乱之事。二子:指管叔、蔡叔。庚子父:即武庚禄父。王宗炎认为"庚子父"当是"武庚禄父","庚"上脱"武"字,"子"是"禄"字剥蚀脱落而存其半者。说可参。

②抑抑相反:四库本作"抑相反也"。汪《笺》认为此句文有脱误。抑抑,张觉《校注》:"同'抑亦''意亦',选择连词,相当于现在的'还是'。"译文姑从张说。

③虐:残暴,残害。二国:指夏、殷。

④残贼:杀害。

⑤灭其身:汪《笺》:"'灭'上脱一字。"

⑥知:同"智",明智,聪明。

【译文】

潜夫说:"《尚书》所载管叔、蔡叔挟同武庚作乱一事,但不知是周公顺其自然,放纵其反叛呢?还是相反?况且上天明知夏桀暴虐而使他成为了夏朝的君主,又明知商纣暴虐却让他作了殷商的国君,让他们去暴虐夏、商两朝,残害百姓,先纵容他们作恶,后诛灭他们,这也可以称上天为不仁不智吗?"

庚子曰:"不然。夫桀、纣者,无亲于天,故天任之而勿忧,诛之而勿哀。今管、蔡之与周公也,有兄弟之亲,有骨肉之恩,不量能而使之,不堪命而任之①,故曰异于桀、纣之与天也。"

【注释】

①堪命：胜任其命。

【译文】

庚子说："并非如此。桀、纣与上天没有什么亲属关系，所以上天任命他们不会感到忧虑，诛杀他们也不会感到哀伤。如今管叔、蔡叔和周公是同胞兄弟，骨肉情深恩重，但是周公不能衡量其才能而任用，明知其无法胜任而委任他们，所以这不同于桀、纣与上天的关系。"

潜夫曰："皇天无亲①，帝王继体之君②，父事天③。王者为子，故父事天也。率土之民，莫非王臣也④。将而必诛⑤，王法公也。无偏无颇⑥，亲疏同也。大义灭亲，尊王之义也。立弊之天为周公之德因斯也⑦。过此而往者，未之或知。"

【注释】

①皇天无亲：见《左传·僖公五年》宫之奇引《周书》曰："皇天无亲，惟德是辅。"皇天，古人对上天的敬称。无亲，没有偏亲。

②继体：继位。

③父事天：像侍奉自己的父亲一样侍奉上天。《汉书·郊祀志》："王莽奏言：'王者父事天，故爵称天子。'"《白虎通义·爵》："爵所以称天子者何？王者父天母地，为天之子也。"

④率土之民，莫非王臣：语本《诗经·小雅·北山》："率土之滨，莫非王臣。"率土，全部的国土。

⑤将而必诛：语本《公羊传·昭公元年》："君亲无将，将而必诛焉。"指意欲谋害，必被诛杀。将，将欲，想要。

⑥无偏无颇：语本《尚书·洪范》："无偏无陂，遵王之义。"指无所偏私，无所偏袒。

⑦立弊之天为周公之德因斯也：汪《笺》认为此句有脱误。立弊，指拥立或阻止其登上君位。立，拥立。弊，破坏，阻止。

【译文】

潜夫说："上天对人没有亲疏之别，君王及其后继之君，都像侍奉自己的父亲一样侍奉上天。君王是上天之子，所以要像侍奉自己父亲一样地侍奉上天。普天之下的百姓，无不是君王的臣民。意欲谋害必将被诛灭，这是王法公道的体现。毫无偏颇，亲疏皆同。周公大义灭亲，这是尊奉君王的道义。拥立谁或阻止谁登上君位都应顺应天意，周公之德即是如此。除此之外，我也别无所知。"

秦子问于潜夫曰："耕种，生之本也；学问，业之末也。老聃有言[①]：'大丈夫处其实，不居其华[②]。'而孔子曰：'耕也，馁在其中；学也，禄在其中[③]。'敢问今使举世之人，释耨耒而程相群于学[④]，何如？"

【注释】

①老聃(dān)：即老子。姓李名耳，字聃。春秋时期著名思想家，道家学派创始人。著有《老子》一书，又名《道德经》。

②大丈夫处其实，不居其华：语见《老子》第三十八章："是以大丈夫处其厚，不处其薄；居其实，不居其华。"实，朴实。华，华饰，虚美。

③耕也，馁在其中；学也，禄在其中：语本《论语·卫灵公》："耕也，馁在其中矣；学也，禄在其中矣"。

④释耨(nòu)耒(lěi)而程相群于学：彭《校》认为"程""群"两字当互易，此句当为"释耨耒而群相程于学"，意为放下农具群起而相随去做学问。耨，农具，用以除草。耒，农具，用以翻土。程，效法。

【译文】

秦子问潜夫道："耕种是生存之本，学问是事业之末。老子曾说：'大丈夫立足于实际，不立足于虚美。'而孔子却说：'耕种，常常会挨饿；而学习，常常会得到俸禄。'敢问现在假使全国上下的人，都放下农具群起而相随去做学问，那将会怎么样呢？"

潜夫曰："善哉问！君子劳心，小人劳力①。故孔子所称，谓君子尔。今以目所见，耕，食之本也。以心原道②，即学又耕之本也。《易》曰：'立天之道，曰阴与阳；立地之道，曰柔与刚；立人之道，曰仁与义③。'天反德者为灾④。"

【注释】

①君子劳心，小人劳力：语见《左传·襄公九年》知武子语。又《孟子·滕文公上》："劳心者治人，劳力者治于人。"

②原道：探求道之本原。

③"立天之道"六句：语见《周易·说卦》。

④天反德者为灾：四部本、四库本"天"皆作"夫"。汪《笺》："此语上下有脱误。当设为问辞，下乃答之。宣十五年《左传》云：'天反时为灾，地反物为妖，民反德为乱。乱则妖灾生。'此文盖用其说。"译文姑依四部本、四库本。

【译文】

潜夫说："问得好啊！君子耗费脑力，小人劳损体力。所以孔子所说的话是针对君子而言的。如果拿眼前的事实来讲，耕种，是获取食物的根本之法。但用心探求事物的本源，那么学问又是耕种的根本。《周易》里讲：'立天之道，有阴和阳，立地之道，有柔和刚，立人之道，有仁和义。'那些违背德义的人一定会遭殃。"

潜夫曰："呜呼！而未之察乎[①]？吾语子。夫君子也者，其贤宜君国而德宜子民也[②]。宜处此位者，惟仁义人，故有仁义者，谓之君子。昔荀卿有言：'夫仁也者爱人，爱人，故不忍危也；义也者聚人，聚人，故不忍乱也[③]。'是故君子夙夜箴规[④]，蹇蹇匪懈者[⑤]，忧君之危亡，哀民之乱离也。故贤人君子，推其仁义之心，爱之君犹父母也[⑥]，爱居世之民犹子弟也。父母将临颠陨之患[⑦]，子弟将有陷溺之祸者[⑧]，岂能墨乎哉[⑨]！是以仁者必有勇[⑩]，而德人必有义也。

【注释】

①"潜夫曰"三句：此上有脱文，疑脱设问之语。而，你，你们。

②宜：合适，相称。君国：指国家。

③"夫仁也者爱人"六句：语本《荀子·议兵》："彼仁者爱人，爱人，故恶人之害之也；义者循理，循理，故恶人之乱之也。"

④夙夜：早晚。箴（zhēn）规：犹规谏，以正言相劝诫。《诗经·大雅·烝民》："夙夜匪解，以事一人。"

⑤蹇蹇（jiǎn）：通"謇謇"，忠直的样子。

⑥爱之君犹父母也：汪《笺》认为"爱"下脱二字。

⑦颠：跌倒，倒下。陨：陨落，坠落。

⑧子弟：此指晚辈。

⑨墨：通"默"。

⑩是以仁者必有勇：语本《论语·宪问》："仁者必有勇，勇者不必有仁。"

【译文】

潜夫说："哎，你还没有明察清楚吧？我来告诉你。所谓君子，其才能适宜于国家，其德行适宜于民众。适合处在这种位置的人，只能是仁义兼备的人，所以有仁义的人，就叫作君子。荀子曾经说过：‘仁义之人会爱别人，爱别人，就不忍心伤害他们；道义之人能团结别人，团结别人，就不忍心扰乱他们。’所以君子早晚规谏君主，忠诚而不懈怠，是忧虑君主的危亡，哀怜民众的乱离。所以贤人君子，扩展其仁义之心，爱戴君主就像爱自己的父母一样，抚爱天下的百姓就像爱自己的晚辈一样。父母将遇到跌倒摔倒的危险，晚辈们将有沉溺淹没的灾难，难道可以沉默吗？因此，仁义之人必有勇力，贤德之人必有道义。”

“且夫一国尽乱，无有安身①。《诗》云：‘莫肯念乱，谁无父母②。’言将皆为害，然有亲者忧将深也。是故贤人君子，既忧民，亦为身作③。夫盖满于上④，沾溥在下⑤；栋折榱崩⑥，惧有厥患。故大屋移倾，则下之人不待告令⑦，各争其柱之。仁者兼护人家者，且自为也。《易》曰：‘王明并受其福⑧。’是以次室倚立而叹啸⑨，楚女揭幡而激王⑩。仁惠之恩，忠爱之情，固能已乎⑪？”

【注释】

①一国尽乱，无有安身：《吕氏春秋·有始览·谕大》：“天下大乱，无有安国。一国尽乱，无有安家。一家尽乱，无有安身。”

②莫肯念乱，谁无父母：引诗见《诗经·小雅·沔水》。莫肯念乱，指执政者不肯考虑止乱。念，考虑。谁无父母，言乱之既生，有父母的人，更加忧愁，他们将受到颠沛流离之苦。

③亦为身作：彭《校》云：“与下文‘且自为也’义同。”身，自我，自身。作，汪《笺》认为“作”字误。彭《校》引《尔雅·释言》：“作，为也。”

④盖：房顶。满：彭《校》：“满，读为‘漫’。《方言》十三：‘漫，败也。湿敝为漫。’郭注：‘漫，谓水潦漫涝坏屋也。’或曰：‘满’当为

‘漏’,字之误也。”四库本即作“漏”。译文从前说。

⑤沾溥:彭《校》:“‘溥’当为‘濡’。隶书‘濡’字或作‘溓’,因误为‘溥’。……屋漏于上,则人沾濡在下矣。”

⑥栋:房屋的正梁。榱(cuī):椽子。

⑦告令:即告示,通知。

⑧王明并受其福:语见《周易·井·九三》。

⑨次室倚立而叹啸:次室,或作“漆室”,春秋时鲁国邑名。《列女传》:“鲁漆室女,当穆公时,君老,太子幼,女倚柱而啸。旁人闻之,莫不为之惨者。”汪《笺》认为“立”当作“柱”。

⑩楚女揭幡而激王:楚顷襄王骄奢游乐误国,十二岁的庄姪持旗杆拦住顷襄王出游的车驾,力陈政弊,顷襄王醒悟,乃励精图治于国事。事见《列女传·辩通·楚处庄姪》。幡,旗帜。激,激励,激发。

⑪固:岂,难道。已:停止。

【译文】

“一个国家大乱,人民就无处安身。《诗经》中说:‘没有人肯考虑停止动乱,谁没有父母啊?’这是说人们都会遭遇灾难,不过有亲人的人忧虑将会更深。因此贤人君子既忧虑人民也为自己考虑。屋顶坏了,屋里必会漏雨潮湿;房屋的大梁折断了,椽子也倒塌了,恐怕就会有祸患。所以大屋将要倾倒,那么下面的人不用命令,便会争着去用柱子支撑。有仁爱的人既保护了别人,也保护了自己。《周易》讲:“国君圣明,君臣便会共受其福泽。”因此,鲁漆室的女子因君位无人继承而倚柱叹息,楚国之女庄姪为勉励国君而举旗强谏。这种仁惠之恩,忠爱之情,岂能阻止?”

卷第八

【题解】

本卷包括《交际》《明忠》《本训》《德化》《五德志》，内容颇为总杂：《交际》论人际交往，《明忠》论君臣之道，《本训》论宇宙本源，《德化》论道德教化，《五德志》论帝王世系，各有所重，很难以统一的主题来涵盖。这当是作者在编排、整理全书时，将一些主题相对分散、不好集中或前面未列入的文章归在了一起，近似于“其他”一类。这一类还应当包括上卷的《释难》。而其中《本训》《德化》两篇，更多哲理思考，已带有哲学总结的意味。《五德志》与下卷的《志氏姓》均类谱系之作，从分卷的角度说，可以归为一帙。

《交际》主张人际交接“尤贵久要，贫贱不改”（《校正》），批判当时“多思远而忘近，背故而向新”，“凡今之人，言方行圆，口正心邪，行与言谬，心与口违”的风气。提出交际中的“四难”与“三患”：“四难”指以“恕”“平”“恭”“守”为难，而这也是仁、义、礼、信之本；“三患”指“情实薄而辞称厚，念实忽而文想忧，怀不来而外克期”三种弊病，“不信则惧失贤，信之则诖误人”。而其中反复所说的“富贵易得宜，贫贱难得适”，“富贵虽新，其势日亲；贫贱虽旧，其势日疏，此处子所以不能与官人竞也”，以及“奸雄所以逐党进，而处子所以愈拥蔽”等，又时时涌现出作者的激愤来。“其同时贞士有朱穆著《崇厚论》《绝交论》二篇，与此文大旨弥近”(《校正》),并可参看。

《明忠》即君明臣忠,“人君之称,莫大于明;人臣之誉,莫美于忠”,“明据下作,忠依上成”。期待有为之君“功业效于民,美誉传于世,然后君乃得称明,臣乃得称忠”。而欲达此,归根结底还是要“审法度而布教令,不行私以欺法,不黩教以辱命”,“法术明而赏罚必者,虽无言语而势自治。治势一成,君自不能乱也,况臣下乎”。这之中显然又有《韩非子》的痕迹。

《本训》集中表现了王符以“元气”为万物之本的天道观。天地万物都由元气生成:“天之以动,地之以静,日之以光,月之以明,四时五行,鬼神人民,亿兆丑类,变异吉凶,何非气然?”元气与道又是一体的,“是故道(原衍“德”字)之用,莫大于气。道者气之根也,气者道之使也。必有其根,其气乃生;必有其使,变化乃成。”王符论“元气”,着眼点依然是国家治理,“理其政以和天气”。因此,如欲“兴大化而致太平”,“必先原元而本本,兴道而致和,以淳粹之气,生敦庞之民,明德义之表,作信厚之心”。本篇也可看作是《潜夫论》一书的哲学总结,诚如彭铎先生所说:“旨远辞微,诸政论之义皆从此出。学者循是以读他篇,庶窥其思想体系之全矣。”(《校正》)

《德化》以道德教化为治世之本,“人君之治,莫大于道,莫盛于德,莫美于教,莫神于化”,民众百姓有性灵、有情感、有风化、有习俗,性灵、情感是本,风化、习俗是末,“末生于本,行起于心。是以上君抚世,先其本而后其末,顺其心而理其行”。文章强调,“世之善否,俗之薄厚,皆在于君”,因此圣主明王,“皆敦德化而薄威刑”,“尊德礼而卑刑罚”,教化既已敦厚,邪恶自然不兴。与《本训》相似,本篇也带有总括性的意味,“纲举于前,比类发挥于后,亦有以见其思想体系之完整矣”(《校正》)。

《五德志》记述上古至汉初帝王的兴替。五德,指金、水、木、火、土五行;志,记也。本文以五德终始说解释上古历史,其所叙帝王世系,彭铎先生概括如下:

伏羲木德　帝喾　弃；

神农火德　　　　尧；

轩辕土德　　　　舜；

少皞金德　　　　禹；

颛顼水德　　　　契。

张觉《校注》进一步补充为：木德之君太皞伏羲氏—火德之君炎帝神农氏—土德之君黄帝轩辕氏—金德之君青阳少皞氏—水德之君颛顼高阳氏—木德之君帝喾高辛氏—火德之君唐尧—土德之君虞舜（兼及后代胡公妫满）—金德之君夏禹（兼及后代启、太康、相、少康、桀）—水德之君商汤（兼及其祖契、其后代武丁、纣、微子、箕子）—木德之君周文王、周武王（兼及其祖弃）—火德之君汉高祖刘邦。他们的梳理有助于细读本文。要之，本篇“述帝王之世次”，关系着汉王朝当于“火德”之运，这是汉代一个很重要的古史问题，也涉及到王符的历史观。此外，本篇首段为四字韵语，其形式亦值得关注。

交际第三十

语曰：“人惟旧，器惟新[①]。昆弟世疏[②]，朋友世亲。”此交际之理，人之情也。今则不然，多思远而忘近，背故而向新；或历载而益疏，或中路而相捐[③]，悟先圣之典戒[④]，负久要之誓言[⑤]。斯何故哉？退而省之，亦可知也。势有常趣，理有固然。富贵则人争附之，此势之常趣也[⑥]；贫贱则人争去之，此理之固然也[⑦]。

【注释】

①人惟旧，器惟新：语本《尚书·盘庚》：“人惟求旧，器非求旧，

惟新。”

②昆弟：兄弟。

③捐：舍弃，抛弃。

④悟先圣之典戒：悟，汪《笺》认为当作“牾(wǔ)”。牾，违逆，不顺从。四库本作“违”。译文从汪说。典，法典。戒，命令。

⑤负：背弃。久要(yāo)：指长久的穷困。《论语·宪问》：“见利思义，见危授命，久要不忘平生之言，亦可以为成人矣。”杨伯峻注：“‘要’为‘约’之借字。‘约’，穷困之意，说见杨遇夫先生的《积微居小学述林》。”

⑥趣(qū)：趋向。

⑦此理之固然也：汪《笺》：“《齐策》：‘谭拾子曰：“理之固然者，富贵则就之，贫贱则去之。”’《风俗通·穷通》篇作：‘富贵则人争归之，贫贱则人争去之，此物之必至，而理之固然也。’”

【译文】

常言道：“人要旧的好，物要新的好。兄弟之间隔代疏远，朋友之间却隔代相亲。”这是交际的道理，也是人之常情。而现在却不是这样，人们大多思念远方的人却遗忘近旁的人，背离故友而奔向新的朋友；有的人数年之后而渐渐疏远，有的人在半道上就互相抛弃了，他们违背了先哲的遗训，背弃了长久穷困之时的誓言。这是什么原因呢？回头仔细想想，也就明白了其中的原因。形势的发展有其固定的趋向，情理有其固有的规律。富贵之时，人们争相去攀附，这就是形势固定的趋向；贫穷之时，人们又争相离去，这就是情理固有的规律。

夫与富贵交者，上有称举之用[①]，下有货财之益。与贫贱交者，大有赈贷之费[②]，小有假借之损[③]。今使官人虽兼桀、跖之恶[④]，苟结驷而过士[⑤]，士犹以为荣而归焉，况其实有益者乎？使处子虽苞颜、闵之贤[⑥]，苟被褐而造门[⑦]，人犹以为辱而恐其复来，况其实有损者乎？

【注释】

①上：此指从长远看，与下句“下”指从眼前看相对。称举：称赞举荐。举，四部本、汉魏本作“誉”。

②赈：救济。贷：借出。

③假、借：二字义同，都是借的意思。

④官人：当官的人。

⑤结驷：四匹马驾的车子，形容豪华尊贵。

⑥处子：即处士，隐士。《后汉书·逸民传序》：“处子耿介，羞与卿相等列。”苞：通“包”，兼，包括。颜、闵：孔子弟子颜渊、闵子骞。二人贫而不仕，在孔门皆以德行著称。

⑦被(pī)褐：穿着粗布短袄。谓处境贫困。被，同“披”，披在肩上或穿在身上。褐，粗布或粗布衣服。造：去，赴。

【译文】

与富贵之人交往，从长远看有被称誉举荐的好处，从眼前看有金钱财货方面的好处。和贫穷卑贱的人交往，从大处看，有救济借钱方面的花费，从小处看，有借出物品的损失。现在的官员假使兼有夏桀和盗跖的恶行，只要他乘着豪华的车子去拜访士人，士人仍然会以此为荣而归附于他，更何况实际上还有好处呢？现在高风亮节的处士，即使兼有颜渊和闵子骞的贤德，若穿着粗布衣服去拜访人，人们仍然会以此为耻辱且害怕他再来，更何况实际上还有坏处呢？

故富贵易得宜，贫贱难得适[①]。好服谓之奢僭[②]，恶衣谓之困厄[③]；徐行谓之饥馁[④]，疾行谓之逃责[⑤]；不候谓之倨慢[6]，数来谓之求食[7]；空造以为无意，奉贽以为欲贷[8]；恭谦以为不肖[9]，抗扬以为不德[10]。此处子之羁薄[11]，贫贱之苦酷也[12]。

【注释】

①故富贵易得宜，贫贱难得适：《后汉书·冯衍列传》："富贵易为善，贫贱难为工。"得宜，适宜。

②奢僭(jiàn)：奢侈不合本分。僭，僭越，超过。

③恶衣：破旧难看的衣服。困厄：穷厄，穷困。

④饥馁(něi)：饥饿。

⑤逃责：逃债。责，同"债"。

⑥候：问候。倨(jù)慢：傲慢不敬。

⑦数(shuò)：数次，屡次。

⑧奉：进献，送。贽(zhì)：本指古代初次拜见尊长时所呈送的礼物。此泛指见面礼。

⑨不肖：不贤。

⑩抗扬：高扬，昂扬。

⑪羁薄：羁绊，顾虑。羁，羁绊，束缚。薄，汪《笺》认为"薄"当读为"缚"，缚，捆绑。

⑫酷：指程度极深。

【译文】

所以富贵的人行事最易得体，而贫贱的人行事却难以合宜。穿上好的衣服被称为奢侈不合本分，穿上差的衣服又被称为贫穷困苦；行走缓慢被指为饥饿，快步疾走又被指为逃债；不去拜访被指为傲慢不敬，多次拜访又被指为谋求财物；空手拜访，人们会认为你不把他放在心上，送上礼物，人们又会认为你想借钱；恭敬谦逊，人们会认为你无才，昂首挺胸，人们又会认为你无德。这就是高洁处士的羁绊顾虑，也是贫苦卑贱之人最深的苦恼啊。

夫处卑下之位，怀《北门》之殷忧[①]，内见谪于妻子[②]，外蒙讥于士夫[③]，嘉会不从礼[④]，饯御不逮众[⑤]，货财不足以合好[⑥]，力势不足以杖急[⑦]。欢忻久交[⑧]，情好旷而不接[⑨]，则人无故自废疏矣。渐疏则贱者逾自嫌而日引[⑩]，贵人逾务党而忘之[⑪]。夫以逾疏之贱，伏于下流[⑫]，而望日忘之贵[⑬]，此《谷风》所为内摧伤[⑭]，而介推所以赴深山也[⑮]。

【注释】

①《北门》之殷忧：指《诗经·邶风·北门》所咏叹的卫国忠臣不得其志，自伤穷苦。诗中有"出自北门，忧心殷殷。终窭且贫，莫知我艰。已焉哉！天实为之，谓之何哉"之句。殷忧，忧愁深重。

②谪(zhé)：谴责。

③蒙：蒙受，遭受。讥：指责。士夫：士大夫。

④嘉会：美好的宴会。

⑤饯御：饯饮时进酒食。此指设宴待客。逮：及，达到。

⑥合好：和睦友好。

⑦杖急：危急时的倚仗。此处喻指扶危救困。杖，倚仗，凭靠。

⑧欢忻(xīn)：欢乐，喜悦。

⑨情好(hào)旷而不接：感情久隔而不相联系。情好，感情。旷，久隔。

⑩引：避开。

⑪务：致力，从事。

⑫下流：指地位低下。《论语·子张》："是以君子恶居下流，天下之

恶皆归焉。”

⑬望：怨恨，责怪。

⑭《谷风》：指《诗经·小雅·谷风》。诗旨在刺责友人能共患难而不能同享富贵。内，内心。摧伤：悲伤。

⑮介推：即介子推。春秋时晋国人。介子推追随晋文公流亡时，忠心耿耿，晋文公回国后赏赐随行者，却忘了介子推，于是介子推和母亲隐居山中，文公为了逼他出来而放火烧山，介子推不愿出来，最终被烧死。

【译文】

地位卑微的人，心怀《北门》那样深重的忧愁，在家受到妻子儿女的责备，在外遭到士大夫们的讥笑，美好的宴会不能依从该有的礼仪来操办，待客设宴也比不上别人，钱财不足以与人和睦交好，权利威势也不足以扶危救困。交欢已久的老友，因感情长久相隔而不相联系，也就毫无缘由地疏远了。渐渐地被疏远，贫贱的人会更加厌恶自己、日益避开众人，富贵的人越发结党拉派而忘记曾经的好友。渐渐疏远，贫贱之人的地位也越发低下，他们反而责怪日渐忘记自己的昔日贵友，这也就是《谷风》的诗人为什么内心悲伤，介子推为什么逃入深山的原因啊。

夫交利相亲，交害相疏。是故长誓而废，必无用者也。交渐而亲，必有益者也。俗人之相于也[①]，有利生亲[②]，积亲生爱，积爱生是，积是生贤，情苟贤之[③]，则不自觉心之亲之，口之誉之也。无利生疏，积疏生憎，积憎生非，积非生恶，情苟恶之，则不自觉心之外之，口之毁之也。是故富贵虽新，其势日亲；贫贱虽旧，其势日疏，此处子所以不能与官人竞也。世主不察朋交之所生，而苟信贵臣之言，此洁士所以独隐翳[④]，而奸雄所以党飞扬也[⑤]。

【注释】

①相于：交往。

②亲：亲近，亲爱。

③苟：一旦。

④隐翳(yì)：隐避，隐没。翳，障蔽。

⑤飞扬：此指飞扬跋扈。《淮南子·精神训》“趣舍滑心，使行飞扬”，高诱注：“飞扬，不从轨度也。”

【译文】

相互有利就会亲近，相互妨害就会疏远。因此长久的誓言一旦废除，那一定是因为相互无利可言了。交往渐趋亲近，必定是有利可图。世俗人的交往，有利益便生出亲近，长时间的亲近会生出爱心，长久的爱心便会认为对方做什么都是对的，总觉得对方是对的就会称赞他的贤能，情感上一旦认同对方是贤能的，那么心中就会无意识地生出亲近之感，口中称誉不绝。相反，无利可图就会渐趋疏远，疏远久了就会心生憎恨，憎恨日久，就会认为对方什么都是错的，这种想法积累起来就会厌恶对方，一旦厌恶对方，那么心里就会不自觉地排斥他，口中诋毁他。因此富贵的人虽然相识不久，但交往却渐趋亲近；贫贱的人虽然相识已久，但交往却渐趋疏远。这就是处士和做官的人无法相比之处。国君不能明察朋友间交往的真实情况，而偏听偏信权贵大臣的言论，这也就是高洁之士孤寂埋没，而奸雄之流拉帮结派而飞扬跋扈的原因。

昔魏其之客，流于武安[①]；长平之吏，移于冠军[②]；廉颇、翟公，载盈载虚[③]。夫以四君之贤，藉旧贵之夙恩[④]，客犹若此，则又况乎生贫贱者哉？惟有古烈之风[⑤]，志义之士，为不然尔。恩有所结，终身无解[⑥]；心有所矜[⑦]，贱而益笃[⑧]。《诗》云：“淑人君子，其仪一兮，心如结兮[⑨]。”故“岁寒然后知松柏之后雕"[10]，世隘然后知其人之笃固也[11]。

【注释】

①魏其(jī)之客，流于武安：魏其，指魏其侯窦婴，汉文帝皇后窦氏堂兄之子，以军功封魏其侯。武安，即武安侯田蚡(fén)，汉景帝皇后的同母异父弟，汉武帝的舅舅。武帝即位之初被封为武安侯。景帝初年，窦婴势力极盛，游士宾客纷纷归附于他。武帝初年，窦婴失势，田蚡崛起，游士宾客们又多离开窦婴而归附田蚡。

②长平之吏，移于冠军：长平，指长平侯卫青，西汉名将，皇后卫子夫之弟。其出击匈奴屡次获胜，为汉代北部疆域的开拓做出了重大贡献。冠军，指冠军侯霍去病，西汉时名将，卫青的外甥。霍去病善骑射，用兵灵活。卫青因击匈奴有功，官拜大将军，霍去病本为卫青的部将，但汉武帝晚年，有意打压卫青而扶持霍去病，使得卫青门下多离开他而去追随霍去病。

③廉颇、翟(zhái)公，载盈载虚：廉颇是战国时赵国老将。赵惠文王时，廉颇帅军破齐，取晋阳，拜为上卿。与蔺相如结为刎颈之交。长平之役，廉颇坚壁固守三年，使秦师劳而无功。后赵中秦反间计，以赵括代廉颇，秦遂大败赵军，于长平坑赵卒四十五万。赵孝成王十五年，颇又领兵大破燕军于鄗，封信平君，任相国。当其在长平之战失势之时，宾客尽去，后复用为将，客又复至。翟公是西汉下邽人。其为廷尉时宾客盈门，被贬后门庭冷落，后复职，宾客又欲前往，翟公于是在大门张贴告示说："一死一生，乃知交情。一贫一富，乃知交态。一贵一贱，交情乃见。"载盈载虚，指风光时门客多，落寞时门客少。盈，多。虚，少。

④藉(jiè)：通"借"，凭借。夙：平素，平常。

⑤古烈：古直刚烈。

⑥解(xiè)：通"懈"，懈怠，松弛。

⑦矜：尊重。

⑧笃：坚定。

⑨"淑人君子"三句：引诗见《诗经·曹风·鸤鸠》。今本《诗经》"心如结兮"前重"其仪一兮"句。仪，同"义"。

⑩岁寒然后知松柏之后雕：语见《论语·子罕》。今本《论语》"雕"作"凋"。

⑪世隘：指世道险恶，与上句"岁寒"对文。隘，险隘，险恶。笃固：忠厚执着。

【译文】

从前魏其侯窦婴的门客，流向了武安侯田蚡的门下；长平侯卫青属下的官吏，转移到了冠军侯霍去病那里；廉颇和翟公二人，由门客充盈变得门庭空空。凭着这四人的贤能，以及他们以往富贵时对门客的恩德之盛，门客们尚且如此，更何况是那些生而贫贱的人呢？只有那些古直刚烈、高义远志的贤人才不会这样。他们的恩情一旦结交，便永远不会松懈；尊重之情一旦生于心中，即便贫贱也会愈加坚定。《诗经》里说："那些善良的君子，他们坚守道义始终如一。用心坚定犹如凝结。"所以说"天地寒冷才知道松柏的坚毅秉性"，世道险恶才知道人性的坚定执着。

侯嬴、豫让，出身以报恩[①]；专诸、荆轲，奋命以效用[②]。故死可为也，处之难尔。庞勋、勃貂，一旦见收，亦立为义报[③]，况累旧乎[④]？故邹阳称之曰[⑤]："桀之狗可使吠尧，跖之客可使刺由[⑥]。"岂虚言哉？俗士浅短，急于目前，见赴有益则先至，顾无用则后背。是以欲速之徒，竞推上而不暇接下，争逐前而不遑恤后[⑦]。是故韩安国能遗田蚡五百金，而不能赈一穷[⑧]；翟方进称淳于长，而不能荐一士[⑨]。夫安国、方进，前世之忠良也，而犹若此，则又况乎末涂之下相哉[⑩]？

此奸雄所以逐党进，而处子所以愈拥蔽也[11]。非明圣之君，孰能照察？

【注释】

①侯嬴、豫让，出身以报恩：侯嬴、豫让献身报答知遇之恩。侯嬴，战国时魏国人。怀才隐居，年七十为大梁守门小吏，后信陵君越礼亲自迎请他为上等门客，在关键时刻献窃符救赵的计策，最终使信陵君救赵败秦。当时他年事已高，不能与信陵君同行，在信陵君到达目的地时，选择自刎以报答信陵君的厚遇之情。豫让，春秋末期晋国人。晋卿智伯家臣。最初曾仕于范氏和中行氏门下，但均未受到重用，直到他投靠智伯门下，才受到尊重和礼遇。后赵襄子联合韩、魏共灭智氏，豫让两次伺机刺杀赵襄子为智伯报仇，均告失败，被赵襄子抓获。临死时，求得赵襄子衣服，拔剑击斩其衣，以示为主复仇，然后伏剑自杀。出身，献身。

②专诸、荆轲，奋命以效用：专诸、荆轲舍弃性命为主效力。专诸，春秋时吴国人。吴公子光欲杀吴王僚自立，伍子胥将专诸推荐给公子光。公子光与专诸密谋，乘吴内部空虚，以宴请吴王僚为名，藏匕首于鱼腹之中，在进献时成功刺杀吴王僚。后专诸也被吴王僚的侍卫杀死。公子光遂自立，是为吴王阖闾。荆轲，又称荆卿，战国时卫国人。为燕太子丹宾客，与太子丹合谋入秦刺杀秦王嬴政。荆轲以匕首刺秦王不中，被杀。效用，效力。

③"庞勋、勃貂"三句：宠勋，汪继培疑为"竖须"之误，俞樾疑为"庞涓"之误。彭《校》："下文言'故邹阳称之'云云，则勃貂当作貂勃。《齐策六》：'貂勃尝恶田单。安平君闻之，故为酒召貂勃，曰："单何以得罪于先生，故常见恶于朝？"貂勃曰："跖之狗吠尧，非贵跖而贱尧也，狗固吠非其主也。"安平君任之于王。'其后齐王幸臣九人之属毁单，貂勃谏王，王乃杀九子而益封安平君以夜

邑万户。是邹阳称之者乃齐之貂勃,非晋之寺人勃貂也。邹阳之语本于貂勃,而此文云'一旦见收,亦立为义报',则为貂勃事甚明。又庞勋,汪说固误,俞说亦未必然,阙之可也。"译文从之。见收,被收服。

④累旧:指世交。累,积累。

⑤邹阳:汉景帝时梁孝王的门客。曾被人诬陷而下狱,写下《狱中上梁王书》,不久获释。

⑥桀之狗可使吠尧,跖之客可使刺由:语见邹阳《狱中上梁王书》。跖,盗跖,春秋时的大盗。由,许由,上古尧舜时的隐士。尧曾欲将天下让与他,他不接受。

⑦遑:闲暇。恤:忧虑。

⑧韩安国能遗(wèi)田蚡五百金,而不能赈一穷:韩安国,字长孺。初事梁孝王为中大夫,后在平吴楚七国之乱时立功而名显。后坐法失官。武帝时贿赂时任太尉的武安侯田蚡五百金,复召为北地都尉,又迁大司农、御史大夫。汉武帝元朔元年(前128),匈奴入侵,其任材官将军,兵败,抑郁而亡。遗,给予,赠送。赈,救济。

⑨翟方进称淳于长,而不能荐一士:翟方进,字子威,汉成帝时为丞相,封高陵侯。后绥和元年(前8)定陵侯淳于长下狱死,翟方进与淳于长相好,不自安,帝有诏谴责,心有惭愧,即日自杀。淳于长,字子鸿,成帝时皇太后的外甥,位列九卿,盛极一时。刚任职时,独翟方进与他交往并多次称赞、推荐他。

⑩末涂:末世,末代。下相:指才能低劣的宰相。

⑪拥蔽:隔绝,阻塞。拥,遮蔽,遮盖。

【译文】

侯嬴、豫让,献身以报答知遇之恩;专诸、荆轲,舍命为知己效力。所以死是可以做到的,选择如何死却很难。庞勋、貂勃,一旦被收服,也立刻以恩义回报，更何况是结交多年的老朋友呢？所以邹阳称道这种情义："可以让桀的狗向尧狂吠，可以让盗跖的门客去刺杀许由。"这难道是假话吗？庸俗的士人目光短浅，急于眼前的利益，看到对自己有利的就争着上前，看到对自己无利的就转身后退。因此急功近利的人，争相攀附上面显贵的人却无暇接待下面穷困的人，争相追逐前面权重的人却无暇体恤后面贫贱的人。因此，韩安国能够贿赂田蚡五百金，却不能救济一个穷人；翟方进一再称赞淳于长，却不能举荐一个贤才。韩安国和翟方进，都号称前朝的忠良之臣，他们尚且如此，更何况如今这衰败之世那些才能低劣的宰相呢？这就是奸诈之人所以争相结党以上位，而高洁处士则愈加被遮蔽的原因啊！除非圣明的君主，谁能够明察这些呢？

且夫怨恶之生[①]，若二人偶焉[②]。苟相对也[③]，恩情相向，推极其意[④]，精诚相射[⑤]，贯心达髓[⑥]，爱乐之隆[⑦]，轻相为死，是故侯生、豫子刎颈而不恨[⑧]。苟相背也，心情乖互[⑨]，推极其意，分背奔驰，穷东极西，心尚未快，是故陈馀、张耳老相全灭而无感痛[⑩]。从此观之，交际之理，其情大矣。非独朋友为然，君臣夫妇亦犹是也。当其欢也，父子不能间；及其乖也，怨仇不能先。是故圣人常慎微以敦其终[⑪]。

【注释】

①怨恶：王宗炎认为当作"恩怨"，"恩者相对也，怨者相背也"。译文从之。

②偶：二者相遇相处。

③相对：互相适合。

④推极其意：发展到极致。

⑤精诚相射：这里指双方的真心诚意会互相投射到对方的心中。

⑥贯心达髓：贯穿心灵，深达骨髓，比喻深彻地打动人。

⑦隆：隆盛。

⑧侯生、豫子：即侯嬴、豫让。

⑨心情乖互：心情相抵触、违背。互，交错。

⑩陈馀、张耳老相全灭而无感痛：陈馀，秦末大梁人。张耳，初为战国末信陵君客，仕魏为外黄令。秦统一六国后，张耳与陈馀俱亡命，为刎颈之交。陈胜起义后，张耳与陈馀从武臣北定赵地，张耳为右丞相，陈馀为大将军。后反目。张耳从项羽入关，被封为常山王；陈馀未从入关，项羽仅封之南皮三县。陈馀乃攻张耳，张耳投奔了刘邦。陈馀又迎回被改封为代王的赵歇，复为赵王。在井陉之战中，张耳、韩信率军破赵军，陈馀被杀。刘邦建汉，张耳被封为赵王。全，汪《笺》认为是“禽”字之坏，“禽”，同“擒”，捕捉。四库本作“吞”。

⑪敦：督促，勉励。《孟子·公孙丑下》：“使虞敦匠事。”

【译文】

况且恩怨的产生，就像两个人相处一样。如果两个人互相适合，那么恩情就是相向的，发展到极致，真心诚意就会相互照射，深入对方的骨髓而彻底打动他的心灵，爱慕欢悦达到了这样的程度，就可以轻易地为对方去死，因此侯嬴和豫让刎颈自杀而绝无悔恨。如果两人相互不合，情志也是相反的，发展到极点，就会背道而驰，一个走向极东，一个走向极西，心里依然不愉快，所以陈馀、张耳后来相互攻伐，而心里毫不伤痛。由此看来，交往的道理中，情感是极重要的。不只是朋友间如此，君臣、夫妇之间皆是如此。感情相好的时候，亲密如父子般不能被离间；关系不好的时候，即使是仇敌也没有他们之间的怨恨深。所以圣人经常谨慎于细微之处，勉励自己善始善终。

富贵未必可重，贫贱未必可轻。人心不同好，度量相万亿[①]。许由让其帝位，俗人有争县职[②]；孟轲辞禄万钟[③]，小夫贪于升食[④]。故曰：鹑鷃群游[⑤]，终日不休，乱举聚跱[⑥]，不离蒿茆[⑦]。鸿鹄高飞[⑧]，双别乖离[⑨]，通千达万，志在陂池[⑩]。鸾凤翱翔黄历之上[⑪]，徘徊太清之中[⑫]，随景风而飘飖[⑬]，时抑扬以从容[⑭]，意犹未得，喈喈然长鸣[⑮]，蹶号振翼[⑯]，陵朱云[⑰]，薄斗极[⑱]，呼吸阳露[⑲]，旷旬不食[⑳]，其意尚犹嗛嗛如也[㉑]。三者殊务，各安所为。是以伯夷采薇而不恨[㉒]，巢父木栖而自愿[㉓]。由斯观诸[㉔]，士之志量，固难测度。凡百君子[㉕]，未可以富贵骄贫贱，谓贫贱之必我屈也。

【注释】

①度量：此指人的气度、量识。

②俗人有争县职：《韩非子·五蠹》："夫古之让天子者，是去监门之养而离臣虏之劳也，古传天下而不足多也。今之县令，一日身死，子孙累世絜驾，故人重之。是以人之于让也，轻辞古之天子，难去今之县令者，薄厚之实异也。"

③孟轲辞禄万钟：《孟子·告子上》："万钟则不辩礼义而受之，万钟于我何加焉？"此处即化用其意。孟轲，即孟子。辞，推辞，不接受。钟，量器，古代六石四斗为一钟。

④小夫：指见识短浅的庸俗之辈。汪《笺》认为"小夫"即《孟子》所谓"小丈夫"。升：一斗的十分之一。汪《笺》认为"升"当作"斗"。

⑤鹑鷃(chún yàn)：一种小雀，弱小而不能远飞。

⑥乱举聚跱(zhì)：指鹑鷃小雀胡乱飞舞，随处聚集。举，飞。跱，立。

⑦蒿茆(hāo máo)：蒿草和茅草。茆，同"茅"，茅草。

⑧鸿鹄:指大雁、天鹅一类高飞之鸟。

⑨乖离:背离,别离。

⑩陂(bēi)池:本为池塘。汪《笺》引《说苑·政理》:“鸿鹄高飞,不就污池。何则?其志极远也。”认为“陂池”当为“天池”。天池,即南冥、冥海,传说中广袤无垠的大海。《庄子·逍遥游》:“穷发之北,有冥海者,天池也。”译文从之。

⑪黄历:汪《笺》疑为“万仞”之误。《淮南子·览冥训》:“(凤凰)曾逝万仞之上,翱翔四海之外。”译文从之。

⑫太清:指天空。《后汉书·蔡邕传》章怀注:“太清,谓天也。”

⑬景风:指四时祥和之风。古人认为天下太平,四时和顺就会有景风吹动。飘飖(yáo):飘扬。

⑭从容:安适,不慌忙。

⑮喈喈(jiē)然:鸟叫声。

⑯蹶(jué)号:急速呼啸。蹶,急速,急忙。

⑰陵:通“凌”,冒,引申为凌驾。

⑱薄(bó)斗极:靠近北斗星和天极星。薄,迫近,靠近。斗极,北斗星和天极星。

⑲阳露:即朝露。

⑳旷:空缺,间隔。旬:十天。

㉑嗛嗛(qiàn):通“慊慊”,遗憾,不满足的样子。

㉒伯夷:西周武王时人。据《史记·伯夷列传》载,伯夷、叔齐为商朝孤竹君之二子,父欲立弟叔齐为继承人。父死,叔齐让位给兄长伯夷,伯夷不从,叔齐也不肯登位,两人先后都逃到周地。周武王伐纣,他们叩马谏阻。武王灭商后,两人耻食周粟,隐居首阳山,采薇而食,饿死在山里。历代都称颂他们节操高洁。

㉓巢父:尧帝时的隐士,传说尧让其帝位而不受,终生隐于山林,因其在树上结巢而居,故曰巢父。事见皇甫谧《高士传》。

㉔诸：代词。相当于“之”。

㉕凡百君子：语本《诗经·小雅·雨无正》。君子，此指有官职的人。

【译文】

富贵未必值得尊重，贫贱也未必可以轻视。人心各有所爱，气度量识也相差甚远。许由辞让帝位不受，俗人却争夺区区一个县职；孟轲能够辞去万钟的俸禄，小人却贪恋升斗的官粮。所以说：鹑鷃终日不休地结群游玩，胡乱飞舞、随处聚集，始终离不开低蒿草丛。鸿鹄高飞双双离别，通达万里，志向远在苍冥大海。鸾凤翱翔于万仞之上，徘徊于苍穹之中，随祥风而飘荡，是何等的自由而从容，倘若觉得还不够畅快，就放声长鸣，急速呼啸举翼疾飞，凌驾于彤云之上而俯临北斗天极，吸饮朝露，十日不食，其心意尚且慊慊然不能满足。这三种鸟的追求各有不同，却安心于各自所做的事情。因此伯夷采薇而食毫无悔恨，巢父甘愿在树上结巢而居。由此看来，士人的志向和气度，确实很难估量。朝廷中的众多臣子，不可以凭借富贵来傲慢地对待贫贱的人，认为贫贱的人一定会屈从于自己。

《诗》云：“德輶如毛，民鲜克举之。”[①] 世有大难者四，而人莫之能行也，一曰恕[②]，二曰平[③]，三曰恭[④]，四曰守[⑤]。夫恕者仁之本也[⑥]，平者义之本也[⑦]，恭者礼之本也[⑧]，守者信之本也[⑨]。四者并立，四行乃具，四行具存，是谓真贤。四本不立，四行不成，四行无一，是谓小人。

【注释】

①德輶（yóu）如毛，民鲜克举之：引诗见《诗经·大雅·烝民》。輶，轻。鲜，少。克，能。举，举起。

②恕：推己及人。《论语·卫灵公》："其恕乎，己所不欲，勿施于人。"

③平：公平，公正。

④恭：恭敬，有礼貌。

⑤守：操守，节操。

⑥恕者仁之本也：《大戴礼记·魏将军文子》："孔子曰：'恕则仁也。'"《孟子·尽心上》："强恕而行，求仁莫近焉。"

⑦平者义之本也：《管子·水地》："至平而止，义也。"

⑧恭者礼之本也：《周易·系辞上》："礼言恭。"

⑨守者信之本也：《左传·昭公五年》："守之以信。"

【译文】

《诗经》中说："德行轻如毫毛，普通民众却很少有人能将它举起。"世上有四种非常困难的事情，没有人能够做到，第一种叫作恕，第二种叫作平，第三种叫作恭，第四种叫作守。恕是仁爱的根本，平是道义的根本，恭是礼仪的根本，守是诚信的根本。如果这四个方面都能树立起来，那么仁爱、道德、礼仪、诚信这四种品行也就具备了，这四种品行都集中于一个人的身上，那么这个人就可以称作一个真正的贤人了。恕、平、恭、守这四个方面无法树立起来，就没有仁爱、道德、礼仪、诚信四种品行，这四种品行没有一样，就称作小人。

所谓恕者，君子之人，论彼恕于我①，动作消息于心②；己之所无，不以责下，我之所有，不以讥彼③；感己之好敬也④，故接士以礼，感己之好爱也⑤，故遇人有恩；己欲立而立人，己欲达而达人⑥；善人之忧我也，故先劳人⑦，恶人之忘我也，故常念人。凡品则不然⑧，论人不恕己，动作不思心；无之己而责之人，有之我而讥之彼；己无礼而责人敬，己无恩而责人爱；贫贱则非人初不我忧也，富贵则是我之不忧人也。行己若此，难以称仁矣。

【注释】

①彼：别人，对方。王宗炎认为“彼”下脱“则”字。

②动作消息：王宗炎疑“消息”为“则思”之误。彭《校》引下文“凡品则不然……动作不思心”句以证王说。译文从之。

③讥：责备。

④好（hào）敬：喜欢被尊敬。

⑤好（hào）爱：喜欢被爱戴。

⑥己欲立而立人，己欲达而达人：语见《论语·雍也》。

⑦劳人：忧虑他人。劳，忧。

⑧凡品：指普通人，平庸之人。

【译文】

所谓恕，就是说作为君子，在议论别人的时候，首先要自己遵守恕道，行为举止必先在内心思考；自己还没做到的，就不责备不如自己的人，自己已经做到的，也不要以此来非难别人；觉得自己喜欢被尊重，所以要以礼待人，觉得自己喜欢被爱戴，所以要对别人讲恩义；自己想要有所树立，同时也得使别人有所树立，自己想要行事通达，同时也得使别人行事通达；喜欢别人为自己担忧，首先就要替别人忧虑，厌恶别人忘掉自己，所以要常常念想别人。但品行平庸的人却不是这样，他们只是议论他人，自己却一点也不宽容，行动的时候也不在内心思考；自己没有做到还责备他人，自己做到了更讥讽别人做不到；自己不讲礼貌却要别人尊敬自己，自己不曾有恩于他人却要他人来爱戴自己；贫穷卑贱的时候，指责别人不照顾自己，等富贵了，自己却不照顾别人。如此立身行事，就很难称得上是“仁”了。

所谓平者，内怀鸤鸠之恩[①]，外执砥矢之心[②]；论士必定于志行，毁誉必参于效验[③]；不随俗而雷同，不逐声而寄论[④]；苟善所在，不讥贫贱，苟恶所错[⑤]，不忌富贵；不谄上而慢下，不厌故而敬新。凡品则不然，内偏颇于妻子，外僭惑于知友[⑥]；得则誉之，怨则谤之；平议无埻的[⑦]，讥誉无效验；苟阿贵以比党[⑧]，苟剽声以群吠[⑨]；事富贵如奴仆，视贫贱如佣客[⑩]；百至秉权之门，而不一至无势之家。执心若此，难以称义矣。

【注释】

①鸤鸠(shī jiū)之恩：此指《诗经·曹风·鸤鸠》。毛《传》："鸤鸠之养其子，朝从上下，暮从下上，平均如一。"此处即用其意。鸤鸠，即布谷鸟。

②执：握，持。砥(dǐ)矢：形容平直。砥，磨刀石。矢，箭。《诗经·小雅·大东》："周道如砥，其直如矢。"

③效验：效果，成效。

④寄论：附和评论。寄，寄附，附和。

⑤错(cù)：通"措"，安置。

⑥僭(jiàn)：差失，过分。惑：王绍兰疑是"忒"字之误。胡大浚《译注》："这里僭忒是指偏袒知友而不顾是非曲折。"

⑦平议：评论。埻的(zhǔn dì)：箭靶心，此处指评论的标准。埻，箭靶。

⑧阿(ē)：阿谀，迎合。比：勾结。

⑨苟剽声以群吠：汪《笺》疑"苟"字衍。彭《校》以上下文对句，应字数相当，认为汪说非。剽声，道听传闻，闻声。

⑩佣客：雇工，仆人。

【译文】

所谓平，就是说对内怀有像《鸤鸠》诗中的布谷鸟喂食其子的那种平等如一的恩情，对外则坚持公平正直的态度；议论人时一定要根据他的志向品格，诽谤或赞誉一定要根据实际效果进行检验考察；不随从世俗而同流，也不为了追逐别人而附和发论；如果他身上有善行，那就不应该指责他的贫贱，如果他身上有恶行，也不要忌惮他的富贵；既不阿谀奉上，也不怠慢辱下，既不厌弃旧朋友，也要敬重新朋友。但平庸的人则不是这样，他们在家偏爱自己的妻子儿女，在外袒护熟识的朋友；满意谁就称赞谁，怨恨谁就诽谤谁；议论他人的时候没有固定的标准，指责或赞誉也不能根据实际效果；一味地奉承权贵而拉帮结派，听到响动就胡乱叫嚣；侍奉富贵之人的时候，就像奴仆一样，而对待穷人就像对待雇佣的奴隶一样；经常到掌权的人家去，却一次也不登穷困人家的门。这样的居心，就很难称得上是“义”了。

所谓恭者，内不敢傲于室家，外不敢慢于士大夫[①]；见贱如贵，视少如长；其礼先人，其言后出[②]；恩意无不答，礼敬无不报；睹贤不居其上[③]，与人推让；事处其劳，居从其陋，位安其卑，养甘其薄。凡品则不然，内慢易于妻子[④]，外轻侮于知友；聪明不别真伪，心思不别善丑；愚而喜傲贤，少而好陵长[⑤]；恩意不相答，礼敬不相报；睹贤不相推[⑥]，会同不能让[⑦]；动欲择其佚[⑧]，居欲处其安，养欲擅其厚[⑨]，位欲争其尊；见人谦让，因而嗤之[⑩]，见人恭敬，因而傲之。如是而自谓贤能智慧。为行如此，难以称忠矣[⑪]。

【注释】

①外不敢慢于士大夫：汪《笺》据上文“外蒙饥于士夫”，疑此句中

“大”字为衍文。

②其礼先入，其言后出：执礼在他人之前，出言在他人之后。《逸周书·官人解》：“其礼先人，其言后人。”

③睹贤不居其上：《晏子春秋·问上》：“睹贤不居其上，受禄不过其量。”

④慢易：轻慢，轻侮。

⑤陵长：凌驾于长辈之上。陵，凌驾。

⑥推：举荐，尊崇。

⑦会同：指乡里集会。

⑧佚：安闲，安乐。

⑨擅：拥有，据有。

⑩嗤(chī)：讥笑，嘲笑。

⑪难以称忠矣：汪《笺》：“‘矣’字旧脱。”彭《校》：“上文云：‘恭者，礼之本也。’则依上下文例，当云‘难以称礼矣’。今言‘称忠’者，‘忠’亦‘礼’也。《礼记·礼器》篇云：‘忠信，礼之本也。’是其义。”

【译文】

所谓恭，就是说在家不敢傲视家人，在外不敢怠慢士大夫；看待贫穷卑贱的人如同看待富贵的人一样，对待年少的人如同对待年老的人一样；执礼先行，出言在后；对别人的恩情无不报答，对别人的尊敬无不回报；见到贤能的人，不敢自居于上位，跟别人相处时总是恭敬而谦让；做事挑苦差事，居住挑简陋房，职位卑微也安心，俸禄微薄也甘愿。德行平庸的人就不是这样了，在家轻慢自己的妻子儿女，在外欺辱知心好友；其聪明不能分辨真假，其心智无法辨明美丑；自己愚蠢却喜欢傲视贤士，自己年少却喜欢凌驾于长辈之上；别人有恩于他，他不知报答，别人对他礼敬，他不知道答谢；见到贤才不能举荐，乡里集会不知谦让；做事只挑安逸事，居住只挑舒适房，奉养要最优厚的，职位要最尊贵的；看见别人谦让，便嗤笑，看见别人恭敬，便傲慢。像这样的人却自以为贤能智慧。像这样做事，就很难称得上是“忠”了。

所谓守者，心也。有度之士[1]，情意精专，心思独睹，不驱于险墟之俗[2]，不惑于众多之口；聪明悬绝，秉心塞渊[3]，独立不惧，遁世无闷[4]，心坚金石，志轻四海，故守其心而成其信。凡器则不然[5]，内无持操[6]，外无准仪[7]；倾侧险诐[8]，求同于世，口无定论，不恒其德，二三其行[9]。秉操如此，难以称信矣。

【注释】

①有度之士：此指讲礼法之士。度，法，这里指礼法。

②险墟：险阻崎岖，比喻世道险恶。

③秉心塞（sè）渊：语见《诗经·鄘风·定之方中》“匪直也人，秉心塞渊”。秉心，用心。塞，充实，喻人诚实。渊，深。

④遁世无闷：语见《周易·大过·象》。遁世，即隐世。

⑤凡器：平庸的人。器，汪《笺》：“当依上文作‘品’。”

⑥持操：坚持节操。

⑦准仪：准则。

⑧倾侧险诐（bì）：倾侧、险诐义同，均为偏颇畸斜，此处指言行不正。诐，不正，偏颇。

⑨二三其行：语见《诗经·卫风·氓》。指行为反复，不专一。

【译文】

所谓守，即指心志。讲礼法的士人，他们情志精诚专一，思想深刻独到，不受世道险恶所驱使，也不会被众人的言论所迷惑；聪明绝顶，心地诚实静默，特立独行而无所畏惧，隐世而不苦闷，心比金石还要坚定，志向比四海还要广阔，所以能坚守其心志而成就其信义。德行平庸之人则不是如此，他们内心没有操守，外在行为毫无准则，言行偏颇不正，追求苟同于世俗，说法不一，德行无法持久，行为反复无常。像这样的操行，就难以称得上是“信”了。

夫是四行者[①]，其轻如毛，其重如山，君子以为易，小人以为难。孔子曰：“仁远乎哉？我欲仁，仁斯至矣[②]。”又称：“知德者鲜[③]。”俗之偏党[④]，自古而然，非乃今也。凡百君子，竞于骄僭[⑤]，贪乐慢傲，如贾一倍[⑥]，以相高[⑦]。苟能富贵，虽积狡恶，争称誉之，终不见非；苟处贫贱，恭谨[⑧]，祇为不肖[⑨]，终不见是。此俗化之所以浸败[⑩]，而礼义之所以消衰也。

【注释】

①四行：指上文所指“恕”“平”“恭”“守”四种品行。

②“仁远乎哉”三句：语见《论语·述而》。仁斯至矣，今本《论语》作“斯仁至矣”。

③知德者鲜(xiǎn)：语见《论语·卫灵公》。

④偏党：偏私。

⑤骄僭：骄横跋扈，滥用职权。僭，僭越。此指滥用职权。

⑥如贾(gǔ)一倍：汪《笺》引《诗经·大雅·瞻卬》“如贾三倍”，认为此处“一”当作“三”。贾，商人。三倍，指获得多倍的利润。译文从之。

⑦相高：相互攀比高下。汪《笺》认为此句脱一字。

⑧恭谨：汪《笺》以上文例之，认为“恭谨”上脱二字。译文按上文疏通。

⑨祇(qí)：疑当作“诋”，诋毁。

⑩俗化:风俗教化。浸败:逐渐衰落。浸,渐渐。

【译文】

这四种德行,或轻于羽毛,或重于大山,君子认为很容易做到,小人却认为很难。孔子说:"仁德难道离我们很远吗?我想要它,它就来了。"孔子又说:"懂得德的人太少了。"世俗之人多拉帮结派,偏颇私爱,自古以来就是如此,并不是今天才是这样。大小官吏都争相骄横跋扈,滥用职权,贪图享乐,傲慢不恭,如同做买卖只为谋取更多的利益以相互攀比。如果能富裕显贵,那么即使他们的行为奸恶狡诈,人们也会争相去称赞,始终不会去非议他们;假如他们贫穷卑贱,那么即使再恭敬谨慎,别人也会诋毁他们为不贤,而始终不会去称赞他们。这就是为什么风俗教化逐渐衰落,而礼义逐渐消亡的原因啊。

世有可患者三。三者何?曰:情实薄而辞称厚,念实忽而文想忧[①],怀不来而外克期[②]。不信则惧失贤,信之则诖误人[③]。此俗士可厌之甚者也。是故孔子疾夫言之过其行者[④],《诗》伤"蛇蛇硕言,出自口矣。巧言如簧,颜之厚矣[⑤]"。

【注释】

①忽:忽视,不放在心上。文:文辞,言辞。想忧:非常想念。汪《笺》疑作"相爱"。亦通。

②怀:内心。克期:约定日期。

③诖(guà)误:失误。

④孔子疾夫言之过其行者:《论语·宪问》:"君子耻其言而过其行。"此处即本其意。

⑤"蛇蛇(yí)硕言"四句:引诗见《诗经·小雅·巧言》。蛇蛇硕言,骗人的大话。蛇蛇,欺诈之貌。硕言,指超出实际的大话。

【译文】

世间有三种情形最值得担心。哪三种呢？即：情意本来很淡薄而言辞却说得很深厚，心里实际早已忽略而口上却说非常想念，心里不想让来而表面上还要跟别人约定好见面的时间。不想信赖他，又唯恐失去贤士，信赖他，又只会贻误他人。这就是俗人最让人厌恶的地方。所以，孔子最痛恨说得多而做得少的人，就像《诗经》中感伤的："夸夸其谈的大话，竟然能从口中说出。花言巧语如同吹笙篁，脸皮竟然这么厚！"

今世俗之交也，未相照察而求深固，探怀扼腕[①]，拊心祝诅[②]，苟欲相护论议而已[③]，分背之日，既得之后，则相弃忘。或受人恩德，先以济度[④]，不能拔举，则因毁之，为生瑕衅[⑤]，明言："我不遗力，无奈自不可尔[⑥]。"《诗》云："知我如此，不如无生[⑦]。"先合而后忤[⑧]，有初而无终，不若本无生意[⑨]，强自誓也。

【注释】

①探怀扼腕：手抚胸口，握住手腕，形容因情意深厚而表现得激动兴奋。

②拊(fǔ)心：手拍心口，形容激动，真诚的样子。祝诅：以言告神曰祝，请神加殃曰诅。此指向神灵祈祷发誓。

③论议：此指出言袒护，相互吹捧赞誉。

④济度：同"济渡"，渡水过河，此处喻指达到目的。

⑤瑕衅(xiá xìn)：裂痕，缝隙。

⑥自不可尔：自己无可奈何。不可尔，即无可奈何。汪《笺》："《淮南子·人间训》云：'夫物无不可奈何，有人无奈何。'高诱注：'事

有人材所不及，无奈之何也。'《庄子·人间世》篇云：'知其不可奈何，而安之若命。'"

⑦知我如此，不如无生：引诗见《诗经·小雅·苕之华》。

⑧先合而后忤：指与人先交好而后又乖违。忤，逆，违背。

⑨本无生意：一开始就不要生出相互交好之意。意，此处指交好的心意。

【译文】

如今世俗之人的交往，尚未相互了解就企求友谊深固牢靠，手抚胸口，握住手腕，好像激动万分，又手拍心口祈祷发誓，好像真诚无比，其实只是想要相互袒护吹捧赞誉罢了，当他们转身分开时，或是已经达到目的后，也就相互抛弃遗忘了。有的人接受别人的恩惠，先来达到自己的目的，结果非但不能提拔推荐他人，反而因此诋毁他们，于是关系就产生了裂痕，之后又明白告诉他们："我已经尽力了，可惜最终不行啊！"《诗经》里说："早知道我现在是这样，不如当初不生我。"先交好而后违背，有开头却无结果，那还不如一开始就不要生出相互交好之意而强迫自己发誓了。

君子屡盟，乱是用长①。大人之道②，周而不比③，微言相感④，掩若同符⑤，又焉用盟？孔子恂恂，似不能言者⑥，又称："訚訚言，惟谨也⑦。"士贵有辞，亦憎多口。故曰："文质彬彬，然后君子⑧。"与其不忠，刚毅木纳，尚近于仁⑨。

【注释】

①君子屡盟，乱是用长：语见《诗经·小雅·巧言》。

②大人：指品德高尚的人。

③周而不比：语本《论语·为政》："子曰：'君子周而不比，小人比而

不周。'"周,团结以道义。比,勾结以利益。

④微言相感:以精微的话语相互感通。

⑤掩若同符:指心意像符节一样完全吻合。掩,合盖,相合。同符,符合,契合。

⑥孔子恂恂(xún),似不能言者:语本《论语·乡党》:"孔子于乡党,恂恂如也,似不能言者。"恂恂,恭顺的样子。

⑦訚訚(yín)言,惟谨也:今本《论语·乡党》作:"其在宗庙朝廷,便便言,惟谨尔。"与此处不同者,彭《校》疑为涉《乡党》下文"朝,与上大夫言,訚訚如也"而误记。按,不当为误记,盖为王符自化其意。訚訚,正直而恭敬的样子。谨,少言。

⑧文质彬彬,然后君子:语见《论语·雍也》。文质彬彬,形容人文雅又朴实。彬彬,文质兼备的样子。

⑨刚毅木纳,尚近于仁:语本《论语·子路》:"子曰:'刚、毅、木、讷,近仁。'"纳,彭《笺》认为是"讷"之讹误。讷,本意为语言迟钝。这里指少言。

【译文】

君子屡次盟誓而没有诚信,祸乱只会越发增长。品德高尚的人,只会以道义团结在一起,而不是以私利勾结在一起,以精微的话语相互感通,心意像符节一样完全吻合,又哪里用得着盟誓呢?孔子同乡党之人说话时非常恭顺,好像不善言谈的样子,又说:"有时他说话显得正直而恭敬,只是说得很少。"士人贵在能言善辩,也憎恨多嘴多舌。所以说:"文采和实质配合得当,才称得上是君子。"与其交往不忠,倒不如刚强、果决、质朴、少言更接近于仁。

呜呼哀哉!凡今之人,言方行圆,口正心邪,行与言谬①,心与口违;论古则知称夷、齐、原、颜②,言今则必官爵职位;虚谈则知以德义为贤,贡荐则必阀阅为前③。处子虽躬颜、闵之行④，性劳谦之质⑤，秉伊、吕之才⑥，怀救民之道，其不见资于斯世也⑦，亦已明矣！

【注释】

①谬：背戾乖违。

②夷、齐、原、颜：即伯夷、叔齐、原宪、颜渊。四人皆是贤达高洁之人。

③阀阅：祖先有功业的世家、巨室。《史记·高祖功臣侯者年表》太史公序曰："古者人臣功有五品，以德立宗庙定社稷曰勋，以言曰劳，用力曰功，明其等曰伐，积功曰阅。""伐"同"阀"。

④处子：处士，品行高洁的人。颜、闵：即颜渊和闵子骞。

⑤劳谦：勤劳谦恭。语见《周易·谦·九三》："劳谦，君子有终，吉。"

⑥伊、吕：即伊尹、吕尚。

⑦不见资于斯世：此指处士怀才不被启用，无人问津。资，资助，帮助。

【译文】

哎呀，可悲啊！当今之人，言辞正直而行为圆滑，满嘴说着正义，心里却极其邪恶，行为与语言相互违背，心口不一；谈论起古人知道称赞伯夷、叔齐、原宪、颜渊，说到现在却一定讲官爵职位；空谈起来知道把道德仁义称为贤能，推荐人才的时候却一定以家世门第作为前提。处士即使亲身践行颜渊和闵子骞的德行，且本性中有勤劳谦逊的美德，兼备伊尹和吕尚的治国才能，胸怀救国救民的韬略，也依然在当今社会无人问津，这是显而易见的！

明忠第三十一

人君之称，莫大于明；人臣之誉，莫美于忠。此二德者，古来君臣所共愿也。然明不继踵[①]，忠不万一者，非必愚暗不逮而恶名扬也[②]，所以求之非其道尔。

【注释】

①继踵(zhǒng)：接踵，继续。踵，脚后跟。

②不逮：此指赶不上前代的圣君贤臣。

【译文】

对于国君的称赞，没有比英明更伟大的了；对于臣子的称誉，没有比忠诚更美好的了。这两种美德，是从古到今的君臣们所共同追求的。然而明君不能代代相续，忠臣万中无一的原因，不是他们愚昧昏庸，不及前代的圣君贤臣而恶名远扬，而是因为他们所追求的途径不正确。

夫明据下起[①]，忠依上成[②]。二人同心，则利断金[③]。能知此者，两誉俱具[④]。要在于明操法术，自握权秉而已矣[⑤]。所谓术者，使下不得欺也；所谓权者，使势不得乱也。术诚明，则虽万里之外，幽冥之内[⑥]，不得不求效；权诚用，则远近亲疏，贵贱贤愚，无不归心矣。周室之末则不然，离其术而舍其权，怠于己而恃于人[⑦]。是以公卿不思忠[⑧]，百僚不尽力[⑨]，君王孤蔽于上，兆黎冤乱于下[⑩]，故遂衰微侵夺而不振也。

【注释】

①明：此指君主的英明。据：依据，依靠。下：指臣下。

②上：指君主。

③二人同心，则利断金：语见《周易·系辞上》。意思是二人若是同

心同德，恰似利刃可以削铁断金。此处“二人”指君臣双方。

④两誉：指明君、忠臣两种美誉。

⑤要在于明操法术，自握权秉而已矣：《韩非子·说疑》篇云：“凡术也者，主之所以执也；法也者，官之所以师也。”《主道》篇云：“谨执其柄而固握之。”《淮南子·要略》云：“主术者明，摄权操柄，以制群下。”与此句意近。要，关键。操，运用。法术，此处指君主统驭群臣的方法。权秉，即权柄，权力。秉，同“柄”。

⑥幽冥之内：与上句“万里之外”对文，极言幽邃难测之深。

⑦恃：依恃，依靠。

⑧公卿：即三公九卿，此处泛指位高职要的重臣。

⑨百僚：百官。

⑩君王孤蔽于上，兆黎冤乱于下：《韩非子·定法》篇云：“君无术则弊于上，臣无法则乱于下。”兆黎，即兆民，黎民。兆、黎皆言其多。

【译文】

君主的英明是依靠臣子来成就的，臣子的忠诚是依靠君主来实现的。君主和臣子双方同心同德，恰似利刃可以削铁断金。能明白这个道理，明君贤臣的两种美誉就能同时拥有。其关键无非在于君主能正确运用统驭之术，亲自掌握权柄罢了。所谓统驭之术，就是使自己不被臣下欺骗；所谓权柄，就是使局势不得混乱。统驭之术果真高明，那么即使远在万里之外，深在幽邃之极，臣子也不得不效忠；权柄果真运用得当，那么无论远近亲疏、贤愚贵贱，就没有谁不心向君主了。周王朝末年没有做到这一点，周天子背离了正确的统驭之术，又合弃了权柄，自轻自慢而依赖于别人。因此公卿重臣不思效忠，文武百官不愿尽力，君主被孤立蒙蔽在朝堂之上，黎民百姓受冤屈而骚乱在下，所以国势衰微，诸侯相互侵夺杀伐，王朝从此一蹶不振。

夫帝王者,其利重矣,其威大矣[①]。徒悬重利,足以劝善;徒设严威,可以惩奸[②]。乃张重利以诱民[③],操大威以驱之,则举世之人,可令冒白刃而不恨[④],赴汤火而不难,岂云但率之以共治而不宜哉?若鹰,野鸟也,然猎夫御之,犹使终日奋击而不敢怠,岂有人臣而不可使尽力者乎?

【注释】

①"夫帝王者"三句:《国语·鲁语上》云:"夫君人者,其威大矣。"《韩非子·诡使》篇云:"夫利者所以得民也,威者所以行令也。"

②"徒悬重利"四句:《韩非子·内储说上》云:"有威足以服人,而利足以劝人,故能治之。"《吕氏春秋·壹行》云:"王者之所藉以成也何?藉其威与其利。非强大则其威不威,其利不利。其威不威,则不足以禁也;其利不利,则不足以劝也。故贤主必使其威利无敌,故以禁则必止,以劝则必为。"

③张:举,设。

④冒白刃:指忍受刀剑杀伤。

【译文】

作为帝王,他的利益极为厚重,他的威势极为广大。只要重利悬赏,就足以劝人们向善了;只要设立威严的法令,就足以惩治奸恶了。如果设立很优厚的利益来激发人民,运用无上权威来统驭人民,那么举国上下的人都可以做到面对兵刀利刃而毫无悔恨,赴汤蹈火也不觉为难,这样的话,难道率领他们共同治理国家还不行吗?就像老鹰,本是野生禽鸟,虽然猎人已经驯服了它,但仍然让它终日练习奋飞进击而不敢懈怠,哪会有臣子而不能让他为国君效力的道理呢?

《诗》云:"伐柯伐柯,其则不远[①]。"夫神明之术,具在君身，而君忽之，故令臣钳口结舌而不敢言[②]。此耳目所以蔽塞，聪明所以不得也。制下之权，日陈君前，而君释之，故令群臣懈弛而背朝。此威德所以不照[③]，而功名所以不建也。

【注释】

①伐柯伐柯，其则不远：引诗见《诗经·豳风·伐柯》。柯，斧头柄。则，法则，标准。

②钳口：闭口。

③照：彰显，显耀。

【译文】

《诗经》上说："砍斧柄很简单，其方法不需远求。"那神奇高明的权术，本都在君主身上，而君主却忽视了它，所以使得群臣闭口结舌而不敢说话。这就是国君耳朵被堵塞、眼睛被蒙蔽、听觉视觉都失去作用的原因。统驭臣下的权柄，天天都摆在君主眼前，但君主却放弃了它，所以使得群臣懈怠松弛而背弃了朝廷。这就是国君的威势与恩德无法彰显，功业与声名不能建立的原因啊！

《诗》云："我虽异事，及尔同僚。我即尔谋，听我敖敖[①]。"夫恻隐人皆有之[②]，是故耳闻啼号之音，无不为之惨凄悲怀而伤心者；目见危殆之事，无不为之灼怛惊而赴救之者[③]。君臣义重，行路礼轻[④]，过耳悟目之交[⑤]，未恩未德，非贤非贵，而犹若此，则又况于北面称臣被宠者乎[⑥]？

【注释】

①"我虽异事"四句：引诗见《诗经·大雅·板》。异事，事异，指职务不同。即尔谋，找你商议。敖敖，今本《诗经》作"嚣嚣"，"謷

謷”的假借，傲慢不愿接受人言的样子。

②恻隐人皆有之：语本《孟子·告子上》：“恻隐之心，人皆有之。”恻隐，悲悯，同情。

③无不为之灼怛（dá）惊而赴救之者：汪《笺》认为此句“惊”下脱一字。灼怛，忧虑，焦急。

④行路：指路人，普通人。

⑤过耳悟目之交：耳朵擦过、目光相遇的交情。指萍水相逢的普通交情。悟，通“晤”，会面，遇见。

⑥北面称臣：古代天子南面称君，故作为臣子应该北面。

【译文】

《诗经》中说：“我们虽然职务不同，和你总归是同僚。我来找你商议，听我说话你却态度傲慢。”同情怜悯之心人人都有，所以耳听啼哭呼号的声音，无不为之凄惨悲痛而伤心；眼见危急惊险的事故，无不为之忧虑焦急而前往救援。君臣之间的道义重大，路人之间的礼仪轻微，仅仅是耳朵擦过、目光相遇的交情而已，他们无恩无德，既非贤人也非贵人，他们都尚且如此，更何况是北面称臣、受到君主宠幸的人呢？

是故进忠扶危者，贤不肖之所共愿也[①]。诚皆愿之而行违者，常苦其道不利而有害，言未得信而身败尔。历观古来爱君忧主敢言之臣，忠信未达，而为左右所鞠按[②]，当世而覆被[③]，更为否愚恶状之臣者[④]，岂可胜数哉？孝成终没之日[⑤]，不知王章之直[⑥]；孝哀终没之日[⑦]，不知王嘉之忠也[⑧]。此后贤虽有忧君哀主之情，忠诚正直之节，然犹且沉吟观听行己者也。

【注释】

①贤不肖:贤人与无能的人。不肖,不才,不贤。

②鞫(jū)按:审讯,考问。鞫,通"鞫",审讯,查问。按,审查,查验。

③覆被:蒙盖,埋没。此处寓指忠直之臣被当权者所遮蔽。

④更:反而。否(pǐ):恶。张觉《校注》释"否"为鄙陋无知。

⑤孝成:即汉成帝刘骜,"孝成"是其谥号。

⑥王章之直:王章字仲卿。其为人刚正不阿,敢于直言。汉元帝时因得罪石显,被石显诬告免官。汉成帝时任京兆尹,因得罪大将军王凤,被下狱,终死狱中。

⑦孝哀:即孝哀帝刘欣,"孝哀"是其谥号。

⑧王嘉之忠:王嘉字公仲。哀帝时历任御史大夫、丞相。他为人刚正不阿,因反对哀帝封董贤一事被诬下狱,绝食至死。

【译文】

因此举荐忠臣、扶持君主的危困,是贤者与无能之人所共同期望的。他们真心期望这种愿景,但实际行动却常常与之相背离,他们常担心自己的主张非但不利于自己,反而会有害,担心说的话还没有被听信自己就已经身败名裂。纵观自古以来那些敬爱君主、为之担忧而敢于直言的臣子们,他们的忠诚还未曾上达君主,就已经被君主身边的亲近之臣审问盘查,或被当权者所遮蔽了,反而更被视为愚蠢无状,这样的人能数得清吗?孝成帝直到临死之时,还不知道王章的正直;孝哀帝临死时,也还不知道王嘉的忠诚。因此后来的贤者纵使心怀忧国忧君的深情,忠诚正直的节义,但也还是会叹息犹豫,多方观望之后才敢做自己的打算。

鸣鹤在阴,其子和之[①]。相彼鸟矣,犹求友声[②]。故人君不开精诚以示贤忠,贤忠亦无以得达。《易》曰:"王明并受其福[③]。"是以忠臣必待明君乃能显其节,良吏必得察主乃能成其功。君不明,则大臣隐下而遏忠[④],又群司舍法而阿贵[⑤]。

【注释】

①鸣鹤在阴,其子和之:语见《周易·中孚·九二》。孔颖达《正义》:"处于幽昧而行不失信,则声闻于外,为同类之所应焉,如鹤之鸣于幽远,则为其子所和。"

②相彼鸟矣,犹求友声:语见《诗经·小雅·伐木》。

③王明并受其福:语见《周易·井·九三》。意谓国君圣明则君臣共受福泽。

④大臣:此指位高的权臣,重臣。隐下:指隐瞒下级官吏的情况。遏忠:遏制忠良之臣。

⑤又群司舍法而阿贵:汪《笺》疑"又"字衍。群司,百官。

【译文】

鹤在山阴鸣叫,它的幼子声声应和。看那禽鸟啊,还找寻朋友的声音。所以君主倘若不能敞开精诚的胸怀以示天下忠贤之士,那么忠贤之士也就无法上达君主。《周易》里讲:"国君圣明则君臣共受福泽。"因此忠贤之臣只有依赖圣明之君才能彰显其节义,贤良之吏只有遇到明察之主才能成就其功业。君主如果昏暗愚昧,那么位高之权臣就会隐瞒下级官吏的情况而抑制忠良之士,群臣百官也就会抛弃法令而攀附于权贵。

夫忠言所以为安也,不贡必危[①];法禁所以为治也,不奉必乱。忠之贡与不贡,法之奉与不奉,其秉皆在于君[②],非臣下之所能为也。是故圣人求之于己,不以责下[③]。

【注释】

①贡:这里指进谏忠言。

②秉:通“柄”,权柄。

③责:索取,寻求。

【译文】

忠言是用以安定国家的,臣子不进谏忠言,国家必定会危亡;法律禁令是用以治理社会的,臣子不奉行法律禁令,社会必定会混乱。忠言进谏与否,法律禁令奉行与否,权柄皆在于君主,而不是臣下所能左右的。所以圣人只向自身寻求,而不责求于下面的人。

凡为人上,法术明而赏罚必者,虽无言语而势自治。治势一成,君自不能乱也,况臣下乎?法术不明而赏罚不必者,虽日号令,然势自乱。乱势一成,君自不能治也,况臣下乎?是故势治者,虽委之不乱[①];势乱者,虽勤之不治也。尧、舜恭己无为而有余[②],势治也;胡亥、王莽驰骛而不足[③],势乱也。故曰:善者求之于势,弗责于人。是以明王审法度而布教令[④],不行私以欺法,不黩教以辱命[⑤],故臣下敬其言而奉其禁,竭其心而称其职。此由法术明而威权任也[⑥]。

【注释】

①是故势治者,虽委之不乱:《韩非子·势难》:“势治者则不可乱,而势乱者则不可治也。”委,抛弃。

②尧、舜恭己无为而有余:《论语·卫灵公》:“无为而治者,其舜也与?夫何为哉?恭己正南面而已矣。”恭己,以端正严肃的态度约束自己。

③胡亥、王莽驰骛(wù)而不足:汪《笺》:“胡亥当作秦政。《史记·

秦始皇纪》云：'天下之事，无大小皆决于上。上至以衡石量书，日夜有呈，不中呈，不得休息。'《汉书·王莽传》云：'莽自见前颛权以得汉政，故务自揽众事，又好变改制度，政令烦多，当奉行者，辄质问乃以从事，前后相乘，愦眊不渫。莽常御灯火至明，犹不能胜。'所谓驰骛而不足者也。"驰骛，奔跑。这里指日夜操劳。

④教令：教化，政令。

⑤黩(dú)：轻慢。

⑥任：胜任，此处指君主的威严权柄可以实行。

【译文】

作为国君，法令政术高明且赏罚必行，虽然不说话，但国家的局势自然会得到治理。安定的国家局势一旦形成，国君自己也无法将其扰乱，何况是臣子呢？那些法令政术不高明且赏罚不行的国君，即使天天发号施令，国家的局势也必定会混乱不堪。混乱的国家局势一旦形成，君主自己也无法治理，何况是臣子呢？所以国家形势趋向太平，即使国君置之不理，大势也不会乱；国家形势趋于混乱，即使国君再勤勉于政，大势也必定会乱。尧、舜以端正严肃的态度约束自己，无为而治且有余力，是因为太平大势已定；胡亥、王莽日夜奔走操劳且穷于应付，这是因为国家乱象已生。所以说：善于治理国家的人求的是国家大势，不会责求于人。因此贤明的君主能够严明法度，布行政令，不徇私枉法，不轻慢政令，因此臣下都敬重他说的话，奉行他的禁令，竭尽自己的心力以奉忠职守。这就是由于法令政术高明而威严权柄成功实行的原因。

夫术之为道也，精微而神，言之不足[①]，而行有余；有余，故能兼四海而照幽冥。权之为势也，健悍以大，不待贵贱，操之者重；重，故能夺主威而顺当世。是以明君未尝示人术而借下权也。孔子曰："可与权[②]。"是故圣人显诸仁，藏诸用[3]，神而化之，使民宜之[4]，然后致其治而成其功。功业效于民，美誉传于世，然后君乃得称明，臣乃得称忠。此所谓明据下作[5]，忠依上成，二人同心，其利断金也。

【注释】

①不足：张觉《校注》认为是"不够"之意，指其理论上有不足之处。可参。

②可与权：语见《论语·子罕》："可与立，未可与权。"汪《笺》："孙侍御（志祖）据《论语》'可'上补'未'字。"彭《校》亦云："此引以证未尝借下权，当有'未'字。"二说是。译文从之。

③显诸仁，藏诸用：语见《周易·系辞上》。孔颖达《正义》云："'显诸仁'者，言道之为体，显见仁功，衣被万物，是'显诸仁'也。'藏诸用'者，谓潜藏功用，不使物知，是'藏诸用'也。"此指圣人只将仁德展现于世，而将权术潜藏于日用之间而不易察觉。

④神而化之，使民宜之：语见《周易·系辞下》。孔颖达《正义》云："言所以通其变者，欲使神理微妙而变化之，使民各得其宜。"此指圣人潜藏权术于日用之间且变化神奇，使百姓们各得其宜。

⑤明据下作：即上文"明据下起"义。作，兴起。

【译文】

权术作为治国之道，精微而神妙，说起来似乎不足用，而实行起来的功效却绰绰有余，所以能兼顾天下而昭显一切暗昧幽邃。权力作为一种威势，强悍而广大，不论贵贱，只要掌握它，就可以威势重大；威势重大，就能取得君主的威仪而使天下顺服。因此贤明的君主从不让别人看到自己的权术，也不把自己的权力借给下面的人。就像孔子说的："权力不可给予他人。"所以圣人只是将仁德展现于世，而把权术潜藏于日用之间而不易察觉，变化神奇，使百姓们各得其宜，然后将其用到治国上，即可成就功业。功业在百姓身上得以效验，美名广传天下，这样君主才可称之为英明，臣子才可称之为忠诚。这就是我所谓的君主的英明依靠臣子来成就，臣子的忠诚依靠君主来实现，君臣双方同心同德，恰似利刃可以削铁断金。

本训第三十二

上古之世，太素之时①，元气窈冥②，未有形兆③，万精合并，混而为一，莫制莫御。若斯久之，翻然自化④，清浊分别，变成阴阳⑤。阴阳有体⑥，实生两仪⑦，天地壹郁，万物化淳⑧，和气生人⑨，以统理之。

【注释】

①太素之时：指万物形成之初。《列子·天瑞》："太易者，未见气也；太初者，气之始也；太始者，形之始也；太素者，质之始也。"《白虎通义·天地》："始起之天，始起先有太初，后有太始，形兆既成，名曰太素。"

②元气：指万物形成之前的混沌之气。窈冥：幽深昏暗的样子。

③形兆：形迹，迹象。

④翻然：也作"幡然"，形容突然改变的样子。《荀子·大略》："君子之学如蜕，幡然迁之。"

⑤阴阳：古代用来表示偶对平衡的一对哲学范畴。古代思想家认为万事万物都是由阴阳构成。《周易·系辞上》"阴阳不测谓之神"，孔颖达疏："天下万物，皆由阴阳或生或成，本其所由之理，不可测量之谓神也。"

⑥阴阳有体：《周易·系辞下》："阴阳合德而刚柔有体。"

⑦实生两仪:《周易·系辞上》“是故《易》有太极,是生两仪”,孔颖达《正义》:“谓混元既分,即有天地,故曰‘太极生两仪’。即《老子》云‘一生二’也。”两仪,即指天、地。

⑧天地壹郁,万物化淳:语本《周易·系辞下》:“天地细缊,万物化醇。”《周易本义》:“细缊,交密之状。醇,谓厚而凝也,言气化者也。”壹郁,同“氤氲(yīn yūn)”,形容天地间阴阳二气交感时的绵密之状。汉魏本、四库本作“细缊”。淳,同“醇”,指天地阴阳二气交感而万物化育醇厚。四库本作“醇”。

⑨和气生人:《列子·天瑞》:“清轻者上为天,浊重者下为地,冲和气者为人。”和气,指阴阳二气相交而达到中和之态。

【译文】

上古时代,万物形成之初,元气幽深昏暗,万事万物尚未有其形迹,千万种精气合在一处,混成一体,无法制约也无法支配。像这样过了很久,它们忽然开始自行化育,清浊二气逐渐分离,变成了阴、阳二气。阴、阳各具其体,产生了天、地两仪,天地阴阳二气缠绵交密,万物化育出醇厚之态,其中阴阳中和之气生成了人类,来统御治理万物。

是故天本诸阳,地本诸阴,人本中和①。三才异务②,相待而成③,各循其道,和气乃臻④,机衡乃平⑤。

【注释】

①“是故天本诸阳”三句:汪《笺》:“本《易乾凿度》,《列子·天瑞》篇同。”诸,之于。

②三才:指天、地、人。务:事务。

③相待而成:相互依恃而形成。待,依赖,依恃。

④臻(zhēn):到,到达。

⑤机衡：即“玑衡”，指天玑，玉衡，北斗七星中的第三星和第五星，也指代北斗星。比喻政权的枢要机关。

【译文】

因此天生发于阳气，地生发于阴气，人则源于天地之间的中和之气。天、地、人三者不同，但相互依恃而形成，各自遵循其规律，中和之气才会降临，北斗玑衡才会平正不斜。

天道曰施，地道曰化，人道曰为①。为者，盖所谓感通阴阳而致珍异也②。人行之动天地，譬犹车上御驰马，蓬中擢舟船矣③。虽为所覆载④，然亦在我何所之可⑤。孔子曰：“时乘六龙以御天⑥。”“言行，君子所以动天地也，可不慎乎⑦？”从此观之，天呈其兆⑧，人序其勋⑨，《书》故曰：“天功人其代之⑩。”如盖理其政以和天气⑪，以臻其功。

【注释】

①“天道曰施”三句：《大戴礼记·曾子天员》：“天道曰员，地道曰方。方曰幽，员曰明。明者，吐气者也；幽者，含气者也。吐气者施，而含气者化，是以阳施而阴化也。”《春秋繁露》：“天道施，地道化，人道义。”施，施予。化，化育。为，作为。

②感通阴阳而致珍异也：汪《笺》：“《白虎通·封禅》篇云：‘王者承天统理，调和阴阳。阴阳和，万物序，休气充塞，故符瑞并臻，皆应德而至。’”古人认为人的言行能够感通天地，就会招致奇异的祥瑞征兆。致，招致，产生。珍异，珍贵奇异的征兆，指祥瑞。

③蓬：同“篷”，船篷。擢（zhuó）：汪《笺》认为与“櫂（zhào）”是古今字。櫂，船桨。

④覆载：覆盖，承载。《礼记·中庸》：“天之所覆，地之所载。”《庄

子·天下》:“天能覆之而不能载之,地能载之而不能覆之。”

⑤然亦在我何所之可:汪《笺》疑“可”当作“耳”字。译文从之。

⑥时乘六龙以御天:语见《周易·乾·彖》:“大明终始,六位时成,时乘六龙以御天。”时,按时。乘,驾驭。六龙,喻指《乾》卦六阳爻,《乾》德依时乘驾六爻之阳气控御自然运转。张觉《译注》认为,此指太阳每天乘坐在六条龙拉的车子上,由它的母亲羲和驾驭,从东到西运行于天空中的古代传说。

⑦“言行”三句:语见《周易·系辞上》。

⑧天呈其兆:“呈”字底本阙,今据汉魏本补。

⑨人序其勋:人要继续完成上天的功业。序,次序,引申为延续,继续。勋,功勋,功劳。

⑩天功人其代之:见《尚书·皋陶谟》。

⑪如盖理其政以和天气:如,汪《笺》疑为衍文,或下有脱文。盖,四库本作“善”,文意更畅,译文取之。天气,指天象。

【译文】

天之道在施予,地之道在化育,人之道在作为。所谓作为,就是指人的行为能感通天地阴阳二气而产生出种种祥瑞征兆。人的行为能感通天地,就好像人坐在车上驾驭着奔驰的骏马,坐在船中以桨划船一样。虽然自己被上天所覆盖、为大地所承载,但也在于人自己的意愿。孔子说:“《乾》卦六爻的变化如同六龙按时御天。”“言行是君子用来感动天地的,怎么可以不慎重呢?”由此看来,上天只呈现出某种征兆,而人则要继续完成上天的功勋,所以《尚书》里说:“上天的功业是由人来替代完成的。”既然如此,那就应该好好治理自己的政事去顺应天象,完成功业。

是故道德之用①,莫大于气。道者气之根也②,气者道之使也。必有其根,其气乃生;必有其使,变化乃成。是故道之为物也，至神以妙；其为功也，至强以大。天之以动，地之以静，日之以光，月之以明，四时五行[③]，鬼神人民，亿兆丑类[④]，变异吉凶，何非气然？

【注释】

①是故道德之用：道，此指支配万物运行的规律。下文“道”“气”对举成文。“德”字疑衍。用，功用，作用。

②根：根本，根源。

③四时：指春、夏、秋、冬四季。五行：指水、火、木、金、土。

④亿兆：亿亿为兆。此处极言其多。丑：与“类”义同，指物类。

【译文】

所以道的功用没有比气更重大的了。道是气的根源，气是道的功用。必须有了道这个根源，气才会产生；必须要有气行使，万物的变化才能发生。所以道作为客观的事物，是至为神奇和绝妙的；它产生的功用，是至为强大的。天凭借它得以运动，地凭借它得以静止，太阳因为它而发光，月亮因为它而明亮，还有春、夏、秋、冬四季，金、木、水、火、土五行，鬼怪和人，万事万物，各种怪异现象和凶吉征兆，哪一样不是由气造成的呢？

及其乖戾[①]，天之尊也气裂之，地之大也气动之，山之重也气徙之，水之流也气绝之，日月神也气蚀之[②]，星辰虚也气陨之[③]，旦有昼晦[④]，宵有[⑤]，大风飞车拔树，偾电为冰[⑥]，温泉成汤[⑦]，麟、龙、鸾、凤[⑧]，蝥、蠈、螽、蝗[⑨]，莫不气之所为也。

【注释】

①乖戾(lì)：违背，反常。

②蚀：亏损。

③虚：通“居”。《荀子·大略》“仁非其里而虚之”，杨倞注：“虚，读为居。”

④昼晦：白昼而天色昏暗。

⑤宵有：王宗炎认为“宵有”下有脱文。以“昼晦”例之，疑是“夜明”二字。

⑥偾(fèn)电：汪《笺》疑当作“喷雹”或“积雹”。按，偾，疑同“喷”。喷电为冰，指气可使喷射的电光凝成冰雹。

⑦汤：指热水。

⑧麟、龙、鸾、凤：传说中的四种瑞兽。

⑨蝥(máo)、蠈(zéi)、蝝(yuán)、蝗：四种小虫。

【译文】

一旦气运行反常，高天尊贵，气可以使其崩裂，大地广博，气可以使其震动，高山厚重，气可以将其迁移，水流不息，气也可以使其断绝，日出月升如此神奇，气可以使其亏损，星辰居于天际，气也可以使其陨落，白天天色昏暗，夜晚天色明亮，大风刮起马车，拔起树木，喷射的电光凝成冰雹，使寒冷的泉水变得滚烫，麟、龙、鸾、凤，蝥、蠈、蝝、蝗没有一样不是由气生成的。

以此观之，气运感动[①]，亦诚大矣，变化之为[②]，何物不能[③]？所变也神，气之所动也。当此之时，正气所加[④]，非唯于人，百谷草木，禽兽鱼鳖，皆口养其气[⑤]。声入于耳[⑥]，以感于心，男女听[⑦]，以施精神[⑧]。资和以兆虾[⑨]，民之胎，含嘉以成体[⑩]。及其生也，和以养性，美在其中，而畅于四肢[⑪]，实于血脉，是以心性志意，耳目精欲，无不贞廉洁怀履行者[⑫]。此五帝三王所以能画法像而民不违[⑬]，正己德而世自化也。

【注释】

①气运感动:指气的运行感通。

②变化之为:彭《校》疑当作“变化云为”。语本《周易·系辞下》。《正义》:“变化云为者,《易》既备含诸事,以是之故,物之或以渐变改,或顿从化易,或口之所云,或身之所为也。”译文从之。

③何物不能:汪《笺》认为此句下有脱文。

④正气:即上文所说的“和气”。

⑤皆口养其气:汪《笺》:“‘口’当作‘和’。王先生(宗炎)云:‘此文有脱误。以下句例之,宜云“皆味食于口,以养其气”。’”彭《校》:“‘声入于耳,以感于心’,指男女言,故继之以‘男女听’云云。王氏以为指禽兽鱼鳖言,盖未得其旨。”译文取彭说。

⑥声入于耳:《左传·昭公二十一年》:“故和声入于耳而藏于心,心亿则乐。”

⑦男女听:彭《校》认为下脱“之”字。

⑧施:施加,散布。

⑨资和以兆蚔(pēi):汪《笺》认为此句文有脱误。以下篇参之,认为当作:“民之胎也,资和以兆蚔,含嘉以成体。”资,凭借。和,和气。兆,开始。蚔,同“胚”。译文从之。

⑩嘉:指嘉和之气。

⑪胑(zhī):同“肢”。汉魏本作“肢”,四库本作“支”。

⑫无不贞廉洁怀履行者:贞,汪《笺》疑作“具”。履行,躬行,实践。

⑬画法像:传说五帝时期画图以象征刑法。法像,象刑,象征性的刑罚。

【译文】

由此看来,气的运行感通,其功用实在很大,且变化万端,无所不能。万物变化神奇玄妙,是气运行的结果。这时,正气不仅施加于人,还有各类谷物、花草树木、禽兽鱼鳖,它们都被正气所涵养。它的声音进入人的耳朵，便会感应到人的心灵，男人和女人听到了，会传布于他们的精神。人尚在胚胎中时，含蕴着嘉和之气而形成胎体。等到出生以后，用中和之气培养他的性情，美善融于他的身体之中，通畅于四肢，充实于血脉，因此他长大成人以后的心性、意志、耳目情欲，无不廉洁而高尚，且事事能身体力行。这就是五帝三王之所以画出象征刑法的图像而民众们便不会去触犯，端正自己的德行而天下便已经顺化的原因。

是故法令刑赏者，乃所以治民事而致整理尔①，未足以兴大化而升太平也②。夫欲历三王之绝迹③，臻帝、皇之极功者④，必先原元而本本⑤，兴道而致和，以淳粹之气⑥，生敦庞之民⑦，明德义之表⑧，作信厚之心⑨，然后化可美而功可成也⑩。

【注释】

①整理：整齐，有条理。此指社会有条不紊，正常运转。

②大化：广大深远的教化。

③绝迹：卓越优异的功业、事迹。

④帝、皇：即五帝三皇。

⑤原元而本本：探源求本。原，探求本源。元，根源，本源。第一个“本”为寻求根本意；第二个“本”指根本。

⑥淳粹：即纯粹。

⑦敦庞：敦厚笃实。王充《论衡》：“没华虚之文，存敦庞之朴。”

⑧明：显扬。表：标志，准则。

⑨作：兴起。信厚：诚信忠厚。

⑩化：风俗教化。

【译文】

因此，法令刑赏这些东西，是用来处理人民事务而达到社会有条不紊、正常运转的手段，还不足以振兴深广的教化以达到太平盛世。要想循着以前三王卓越功业的足迹，达到五帝三皇的卓绝功绩，必须先要探本溯源，振兴大道来招致中和之气，用纯粹之气化育敦厚笃实的百姓，彰显德义的准则，培养忠厚的信念，然后教化之功就能达到最佳境界，君主的功业也就可以实现了。

德化第三十三

人君之治，莫大于道，莫盛于德，莫美于教，莫神于化。道者所以持之也①，德者所以苞之也②，教者所以知之也，化者所以致之也③。民有性，有情，有化，有俗。情性者，心也，本也。化俗者，行也，末也。末生于本，行起于心。是以上君抚世④，先其本而后其末，顺其心而理其行⑤。心精苟正⑥，则奸匿无所生⑦，邪意无所载矣⑧。

【注释】

①持：守。

②德者所以苞之也：汪《笺》："《韩诗外传》五云：'德也者，苞天地之美。'"苞，通"包"，包容，涵养。

③致：此处指归心，顺服。

④上君：此指高明的君主。抚：安抚，治理。

⑤顺：彭《校》认为"理""顺"互文，都是治理之意。

⑥精：通"情"，性情，感情。《群书治要》引文作"情"。

⑦匿（tè）：同"慝"，邪恶。

⑧载：始，开始。此指邪恶意图的产生。

【译文】

君主治理百姓，最重大的莫过于道义，最隆盛的莫过于德行，最美好的莫过于教导，最神奇的莫过于化育。道义可以保有他们，德行可以涵养他们，教导可以启迪他们，化育可以顺服他们。百姓有性灵，有感情，有风化，有习俗。情感性灵是内心的表达，是根本。风化习俗是外在的行为，是末节。末生于本，行为源于内心。所以高明的君主治理国家，先治其根本，再治其末节，先顺化百姓的内心后治理他们的行为。一旦心性情感秉正不阿，那么奸邪的行为也就无从产生，邪恶的意图也就无处发源了。

夫化变民心也，犹政变民体也[①]。德政加于民，则多涤畅姣好坚强考寿[②]；恶政加于民，则多罢癃尪病夭昏札瘥[③]。故《尚书》美“考终命”，而恶“凶短折”[④]。国有伤明之政，则民多病目[⑤]；有伤聪之政，则民多病耳；有伤贤之政，则贤多横夭[⑥]。夫形体骨干为坚强也[⑦]，然犹随政变易，又况乎心气精微不可养哉？《诗》云：“敦彼行苇，羊牛勿践履。方苞方体，惟叶柅柅[⑧]。”又曰：“鸢飞厉天，鱼跃于渊。恺悌君子，胡不作人[⑨]？”公刘厚德[⑩]，恩及草木，羊牛六畜，且犹感德，仁不忍践履生草，则又况于民萌而有不化者乎[⑪]？君子修其乐易之德，上及飞鸟，下及渊鱼，无不欢忻悦豫[⑫]，则又况于士庶而有不仁者乎？

【注释】

①政变民体：汪《笺》：“《吕氏春秋·明理》篇子华子曰：‘夫乱世之民长短颉啎百疾，民多疾疠，道多褓襁，盲秃伛尪，万怪皆生。’”

体，身体。

②涤畅：即条畅，心性通畅。《礼记·乐记》："感条畅之气，而灭平和之德。"姣好：面容美好。姣，美丽。考寿：长寿。

③罢癃（pí lóng）：《说文》："癃，罢也。"废置，衰老病弱的意思。尪（wāng）：指胫、背弯曲之疾，引申为多病孱弱。夭：少年而死曰夭。昏：未满三月而死曰昏。札瘥（cuó）：因瘟疫而病。

④故《尚书》美"考终命"，而恶"凶短折"：《尚书·洪范》："五福……五曰考终命。六极，一曰凶短折。"考终命，指无病无疾，寿终而死。凶短折，指夭折早死。

⑤病目：眼病。

⑥贤多：王宗炎认为当作"民多"。横夭：意外早死。

⑦干：骸骨，躯干。

⑧"敦（tuán）彼行（háng）苇"四句：引诗见《诗经·大雅·行苇》。敦彼，即敦敦，苇草丛生的样子。行，道路。苇，芦苇。苞，初生的芽。柅柅（nǐ），苇叶柔嫩茂盛的样子。惟叶柅柅，今本《诗经》作"维叶泥泥"。

⑨"鸢（yuān）飞厉天"四句：引诗见《诗经·大雅·旱麓》。今本《诗经》作："鸢飞戾天，鱼跃于渊，岂弟君子，遐不作人？"诗意以鸢飞鱼跃的欢欣，喻君子培育人才的生动活泼。鸢，鹞鹰。厉，至。恺悌，和易近人。

⑩公刘：周人的祖先。史载公刘虽处戎狄之间，而修后稷之德，致力于耕种，带领周人从漆水、沮水渡过渭水，迁往豳地（今陕西彬县、旬邑一带），周人自此兴起。

⑪民萌：百姓。

⑫欢忻悦豫：欢欣喜悦。

【译文】

教化可以改变民众的心性，犹如政事可以改变他们的身体一样。

对民众广施德政,那么大多数的百姓都会心性畅达,容貌美好,且健康长寿;对民众施以恶政,那么大多数的百姓都会衰老病弱,多病早夭。所以《尚书》赞美"长寿",厌恶"早夭"。国家有伤害视力的政策,那么百姓多会患有眼病;国家有伤害听力的政策,那么百姓多会患有耳疾;国家有妨害贤才的政策,那么贤才多会意外早夭。人的形体骨骼坚实强劲,尚且会随着政治的善恶而改变,更何况心灵之气精妙幽微难以保养呢?《诗经》中说:"那道旁茂盛的芦苇,牛羊们请不要践踏毁伤。芦苇正要发芭吐芽,绿绿的叶子嫩密可喜。"又说:"鸱鹰飞到高天之上,游鱼跃入深渊之中,和顺平易的君子啊,怎能不培育新的人才呢?"公刘仁德深厚,恩惠施及草木,牛羊六畜感其恩德,而心怀仁恩不忍践踏草木,更何况百姓,难道还有无法教化的吗?君子修养其和乐平易的德行,上到天上飞鸟,下到水中游鱼,皆无不欢欣喜悦,又何况士人民众,还有不仁德的吗?

圣深知之,皆务正己以为表,明礼义以为教,和德气于未生之前,正表仪于咳笑之后①。民之胎也,合中和以成②;其生也,立方正以长。是以为仁义之心,廉耻之志,骨著脉通③,与体俱生,而无粗秽之气,无邪淫之欲。虽放之大荒之外④,措之幽冥之内⑤,终无违礼之行;投之危亡之地,纳之锋镠之间⑥,终无苟全之心。举世之人,行皆若此,则又乌所得亡夫奸乱之民而加辟哉⑦?上天之载,无声无臭,仪形文王,万邦作孚⑧。此姬氏所以崇美于前⑨,而致刑措于后也⑩。

【注释】

①咳笑:指小儿欢笑。

②民之胎也,合中和以成:本书《本训》篇云:"和气生人。"又云:"民

之胎,含嘉以成体。"

③骨著脉通:附着于骨髓,贯通于血脉。著,依附,附着。

④大荒之外:指至远无人的荒境。

⑤措:放置。幽冥:幽深冥寞。

⑥锷(è):刀剑的锋刃。

⑦则又乌所得亡夫奸乱之民而加辟(bì)哉:汪《笺》疑"亡"字衍,彭《校》疑为"中"字之坏。辟,法律,法度。此指惩罚。

⑧"上天之载"四句:语见《诗经·大雅·文王》。今本《诗经》"形"作"刑"。声,四部本作"馨"。臭(xiù),气味。仪形,典范,楷模。仪,象,法式。形,通"型",模范。孚,信,信服。

⑨姬氏:指周王朝。崇美于前:指周文王、周武王开国兴周之丰功伟业。

⑩致刑措于后:指周成王、周康王之治。《史记·周本纪》载:"成、康之际,天下安宁,刑错四十余年不用。"刑措,同"刑错",指无人犯法,刑法搁置不用,比喻百姓平泰,天下大治。

【译文】

圣明的君主深知这个道理,都致力于端正自身以作表率,申明礼仪道义以示教化,在婴孩出生之前就形成仁德之气,在小孩会说笑之后就教他们端正仪表。百姓尚在胎儿之时,用中和之气来造就他们的形体;等到出生以后,立端正方直的标准来培养他们。所以仁义之心,廉耻之志,这些气质附着于他们的骨髓、贯通于他们的血脉,与生俱来,毫无粗鄙污秽的气息,毫无邪恶淫乱的欲望。即使把他们置于荒无人迹的地方,或幽深冥寞的环境中,他们也都始终不会有违背礼仪的行为;即使把他们置于危险濒死之地或刀兵锋刃之间,他们也都始终不会有苟且全生的心思。如果全社会的人都能够如此,那么还能从哪里找出奸邪作乱之人来加以惩罚呢?上天行事,默然无声,清素无味,以周文王为楷模,万国都会信服。这就是周王朝政权前有文王、武王开国兴周之丰功伟业，后有成王、康王搁置刑法不用却可以使得天下太平的原因啊。

是故上圣不务治民事而务治民心，故曰："听讼，吾犹人也。必也使无讼乎[①]！"导之以德，齐之以礼[②]，务厚其情而明则务义[③]，民亲爱则无相害伤之意，动思义则无奸邪之心。夫若此者，非法律之所使也，非威刑之所强也[④]，此乃教化之所致也。圣人甚尊德礼而卑刑罚，故舜先敕契以敬敷五教[⑤]，而后命皋陶以五刑三居[⑥]。是故凡立法者，非以司民短而诛过误[⑦]，乃以防奸恶而救祸败，检淫邪而内正道尔[⑧]。

【注释】

①"听讼"三句：语见《论语·颜渊》。听讼，审理诉讼。

②导之以德，齐之以礼：语本《论语·为政》"道之以德，齐之以礼，有耻且格"。导，诱导。齐，整理，规范。

③明则务义：彭《校》认为当作"务明其义"。译文从之。

④强：强制。

⑤敕：帝王的命令。契(xiè)：商人始祖，帝喾之子，虞舜之臣，相传其母简狄吞玄鸟卵而生契。舜时因助禹治水有功，封为司徒，赐姓子氏，封于商。敷：施，布。五教：五品之教，古人的五种伦理道德标准，即父义、母慈、兄友、弟恭、子孝。《尚书·舜典》："敬敷五教在宽。"

⑥皋陶(gāo yáo)：也称咎繇。传说为舜时掌刑罚的理官。与尧、舜、禹合称"上古四圣"，被奉为中国司法鼻祖。其定五刑、五教，要求父义、母慈、兄友、弟恭、子孝，公正廉直，致使天下大治。五刑：五种等级的刑法，指墨、劓(yì)、剕(fèi)、宫、大辟。三居：指将犯人依罪行轻重分别流放到远近不同的三种地方。《尚书·舜

典》孔《传》:“大罪四裔,次九州之外,次千里之外。”

⑦司:通“伺”,侦察,探察。

⑧检:检点,收敛。内:同“纳”,容纳,接纳。

【译文】

因此最圣明的君主不着力于治理民事而着力于治理民心,所以孔子说:“审理诉讼,我同别人一样,所不同的是我一定要使诉讼案件完全消失才好。”用德来引导他们,用礼来规范他们,务必使他们性情敦厚,深明道义,人民相亲相爱就不会有伤害彼此的意图,做事时心怀道义就不会生出邪恶之心。像这样的情况,并不是法律驱使所成,也不是威严刑法强制而成,这是由于教化之功所形成的。圣明的君主非常重视道义礼仪而轻视严刑惩罚,所以舜先命契恭敬地施行“五教”,然后命皋陶制定“五刑”“三居”的法令。因此设立法令的目的,并不是为了探查百姓的短处而惩罚他们的过失错误,而是要预防奸恶的产生和救治已发生的祸败,制止邪恶的事情以将其纳入正道。

《诗》云:“民之秉夷,好是懿德[①]。”故民有心也,犹为种之有园也。遭和气则秀茂而成实,遇水旱则枯槁而生孽[②]。民蒙善化,则人有士君子之心;被恶政[③],则人有怀奸乱之虑。故善者之养天民也,犹良工之为曲豉也[④]。起居以其时[⑤],寒温得其适,则一荫之曲豉尽美而多量[⑥]。其遇拙工,则一荫之曲豉皆臭败而弃捐。今六合亦由一荫也[⑦],黔首之属犹豆麦也[⑧],变化云为,在将者尔[⑨]。遭良吏则皆怀忠信而履仁厚,遇恶吏则皆怀奸邪而行浅薄。忠厚积则致太平,奸薄积则致危亡[⑩]。是以圣帝明王,皆敦德化而薄威刑[⑪]。德者所以修己也,威者所以治人也。上智与下愚之民少,而中庸之民多[⑫]。中民之生世也,犹铄金之在炉也[⑬],从笃变化[14],惟冶所为[15],方圆薄厚,随镕制尔。

【注释】

①民之秉夷,好是懿德:引诗见《诗经·大雅·烝民》。今本《诗经》“夷”作“彝”。秉,秉性,天性。夷,通“懿”,美。

②枯槁:枯萎,枯竭。孽:《说文》:“禽兽虫蝗之怪谓之孽。”

③被:蒙受,遭受。

④曲(qū):酒母,酿酒或制酱所用的发酵物。豉(chǐ):即豆豉,用黄豆或黑豆煮熟发酵而成的食品。

⑤起居:《礼记·儒行》郑注:“‘起居’,犹‘举事动作’。”这里意指曲豉发酵过程中容器按时开闭。

⑥荫:通“窨(yìn)”,地窨。《齐民要术》:“作豉法,先作暖荫屋,坎地深三二尺,……密泥塞屋牖,勿令风及虫鼠入也。”又云:“(作麦曲法)其房欲得板户,密泥涂之。”

⑦六合:指天地四方。古人谓天地上下四方为六合。

⑧黔首:指平民,黎民。

⑨将者:这里指领导者,管理者。

⑩奸薄:指奸邪粗鄙之事。薄,粗鄙,浅薄。

⑪敦:敦厚。此处引申为重视。薄:鄙薄,轻视,与“敦”相对。

⑫中庸:这里指中等之才。

⑬铄(shuò)金:熔化金属。

⑭笃:汪《笺》疑为“笵”字之误。笵,模子,古人称竹模为“笵”,称金属模为“熔”。译文从之。

⑮冶:铸工。

【译文】

《诗经》里讲:“民众的天性,就是喜好美德。”所以民众有这种心性,就像种子在园圃中一样。遇到中和之气,种子就会长得秀丽茂盛并结出果实，遇到水旱之灾，种子就枯萎而生虫。百姓受到良好的教化，就会人人都有士人君子之心；而受到恶政的迫害，就会人人都怀有奸邪的想法。所以善于治国的君主，教养其百姓就像优秀的工匠制作麦曲和豆豉一样。按时进行每一道制作工序，寒暖温度调控适当，那么一地窖的麦曲豆豉就全都美味且丰足。如果遇到拙劣的工匠，那么一地窖的麦曲豆豉就全都腐臭变质而被扔掉。如今天地四方就像一个地窖，百姓就像豆子麦子，如何变成麦曲和豆豉，全在于管理者。遇到好的官吏，百姓就会心怀忠信而恭行仁义厚德，遇到恶劣的官吏，百姓就会心怀奸邪而粗鄙浅薄。积累忠厚之德，天下就会太平，积累奸恶邪行，天下就会危亡。所以圣明的君主都会重视道德教化而减轻严刑酷罚。道德是修养自身的，威势是用来统治百姓的。最明智和最愚蠢的人都是极少数，而中等才智的人总是占大多数。中等才智的人生在这个世界上，就像在炉中冶炼的金属一样，随浇铸的模型而变化，全在于铸工怎么做了，方圆薄厚的尺度把握，都按着熔铸模具的形制就可以了。

是故世之善否[①]，俗之薄厚，皆在于君。上圣和德气以化民心，正表仪以率群下，故能使民比屋可封[②]，尧、舜是也。其次躬道德而敦慈爱，美教训而崇礼让，故能使民无争心而致刑错，文、武是也。其次明好恶而显法禁，平赏罚而无阿私[③]，故能使民辟奸邪而趋公正，理弱乱以致治强，中兴是也[④]。治天下[⑤]，身处污而放情[⑥]，怠民事而急酒乐，近顽童而远贤才[⑦]，亲谄谀而疏正直，重赋税以赏无功，妄加喜怒以伤无辜，故能乱其政以败其民，弊其身以丧其国者，幽、厉是也。

【注释】

①是故世之善否：汪《笺》："'否'，《治要》作'恶'。"

②比屋：一家紧挨一家地。可封：指封官授职。

③阿私：偏私。阿，徇私，偏袒。

④中兴：此指周宣王中兴。《毛诗序》："《烝民》，尹吉甫美宣王也。任贤使能，周室中兴焉。"《史记·周本纪》："宣王即位，二相辅之，修政，法文、武、成、康之遗风，诸侯复宗周。"

⑤治天下：汪《笺》疑此句下有脱文。

⑥放情：放纵情怀。

⑦顽童：指愚昧无知的人。《国语·郑语》"恶角犀丰盈，而近顽童穷固"，韦昭注："顽童，童昏固陋也。"

【译文】

因此社会的治乱，风俗的薄厚，全在于君主自己。圣明的君主能够调和仁德之气来教化民心，端正仪表来率领群臣，所以能使百姓家家都有可封侯做官的人，尧、舜时代就是如此。次一等的君主，则亲自践行道德且重视慈爱百姓，嘉美教化且崇尚礼让，所以能使人民没有争夺之心而使刑法搁置不用，周文王、周武王时代就是如此。再次一等的君主，彰明善恶以颁布法令，赏罚公平而没有偏私，所以能使百姓避开奸恶邪行而趋向公平正义，治理羸弱混乱的局面而使之安定强盛，周宣王中兴就是如此。治理天下，身处污秽且放纵情欲，懈怠民事又沉溺酒乐，亲近愚顽之人而疏远贤才，亲近阿谀谄媚之人而疏远正直之士，加重赋税以奖赏无功之人，喜怒无常以伤害无辜百姓，这样做就会搞乱国政而毁败人民，搞垮自身而丧失国家，周幽王、周厉王之衰亡就是如此。

孔子曰："三人行，必有我师焉。择其善者而从之，其不善者，我则改之①。"《诗》美"宜鉴于殷，自求多福"②。是故世主诚能使六合之内，举世之人，咸怀方厚之情[③]，而无浅薄之恶，各奉公正之心，而无奸险之虑，则羲、农之俗[④]，复见于兹，麟龙鸾凤[⑤]，复畜于郊矣。

【注释】

①“三人行”五句：语见《论语·述而》。今本《论语》“我则”作“而”。

②宜鉴于殷，自求多福：引诗见《诗经·大雅·文王》。鉴，照鉴，借鉴。

③方厚：方直忠厚。

④羲、农：即伏羲、神农。伏羲，风姓，太昊氏，传说中的古帝王。相传他始画八卦，教民捕鱼畜牧，以充庖厨。神农，传说中的古帝王。古史又称炎帝、烈山氏。相传他教民为耒、耜以兴农业，尝百草为医药以治疾病。

⑤麟龙鸾凤：传说中的四种祥瑞之兽，《白虎通义·封禅》：“德至鸟兽，则凤凰翔，鸾鸟舞，麒麟臻。”古人认为太平治世则出现祥瑞之兽。

【译文】

孔子说：“几个人一块走路，其中一定有可以做我老师的。我选取他们的优点来学习，对于他们的缺点，我就改正过来。”《诗经》称道“应当借鉴于殷商的灭亡，要自己多求福佑”。因此君主如果真使普天之下的百姓，人人都心怀忠厚正直之情，而无粗鄙浅陋的恶念，人人都怀有公正之心，而无奸邪的心思，那么伏羲、神农时代的淳风厚俗就会重现于世，麟龙鸾凤这些祥瑞之兽，就会重新聚在城郊了。

五德志第三十四

自古在昔[①]，天地开辟。三皇迭制[②]，各树号谥[③]，以纪其世[④]。天命五代[⑤]，正朔三复[⑥]。神明感生，爰兴有国[⑦]。亡于嫚以[⑧]，灭于积恶。神微精以[⑨]，天命罔极[⑩]。或皇冯依[⑪]，或继体育[⑫]。太皞以前尚矣[⑬]。迪斯用来[⑭]，颇可纪录。虽一精思[⑮]，议而复误。故撰古训[⑯]，著《五德志》。

【注释】

①自古在昔：语见《诗经·商颂·那》："自古在昔，先民有作。"自古、在昔，皆表示久远以前。

②迭制：更迭改制。迭，更替，轮流。

③树：建立，确立。号谥：名称，称号。《周礼·春官·大祝》"辨六号"，郑玄注："号，谓尊其名，更为美称焉。"谥，此处非指帝王死后被加的带有褒贬意义的称号。

④纪：记载。世：世系，帝系。《国语·楚语上》"教之世"，韦昭注："世，谓先王之世系也。"

⑤天命五代：古代五行家认为帝王分别以金、木、水、火、土五德秉受天命，每历经五个朝代就循环一次。

⑥正朔三复：历法改变三次则复初。正朔，谓帝王新颁的历法。正，一年的开始。朔，一月的开始。古代改朝换代，新王朝必须重新改定正朔。

⑦爰(yuán)：于，及。

⑧嫚以：汪《笺》认为"以"当作"易"，声近而误。嫚易，即慢易，轻侮。嫚，亵渎，轻侮。张觉《校注》认为"嫚"通"慢"，当作"怠慢""懈怠"解，亦通。

⑨神微精以：汪《笺》认为"以"字误，或当在"精"字上，本书《明忠》"精微而神"是其例。《论衡·奇怪篇》："说圣者以为禀天精微之气。"与此处文意相近。

⑩罔极：没有极限。极，穷极，极限。

⑪皇：天神。冯(píng)依：犹凭依，依附。冯，同"凭"，靠。

⑫继体：继位之君。

⑬太暤(hào)：即太皞，伏羲。四库本作"太皞"。

⑭迪斯用来：由此以来。

⑮一：专一。精思：精诚思考。

⑯撰：汪《笺》认为是"僎"之借字。僎，具备。此处引申为借助，依据。古训：亦作"故训"。指古代遗留下来的典籍。

【译文】

自从远古开天辟地以来，三皇更迭改制，他们各自确立纪年和名号，来记载他们的世系。每历经五个朝代就循环复始，正朔历法每改变三次即终而复初。神明感应而生圣王，于是让其兴盛而有国家。但是，他们的后代因为轻慢国事而亡国，因为积累恶行而毁灭。神明微妙而精深，天命无穷无尽。有的借助天神开创国家，有的继承父位而化育百姓。伏羲以前的时代已经很久远了，但自那时以来的事情却颇可记录一些。虽然前人专心精诚地思考过，但谈论起来却也多有谬误，所以我依据古代典籍的叙述，撰写这篇《五德志》。

世传三皇五帝，多以为伏羲、神农为二皇；其一者或曰燧人[①]，或曰祝融[②]，或曰女娲[③]。其是与非，未可知也。我闻古有天皇、地皇、人皇[④]，以为或及此谓，亦不敢明。凡斯数，其于五经，皆无正文。故略依《易·系》[⑤]，记伏羲以来，以遗后贤。虽多未必获正[⑥]，然罕可以浮游博观[⑦]，共求厥真。

【注释】

①燧人：即燧人氏，上古帝王。传说其发明钻木取火，使民熟食。

《韩非子·五蠹》:"民食果蓏蜯蛤,腥臊恶臭而伤害腹胃,民多疾病。有圣人作,钻燧取火以化腥臊,而民说之,使王天下,号之曰燧人氏。"

②祝融:相传为高辛氏的火正官。《吕氏春秋·四月》"其帝炎帝,其神祝融",高诱注:"祝融,颛顼氏后,老童之子吴回也。为高辛氏火正,死为火官之神。"

③女娲:又称"女娲氏",传说中的人类始祖。相传女娲为伏羲的妹妹,风姓,与伏羲交合而生育了人类。又传说她曾用黄土造人,并炼五色石补天,折断鳌足支撑四极,平息滔天洪水,使人间康宁太平。

④古有天皇、地皇、人皇:《史记·秦始皇本纪》:"博士议曰:'古有天皇,有地皇,有泰皇,泰皇最贵。'"《索隐》:"泰皇当人皇也。"

⑤《易·系》:即《周易·系辞》。传说是孔子所作,分上下两篇,用以说明《易经》的基本意义、原理、功用、起源及筮法等。

⑥获:得。正:客观真实。

⑦罕可:少可,尚可。罕,少,稍。浮游:涉猎。

【译文】

世人相传的三皇五帝,大多将伏羲氏、神农氏称为"二皇";另外一个,有的说是燧人,有的说是祝融,有的说是女娲。究竟谁对谁错,无法确知。我听说古代有天皇、地皇、人皇,我认为这也许就是所谓的"三皇",但也不敢确定。所有这些说法,在五经里并没有直接明确的记载。所以只能大致依据《周易·系辞》,记载伏羲氏以后的情况,留给后代贤人。虽然多数记载未必客观真实,但多少可以借此涉猎博览,与学者共同探求其中的真相。

大人迹出雷泽[①],华胥履之生伏羲[②]。其相日角[③],世号太暤。都于陈[④]。其德木[⑤],以龙纪,故为龙师而龙名[⑥]。作八卦，结绳为网以渔[7]。

【注释】

①大人：巨人。迹：足迹，脚印。雷泽：或称雷夏，古泽名。在今河南范县东南接山东菏泽界。《尚书·禹贡》载："雷夏既泽，灉(yōng)、沮会同。"

②华胥履之生伏羲：汪《笺》："《御览》七十八引《诗含神雾》云：'大迹出雷泽，华胥履之生宓牺。'"华胥，伏羲之母。履，踏，踩。

③日角：指左额之骨隆起如日，故称日角。右额隆起曰月角，古人认为日角、月角皆是帝王之相。

④陈：古地名，其地在今河南淮阳。

⑤其德木：汪《笺》："《御览》引《春秋内事》云：'伏羲氏以木德王。'"

⑥以龙纪，故为龙师而龙名：以龙记事，各部门官长都用龙来命名。《左传·昭公十七年》"故为龙师而龙名"杜预注："太皞伏牺氏，风姓之祖也，有龙瑞，故以龙命官。"张觉《校注》："《汉书·百官公卿表序》'宓羲龙师名官'注：应劭曰：'师者长也，以龙纪其官长，故为龙师。'张晏曰：'庖羲将兴，神龙负图而至，因以名师与官也。'"

⑦作八卦，结绳为网以渔：本《周易·系辞下》："古者包牺氏之王天下也，仰则观象于天，俯则取法于地，观鸟兽之文与地之宜，近取诸身，远取诸物，于是始作八卦以通神明之德，以类万物之情。作结绳而为罔罟，以佃以渔，盖取诸离。"

【译文】

雷泽出现了巨人的脚印，华胥踩了它生下了伏羲。伏羲的相貌是左额角突出如日，其世系称为太皞。伏羲在陈建立了国都。他秉承木德，以龙记事，各部门官长都以龙来命名。他创制了八卦，结绳作网来捕鱼。

后嗣帝喾[①]，代颛顼氏[②]。其相戴干[③]，其号高辛。厥质神灵[④]，德行祗肃[⑤]，迎送日月，顺天之则，能叙三辰以周民[⑥]。作乐《六英》[⑦]。世有才子八人[⑧]：伯奋、仲堪、叔献、季仲、伯虎、仲雄、叔豹、季狸，忠肃恭懿，宣慈惠和[⑨]，天下之人谓之八元[⑩]。

【注释】

①帝喾(kù)：古帝名，五帝之一。相传为黄帝的曾孙，尧的父亲。居于亳(bó，今河南偃师)，号高辛氏。

②颛顼(zhuān xū)：古帝名，五帝之一。相传为黄帝之孙，昌意之子。生十年而佐少皞，十二年而冠，二十年而登帝位，在位七十八年而崩。号高阳氏。

③戴干：王宗炎认为"干"当作"斗"，字形相涉而误。四库本作"斗"。戴斗，指头顶方形如斗。译文姑从王说。汉代纬书中多把帝王的相貌描述得奇异非凡，以显示其天赋神异，授命非常。后世相传又多文字讹误，故不易理解。

④神灵：神异灵明。《大戴礼记·五帝德》："玄嚣之孙，蟜极之子也，曰高辛。生而神灵，自言其名。"

⑤祗(zhī)：恭敬。肃：敬。

⑥叙三辰以周民：观察天象，以安排民时。张觉《校注》："《礼记·祭法》'帝喾能序星辰以著众'疏：'喾能纪星辰序时候以明著，使民休作有期，不失时节。'"叙，次序，此指安排次序。三辰，指日、月、星。周民，指安排人民的生活。

⑦《六英》：古乐曲名，相传为帝喾时之乐。《周礼·大司乐》疏引《乐纬》："颛顼之乐曰《五茎》，帝喾之乐曰《六英》。"《淮南子·齐俗训》高诱注以《六英》为颛顼乐，《白虎通义·礼乐》则认为《六

茎》属颛顼,《五英》属帝喾,《汉书·礼乐志》同。《吕氏春秋·古乐》认为《六英》是一种鼓、钟、磬、埙(xūn)、管、篪(chí)等多种乐器合奏的乐曲。

⑧世有才子八人:以下八人见《左传·文公十八年》。仲雄,今本《左传》作“仲熊”。

⑨忠肃恭懿,宣慈惠和:《左传·文公十八年》“忠肃共懿,宣慈惠和”,《正义》曰:“此亦总言其德,于义亦得相通。忠者,与人无隐,尽心奉上也。肃者,敬也,应机敏达,临事恪勤也。共者,治身克谨,当官理治也。懿者,美也,保己精粹,立行纯厚也。宣者,遍也,应受多方,知思周遍也。慈者,爱出于心,恩被于物也。惠者,性多哀矜,好拯穷匮也。和者,体度宽简,物无乖争也。”

⑩元:指美善至纯之人。《周易·乾·文言》:“元者,善之长也。”

【译文】

伏羲的后继者是帝喾,他取代了颛顼氏。他的相貌是头顶方形如斗,称号高辛氏。他性灵神异,德行恭敬,能迎送日月,顺应上天的规律,能按照日、月、星辰的运行次序以安排人民的生活劳作。又创制乐曲《六英》。当时贤能之士有八位,分别是:伯奋、仲堪、叔献、季仲、伯虎、仲雄、叔豹、季狸,他们忠诚严谨、恭敬善良、周到仁慈、好施和顺,天下人称之为“八元”。

后嗣姜嫄①,履大人迹生姬弃。厥相披颐②。为尧司徒③,又主播种,农植嘉谷④。尧遭水灾,万民以济⑤。故舜命曰后稷⑥。初,烈山氏之有天下也⑦,其子曰柱,能植百谷,故立以为稷⑧,自夏以上祀之。周之兴也,以弃代之,至今祀之。

【注释】

①姜嫄：帝喾正妃。

②披颐：汪《笺》认为当作“岐颐”。《太平御览》三百六十八引《春秋元命苞》：“后稷岐颐自求，是谓好农。盖象角亢，载土食谷。”王宗炎据《诗经·大雅·生民》“克岐克嶷”，认为“岐嶷”即“岐颐”。岐者，头骨隆起而岐出，嶷嶷然高，故象角亢。彭《校》引马瑞辰《毛诗传笺通释》二十五云：“《元命苞》‘岐颐’，《潜夫论》‘披颐’，皆即《诗》‘岐嶷’之转借，或本三家《诗》。”朱熹《诗集传》：“岐嶷，峻茂之状。”此指姬弃生有异相，头骨高高隆起。

③司徒：汪《笺》认为当作“司马”。按，古书所载弃、稷之事，均言弃为司马，稷为司徒。与王符此说相异。盖其误记，或另有所本。司徒，《周礼·地官·大司徒》载其为主管教化的官。又，《国语·周语上》“司徒协旅”，韦昭注：“掌合师旅之众。”

④农植嘉谷：语见《尚书·吕刑》。植，今本《尚书》作“殖”。农，王念孙《经义述闻》：“农，勉也。言勉植嘉榖也。”嘉谷，指优良的谷物。

⑤济：周济，救助。

⑥后稷：古代农官名。

⑦烈山氏：即神农氏。

⑧稷：农官之称。

【译文】

帝喾的后继者是正妃姜嫄踩到巨人的脚印生下的姬弃。他的相貌是头骨高高地隆起。他任尧帝的司马，又主管农业播种之事，勤勉培育优良谷物。尧帝时期，百姓遭遇了水灾，千千万万的百姓靠他得到救助。所以舜任命弃为掌农事的后稷官。当初，神农氏统治天下的时候，他的儿子叫柱，能种植百谷，因而被立为农官稷，在夏代以前，百姓们都祭祀他。周朝兴起以后，就用弃代替了柱，直到现在人们还在祭祀他。

太妊梦长人感己[①]，生文王。厥相四乳。为西伯，兴于岐[②]。断虞、芮之讼而始受命[③]。武王骈齿[④]，胜殷遏刘[⑤]，成周道。姬之别封众多，管、蔡、成、霍、鲁、卫、毛、聃、郜、雍、曹、滕、毕、原、酆、郇，文之昭也[⑥]。邘、晋、应、韩，武之穆也。凡、蒋、邢、茆、祚、祭，周之胤也[⑦]。周、召、虢、吴、随、郊、方、卬、息、潘、养、滑、镐、宫、密、荣、丹、郭、杨、逢、管、唐、韩、杨、觚、栾、甘、鳞虞、王氏[⑧]，皆姬姓也。

【注释】

①太妊：又作太任。季历之妃，周文王之母。

②岐：在今陕西岐山东北。周人先祖古公亶父由邠迁岐，定居渭河平原，周人自此振兴。

③断虞、芮之讼：据《史记·周本纪》载，西伯姬昌行事公平，诸侯都请他决断争端，虞、芮两国之人有讼狱不解来求西伯决断，入周后，有感于周人耕田让畔，遂惭愧相让而还。诸侯闻之，都称赞西伯为"受命之君"。

④骈齿：牙齿重叠。此指武王面相奇异。

⑤胜殷遏刘：语见《诗经·周颂·武》："嗣武受之，胜殷遏刘，耆定尔功。"胜，战胜。遏，遏止，禁止。刘，杀戮。马瑞辰《毛诗传笺通释》认为"遏"与"刘"同义，指灭杀纣王。

⑥文之昭也：古代宗法制度，为别长幼、亲疏的宗族内部关系，在宗庙中神主的牌位次序上以始祖为中，以下二、四、六世祖等在始祖牌位之左，称为"昭"；三、五、七世祖等在始祖牌位之右，称为"穆"。

⑦周之胤也：按，自"管、蔡、成、霍"以下至此指周初分封的诸侯，皆是周文王、周武王的后裔。周，周公。胤，后代。

⑧郭：汪《笺》认为或作“虢”。杨：汪《笺》认为当作“扬”。觚：汪《笺》认为疑作“狐”。鳞虞：汪《笺》认为当作“鲜虞”。

【译文】

太妊梦见巨人，感应而生下文王。文王的相貌是长着四个乳房。后来成为西伯，带领周人兴起于岐山一带。因为调解虞、芮两国纷争而秉受天命。周武王的牙齿重叠，他战胜殷商终止了杀戮，建立了周王朝的统治。周王朝分封的诸侯很多，管、蔡、成、霍、鲁、卫、毛、聃、郜、雍、曹、滕、毕、原、酆、郇，都是文王的昭系后裔。邘、晋、应、韩，都是武王的穆系后裔。凡、蒋、邢、茆、祚、祭，都是周公的后裔。周、召、虢、吴、随、邠、方、印、息、潘、养、滑、镐、宫、密、荣、丹、郭、杨、逢、管、唐、韩、杨、觚、栾、甘、鳞虞、王氏，都是姬姓侯国。

有神龙首出常羊[1]，感任姒[2]，生赤帝魁隗[3]。身号炎帝，世号神农，代伏羲氏。其德火纪，故为火师而火名。是始斫木为耜[4]，揉木为耒耨[5]。日中为市，致天下之民，聚天下之货，交易而退，各得其所。

【注释】

①常羊：传说中的山名。见《山海经·大荒西经》。

②任姒(sì)：名女登，有乔氏之女，少典之妃，炎帝之母。

③赤帝：炎帝配火德，火色为赤，故称赤帝。魁隗(kuí wěi)：神农炎帝为魁隗氏。

④耜(sì)：古代农具，形如锹。用以翻土。

⑤揉木：指矫正木材，使其变直或弯曲。耒：古代的翻土农具，形如木叉。耨(nòu)：古代除草农具。《周易·系辞下》：“神农氏作，斫木为耜，揉木为耒，耒耨之利，以教天下。”

【译文】

有神龙的头出现在常羊山，任姒感应到它而生下了赤帝魁隗。魁隗自号炎帝，其世系称神农氏，后来取代了伏羲氏。他以火为德，所以百官师长都以火为名号。自此，他削砍树木做成耜，改进木材做成耒、耨。又规定每天中午作为集市时间，招致天下百姓，汇聚天下财货，大家相互交换之后再回家，各取所需。

后嗣庆都，与龙合婚，生伊尧①。代高辛氏。其眉八彩②。世号唐。作乐《大章》③。始禅位。武王克殷，而封其胄于铸④。

【注释】

①“后嗣庆都”三句：《初学记》九引《诗含神雾》：“庆都与赤龙合婚，生赤帝伊祁尧。”庆都，尧的母亲。伊尧，即尧帝。

②其眉八彩：汪《笺》：“《御览》引《春秋元命苞》云：‘尧眉八彩，是谓通明。历象日月，璇玑玉衡。’”八彩，八种色彩。彩，光彩，色彩。

③《大章》：相传为尧时乐。《白虎通义·礼乐》：“尧曰《大章》，大明天地人之道也。”章，彰明，显扬。

④武王克殷，而封其胄于铸：《礼记·乐记》：“武王克殷反商，未及下车而封黄帝之后于蓟，封帝尧之后于祝，封帝舜之后于陈。”胄，后代。铸，或作“祝”，古地名，其地盖在今山东肥城南。

【译文】

神农氏的后继者是庆都与龙结合生下的伊尧。后来伊尧取代了高辛氏。他的眉毛有八种色彩。其世系称为陶唐氏。他创制了《大章》之乐。帝位禅让制也自此始。周武王战胜殷商以后，将尧的后代分封在铸地。

含始吞赤珠，克曰“玉英生汉”，龙感女媪，刘季兴[①]。

【注释】

①刘季兴：《艺文类聚》九十八引《诗含神雾》：“含始吞赤珠，刻曰‘玉英生汉皇’，后赤龙感女媪，刘季兴也。”《史记·高祖本纪》：“其先刘媪尝息大泽之陂，梦与神遇，是时雷电晦冥，太公往视，则见蛟龙于其上，已而有身，遂产高祖。”含始，传说为刘邦的生身母亲，王姓。《史记》《汉书》等正史均未明确记其姓名，此名当是东汉谶纬之说。赤珠，红色的宝珠。克，通“刻”。刘季，即刘邦。汉王朝开国皇帝。沛丰邑中阳里（今江苏沛县）人。这里非指其人，而是指汉王朝。

【译文】

含始吞下了刻有“玉英生汉”的红色宝珠，赤龙感应含始，含始生下了高祖，汉朝于是兴起。

大电绕枢照野[①]，感符宝[②]，生黄帝轩辕。代炎帝氏。其相龙颜，其德土行[③]。以云纪，故为云师而云名。作乐《咸池》[④]。是始制衣裳[⑤]。

【注释】

①枢：即天枢星，北斗七星中的第一星。《星经·北斗》：“北斗星……第一名天枢，为土星。”

②符宝：一作附宝，黄帝之母。

③其德土行：《史记·五帝本纪》：“有土德之瑞。”《汉书·律历志》：“《易》曰‘神农氏没，黄帝氏作。’火生土，故为土德。”

④《咸池》：相传为黄帝时古乐。《白虎通义·礼乐》：“黄帝曰《咸池》

者，言大施天下之道而行之，天之所生，地之所载，咸蒙德施也。”《汉书·礼乐志》颜师古注曰：“咸，皆也。池，言其包容浸润也。”

⑤衣裳：衣服。古代上衣称“衣”，下衣称“裳”。此处合称则泛指衣服。

【译文】

巨大的电光环绕着天枢星，照亮了野外，符宝感应而生下了黄帝轩辕氏。后来他取代了炎帝。黄帝的容貌像龙，以土为德，以云为标记，所以百官师长都用云来命名。他又创制了《咸池》之乐。自此开始制作衣服。

后嗣握登，见大虹，意感生重华虞舜[①]。其目重瞳[②]。事尧，尧乃禅位，曰：“格尔舜！天之历数在尔躬。允执厥中，四海困穷，天禄永终[③]。”乃受终于文祖[④]。世号有虞。作乐《九韶》[⑤]。禅位于禹。武王克殷，而封胡公妫满于陈[⑥]，庸以元女大姬[⑦]。

【注释】

①“后嗣握登”三句：《太平御览》八十一引《诗含神雾》：“瞽瞍妻曰握登，见大虹，意感而生舜于姚墟。”

②重瞳：眼睛里有两个瞳仁。汪《笺》：“《御览》三百六十六引《春秋元命苞》云：‘舜重瞳子，是谓滋凉。上应摄提，以象三光。’《御览》多误字，据《白虎通·圣人》篇订正。”

③“格尔舜”五句：语见《论语·尧曰》。今本《论语》作：“尧曰：‘咨，尔舜！天之历数在尔躬，允执其中，四海困穷，天禄永终。’”格，来。尔，你。允执厥中，诚实中正地行事。

④受终于文祖：《尚书·尧典》：“正月上日，受终于文祖。”文祖，此

处指尧之祖庙。

⑤《九韶》：相传为舜时古乐，由舜的乐官夔所作。也称《箫韶》《九招》。《尚书·皋陶谟》："《箫韶》九成，凤凰来仪。"《吕氏春秋·古乐》载其为帝喾时咸黑所作，舜时稍加改益。

⑥胡公妫(guī)满：姓妫，名满，谥胡。舜的后代。为陈国的始封君。

⑦庸以元女大姬：《左传·襄公二十五年》："庸以元女大姬配胡公，而封诸陈。"王宗炎认为"大姬"下脱"配之"二字。庸，乃。元女，周武王的长女。大姬，即太姬。

【译文】

黄帝的后代握登，看见长虹，心意感应而生下重华虞舜。重华眼睛里有两个瞳仁。他曾服事于尧，后来尧将帝位禅让给他时说："舜，你来！上天的大命已经落到你的身上。愿你诚实中正地行事，假如天下的百姓还很穷困，那么上天赐给你的福禄也就永远终止了。"于是舜在尧的祖庙中接受了帝位。其世系称为有虞氏。舜创制了《九韶》之乐。后来他将帝位禅位给禹。周武王战胜殷商以后，封舜的后代胡公妫满在陈地，并把长女太姬许配给了胡公。

大星如虹，下流华渚[①]，女节梦接[②]，生白帝挚青阳[③]。世号少暤[④]。代黄帝氏，都于曲阜[⑤]。其德金行[⑥]。其立也，凤皇适至，故纪于鸟[⑦]。凤鸟氏历正也，玄鸟氏司分者也，伯赵氏司至者也，青鸟氏司启者也，丹鸟氏司闭者也。祝鸠氏司徒也，雎鸠氏司马也，尸鸠氏司空也，爽鸠氏司寇也，鹘鸠氏司事也[⑧]。五鸠[⑨]，鸠民者也[⑩]。五雉为五工正[⑪]，利器用[⑫]，夷民者也[⑬]。是始作书契[⑭]，百官以治，万民以察。有才子四人，曰重，曰该，曰修，曰熙，实能金木及水，故重为勾芒[⑮]，该为蓐收[⑯]，修及熙为玄冥[⑰]。恪恭厥业[⑱]，世不失职，遂济穷桑[19]。

【注释】

①华渚:传说中的古地名。

②女节:少昊之母。接:交接,接触。

③生白帝挚青阳:汪《笺》:"《初学记》十引《河图》:'帝挚少昊氏,母曰女节,见大星如虹,下流华渚,既而梦接,意感生白帝朱宣。'《御览》引《帝王世纪》:'少昊帝名挚,字青阳。'按,《汉书·律历志》以挚为黄帝子青阳子孙,与此异。"

④少暤:即少皞,亦作"少昊"。

⑤都于曲阜:《左传·定公四年》"封于少皞之虚"杜预注:"少皞虚,曲阜也。"曲阜,春秋时鲁国国都,即今山东曲阜。

⑥其德金行:《汉书·律历志》:"土生金,故为金德。天下号曰金天氏。"

⑦纪于鸟:以鸟记事。

⑧"凤鸟氏历正也"十句:凤鸟氏、玄鸟氏、伯赵氏、青鸟氏、丹鸟氏、祝鸠氏、雎鸠氏、尸鸠氏、爽鸠氏、鹘鸠氏,均是少皞时官名。历正,掌天文历法之官。《左传·昭公十七年》杜预注:"凤鸟知天时,故以名历正之官。"司分,掌管春分、秋分。司,掌管。分,指春分、秋分。一说"分""至""启""闭"均为节气名。《左传·僖公五年》:"凡分、至、启、闭,必书云物。"杜预注:"分,春秋分也;至,冬夏至也;启,立春、立夏;闭,立秋、立冬。"一说"司分""司至""司启""司闭"是官名。译文取节气说。司徒,掌教化之官。司马,掌军事之官。司空,掌管农田水利、工车器械之官。司寇,掌刑狱、法律之官。司事,主管建筑手工、车服器械之官。后世不设,司空并其职。

⑨五鸠:指上文祝鸠氏、雎鸠氏、尸鸠氏、爽鸠氏、鹘鸠氏。

⑩鸠民：聚集、团结人民。鸠，聚。

⑪五雉：张觉认为即指少皞时五种以“雉”为名的官名，其名不详。工正：官名，掌管器械制作、手工业生产之官。

⑫利器用：汪《笺》据《左传·昭公十七年》文，认为“利器用”下有“正度量”一句。

⑬夷：平坦，此处引申为方便、容易。

⑭书契：指有文字的契约、文书。

⑮勾芒：木正。掌五行之“木”，主祭木星，管辖东方之事。

⑯蓐(rù)收：金正。掌五行之“金”，主祭金星，管辖西方之事。

⑰玄冥：水正。掌五行之“水”，主祭水星，管辖北方之事。

⑱恪恭：恭敬，谨慎。

⑲济穷桑：成就了少皞的功德。济，成就。穷桑，古地名，传说为少皞所居之地，穷桑亦为少皞之号，此处代指少皞。

【译文】

有一颗巨星像彩虹一样陨落在华渚，女节梦见同这颗星感应交接，便生下了白帝，白帝名挚，字青阳。其世系称少暤氏。他取代了黄帝，建都于曲阜。他以金为德。他继位时，恰好有一只凤鸟飞来，所以就以鸟来记事。凤鸟氏为历正官，玄鸟氏掌管春分、秋分两个节气，伯赵氏掌管夏至、冬至两个节气，青鸟氏掌管立春、立夏节候的开启，丹鸟氏掌管立秋、立冬节候的终闭。祝鸠氏为司徒之官，雎鸠氏为司马之官，尸鸠氏为司空之官，爽鸠氏为司寇之官，鹘鸠氏为司事之官。这五位鸠氏之官都致力于团结百姓。五雉任五工正，负责制造工具器械，方便百姓的生活。自此，开始创制书契文字，百官因此得以治理，民情疾苦因此得以明察。他有四位济世之才，一位叫重，一位叫该，一位叫修，一位叫熙；他们的本事可以掌管金、木以及水方面的事情，因此，重做了木正勾芒，该做了金正蓐收，修和熙做了水正玄冥。他们都恪守其职，世代不失，于是成就了少暤氏的功业。

后嗣修纪[①]，见流星[②]，意感生白帝文命戎禹[③]。其耳参漏[④]。为尧司空，主平水土，命山川，画九州[⑤]，制九贡[⑥]。功成，赐玄珪[⑦]，以告勋于天。舜乃禅位，命如尧诏，禹乃即位。作乐《大夏》[⑧]。世号夏后[⑨]。

【注释】

①修纪：一作修己，《世本》作女志，《吴越春秋》作女嬉。有莘氏之女，鲧之妻，禹之母。

②见流星：《初学记》卷九引《帝王世纪》记文命生时"见流星贯昴(mǎo)"。

③白帝：禹配金德，金色为白，故称白帝。文命戎禹：《太平御览》八十二引《尚书·帝命验》注云："禹生戎地，一名文命。"

④其耳参漏：《淮南子·修务训》："禹耳参漏，是谓大通，兴利除害，疏河决江。"参，通"三"。漏，孔穴。

⑤画九州：《尚书·禹贡》记载禹治水成功后，把天下分为冀、兖、青、徐、扬、荆、豫、梁、雍九州。

⑥制九贡：根据九州的地理环境及风物特产分别制定九种贡献的标准。按《尚书·禹贡》，冀州进贡皮服，兖州进贡漆、丝、彩绸，青州进贡盐、丝、葛布、怪石、松木等，徐州进贡五色土、桐木、蚌珠、鱼等，扬州进贡金银铜、竹木、象牙、玉石等，荆州进贡金银铜、竹木、菁茅、大龟等，豫州进贡漆、麻、细绢等，梁州进贡银铁、美玉、狐狸、熊罴等，雍州进贡玉石、珠宝等。

⑦玄珪：指黑色的瑞玉。玄，浅黑色。珪，古代帝王诸侯宗庙典礼时所用的玉制礼器，形状上尖下方，象征天地之功。张觉《校注》："一说玄是水色，玄珪象征治水之功。"

⑧《大夏》：又称《夏籥(yuè)》，《周礼·春官·大司乐》郑玄注："《大

夏》，禹乐也。禹治水傅土，言其德能大中国也。”

⑨世号夏后：《汉书·律历志》：“伯禹……虞舜嬗以天下。土生金，故为金德。天下号曰夏后氏。”后，君主，帝王。

【译文】

少暤氏的后代修纪，看见流星，心中感应而生下白帝文命，又命名为戎禹。禹有三个耳洞。他任尧的司空，主持治理水土，又为山川命名，划分九州，并以此制定了九种贡献的标准。大功告成之后，尧赐禹黑色的瑞玉，以向上天禀告他的功德。舜于是禅位给禹，就像以前尧下诏禅位给舜一样，于是禹继承帝位。他创制《大夏》之乐。其世系称为夏后氏。

传嗣子启[①]。启子太康、仲康更立[②]。兄弟五人，皆有昏德，不堪帝事[③]，降须洛汭[④]，是谓五观[⑤]。

【注释】

①传嗣子启：相传禹最初选定伯益继承其帝位。禹去世后，伯益让位于启，启有德被拥为帝。一说禹名义上将帝位传给伯益，但早就将启手下的人任命官职。禹死后，启打败伯益而夺取帝位。嗣子，嫡长子。

②太康：夏代帝王，启之长子，启死后继位。太康不理朝政，游乐无度，被有穷之君后羿所逐而失掉帝位。仲康：太康之弟。太康死后继位，将都城从斟鄩（今河南偃师东北）迁到帝丘（今河南濮阳西南）。仲康在位时，曾派大司马胤侯征伐后羿的党羽羲和，被后羿击败，退守西河地区。

③堪：胜任。

④降须洛汭（ruì）：《尚书·五子之歌》：“厥弟五人御其母以从，徯于

洛之汭。”指太康、仲康的兄弟五人一起逃到洛水弯曲处等待时机东山再起。降，指失位。须，待。汭，水的弯曲处。

⑤五观：太康、仲康兄弟五人居于“观”地，故称为“五观”。观，洛汭的一个地名。《史记正义》引《国语注》云：“观国，夏启子太康第五弟之所封也。”

【译文】

禹传位给嫡长子启。启的两个儿子太康、仲康后相继为帝。五个兄弟，个个都昏庸无能，无法胜任帝位，五人一起逃到洛汭的观地，其世系称之为“五观”。

孙相嗣位①，夏道浸衰②。于是后羿自钼迁于穷石③，因夏民以代夏政④，灭相⑤。妃后缗方娠⑥，逃出自窦⑦，奔于有仍⑧，生少康焉。为仍牧正⑨。

【注释】

①相：启之孙，仲康之子。嗣：继承。

②浸(qīn)衰：渐渐衰落。浸，渐渐。

③后羿：传说上古部落的首领，善射。相传夏太康沉湎于游乐，后羿伐之，自立为君，号有穷氏。后来后羿被其臣寒浞所杀。钼(jǔ)：古国名，在今河南滑县东。穷石：古地名。《左传·襄公四年》：“后羿自钼迁于穷石。”一说穷石在今河南孟州西。

④因：依靠，凭借。

⑤灭相：据《左传·哀公元年》载，相为寒浞所灭。

⑥后缗(mín)：有仍国之女。缗姓。

⑦窦：洞穴。

⑧有仍：古国名。在今山东济宁东南部。有，词头。

⑨牧正：掌管养育禽兽的牧官之长。据《左传·襄公四年》载，灭相的是浇，而非羿。按，上文叙事与《左传》有乖异不合处，或王符另有所本。下文亦多有此类情况。译文姑按王符原文。

【译文】

后来启的孙子相继承帝位，这时夏王朝的统治渐渐衰落。于是后羿从钼迁到穷石，凭借夏朝百姓的帮助取得了夏王朝的政权，杀掉了相。当时相的妃子后缗正有孕在身，从洞穴中逃出来，出奔到有仍，生下少康。少康后来成为有仍的牧正。

羿恃己射也，不修民事，而淫于原兽①；弃武罗、伯因、熊髡、龙圉②，而用寒浞。浞，柏明氏谗子弟也③，柏明氏恶而弃之。夷羿收之，信而使之，以为己相。浞行媚于内，施赂于外，愚弄于民。虞羿于田④，树之诈慝⑤，以取其国家，外内咸服。羿犹不悛⑥，将归自田，家众杀而烹之，以食其子⑦。子不忍食诸，死于穷门⑧。

【注释】

①淫于原兽：沉溺于田猎。淫，放纵，耽溺。

②武罗、伯因、熊髡(kūn)、龙圉(páng yǔ)：皆羿时的贤臣。

③柏明氏：《左传》作“伯明氏”。“柏”“伯”古字通。

④虞：通“娱”，娱乐。田：狩猎。

⑤树之诈慝(tè)：指寒浞用奸恶卑鄙的手段树立自己的威信。慝，同“惡”，奸诈，卑劣。

⑥不悛(quān)：不知悔改。悛，悔改，改正。

⑦食(sì)：让人吃，喂食。

⑧穷门：有穷氏的国门，此指有穷氏国内。

【译文】

后羿自恃射术高明，不去治理民事，整日沉溺于田猎；又抛弃武罗、伯因、熊髡、龙圉等贤臣，而任用寒浞。寒浞是伯明氏子弟中喜欢说人坏话的人，因此被伯明氏所厌弃。后羿却收留了他，信任他且委以重任，任命其为相。寒浞对内谄媚，对外贿赂，愚弄百姓。后羿在野外狩猎娱乐，他却用奸恶卑鄙的手段树立起自己的威信，以夺取后羿的国家，使内外都顺服于他。但后羿还是不知悔改，结果当他从野外回来时，家中众人杀了他，并烹煮其尸体，让他的儿子吃。后羿的儿子不忍吃父亲的肉，最终也死在了有穷国中。

靡奔于有鬲氏①。浞因羿室生浇及豷②，恃其谗慝诈伪③，而不德于民，使浇用师，灭斟灌及斟寻氏，处豷于过，处浇于戈④，使椒求少康。逃奔有虞，为之胞正⑤。虞思妻以二妃⑥，而邑诸纶⑦，有田一成⑧，有众一旅⑨，能布其德，而兆其谋⑩，以收夏众，抚其官职。靡自有鬲收二国之烬⑪，以灭浞，而立少康焉。乃使女艾诱浇⑫，使后杼诱豷⑬，遂灭过、戈，复禹之绩，祀夏配天⑭，不失旧物。十有七世而桀亡天下⑮。

【注释】

①靡：夏朝时人，辅佐少康中兴的功臣。有鬲（gé）氏：夏代古国名。在今山东德州附近。

②因：因袭，这里是续娶的意思。羿室：羿的妻妾。室，内室，指妻妾。

③慝：汪《笺》认为本书皆作“匿”，此处疑为后人所改。匿，隐匿，即隐匿其情以饰非。

④处豷（yì）于过，处浇（ào）于戈：过、戈，皆夏代古国名。《左传·襄

公四年》作“处浇于过,处豷于戈”。译文姑按王符原文。

⑤胞正:即庖正,古代掌管君主日常饮食的官吏。四库本作“庖正”。

⑥虞思:夏代虞国君主,名思。

⑦纶:夏时古地名。

⑧成:指方圆十里。

⑨旅:古时五百人称一旅。

⑩兆:起始,发端。

⑪二国:指被浇灭掉的斟灌、斟寻。烬:灰烬,这里喻指夏朝和有穷氏的遗民。他们为了报父兄之仇,所以能被靡收而用之。

⑫女艾:少康的臣子。

⑬后杼(zhù):一作予,一作佇,少康少子,故又称季杼。后来他继承少康为夏朝君主。

⑭配天:祭祀时以祖先附祭天,故称配天。

⑮十有七世:夏王朝十七代帝王。汪《笺》:“《史记·三代世表》云:‘从禹至桀十七世。’《夏本纪集解》:‘徐广曰:从禹至桀十七君十四世。’”据《史记·夏本纪》,依次为:禹、启、太康、中康、相、少康、予、槐、芒、泄、不降、扃、廑、孔甲、皋、发、履癸。

【译文】

靡逃奔到有鬲氏。寒浞续娶了后羿的妻妾而生了浇和豷,又自恃其谄媚奸诈的本领,不思施德于人民,派浇用武力消灭了斟灌和斟寻氏,派豷驻守在过地,派浇驻守在戈地,又派椒去寻找少康。少康逃奔到有虞,在那里做了有虞国的庖正。有虞国国君思将自己的两个女儿嫁给他为妻,并把纶作为他的封邑,使他拥有方圆十里的土地和兵众五百人,少康广施恩德,开始谋划复国,他逐渐召集夏朝的旧众臣属,安排给他们官职以示抚慰。靡也从有鬲氏那里召集了夏朝和有穷氏的遗民,诛灭了寒浞后,立少康为帝。少康又派女艾去诱降浇,派儿子杼诱降殪，于是灭了过国和戈国，又复兴了大禹的功业，在祭祀时将夏人的祖先配享于天，保留了夏朝旧制。夏王朝前后共历十七代国君，到夏桀时丧失了天下。

武王克殷，而封其后于杞①，或封于缯②。又封少皞之胄于祁③。

【注释】

①杞：周代姒姓诸侯国。武王封夏禹的后裔于杞，为东楼公。其地在今河南杞县。后为楚所灭。《史记》有《陈杞世家》记其事。

②缯：一作鄫（zēng），姒姓诸侯国，相传为夏禹后裔，后为莒所灭，其地在今山东枣庄东南。

③祁：王宗炎认为当作"郯（tán）"。《左传·昭公十七年》：郯子来朝，昭子问少昊氏鸟名官何故，郯子曰："吾祖也，我知之。"说是。译文姑按王符原文。

【译文】

周武王灭了殷商后，将夏人的后代封于杞地，其中有的被封到缯地。又将少皞氏的后代封于祁地。

浇才力盖众①，骤其勇武而卒以亡②。故南宫括曰③："羿善射，奡荡舟，俱不得其死也④。"

【注释】

①盖众：超众，卓越。盖，超过，胜过。

②骤：奔驰，此处引申为肆行，滥用。

③南宫括：孔子的学生。《论语》作南宫适。

④"羿善射"三句：语见《论语·宪问》。奡(ào)，即浇。荡舟，用舟师冲锋陷阵，指善于水战。顾炎武《日知录》："古人以左右冲杀为荡阵，其锐卒谓之跳荡，别帅谓之荡主。……荡舟盖兼此义。"张觉《校注》认为荡舟指使船在陆地上移动，形容其力气大。亦可参。

【译文】

浇的才能力量卓越不凡，只因滥用武力而终至灭亡。所以南宫括说："羿善于射箭，浇善于水战，他们都没得善终。"

姒姓分氏[①]，夏后、有扈、有南、斟寻、泊氵乳、辛、褒、费、戈、冥、缯，皆禹后也[②]。

【注释】

①姒：禹的后裔皆为姒姓。

②夏后、有扈、有南、斟寻、泊氵乳(rú)、辛、褒、费、戈、冥、缯，皆禹后也：《史记·夏本纪》："禹为姒姓，其后分封，用国为姓，故有夏后氏、有扈氏、有男氏、斟寻氏、彤城氏、褒氏、费氏、杞氏、缯氏、辛氏、冥氏、斟戈氏。"《索隐》："《系本》'男'作'南'，'寻'作'鄩'，'费'作'弗'，不云彤城及褒。……又下云斟戈氏，《左传》《系本》皆云斟灌氏。"汪《笺》认为"泊氵乳"不见于史书，盖即"彤城"之误。

【译文】

后来姒姓又分出许多氏，夏后、有扈、有南、斟寻、泊氵乳、辛、褒、费、戈、冥、缯，他们都是禹的后代。

摇光如月正白[①]，感女枢幽防之宫[②]，生黑帝颛顼[③]。其相骈干[④]。身号高阳，世号共工[⑤]。代少皞氏。其德水行[⑥]，以水纪，故为水师而水名。承少皞衰，九黎乱德，乃命重黎讨训服[⑦]。历象日月，东西南北[⑧]。作乐《五英》[⑨]。有才子八人[⑩]，苍舒、隤凯、擣演、大临、龙降、庭坚、仲容、叔达，齐圣广渊，明允笃诚[⑪]，天下之人谓之八凯。共工氏有子曰勾龙，能平九土[⑫]，故号后土[⑬]，死而为社[⑭]，天下祀之。

【注释】

①摇光：即瑶光，星名。正白：纯白。

②女枢：传说为颛顼之母。幽防：也作“幽房”，宫室名。

③黑帝颛顼：颛顼配水德，水色为黑，故称黑帝。

④骈干：指肋骨连在一起，亦称“胼胁”。干，胁，指肋骨。张觉《校注》认为“干”为躯体之意。

⑤身号高阳，世号共工：汪《笺》：“《礼记·祭法》云：‘共工氏霸九州岛。’郑注：‘在太昊、炎帝之间。’《鲁语》韦昭注同。”又曰：“《淮南子·原道训》云：‘共工与高辛争为帝。’《兵略训》云：‘共工为水害，故颛顼诛之。’按共工为颛顼所诛，不当袭用其号。《汉书·律历志》以高阳为有天下号，此云身号亦异。昭十七年、廿九年《左传》共工氏，此并以为颛顼事，或出《左氏》家旧说也。”

⑥其德水行：《汉书·律历志》：“金生水，故为水德。”

⑦“承少曎衰”三句：《国语·楚语下》：“观射父云：‘少皞之衰也，九黎乱德，颛顼受之。乃命南正重司天以属神，命火正黎司地以属民，使复旧常，无相侵渎。’”九黎，上古时期部落名。乃命重黎讨训服，汪《笺》疑“服”上脱“不”字。译文从之。训，同“驯”，驯服，顺服。

⑧东西南北：汪《笺》认为此句下有脱文。《大戴礼记·五帝德》：“（颛顼）乘龙而至四海，北至于幽陵，南至于交趾，西济于流沙，东至于蟠木。动静之物，大小之神，日月所照，莫不砥砺。”

⑨《五英》:古乐曲名。汪《笺》认为"英"当作"茎"。《五茎》,据《周礼·大司乐》疏引《乐纬》,是颛顼之乐。

⑩有才子八人:以下八人见《左传·文公十八年》。今本《左传》"隤(tuí)凯"作"隤敳(ái)","檮(táo)演"作"檮戭(yǎn)","八凯"作"八恺"。

⑪齐圣广渊,明允笃诚:《左传·文公十八年》疏云:"此并序八人,总言其德。或原其心,或据其行,一字为一事,其义亦更相通。"齐,中道。圣,圣明。广,宽弘。渊,周备。明,通达。允,诚信。笃,贞实。诚,纯直。

⑫九土:指九州之土地。

⑬故号后土:汪《笺》:"昭廿九年《左传》:'蔡墨曰:"共工氏有子曰勾龙,为后土。"'《鲁语》:'展禽曰:"共工氏之伯九有也,其子曰后土,能平九土,故祀以为社。"'此合二书言之。"

⑭社:土地神。

【译文】

摇光星像月亮一样皎洁,照到女枢的幽房宫中,女枢感应而生下黑帝颛顼。颛顼的相貌是肋骨连在一起。号称高阳氏,其世系称为共工氏。后来他取代了少皞氏。以水为德,用水纪事,所以百官师长皆以水来命名。那时少皞氏正衰弱,九黎部落起来作乱,于是颛顼命重、黎讨伐那些不愿臣服的部族。颛顼又按照日月运行的轨迹,走遍了东西南北四个方向。创制了《五英》之乐。当时有八名济世之才,即苍舒、隤凯、檮戭、大临、龙降、庭坚、仲容、叔达,他们中道圣明而宽弘周备,通达诚信而贞实纯直。天下的人称之为"八凯"。共工氏的儿子叫勾龙,能平治九州的水土,所以号称为"后土",死后被封为土地神,享受天下人的祭祀。

娀简吞燕卵生子契[①],为尧司徒[②],职亲百姓,顺五品[③]。

【注释】

①娀(sōng)简:即简狄。有娀氏之女,帝喾之次妃。传说简狄沐浴时,见玄鸟落下一只卵,取而吞之。怀孕而生契,是为商人的先祖。《诗经·商颂·玄鸟》:"天命玄鸟,降而生商。"

②为尧司徒:《尚书·尧典》《史记·殷本纪》等均载契为舜之司徒,而非尧之司徒。王符或另有所本。译文按王符原文。

③五品:即五常,古代五种伦理规范。指父义,母慈,兄友,弟恭,子孝。

【译文】

简狄吞下燕卵生下了契,契任尧的司徒,其职在亲睦百姓,和顺五常。

扶都见白气贯月[①],意感生黑帝子履[②],其相二肘[③]。身号汤,世号殷。致太平。

【注释】

①扶都:商朝君主汤之母。

②黑帝:指汤。古代阴阳家认为汤为水德之君,水为黑色,故称黑帝。子履:汤为子姓,名履。

③二肘:指一条胳臂有两个肘关节。

【译文】

扶都看见一道白气穿过月亮,意念感应而生下了黑帝履,履的相貌是臂上生有两肘。自称为汤,其世系称为殷。他使天下获得了太平。

后衰,乃生武丁[①]。即位,默以不言,思道三年,而梦获贤人以为师。乃使以梦像求之四方侧陋[②],得傅说,方以胥靡筑于傅岩[③]。升以为大公[④]，而使朝夕规谏[⑤]。恐其有惮怠也，则敕曰："若金，用汝作砺[⑥]；若济巨川，用汝作舟楫；若时大旱，用汝作霖雨[⑦]。启乃心，沃朕心[⑧]。若药不瞑眩[⑨]，厥疾不瘳[⑩]；若跣不视地[⑪]，厥足用伤。尔交修余[⑫]，无弃[⑬]！"故能中兴，称号高宗。及帝辛而亡，天下谓之纣。

【注释】

①武丁：殷王名。盘庚弟小乙之子。殷自盘庚死后，国势衰落，武丁立，用傅说为相，勤修政事，又趋强盛。在位五十九年，死后称高宗。

②侧陋：偏僻简陋之处。

③方：正当。胥靡：指奴隶。傅岩：地名。

④大(tài)公：当作"上公"，指太傅。《国语·楚语上》"升以为公"，韦昭注："公，上公也。"东汉时，太傅位在三公(大司马、大司徒、大司空)之上，称上公。

⑤规谏：以正言相劝诫。

⑥砺：磨刀石。

⑦霖雨：指连续三天的雨。《尚书·说命上》："若岁大旱，用汝作霖雨。"孔《传》："霖，三日雨，以救旱。"

⑧沃：浇灌，滋润。朕：我。

⑨瞑眩：指眼睛昏花。

⑩瘳(chōu)：病愈。

⑪跣(xiǎn)：光着脚。

⑫交修：多方面修正指教。张觉《校注》认为"修"是告诫，警告之意。

⑬无弃：按，以上引语见《尚书·说命》。不，今本《尚书》作"弗"。

【译文】

武丁降生于殷商衰弱之际。武丁即位之初，沉默不言，用三年时间思考治国之道，后来梦中见到一位贤人，拜而为师。于是派人按照梦中所见到的形象在四方偏远之地寻访，终于寻得傅说，此时傅说正身为奴隶在傅岩砌墙。武丁将傅说提拔为大公，并命其早晚正言劝谏自己。武丁害怕傅说有所顾忌，就命令他说："比如打铁，要用你来做磨砺之石；比如渡河，要用你来做船桨；年岁大旱，要用你来做甘霖。敞开你的心泉来浇灌我的心吧。就像药物不足，病就不会痊愈；赤脚行走而不看路，脚就会受伤。你要从各个方面来修正我，绝不要抛弃我！"因此殷商得以中道复兴，武丁称为殷高宗。商直至帝辛而亡国，天下称他为纣。

武王封微子于宋[①]，封箕子于朝鲜[②]。

【注释】

①武王封微子于宋：汪《笺》："《礼记·乐记》云'投殷之后于宋'，郑注：'投，举徙之辞也。时武王封纣子武庚于殷墟，所徙者微子也。后周公更封而大之。'按《史记·殷本纪》云：'周武王崩，武庚与管叔、蔡叔作乱，成王命周公诛之，而立微子于宋，以续殷后。'《宋世家》同。"按，或多据此即认为封微子于宋者非武王，而是成王，王符此处是误记，当作"成王封微子于宋"。然据《左传·僖公六年》载微子曾"面缚衔璧，大夫衰绖，士舆榇"向武王投降，"武王亲释其缚，受其璧而祓之，焚其榇，礼而命之，使复其所"。可见武王使微子回到了其封地微。《乐记》又记武王举徙微子，《吕氏春秋·诚廉》云："（武王）又使保召公就微子开（启）于共头之下，而与之盟曰：'世为长侯，守殷常祀，相奉桑林，宜私孟诸。'"而桑林其地即在宋都商丘附近。《韩诗外传》卷三第十三章云武王"封殷之后于宋"。又，《荀子·成相》："纣卒易乡启

乃下，武王善之，封之于宋。”可知，微子降周以后，武王先命其返微，再徙封于宋。是为周王朝初立，武王用优厚的条件安抚笼络殷商旧贵族的措施。《书序》云：“成王即黜殷命，杀武庚，命微子启代殷后，作《微子之命》。”是为成王平武庚之乱后改命微子启代武庚而奉殷人之祀，并非实讲成王封微子启于宋。微子启为武王所封，王符此记不误（参杨宽《西周史》）。

②箕子：商纣王的叔父，纣之太师。据《史记·殷本纪》《周本纪》载，箕子曾因纣王荒淫无度，劝谏纣王不成，反被纣王囚禁。武王伐纣后，箕子远走辽东，武王遂将朝鲜封给他。

【译文】

周武王将微子封到宋，将箕子封到朝鲜。

子姓分氏，殷、时、来、宋、扐、萧、空同、北段，皆汤后也①。

【注释】

①“子姓分氏”三句：《史记·殷本纪》：“契为子姓，其后分封，以国为姓，有殷氏、来氏、宋氏、空桐氏、稚氏、北殷氏、目夷氏。”汪《笺》认为“扐（lì）”为“黎”之误。“北段”为“北殷”之误。

【译文】

子姓分出许多氏：殷、时、来、宋、扐、萧、空同、北段，他们都是汤的后裔。

卷第九

【题解】

本卷单列《志氏姓》一篇，论述姓氏源流。文末云："略观世记，采经书，依国土，及有明文，以赞贤圣之后，班族类之祖，言氏姓之出，序此假意二篇，以贻后贤参(原作"今")之焉也。"可见其著作之意。此外，王符在衰汉季世作《五德志》与《志氏姓》，叙帝王谱系、姓氏源流以见古史之兴亡，其背后的用意颇值得仔细玩味。

彭铎先生说："考姓氏之书，《世本》最古。继是有作，则节信此文及应劭《氏姓篇》、贾执《英贤传》之类，卓尔见称。"(《校正》)胡大浚先生说："王符运用民俗和文献资料阐述了我国姓氏的来源、演变、分布等问题，在专论姓氏的著作中，这是较早的一篇。……本篇由于汇辑了不少史料，因而对我们今天研究古代社会历史，特别是研究中国古代的族源问题仍具参考价值。"(《译注》)张觉说："文章依帝王、诸侯、大夫及古代其他旧姓的次序排列，论述了伏羲、炎帝、黄帝、颛顼、尧、舜、宋、周、鲁、卫、晋、韩、魏、郑、吴，以及各国大夫、各种古姓的姓氏系统……更合乎姓氏本身的性质，具有相当的科学性。"(《校注》)诸说皆可见本篇之重要价值。此外，本篇"考谱牒之源流"，还关系到刘氏之王天下的合法性：其姓本于帝尧，而据《五德志》，二者又同属"火德之君"。因此，其"王天下"是合乎正统的。这也是汉代一个很重要的古史问题。

关于本篇的作时，张觉考证："本篇提及邓太后死后群奸陷害邓氏一事，可知此篇写于邓太后死后，即公元121年以后。据《后汉书·邓骘传》，邓氏家族被害于安帝时，至顺帝时才彻底平反。本文指责'群奸相参，竞加谮润'，当为顺帝即位以后的论调。所以本文当写成于汉顺帝永建元年(126)以后。"(《校注》)这是可信的。

志氏姓第三十五

昔者圣王观象于乾坤①，考度于神明，探命历之去就②，省群臣之德业③，而赐姓命氏，因彰德功。传称民之彻官百④，王公之子弟千世能听其官者⑤，而物赐之姓⑥，是谓百姓⑦。姓有彻品十，于王谓之千品⑧。昔尧赐契姓子；赐弃姓姬；赐禹姓姒，氏曰有夏；伯夷为姜，氏曰有吕⑨。下及三代，官有世功，则有官族，邑亦如之⑩。后世微末，因是以为姓⑪，则不能改也。故或传本姓，或氏号邑谥⑫，或氏于国，或氏于爵，或氏于官，或氏于字，或氏于事，或氏于居，或氏于志。若夫五帝三王之世，所谓号也；文、武、昭、景、成、宣、戴、桓，所谓谥也；齐、鲁、吴、楚、秦、晋、燕、赵，所谓国也；王氏、侯氏、王孙、公孙，所谓爵也；司马、司徒、中行、下军⑬，所谓官也；伯有、孟孙、子服、叔子⑭，所谓字也；巫氏、匠氏、陶氏⑮，所谓事也；东门、西门、南宫、东郭、北郭⑯，所谓居也；三乌、五鹿、青牛、白马⑰，所谓志也⑱。凡厥姓氏，皆出属而不可胜纪也⑲。

【注释】

①乾坤：本指《周易》中的《乾》卦与《坤》卦。乾属阳，代表天；坤属

阴,代表地。此处乾坤则指天地而言。

②命历之去就:天命历数、王业兴衰的转移和归属。

③省(xǐng):察看,考察。

④传:书传,此指《国语》。《国语》古又称《春秋外传》,故此处称“传”。彻官百:《国语》韦昭注:“彻,达也。自以名达于上者,有百官也。”

⑤千世:汪《笺》认为此二字衍。彭《校》认为当从《国语·楚语》作“之质”。四库本作“之质”。译文姑从彭说。听其官:治理官吏之事。听,治理。

⑥物赐之姓:因其从事的事务而赐姓。《国语》韦昭注:“物,事也,以功事赐之姓。官有世功,则有官族,若太史、司马之属。”

⑦百姓:此指很多种姓氏。与今言“百姓”者不同。古代姓用以表彰功德,王公贵族才有姓,普通民众则无。此处即专指王公贵族而言。

⑧姓有彻品十,于王谓之千品:《国语》韦昭注:“谓一官一职,其僚属彻于王者有十品。百官故有千品也。”品,官吏的等级。按,自“传称”句至此,本《国语·楚语下》,文字略有出入。

⑨“昔尧赐契姓子”六句:汪《笺》:“《礼记·大传》疏引郑康成《驳五经异义》云:‘尧赐伯夷姓曰姜,赐禹姓曰姒,赐契姓曰子,赐弃姓曰姬,著在书传。’”《史记·殷本纪》,赐契子姓的是舜,不是尧。王符此文或另有所本。伯夷,尧时掌礼仪,舜时任秩宗,曾助禹治水。

⑩邑:封邑,封地。

⑪后世微末,因是以为姓:春秋以前,姓和氏各有其用,分别明显,上文说官、邑等可以作氏,但不能为姓。战国以降,姓和氏的分别逐渐就不太明显了,官、邑等也可以作姓了。

⑫或氏号邑谥:汪《笺》认为“邑”字衍。

⑬司马：官名。殷商时代始置，位次三公，与六卿相当，与司徒、司空、司士、司寇合称五官，掌军政和军赋，春秋、战国沿置。周宣王时有程伯休甫为司马，其后为司马氏。事见《国语·楚语下》。司徒：掌管民政教化之官。尧帝时，舜为司徒官，舜的后代子孙有的以其职官命姓，称司徒氏。中行（háng）：春秋时晋国军队编制之名。晋文公始置，荀林父为中行之将，其后遂以中行为氏。《左传·文公十三年》中"中行桓子"即荀林父。

⑭叔子：汪《笺》疑作"叔孙"。

⑮巫氏、匠氏、陶氏：汪《笺》："《风俗通》作'巫、卜、陶、匠'，此亦当有卜氏。"

⑯东郭：汪《笺》疑此二字衍。《意林》《广韵》《资治通鉴》注引此篇皆无东郭氏。

⑰三乌：《元和姓纂》："三乌，姜姓，炎帝之后，为侯国，因氏焉。"五鹿：《氏族略》三："晋公子重耳封舅犯于五鹿，支孙氏焉。"

⑱志：标记，标识。《意林》作"地"，《风俗通义》作"职"。职、志通。

⑲皆出属而不可胜纪也：汪《笺》认为"出"当作"此"，此类；张觉《校注》认为"出"字不误，其后脱"此"字。纪，通"记"，记载。

【译文】

从前，圣明的君主在天地之间观察物象，遵循神灵考察法度，探求天命历数的去向和归旨，考察群臣的功德业绩，然后据此给他们赐姓命氏，以此来表彰他们的功德。书传中说，能自己名达于上的有百官，有能胜任其官职的王公大臣的后代，天子就依据其职事赐给他们姓，就是所谓的"百姓"。每一种姓的官职僚属有十品，所以君主所赐就称为"千品"。从前尧赐给契"子"姓；赐给弃"姬"姓；赐给禹"姒"姓，氏是"有夏"；赐给伯夷"姜"姓，氏是"有吕"。后面的夏、商、周三代，官员们有世代相承的功业，就有了以官名为氏的家族，封邑称氏也是如此。后代即使衰微，但由于已经因袭了先祖的姓，就不再更改了。所以有的是把先祖原来的姓传承下来作为氏，有的是把祖先的名号或谥号作为氏，有的以国名作为氏，有的以爵位名称作为氏，有的以官职名称作为氏，有的以自己祖先的字作为氏，有的以从事的职业名称作为氏，有的以居住的地名作为氏，有的以所记最重要之事作为氏。像五帝三王时代尧、舜、禹等的名号，就是所说的名号；文、武、昭、景、成、宣、戴、桓等就是所说的谥号；齐、鲁、吴、楚、秦、晋、燕、赵等就是所说的国名；王氏、侯氏、王孙、公孙等就是所说的爵位；司马、司徒、中行、下军等就是所说的官职；伯有、孟孙、子服、叔子等就是祖先的字；巫氏、匠氏、陶氏等就是职业名称；东门、西门、南宫、东郭、北郭等就是居住地名称；三乌、五鹿、青牛、白马等就是历史事件的标志。凡此种种姓氏，都是本有所属却已无法完全记录了。

卫侯灭邢①，昭公娶同姓②，言皆同祖也。近古以来，则不必然。古之赐姓，大谛可用③，其余则难。周室衰微，吴、楚僭号④，下历七国⑤，咸各称王。故王氏、王孙氏、公孙氏及氏谥官，国自有之，千八百国，谥官万数，故元不可同也⑥。及孙氏者，或王孙之班也⑦，或诸孙之班也，故有同祖而异姓，有同姓而异祖。亦有杂厝⑧，变而相入，或从母姓，或避怨仇。夫吹律定姓⑨，惟圣能之。今民散久，鲜克达音律⑩。天主尊正其祖⑪。故且略纪显者，以待士合揖损焉⑫。

【注释】

①卫侯灭邢：卫、邢两国都是周天子分封的姬姓诸侯国。《左传·僖公二十五年》载，邢无罪而卫灭之，是杀灭同姓亲族的行为，所以《春秋》经记载了卫侯的名字“燬”以贬斥之。

②昭公娶同姓：鲁昭公娶了吴国宗室的女子孟子做夫人，鲁和吴都

是姬姓诸侯，按照周代当时的礼制，不能娶同姓为妻。《春秋·哀公二年》记吴孟子卒，为避同姓讳故，只书名不书姓。昭公，即鲁昭公。

③大谛：大抵，大概。

④吴、楚僭号：东周时期，周王室弱而诸侯强，诸侯渐次称霸，周礼规定的等级制度渐趋崩溃，楚、吴、越等国国君先后自行称王。这在当时是违背周礼制度的僭越行为，故称"僭号"。

⑤七国：指战国时秦、楚、齐、燕、韩、赵、魏七国。

⑥元：来源，本源。

⑦班：彭《校》："'班'犹'别'也。"类别。这里引申为分支、支系。

⑧厝(cuò)：同"错"，交错，混杂。

⑨吹律定姓：古人相信圣人可以用律管在不同的季节吹奏出一百种音调以纪其族。《白虎通义·姓名》："圣人吹律定姓以记其族。人含五常而生，声有五音，宫、商、角、徵、羽，转而相杂，五五二十五，转生四时，故百。"

⑩鲜(xiǎn)：少。克：能够。

⑪天主：王宗炎疑为"定姓"之误，汪《笺》疑为"人生"之误。

⑫以待士合揖损焉：汪《笺》认为"士"当作"三"，"三合"即"参合"，验证之意。揖，汪《笺》认为与"挹"同，挹损，即增删。

【译文】

当年卫侯灭了邢国，鲁昭公娶了吴国同姓的妻子，《春秋》贬斥他们出自同宗之祖却做出这样的事。近世以来，就不一定是这样了。古时所赐的姓，大体上可以作为判断是否出自同祖的根据，其余的就很难说了。周王室衰微后，吴国、楚国相继僭越称王，到了七国争雄之时，他们也都各自称王。因此王氏、王孙氏、公孙氏等以及将谥号、官职作为氏的情况，各个国家都有，如此成百上千的国家，谥号和官名可谓数以万计，所以他们的祖先来源各不相同。就像孙氏，他们有的是王孙氏的分支，有的是诸孙氏的分支，因此他们有的虽是同一个祖先却不同姓，有的虽是同姓却祖先不同。也有相互混杂的，还有变化之后相互混杂的，有的跟从母亲的姓，有的为了躲避仇敌而改姓。那种凭吹奏律管即可以确定姓的方法，只有圣人才能做到。当今民间吹律定姓的方法已经亡佚很久了，很少有人能通晓那些音律。人们生来就重视考定正清自己祖先的本源，所以姑且简略地记录了其中一些较显著的，等待后来的学者验证增删。

伏羲姓风，其后封任、宿、须朐、颛臾四国①，实司大皞与有济之祀②，且为东蒙主③。鲁僖公母成风④，盖须朐之女也。季氏欲伐颛臾，而孔子讥之⑤。

【注释】

①任、宿、须朐(qú)、颛臾(zhuān yú)：四国均为西周所封风姓古国。任，其地在今山东任城。宿，其地在今山东东平东南。须朐，其地在今山东东平西南。颛臾，其地在今山东费县西北。

②司：主管，职掌。大皞(hào)：即太皞，指伏羲。有济(jǐ)：济水。源于河南王屋山，东流入渤海。

③东蒙主：《论语·季氏》："夫颛臾，昔者先王以为东蒙主。"东蒙主即祭祀蒙山时的主祭者。东蒙即蒙山，在今山东蒙阴县西南。伏羲、有济之祀，见《左传·僖公二十一年》。

④鲁僖公：春秋时鲁国国君，名申。成风：鲁庄公之妾，僖公之母。

⑤季氏欲伐颛臾，而孔子讥之：据《论语·季氏》载，季氏欲伐颛臾时，冉有作为季氏的家宰受到孔子的指责。孔子对冉有说："夫颛臾，昔者先王以为东蒙主，且在邦域之中矣，是社稷之臣也。何以伐为？……吾恐季孙之忧不在颛臾，而在萧墙之内也。"

【译文】

伏羲姓风，他的后代分封任、宿、须朐、颛臾四国，掌管伏羲和济水的祭祀，而且也是祭祀东蒙山的主祭。鲁僖公的母亲成风，可能是须朐国君的女儿。季氏想要攻打颛臾，孔子曾讥讽他。

炎帝苗胄，四岳伯夷，为尧典礼[①]，折民惟刑[②]，以封申、吕[③]。裔生尚[④]，为文王师，克殷而封之齐。或封许、向[⑤]，或封于纪，或封于申。申城在南阳宛北序山之下[⑥]，故《诗》云："亹亹申伯，王荐之事，于邑于序，南国为式[⑦]。"宛西三十里有吕城。许在颍川[⑧]，今许县是也。姜戎居伊、洛之间[⑨]，晋惠公徙置陆浑[⑩]。州、薄、甘、戏、露、怡[⑪]，及齐之国氏、高氏、襄氏、隰氏、士强氏、东郭氏、雍门氏、子雅氏、子尾氏、子襄氏、子渊氏、子乾氏、公旗氏、翰公氏、贺氏、卢氏[⑫]，皆姜姓也。

【注释】

①"炎帝苗胄"三句：语本《尚书·尧典》。炎帝，上古圣王之一，又称赤帝，烈山氏。相传炎帝发明了农牧业和医药，是中华民族的始祖之一。苗胄，后代。四岳，也称四伯，尧、舜时分别掌管四季、随天子巡狩四岳、协助天子统辖四方诸侯，位在卿士。皇甫谧《帝王世纪》："命羲、和四子羲仲、羲叔、和仲、和叔分掌四时方岳之职，故名曰四岳也。"伯夷，此指尧、舜时人，舜时曾担任掌管宗庙祭祀的秩宗之官，见《尚书·尧典》。与西周初拒不食周粟的伯夷非一人。典礼，掌管礼仪的官员。

②折民惟刑：语本《尚书·吕刑》。意谓以刑法断决狱讼民事。折，折狱，断狱。

③以封申、吕:《史记·齐太公世家》:"其先祖尝为四岳,佐禹平水土,甚有功,虞、夏之际封于吕,或封于申。"申、吕,周代诸侯国名,其地在今河南南阳。

④裔生尚:汪《笺》:"'裔'上疑脱字。"裔,后代。尚,即姜尚,或称吕尚。名望,字子牙,俗称姜太公。因功封于齐,成为周代齐国的始祖。

⑤许、向:皆周代诸侯国。许,其地在今河南许昌。向,其地在今河南莒南。

⑥南阳:秦汉郡名。北序山:在南阳郡境内,其地在今河南南阳南。

⑦"亹亹(wěi)申伯"四句:引诗见《诗经·大雅·崧高》。亹亹,勤勉的样子。申伯,周宣王的卿士,申国之君。序,此处指北序山。式,范式,法式。今本《诗经》"荐"作"缵","序"作"谢","为"作"是"。

⑧颍川:汉郡名。其地在今河南禹州。

⑨姜戎:古代的一个姜姓氏族部落。《左传·僖公三十三年》:"晋人及姜戎败秦师于崤。"杜预注:"姜戎,姜姓之戎,居晋南鄙。"伊、洛:指伊水和洛水,二河流经之地大概在今河南熊耳山一带。

⑩晋惠公:春秋时晋国国君,名夷吾。陆浑:本指瓜州之地,自古为允姓戎族所居,其地在今甘肃敦煌。据《左传·僖公二十二年》载,晋惠公诱迁陆浑之戎于伊川,而仍旧沿用陆浑之名。汉代因之,于其地置陆浑县。此处的陆浑当指所迁之地,而非指原敦煌之地。

⑪州:周代封国。其地在今山东安丘。薄:春秋时宋国大夫封地。其地在今山东曹县。甘:夏代侯国。其地在今陕西西安鄠邑西南。戏:春秋时郑地。其地在今河南巩义东南。露:汉代路县。其地在今北京通州东。怡:古国名。其地在今河北卢龙。

⑫士强氏:诸本作"士氏、强氏",汪《笺》据《路史·后纪》四改。彭

《校》据《左传·成公十八年》有“士华免”，杜预注：“齐大夫。”又《战国策·齐策一》《吕氏春秋·知氏》有“士尉”等，认为“士氏、强氏”不误，当移正。子渊氏：《古今姓氏书辨证》“子泉氏”引《世本》：“齐顷公生子泉湫，因氏焉。”按，“子泉氏”即“子渊氏”，唐人为避讳而改之。翰公氏：《路史·后纪》四引作“公翰”。彭《校》按《广韵·东韵》载齐公族又有“公牵氏”“公纪氏”“公牛氏”，“公”字并在前，此处“翰公”亦盖“公翰”之倒误。贺氏：汪《笺》：“《元和姓纂》：‘齐公族庆父之后庆克生庆封，以罪奔吴，汉末徙会稽山阴。后汉庆仪为汝阴令，曾孙纯避安帝父讳，始改贺氏。’”

【译文】

炎帝的后代，四岳之一的伯夷，担任尧帝时主持礼制的典礼官，他以刑法断决狱讼民事，封地在申和吕。其后代吕尚，任周文王的国师，助武王战胜殷商后封于齐地。其后代有的封在许地，有的封在向地，有的封在纪地，有的封在申地。申城在南阳宛县的北序山之下，所以《诗经》中说：“勤勉行事的申伯，君王让他任职，在北序山下修建城邑，南方那些国家便以他为榜样。”宛城向西三十里有吕城。许地在颍川，也就是现在的许县。姜戎居住在伊水、洛水流域，晋惠公时迁陆浑之戎到伊川，仍用陆浑之名。州、薄、甘、戏、露、怡，以及齐国的国氏、高氏、襄氏、隰氏、士强氏、东郭氏、雍门氏、子雅氏、子尾氏、子襄氏、子渊氏、子乾氏、公旗氏、翰公氏、贺氏、卢氏，都属于姜姓。

黄帝之子二十五人，班为十二[①]：姬、酉、祁、己、滕、葴、任、拘、釐、姞、嬛、衣氏也[②]。当春秋，晋有祁奚[③]，举子荐仇，以忠直著。莒子姓己氏[④]。夏之兴，有任奚为夏车正[⑤]，以封于薛[⑥]，后迁于邳[⑦]，其嗣仲虺居薛[⑧]，为汤左相。王季之妃大任[9]，及谢、章、昌、采、祝、结、泉、卑、遇、狂大氏，皆任姓也[10]。姞氏女为后稷元妃[11]，繁育周先。姞氏封于燕，有贱妾燕姞[12]，梦神与之兰曰："余为伯儵[13]，余尔祖也。是以有国香，人服媚[14]。"及文公见姞，赐兰而御之[15]。姞言其梦，且曰："妾不才，幸而有子，将不信，敢征兰乎[16]？"公曰："诺。"遂生穆公[17]。姞氏之别[18]，有阚、尹、蔡、光、鲁、雍、断、密须氏[19]。及汉，河东有郅都[20]，汝南有郅君章[21]，姓音与古姞同，而书其字异，二人皆著名当世。

【注释】

①班：排列，次第。

②姬、酉、祁、己、滕、葴(zhēn)、任、拘、釐(xī)、姞(jí)、嬛、衣氏也：以上十二姓俱本《国语·晋语四》。拘，汪《笺》："《晋语》作'荀'，《广韵·四十五厚》引《晋语》作'苟'，《路史·国名纪》一、《后纪》五并作'苟'，以为作'荀'者非。《元和姓纂》'苟姓'亦云：'《国语》黄帝之后。'按拘、苟并从句得声。"

③祁奚：春秋时晋国人。本为晋公族献侯之后，以封地"祁"作为氏。晋悼公时，任中军尉。告老时曾举荐仇人解狐与自己的儿子祁午，因有"外举不隐仇，内举不隐子"的美誉。按，王符此处似认为祁奚本姓"祁"，而不是姓"姬"氏"祁"。不知何据。

④莒子：周代封国，子爵，国君称为"莒子"。

⑤任奚：即奚仲。传说奚仲创造车，为夏代管理和制作车舆的车正官。

⑥薛：奚仲封国。其地在今山东微山西北。

⑦邳(pī)：商代古国名，西周属薛国地，战国时属齐邑。其地在今江苏邳州。

⑧仲虺(huǐ)：奚仲后代，商汤时为左相。

⑨王季：即季历，周太王古公亶父少子，周文王姬昌之父。后来姬昌之子姬发继位，追尊古公为太王，季历为王季。大(tài)任：又作太任，王季之妃，文王之母。

⑩及谢、章、昌、采、祝、结、泉、卑、遇、狂大氏，皆任姓也：《左传·隐公十一年》"寡人若朝于薛不敢与诸任齿"，孔颖达疏云："任姓，谢、章、薛、舒、吕、祝、终、泉、毕、过。"汪《笺》："《路史·后纪五·黄帝纪》'谢、章'下'昌'上有舒、洛二国，又八《高阳纪》注云：'舒又自一国，乃黄帝之后任姓，见《潜夫论》。'《国名纪》一同。《国名纪》又云：'采，纪姓。王符以为任姓，非。'又云：'遇，宜即番禺。王符作"卑过"，讹。'《后纪》五又云：'遇见《潜夫》，或作"过"，非。'今按'采'即《世本》'舒'，'结'即《世本》'终'。《国名纪》'结'亦作'终'，其作'洛'者误。洛见《郑语》，韦昭以为赤狄隗姓也。昌、吕，卑、毕，遇、过，皆字形相近，传本各异。惟'狂大'不载《世本》，《后纪》五、《国名纪》一并作'狂犬'，疑即太戎氏。"

⑪元妃：指古代帝王的正妻。

⑫燕姞：南燕国女子，姞姓。燕，指南燕，其地在今河南延津东北。

⑬伯儵(chóu)：南燕国的始祖。

⑭人服媚：汪《笺》认为"媚"下脱一字。意略谓人们会像喜爱佩戴兰花一样追随燕姞。服，佩戴。媚，讨好，逢迎。此处引申为爱戴，喜欢。

⑮御：临幸。

⑯征：征验，证明。

⑰穆公：此处指郑穆公，名兰。春秋时期郑国国君。

⑱别：分支。

⑲阚(kàn)：张觉《校注》据《元和姓纂》认为阚氏为春秋时齐卿阚止

之后。尹：汪《笺》引《诗经·小雅·都人士》"谓之尹、吉"郑玄笺："吉，读为'姞'。尹氏、姞氏，周室昏姻之旧姓也。"蔡、光、鲁：彭《校》："隐五年《左传》疏引《世本》：'燕国，姞姓。'秦嘉谟《世本辑补》据之，谓此'燕'误作'蔡'。又引'光'作'先'，谓与侁、姺同。复据文六年《左传》'杜祁以君故，让偪姞而上之'，杜注：'偪姞，姞姓之女。'订'鲁'为'偪'。盖可从。"译文姑依王符原文。

⑳河东：汉郡名，其地在今山西南部。郅（zhì）都：西汉人，汉景帝时任济南太守，以执法严明著称，后因得罪窦太后被诛杀。

㉑汝南：汉郡名，其地在今河南东南部。郅君章：即郅恽，东汉人，字君章，时任长沙太守，以精通韩《诗》而闻名。

【译文】

黄帝的儿子有二十五个，分为十二个姓：姬、酉、祁、己、滕、葴、任、拘、釐、姞、嬛、衣氏。春秋时，晋国有祁奚，同时推举自己的儿子和自己的仇人，以忠诚正直著称。莒国的君主为己氏。夏朝兴盛的时候，任奚担任车正，他被封在薛地，后又迁到邳地，后代仲虺居于薛地，担任商汤的左相。王季的妃子大任，和谢、章、昌、采、祝、结、泉、卑、遇、狂大氏，都是任姓。姞氏的女儿就是后稷的正妻，繁衍养育了周人的祖先。姞氏封在燕地，有一位地位低下的小妾叫燕姞，梦到神灵给她一枝兰花说："我是伯鯈，是你的先祖。你将会拥有兰花一样的国色天香，人们也将会像喜爱佩戴兰花那样地追随你。"后来郑文公见到燕姞，赐给她一枝兰花，并让燕姞服侍他。燕姞告诉文公自己的梦，说："臣妾愚昧，有幸怀了您的孩子，您要是不相信，愿以这枝兰花作证！"郑文公说："我相信。"于是就生下了郑穆公。姞氏的分支有阚、尹、蔡、光、鲁、雍、断、密须氏。到了汉代，河东郡有郅都，汝南郡有郅君章，他们的姓的读音和古代的"姞"相同，但是写出来字形却不一样，这两个人在当时都很著名。

少曎氏之世衰[①]，而九黎乱德[②]，颛顼受之[③]，乃命南正重司天以属神[④]，命火正黎司地以属民[⑤]，使复旧常，无相侵渎[⑥]，是谓绝地天通[⑦]。夫黎，颛顼氏裔子吴回也[⑧]。为高辛氏火正[⑨]，淳耀天明地德[⑩]，光四海也，故名祝融[⑪]。后三苗复九黎之德[⑫]，尧继重、黎之后不忘旧者，羲伯复治之[⑬]。故重黎氏世序天地[⑭]，别其分主[⑮]，以历三代，而封于程[⑯]。其在周世，为宣王大司马[⑰]，《诗》美"王谓尹氏，命程伯休父"[⑱]。其后失守，适晋为司马[⑲]，迁自谓其后[⑳]。

【注释】

①少曎：又作少皞、少昊，名挚。以金德王，又称金天氏。

②九黎：指远古时代的部落联盟，居住在长江流域今湖北、湖南及江西一带。

③受之：受命继承君位。

④南正：古官名，掌管上天之事并祭祀天神。重：南正官名。司：掌管。属（zhǔ）：连接，沟通。

⑤火正：古官名，掌管五行之火并祭祀火星。黎：火正官名。

⑥侵渎：侵犯，侵扰。

⑦是谓绝地天通：《国语·楚语下》韦昭注："绝地民与天神相通之道。"

⑧夫黎，颛顼氏裔子吴回也：《大戴礼记·帝系》："颛顼产老童，老童产重黎及吴回。"《史记·楚世家》："帝喾诛重黎，以其弟吴回为重黎后，复居火正。"许广注引《世本》亦云："老童生重黎及吴回。"汪《笺》据此认为吴回与黎非一人。张觉《校注》据《国语·郑语》《史记·楚世家》认为吴回和重黎均为祝融，此处王符将吴回与黎混同为一人，盖误。按，汪、张二说皆可参。译文姑按王

符原文。

⑨高辛氏：即帝喾(kù)，上古五帝之一。

⑩淳耀：《国语》韦昭注："淳，大也。耀，明也。"此处引申为弘扬，彰显。

⑪祝融：传说为帝喾时的火正官。

⑫三苗：古代南方的一个部落。《史记·五帝本纪》："三苗在江淮荆州，数为乱……迁三苗于三危以变西戎。"

⑬羲伯：张觉《校注》按史无"羲伯"，此处疑当作"羲和"。《国语·楚语下》"尧复育重、黎之后不忘旧者，使复典之"，韦昭注："尧继高辛氏，平三苗之乱，绍育重、黎之后，使复典天地之官，羲氏、和氏是也。"其说可参。

⑭序：次序，此指治理。

⑮分(fèn)：名分，职分。

⑯程：西周时的封国，其地在今陕西咸阳。

⑰宣王：即周宣王，名静，一作靖，周厉王之子。大司马：官名，殷商始置，位次三公，与六卿相当，掌军政与军赋。

⑱王谓尹氏，命程伯休父：引诗见《诗经·大雅·常武》。尹氏，掌命卿士，掌管官员册命。程伯休父，程国国君，名休父，伯爵，故称程伯。

⑲其后失守，适晋为司马：《国语·楚语下》："其在周，程伯休父其后也。当宣王时，失其官守，而为司马氏。"

⑳迁自谓其后：司马迁在《史记·太史公自序》中从颛顼南正重、火正黎始自溯族史，谓其继承先祖司马氏沟通天人的史职传统。迁，即司马迁。西汉武帝时太史令，故又称"太史公"。曾因李陵降匈奴之事受牵连，惨遭宫刑。为继承其父司马谈遗志，发愤著书，完成了我国第一部纪传体通史《史记》。

【译文】

少皞氏时国政衰落，九黎部落背德作乱，颛顼受命为帝，于是命令重担任南正官掌管上天事务，沟通天神，命令黎担任火正官掌管人间事务，沟通百姓，恢复原来的秩序，天神和百姓之间互不侵扰，这就叫作断绝天地之间沟通往来的通道。黎，是颛顼氏之子吴回。担任高辛氏帝喾的火正官，因其彰显了上天的圣明和大地的厚德，光辉照耀四海，所以称作祝融。后来三苗复修九黎部落的德行，尧继位后继续任用重、黎的后代中不忘其祖先旧业的人，让羲伯继续掌管天地之事。所以重氏、黎氏世代掌管天地的事务，区别他们各自的职分，经三代以后，被封在程地。周代时，他们的后代又担任周宣王的大司马，《诗经》赞美“宣王告诉掌命卿士，授命程伯休父”。后来程伯的后代失去了官守，到晋国又成为司马氏，后来的司马迁即自称是其后代。

祝融之孙，分为八姓：己、秃、彭、姜、妘、曹、斯、芈[①]。己姓之嗣飂叔安[②]，其裔子曰董父[③]，实甚好龙，能求其嗜欲以饮食之，龙多归焉。乃学扰龙[④]，以事帝舜。赐姓曰董，氏曰豢龙[⑤]，封诸朡川[⑥]。朡夷、彭姓豕韦[⑦]，皆能驯龙者也。豢龙逢以忠谏[⑧]，桀杀之。凡因祝融之子孙，己姓之班，昆吾、籍、扈、温、董[⑨]。

【注释】

①“祝融之孙”三句：据《国语·郑语》，祝融之后八姓是己、董、彭、秃、妘（yún）、曹、斟、芈（mǐ）。与此处记载相比，无姜姓而有董姓；斯，作“斟”。又，《史记索隐·楚世家》引《世本》“斟”亦作“斯”。彭《校》认为作“斟”是。

②飂（liù）叔安：飂国国君，己姓，名叔安。飂，即“蓼”，诸侯国名，在今河南唐河南。

③裔子：远子，玄孙以下的子孙。

④扰龙：驯养龙。扰，驯养，驯服。

⑤豢(huàn)龙：《左传·昭公二十九年》杜预注："豢龙，官名。官有世功，则以官氏。"豢，饲养。

⑥鬷(zōng)川：地名，其地在今山东定陶。按，自"己姓之嗣飂叔安"至此，本《左传·昭公二十九年》。

⑦鬷夷：董父的后代，因董父封在鬷川而得名。豕韦：夏代人名，彭姓，彭祖的后裔，因封在豕韦国而得名。

⑧豢龙逢(páng)：又作关龙逢，夏末贤臣。夏桀荒淫奢靡，豢龙逢曾直言劝谏，被桀所杀。

⑨己姓之班，昆吾、籍、扈、温、董：《国语·郑语》作"己姓昆吾、苏、顾、温、董"。无籍、扈而有苏、顾。与本文有所不同。

【译文】

祝融的孙子分为八姓：己、秃、彭、姜、妘、曹、斯、芈。己姓后代飂叔安，他的后代董父，真是非常喜欢龙，他能够根据龙的嗜好和欲求来饲养它们，很多龙归附于他。于是他就学习驯龙术，并以此侍奉舜帝。舜赐给他董姓，氏豢龙，封给他鬷川。鬷夷和彭姓的豕韦，都是善于驯养龙的人。豢龙逢以忠诚正直进谏，却被夏桀所杀。大体上祝融的子孙中，己姓的分支有：昆吾、籍、扈、温、董等。

秃姓鬷夷、豢龙，则夏灭之[①]。彭姓彭祖、豕韦、诸稽，则商灭之[②]。姜姓会人[③]，则周灭之。

【注释】

①秃姓鬷夷、豢龙，则夏灭之：《国语·郑语》作"董姓鬷夷、豢龙，则夏灭之矣"。秃，彭《校》认为此承上八姓言，不误。

②彭姓彭祖、豕韦、诸稽，则商灭之：彭祖，传说中以八百岁著称的

长寿仙人。张觉《校注》认为此处彭祖指氏族，而非传说中的长寿仙人。下"豕韦"同。其说可参。

③姜姓会人：汪《笺》："《郑语》云：'秃姓舟人，则周灭之。'按《史记·楚世家》云：'陆终生子六人，四曰会人。'《索隐》引《系本》作郐人，即下妘姓之会也。此'会人'盖'舟人'之误。"张觉《校注》按上文已明姜姓为炎帝之后，非祝融之后，认为此处当作"秃姓舟人"。其说可参。

【译文】

董姓的鬷夷、豢龙，被夏所灭。彭姓的彭祖、豕韦、诸稽，被商所灭。姜姓的会人，被周所灭。

妘姓之后封于鄢、会、路、偪阳[1]。鄢取仲任为妻，贪冒爱吝[2]，蔑贤简能[3]，是用亡邦[4]。会在河、伊之间，其君骄贪啬俭，减爵损禄，群臣卑让[5]，上下不临[6]。诗人忧之，故作《羔裘》[7]，闵其痛悼也；《匪风》[8]，冀君先教也。会仲不悟[9]，重氏伐之，上下不能相使，禁罚不行，遂以见亡[10]。路子婴儿，娶晋成公姊为夫人[11]，酆舒为政而虐之[12]。晋伯宗怒，遂伐灭路[13]。荀萤武子伐灭偪阳[14]。曹姓封于邾[15]；邾颜子之支，别为小邾[16]，皆楚灭之[17]。

【注释】

①鄢：其地在今河南鄢陵。会(kuài)：《郑语》作"郐"，《诗经》作"桧"。其地在今河南新郑西北。路：又作潞，其地在今山西潞城。张觉《校注》："此'路'为祝融之后，与炎帝之后的'路'(上文)不同。"偪(fú)阳：其地在今山东枣庄东南。

②贪冒爱吝：贪财吝啬。冒，贪。爱，吝啬。

③简能：怠慢有才能的人。简，怠慢。

④是用亡邦：因此灭亡了国家。用，以，因此。邦，国家。

⑤让：责备。

⑥上下不临：指国家上下难统驭。临，统治，管理。

⑦《羔裘》：《诗经·桧风》中的篇章。郐君好尚华服，逍遥于宴游，而不能自强于国政，诗人劝谏不从，无奈离开君主，心中又对君主仍然怀有思念与忧虑。

⑧《匪风》：亦《诗经·桧风》中的篇章。诗旨在刺国政败坏，使人民流离道路而痛苦望救，由此表达对周初治世贤臣的思慕。

⑨会仲：会国君主。

⑩遂以见亡：《逸周书·史记解》："昔有郐君啬俭，灭爵损禄，群臣卑让，上下不临，后□小弱，禁罚不行，重氏伐之，郐君以亡。"王符所见当本于此。

⑪路子婴儿，娶晋成公姊为夫人：据《左传·宣公十五年》："潞子婴儿之夫人，晋景公之姊也。"则路子之夫人为晋景公之姐，与此不同。路子，路国君主，子爵，名婴儿。晋成公，春秋时晋国君主，晋文公之子，晋襄公之弟。

⑫酆（fēng）舒为政而虐之：据《左传·宣公十五年》，酆舒杀了路子夫人，又伤了路子的眼睛。酆舒，路国执政。虐，杀。

⑬晋伯宗怒，遂伐灭路：据《左传·宣公十五年》，晋景公想要讨伐酆舒，众大夫都认为酆舒能力强，不可讨伐，只有伯宗列举其五罪，力主讨伐。晋遂派荀林父伐灭路国。

⑭荀䓨（yīng）武子伐灭偪阳：据《左传·襄公十年》，晋为封宋国贤臣向戌而伐灭偪阳。提议者本为荀偃和士匄，但二人临阵动摇，是荀䓨坚持督促二人攻下了偪阳城。荀䓨，即智䓨，春秋时晋国大夫，谥号"武"。

⑮曹姓：据《史记·楚世家》，重黎之后陆终生有六子，其第五子为

曹姓。邾(zhū):其故地在今山东邹城。

⑯邾颜子之支,别为小邾:邾颜子即邾武公,名颜,字夷父,西周时邾国国君。因其有功于周王室,其次子肥,即公子友父,被封于郳,是为小邾国。支,分支,支系。此处即指公子友父。

⑰皆楚灭之:楚灭邾事见《汉书·地理志》:"故邾国……二十九世为楚所灭。"楚灭小邾事见《左传·庄公五年》"郳黎来来朝"孔颖达疏:"曾孙犁来,始见《春秋》,附从齐桓以尊周室,命为小邾子。穆公之孙惠公以下,春秋后六世而楚灭之。"

【译文】

妘姓的后代封在鄅、会、路、偪阳等四地。鄅取了仲任为妻子,但他又贪财吝啬,轻视怠慢有能力的贤才,最终导致了鄅国灭亡。会国在黄河、伊河之间,其国君也贪财吝啬,损减大臣的爵位和俸禄,群臣地位卑微怨声载道,国家从上到下无法统驭,诗人为之担忧,因而作《羔裘》之诗,以抒发哀怜痛悼之情;又作《匪风》之诗,期冀国君能复兴前代君主的教化。然而会仲仍不觉悟,导致重氏讨伐他,会国上下无法一致对外,禁令不能通行,终于灭亡了。路国国君婴儿,娶了晋景公的姐姐为夫人,酆舒当政的时候杀了她。晋国大夫伯宗大怒,于是发兵征讨,灭了路国。智武子荀罃灭了偪阳。曹姓被封于邾国;邾颜子中的一支,分出去成为小邾国,后来都被楚国所灭。

芈姓之裔熊严,成王封之于楚,是谓粥熊[①],又号粥子。生四人,伯霜、仲雪、叔熊、季纠。纠嗣为荆子[②],或封于夔[③],或封于越[④]。夔子不祀祝融、粥熊,楚伐灭[⑤]。公族有楚季氏、列宗氏、斗强氏、良臣氏、耆氏、门氏、侯氏、季融氏、仲熊氏、子季氏、阳氏、无钩氏、芀氏、善氏、阳氏、昭氏、景氏、严氏、婴齐氏、来氏、来纤氏、即氏、申氏、讠氏、沈氏、贺氏、咸氏、吉白氏、伍氏、沈瀸氏、馀推氏、公建氏、子南氏、子庚氏、子午氏、子西氏、王孙、田公氏、舒坚氏、鲁阳氏、黑肱氏⑥，皆芈姓也。

【注释】

①“芈姓之裔熊严”三句：按《史记·楚世家》载，鬻熊子事文王，成王封其孙熊绎于楚，为子男之爵。熊严则为熊绎之六世孙。此文以鬻熊、熊严、熊绎为一人，与《史记》不同。王符或另有所本。裔，后代。成王，即周成王。姬姓，名诵，周武王之子，周王朝第二代君主。成王继位尚年幼，周公旦辅政，平定三监之乱。成王亲政，营造新都洛邑、大封诸侯，命周公东征、制礼作乐，加强了西周王朝的统治。粥（yù）熊，即鬻熊。《左传·僖公二十六年》杜预注云其为祝融吴回之十二世孙。传为周文王师，作《鬻子》二十二篇，《汉书·艺文志》有录。

②纠（xún）嗣为荆子：季纠继承了楚王之位。荆子，即楚王。楚又称为荆，子为周之封爵，楚自称王。

③夔：西周时古国，芈姓，其地在今湖北秭归。

④越：张觉《校注》认为这里当指“越章”。《史记·楚世家》载熊渠立少子执疵为越章王。与春秋时勾践之越无涉。按，勾践之越为姒姓，夏禹之后。

⑤夔子不祀祝融、粥熊，楚伐灭：据《左传·僖公二十六年》，夔子是熊绎的后代熊挚的后裔，熊挚因有恶疾而自己流亡到了夔，作为楚的附庸，夔子以此而不再承认是祝融、粥熊之后，故不祀二祖。是年（前634）秋，楚成得臣、斗宜申帅师灭夔，俘获了夔子。楚伐灭，汪《笺》认为“灭”下脱一“之”字，彭《校》从汪说。

⑥耆氏：彭《校》疑当作“斗耆氏”。艻（wěi）氏：《氏族略》三：“薳章食邑于薳，故以命氏。”《左传·僖公二十七年》有“艻贾”，《淮南子》

高诱注为“蘧贾”，彭《校》认为“蒍”“蘧”同字。阳氏：汪《笺》按此氏已见上文，认为此处当是误记。讷氏：汪《笺》云《路史·后纪》八作“钧”。又按：“《广韵·十八谆》‘钧’字注引《风俗通》云：‘钧姓，楚大夫元钧之后。’《元和姓纂》《氏族略》四并同。”咸氏：汪《笺》疑“咸”当作“箴”。《元和姓纂》：“箴氏，楚大夫箴尹斗克黄之后，子孙以官为氏。”瀸：音 jiān。公建氏：汪《笺》疑作“子建氏”。其按《元和姓纂》有子建氏，楚平王太子建之后。王孙：汪《笺》认为当作“王孙氏”，按《左传·哀公十一年》有“王孙氏”。舒坚氏：《元和姓纂》：“《潜夫论》楚公族舒坚文叔为大夫。”《氏族略》四同。汪《笺》认为《潜夫论》无“文叔为大夫”之文，当是《姓纂》别引他书，而传写失之。

【译文】

芈姓的后代熊严，周成王将他封于楚，就是鬻熊，又称鬻子。熊严生有四个儿子：伯霜、仲雪、叔熊、季紃。季紃后来成为楚国国君，其后代有的封在夔，有的封在越章。夔国国君不祭祀祝融和鬻熊，被楚国灭掉了。楚国公族有楚季氏、列宗氏、斗强氏、良臣氏、耆氏、门氏、侯氏、季融氏、仲熊氏、子季氏、阳氏、无钩氏、蒍氏、善氏、阳氏、昭氏、景氏、严氏、婴齐氏、来氏、来纤氏、即氏、申氏、讷氏、沈氏、贺氏、咸氏、吉白氏、伍氏、沈瀸氏、馀推氏、公建氏、子南氏、子庚氏、子午氏、子西氏、王孙、田公氏、舒坚氏、鲁阳氏、黑肱氏，他们都是芈姓。

楚季者，王子敖之曾孙也[①]。坌冒生蒍章者[②]，王子无钩也。令尹孙叔敖者[③]，蒍章之子也。左司马戌者[④]，庄王之曾孙也。叶公诸梁者，戌之第三弟也[⑤]。楚大夫申无畏者，又氏文氏[⑥]。

【注释】

①楚季者，王子敖之曾孙也：楚季，楚季氏的始祖。《元和姓纂》引《世本》云："楚若敖生楚季，因氏焉。"则王子敖指若敖，芈姓，熊氏，名仪，春秋初年楚国君主。

②岔(fén)冒：岔，又作蚡、羒、棼，即熊眴，若敖之孙，号蚡冒。芀章：《左传·桓公六年》作"薳章"。

③令尹：春秋时楚国最高长官之职。孙叔敖：芀贾之子，春秋时楚国令尹。史载其在海边被楚庄王举用为令尹，辅佐庄王政绩赫然，楚国国力大盛，终于在邲之战中打败晋国，成就了春秋霸业。王符此处说他是芀章之子，汪《笺》以为是"古有此说"。

④左司马戌：当作"左司马戌"，即沈尹戌。沈尹戌主要活动于楚平王、昭王时期，是楚国正直贤明的重臣。前506年吴伐楚，楚令尹子常恐其立功而不用其计，致使楚国大败，楚昭王出逃。沈尹戌在此战中力战阵亡。左司马，春秋时置官，其职为辅助大司马管理军务。

⑤叶(shè)公诸梁者，戌之第三弟也：汪《笺》按《元和姓纂》引《风俗通义》："楚沈尹戌生诸梁，食邑于叶，因氏焉。"认为"弟"当作"子"。译文从之。叶公诸梁，春秋时楚国大夫，名诸梁，字子高。封邑为叶，故称叶公。在楚惠王时曾平定"白公之乱"，稳定了楚国局势。

⑥楚大夫申无畏者，又氏文氏：申无畏，又称文之无畏、文无畏。春秋时楚国大夫，名无畏，字子舟，封邑为申。《春秋左传注·文公十年》"文之无畏为左司马"，杨伯峻注云：万氏《氏族略》谓文之无畏为楚文王之后，故以谥为氏。申无畏于楚穆王与宋、郑两国国君在孟渚田猎时曾依法处罚过宋君御者，至楚庄王时，楚欲伐宋，故意派申无畏出使齐国而不向途经的宋国借道，宋果然杀了申无畏，楚于是起兵伐宋使其屈服。

【译文】

楚季，是王子敖的曾孙。蚠冒所生的芳章，就是王子无钩。令尹孙叔敖是芳章的儿子。左司马戌是楚庄王曾孙。叶公诸梁是戌的第三子，楚国大夫申无畏又把文当作自己的氏。

初，纣有苏氏以妲己女而亡殷[1]。周武王时，有苏忿生作为司寇而封温。其后洛邑有苏秦[2]。

【注释】

①纣有苏氏以妲(dá)己女而亡殷：汪《笺》认为此处文有脱误。妲己，殷末纣王的王后。有苏氏美女，字妲，姓己。纣伐有苏氏时被掳入宫，尊为妃，专宠无比。纣对其言听计从，又为其作酒池肉林，炮烙之刑。牧野之战后自杀。

②洛邑：即洛阳。苏秦：战国著名纵横家。据说曾拜鬼谷子学纵横之术，学成之后先游说周、秦，皆不用，后又游说燕、赵、韩、齐、卫、楚六国合纵抗秦，一人曾佩六国相印。后六国合纵破裂，苏秦为燕间齐，入齐为卿士，终死于齐。按，彭《校》云："此段应在上文'昆吾、籍、扈、温、董'下。"

【译文】

当初，殷纣王因宠爱有苏氏的女儿妲己而使殷商灭亡。周武王时，苏忿生为司寇而被分封于温。后来洛邑有苏秦。

高阳氏之世有才子八人[1]，苍舒、隤凯、檮戭、大临、尨降、庭坚、仲容、叔达，天下之人谓之八凯。

【注释】

①高阳氏：即颛顼，黄帝之孙，号高阳氏，居于帝丘，其地在今河南濮阳附近。

【译文】

颛顼有八名济世之才，即苍舒、隤凯、梼戭、大临、龙降、庭坚、仲容、叔达，天下的人称他们为“八凯”。

后嗣有皋陶①，事舜。舜曰：“皋陶！蛮夷滑夏，寇贼奸宄，女作士②。”其子伯翳③，能议百姓以佐舜、禹④，扰驯鸟兽⑤，舜赐姓嬴。

【注释】

①皋陶：也称咎繇，传说是黄帝次子昌意的后裔。生于尧时，舜时任掌管刑狱的理官，被奉为中国司法鼻祖。

②“皋陶”四句：引语见《尚书·尧典》。今本《尚书》“滑”作“猾”，扰乱。夏，指华夏。寇，抢劫。贼，杀人。奸宄（guǐ），乱由内起曰奸，由外起曰宄。女（rǔ），通“汝”，你。士，此处指掌管刑狱之官。

③伯翳：又作柏翳、伯益，因封于费，又称大费。为秦人先祖。

④百姓：汪《笺》认为应作“百物”。《国语·郑语》：“伯翳能议百物以佐舜。”韦昭注：“百物，草木鸟兽也，议，使各得其宜。”译文从之。以佐舜、禹：据《史记·秦本纪》，伯翳助禹治水成功，舜妻以姚姓之女，并使其主管畜牧。

⑤扰：驯服。

【译文】

高阳氏的后代有皋陶，服事舜帝。舜说：“皋陶！野蛮民族侵扰华夏，攻劫杀人，内乱外患。命你做狱官之长。”他的儿子伯翳，能使百物各得其宜而辅佐舜、禹，又善于驯服鸟兽，舜赐其姓为嬴。

后有仲衍①，鸟体人言②，为夏帝大戊御③。嗣及费仲，生恶来、季胜④。武王伐纣，并杀恶来。

【注释】

①仲衍：《史记·秦本纪》中作“中衍”，伯翳之子大廉的玄孙。

②鸟体人言：《史记正义》：“身体是鸟而能人言。又云口及手足似鸟也。”

③为夏帝大戊御：按《史记·秦本纪》：“帝大戊闻而卜之使御，吉，遂致使御而妻之。”帝大戊，殷帝太戊，商朝第九代君主。其在位时有伊陟、巫咸等贤臣辅助，诸侯归之，殷道复兴，故称殷中宗。此云夏帝，与《史记》不同。王符或另有所本。

④嗣及费仲，生恶来、季胜：据《史记·秦本纪》，蜚廉生恶来、季胜，其出自秦人先祖伯翳之子大廉鸟俗氏一支；而费仲出自伯翳之子若木费氏一系，为费昌之后，属费氏。故此处“费仲”应作“蜚廉”。王符或另有所本。恶来、季胜，二人皆蜚廉之子。恶来有力，可以手裂虎兕，与其父皆以材力服事纣王。

【译文】

皋陶的后代仲衍，长着鸟的身材却口吐人言，给夏帝大戊驾车。其后代费仲，生恶来、季胜。周武王伐纣时，将费仲连同其子恶来一并杀掉了。

季胜之后有造父①，以善御事周穆王②。穆王游西海忘归，于是徐偃作乱③，造父御，一日千里，以征之。王封造父于赵城④，因以为氏。其后失守⑤，至于赵夙，仕晋卿大夫⑥，十一世而为列侯[⑦]，五世而为武灵王[⑧]，五世亡赵[⑨]。恭叔氏、邯郸氏、訾辱氏、婴齐氏、楼季氏、卢氏、原氏，皆赵嬴姓也。

【注释】

①造父：季胜曾孙。

②御：驾驭马车。周穆王：周昭王之子，名满。西周第五代天子。相传其曾周游四海，西游昆仑会西王母。

③徐偃：即徐偃王，西周时徐国国君，其所处时代历来说法不一。《竹书纪年》《史记·秦本纪》等记作是周穆王时人。

④赵城：其地在今山西洪洞境内。

⑤失守：指失其官守。

⑥至于赵夙，仕晋卿大夫：赵夙是造父十二世孙，春秋时期晋国大夫。其为晋献公驾戎车灭耿、霍、魏，因功赐耿国，封大夫，是为赵国始祖。

⑦十一世而为列侯：据《史记·赵世家》，赵烈侯六年(前403)，周威烈王正式策命赵为诸侯，自赵夙至赵烈侯共历十一世。列侯，封为诸侯。张觉《校注》认为即指赵烈侯，亦通。译文取封列诸侯意。

⑧五世而为武灵王：据《史记·赵世家》，自赵烈侯至武灵王共五世。武灵王，名雍。其在位时曾在赵国推行胡服骑射的军事改革，后灭中山等国，使赵国国力一度强盛。

⑨五世亡赵：据《史记·赵世家》，赵王迁八年(前228)赵为秦所灭。自赵武灵王至赵王迁共五世。

【译文】

季胜的后代造父，因善于驾车而侍奉周穆王。周穆王巡游西海忘记归返，徐偃王趁机作乱，造父为穆王驾车，一日行千里，讨伐徐偃王。后来穆王把赵城封给造父，造父便以赵为氏。后来造父的后代失其世代官守；到春秋时的赵夙，做了晋国卿大夫；又经历十一代后被封为诸侯，又经历五代之后是赵武灵王，又经历五代后赵国灭亡。后来的恭叔氏、邯郸氏、訾辱氏、婴齐氏、楼季氏、卢氏、原氏，都是赵氏嬴姓。

恶来后有非子，以善畜，周孝王封之于秦①，世地理以为西陲大夫，汧秦亭是也②。其后列于诸侯③，五世而称王④，六世而始皇生于邯郸，故曰赵政⑤。及梁、葛、江、黄、徐、莒、蓼、六、英⑥，皆皋陶之后也。钟离、运掩、菟裘、寻梁、修鱼、白冥、飞廉、密如、东灌、良、时、白、巴、公巴公巴、剡、复、蒲⑦，皆嬴姓也。

【注释】

①“恶来后有非子”三句：恶来玄孙大骆之子非子，居于犬丘，善养马和畜牧，侍奉周孝王，后被周孝王封于秦，秦始为附庸，号秦嬴。是为秦有封号之始。周孝王，周共王弟，名辟方。西周第八位君主。

②世地理以为西陲大夫，汧(qiān)秦亭是也：此句有脱误，彭《校》认为当作“四世宣王以为西陲大夫，《地理志》汧秦亭是也”。译文姑取彭说。按《史记・秦本纪》，非子生秦侯，秦侯生公伯，公伯生秦仲，秦仲生庄公，庄公伐西戎，破之，周宣王赐之大骆与犬丘之地，封西陲大夫。秦自此从附庸升为大夫。汧，即汧水，今陕西西部渭河支流。秦亭，秦邑，其地在今甘肃张家川回族自治县东。

③其后列于诸侯：公元前771年，秦襄公因勤王救周，又护送周平

王东迁有功,被封为诸侯,并赐予岐山以西的土地。秦自此从大夫升为诸侯。

④五世而称王:五,底本阙,今据汉魏本、四部本、四库本补。彭《校》据《史记·十二诸侯年表》《六国年表》及《汉书·地理志》,秦襄公列为诸侯至秦惠文王称王共历二十五世,认为此处当作“二十五”。其说是,译文从之。

⑤六世而始皇生于邯郸,故曰赵政:秦始皇之父为秦庄襄王,未立为太子前曾在赵国为质,始皇即生于此时。因其生于赵,名政,故又称赵政,非谓其姓赵。据《史记·秦本纪》,自秦惠文王至秦始皇共历六世。邯郸,战国时赵国都城,其地在今河北邯郸。

⑥英:彭《校》认为当作“偃”,二字音近而转。又按舜之妃女英,《大戴礼记》作“女匽”,故皋陶之后有英氏,又有偃氏。说可参。

⑦寻梁:《史记·秦本纪》作“将梁”。白寘(tiǎn):汪《笺》认为当作“白冥”。飞廉:即蜚廉,恶来、季胜之父,商纣宠臣,周武王伐纣杀之。东灌:张觉《校注》疑为“东莞”之音讹。白、巴:张觉《校注》疑为“白乙”之误。其按白乙为复姓,即嬴氏之白乙姓。公巴公巴:张觉《校注》认为当作“公他巴”。其引《世本·氏姓》“公他氏”:“有蒲邑大夫公他世卿,其先以王父字为氏。”译文从之。剡:疑为“郯”。四部本作“郯”。复:张觉《校注》认为或即“复阳”。按,此段错讹甚多,诸说不一,译文则多本王符原文。

【译文】

恶来的后代中有非子,善于畜牧养殖,周孝王将他封在秦地。周宣王将其四世孙庄公封为西陲大夫,这就是汧水发源之地秦亭。他的后代列为诸侯,经历二十五代后秦惠文王称王,其后再过六代就是秦始皇,因其出生于赵国邯郸,所以叫赵政。此外,梁、葛、江、黄、徐、莒、蓼、六、英等,都是皋陶的后代。钟离、运掩、菟裘、寻梁、修鱼、白寘、飞廉、密如、东灌、良、时、白、巴、公他巴、剡、复、蒲等,都是嬴姓。

帝尧之后为陶唐氏。后有刘累，能畜龙，孔甲赐姓为御龙①，以更豕韦之后②。至周为唐杜氏③。周衰，有隰叔子违周难于晋国④，生子舆⑤，为李⑥，以正于朝，朝无间官⑦，故氏为士氏；为司空⑧，以正于国，国无败绩，故氏司空；食采随⑨，故氏随氏。士芀之孙会，佐文、襄⑩，于诸侯无恶⑪；为卿，以辅成、景⑫，军无败政；为成率，居傅⑬，端刑法，集训典⑭，国无奸民，晋国之盗逃奔于秦。于是晋侯为请冕服于王，王命随会为卿⑮，是以受范，卒谥武子。武子文⑯，成晋、荆之盟⑰，降兄弟之国⑱，使无间隙，是以受郇、栎⑲。由此帝尧之后，有陶唐氏、刘氏、御龙氏、唐杜氏、隰氏、士氏、季氏、司空氏、随氏、范氏、郇氏、栎氏、彘氏、冀氏、縠氏、蔷氏、扰氏、狸氏、傅氏⑳。楚令尹建尝问范武子之德于文子㉑，文子对曰："夫子之家事治，言于晋国，竭情无私㉒，其祝史陈信不愧㉓，其家事无猜㉔，其祝史不祈。"建归，以告，康王曰㉕："神人无怨，宜夫子之股肱五君㉖，以为诸侯主也。"故刘氏自唐以下汉以上，德著于世，莫若范会之最盛也。斯亦有修己以安人之功矣。武王克殷，而封帝尧之后于铸也㉗。

【注释】

①孔甲：据《史记·夏本纪》，为夏代第十三代君主，第十代君主不降之子。

②以更豕韦之后：据《左传·昭公二十九年》此下还有刘累迁于鲁县的记载。杜预注："更，代也。以刘累代彭姓之豕韦。累寻迁鲁县，豕韦复国，至商而灭。累之后世复承其国为豕韦氏。"则商代之豕韦氏实为刘累后代，非彭祖后代。

③至周为唐杜氏:以上关于刘累的世系,基本本于《左传·襄公二十四年》范宣子追述其祖时所云:“昔匄之祖,自虞以上为陶唐氏,在夏为御龙氏,在商为豕韦氏,在周为唐杜氏。”唐杜氏,《左传·襄公二十四年》杜预注:“唐、杜二国名,殷末豕韦国唐,周成王灭唐,迁之杜,为杜伯。”按,杜注有误。唐杜实为一国名,《唐书·宰相世系表》十二上、《通志·氏族略》二并杜氏亦云杜唐氏,不取杜注。此称法犹楚亦称“荆楚”。详孙诒让《籀庼述林·唐杜氏考》。

④隰(xí)叔子违周难于晋国:杜伯为周宣王大夫,宣王杀杜伯,其子隰叔避害适晋。隰叔子,《国语·晋语八》韦昭注:“隰叔,杜伯之子。”违,避。

⑤子舆:即士蒍,子舆为其字。春秋时晋国大夫。

⑥李:通“理”,狱官,法官。

⑦间官:《国语》作“奸官”,指奸佞不法的官员。

⑧司空:古代掌管建筑营造、车服器械之官,为六卿之一。

⑨食采:即封邑,卿大夫的封地。随:春秋时晋邑,其地在今山西介休东南。

⑩文:即晋文公。襄:即晋襄公。

⑪诸侯无恶:《国语·晋语八》作“诸侯无二心”,韦昭注:“二心,欲叛晋。”彭《校》:“‘无恶’与‘无二心’虽同义,然恐‘恶’字是‘二心’二字误合。”

⑫成:即晋成公。景:即晋景公。

⑬为成率,居傅:《国语·晋语八》作“为成帅,居大傅”。《左传·宣公十六年》载,士会在晋成公之世实未将中军,晋景公始命士会将中军,且为太傅。《国语》韦昭注据此即认为“成”当为“景”字之误。彭《校》认为此处以二君相接,则记之稍有不审。按,彭说允中,故“成”“景”不烦以误而相改。率,同“帅”。此指晋中军

帅。傅,即太傅,辅佐帝王、教育太子。

⑭训典:指礼法典则。

⑮于是晋侯为请冕服于王,王命随会为卿:据《左传·宣公十六年》:"三月,献狄俘。晋侯请于王。戊申,以黻冕命士会将中军,且为大傅。"则此与前"为率,居傅"是同时之事,而前云集训典,盗逃于秦反是之后的事。晋侯,晋景公。冕服,礼服。王,即周定王,名瑜,东周天子。

⑯武子文:范武子的儿子范文子,名燮。

⑰成晋、荆之盟:公元前579年,士燮通过宋国华元引介,与楚国讲和成功,即第一次弭兵之会。晋楚定立盟约,约定两国友好往来,互相援助,一致对付共同的敌人。《左传·成公十二年》记载盟约为:"凡晋、楚无相加戎,好恶同之,同恤灾危,备救凶患。若有害楚,则晋伐之。在晋,楚亦如之。交贽往来,道路无壅,谋其不协,而讨不庭。有渝此盟,明神殛之,俾队其师,无克胙国。"

⑱降:通"隆",尊崇。

⑲郇(xún):春秋时晋邑,其地在今山西临猗西南。栎(lì):春秋时晋邑,其地在今山西永济西。

⑳季氏:汪《笺》:"当作'士季氏'。《古今姓氏书辨证》云:'士艻之后,贞子士渥浊生庄子士弱,弱生士文伯瑕,瑕生景伯弥牟,别为士季氏。'亦见《氏族略》五、《后纪》十一。"扰氏:汪《笺》疑当作"扰龙氏"。狸氏:汪《笺》:"按《周语》,丹朱之后狸姓,在周为傅氏。"

㉑楚令尹建尝问范武子之德于文子:公元前546年第二次弭兵之会上,楚国令尹屈建向赵国执政赵武询问士会的德行。楚令尹建,屈建,字子木。楚国令尹。文子,指赵武,晋卿,为晋国执政,谥"文"。

㉒言于晋国,竭情无私:对于国事,敢于讲话,竭尽心力而不求

私利。

㉓陈信不愧:陈说实情,心中不惭愧。

㉔无猜:无可猜疑。

㉕康王:楚康王,春秋时楚国国君。芈姓,熊氏,名招,楚庄王之孙,楚共王之子。

㉖股肱五君:士会曾辅佐晋国文、襄、灵、成、景五位君主。股肱,大腿和胳膊,比喻辅佐。

㉗封帝尧之后于铸:铸,诸作"社"。汪《笺》据《五德志》改为"铸",彭《校》认为汪改非,此当作"祝"。译文姑从王符原文。

【译文】

尧帝的后代是陶唐氏,陶唐氏后代刘累,善于养龙,孔甲就赐他姓御龙氏,来代替豕韦氏的后代。到了周代就是唐杜氏。后来周室衰落,隰叔子在晋国避难,生了子舆,成了晋国的掌刑狱的士官,他管理朝政,朝中无奸诈之官,因此把士氏作为了自己的氏。后来他任司空治理国家,国家没有败坏的政绩,因此又以司空为氏。食邑在随地,因而又以随为氏。士蒍之孙士会,曾辅佐晋文公、晋襄公,使得诸侯之间不曾交恶。后来成为晋国卿士,辅佐晋成公、晋景公,后来成为晋国中军主帅、太傅,期间他端正刑法,汇集先王礼法典则,使晋国没有奸佞之民,国内的盗贼都逃到了秦国。因此晋国国君向周王为随氏请求冕服,周王任命随会为卿士,赐予他范地作为封地,死后谥号为武子。武子的儿子文子,成就了晋、楚的结盟,使兄弟国之间亲密无隔,国君又将郇、栎封给他。故此,尧帝的后代有陶唐氏、刘氏、御龙氏、唐杜氏、隰氏、士氏、季氏、司空氏、随氏、范氏、郇氏、栎氏、彘氏、冀氏、縠氏、蔷氏、扰氏、狸氏、傅氏。楚国令尹屈建曾经向赵文子询问范武子的品德,赵文子说:"先生的家事治理得当,在晋国说话议论,公正无私。所以他的祝史祭祀时说话可信,心中无愧。他的家事无可猜疑,祝史也无需为他祈祷。"屈建回去将这些话告诉楚康王,楚康王说:"可以使神灵和人民都没有怨恨,先生不愧是辅佐过五位君主的股肱之臣，使晋国成为诸侯之主。"因此刘氏从陶唐到汉代，功德显著于世的，再没有像范会这么隆盛的了，这实在有修养自己、安定他人的功劳啊。武王战胜了殷商以后，将帝尧的后代封于铸地。

帝舜姓虞，又为姚[①]，居妫[②]。武王克殷，而封妫满于陈，是为胡公[③]。陈袁氏、咸氏、舀氏、庆氏、夏氏、宗氏、来氏、仪氏、司徒氏、司城氏[④]，皆妫姓也。

【注释】

①姚：《世本·氏姓篇》："帝舜，姚姓。"按《尚书·尧典》孔传说法，帝舜生于姚墟，故姓姚，后居于虞，故以虞为氏。此处王符以虞为舜之姓，或另有所本。

②妫（guī）：指妫水，在今山西永济南。《尚书·尧典》："釐降二女于妫汭，嫔于虞。"

③而封妫满于陈，是为胡公：胡公妫满，姓妫，名满，谥胡。为陈国的祖先。

④咸：汪《笺》疑当作"鍼"。舀：张觉《校注》认为当是"虞"字之误。

【译文】

帝舜姓虞，又姓姚，居住在妫水边。周武王战胜了殷商后，将妫满封在陈地，这就是胡公。所以陈国的袁氏、咸氏、舀氏、庆氏、夏氏、宗氏、来氏、仪氏、司徒氏、司城氏，都是妫姓。

厉公孺子完奔齐[①]，桓公说之，以为工正[②]。其子孙大得民心[③]，遂夺君而自立，是谓威王[④]，五世而亡[⑤]。齐人谓陈田矣[⑥]。汉高祖徙诸田关中[⑦]，而有第一至第八氏[⑧]。丞相田千秋、司直田仁[⑨]，及杜阳田先、砀田先[⑩]，皆陈后也。武帝赐千秋乘小车入殿，故世谓之车丞相。及莽自谓本田安之后，以王家故更氏云[⑪]。莽之行诈，实以田常之风[⑫]。敬仲之支[⑬]，有皮氏、占氏、沮氏、与氏、献氏、子氏、鞅氏、梧氏、坊氏、高氏、芒氏、禽氏[⑭]。

【注释】

①厉公孺子完奔齐：事在陈宣公二十一年（前672）。据《史记·田敬仲完世家》，陈宣公因欲立嬖姬所生子而杀了太子御寇，陈完与太子御寇交好，惧祸及己，遂逃至齐国。厉公，即陈厉公，名跃，春秋时陈国君主。孺子完，即陈厉公子陈完。孺子，少子。

②桓公说（yuè）之，以为工正：齐桓公很喜欢陈完，欲使之为卿，陈完推辞，遂为工正。桓公，即齐桓公，姜姓，名小白，春秋时齐国国君，春秋五霸之首。说，通“悦”，喜欢，喜悦。工正，管理百官的官长。

③其子孙大得民心：陈完的后代田乞及其子田常在齐国大斗出贷，小斗收取，深得民心。按，《史记索隐》：“陈、田二字声相近。”故陈完的后代在齐又氏“田”。

④遂夺君而自立，是谓威王：前481年，田常杀齐简公，立齐平公，实掌齐政；前386年，田常四世孙田和放逐齐康公于海上，自立为国君，同年周安王册命田和为齐侯，是为齐太公。之后又以侯剡、田齐桓公至威王，始称王。威王，即齐威王，战国时期齐国的国君。田氏，名因齐。

⑤五世而亡：从齐威王，历宣王、湣王、襄王、齐王建，至齐王建四十四年（前221）被秦所灭，共五世。

⑥齐人谓陈田：《史记·田仲敬完世家》：“敬仲之如齐，以陈氏为

田氏。”

⑦汉高祖徙诸田关中：汉高祖九年（前198），为充实关中人口及避免强族在各地生事作乱，将楚昭、屈、景、怀、齐田氏迁至关中。关中，秦汉时习称今陕西咸阳、西安在函谷关之内的地区为关中。

⑧有第一至第八氏：《后汉书·第五伦传》：“其先齐诸田。诸田从园陵者多，故以次第为氏。”

⑨田千秋：又称车千秋，汉武帝时丞相。武帝因其年老，特许他可乘小车入朝，故又称车丞相。田千秋原为高寝郎，武帝的太子刘据被江充谗害而死，他上书诉冤，武帝感悟，擢用为大鸿胪，数月后任丞相，封富民侯。田千秋为人谨厚持重。武帝去世时，受遗诏辅政。司直田仁：指汉武帝时丞相司直田仁。曾为大将军卫青舍人，从征匈奴，后迁丞相长史。后得武帝赏识，为丞相司直。戾太子事件时田仁负责守城门，他认为太子与武帝是父子至亲，遂放太子出城逃走。武帝以纵太子事将田仁诛杀。司直，汉武帝时所置监察官。

⑩杜阳田先、砀（dàng）田先：即杜阳田先生、砀县田先生，二人俱以精通《易》学而闻名于世。汉代称“先生”或只言“先”，或只言“生”，其意则与二字并称“先生”同。杜阳，汪《笺》疑为“杜陵”之误，杜陵其地在今陕西西安南。砀，秦、汉县名，其地在今河南夏邑东南。

⑪及莽自谓本田安之后，以王家故更氏云：《汉书·元后传》：“莽自谓黄帝之后，其《自本》曰：黄帝姓姚氏，八世生虞舜。……至周武王封舜后妫满于陈，是为胡公，十三世生完。……齐桓公以为卿，姓田氏。十一世，田和有齐国，……至王建为秦所灭。项羽起，封建孙安为济北王。至汉兴，安失国，齐人谓之‘王家’，因以为氏。”莽，即王莽。田安，战国田齐末代君主齐王建的孙子，秦

末起兵反秦，被项羽封为济北王，后被田荣所杀。

⑫以：此处意同“有”。田常：即田恒，谥“成”，又称田成子。春秋后期齐国大臣，长期把持齐国政权。汉人为避汉文帝刘恒讳则称他为田常。

⑬敬仲：即陈完，敬仲是其谥号。

⑭皮氏：《风俗通义·姓氏》：“皮氏，周卿士樊仲皮之后。”似非敬仲旁支。张觉《校注》疑“皮”字上脱“子”。其按《韩非子·说林上》：“鸱夷子皮事田成子。”此子皮盖田常宗族，其后代以子皮为氏，则为敬仲之支不误。可参。占氏：汪《笺》引《广韵·盐韵》“占”字注云：“占姓，陈大夫子占之后。”又《路史·后纪》十二占氏以下并加“子”字。《古今姓氏书辨证》引《世本》：陈桓子生陈书，字子占，其后代遂以字为氏。与氏：《元和姓纂》作“子舆”。子氏：汪《笺》认为“子”字误，或当为“宋”。彭《校》认为当是“子宋氏”传写之误。张觉《校注》据《风俗通义·姓氏》：“陈宣公子子仲之后，以字为氏。”认为或当作“子仲氏”。鞅氏：《元和姓纂》作“子鞅氏”。梧氏：《元和姓纂》作“子寤”。张觉《校注》引《世本·氏姓》：“季平子生昭伯寤，其后为子寤氏。”认为子寤氏是鲁国季氏之后，齐国田氏之后应为“子梧氏”或“子吾氏”。坊氏：《元和姓纂》作“子枋”。高氏：《元和姓纂》作“子尚”，其引《世本》：“陈僖子生廪邱子尚意兹，因氏焉。”张觉《校注》从之，认为“高”当为“尚”之形讹。芒氏：《元和姓纂》作“子芒氏”。禽氏：《古今姓氏书辩证》作“子禽氏”。译文依王符原文。

【译文】

陈厉公的少子陈完奔逃到齐国，齐桓公很喜欢他，命他做掌管百工的工正。其后代在齐国深得民心，后来夺取了齐国君位自立为王，就是齐威王，五代以后就灭亡了。齐国人把陈氏称为田氏。高祖又把田氏家族迁徙到关中，田氏因人口众多，就有了“第一”到“第八”的姓氏。丞相田千秋、司直田仁，和杜阳田先生、砀县田先生，都是陈田后代。武帝恩赐田千秋可以乘坐小车进入宫殿，因而世人称之为“车丞相”。后来王莽也自称是田安的后代，因为田安被称为“王家”的缘故才改成了王氏。王莽行事诈欺，的确颇有田常的家风。敬仲的支系，有皮氏、占氏、沮氏、与氏、献氏、子氏、鞅氏、梧氏、坊氏、高氏、芒氏、禽氏。

帝乙元子微子开[①]，纣之庶兄也。武王封之于宋，今之睢阳是也[②]。宋孔氏、祝其氏、韩献氏、季老男氏、巨辰、经氏、事父氏、皇甫氏、华氏、鱼氏、而董氏、艾、岁氏、鸠夷氏、中野氏、越椒氏、完氏、怀氏、不第氏、冀氏、牛氏、司城氏、冈氏、近氏、止氏、朝氏、勃氏、右归氏、三伉氏、王夫氏、宜氏、徵氏、郑氏、目夷氏、鳞氏、臧氏、虺氏、沙氏、黑氏、围龟氏、既氏、据氏、砖氏、己氏、成氏、边氏、戎氏、买氏、尾氏、桓氏、戴氏、向氏、司马氏[③]，皆子姓也。

【注释】

①帝乙：商代国君，纣王之父。元子：即长子。微子开：即微子启，汉人避景帝刘启讳而称“开”。据《史记·殷本纪》，微子启为帝乙长子，纣王的异母兄。殷末纣王荒淫无度，微子数谏不从而出走降周，周武王使其复还微地，又使召公与微子盟，并封之于宋。后周公平武庚之乱，命微子率殷遗民奉殷祀。

②睢阳：秦、汉县名，在今河南商丘南。

③韩献氏：汪《笺》认为“韩”当作“幹”。季老男氏：汪《笺》引《路史·后纪》十以“季老男”为三字姓，此外又别有季老氏、老男氏。《古今姓氏书辨证》引《世本》：“宋华氏有华季老，其子氏焉。”巨辰：秦嘉谟《世本辑补》据《姓氏急就篇》订作“白马氏”。张觉《校

注》认为“巨辰”或为“西乡”之坏误。其按《风俗通义·姓氏》：“西乡氏，宋大夫西乡错之后，见《世本》。《尸子》有隐者西乡曹。”其说可参。皇甫氏：同“皇父氏”。而董氏：汪《笺》按《左传·文公十一年》中宋有“耏班”。认为“而”或当作“耏”。张觉《校注》认为当作“耏氏、萧氏”。其按董氏为己姓，已见于上文，此当为“萧”字之误。又，《风俗通义·姓氏》：“萧氏，宋乐叔以讨南宫万立御说之功受封于萧，列附庸之国。汉相国萧何即其后氏也。”说可参。译文姑从王符原文。艾、岁氏：秦嘉谟《世本辑补》作“艾氏、雍氏”。鸠夷氏：《氏族略》四、《古今姓氏书辨证》《路史·后纪》十一注并引作“鸱夷氏”。“鸠”字当作“鸱”。越椒氏：汪《笺》据《路史·后纪》十有“椒氏”。疑此处“越”字衍。又《元和姓纂》《氏族略》皆以越椒为楚之芈姓。冀氏：张觉《校注》认为此冀氏非宋国之氏，当为“几”之音误。《风俗通义·姓氏》：“几氏，宋大夫仲几之后，以王父字为氏。”冈氏：汪《笺》认为“冈”当为“网”字之俗。汉魏本、四部本作“罔”。近氏：彭《校》认为“近”当作“所”。止氏：张觉《校注》认为“止”字当为“武”字之坏。“武氏”见《左传·文公十八年》。勃氏：汪《笺》认为同《氏族略》四之“敦氏”。右归氏：汪《笺》：“《元和姓纂》‘右归氏’引此书。按‘归’盖‘师’之误。《姓纂》有右师氏，引《世本》云：‘宋武公生公子中代为右师，因氏焉。’……成十五年《左传》疏引《世本》云：‘庄公生右师戊。’”彭《校》：“疏引《世本》有脱文，当云：‘庄公生公子中，为右师氏。’‘中’即‘仲’字。”三伉氏：彭《校》认为当作“三伉氏”，其按《元和姓纂》引《风俗通义》云：“晋公子重耳封舅犯于三伉，支孙氏焉。”云此为晋公族，不当入列此。张觉《校注》认为当是“五鹿”之误。王夫氏：汪《笺》疑“王”为“壬”字之误，云：“《春秋》襄元年有楚公子壬夫，此其比也。”宜氏：秦嘉谟《世本辑补》据《姓氏急就篇》《氏族略》四俱引《风俗通义》改“宜”为

"宣",又云:"宋宣公后,以谥为氏。"张觉《校注》认为"宜"字不误。春秋时宋国司马华费遂之侍人叫"宜僚",则宋国盖亦有宜氏。徵氏:张觉《校注》疑此"徵"字为"衍"字之讹。《风俗通义·姓氏》:"衍氏,宋微仲衍之后。"沙氏:秦嘉谟《世本辑补》据《古今姓氏书辨证》改为"泥氏"。黑氏:秦嘉谟《世本辑补》据《左传·成公五年》改为"灵氏"。既氏:张觉《校注》:"《风俗通义·姓氏》:'既氏,吴夫概王之后,子孙因避仇改为既氏。汉有安南长史既凉。'据此,则此文之'既'字或有误,未详所当作。"据氏:秦嘉谟《世本辑补》据《元和姓纂》改为"获氏",又云:"宋大夫猛获之后。"张觉《校注》认为秦改未必可从,其按《左传·昭公二十年》有齐大夫"梁丘据",《氏族略》三:"梁丘氏,齐大夫,食采梁丘。"又《春秋·庄公三十二年》杜预注以梁丘为宋邑,则梁丘据亦本为宋国大夫,子姓。其后代或以"据"为氏,则亦是宋国子姓后裔。此外,《庄子·大宗师》有力士据梁,亦盖宋国之据氏。说可参。砖氏:其氏不详,张觉《校注》按《风俗通义·姓氏》:"备氏,宋封人備之后。"认为或为"備氏"之讹。尾氏:同"微氏",宋微子之后。

【译文】

帝乙的长子微子启,是纣王的庶长兄。周武王将宋封给他,其地就在今天的睢阳。宋国的孔氏、祝其氏、韩献氏、季老男氏、巨辰、经氏、事父氏、皇甫氏、华氏、鱼氏、而董氏、艾、岁氏、鸠夷氏、中野氏、越椒氏、完氏、怀氏、不第氏、冀氏、牛氏、司城氏、冈氏、近氏、止氏、朝氏、勃氏、右归氏、三伉氏、王夫氏、宜氏、徵氏、郑氏、目夷氏、鳞氏、臧氏、虺氏、沙氏、黑氏、围龟氏、既氏、据氏、砖氏、己氏、成氏、边氏、戎氏、买氏、尾氏、桓氏、戴氏、向氏、司马氏等,都属于宋国的子姓。

闵公子弗父何生宋父[①],宋父生世子[②],世子生正考父,正考父生孔父嘉，孔父嘉生子木金父[3]；木金父降为士[4]，故曰灭于宋[5]。金父生祁父，祁父生防叔；防叔为华氏所偪[6]，出奔鲁，为防大夫[7]，故曰防叔。防叔生伯夏，伯夏生叔梁纥[8]，为郰大夫[9]，故曰郰叔纥。生孔子。

【注释】

①闵公：即宋湣公，名共，春秋时期宋国国君。弗父何：宋湣公嫡长子，名何，字弗父。

②世子：即世父胜，宋父之子。

③孔父嘉生子木金父：子，以此文例之，当为衍文。木金父，也称"金父"。

④木金父降为士：木金父先祖是宋湣公之后，故曰"降为士"。

⑤灭于宋：《左传·昭公七年》孟僖子云："孔子，圣人之后也，而灭于宋。"杜预注："孔子六代祖孔父嘉为宋督所杀，其子奔鲁。"王符此文以"降为士"作为"灭于宋"的标志，不知何本。

⑥华氏：即宋戴公之孙华父督的后代。偪：同"逼"，逼胁，逼迫。

⑦防大夫：防邑之大夫。防，春秋时鲁邑，其地在今山东费县东北。

⑧叔梁纥：名纥，字叔梁。

⑨郰（zōu）大夫：郰邑之大夫。郰，春秋时鲁邑，其地在今山东曲阜东南，为孔子故乡。

【译文】

宋闵公的儿子弗父何生宋父，宋父生世子，世子生正考父，正考父生孔父嘉，孔父嘉生木金父，木金父被贬为低等的士，所以说这一家族在宋国灭亡了。木金父生祁父，祁父生防叔，防叔被华氏所逼迫，出逃到鲁国，做了防邑大夫，所以称为防叔。防叔生伯夏，伯夏生叔梁纥，叔梁纥做了郰邑大夫，所以叫郰叔纥。叔梁纥生了孔子。

周灵王之太子晋[①]，幼有成德[②]，聪明博达[③]，温恭敦敏。穀、雒水斗[④]，将毁王宫，王欲壅之[⑤]。太子晋谏，以为不顺天心，不若修政。晋平公使叔誉聘于周[⑥]，见太子，与之言，五称而三穷[⑦]，逡巡而退[⑧]，归告平公曰："太子晋行年十五[⑨]，而誉弗能与言[⑩]，君请事之。"平公遣师旷见太子晋[⑪]。太子晋与语，师旷服德，深相结也。乃问旷曰："吾闻太师能知人年之长短。"师旷对曰："女色赤白，女声清汗，火色不寿[⑫]。"晋曰："然。吾后三年将上宾于帝，女慎无言，殃将及女。"其后三年而太子死[⑬]。孔子闻之曰："惜夫！杀吾君也。"世人以其豫自知去期[⑭]，故传称王子乔仙[⑮]。仙之后，其嗣避周难于晋，家于平阳[⑯]，因氏王氏。其后子孙世喜养性神仙之术。

【注释】

①周灵王：春秋时周天子，名泄心。太子晋：周灵王的太子，名晋，慧有口辩。一说为周景王太子。

②成德：即盛德。成，通"盛"。

③博达：多闻通达。

④穀、雒水斗：穀、雒，水名。穀水在东周王城之北，雒水在王城南。周灵王时，穀水暴涨，自王城西溢出，南流入雒水，两水相激，貌似争斗。

⑤壅（yōng）：堵住，堵塞。

⑥晋平公：春秋时期晋国国君，晋悼公子，姬姓，名彪。叔誉：即晋国大夫叔向。聘：聘问，访问。

⑦五称而三穷：此处当指古时一种类似于五局三胜制的问答比赛，"五称"指提了五个问题，"三穷"指三个问题答不上。称，称说，指提问。穷，困窘，指辞屈而回答不上。

⑧逡(qūn)巡:犹豫徘徊之貌。

⑨行年:经历的年岁。

⑩而誉弗能与言:彭《校》按古时臣对君不敢自称其字,认为此句“誉”字当作“臣”。

⑪师旷:春秋时晋国著名乐师。

⑫“女色赤白”三句:意谓你的脸色红中带白,你的声音清亮而不凝聚,火色是不长寿的。此指以五行相克来推测人的年寿。清汗,朱右曾曰:“声散而不收,如汗之出而不返。”

⑬其后三年而太子死:按,自“晋平公使叔誉聘于周”至此本《逸周书·太子晋》。

⑭豫:通“预”,预言,预测。

⑮王子乔:传说中的仙人,相传是太子晋升天成仙后的化身。见《列仙传》。

⑯平阳:其地在今山西临汾西南。

【译文】

周灵王的太子晋,年幼时就有盛德,聪慧明智、多闻通达,温良恭谦,敦厚机敏。有一次,榖水与雒水相激,眼看要冲毁王宫了,周灵王想筑堤堵住它。太子晋劝阻灵王,认为这样做是有违天意的,不如处理好国家政事。晋平公派叔誉到周王朝访问,叔誉见到太子晋,和他交谈,太子晋谈了五个问题,叔誉三个都答不上来,犹豫了一会儿就告退了。回国后叔誉告诉晋平公说:“太子晋才十五岁,可是我竟然无法和他交谈,请您亲自侍奉他吧!”平公派师旷去见太子晋。太子晋和师旷交谈,师旷佩服太子晋的德行,两人便结下了深厚的交情。太子晋问师旷说:“我听说太师能预测人寿命的长短。”师旷回答:“你的脸色红中带白,声音清亮而不凝聚,火色是不能长寿的。”太子晋说:“是的。我三年后将上天到天帝那里去作客。你可千万别说出去,否则祸殃会降临到你的头上。”三年后,太子果然死了。孔子听说了这件事,说:“可惜啊!杀了我的君主。”世人因为他能预知自己的死期,所以相传称他为王子乔仙。太子晋仙逝之后,他的后代为逃避周王室的祸乱而来到晋国,在平阳安家落户,于是以王氏作为自己的氏。从那以后,他的子孙世代都喜好修身养性的神仙之术。

鲁之公族[①],有蛴氏、后氏、众氏、臧氏、施氏、孟氏、仲孙氏、服氏、公山氏、南宫氏、叔孙氏、叔仲氏、子我氏、子士氏、季氏、公钽氏、公巫氏、公之氏、子干氏、华氏、子言氏、子驹氏、子雅氏、子阳氏、东门氏、公析氏、公石氏、叔氏、子家氏、荣氏、展氏、乙氏[②],皆鲁姬姓也。

【注释】

①公族:国君的家族支系。

②后氏:《礼记·檀弓》疏引《世本》作“厚氏”。《吕氏春秋·察微》有“郈昭伯”,高诱注曰:“郈氏,鲁孝公子惠伯华之后也,以字为氏。”按,后、厚、郈,并通。仲孙氏:《古今姓氏书辨证》:“鲁桓公四子,次曰庆父。庆父生穆伯公孙敖,敖生文伯榖、惠叔难,榖生孟献子蔑,始以仲孙为氏。”服氏:汪《笺》认为当是“子服氏”。《古今姓氏书辨证》:“仲孙蔑之子佗,别为子服氏。”季氏:亦称季孙氏,鲁桓公子季友之后。子干氏:汪《笺》认为当为“子革氏”,其按《元和姓纂》引《世本》云:“季平子支孙为子革氏。”彭《校》从之。华氏:彭《校》:“秦氏《辑补世本》……‘华氏’下注云:‘《史记·孔子世家》:“季孙使公华、公宾、公林迎孔子。”王符以华氏次公之氏后,则华氏当即公华氏。’”子驹氏:诸本皆作“子駉氏”,汪《笺》据《路史·后纪》十改。其谓:昭廿五年《左传》子家羁,《公羊传》作子家驹。《荀子·大略》杨倞注云:“名羁,驹其字。”

张觉《校注》认为旧本不误,《广韵·烛韵》:“騳,马立不定。”其意与“羁”相应。公析氏:《史记·仲尼弟子列传》有公晳哀,本书《遏利》作“公析”,“晳”、‘析’古通用。

【译文】

鲁国国君的公族,有蟜氏、后氏、众氏、臧氏、施氏、孟氏、仲孙氏、服氏、公山氏、南宫氏、叔孙氏、叔仲氏、子我氏、子士氏、季氏、公钽氏、公巫氏、公之氏、子干氏、华氏、子言氏、子驹氏、子雅氏、子阳氏、东门氏、公析氏、公石氏、叔氏、子家氏、荣氏、展氏、乙氏等,都是鲁国的姬姓氏族。

卫之公族,石氏、世叔氏、孙氏、宁氏、子齐氏、司徒氏、公文氏、析龟氏、公叔氏、公南氏、公上氏、公孟氏、将军氏、子强氏、强梁氏、卷氏、会氏雅氏、孔氏、赵阳氏、田章氏、孤氏、王孙氏、史龟氏、羌氏、羌宪氏、邃氏[①],皆卫姬姓也。

【注释】

①世叔氏:汪《笺》:“《春秋》世叔仪、世叔申、世叔齐,《左传》并作太叔。桓九年《传》疏云:‘古者,“世”之与“大”,字义通也。’”子齐氏:汪《笺》认为盖即“齐氏”。《左传·昭公元年》卫有齐恶,杜预《世族谱》:“昭伯子齐子无子,戴公以其子恶为之后。”析龟氏:汪《笺》疑“龟”字衍。其按《左传·昭公二十年》卫有析朱钽,杜预注:“朱钽,成子黑背孙。”又,《氏族略》三有公析氏,卫公子黑背字子析之后。秦嘉谟《世本辑补》:“公析氏,《左传》惟称析,王符误并析、鼌二氏为一氏。”彭《校》:“此节下文史鼌氏,‘鼌’亦讹作‘龟’,然鼌氏不当重出,盖是衍文。”卷氏:汪《笺》认为当作“卷子氏”。《古今姓氏书辨证》“卷子氏”引《世本》:“卫文公后卷子,子

州氏焉。"《路史·后纪》十亦云:"卫后有卷子氏。"会氏雅氏:汪《笺》认为当作"会雅氏",又谓:"《元和姓纂》云:'卫灵公子虺生灶,为会庌氏。'《氏族略》四:'庌,音"雅"。'《后纪》十:'卫后有会庌氏。'"彭《校》:"秦嘉谟亦谓《潜夫论》误分为二氏。"孔氏:汪《笺》:"梁氏履绳云:'哀十一年《传》,孔文子以孔姞妻太叔疾,是孔乃姞姓,故《礼记·祭统》《正义》谓孔悝是异姓大夫。《潜夫论》以为姬姓,误也。'"田章氏:彭《校》:"《氏族略》四有申章氏,《路史》郑后有申章氏,张澍云:'楚有申章氏,见《新序》。'皆非卫公族,则不得以'田'为'申'之讹。此田章氏未详所出。"张觉《校注》:"《韩非子·外储说右下》有'田章',卫之田章氏或即其后。"孤氏:汪《笺》疑作"狐氏",谓"哀十五年《左传》卫孟黡,《汉书·古今人表》作狐黡"。史龟氏:汪《笺》认为"龟"当作"鼌",《广韵·宵韵》"鼌"字注引《风俗通义》云"鼌姓,卫大夫史鼌之后"。二字形近而误。羌氏:彭《校》疑作"羌师氏"。《古今姓氏书辨证》十阳有羌师氏,出《世本》。遼氏:彭《校》:"秦氏《辑补世本》出蘧氏,云:'《潜夫论》误作遼氏。'卫大夫有蘧瑗,字伯玉,孔子弟子。"

【译文】

卫国国君的公族,有石氏、世叔氏、孙氏、宁氏、子齐氏、司徒氏、公文氏、析龟氏、公叔氏、公南氏、公上氏、公孟氏、将军氏、子强氏、强梁氏、卷氏、会氏雅氏、孔氏、赵阳氏、田章氏、孤氏、王孙氏、史龟氏、羌氏、羌宪氏、遼氏等,他们都是卫国的姬姓氏族。

晋之公族郄氏①,又班为吕②。郄芮又从邑氏为冀③,后有吕锜④,号驹伯。郄犨食采于苦⑤,号苦成叔;郄至食采于温⑥,号曰温季,各以为氏。郤氏之班,有州氏、祁氏。伯宗以直见杀[7]，其子州犁奔楚[8]，又以郄宛直而和[9]，故为子常所妒，受诛[10]。其子嚭奔吴为太宰[11]，惩祖祢之行仍正直遇祸也[12]，乃为谄谀而亡吴[13]。凡郄氏之班，有冀氏、吕氏、苦成氏、温氏、伯氏；靖侯之孙栾宾[14]，及富氏、游氏、贾氏、狐氏、羊舌氏、季夙氏、籍氏[15]，及襄公之孙孙黶[16]，皆晋姬姓也。

【注释】

①郄(xì)氏：或作郤氏，《氏族略》三："晋大夫郄文子食邑于郄，以邑为氏。"郄文子即《国语·晋语一》中的郤叔虎。

②班：分，列。

③郄芮(ruì)：春秋时期晋国大夫，字子公，郄豹之子，因为谋弑晋文公而被秦人所杀。以冀为氏，故又称为冀芮。

④吕锜：汪《笺》认为当作"郄锜"。郄锜，号驹伯，晋国大夫，郄克之子。与父同食邑于驹，故同号驹伯。而吕锜则是《左传·成公十二年》之魏锜，杜预《世族谱》："魏锜，魏犨之子，为吕氏。"

⑤郄犨(chōu)：春秋时晋国大夫，又称叔子。因其食邑于苦成，又号苦成叔。苦：春秋时期晋邑，其地在今山西运城。

⑥郄至：春秋时晋国大夫，谥昭，又称郄昭子。因食邑于温，又称为温季。温：春秋时期晋邑，在今河南温县。

⑦伯宗：晋国大夫，为官清正廉洁，因直言进谏得罪于郄至，被诬陷杀害。

⑧州犁奔楚：伯宗被郄至杀害后，州犁在毕阳的护佑下逃往楚国，任楚太宰。

⑨郄宛：州犁之子，春秋时楚国大夫。

⑩故为子常所妒，受诛：郄宛因败吴有功，招致奸臣费无极等人嫉恨，费无极谗言挑唆囊瓦杀害郄宛，并灭其族。子常，名囊瓦，春

秋时楚国令尹。

⑪嚭(pǐ):即伯嚭。郄宛被子常杀害后,伯嚭逃亡吴国,受宠于吴王夫差,官至太宰。杜预注认为伯嚭为郄宛同党,而未说是其子。王符此处谓伯嚭即郄宛之子,或别有他本。大宰:即太宰。职在辅佐君主治理国家,位高权重,相当于后世宰相。

⑫惩祖祢(nǐ)之行仍正直遇祸也:这里指伯嚭借鉴祖父、父亲因秉直而招致杀身的教训。惩,鉴戒。祖祢,指祖父和父亲。祢,古代父死入宗庙称为"祢"。

⑬乃为谄谀而亡吴:伯嚭为人贪婪谄媚,在吴国党同伐异,谗杀伍子胥,且收受贿赂,外通越国,终致吴国败亡。

⑭靖侯:即晋靖侯,名宜臼,西周时晋国国君。栾宾:晋靖侯之庶孙,曲沃桓叔之相。

⑮富氏:《左传·庄公二十三年》:"去富子,则群公子可谋已。"杜预注:"富子,二族之富强者。"汪《笺》据此认为王符此处以"富"为氏有误。彭《校》按本篇下文,记富氏为周室世卿,《氏族略》亦云"富为周大夫富辰之后",认为富氏固有,此处无误。

⑯襄公:即晋襄公,名骓,春秋时晋国国君,晋文公之子。孙黡(yǎn):晋国正卿,掌晋国典籍。故又称为"籍氏"。张觉《校注》认为孙黡非晋襄公之孙,此处文有脱误,当据本篇下文正为"籍氏——乃晋大夫孙黡"。

【译文】

晋国国君的公族郄氏,又分出吕氏。郄芮又依封邑的名称以冀作为氏,其后代有吕锜,号称驹伯。郄犨的封邑在苦,号称苦成叔;郄至封于温,号为温季;他们都各以其封邑名为氏。郄氏的分支有州氏、祁氏。伯宗因为直言上谏而被杀,他的儿子州犁逃到楚国。后又因为郄宛正直温和,遭子常妒忌而被杀。他的儿子伯嚭逃到吴国,做了太宰,借鉴于祖父、父亲因秉直正派而遭殃的教训,于是行事谄媚逢迎,终使吴国败亡。郄氏的分支,有冀氏、吕氏、苦成氏、温氏、伯氏;还有晋靖侯的孙子栾宾,以及富氏、游氏、贾氏、狐氏、羊舌氏、季夙氏、籍氏,以及晋襄公的孙子孙黡等,他们都是晋国的姬姓氏族。

晋穆侯生桓叔[①],桓叔生韩万[②],傅晋大夫[③],十世而为韩武侯[④],五世为韩惠王[⑤],五世而亡国[⑥]。襄王之孽孙信[⑦],俗人谓之韩信都。高祖以信为韩王孙,以信为韩王[⑧],后徙王代[⑨],为匈奴所攻,自降之[⑩]。汉遣柴将军击之,斩信于参合[⑪],信妻子亡入匈奴中。至景帝,信子颓当及孙赤来降,汉封颓当为弓高侯,赤为襄城侯[⑫]。及韩嫣[⑬],武帝时为侍中[⑭],贵幸无比。案道侯韩说[⑮],前将军韩曾[⑯],皆显于汉。子孙各随时帝分阳陵、茂陵、杜陵[⑰]。及汉阳、金城诸韩[⑱],皆其后也。信子孙余留匈奴中者,亦常在权宠,为贵臣。及留侯张良[⑲],韩公族姬姓也。秦始皇灭韩,良弟死不葬,良散家赀千万[⑳],为韩报仇,击始皇于博浪沙中[㉑],误椎副车。秦索贼急,良乃变姓为张,匿于下邳[㉒],遇神人黄石公[㉓],遗之兵法。及沛公之起也,良往属焉。沛公使与韩信略定韩地[㉔],立横阳君城为韩王[㉕],而拜良为韩信都[㉖]。信都者,司徒也。俗前音不正[㉗],曰信都,或曰申徒,或胜屠,然其本共一司徒耳。后作传者不知"信都"何因,强妄生意,以为此乃代王为信都也。凡桓叔之后,有韩氏、言氏、婴氏、祸余氏、公族氏、张氏[㉘],此皆韩后姬姓也。昔周宣王亦有韩侯,其国也近燕[㉙],故《诗》云:"普彼韩城,燕师所完[㉚]。"其后韩西亦姓韩[㉛],为魏满所伐[㉜],迁居海中。

【注释】

①晋穆侯:名费(bì)生,西周时期晋国国君。桓叔:名成师,晋穆侯少子,晋文侯弟,晋昭侯元年(前745)受封于曲沃,号桓叔。

②韩万:曲沃桓叔之子,晋武公叔父,封于韩,是为战国时韩国始祖。

③傅晋大夫:此处指为大夫辅佐晋国的曲沃庄伯、武公。

④韩武侯:《史记·韩世家》作"韩武子"。

⑤韩惠王:即韩宣惠王,韩昭侯之子,战国时韩国国君。汪《笺》据《史记·韩世家》所纪世系(武子—景侯—列侯—文侯—哀侯—懿侯—昭侯—宣惠王),认为自韩武子至宣惠王十年(前323)称王凡八世。王符此处云五世者,当据《世本》所纪世系(武侯之子文侯—哀侯—懿侯—昭侯—惠王)。

⑥五世而亡国:据《史记·韩世家》世系,韩宣惠王后,韩又历襄王、釐王、桓惠王、韩王安四世,韩王安九年(前230)被秦所俘,韩亡。并宣惠王共五世。

⑦襄王之孽孙信:韩襄王的庶孙韩信。为与军事家韩信相区别,通常称韩王信。《史记》有《韩信卢绾列传》。襄王,即韩襄王,宣惠王之子,名仓。孽孙,庶孙。

⑧高祖以信为韩王孙,以信为韩王:韩王信在秦末即追随刘邦,前202年,刘邦封他为韩王,封地在颍川郡,治阳翟,即今河南禹州。

⑨后徙王代:前201年,刘邦认为韩王信既有军事才能,又英勇善战,而其封地在中原要冲,自古以来为兵家所争之地,为防后患,就将其封地改到太原以北,将其都城改在晋阳。韩王信认为晋阳离边境较远,不利于防御匈奴南侵,遂改都马邑。代,战国时赵武灵王所置郡,秦、汉承之,汉为代国。

⑩为匈奴所攻,自降之:前201年秋天,匈奴冒顿单于重兵围马邑,韩王信多次派使臣与匈奴会谈,谋取和解。朝廷援军赶到,解除

包围后，刘邦对韩王信私派使臣与匈奴和谈不满，怀疑他有贰心。韩王信害怕被杀，便同匈奴缔约投降，将马邑献给匈奴，并领着匈奴人进犯太原。自，始，自此。降，投降。或为“降低、贬低”意，指韩王信降匈奴，自贬贵族身份，亦通。

⑪汉遣柴将军击之，斩信于参(sān)合：事在前196年。柴将军，指柴武。汉高祖时为将军，因功封棘蒲侯。文帝时为大将军，谥“刚”。参合，西汉时期所置县，属代郡，其地在今山西阳高。

⑫“至景帝”四句：据《史记·韩信卢绾列传》，汉文帝十四年(前166)，韩王信之子韩颓当及孙韩婴降汉，汉封颓当为弓高侯，婴为襄城侯。此处王符所记与《史记》不同，或另有所本。颓当，韩王信之子，因出生于匈奴颓当城，故以颓当为名。景帝时平吴楚七国之乱功冠诸将。赤，韩王信太子韩赤，颓当之兄，韩婴之父。据《史记》，韩赤跟随韩王信一起降匈奴，生子韩婴。韩赤并未归降。张觉《校注》以赤、婴为同一人，赤为婴之字。初生婴儿曰赤子。亦可参。

⑬韩嫣：颓当庶孙，擅长骑射。汉武帝为胶东王时，韩嫣常伴读武帝。武帝即位后，更是对其宠幸有加，一度官至上大夫，与武帝同寝，并获许自由出入宫禁，显贵名动一时。后因“出入永巷不禁，以奸闻”被太后赐死。

⑭侍中：秦置官名，汉因之。为列侯以下至郎中的加官，无定员，为丞相之史，以其往来东厢奏事，故谓之侍中。汉武帝以后，其地位越来越高。

⑮韩说(yuè)：韩嫣之弟，初随大将军卫青击匈奴，因擒获匈奴右贤王，封龙额侯。后因酎(zhòu)金失侯。后封横海将军，因击东越有功封为案道侯。后封光禄勋。在巫蛊之案中掘蛊太子宫被太子刘据所杀。

⑯韩曾：韩说之子，字季君。少时曾为诸曹侍中光禄大夫。武帝时

继封为龙额侯。昭帝时为前将军，与大将军霍光共同策立宣帝，加封千户。宣帝时为大司马车骑将军，领尚书事。

⑰子孙各随时帝分阳陵、茂陵、杜陵：汉时帝王陵墓建成，迁徙豪族富家在陵旁居住。汪《笺》云："谓随所事帝徙居其陵。"阳陵、茂陵、杜陵即是如此。阳陵是汉景帝陵，在今陕西高陵。茂陵是汉武帝陵，在今陕西兴平。杜陵是汉宣帝陵，在今陕西西安三兆村。

⑱汉阳：汉郡名，东汉改名为天水郡，治冀县，在今甘肃甘谷。金城：汉郡名，西汉置，其地在今甘肃兰州。

⑲留侯张良：字子房。其祖父、父亲为韩相，历佐五世韩王。韩亡后，张良图谋复韩，曾刺杀秦始皇。秦末，在灭秦与楚汉战争中以其出色的智谋辅佐刘邦夺得天下，建立汉王朝。因功封为留侯。

⑳赀：通"资"，家资，钱财。

㉑博浪沙：一作"博狼沙"。地名，在今河南原阳。

㉒下邳：今江苏睢宁。

㉓黄石公：秦时隐士。据《史记·留侯世家》载，他曾授张良《太公兵法》。

㉔沛公使与韩信略定韩地：据《史记·留侯世家》载，与张良略定韩地之人为韩王成，而非韩王信，更非淮阴侯韩信。除《史记》外，他书今传者均未记载张良略定韩地事，此处盖王符误记或另有所本。译文姑按王符原文。

㉕立横阳君城为韩王：横阳君城是战国末韩国公子。《史记》《汉书》"城"皆作"成"。因其首封之地为横阳，故称横阳君。秦末，张良劝说项梁立成为韩王，后被项羽贬为穰侯，终被杀。据《史记》《汉书》载，立韩成为韩王、张良为司徒的是项梁，而非刘邦，此处盖王符误记。译文姑按王符原文。

㉖信都:《史记·留侯世家》作“申徒”。《汉书·高惠高后文功臣表》作“申都”。

㉗俗前音不正:汪《笺》疑“前”当作“间”。

㉘韩氏、言氏:《元和姓纂》引《世本》:“晋韩厥生无忌,无忌生襄,襄生鲁为韩言氏。”汪《笺》据此认为当作“韩言氏”。婴氏:《元和姓纂》云:“晋韩宣子玄孙韩婴,为韩婴氏。”汪《笺》据此认为当作“韩婴氏”。祸余氏:汪《笺》认为当作“褐氏、余氏”,即韩褐氏、韩余氏。其引《古今姓氏书辨证》云:“韩余,《世本》:‘韩宣子子余之后氏焉。’”又云:“韩褐,《英贤传》曰:‘韩厥后。’”谓韩褐、韩余,此称褐氏、余氏,亦犹韩言、韩婴之不言“韩”。

㉙其国也近燕:汪《笺》疑“也”当为“地”字之误。

㉚普彼韩城,燕师所完:引诗本《诗经·大雅·韩奕》。普,今本《诗经》作“溥”,广大意。完,使完好,修缮。

㉛韩西:汪《笺》认为即“朝鲜”之误。“朝”误为“韩”;“西”即“鲜”之转,故《尚书大传》以“西方”为“鲜方”。

㉜魏满:《史记·朝鲜列传》:“朝鲜王满者,故燕人也。”《索隐》曰:“按《汉书》,满姓卫,击破朝鲜王而自王之。”张觉《校注》以《汉书·朝鲜传》只记使者“卫山”,并未言及满之姓氏,谓《索隐》所云盖本王符此文。而王符此言“魏满”,或别有所本。

【译文】

晋穆侯生桓叔,桓叔生韩万,韩万为晋国大夫,其后十世便是韩武侯,又过了五代韩惠王称王,又过了五代韩就亡国了。韩襄王的庶孙韩信,俗人叫他韩信都。汉高祖刘邦因为韩信是韩王的后代,于是封他做了韩王,后来又改封为代王,他被匈奴围攻,便投降了匈奴。汉派柴将军攻打韩信,在参合将他斩杀,他的妻子儿女逃进了匈奴领地。景帝时,韩王信的儿子韩颓当和孙子韩赤前来投降汉,汉王朝封颓当为弓高侯、赤为襄城侯。其后代韩嫣在武帝时做了侍中,尊贵宠幸一时无人能及。又有案道侯韩说，以及前将军韩曾，他们在汉朝都极为显贵。韩氏的子孙也都各随其所侍奉皇帝的陵墓而分别迁居于阳陵、茂陵、杜陵等地。还有汉阳郡、金城郡等地的韩氏家族，也都是他们的后代。韩王信的子孙留在匈奴中的，也常常掌权尊宠，都是显贵的重臣。后来的留侯张良，也是韩国公族姬姓的后代。秦始皇灭掉了韩国后，张良的弟弟死了，他也顾不上埋葬就散尽万贯家财，意图为韩国报仇，在博浪沙刺杀秦始皇，但铁锥只误中了秦始皇随行的副车。秦始皇急于搜查刺客，张良才改姓为张，躲在下邳，遇到神人黄石公传授给他《太公兵法》。后来沛公起事，张良前往归附。沛公派他和韩信一起平定了原来的韩国故地，立横阳君韩成为韩王，命张良为韩信都。信都，其实就是司徒。民间发音不准确，就呼作“信都”，或呼作“申徒”，或呼作“胜屠”，其实都是说司徒而已。后来写作传记的人不知道“信都”的来由，便牵强杜撰出它的意思，以为这是代王韩信又名为信都。总计桓叔的后代，有韩氏、言氏、婴氏、祸余氏、公族氏、张氏，这些都是韩国后代姬姓的氏族。从前周宣王时也有韩侯，其封国靠近燕国，所以《诗经》中说：“广大的韩国都城，是燕人大众将它筑成。”后来朝鲜也姓韩，遭到魏满攻击后，就迁到海上去了。

毕公高与周同姓[①]，封于毕，因为氏。周公之薨也，高继职焉[②]。其后子孙失守，为庶世。及毕万佐晋献公[③]，十六年使赵夙御戎[④]，毕万为右[⑤]，以灭耿灭魏封万[⑥]，今之河北县是也[⑦]。魏颗又氏令狐[⑧]。自万后九世为魏文侯[⑨]。文侯孙䓨为魏惠王[⑩]，五世而亡[⑪]。毕阳之孙豫让[⑫]，事智伯[⑬]，智伯国士待之，豫让亦以见知之恩报智伯，天下纪其义。魏氏、令狐氏、不雨氏、叶大夫氏、伯夏氏、魏强氏、豫氏，皆毕氏，本姬姓也。

【注释】

①毕公高：姬姓，名高。周文王之子，武王之弟，武王灭商后封之于毕，故称毕公高。

②周公之薨也，高继职焉：《尚书·顾命》："毕公率东方诸侯。"疏引王肃云："毕公代周公为东伯，故率东方诸侯。"

③毕万佐晋献公：晋献公时，毕万充献公车右。晋献公，春秋时期晋国国君。

④御戎：为君主驾驭戎车。

⑤右：车右。周代车乘以左为尊，将帅居左，御者在中，居于车右者常常由勇力武士充任，以随时应对行车中的突发情况，称为车右。

⑥以灭耿灭魏封万：此句文似有脱误。事实是晋献公十六年（前661）灭亡了耿、霍、魏三国，毕万有功，晋献公就将魏国封给了他。耿，古代国名。在今山西河津南。魏，西周所封诸侯国。姬姓，在今山西芮城西北。

⑦河北县：西汉时置，其地在今山西芮城西部。

⑧魏颗又氏令狐（líng hú）：魏颗，毕万曾孙。晋景公六年（前594）秦晋辅氏之战中，魏颗俘获秦国猛将杜回，因功封于令狐，其后因之为令狐氏。令狐，春秋时期晋邑。其地在今山西临猗西南。

⑨魏文侯：魏氏，名斯，战国时魏国的建立者。据《史记·魏世家》载，周威烈王时，其与赵康子、赵襄子伐灭晋国智伯，分其地。周天子正式承认了韩、赵、魏为诸侯。魏文侯在位时礼贤下士，师事儒者子夏、田子方等，任用李悝、翟璜为相，吴起、乐羊子为将，变法图强，振兴国力，使魏国迅速崛起成为中原强国。

⑩魏惠王：名䓨，魏文侯之孙，魏武侯之子，战国时期魏国国君。其在位期间，魏东败于齐，西丧地于秦七百余里，南辱于楚，乃迁都大梁，故又称为梁惠王，魏国亦称为梁国。

⑪五世而亡:《汉书·地理志》:"自毕万后十世称侯,至孙称王,七世为秦所灭。"汪《笺》据《史记·魏世家》,认为魏惠王至王假被虏凡七世。彭《校》认为此云"五世而亡"者,盖独数襄、哀、昭、安釐、景湣五代君主,加之惠王、王假,则有七世。

⑫毕阳:毕万的后代,春秋时期晋国义士。曾护送州伯犁亡楚。豫让:战国时晋国人,晋卿智伯家臣。史载其最初曾仕于范氏和中行氏门下,但均未受到重用。直到他投靠智伯门下,才受到尊重和礼遇,后赵襄子联合韩、魏共灭智氏后,豫让于是漆身为疠,吞炭为哑,伺机刺杀赵襄子,失败被俘。临死时,求得赵襄子衣服,拔剑击斩之,以示为主复仇,然后伏剑自杀。

⑬智伯:即晋卿智瑶。智氏源出姬姓,始祖为晋大夫荀首,晋成公时因功受封于智邑(今山西永济西北),后代因以智为氏。

【译文】

毕公高和周王室同为姬姓,封于毕地,因此以毕为氏。周公去世后,毕公高继承周公为东伯。及至其子孙失掉了职守,成为普通百姓。后来毕万辅佐晋献公,晋献公命赵夙驾驭戎车,命毕万充任车右,一举灭掉了耿国、魏国,献公封毕万于魏,其地就是今天的河北县。魏颗又以令狐为氏。毕氏自毕万后九代为魏文侯,文侯的孙子魏罃就是魏惠王,又过了五代后,魏国就灭亡了。毕阳的孙子豫让服事智伯,智伯以贤才杰士之礼待他,豫让也以知遇之恩报答智伯,天下人无不铭记他的大义。魏氏、令狐氏、不雨氏、叶大夫氏、伯夏氏、魏强氏、豫氏等,都是毕氏的后代,原本都属姬姓。

周厉王之子友封于郑[①]。郑恭叔之后[②],为公文氏[③]。轩氏、驷氏、丰氏、游氏、国氏、然氏、孔氏、羽氏、良氏、大季氏[④]。十族之祖,穆公之子也[⑤],各以字为姓。及伯有氏、马师氏、褚师氏⑥，皆郑姬姓也。

【注释】

①周厉王之子友封于郑：公元前806年，周宣王封其弟、周厉王少子姬友于郑（今陕西华县东），是为郑桓公，为郑国开国君主。友，郑桓公名。

②郑恭叔：郑武公次子，郑庄公之弟，名段。欲图谋篡位而被庄公打败，逃亡共邑，故称共叔段。“共”为“恭”之借字。

③公文氏：汪《笺》认为“文”当作“父”。《左传·庄公十六年》有公父定叔，杜预注：“共叔段之孙。”

④轩氏：汪《笺》认为“轩”与“罕”通，《左传·昭公元年》有罕虎，《公羊传》又作轩虎。

⑤穆公：郑穆公，名兰，春秋时郑国国君。郑文公庶子，母燕姞。

⑥褚师氏：褚师本为春秋时郑、卫、宋等国所设管理市场贸易的官吏。《左传·昭公二年》“郑公孙黑请以子印为褚师”，杜预注：“褚师，市官。”后以官为氏。

【译文】

周厉王的儿子友封于郑国。郑国恭叔段的后代以公文为氏。轩氏、驷氏、丰氏、游氏、国氏、然氏、孔氏、羽氏、良氏、大季氏等十氏的祖先，都是郑穆公的儿子，他们各自以其祖先的字作为自己的姓。还有伯有氏、马师氏、褚师氏，也都是郑国的姬姓氏族。

太伯君吴①，端垂衣裳②，以治周礼。仲雍嗣立③，断发文身④，倮以为饰⑤。武王克殷，分封其后于吴，令大赐北吴⑥。季札居延州来，故氏延陵季子⑦。阖闾之弟夫概王奔楚堂谿⑧，因以为氏。此皆姬姓也。

【注释】

①太伯：即吴太伯，周太王古公亶父长子。太王欲传政于少子季历之子姬昌（文王）而立季历为嗣。而季历非其嫡长子，与礼不合。太伯深明大义，遂与弟仲雍逃往南方，是为吴国始祖。

②端垂：王宗炎疑作“端委”。彭《校》亦认为当从《左传·哀公七年》作“端委”。端委，即礼服礼帽。端，古代礼服，有玄端、素端两种。委，委貌之冠，周时冠名。

③仲雍：周太王古公亶父次子，太伯之弟。与太伯一同逃往南方，太伯死后，仲雍继立为吴君。

④断发文身：剪短头发，在全身文上花纹，系古时吴越一带的风俗。

⑤倮：同“裸”。

⑥北吴：《汉书·地理志》：“太伯卒，仲雍立，至曾孙周章，而武王克殷，因而封之。又封周章弟中于河北，是为北吴，后世谓之虞。”

⑦季札居延州来，故氏延陵季子：季札，春秋时吴王寿梦少子，名札，故称为季札。因让国避居（一说受封）于延陵，故又称延陵季子。延州来，季札初封延陵，后复封州来，故曰延州来。延陵，春秋时吴国邑名，其地在今江苏常州。

⑧阖闾（hé lǘ）：原名光，吴王诸樊之子（一说为吴王夷昧之子），使专诸刺杀吴王僚后，夺取吴国君位，号阖闾。其在位时任用伍子胥、孙武等人，使吴国国力大增。又在柏举之战中打败楚国，使吴国成为南方强国。后被越大夫灵姑浮击伤而死。夫概：阖闾之弟。吴楚柏举之战中，自领人马首攻楚军，楚军溃败。阖闾趁势占领楚都。后因秦军来救，吴军难以取胜，而阖闾又不肯回吴国，夫概于是自己回吴，自立为王。阖闾回师进击，夫概失败后奔楚，楚封之堂溪，因号堂溪氏。堂谿：即堂溪，春秋时楚地，在今河南遂平。

【译文】

太伯做了吴国的君主，身穿礼服，头戴礼帽，恭行周礼。后来仲雍继位，剪短头发，全身文上纹饰，并将其裸露在外面作为装饰。周武王战胜殷商以后，把太伯、仲雍的后代分封在吴国，又下令将北吴赏赐给他们。季札居住到延州来以后，就以延陵为氏，称为延陵季子。阖闾之弟夫概逃到楚国的堂谿，便将堂谿作为自己的氏。这些都是姬姓。

郑大夫有冯简子①。后韩有冯亭②，为上党守③，嫁祸于赵，以致长平之变④。秦有将军冯劫⑤，与李斯俱诛⑥。汉兴，有冯唐⑦，与文帝论将帅。后有冯奉世⑧，上党人也，位至将军，女为元帝昭仪⑨，因家于京师。其孙衍，字敬通，笃学重义，诸儒号之曰"德行雍雍冯敬通"⑩，著书数十篇，孝章皇帝爱重其文⑪。

【注释】

①冯简子：春秋时郑国大夫，史载其善于决断大事。

②冯亭：战国时韩国大夫，韩桓惠王时任上党郡太守。

③上党：战国时韩置郡名，在今山西长治西南。

④长平之变：公元前262年，秦攻韩，韩桓惠王命上党郡郡守冯亭将上党郡献给秦国以求安宁，而冯亭却意图借赵国之力抗秦，遂将上党十七城献与赵国。赵得上党，秦国不悦，遂出兵攻赵，在长平大败赵军，坑杀赵军俘虏四十余万。

⑤冯劫：战国时秦国人，历任秦御史大夫、将军，曾因与右丞相冯去疾、左丞相李斯共同劝谏秦二世停建阿房宫、减轻戍役，被二世治罪。冯劫与冯去疾不愿受辱而自杀。

⑥李斯：战国时楚国人，曾与韩非共师荀卿。后入秦辅秦王嬴政，

统一六国，尊秦王政为秦始皇。统一文字、度量衡，主张定郡县，废分封，焚诗书，任法吏。秦始皇死后，李斯与赵高合谋立少子胡亥为帝，后赵高诬其谋反，被腰斩灭族。

⑦冯唐：西汉安陵人。史载其与汉文帝讲论汉任用将帅奖太轻、罚太重，并论魏尚之冤，因敢于直谏，文帝任其为车骑都尉。景帝时为楚相，免。武帝时求贤良，举孝廉，冯唐年已九十余。

⑧冯奉世：善兵法，曾出使大宛，与其副将严昌共举诸国兵一万五千人袭击莎车，斩杀莎车王，以报莎车杀汉吏之仇，威震大宛。汉宣帝封其为光禄大夫，水衡都尉。汉元帝时历任执金吾等职。

⑨昭仪：汉元帝所置嫔妃封号。其地位同于丞相，爵同诸侯。皇后以下，昭仪在嫔妃中地位最高。

⑩“其孙衍”四句：冯衍是冯奉世曾孙。史载其自幼聪颖好学，长而博通群书。王莽时众臣举荐其入仕做官，均遭拒绝。光武帝时，他数次上书而不用，贫居家中，著书五十篇。雍雍，祥和适宜之貌。

⑪孝章皇帝：即汉章帝刘炟(dá)，76—88年在位。孝章为其谥号。史载其爱好儒术，为政忠厚仁义，禁除酷刑，减轻徭役，与民休息。

【译文】

郑国有大夫叫冯简子。后来有韩国的冯亭，任上党郡郡守，嫁祸于赵国，导致了秦赵长平之战。秦国有将军冯劫，与丞相李斯一同被秦二世所杀。汉代有冯唐，与文帝讲论如何任用将帅。后来有冯奉世，上党郡人，官至大将军，其女被汉元帝封为昭仪，因而家住在京城。其曾孙冯衍，字敬通，好学尚义，儒生们都称道他作“德行雍雍冯敬通”，著书数十篇，孝章皇帝很看重他的文章。

晋大夫郇息事献公①，后世将中军，故氏中行②，食采于智[③]。智果谏智伯而不见听[④],乃别族于太史为辅氏[⑤]。

【注释】

①郇息:又作荀息,晋国大夫。曾服事晋献公,设假虞灭虢之计灭虢、虞二国。受献公遗嘱立奚齐为君。里克杀奚齐,荀息立奚齐之弟卓子。里克又杀卓子,荀息为之殉身,以忠信被后人所称道。

②中行:春秋时晋国军制,分左、中、右三行,中行即为以此军制而命名的氏。《左传·僖公二十八年》载:"晋侯作三行以御狄,荀林父将中行。"《左传·文公十三年》有中行桓子,杜预注:"荀林父也,僖二十八年始将中行,故以为氏。"

③智:同"知",春秋时晋邑,在今山西永济北。

④智果:又作知过,晋国大夫。因劝谏智伯不从,出走,改为辅氏,故又称辅果。智伯被灭,智氏家族只有智果一支仅存。

⑤太史:史官之长,商周时位列三公,春秋以后,地位渐次下降。

【译文】

晋国大夫郇息服事晋献公,其后代统帅中军,因此以中行为氏,其封邑在智地。后来智果劝谏智伯不被接受,便向太史申请从智氏中脱离出来,改为辅氏。

晋大夫孙伯黡实司典籍[①],故姓籍氏。辛有二子董之[②],故氏董氏。

【注释】

①孙伯黡(yǎn):西周时晋国大夫,主管晋国典籍,成为晋国籍氏的始祖。

②辛有二子董之:《左传·昭公十五年》"及辛有之二子董之晋,于是乎有董史",杜预注:"辛有周人也。其二子适晋为太史,籍黡与之共董督晋典,因为董氏。"则杜预认为"二子"即"两个儿子","董"为"董督""主管"之意。杨伯峻则认为"二子"为"次子"之意,"董"是辛有次子之名。王符此处行文本意似更近杜预。译文据杜预注。辛有,周平王时周王大夫。

【译文】

晋国的大夫孙伯黡掌管晋国典籍,所以姓籍氏。辛有的两个儿子与黡一起管理典籍,所以姓董氏。

《诗》颂宣王,始有"张仲孝友"[①],至春秋时,宋有张白蔑矣[②]。惟晋张侯、张老[③],实为大家。张孟谈相赵襄子以灭智伯[④],遂逃功赏,耕于负山[⑤]。后魏有张仪、张丑[⑥]。至汉,张姓滋多。常山王张耳[⑦],梁人。丞相张苍[⑧],阳武人也。东阳侯张相如[⑨]。御史大夫张汤[⑩],增定律令,以防奸恶,有利于民,又好荐贤达士,故受福祐。子安世为车骑将军[⑪],封富平侯,敦仁俭约,矜遂权而好阴德[⑫],是以子孙昌炽,世有贤胤,更封武始,遭王莽乱,享国不绝[⑬]。家凡四公[⑭],世著忠孝行义。前有丞相张禹[⑮],御史大夫张忠[⑯];后有太尉张酺[⑰],汝南人;太傅张禹[⑱],赵国人。司邑闾里[⑲],无不有张者。河东解邑有张城[⑳],有西张城,岂晋张之祖所出邪[㉑]?

【注释】

①张仲孝友:引诗见《诗经·小雅·六月》。诗旨在歌颂周宣王命尹吉甫北伐猃狁胜利而归。姚际恒《诗经通论》:"此篇则录吉甫

有功而归，燕饮诸友，诗人美之而作。”其卒章云：“饮御诸友，炰鳖脍鲤。侯谁在矣？张仲孝友。”

②张白蔑：汪《笺》认为“白”当作“匄(gài)”，“蔑”字衍。张匄，春秋时宋国少司马华貙的家臣，参与华氏反叛，被公子城射中而死。

③张侯：春秋时晋国大夫，解(xiè)氏，字张，名侯，所以又称“解张”“张侯”。张老：名老，一说其为解张之子。春秋时晋国大夫。晋悼公时任中军候奄，后升中军司马，晋平公时为上军之将。

④张孟谈：战国时赵襄子家臣，多谋而有辩才。智伯联合韩、魏围赵襄子于晋阳。后智伯决晋水灌城，晋阳危在旦夕。张孟谈只身出城说服韩、魏之君与赵联合，从而消灭了智伯，保住并扩大了赵氏权势利益。赵襄子：名无恤，简子赵鞅的儿子。战国初期晋国大夫，晋国赵氏领袖。

⑤自：彭《校》疑当作“负”，负山即负丘。《战国策·赵策一》作“负亲之丘”。译文从之。

⑥张仪：战国时魏国人，纵横家。张丑：战国时魏国人，始为齐国靖郭君田婴的门客，为田婴游说楚威王，后来又为魏国之臣。

⑦常山王张耳：大梁(今河南开封)人。战国末为魏国信陵君门客，后从武臣起事，项羽封其为常山王。因与陈馀有矛盾，被陈馀打败，转投刘邦，与韩信共破赵军，杀陈馀。刘邦封其为赵王。常山，秦亡后项羽封张耳所置诸侯国，都襄国，其地在今河北邢台。

⑧张苍：西汉阳武县(今河南原阳)人，精于历法、算术。秦时曾为御史，因罪逃亡回家。后追随刘邦，因功封北平侯。汉文帝时为丞相，后辞官。

⑨张相如：西汉初人，因攻伐陈豨有功，于高祖十一年(前196)封为东阳侯。文帝时曾任太子太傅，后又为大将军征伐匈奴。

⑩张汤：西汉杜陵(今陕西西安东南)人，武帝时拜太中大夫，与赵禹共定律令。因治陈皇后巫祝案及淮南、衡山谋反案受武帝赏

识，后官至御史大夫，位列三公。他以皇帝意愿为治狱准绳，又用儒术加以文饰，是武帝时期酷吏的代表；但他为官清廉，也是廉吏的代表。

⑪安世：张安世，张汤之子，字子孺。

⑫矜遂权：汪《笺》认为，当作“务远权”。即《汉书》所说“欲匿名迹，远权势”的意思。好阴德：《汉书·张安世传》称其好“隐人过失”。

⑬“更封武始”三句：张安世五世孙纯，王莽执政时，封为张乡侯。光武帝时封武始侯。这里误以为在王莽篡权前。译文姑按王符原文。

⑭家凡四公：指张汤为御史大夫、张安世为大司马、张纯为司空、张奋（张纯之子）亦为司空。

⑮丞相张禹：字子文，西汉河内郡轵县（今河南济源南）人。精通《易经》《论语》，应试为博士。汉成帝河平四年（前25）任丞相。

⑯张忠：西汉大臣，始为少府，成帝建始四年（前29）为御史大夫，六年后卒。

⑰张酺（pú）：字孟侯，东汉汝南郡细阳县（今安徽太和东南）人，张耳之子张敖的后代。精通《尚书》，曾为汉明帝及太子讲授。汉和帝永元五年（93）任太尉。

⑱太傅张禹：字伯达，东汉赵国襄国县（今河北邢台）人，汉章帝时曾任扬州刺史、兖州刺史。汉殇帝延平元年（106）升为太傅，总领尚书事务。

⑲司邑：司隶校尉所属郡县。汉司隶校尉管辖三辅、三河、弘农七郡，即长安至洛阳周围广大地区。闾里：乡里。

⑳河东：战国、秦汉时称今山西西南部为河东。解（xiè）邑：在今山西南部永济一带。张城：当作“东张城”。《水经·涑水篇》：“又南过解县东，又西南注于张阳池。”注云：“又西南径张阳城。《竹

书纪年》齐师逐郑太子齿奔张城南郑者也,《汉书》之所谓东张矣。”

㉑晋张之祖:根据上文,当指张侯。张侯即解张,原为解氏,而东张城在解邑附近。

【译文】

《诗经》颂扬周宣王,便有“张仲孝友”之称,到了春秋时期,宋国有张匄。只有晋国的张侯、张老,才是真正的大家望族。张孟谈辅助赵襄子灭了智伯,之后为了逃避功赏,隐居于负山。此后魏国有张仪、张丑。到了汉代,张姓逐渐增多。常山王张耳,是大梁人。丞相张苍,是阳武人。还有东阳侯张相如。御史大夫张汤,因增定法律条令防止邪恶,有利于百姓,又好荐贤举士,所以得到了神灵的福佑。他的儿子张安世任车骑将军,封为富平侯,仁厚而俭朴,不慕权势而好积阴德,因此子孙兴旺,后代多有贤能之人,他的五世孙张纯改封为武始侯,虽遭王莽之乱,但爵位不绝。张家共出了四位公级高官,都以忠孝节义著称于世。西汉时有丞相张禹,御史大夫张忠;后汉时有太尉张酺,汝南郡人;太傅张禹,赵国人。司隶校尉所辖之城镇里巷,到处都有姓张的人。河东的解邑有东张城,有西张城,是不是都出于晋国张姓氏族的祖先呢?

偃姓舒庸、舒鸠、舒龙、舒共、止龙、郦、淫、参、会、六、院、蓼、高国[①],庆姓樊、尹、骆[②],曼姓邓、优,归姓胡、有、何,葳姓滑、齐,掎姓栖、疏[③],御姓署、番、汤,嵬姓饶、攘、刹,隗姓赤狄、姮姓白狄[④],此皆大吉之姓[⑤]。

【注释】

①舒庸:周代国名,在今安徽舒城西南,公元前574年灭于楚。舒鸠:周代国名,在今安徽舒城东南,公元前548年灭于楚。舒龙、

舒共:周代国名,在今安徽舒城与庐江一带。止龙:汪《笺》认为当作“舒鲍”。按,《左传·文公十二年》“群舒叛楚”疏引《世本》:“偃姓:舒庸、舒蓼、舒鸠、舒龙、舒鲍、舒龚。”郦:战国时楚邑,在今河南南阳西北,秦置为县。淫:汪《笺》认为当作“繇”。《后汉书·郅恽列传》章怀注:“繇姓,咎繇之后。”参:汪《笺》疑为“蓼”之误。《世本》有“舒蓼”。院:汪《笺》认为当作“皖”。《路史·国名纪》二引《地记》:“皖,偃姓,皋陶后。”蕖:彭《校》据秦嘉谟《世本辑补》,认为当为“英”。《史记·陈杞世家》:“皋陶之后,或封英、六。”英即今湖北英山,六即今安徽六安,壤地相接。高:汪《笺》认为当作“鬲(gé)”,指古鬲国,偃姓,皋陶后,汉为县,属平原郡。其地在今山东平原。

②庆:秦嘉谟《世本辑补》据《国语·晋语》改为“滕”,彭《校》从之。樊:古国名,西周封置,即周宣王给仲山甫的封国,今河南修武。

③掎:汪《笺》疑为“拘”字之误。

④姮:汪《笺》疑为“姬”字之误。《穀梁传·昭公十二年》范宁注:“鲜虞,姬姓白狄也。”

⑤大吉:孙志祖疑为“太古”之误,可参。

【译文】

偃姓有舒庸、舒鸠、舒龙、舒共、止龙、郦、淫、参、会、六、院、蕖、高国,庆姓有樊、尹、骆,曼姓有邓、优,归姓有胡、有、何,葴姓有滑、齐,掎姓有栖、疏,御姓有署、番、汤,嵬姓有饶、攘、刹,隗姓有赤狄,姮姓有白狄,这些都是吉利的姓氏。

齐有鲍叔①,世为卿大夫。晋有鲍癸②。汉有鲍宣③,累世忠直④,汉名臣。汉郦生为使者⑤,弟商为将军⑥,今高阳诸郦为著姓⑦。昔仲山甫亦姓樊⑧,谥穆仲⑨,封于南阳。南阳者，在今河内[10]。后有樊倾子。曼姓封于邓，后因氏焉。南阳邓县上蔡北有古邓城[11]，新蔡北有古邓城[12]。春秋时，楚文王灭邓。至汉有邓通、邓广[13]。后汉新野邓禹，以佐命元功封高密侯。孙太后天性慈仁严明[14]，约敕诸家莫得权，京师清净，若无贵戚；勤思忧民，昼夜不怠。是以遭羌兵叛[15]，大水饥匮[16]，而能复之，整平丰穰[17]。太后崩后，群奸相参，竞加谮润[18]，破坏邓氏[19]，天下痛之。鲁昭公母家姓归氏。汉有隗嚣季孟[20]。短即犬戎氏[21]，其先本出黄帝。

【注释】

①鲍叔：即鲍叔牙，春秋时齐国大夫。鲍叔牙与管仲交好，齐襄公十二年(前686)，为避齐乱，二人分事公子小白与公子纠出奔。后公子小白先入齐立为齐桓公。桓公欲任鲍叔牙为相，鲍叔牙推辞而荐管仲，桓公从之。管仲果然辅助桓公成就齐国霸业。鲍叔牙知人举贤与管鲍之交后来被人所称颂。张觉《校注》认为此节为疏证上一节的内容。其又引《国语·齐语》韦昭注与《广韵·巧韵》"鲍"字注说鲍氏为夏禹之后，姒姓，因封于鲍邑，故以鲍为氏。如此则此鲍叔牙当为舒鲍氏之后，为偃姓。王符或别有所本。

②鲍癸：春秋时晋景公大夫。

③鲍宣：字子都，渤海高城(今河北盐山东南)人。他敢于上书直言，抨击时政。王莽秉政时，因其不依附自己，以事逮之入狱，自杀。

④累世忠直：鲍宣的儿子鲍永为郡功曹时屡次向太守陈说除灭王莽之策。后事更始帝刘玄，刘玄死后被光武帝刘秀招纳，尽忠职守，亦不忘旧主。

⑤郦生:名食其(yì jī),秦汉之际陈留县高阳乡(今河南杞县西)人。本为里监门吏,人称之为狂生。刘邦至高阳,他献计刘邦,为刘邦使者,前往陈留劝说县令投降,因而封为广野君。又出使齐国成功劝其降汉。因韩信攻齐,被齐人杀害。

⑥商:郦商,郦食其之弟,刘邦兵至陈留,他率众四千归附刘邦,因有战功而封为信成君,为将军。刘邦即位后,他因战功而升为右丞相,封曲周侯。

⑦高阳:城邑名,秦汉时属陈留,故址在今河南杞县西。著姓:望族,有显赫名声的氏族。

⑧仲山甫:周宣王的卿士,封樊侯。

⑨谥穆仲:《国语·周语上》"樊穆仲曰"韦昭注:"穆仲,仲山父之谥,犹鲁叔孙穆子谓之穆叔。"

⑩南阳者,在今河内:《续汉书·郡国志》:"河内郡修武,故南阳,秦始皇更名。有南阳城、阳樊,攒茅田。"刘昭注引服虔曰:"樊,仲山之所居,故曰阳樊。"河内,汉代郡名,郡治野王(今属河南),约相当于今河南近黄河南北两岸地区。

⑪南阳:南阳郡,汉郡名,郡治宛(今河南南阳)。邓县:南阳郡属县,在今河南邓州。上蔡:汉汝南郡郡治,今河南驻马店属县。

⑫新蔡:汉代县名,今河南驻马店属县。

⑬邓通:西汉时人,曾得到汉文帝宠爱。文帝曾赐给邓通铜山,准许他铸钱,此后邓通富可敌国。景帝时,邓通被免官,财产被没收,连一根簪子也不能留在身上,后来贫困致死。邓广:汪《笺》认为当作"邓广汉"。邓广汉,霍光长女婿,曾任长乐宫卫尉,霍光死后任少府。后参与霍启等人的谋反,处死弃市。

⑭孙太后天性慈仁严明:孙太后,指邓禹的孙女邓绥,为汉和帝后,殇帝、安帝时称太后,听政。孙,指孙女。天,底本阙,今据汉魏本补之。

⑮羌兵叛：这是指第一次羌人起义。汉安帝永初元年(107)西羌起兵反叛，至元初五年(118)被镇压，历时十二年。孙太后去世时羌乱尚未平息。

⑯大水饥匮：指洪水为灾导致食物匮乏。史载邓太后执政时水患频发。

⑰整平丰穰：指国家安定有序，庄稼丰收。整，整齐，有秩序。穰，指庄稼丰收。

⑱谮(zèn)润：指诬陷逐渐发生影响和作用。谮，诬陷，中伤。润，浸润影响。

⑲破坏邓氏：指邓太后死后，汉安帝亲政，过去受罚之人群起诬告邓氏，以致邓氏亲族皆被罢免。

⑳隗(wěi)嚣季孟：隗嚣，字季孟，天水成纪(今甘肃秦安)人。少仕州郡，王莽末年，据陇西起兵，一度依附刘玄，不久自称西州上将军。后归光武帝刘秀，又叛附公孙述。建武九年(33)以屡为汉军所败，忧愤而死。

㉑短：汪《笺》认为当作“姮”，即上文所说“姮姓白狄”。译文从之。

【译文】

齐国有鲍叔，世代任卿大夫。晋国有鲍癸。汉代有鲍宣，世代忠诚正直，为汉朝名臣。汉代的郦生曾为高祖的使者，他的弟弟郦商为汉之将军，现在高阳县的郦姓都是名门望户。从前仲山甫也姓樊，死后谥号为穆仲，封邑在南阳。南阳，即现在的河内郡。他的后代有樊倾子。曼姓封于邓地，后代便以邓为氏。南阳邓县上蔡北有古邓城，新蔡北也有古邓城。春秋时期，楚文王灭了邓。到汉代有邓通、邓广汉。后汉有新野人邓禹，因辅佐光武帝建立东汉王朝有功被封为高密侯。他的孙女邓太后性格仁慈严明，约束告诫本姓各家不得专权，使京师清静安宁，就像没有皇亲贵族一样；她勤劳思虑心寄百姓，昼夜不敢懈怠。因此虽然屡遭羌人起兵反叛，加之洪涝灾害，至于食物匮乏，却仍能使国家恢复安定,庄稼得以丰收。邓太后去世后,许多奸臣竞相进谗言,破坏邓氏家族,天下人都感到心痛。鲁昭公母亲家为归氏。汉朝有隗嚣季孟。姮姓就是犬戎氏,他们的祖先同出于黄帝。

及徐氏、萧氏、索氏、长勺氏、陶氏、繁氏、骑氏、饥氏、樊氏、荼氏,皆殷氏旧姓也。汉兴,相国萧何封酂侯[①],本沛人,今长陵萧其后也[②]。前将军萧望之[③],东海、杜陵萧其后也[④]。御史大夫有繁延寿[⑤],南郡襄阳人也[⑥],杜陵、新丰繁其后也[⑦]。

【注释】

①相国萧何封酂侯:萧何是秦末汉初沛县(今属江苏)人,辅佐刘邦夺得汉朝天下。死后陪葬长陵。汉高祖六年(前201)萧何封为酂(cuó)侯,封地酂县,县治即今河南永城西之酂县乡。惠帝二年(前193)萧何去世,子禄嗣,薨,无子。高后乃封何夫人同为酂(zàn)侯,封地在南阳郡,今湖北襄阳老河口。

②长陵:汉高祖陵墓,后置为县,属左冯翊,其地在今陕西咸阳东北。

③萧望之:字长倩,西汉东海郡兰陵县(今山东苍山西南)人,后徙杜陵县(今陕西西安东南)。出身农家而好学,精治《齐诗》与《鲁论语》,为著名儒生。宣帝时官至御史大夫、太子太傅,参与石渠阁评议五经异同。宣帝临终,他受遗诏辅政。元帝时以师傅见重,后为中书令弘恭、石显诬陷,自杀。

④东海:汉郡名,治郯,即今山东郯城县。依上下文例,“东海”下疑脱“人”字。《汉书·萧望之传》:“东海兰陵人,徙杜陵。”杜陵:汉宣帝陵墓,其地在今陕西西安东南。

⑤繁(pó)延寿：字子惠，西汉南郡襄阳县(今属湖北)人。汉元帝时历任丞相司直、执金吾、卫尉、御史大夫。

⑥南郡：秦昭襄王设，汉承之。治在江陵，即今湖北江陵。襄阳：秦汉时县名，属南郡，即今湖北襄阳。

⑦新丰：汉县名，汉高祖十年(前197)以骊邑县改名，治在今陕西临潼东北。

【译文】

至如徐氏、萧氏、索氏、长勺氏、陶氏、繁氏、骑氏、饥氏、樊氏、茶氏，这些都是殷氏旧姓。大汉初兴，相国萧何被封为酂侯，他原是沛县人，现在长陵县萧氏就是他的后代。前将军萧望之，东海郡人，杜陵县的萧氏都是他的后代。御史大夫中有繁延寿，南郡襄阳县人，杜陵县、新丰县的繁氏，都是他的后代。

周氏、邵氏、毕氏、荣氏、单氏、尹氏、镏氏、富氏、巩氏、苌氏①，此皆周室之世公卿家也②。周、召者，周公、召公之庶子，食二公之采③，以为王吏，故世有周公、召公不绝也。尹者，本官名也，若宋有太师④，楚有令尹、左尹矣⑤。尹吉甫相宣王者大功绩⑥，《诗》云“尹氏太师，维周之底”也⑦。单穆公、襄公、顷公、靖公⑧，世有明德，次圣之才⑨，故叔向美之以后必繁昌⑩。

【注释】

①周氏、邵氏、毕氏、荣氏：分别是周公旦、邵公奭、毕公高、荣伯息慎之后。镏氏：汪《笺》认为“镏”同“刘”。苌氏：周大夫有苌弘。

②周室：指周王朝。

③采：指卿大夫的封地。

④太师：汪《笺》据《左传》记宋有太宰，无太师。认为此处“师”当作“宰”。译文姑依王符原文。

⑤令尹：春秋战国时楚国执掌军政大权的最高官职，大多以公子或嗣君任之，位比后世宰相。左尹：令尹之副。

⑥尹吉甫相宣王者大功绩：尹吉甫，兮氏，名甲，金文作兮甲、兮伯吉父。周宣王时重臣，与召虎、仲山甫等辅助宣王，周道中兴。曾率师北伐猃狁。者，汪《笺》：“‘者’疑当作‘著’，或‘有’字之误。”彭《校》从“著”。四库本作“有”。

⑦尹氏太师，维周之底：引诗见《诗经·小雅·节南山》。今本《诗经》“太”作“大”，“底”作“氐”。氐，本，根本。

⑧单(shàn)穆公：单氏，名旗，谥穆。周景王、敬王时任周之卿士。襄公：单襄公，穆公之后。周定王、简王时周之卿士。曾预言陈国的灭亡，晋厉公、三郤、齐国佐之死，以及晋悼公回国即位等事。顷公：单顷公，襄公之后。靖公：单靖公，顷公之后。

⑨次圣：彭《校》认为即“齐圣”，次、齐古同声。齐，王引之云：“齐者，知虑之敏也。”圣，指智慧超绝。

⑩叔向美之以后必繁昌：叔向到周王朝访问，见单靖公节俭、恭谨、谦让、谨慎，临行时对单靖公的家臣说：“单(单靖公)若不兴，子孙必蕃。”叔向，晋大夫，姬姓，羊舌氏，名肸(xī)，字叔向。晋国公族之后，历事晋悼公、晋平公、晋昭公。

【译文】

周氏、邵氏、毕氏、荣氏、单氏、尹氏、镏氏、富氏、巩氏、苌氏，这些都是周王室的公卿世家。周氏、召氏，是周公旦、召公奭的庶子，他们继承周、召二公的封地，成为了周天子的臣吏，所以周代代不乏周公、召公之称。尹，本来是官名，就像宋国有太师，楚国有令尹、左尹一样。尹吉甫辅佐周宣王成就中兴大业，所以《诗经》里说：“尹氏身处太师，如同周的根基。”单穆公、襄公、顷公、靖公，世代都有显赫的德行，具有超绝的智慧，所以叔向赞美他们后代必定会繁荣昌盛。

苦成[①]，城名也，在盐池东北[②]。后人书之或为“枯”；齐人闻其音，则书之曰“库成”；燉煌见其字[③]，呼之曰“车成”[④]；其在汉阳者[⑤]，不喜“枯”“苦”之字，则更书之曰“古成氏”。堂谿[⑥]，谿谷名也，在汝南西平[⑦]。禹字子启者，启开之字也[⑧]。前人书堂谿误作“启”，后人变之，则又作“开”[⑨]。古漆雕开、公冶长[⑩]，前人书“雕”从易，消作“周”[⑪]，书“冶”复误作“蛊”[⑫]，后人又传作“古”[⑬]，或复分为古氏、成氏、堂氏、开氏、公氏、冶氏、漆氏、周氏。此数氏者，皆本同末异。凡姓之离合变分，固多此类，可以一况[⑭]，难胜载也。

【注释】

①苦成：春秋时晋邑，在今山西运城东北。

②盐池：汪《笺》云：“《汉书·地理志·河东郡》‘安邑’注：‘盐池在西南。’”张觉《校注》认为，安邑在今山西夏县西，可知盐池在今山西运城。

③燉煌：即敦煌。

④车成：《广韵·清韵》“成”字注：“晋戊己校尉敦煌车成将，古成氏之后。”

⑤汉阳：郡名，东汉永平十七年(74)以天水郡改名，治冀县(今甘肃甘谷东)。

⑥堂谿：一作棠谿，春秋时属楚，战国时属韩，其地在今河南遂平西北。

⑦汝南：汉郡名，治在今河南上蔡。西平：汪《笺》认为当作“吴房”。《汉书·地理志》吴房，孟康曰：“本房子国，楚灵王迁房于楚。吴

王阖闾弟夫概奔楚，楚封于此，为堂谿氏。以封吴，故曰吴房。今吴房城堂谿亭是。"译文从之。

⑧禹字子启者，启开之字也：汪《笺》认为此处文有脱误。

⑨后人变之，则又作"开"：汉景帝名启，故汉人为避讳，改"启"作"开"。

⑩漆雕开：姓漆雕，字子开。春秋时鲁国人，孔子弟子。公冶长：姓公冶，字子长。春秋时齐国人，亦孔子弟子。孔子将女儿嫁给了他。

⑪渻(shěng)：同"省"，减少，简省。

⑫书"冶"复误作"蛊"："蛊""冶"古字通。

⑬传：汪《笺》认为同"转"。按，传(chuán)字本通，传写，此指后人将"蛊"误传写为"古"。

⑭况：比拟，比喻。

【译文】

苦成，是城邑的名称，在盐池的东北。后人有的误写为"枯成"；齐人根据它的读音，则写成"库成"；敦煌人见到了齐人的写法，又将其称作"车成"；汉阳的那些苦成后人，因不喜欢"枯"和"苦"这类字，就把它改写成"古成氏"。堂谿，是谿谷的名字，在汝南吴房城。禹的儿子名叫启，用的是开启的"启"。而前人写堂谿的"谿"又误作"启"，后人为避讳，又写作"开"。古代有漆雕开、公冶长，前人写"雕"字时为求简易，省写为"周"，又写"冶"字误作"蛊"，后人传写又误作"古"，有的又折分作古氏、成氏、堂氏、开氏、公氏、冶氏、漆氏、周氏。这几个姓氏，其实都本同而末异。大凡姓氏的离合分变，像这种情况的很多，这里略举一例来说明，很难全部记载下来。

《易》曰"君子以类族辩物"①，"多识前言往行以蓄其德"②，"学以聚之，问以辩之"③。故略观世记④，采经书，依国土[⑤]，及有明文[⑥]，以赞贤圣之后[⑦]，班族类之祖[⑧]，言氏姓之出，序此假意二篇[⑨]，以贻后贤今之焉也[⑩]。

【注释】

①君子以类族辩物：语本《周易·同人·象》，王弼本“辩”作“辨”。孔颖达《正义》云：“族，聚也。言君子法此同人以类而聚也。辨物，谓分辨事物，各同其党，使自相同，不间杂也。”汪《笺》：“‘辩’《叙录》作‘变’。本书‘辩’多为‘变’，此盖后人据王《易》改之。”

②多识(zhì)前言往行以蓄其德：语本《周易·大畜·象》。孔颖达《正义》云：“君子则此大畜，物既大畜，德亦大畜，故多记识前代之言，往贤之行，使多闻多见，以畜积已德。”识，记住。

③学以聚之，问以辩之：语本《周易·乾·文言》。孔颖达《正义》云：“君子学以聚之者……且学习以畜其德。问以辩之者，学有未了，更详问其事，以辩决于疑也。”

④世记：同“世纪”，指记录帝王贵族世系之书。

⑤国土：指地理情况，如封国，食邑所在等。

⑥明文：此指见于文字的文献、资料。

⑦赞：明白。

⑧班：通“辨”，分别，辨明。

⑨序：通“叙”，记述。假意：寓含深意。二篇：指上篇《五德志》并本篇。

⑩贻：遗留。今之焉也：此四字有误。彭《校》疑“今”为“参”字之坏；“也”犹“耳”。译文姑从其说。

【译文】

《周易》里讲“君子根据事物的群体族类来辨别各种事物”，“多方识记前代圣贤的言行和行事，来蓄养自己美好的品德”，“努力学习来积累知识，询问求教来辨决疑难”。所以我观览帝王贵族世系的记载，博采经书，依据地理情况以及明文记载，来探明圣君贤臣的后代，辨清各个家族的始祖，论说姓氏的来源，于是写下了这两篇寓含深意的文章，为的是留给后世贤者作为参考。

卷第十

【题解】

本卷《叙录》为全书总序，阐明著述宗旨。先秦两汉著述，多以书序置后，或综论学术大端以为总结，或说明撰述意图与写作目的。《庄子·天下》《荀子·大略》《韩非子·显学》以及后来的《淮南子·要略》《史记·太史公自序》《法言·法言序》《汉书·叙传》等，都是每书的书序(《荀子·大略》与《韩非子·显学》以下还有几篇文章，当是门弟子及后学的附入)。一直到南朝刘勰著《文心雕龙》，还是这样，以《序志》为最后一篇。本篇逐一总结全书各篇题旨，说明著述目的，作为全书的总括，正合于古书的基本体例。

全篇以韵文形式写成，开篇一段为五言，其余皆为四言。《汉书·叙传下》即为四言韵语，本篇也当是受此传统的影响。

本篇叙《实边》一篇谓："边既远门，太守擅权。台阁不察，信其奸言，令坏郡县，殴民内迁。今又丘荒，虑必生心。""丘荒"是说因西羌反抗、边民内迁而造成边地的荒芜，"又"则是说第二次内迁。张觉根据《后汉书·孝安帝纪》及《孝顺帝纪》所载金城郡、安定郡、北地郡等两次内迁及回迁之事，考证本篇作于顺帝永和六年(141)第二次内迁以后(《校注》)。蒋泽枫则由《本政》《交际》的作时，推断本篇作于公元142年以后，结论与张说相近。夫如是，则本书的编成已在王符的晚年。

叙录第三十六

夫生于当世，贵能成大功，太上有立德，其下有立言[①]。阘茸而不才[②]，先器能当官[③]，未尝服斯役[④]，无所效其勋[⑤]。中心时有感，援笔纪数文[⑥]，字以缀愚情[⑦]，财令不忽忘[⑧]。刍荛虽微陋，先圣亦咨询[⑨]。草创叙先贤，三十六篇，以继前训，左丘明五经[⑩]。

【注释】

①太上有立德，其下有立言：《左传·襄公二十四年》叔孙豹云："太上有立德，其次有立功，其次有立言。虽久不废，此之谓不朽。"古人将立功、立德、立言称为"三不朽"。

②阘茸（tà rǒng）：庸碌低劣。阘，卑下。

③先器能当官：器能，才能。汪《笺》疑"先"当作"无"。"无"字似文意更通。译文从之。

④服：服事，从事。斯役：同"厮役"，指杂役，琐碎的工作。

⑤无所效其勋：无法效法先贤的功勋。效，效仿。勋，功勋。

⑥援：拿，拿过来。纪：记载，整理。

⑦缀：连字成文。愚情：愚昧的情愫。此王符自谦之辞。

⑧财令不忽忘：不忘却先贤们的卓越才能。财，通"才"，才能。令，美好。忽，忘记。

⑨刍荛（chú ráo）虽微陋，先圣亦咨询：《诗经·大雅·板》："先民有言，询于刍荛。"刍荛，指割草打柴的人。刍，割草。荛，打柴。

⑩"草创叙先贤"四句：草创，起草，起稿。训，教训，教诲。左丘明，左氏，名丘明，春秋时鲁国史官。或以为左丘为复姓。相传其曾

任鲁太史，为《春秋》作传，成《春秋左氏传》，即《左传》。五经，指儒家的《诗》《书》《礼》《易》《春秋》五部经典。汪《笺》疑“草创”下数语有脱误；“先贤”二字有误。彭《校》认为“先贤”当与“前训”互易；此节通为五言，“六”上疑脱“有”字；“以”上疑脱一字。按，此四句语气不顺，即言“左丘明五经”，意亦不畅，应是文字脱误所致。

【译文】

生在当今社会，最为可贵的是能成就卓绝的功业。最上一等的圣人能够立德，其次能够立言。而我庸碌愚钝，没有相应的才能可以做官，也没有做过官府的杂役，无法效仿先贤的功勋。不过是内心时有感发，拿起笔写下这数篇文章，聊以抒发自己的愚昧之情，为的是不忘却先贤们的卓绝才能。打柴割草的人尽管卑微浅陋，圣人也依然向他们请教。我草草写就的是古代先贤的遗训，共有三十六篇，想着以此继承先贤们的教诲，就像左丘明五经一样。

先圣遗业，莫大教训①。博学多识②，疑则思问③。智明所成，德义所建。夫子好学，诲人不倦④。故叙《赞学》第一⑤。

【注释】

①教训：教导，教诲。

②识（zhì）：记住。

③疑则思问：《论语·季氏》：“疑思问。”

④夫子好学，诲人不倦：《论语·述而》：“子曰：‘默而识之，学而不厌，诲人不倦，何有于我哉？’”

⑤叙：记叙，陈说。

【译文】

前贤圣人留下的事业，最重要的莫过于他们的教诲。他们博学多识，有疑惑便深思勤问。成就通明智慧，建立德行仁义。孔子好尚学习，教导别人从不感到厌倦。因此作《赞学》，为第一篇。

凡士之学，贵本贱末。大人不华[①]，君子务实[②]。礼虽媒绍[③]，必载于贽[④]。时俗趋末，惧毁术[⑤]。故叙《务本》第二。

【注释】

①大人：指德行高尚的人。华：虚美，浮华。

②君子务实：《论语·学而》："君子务本。"实，义与"本"近，实际，朴实。

③媒绍：媒介，中介。

④载：始。贽：古人初次见人时所执的礼物。

⑤惧毁术：术，道术，方法。此句脱一字，汉魏本、四库本作"惧毁行术"，彭《校》："'术'上疑脱'圣'字，下云'遂远圣述'，是其例。"译文从之。

【译文】

但凡士人学习，都是以本业为贵，以末业为贱。圣人不虚美，君子务于实际，礼仪虽然只是媒介，但初次相见必要呈送礼物。当今世俗却多舍本逐末，破坏先圣之道。因此作《务本》，为第二篇。

人皆智德，苦为利昏[①]。行污求荣[②]，戴盆望天。为仁不富，为富不仁[③]。将修德行，必慎其原。故叙《遏利》第三。

【注释】

①利昏：指利令智昏，即被利益冲昏头脑。

②行污：行为不正。污，奸邪。

③为仁不富，为富不仁：语见《孟子·滕文公上》。

【译文】

人都有智慧德行，却常苦为利欲冲昏头脑。行为奸邪、贪求虚荣，好像头顶着盆想看见天。行仁义的不富有，富有的不行仁义。将要修养道德品行，就必须审慎地考察其源头。因此作《遏利》，为第三篇。

世不识论[①]，以士卒化[②]，弗问志行，官爵是纪[③]。不义富贵，仲尼所耻[④]。伤俗陵迟[⑤]，遂远圣述[⑥]。故叙《论荣》第四。

【注释】

①论：评论，品论。

②以士卒化：用士人的家族地位来评论人。汪《笺》引王绍兰："'卒化'当作'族位'。《论荣》篇云：'今观俗士之论也，以族举德，以位命贤。'下文又以族、位对文，是其证。"说是。译文从之。

③纪：法度，准绳。

④不义富贵，仲尼所耻：《论语·述而》孔子云："不义而富且贵，于我如浮云。"

⑤陵迟：衰落。

⑥遂远圣述：汪《笺》疑"述"字误。俞樾云："述，读为'术'。《诗·日月》篇'报我不述'，《释文》曰：'述，本亦作术。'述、术古通用，非误也。"彭《校》从俞说，又谓："下叙《本政》云'述在于君'，亦以'述'为'术'。"俞、彭二说是，今从之。

【译文】

世人不知道如何品论他人，便以其家族地位作为评价标准。不管他的志向品行如何，只把官职爵位作为评价法则。做不道义的事而得到富贵，这是孔子耻而不为的。感伤风俗渐衰，已经离圣人之道很远了。所以作《论荣》，为第四篇。

惟贤所苦[①]，察妒所患[②]，皆嫉过己，以为深怨。或因纇衅[③]，或空造端[④]。痛君不察，而信谗言。故叙《贤难》第五。

【注释】

①惟：思，考虑。

②患：忧患，担忧。

③纇衅（lèi xìn）：指缺点，毛病。纇，弊病。衅，缝隙，此处引申为缺点。

④端：指端由，事端。

【译文】

思考贤人所苦恼的根由，观察嫉妒者所担忧的原因，都是因为嫉妒那些超过自己的人，以其为很深重的仇怨。有的抓住了别人的缺点，有的凭空妄造事端。痛惜君主不加考察，反而去听信谗言。所以作《贤难》，为第五篇。

原明所起[①]，述暗所生[②]，距谏所败[③]，祸乱所成。当涂之人[④]，咸欲专君[⑤]，壅蔽贤士[⑥]，以擅主权[⑦]。故叙《明暗》第六。

【注释】

①原:探究根源。

②述暗所生:彭《校》疑"述"当作"迹","'迹'或作'迹',故讹"。按,迹,谓探寻其踪迹,与上句"原"对文,彭说是。

③距:通"拒",拒绝。

④当涂:指执政,掌权。

⑤专君:指独得君主宠信。

⑥壅(yōng)蔽:堵塞遮蔽。

⑦擅:专擅,独揽。

【译文】

探究君主英明的根源,探寻其昏聩的缘由,拒绝劝谏导致其失败,灾祸也因之而起。掌权者都想着独得君主宠信,他们堵塞遮蔽贤士,独擅专权。因此作《明暗》,为第六篇。

上览先王,所以致太平[①],考绩黜陟[②],著在五经。罚赏之实,不以虚名。明豫德音[③],焉问扬庭[④]。故叙《考绩》第七。

【注释】

①所以致太平:汪《笺》按本篇"致平"凡四见,认为此处"太"字为衍文。说是。

②黜陟(chù zhì):指官吏的进退升降。黜,罢官。陟,升官。

③明豫德音:德音,此处指举荐人才的善美之言。汪《笺》疑"豫"当作"务"。张觉《校注》认为古文"豫"与"务(繁体作'務')"常互混,但可随文作解,此处不烦改。

④焉问扬庭:彭《校》:"'焉'犹'乃'也,'于是'也。说见《经传释词》

二。扬庭，谓大公无私。”张觉《校注》认为“扬庭”指将人才举荐于朝廷。译文兼取二说。

【译文】

纵观先代圣王，他们之所以使天下太平，都是因为善于考察官员的政绩，或升迁或罢黜，这些都是明确载入五经中的。行赏施罚都根据实际情况，而不是凭借虚名。明确追求举荐贤人的善美之言，贤才于是才能上达朝庭。所以作《考绩》，为第七篇。

人君选士，咸求贤能[①]。群司贡荐[②]，竞进下材。憎是掊克[③]，何官能治[④]？买药得雁[⑤]，难以为医。故叙《思贤》第八。

【注释】

①咸：都，皆。

②群司贡荐：贡荐，举荐。汪《笺》：“‘群’旧作‘君’。”

③憎是掊（póu）克：语见《诗经·大雅·荡》。憎，今本《诗经》作“曾”。掊克，指聚敛财物，盘剥人民。

④官：指官事、政事。

⑤雁：通“赝”，假的，伪造的。

【译文】

国君选拔士人，都是为了求得贤才。然而各级官员举荐时却争相推荐下等人才。竟然如此敛财，还能治理什么官事？好比买药买来了假药，就很难治病了。所以作《思贤》，为第八篇。

原本天人[①]，参连相因[②]，致和平机[③]，述在于君[④]，奉法选贤，国自我身[⑤]。奸门窃位[⑥]，将谁督察？故叙《本政》第九。

【注释】

①原本:探究其本源。

②参(sān):同"叁",指天、地、人。张觉《校注》认为当指天、君、民。因:依靠。

③机:机要,关键。

④述在于君:述,汪《笺》认为当作"术"。术,道术,方法。

⑤国自我身:《淮南子·泰族训》:"身者,国之本也。"

⑥奸门:奸臣。

【译文】

探究天、地、人之间的关系,三者是相互依存的,天下能够太平安稳的关键,在于国君治国的方法,遵奉法度选拔人才,权柄在于君主自身。如果奸臣窃居官位,还有谁来监督检查?所以作《本政》,为第九篇。

览观古今,爰暨书传[①],君皆欲治,臣恒乐乱。忠佞溷淆[②],各以类进,常苦不明[③],而信奸论。故叙《潜叹》第十。

【注释】

①爰:及。暨(jì):与,及。书传:泛指古代典籍。

②溷淆(hùn xiáo):同"混淆"。

③常苦不明:彭《校》:"'常'当作'帝'。本篇云:'人君之取士也,不能参听民氓,断之聪明,反徒信乱臣之说,独用污吏之言。'又云:'或君则不然,苟眩于爱,惟言是从。'即此所谓'帝苦不明,而信奸论'也。'常''帝'形近多相乱。"译文从之。张觉《校注》认为"不明"是说"帝","苦"是说王符自己。亦可参。

【译文】

观览古往今来以及各种典籍,君主都想要治理好国家,而臣子却往往喜欢混乱。忠臣和奸臣混淆在一起，都想凭借自己的同类来晋升官职，君主苦于不能明察，只能听信奸臣谗言。所以作《潜叹》，为第十篇。

夫位以德兴，德贵忠立，社稷所赖，安危是系。非夫谠直贞亮[①]，仁慈惠和[②]，事君如天，视民如子，则莫保爵位，而全令名。故叙《忠贵》第十一。

【注释】

①谠(dǎng)：正直。贞：坚定，有操守。亮：坚贞。

②惠：仁爱，仁慈。

【译文】

官位依靠德行而隆盛，德行贵在树立忠诚，这是国家所依赖的，也是与社会安危密切相关的。如果不是正直坚贞、且仁慈温和的人，服事君主如同服事上天，对待民众如同对待自己的孩子，那他就无法保住其官位、保全其美名了。因此作《忠贵》，为第十一篇。

先王理财，禁民为非[①]。《洪范》忧民[②]，《诗》刺末资[③]。浮伪者众[④]，本农必衰。节以制度，如何弗议？故叙《浮侈》第十二。

【注释】

①先王理财，禁民为非：《周易·系辞下》："理财正辞，禁民为非曰义。"

②《洪范》忧民：《洪范》是《尚书》中的一篇。记叙箕子向周武王陈述治理国家需要遵循的九种法则，称为"洪范九畴"。其中第三条"八政"里有关于管理民食、管理财货的内容。

③《诗》刺末资：此处指《诗经·大雅·板》，其中有“丧乱蔑资”之句。刺，讥刺，指责。末资，即“蔑资”，指无资财。

④浮伪：浮奢，虚伪。

【译文】

古代圣君管理国家财务，禁止百姓胡作非为。《洪范》忧虑民生疾苦，《诗经》指责民无财产。浮奢虚伪的人多了，本业农桑必然衰败。必须要用制度来节制，怎能不作讨论呢？因此作《浮侈》，为第十二篇。

积微伤行[①]，怀安败名[②]，明莫恣欲[③]，而无悛容[④]。足以愎谏[⑤]，闻善不从。微安召辱，终必有凶。故叙《慎微》第十三。

【注释】

①微：指微小的缺点和过失。

②怀安：贪图安逸。《左传·僖公二十三年》：“怀与安实败名。”

③明莫恣欲：莫，同“暮”。明暮，即指早晚，经常。汪《笺》：“‘明莫’犹言‘晨昏’，或‘明’为‘朝’之坏。”彭《校》：“或说长。”今从“朝”字。恣，放纵。

④悛（quān）容：悔改的容色。悛，悔改。

⑤愎（bì）谏：固执任性，不听规劝。愎，任性，固执。

【译文】

微小的过错积累太多就会妨害德行，贪图安逸只会败坏名声，经常放纵自己的欲望，却丝毫没有悔改的容色，只会顽固不化，听到良言也不遵守。贪念微小的安逸只会招致耻辱，最终必定凶灾临头。因此作《慎微》，为第十三篇。

明主思良,劳精贤知[①]。百寮阿党[②],不核真伪,苟崇虚誉[③],以相诳曜[④],居官任职,则无功效。故叙《实贡》第十四。

【注释】

①劳精:费心劳神。

②百寮:即百僚,百官。阿(ē)、党:均为偏袒、袒护之意。

③苟:苟且,不严肃。

④诳:欺骗。曜(yào):夸耀。

【译文】

贤明的君主心念贤才,为求得贤才而费心劳神。百官们却只知结党营私,不考察人才的真伪,只是一味地推崇那无实名的虚誉,相互欺骗吹捧。这样的人当官任职,一定是毫无功绩可言的。因此作《实贡》,为第十四篇。

圣人养贤,以及万民。先王之制,皆足代耕。增爵损禄,必程以倾[①]。先益吏俸,乃可致平。故叙《班禄》第十五。

【注释】

①增爵损禄,必程以倾:《逸周书·史记解》:"昔有毕程氏,损禄增爵,群臣貌匮比而戾民,毕程氏以亡。"必程,即毕程氏,商代诸侯。

【译文】

圣人育养贤才,目的在于惠及万民,先王的制度是官吏的俸禄应当足以代替他耕作的收入。贸然增减官员的俸禄,只会像毕程氏那样自取败亡。因此必须先要增加官员的俸禄,才能够天下太平。因此作《班禄》,为第十五篇。

君忧臣劳[1]，古今通义。上思致平，下宜竭惠[2]。贞良信士，咸痛数赦。奸宄繁兴[3]，但以赦故。乃叙《述赦》第十六。

【注释】

①君忧臣劳：《国语·越语下》："范蠡曰：'为人臣者，君忧臣劳，君辱臣死。'"

②竭惠：竭尽智慧。惠，通"慧"，才智，智慧。汪《笺》疑"惠"为"虑"字之误。

③奸宄(guǐ)：乱由内起曰奸，由外起曰宄。此处泛指奸邪之人。

【译文】

君主有所忧虑，臣子就要为此奔波辛劳，这是古今通行的道理。君主希望天下太平，臣子就应该为之竭尽才惠。忠良诚信的士人，都为朝廷屡次释放罪犯而痛心。眼下奸邪之人越来越多，就是因为屡次赦免的缘故。因此作《述赦》，为第十六篇。

先王御世，兼秉威德，赏有建侯[1]，罚有刑渥[2]。赏重禁严，臣乃敬职。将修太平，必循此法。故叙《三式》第十七。

【注释】

①建侯：即封侯。

②刑渥：指重刑。

【译文】

先王统治天下，恩威并施，奖赏可至封侯，惩罚必有重刑。只有奖赏优厚而禁令严苛，大臣们才会恪尽职守。想要天下太平，就得遵循这种法度。因此作《三式》，为第十七篇。

民为国基，谷为民命。日力不暇①，谷何由盛？公卿师尹②，卒劳百姓③，轻夺民时，诚可愤诤④！故叙《爱日》第十八。

【注释】

①日力：指一天的劳动效率。

②公卿师尹：此处泛指朝中重臣。

③卒劳百姓：语见《诗经·小雅·节南山》。卒，终。

④愤诤：愤怒地直言劝告。诤，直言相劝。

【译文】

百姓是国家的根基，五谷则为百姓的命根。倘若官事繁重以致百姓无暇农事，五谷怎么能够丰收？朝中重臣，只知劳苦百姓，随意耽误农时，这样的情况确实应该直言劝谏！因此作《爱日》，为第十八篇。

观吏所治，斗讼居多①。原祸所起，诈欺所为。将绝其末，必塞其原②。民无欺诒③，世乃平安。故叙《断讼》第十九。

【注释】

①斗讼：争讼。

②原：本源，源头。

③诒(dài)：欺骗。

【译文】

考察官员所治之事，大多数是争讼案件。推究祸乱产生的原因，则是由于欺诈。要想杜绝欺诈，必须先要堵塞其源头。只有百姓中没有欺诈行为，社会才会和平安定。因此作《断讼》，为第十九篇。

五帝三王，优劣有情[①]。虽欲超皇[②]，当先致平。必世后仁，仲尼之经[③]。遭衰奸牧[④]，得不用刑？故叙《衰制》第二十。

【注释】

①五帝三王，优劣有情：《白虎通义·号》："德合天地者称帝，仁义合者称王，别优劣也。"情，情况，原因。

②皇：此处泛指上古圣王。

③必世后仁，仲尼之经：《论语·子路》："子曰：'如有王者，必世而后仁。'"世，古代以三十年为一世。经，经典。张觉《校注》认为指经久不衰之道。此处指"必世后仁"为孔子的经典名言。

④奸牧：奸邪的官吏。牧，州一级的长官称为"牧"，此处泛指官吏。

【译文】

五帝三王，其高下优劣之分必有原因。想要超越古代圣王，必须先要致力于天下太平。孔子的经典名言是："若有王者兴起，必须要等三十年后才能使仁政大行。"遇到衰世奸臣当道，治理国家怎能不用刑罚？因此作《衰制》，为第二十篇。

圣王忧勤，选练将帅[①]，授以𫓧钺[②]，假以权贵[③]。诚多蔽暗，不识变势，赏罚不明，安得不败？故叙《劝将》第二十一。

【注释】

①选练：选拔。练，通"拣"，选择，挑选。

②𫓧钺（fū yuè）：斫刀和大斧。为古代腰斩、砍头的刑具。此处借指君主授予的生杀独断之权。

③假:凭借,借助。此处引申为授予。

【译文】

圣明的君王忧虑劳苦,选拔将帅,除了授予其生杀独断之权外,还要赐予他们权势高位。但将帅中确实有很多昏庸不明之辈,既不能甄别事态变化,且又赏罚不明,怎么能避免失败呢?因此作《劝将》,为第二十一篇。

蛮夷猾夏[1],古今所患。尧、舜忧民,皋陶御叛[2];宣王中兴,南仲征边[3]。今民日死,如何弗蕃[4]?故叙《救边》第二十二。

【注释】

①蛮夷猾(gǔ)夏:语见《尚书·尧典》。猾夏,指侵乱中原地区。猾,乱。夏,华夏,指中原地区。

②皋陶御叛:张觉《校注》:"指皋陶做士官掌刑罚来抵御外患内乱。"

③宣王中兴,南仲征边:《诗经·大雅·常武》载其事。南仲,周宣王的大臣。征边,此指征讨徐国。

④蕃:通"藩",屏障,保卫。

【译文】

四方蛮夷侵乱中原,这是古今一直忧患的问题。古有尧、舜为民忧劳,皋陶抵御叛乱;周宣王使国家中道复兴,南仲受命出征边疆。如今民众每日都在战乱中死去,怎么能不去保卫国家呢?因此作《救边》,为第二十二篇。

凡民之情,与君殊戾[1],不能远虑,各取一制[2],苟挟私议[3]，以为国计。宜寻其言[4]，以诘所谓[5]。故叙《边议》第二十三。

【注释】

①殊：不同，区别。戾：乖，背。

②一制：犹"一切"，指只图眼下的权宜之计。

③苟：苟且，不严肃。挟：怀着。议：谋议，商议。

④寻：探寻，探究。

⑤诘：责问，追问。

【译文】

普通百姓的见解，与君主相差很远，他们不能深思远虑，各自只知取权宜之计，心怀私欲妄加评论，却还要以此作为治理国家的方针政策。应该去探究他们的言论，来追问他们所说的真实意图。因此作《边议》，为第二十三篇。

边既远门[1]，太守擅权[2]。台阁不察[3]，信其奸言，令坏郡县[4]，殴民内迁[5]。今又丘荒[6]，虑必生心[7]。故叙《实边》第二十四。

【注释】

①边既远门：边，指边境，边陲。门，王宗炎疑当作"阙"。汪《笺》："作'阙'是也。本篇云：'小民谨劣，不能自达阙廷。'"阙，指朝廷。译文从之。

②太守：郡守官长。擅权：专权。

③台阁：指朝中大臣。

④坏：毁坏。

⑤敺:同“驱”,驱赶。

⑥丘荒:荒丘,废墟。

⑦虑必生心:王宗炎疑“必”为“戎”字之误。彭《校》:“‘虑’当作‘虏’,二字形音俱近,故讹。本篇云:‘诚不可久荒,以开敌心。’又云:‘西羌、北虏,必生窥欲。’是其明证矣。王说失之。”译文从彭说。

【译文】

边境地区本来就远离朝廷,太守又独断专权。朝中的大臣往往不能明察,反而听信奸人邪说,命人毁坏边境的郡县,强行驱赶边境百姓内迁。使得边境之地变成了如今的废墟,敌人一定会生出入侵的念头。因此作《实边》,为第二十四篇。

天生神物,圣人则之[①]。蓍龟卜筮,以定嫌疑[②]。俗工浅源[③],莫尽其才。自大非贤[④],何足信哉?故叙《卜列》第二十五。

【注释】

①天生神物,圣人则之:语见《周易·系辞上》。神物,指用以占卜的蓍(shī)草和甲龟。则,效法。

②蓍龟卜筮,以定嫌疑:《礼记·曲礼》:“卜筮者,先圣王之所以……使民决嫌疑,定犹与也。”嫌疑,疑惑,疑虑。

③俗工浅源:彭《校》认为“源”当作“顽”,“声之误也”。顽,愚顽。译文从之。

④自大非贤:彭《校》:“‘大非’二字疑倒。本篇云:‘圣贤虽察不自专,故立卜筮以质神灵。’又云:‘及周史之筮敬仲,庄叔之筮穆子,可谓能探赜索隐,钩深致远者矣。’故曰‘自非大贤,何足信

哉'?"四库本正作"自非大贤"。译文从之。

【译文】

天地自然生就神奇的蓍草和灵龟,圣人仿效其中的原理。用蓍草龟甲占卜,用以决断疑惑之事。鄙俗的方士浅薄顽愚,无法精通其中的道理。如果不是大贤为之占卜,哪里值得去相信赖呢?因此作《卜列》,为第二十五篇。

《易》有史巫①,《诗》有工祝②。圣人先成,民后致力③。兆黎劝乐④,神乃授福。孔子不祈⑤,以明在德。故叙《巫列》第二十六。

【注释】

①《易》有史巫:本《周易·巽·九二》:"巽在床下,用史巫纷若,吉,无咎。"史巫,上古时期以降神、祈祷、占卜等为职业的人,地位极高。周代以前二职混同不分,周代以后史逐渐从中分离出来。

②《诗》有工祝:《诗经·小雅·楚茨》:"工祝致告,'神具醉止'。"工祝,指祝官。

③圣人先成,民后致力:《左传·桓公六年》:"是以圣王先成民,而后致力于神。"

④兆黎:指兆民,黎民。劝乐:即欢乐。劝,通"欢"。或释为"劝事乐功",亦可参。

⑤孔子不祈:《论语·述而》:"子疾病,子路请祷。子曰:'有诸?'子路对曰:'有之。诔曰:"祷尔于上下神祇。"'子曰:'丘之祷久矣。'"

【译文】

《易经》中有史巫,《诗经》里有工祝。然而圣人要求先做好民事,才祭祀鬼神。百姓能够安居乐业,神灵才会赐福。孔子不事祭祀祈祷,是为了彰明福分本于德行。所以作《巫列》,为第二十六篇。

五行八卦,阴阳所生,禀气薄厚①,以著其形。天题厥象②,人实奉成③。弗修其行,福禄不臻④。故叙《相列》第二十七。

【注释】

①禀气:指秉受阴阳二气。

②题:显示,标明。象:迹象。

③奉:奉行。成:完成,实现。

④臻:降临,到达。

【译文】

五行八卦,都由阴阳二气所生,禀受的阴阳二气薄厚不一,都体现在自己的形体上。但上天只是显示出某种迹象,而实际却要人去奉行和完成。倘若人不去修养他的德行,福分和禄位就不会降临到他身上。因此作《相列》,为第二十七篇。

《诗》称吉梦①,书传亦多②,观察行事,占验不虚。福从善来,祸由德痡③,吉凶之应,与行相须④。故叙《梦列》第二十八。

【注释】

①《诗》称吉梦:此处指《诗经·小雅·斯干》:“乃占我梦,吉梦为何?”

②书传:指古书。多:推重,赞扬。

③痡(pū):衰竭。

④与行相须:指凶吉祸福与人的行为相互依存。须,需要,此处引申为依存、依赖。

【译文】

《诗经》称赞"吉梦"之说,古书中也多有推重,仔细观察其人的行为处事,占梦就会多有应验。福佑从善行中来,祸患则多与德衰相关,吉凶祸福的应验,与人的行为相互依存。因此作《梦列》,为第二十八篇。

论难横发[①],令道不通。后进疑惑[②],不知所从。自昔庚子[③],而有责云。予岂好辩[④]?将以明真。故叙《释难》第二十九。

【注释】

①横发:交错产生。

②后进:后辈。

③庚子:王符虚拟的人物,一说王符同乡人。

④予岂好辩:《孟子·滕文公下》:"予岂好辩哉,予不得已也。"

【译文】

论辩诘难时常乱发,致使真理之道阻塞不通。后辈因此疑惑不解,不知何去何从。从前的庚子,提出过种种疑问和责难。难道是我喜欢辩论吗?不过是想要阐明真理罢了。因此作《释难》,为第二十九篇。

朋友之际,义存六纪[①],摄以威仪[②],讲习王道[③],善其久要[④],贵贱不改。今民迁久[⑤],莫之能奉[⑥]。故叙《交际》第三十。

【注释】

①六纪:《白虎通义·三纲六纪》:"六纪者,谓诸父、兄弟、族人、诸舅、师长、朋友也。"

②摄以威仪:语本《诗经·大雅·既醉》:"朋友攸摄,摄以威仪。"摄,辅佐,帮助。威仪,指祭祀时行事进退的仪表仪式。

③讲习:讲授学习。王道:张觉《校注》认为是"正道"之误。亦可参。

④久要:即旧约,指旧时的约定。

⑤迁:此处指民心离散。

⑥莫之能奉:汪《笺》:"'奉'当作'矣',与上韵协。"彭《校》从之。

【译文】

朋友之间的交际,原则在于六纪,辅之以庄严的仪表仪式,讲授和学习仁政王道,恪守以前的约定,不论贫穷还是富贵都不曾改变。如今民心离散已久,无法遵奉这种道义了。因此作《交际》,为第三十篇。

君有美称,臣有令名[①],二人同心,所愿乃成。宝权神术[②],勿示下情,治势一定,终莫能倾[③]。故叙《明忠》第三十一。

【注释】

①令名:美好的声誉。

②宝权、神术:皆指治国之术。

③倾:倾覆,败亡。

【译文】

君主有贤明的美称,臣子有美好的声誉,只要君臣二人同心同德,他们所期望的清明政治就一定会实现。宝贵神奇的治国权术,不可示于下人，安定的国家局势一旦形成，就没有人能够将其颠覆。因此作《明忠》，为第三十一篇。

人天情通，气感相和，善恶相征①，异端变化②。圣人运之③，若御舟车，作民精神④，莫能含嘉⑤。故叙《本训》第三十二。

【注释】

①征：印证，应验。

②异端变化：指《本训》中所说的天象变异与气的运行相互关联。

③运：运作，运用。

④作：振作，振奋。

⑤莫能含嘉：莫能，汪《笺》疑作"莫不"。彭《校》疑作"能莫"。嘉，嘉美，安善。

【译文】

人与天情理相通，气脉感交而相互协调，吉凶善恶与天象变化相互应证，天象变异与气的运行相互关联。圣人运用这种规律，就如同驾驭车船一样，使得百姓精神振奋，人人都体含嘉和之气。因此作《本训》，为第三十二篇。

明王统治，莫大身化①，道德为本，仁义为佐。思心顺政②，责民务广，四海治焉，何有消长③？故叙《德化》第三十三。

【注释】

①身化：谓君王用自身行为为榜样来教化民众。

②思心:体察民心。

③消长:此处指国家兴亡。

【译文】

英明的君王治理国家,最重要的是以自身行为教化人民,以道德作为治国的根本,再用仁义加以辅助。体察民心顺化朝政,力求广泛地督责人民,这样国家就会得到治理,哪里还会有兴亡变化?因此作《德化》,为第三十三篇。

上观大古[①],五行之运,咨之诗书[②],考之前训[③]。气终度尽,后代复进。虽未必正,可依传问[④]。故叙《五德志》第三十四。

【注释】

①大古:即太古,上古。

②咨:问询,咨询。诗书:此处泛指古代经典。

③前训:指古代圣人的教训。

④传问:即传闻。问,汪《笺》:"'问'当作'闻'。"彭《校》:"此书多以'问'为'闻'。"

【译文】

前观上古以来五行的运行变化,咨询于古代经典的记载,考察古代圣人的遗训。凡是气数将尽的朝代,其后必会有替代者。虽然未必完全正确,但也可以依据传闻聊作说明。因此作《五德志》,为第三十四篇。

君子多识,前言往行。类族变物[①],古有斯姓。博见同[②]。故叙《志氏姓》第三十五。

【注释】

①变：通“辩”。《志氏姓》篇即作“辩”。四库本亦作“辩”。

②博见同：依本篇文例，“同”下当脱十三字。彭《校》认为当补：“祖，以赞圣贤。序此假意，待士揖损。”张觉《校注》据《志氏姓》补：“异，杂采记经。略纪显者，以赞贤圣。”译文姑阙。

【译文】

君子博闻多识，能知前人的言行。根据族类辨别事物，于是古代就产生了姓。……因此作《志氏姓》，为第三十五篇。

中华经典名著
全本全注全译丛书
（已出书目）

周易
尚书
诗经
周礼
仪礼
礼记
左传
韩诗外传
春秋公羊传
春秋穀梁传
孝经·忠经
论语·大学·中庸
尔雅
孟子
春秋繁露
说文解字
释名
国语
晏子春秋
穆天子传
战国策
史记
吴越春秋
越绝书
华阳国志
水经注
洛阳伽蓝记
大唐西域记
史通
贞观政要
营造法式
东京梦华录
唐才子传
大明律
廉吏传
徐霞客游记

读通鉴论
宋论
文史通义
鬻子·计倪子·於陵子
老子
道德经
帛书老子
鹖冠子
黄帝四经·关尹子·尸子
孙子兵法
墨子
管子
孔子家语
曾子·子思子·孔丛子
吴子·司马法
商君书
慎子·太白阴经
列子
鬼谷子
庄子
公孙龙子(外三种)
荀子
六韬
吕氏春秋
韩非子
山海经
黄帝内经
素书
新书
淮南子
九章算术(附海岛算经)
新序
说苑
列仙传
盐铁论
法言
方言
白虎通义
论衡
潜夫论
政论·昌言
风俗通义
申鉴·中论
太平经
伤寒论
周易参同契
人物志
博物志
抱朴子内篇
抱朴子外篇
西京杂记
神仙传

搜神记
拾遗记
世说新语
弘明集
齐民要术
刘子
颜氏家训
中说
群书治要
帝范·臣轨·庭训格言
坛经
大慈恩寺三藏法师传
长短经
蒙求·童蒙须知
茶经·续茶经
玄怪录·续玄怪录
酉阳杂俎
历代名画记
唐摭言
化书·无能子
梦溪笔谈
东坡志林
唐语林
北山酒经(外二种)
折狱龟鉴
容斋随笔
近思录
洗冤集录
传习录
焚书
菜根谭
增广贤文
呻吟语
了凡四训
龙文鞭影
长物志
智囊全集
天工开物
溪山琴况·琴声十六法
温疫论
明夷待访录·破邪论
陶庵梦忆
西湖梦寻
虞初新志
幼学琼林
笠翁对韵
声律启蒙
老老恒言
随园食单
阅微草堂笔记
格言联璧
曾国藩家书

曾国藩家训

劝学篇

楚辞

文心雕龙

文选

玉台新咏

二十四诗品·续诗品

词品

闲情偶寄

古文观止

聊斋志异

唐宋八大家文钞

浮生六记

三字经·百家姓·千字文·弟子规·千家诗

经史百家杂钞